前 言

“理论力学”是机械、土建、交通、动力、水利、化工、采矿和冶金等专业的基础课程，它不仅包含专业课的基础知识，而且在实际工程中也有广泛地应用。理论力学的系统性较强，各个章节之间都存在一定的联系，而且，其定理、公式往往是“非构造性”的，在解题时不能用简单代公式的方法来计算，而是必须要有分析的过程，所以对许多学生来讲，学好理论力学并不是一个轻松的过程。因此，学生在学习中，应注重理解和掌握理论力学的基本概念和规律，对所研究的问题建立起清晰的力学模型，才能分析和解决问题。为了帮助广大学生更好地学习和掌握理论力学课程的理论精髓和解题方法，我们根据孙雅珍、侯祥林编写的《理论力学》教材，编写了这本配套的辅导教材。

本辅导教材根据《理论力学》教材中各章节内容，着重编写以下几方面内容：

（1）内容摘要：对教材中的相应内容进行了系统、全面的归纳和总结，囊括了基本概念、主要定理和重要公式，有助于读者全面掌握基本知识，清晰把握各章知识的脉络。

（2）习题全解：依据教材中的习题，进行详尽的解答。从学习者的角度，给出了解题的每一个步骤，以免忽略掉那些看似简单但对解题思路关键的细节问题。

本书由洪媛主编并负责统稿，内容部分第一～五章由苑学众编写，第六～八章、第十一～十六章由洪媛编写［第十三～十六章习题解答内容请用微信扫描下面二维码阅读］，第九、十章由傅柏权编写，内容摘要部分由孙雅珍编写。

本书的出版得到了中国电力出版社的大力支持与协助。在编写过程中借鉴、引用了许多兄弟院校的有关教材或参考书中的资料、图表或习题，参阅了许多专著和文献。谨此一并对上述单位和个人表示衷心感谢！

限于编者的水平，加之时间仓促，书中难免有缺点、疏漏和错误之处，敬请各位专家和广大读者批评指正。

编　者

2015 年 11 月

分析静力学和分析动力学习题解答

"十三五"普通高等教育本科系列教材

理论力学
习题解析

主　编　洪　媛
副主编　苑学众
编　写　孙雅珍　傅柏权

中国电力出版社
CHINA ELECTRIC POWER PRESS

内 容 提 要

本书为“十三五”普通高等教育本科系列教材。

本书为沈阳建筑大学孙雅珍、侯祥林教授主编的《理论力学》主教材的配套辅导书。书中根据主教材的习题设置，从学习者的角度，给出了解题的每一个步骤，以免忽略掉那些看似简单但对解题思路起着关键作用的细节问题。同时，本书还提炼了主教材中每章的基本概念、主要定理和重要公式，以便读者清晰把握各章知识的脉络，全面掌握理论力学课程的理论精髓和解题方法。希望通过习题解析的引导，能够让读者对所研究的问题建立起清晰的力学模型，以达到分析和解决问题的目的。

本书主要作为普通高等院校理工科类专业理论力学课程的学习辅导书。

图书在版编目（CIP）数据

理论力学习题解析/洪媛主编. —北京：中国电力出版社，2016.5（2022.6 重印）

“十三五”普通高等教育本科规划教材

ISBN 978-7-5123-8983-0

Ⅰ.①理… Ⅱ.①洪… Ⅲ.①理论力学-高等学校-题解 Ⅳ.①O31-44

中国版本图书馆 CIP 数据核字（2016）第 042273 号

中国电力出版社出版、发行

（北京市东城区北京站西街 19 号 100005 http://www.cepp.sgcc.com.cn）

北京雁林吉兆印刷有限公司印刷

各地新华书店经售

*

2016 年 5 月第一版 2022 年 6 月北京第五次印刷

787 毫米×1092 毫米 16 开本 15 印张 365 千字

定价 **32.00** 元

目　录

第一篇　静　力　学

第一章　静力学基本量与计算

内　容　摘　要

一、基本概念

1. 刚体

刚体是指物体在力的作用下，其内部任意两点之间的距离始终保持不变。这是理想化的力学模型，实际上如果物体受到力的作用时，变形很小且不影响所要研究问题的实质，就可以忽略其变形，将其视为刚体，这是一种科学的抽象，可以使计算简化。

2. 平衡

平衡是指运动的一种特殊状态，通常理解为物体相对于惯性参考系处于静止或匀速直线运动状态。实践经验表明，物体上作用的力系只要满足一定的条件，即可使物体保持平衡，这种条件称为力系的平衡条件。满足平衡条件的力系称为平衡力系。平衡力系也定义为简化结果为零的力系。

二、力的概念

1. 力的定义

力是物体间的相互机械作用，其效应是改变物体的运动状态（力的外效应）或使物体发生变形（力的内效应）。对不变形的刚体，力只改变其运动状态。

2. 力的三要素

力对物体的作用效果取决于力的大小、方向和作用位置或作用点，一般称其为力的三要素。

3. 力矢的特点

刚体静力学中，力具有可传性，是滑动矢量。

4. 力沿直角坐标轴的解析表达式

力沿直角坐标轴的解析表达式为

$$\boldsymbol{F}=F_x\boldsymbol{i}+F_y\boldsymbol{j}+F_z\boldsymbol{k}$$

式中：F_x、F_y、F_z 为力 $\boldsymbol{F}$ 相对于各坐标轴的投影。

5. 力在直角坐标轴上的投影

力在直角坐标轴上的投影为代数量，可以为正或为负，也可以为零。

设力 $\boldsymbol{F}$ 与直角坐标轴 x、y、z 正向的夹角分别为 θ_1、θ_2、θ_3，则力 $\boldsymbol{F}$ 在 x、y、z 上的投影分别为

$$F_x=F\cos\theta_1, F_y=F\cos\theta_2, F_z=F\cos\theta_3$$

6. 力的分解

按矢量的运算法则，一个力可以分解成两个或两个以上的分力。最常用的是将一个力分解成沿直角坐标轴 x、y、z 的分力。即

$$\boldsymbol{F}=\boldsymbol{F}_x+\boldsymbol{F}_y+\boldsymbol{F}_z$$

式中：$\boldsymbol{F}_x$、$\boldsymbol{F}_y$、$\boldsymbol{F}_z$ 为力 $\boldsymbol{F}$ 在 x、y、z 轴上的分力。

三、力矩的概念

1. 力对点的矩

力 $\boldsymbol{F}$ 对点 O 的矩可用矢量 $\boldsymbol{M}_O(\boldsymbol{F})=\boldsymbol{r}\times\boldsymbol{F}$ 来表示，或可用行列式表示为

$$\boldsymbol{M}_O(\boldsymbol{F})=\begin{vmatrix}\boldsymbol{i} & \boldsymbol{j} & \boldsymbol{k}\\ x & y & z\\ F_x & F_y & F_z\end{vmatrix}$$

2. 力对轴的矩

力 $\boldsymbol{F}$ 对某一轴的矩等于这个力在垂直于该轴的平面上的投影对于该轴与该平面的交点的矩，为代数量。当力与矩轴在同一平面时，力对该轴的矩为零。

3. 力对点的矩与力对轴的矩的关系

力对点的矩在经过该点的任意轴上的投影等于该力对该轴的矩。

$$M_x(\boldsymbol{F})=[\boldsymbol{M}_O(\boldsymbol{F})]_x,$$

$$M_y(\boldsymbol{F})=[\boldsymbol{M}_O(\boldsymbol{F})]_y,$$
$$M_z(\boldsymbol{F})=[\boldsymbol{M}_O(\boldsymbol{F})]_z$$

4. 合力距定理

（1）合力矩定理 1。合力对于某一点之矩，等于力系中所有力对同一点之矩的矢量和。

$$M_O(\boldsymbol{F}_R)=\sum_{i=1}^{n}M_O(\boldsymbol{F}_i)$$

式中：$\boldsymbol{F}_R$ 为力系中的合力。

（2）合力矩定理 2。合力对于某一轴之矩，等于力系中所有力对同一轴之矩的代数和。

根据力对点的矩与力对轴矩的关系式，可得

$$M_z(\boldsymbol{F}_R)=\sum_{i=1}^{n}M_z(\boldsymbol{F}_i)$$

四、力偶的概念

大小相等、方向相反、作用线平行而不重合的两个力 $\boldsymbol{F}$ 和 $\boldsymbol{F}'$ 称为力偶，记为（$\boldsymbol{F}$，$\boldsymbol{F}'$）。力偶具有以下性质：

（1）力偶没有合力，即不能用一个力代替，因而也不能和一个力平衡。

（2）力偶对于任一点的矩等于力偶矩，而与矩心的位置无关。

（3）力偶矩相等的两力偶等效。

（4）力偶矩是自由矢量。

习 题 全 解

1-1　判断题

（1）力的解析表达式 $\boldsymbol{F}=F_x\boldsymbol{i}+F_y\boldsymbol{j}+F_z\boldsymbol{k}$ 决定了力的大小、方向和作用线。（　）

（2）力在空间直角坐标轴上的投影与该力沿对应轴的分力相同。（　）

（3）合力总是大于分力。（　）

（4）力系的合力在某一轴上的投影等于力系中各力在同一轴上投影的代数和。（　）

（5）力偶使物体绕其作用面内任意一点的转动效果，是与矩心的位置无关的。（　）

（6）位于两相交平面内的两个力偶可以组成平衡力系。（　）

（7）力偶可以用一个力来平衡。（　）

（8）在保持力偶矩不变的情况下，可以随意地同时改变力偶中力的大小以及力偶臂的长短，而不会影响力偶对刚体的作用效果。（　）

（9）力对轴的矩的大小，等于力在垂直于该轴的平面上的投影对于这个平面与该轴交点的矩。（　）

（10）力对点的矩矢在通过该点的某轴上的投影等于力对该轴的矩。（　）

解：（1）×（2）×（3）×（4）√（5）√（6）×（7）×（8）√（9）√（10）√

1-2　如题 1-2 图所示，在边长为 a 的立方体上作用 3 个力。已知 $F_1=F_3=6$ kN，$F_2=5$ kN，求各力在三个坐标轴上的投影。

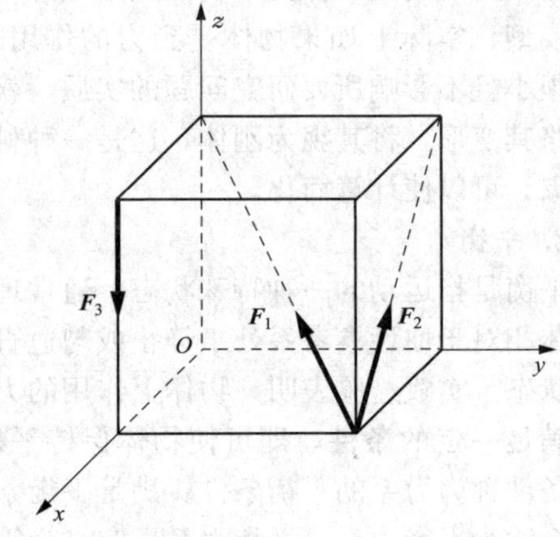

题 1-2 图

解：各力在 x、y 和 z 的投影分别为

$$F_{1x}=-F_1\cdot\frac{\sqrt{2}a}{\sqrt{3}a}\cdot\cos 45^\circ=-3.46\text{ kN}$$
$$F_{1y}=-3.46\text{ kN}$$
$$F_{1z}=-3.46\text{ kN}$$
$$F_{2x}=-F_2\cdot\cos 45^\circ=-3.54\text{ kN}$$
$$F_{2y}=0$$
$$F_{2z}=3.54\text{ kN}$$
$$F_{3x}=0$$
$$F_{3y}=0$$
$$F_{3z}=-6\text{ kN}$$

1-3　已知 $F=100$ kN，求题 1-3 图所示的力 $\boldsymbol{F}$ 在坐标轴上的投影及沿坐标轴的分力。

解： 题 1-3 图（a）所示力 $\boldsymbol{F}$ 在 x、y 轴的投影［题 1-3 图（c）］分别为

$$F_x = F_y = F\cos 30° = 86.6\ \text{kN}$$

题 1-3 图（a）所示力 $\boldsymbol{F}$ 沿 x、y 轴的分力［题 1-3 图（d）］大小分别为

$$F_x = F_y = \frac{F/2}{\cos 30°} = 57.7\ \text{kN}$$

题 1-3 图（b）所示力 $\boldsymbol{F}$ 在 x、y 轴的投影［题 1-3 图（e）］分别为

$$F_x = F\cos 30° = 86.6\ \text{kN}$$

$$F_y = -F\cos 60° = -50\ \text{kN}$$

题 1-3 图（b）所示力 $\boldsymbol{F}$ 沿 x、y 轴的分力［题 1-3 图（f）］大小分别为

$$F_x = 2F\cos 30° = 173\ \text{kN}$$

$$F_y = F = 100\ \text{kN}$$

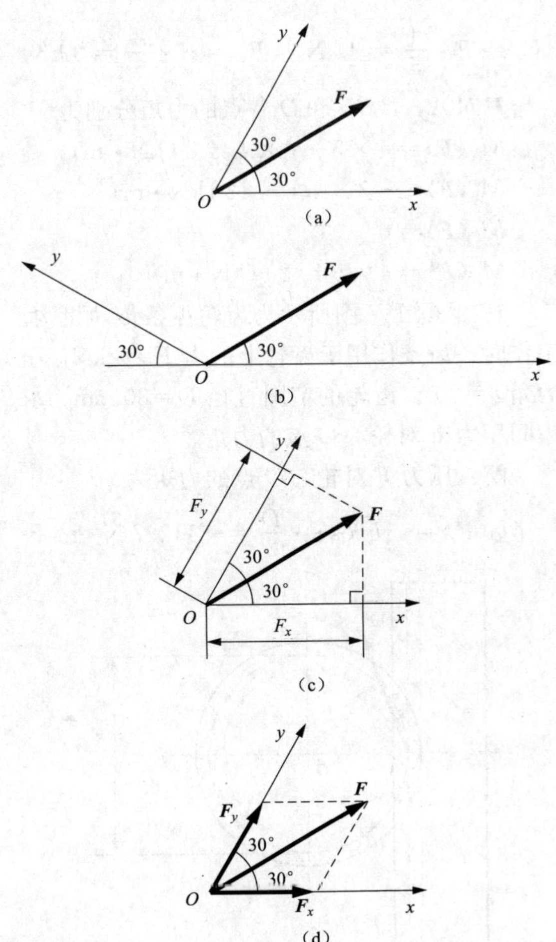

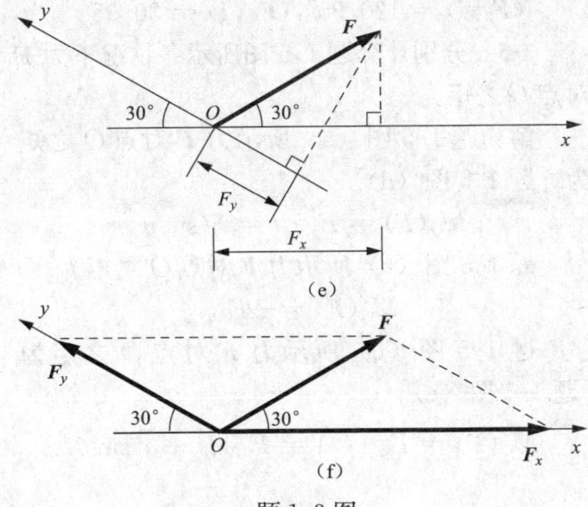

题 1-3 图

1-4　在题 1-4 图中，已知 $F_1 = 10\ \text{kN}$，$F_2 = 20\ \text{kN}$，$F_3 = 10\ \text{kN}$，求三力在各坐标轴上的投影及三力的合力。

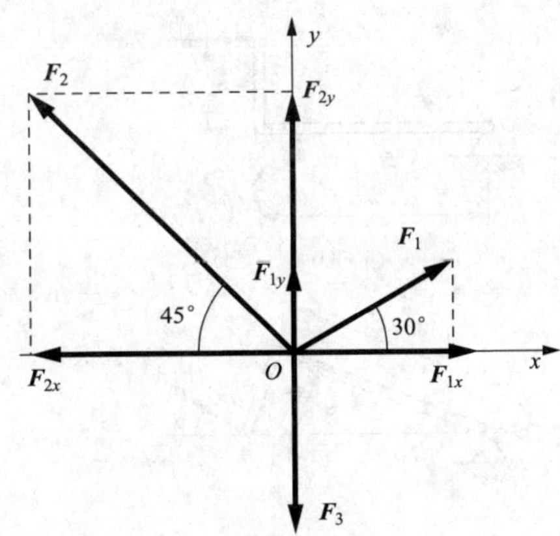

题 1-4 图

解：
$$\begin{aligned} F_{Rx} &= F_{1x} + F_{2x} + F_{3x} \\ &= F_1\cos 30° - F_2\cos 45° \\ &= -5.482\ \text{kN} \end{aligned}$$

$$\begin{aligned} F_{Ry} &= F_{1y} + F_{2y} + F_{3y} \\ &= F_1\sin 30° + F_2\sin 45° - F_3 \\ &= 9.142\ \text{kN} \end{aligned}$$

$$\begin{aligned} F_{\text{R}} &= \sqrt{F_{\text{R}x}^2 + F_{\text{R}y}^2} \\ &= \sqrt{(\sum F_x)^2 + (\sum F_y)^2} = 10.66\ \text{kN} \end{aligned}$$

$$\cos(\boldsymbol{F}_{\text{R}}, \boldsymbol{i}) = \frac{\sum F_{\text{R}x}}{F_{\text{R}}} = -0.514\ 3$$

$$\cos(\boldsymbol{F}_{\text{R}}, \boldsymbol{j}) = \frac{\sum F_{\text{R}y}}{F_{\text{R}}} = 0.857\ 6$$

则合力 $\boldsymbol{F}_{\text{R}}$ 与 x、y 轴的夹角分别为

$(\boldsymbol{F}_R, \boldsymbol{i}) = 120.95°, (\boldsymbol{F}_R, \boldsymbol{j}) = 30.95°$

1-5 分别计算题 1-5 图所示各情况下力 $\boldsymbol{F}$ 对点 O 之矩。

解： 题 1-5 图（a）所示力 $\boldsymbol{F}$ 对点 O 之矩为［题 1-5 图（d）］

$$M_O(\boldsymbol{F}) = F_y \cdot l = Fl\sin\theta$$

题 1-5 图（b）所示力 $\boldsymbol{F}$ 对点 O 之矩为

$$M_O(\boldsymbol{F}) = -Fa$$

题 1-5 图（c）所示力 $\boldsymbol{F}$ 对点 O 之矩为［题 1-5 图（e）］

$$M_O(\boldsymbol{F}) = F_y \cdot OA = F\sqrt{l^2 + a^2}\sin\theta$$

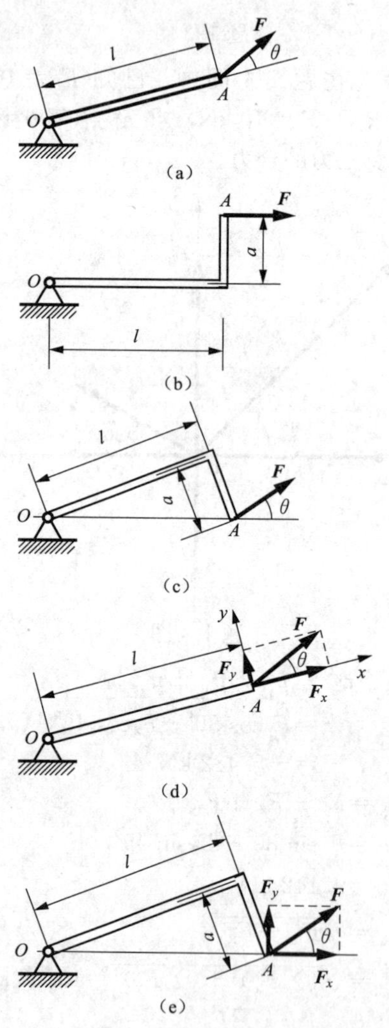

题 1-5 图

1-6 如题 1-6 图所示，已知 $F=5$ kN，求力 $\boldsymbol{F}$ 对 A，B，C 和 D 各点的力矩。

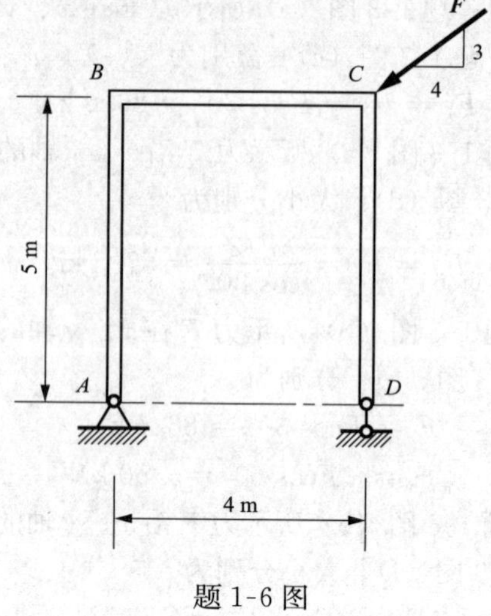

题 1-6 图

解： $\boldsymbol{F}$ 沿水平方向和铅垂方向的分力大小分别为

$$F_x = F \cdot \frac{4}{5} = 4\ \text{kN}, \quad F_y = F \cdot \frac{3}{5} = 3\ \text{kN}$$

$\boldsymbol{F}$ 对 A，B，C 和 D 各点的力矩分别为

$$M_A(\boldsymbol{F}) = 4 \times 5 - 3 \times 4 = 8\ (\text{kN} \cdot \text{m})$$

$$M_B(\boldsymbol{F}) = -3 \times 4 = -12\ (\text{kN} \cdot \text{m})$$

$$M_C(\boldsymbol{F}) = 0$$

$$M_D(\boldsymbol{F}) = 4 \times 5 = 20\ (\text{kN} \cdot \text{m})$$

1-7 题 1-7 图所示为齿轮齿条传动机构。工作时，齿条作用于齿轮上的力 $F=3$ kN，压力角 $\alpha=20°$，齿轮的节圆直径 $D=80$ mm。求齿间压力 $\boldsymbol{F}$ 对轮心 O 点的力矩。

解： 压力 $\boldsymbol{F}$ 对轮心 O 点的力矩为

$$M_O(\boldsymbol{F}) = -F\cos\alpha \cdot \frac{D}{2} = -112.7\ \text{N} \cdot \text{m}$$

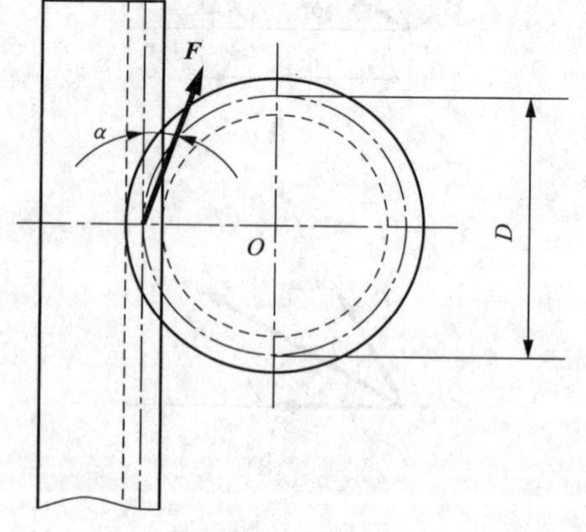

题 1-7 图

1-8　题 1-8 图所示的立方体边长为 a，在其体对角线上作用一个力 $\boldsymbol{F}$。求该力对三个坐标轴的矩。

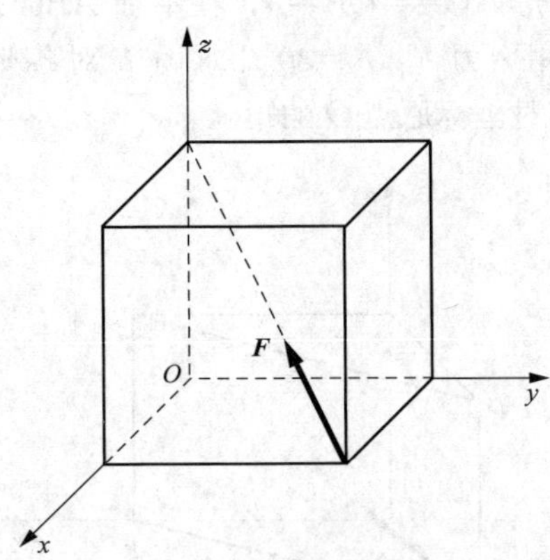

题 1-8 图

解： 力 $\boldsymbol{F}$ 沿三个坐标轴的分力大小分别为

$$F_x = F_y = F_z = \frac{\sqrt{3}}{3}F$$

根据力对轴之矩的定义，力 $\boldsymbol{F}$ 对三个坐标轴的矩分别为

$$M_x(\boldsymbol{F}) = \frac{\sqrt{3}}{3}Fa,$$

$$M_y(\boldsymbol{F}) = -\frac{\sqrt{3}}{3}Fa,$$

$$M_z(\boldsymbol{F}) = 0$$

1-9　如题 1-9 图所示，已知 $F = 500$ N，求力 $\boldsymbol{F}$ 对 z 轴的矩 M_z。

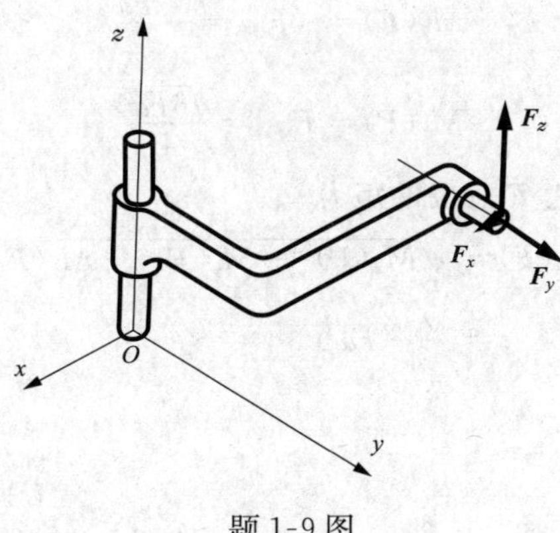

题 1-9 图

解： 力 $\boldsymbol{F}$ 沿 x 和 y 轴的分力大小分别为

$$F_x = \frac{10}{\sqrt{30^2 + 50^2 + 10^2}}F = 0.169\,0F$$

$$F_y = \frac{30}{\sqrt{30^2 + 50^2 + 10^2}}F = 0.507\,1F$$

根据力对轴之矩的定义，力 $\boldsymbol{F}$ 对 z 轴的矩为

$$\begin{aligned}M_z(\boldsymbol{F}) &= -F_y \cdot |x| - F_x \cdot |y| \\ &= -0.5071 \times 500 \times 0.15 \\ &\quad -0.169 \times 500 \times 0.15 \\ &= -50.71(\text{N} \cdot \text{m})\end{aligned}$$

1-10　已知题 1-10 图所示的立方体边长为 4 m，$F = 10$ kN，$M = 5$ kN · m，求力系对各坐标轴的矩。

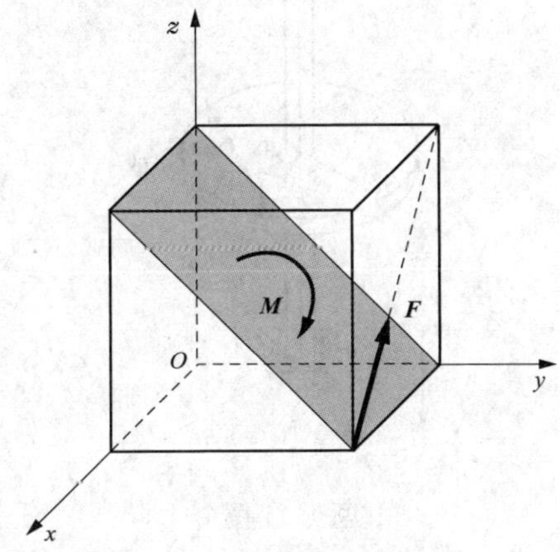

题 1-10 图

解： 单独由力偶 $\boldsymbol{M}$ 引起的对坐标轴的矩分别为

$$M_{x1}(\boldsymbol{F}) = 0$$

$$\begin{aligned}M_{y1}(\boldsymbol{F}) &= -M\cos 45^\circ = -5\cos 45^\circ \\ &= -3.54\ (\text{kN})\end{aligned}$$

$$M_{z1}(\boldsymbol{F}) = -M\cos 45^\circ = -3.54\ \text{kN}$$

单独由力 $\boldsymbol{F}$ 引起的对坐标轴的矩分别为

$$\begin{aligned}M_{x2}(\boldsymbol{F}) &= F\cos 45^\circ \times 4 \\ &= 10 \times \cos 45^\circ \times 4 \\ &= 28.28(\text{kN} \cdot \text{m})\end{aligned}$$

$$\begin{aligned}M_{y2}(\boldsymbol{F}) &= -M_{x2}(\boldsymbol{F}) \\ &= -28.28\ \text{kN} \cdot \text{m}\end{aligned}$$

$$\begin{aligned}M_{z2}(\boldsymbol{F}) &= F\cos 45^\circ \times 4 \\ &= 28.28\ \text{kN} \cdot \text{m}\end{aligned}$$

力系对坐标轴的矩分别为

$$\begin{aligned}M_x(\boldsymbol{F}) &= M_{x1}(\boldsymbol{F}) + M_{x2}(\boldsymbol{F}) \\ &= 28.28\ \text{kN} \cdot \text{m}\end{aligned}$$

$$M_y(\boldsymbol{F})=M_{y1}(\boldsymbol{F})+M_{y2}(\boldsymbol{F})$$
$$=-31.82\ \text{kN}\cdot\text{m}$$
$$M_z(\boldsymbol{F})=M_{z1}(\boldsymbol{F})+M_{z2}(\boldsymbol{F})$$
$$=24.74\ \text{kN}\cdot\text{m}$$

1-11 水平圆盘半径为 r，外缘 C 处作用已知力 $\boldsymbol{F}$。力 $\boldsymbol{F}$ 位于圆盘 C 处的切平面内，且与 C 处圆盘切线夹角为 60°，其他尺寸如题 1-11 图所示。求力 $\boldsymbol{F}$ 对三个坐标轴的矩。

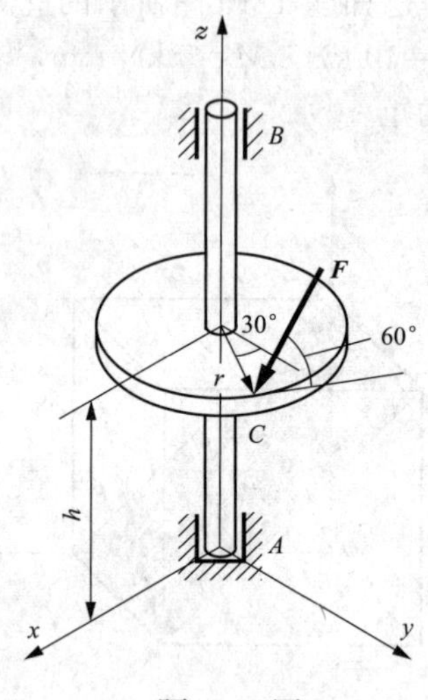

题 1-11 图

解： 力 $\boldsymbol{F}$ 沿三个坐标轴的分力大小分别为

$$F_x=F\cos 60^\circ\cos 30^\circ=\frac{\sqrt{3}}{4}F$$

$$F_y=F\cos 60^\circ\sin 30^\circ=\frac{F}{4}$$

$$F_z=F\sin 60^\circ=\frac{\sqrt{3}F}{2}$$

根据力对轴之矩的定义，力 $\boldsymbol{F}$ 对坐标轴的矩分别为

$$M_x(\boldsymbol{F})=F_y h-F_z r\cos 30^\circ=\frac{F}{4}(h-3r)$$

$$M_y(\boldsymbol{F})=F_x h+F_z r\sin 30^\circ=\frac{\sqrt{3}F}{4}(h+r)$$

$$M_z(\boldsymbol{F})=-Fr\cos 60^\circ=-\frac{1}{2}Fr$$

1-12 题 1-12 图所示三棱柱的底面为等腰三角形，$OA=OB=a$，在平面 $ABCD$ 内沿 AC 作用一力 $\boldsymbol{F}$，$\alpha=30^\circ$。求力 $\boldsymbol{F}$ 对各坐标轴的矩和对坐标原点 O 的矩。

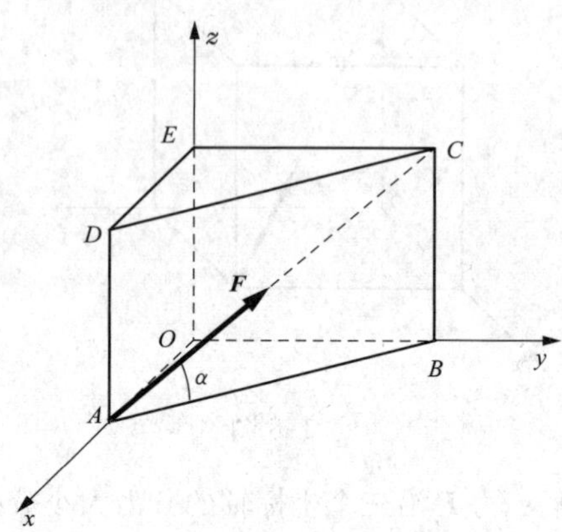

题 1-12 图

解： 力 $\boldsymbol{F}$ 沿三个坐标轴的分力大小分别为

$$F_x=F\cos 30^\circ\cos 45^\circ=\frac{\sqrt{6}}{4}F$$

$$F_y=\frac{\sqrt{6}F}{4}$$

$$F_z=F\sin 30^\circ=\frac{F}{2}$$

力 $\boldsymbol{F}$ 对三个坐标轴的矩分别为

$$M_x(\boldsymbol{F})=0$$

$$M_y(\boldsymbol{F})=-F_z a=-\frac{Fa}{2}$$

$$M_z(\boldsymbol{F})=F_y a=\frac{\sqrt{6}Fa}{4}$$

力 $\boldsymbol{F}$ 对 O 的矩为

$$M_O(\boldsymbol{F})=\sqrt{M_x(\boldsymbol{F})^2+M_y(\boldsymbol{F})^2+M_z(\boldsymbol{F})^2}$$
$$=\frac{\sqrt{10}}{4}Fa$$

第二章　物体受力分析

内 容 摘 要

一、静力学公理及推论

1. 二力平衡公理

作用在刚体上的两个力使刚体处于平衡的必要和充分条件是：这两个力大小相等、方向相反、作用在同一直线上，即等值、反向、共线。

2. 加减平衡力系公理

在已知力系上，任意加上或减去一个平衡力系，与原力系对刚体的作用等效。

3. 力的平行四边形法则

作用于物体上同一点的两个力可以合成为一个合力。合力的作用点仍然在该点。合力的大小和方向以这两个力为邻边的平行四边形的对角线来确定。或者说，合力矢等于这两个分力矢的几何和。

4. 作用力和反作用力定律

两个物体间的作用力和反作用力总是大小相等、方向相反、作用在同一直线上，分别作用在两个物体上。

5. 刚化原理

变形体在某一力系作用下处于平衡，如果将此变形体看作是刚体，其平衡状态保持不变。

6. 力的可传性

作用在刚体上某点的力，可以沿着它的作用线移动到刚体上的任意一点，并不改变该力对刚体的作用。

二、约束与约束力及基本约束

1. 约束

对非自由体的某些位移起限制作用的周围物体。

2. 约束力

约束阻碍着物体的位移，也就是约束能够起到改变物体运动状态的作用，所以约束对物体的作用，实际上就是力，这种力称为约束力（或称约束反力或反力）。

3. 基本约束与约束力

（1）柔索。约束力作用在接触点，方向沿着柔索，指向背离物体，使物体受拉。

（2）光滑接触面。约束力作用在接触点，方向沿接触面在该点的公法线，并为压力（指向物体内部）。

（3）固定铰支座。约束力垂直于销钉轴线，通过销钉中心，方向不定。通常用两个互相垂直的力表示。

（4）铰连接。约束力通常表示为两个相互垂直的力。

（5）活动铰支座或辊轴支座。约束力通过销钉中心，垂直于支撑面，指向不定（即可能是压力或拉力）。

（6）链杆。约束力沿着链杆中心线，指向不定。

（7）滑移支座。约束力可表示为垂直于支撑面方向的一个力和一个力偶。

（8）球铰支座。约束力通过球心，通常用三个相互垂直的分力来表示。

（9）径向轴承。约束力可用垂直于轴线的两个互相垂直的分力表示。

（10）止推轴承。与径向轴承相比，其约束力增加了沿轴线方向的分力。

（11）固定支座或固定端。平面固定端的约束力为一个方向未定的力和一个力偶；空间固定端的约束力为空间内一个方向未定的力和方向未定的力偶矩矢。

三、物体的受力分析

（1）将所研究部分的周围约束去掉，并从整体中分离出来，称为取分离体（取研究对象）。

（2）根据外加载荷和约束性质判断并确定作用在物体上有几个力，哪些是主动力，哪些是约束力，并判断各力的作用线、方向、大小。

(3) 在分离体上逐一画出作用于其上的全部力（包括主动力和约束力），这种图形称为受力图。

习 题 全 解

2-1 判断题

(1) 作用力与反作用力等值、反向、共线，因此它们构成了平衡力系。 ( )

(2) 加减平衡力系原理适用于任何物体。 ( )

(3) 在某刚体的 A、B 两点分别作用有力 $\boldsymbol{F}_A$ 和 $\boldsymbol{F}_B$，如果这两个力大小相等、方向相反且作用线重合，该物体一定平衡。 ( )

(4) 刚体上作用三个力，如果三个力的作用线交于一点，刚体必然平衡。 ( )

(5) 凡是两端用铰链连接的杆都是二力杆。 ( )

(6) 作用在刚体上某点的力，可以沿着其作用线移动到任意一点，并不改变该力对刚体的作用。 ( )

(7) 刚体的平衡条件是变形体平衡的充分条件。 ( )

解： (1) × (2) × (3) √ (4) × (5) × (6) √ (7) ×

2-2 题 2-2 图各图中的受力图是否正确，应如何画？

解： 题 2-2 图各图中的受力图均不正确。题 2-2 图 (a)、(b)、(c) 和 (d) 分别改为题 2-2 图 (e)、(f)、(g) 和 (h)。

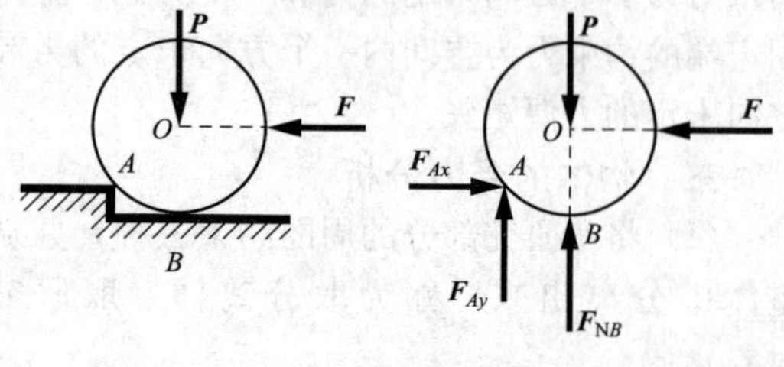

(a)

题 2-2 图

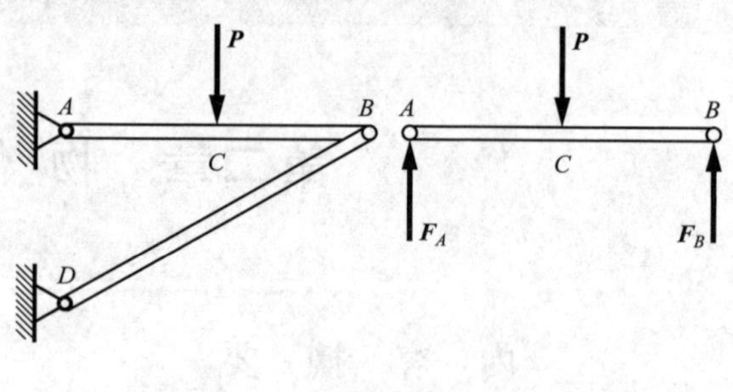

(b)

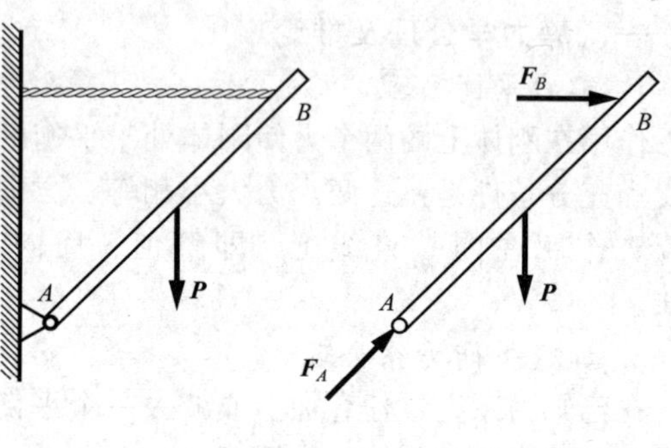

(c)

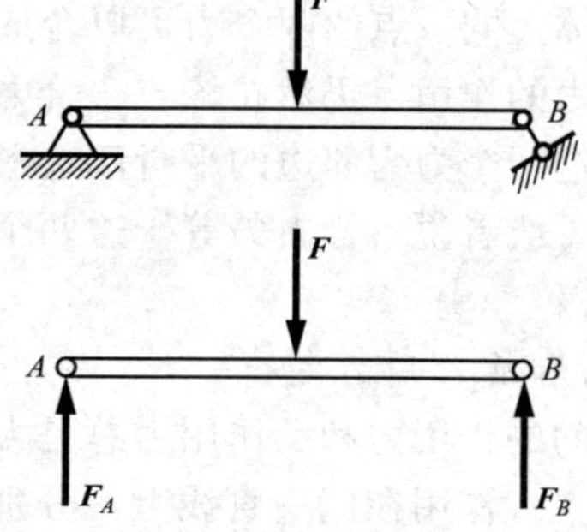

(d)

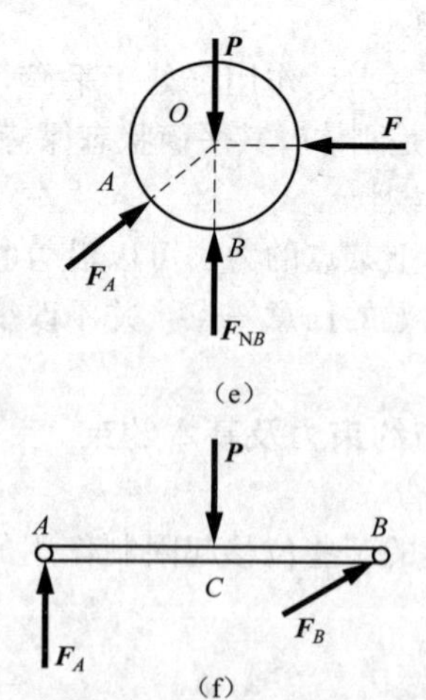

(e)

(f)

题 2-2 图

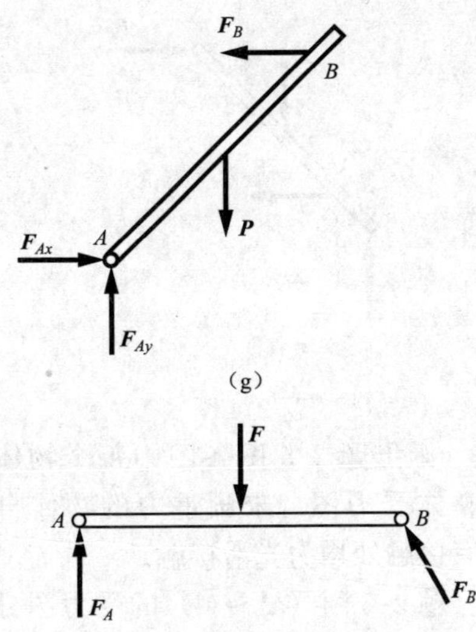

题 2-2 图

2-3　画出题 2-3 图所示各圆柱体的受力图。

解： 题 2-3 图（a）、（b）、（c）和（d）各圆柱体的受力图分别如题 2-3 图（e）、（f）、（g）和（h）所示。

2-4　画出题 2-4 图中杆或杆 AB 的受力图。未画重力的物体自重不计，所有接触处为光滑接触。

解： 题 2-4 图（a）～（e）的受力图分别如题 2-4 图（f）～（j）所示。

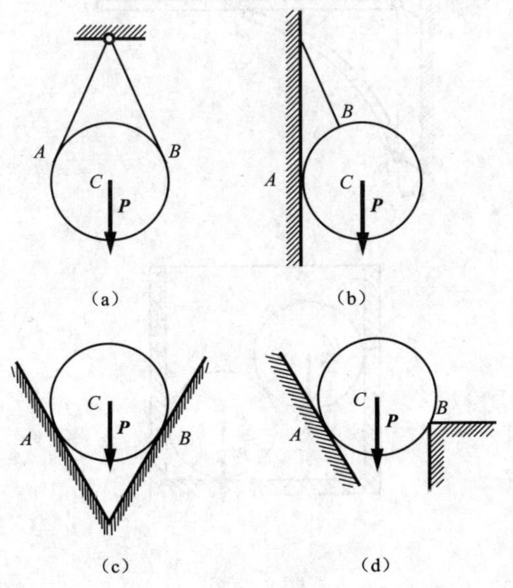

题 2-3 图

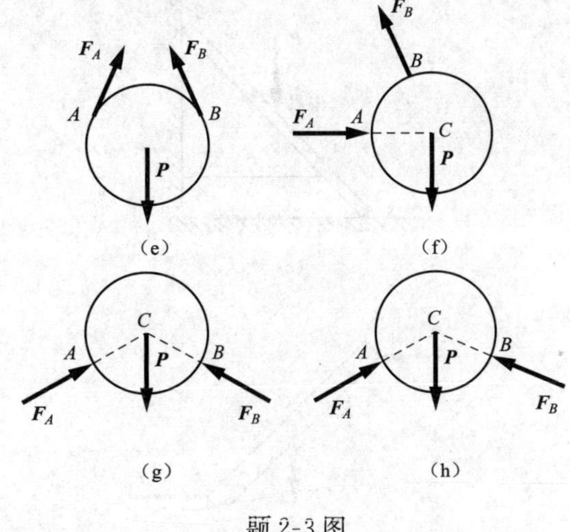

题 2-3 图

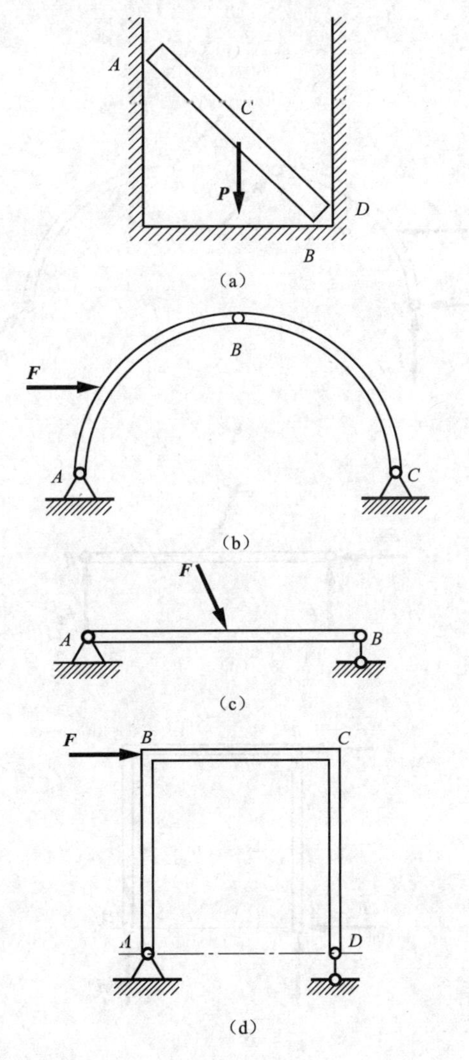

题 2-4 图

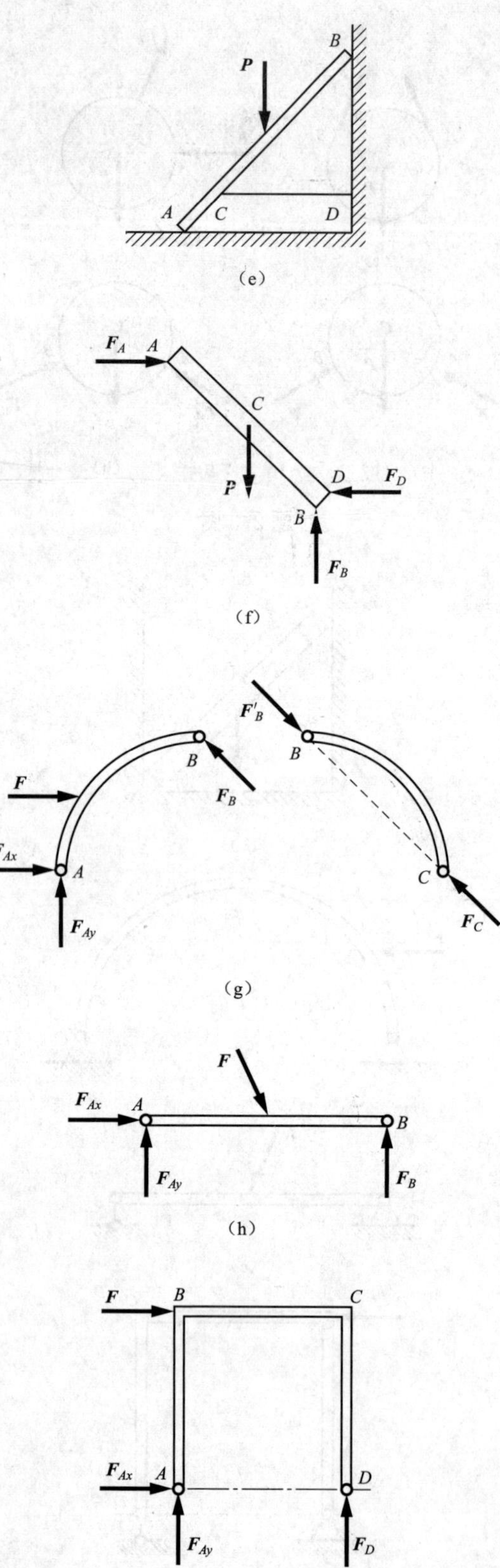

题 2-4 图

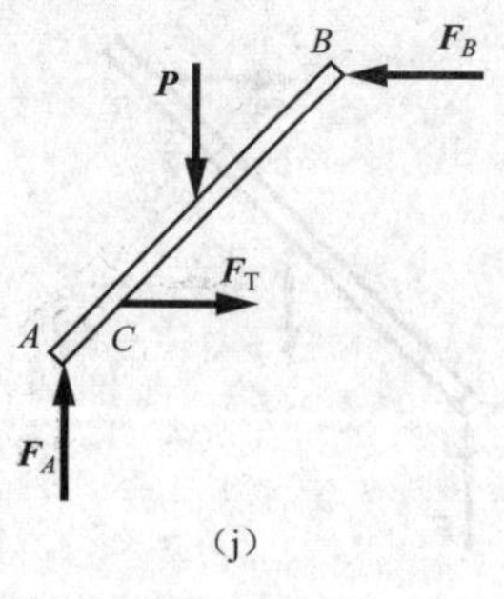

(j)

题 2-4 图

2-5 画出题 2-5 图各图中每个物体的受力图和整体受力图。未画重力的物体自重不计，所有接触处均为光滑接触。

解： 题 2-5 图（a）～（l）的受力图分别如题 2-5 图（m）～（x）所示。

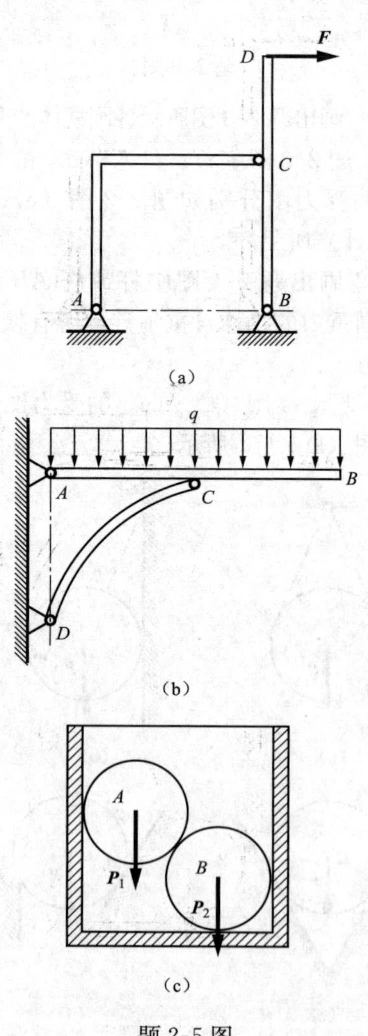

题 2-5 图

P
A
B
C
D
E
(d)
A
B
C
D
P
(e)
M
q
A
C
B
(f)
q
F
A
B
C
D
E
(g)
F_1
C
F_2
A
B
(h)
B
C
O
D
P_1
P_2
A
(i)
A
F
E
D
C
O
B
(j)
F
M
q
D
A
B
C
(k)
D
A
C
B
E
O
P
(l)
F_C
A
F_A
D
F
F'_C
C
F_{Bx}
B
F_{By}
D
F
C
A
F_{Bx}
B
F_A
F_{By}
(m)

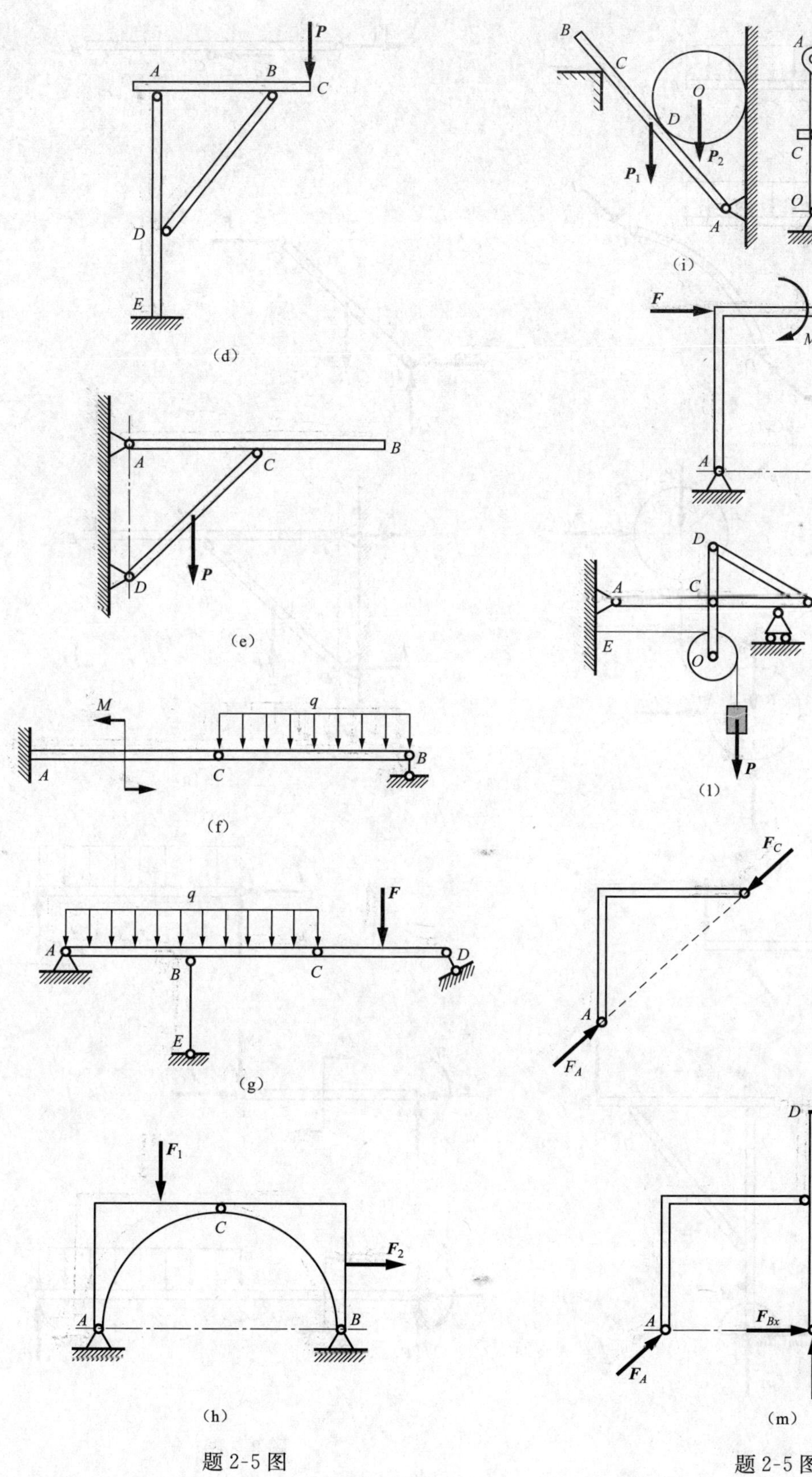

题 2-5 图

题 2-5 图

q
F_{Ax}
A
B
C
F_{Ay}
F_C
F_A
F'_C
D
F_D
F_{Dx}
F_{Dy}
P
(n)
P_1
P_2
F'_E
E
F_E
H
F_H
G
F_G
(o)
(q)
F_{Cx}
F_{Cy}
F_B
M
M_A
F'_{Cy}
F'_{Cx}
F'_{Ay}
F'_{Ax}
M_E
F_{Ex}
F_{Ey}
(p)
(r)

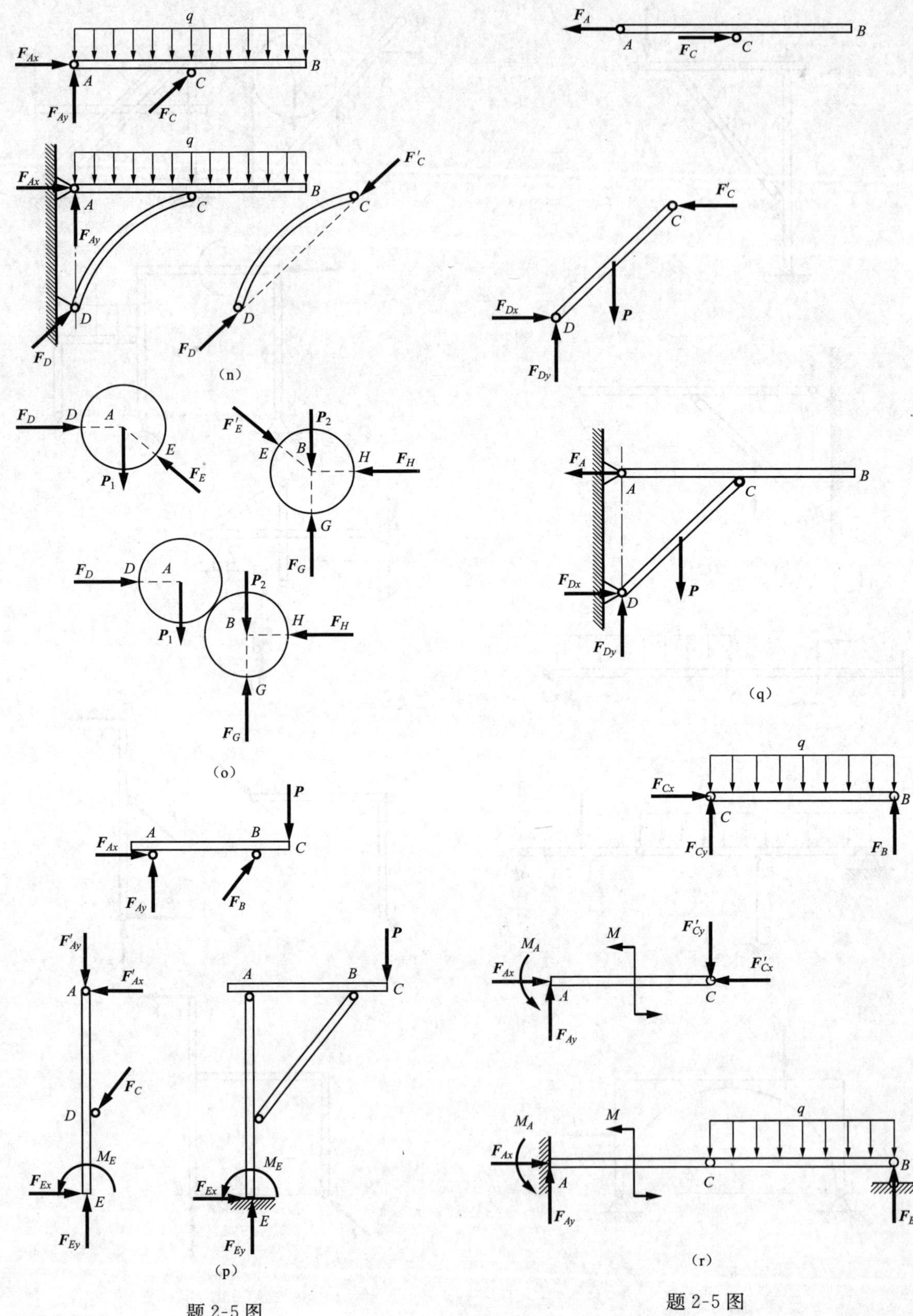

题 2-5 图

题 2-5 图

F
F_{Cx}
C
D
F_{Cy}
F_D
q
F'_{Cy}
F_{Ax}
F'_{Cx}
C
F_{Ay}
F_B
q
F
F_{Ax}
A
D
B
C
F_{Ay}
F_B
F_D
(s)
F_1
C
F_{Cx}
F'_{Cx}
C
F_{Cy}
F'_{Cy}
F_2
F_{Ax}
A
F_{Bx}
B
F_{Ay}
F_{By}
F_1
C
F_2
F_{Ax}
A
F_{Bx}
B
F_{Ay}
F_{By}
(t)
B
C
F_C
D
F_D
P_1
F_{Ax}
A
F_{Ay}
O
E
F_E
D
P_2
F'_D
B
C
O
E
F_E
F_C
D
P_2
P_1
F_{Ax}
A
F_{Ay}
(u)
F_{Ax}
A
F_{Ay}
F_{Cx}
C
F_{Cy}
F_{Ox}
O
F_{Oy}
F'_{Ax}
A
F'_{Ay}
F'_E
E
F_{Bx}
B
F_{By}
A
F
E
D
C
F_{Ox}
O
F_{Bx}
B
F_{Oy}
F_{By}
F
F'_{Cx}
E
D
C
F'_{Cy}
F_E
(v)

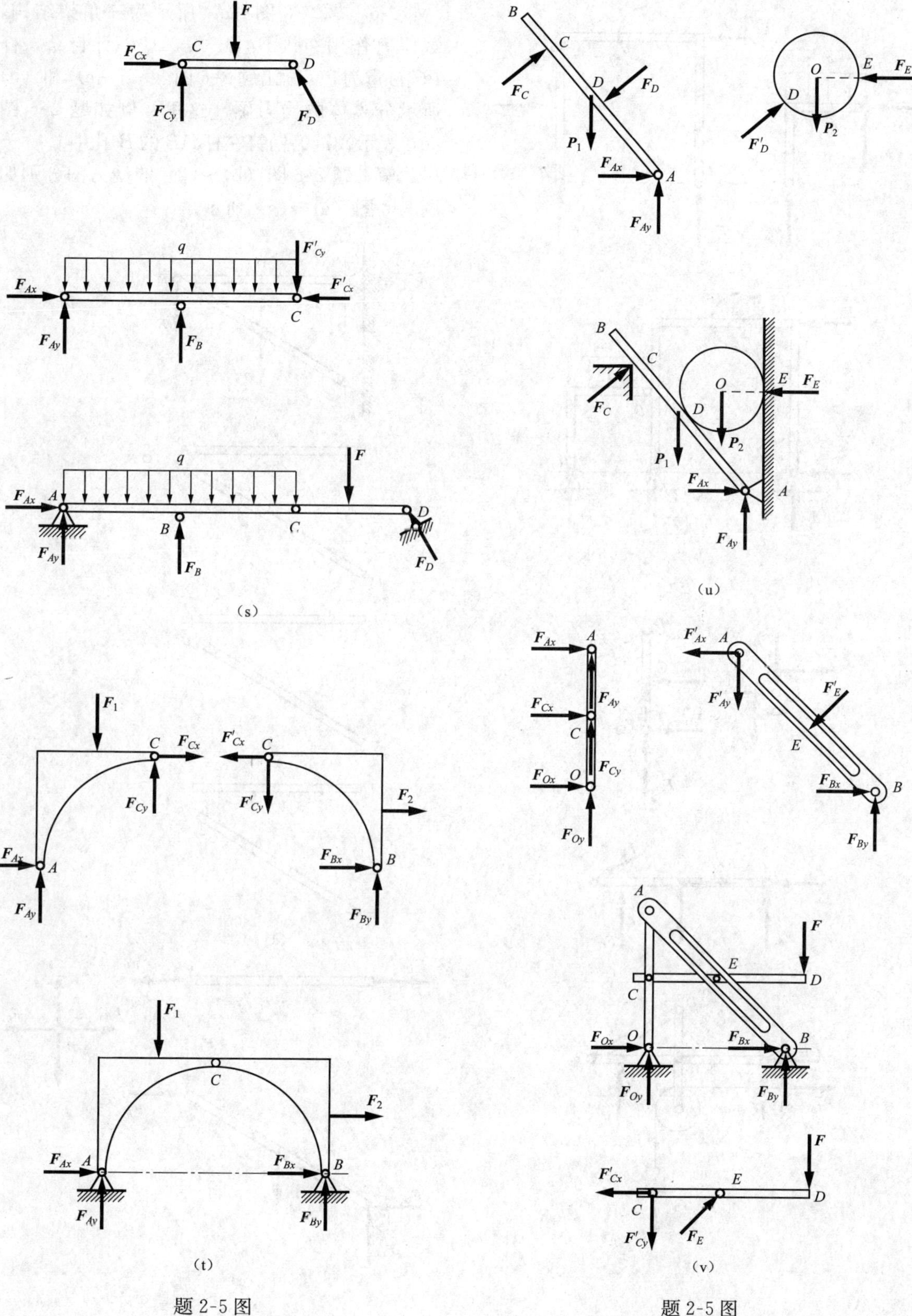

题 2-5 图　　　　题 2-5 图

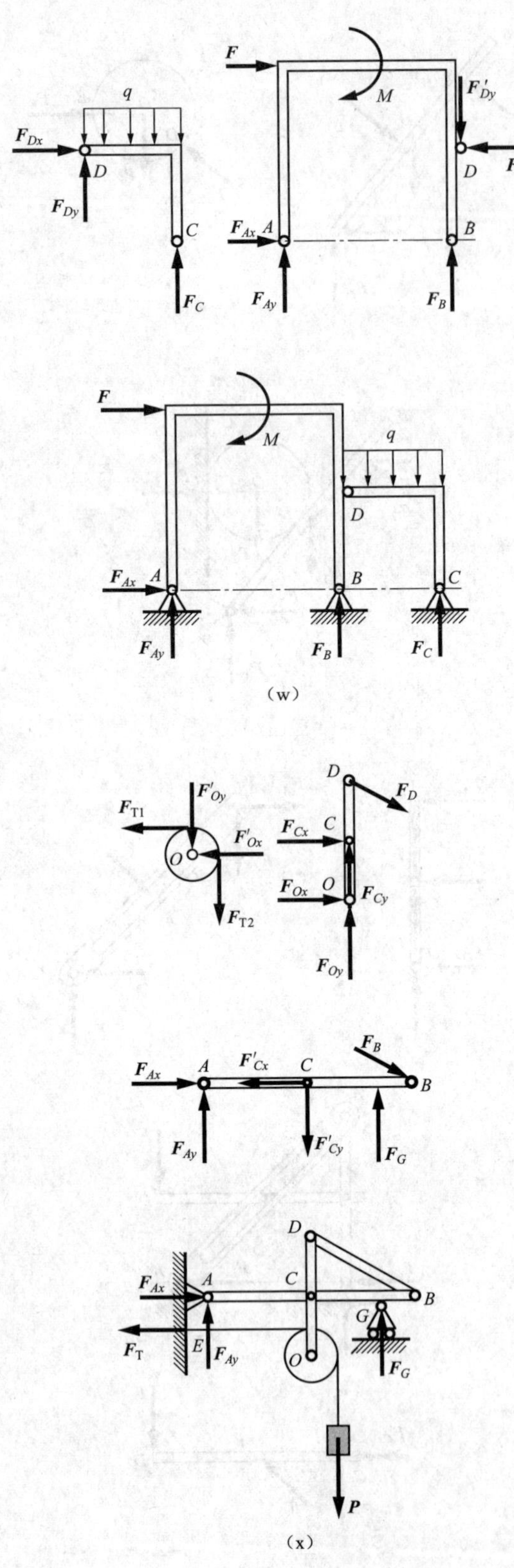

题 2-5 图

2-6 题 2-6 图（a）所示为三角架结构。载荷 $\boldsymbol{F}$ 作用在铰 B 上。杆 AB 不计自重，杆 BC 自重为 $\boldsymbol{P}$。画出题 2-6 图（b），（c）和（d）所示分离体的受力图［这里，例如题 2-6 图（c）表示铰链的销钉在杆 AB 的 B 孔中］。

解： 题 2-6 图（b）～（d）的受力图分别如题 2-6 图（e）～（g）所示。

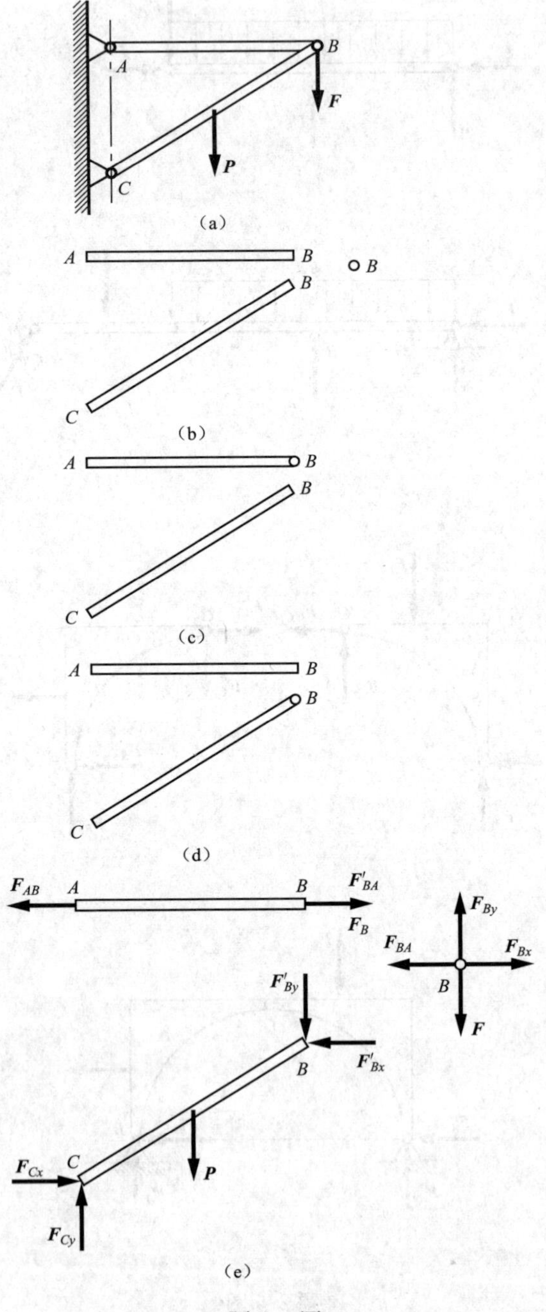

题 2-6 图

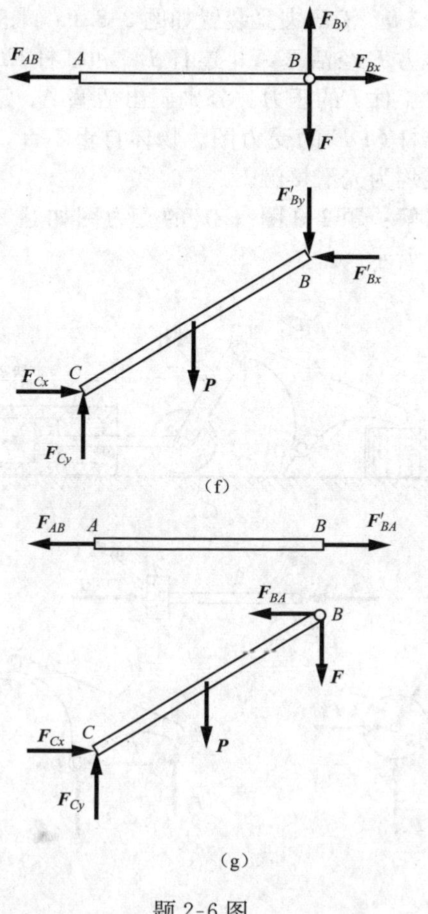

题 2-6 图

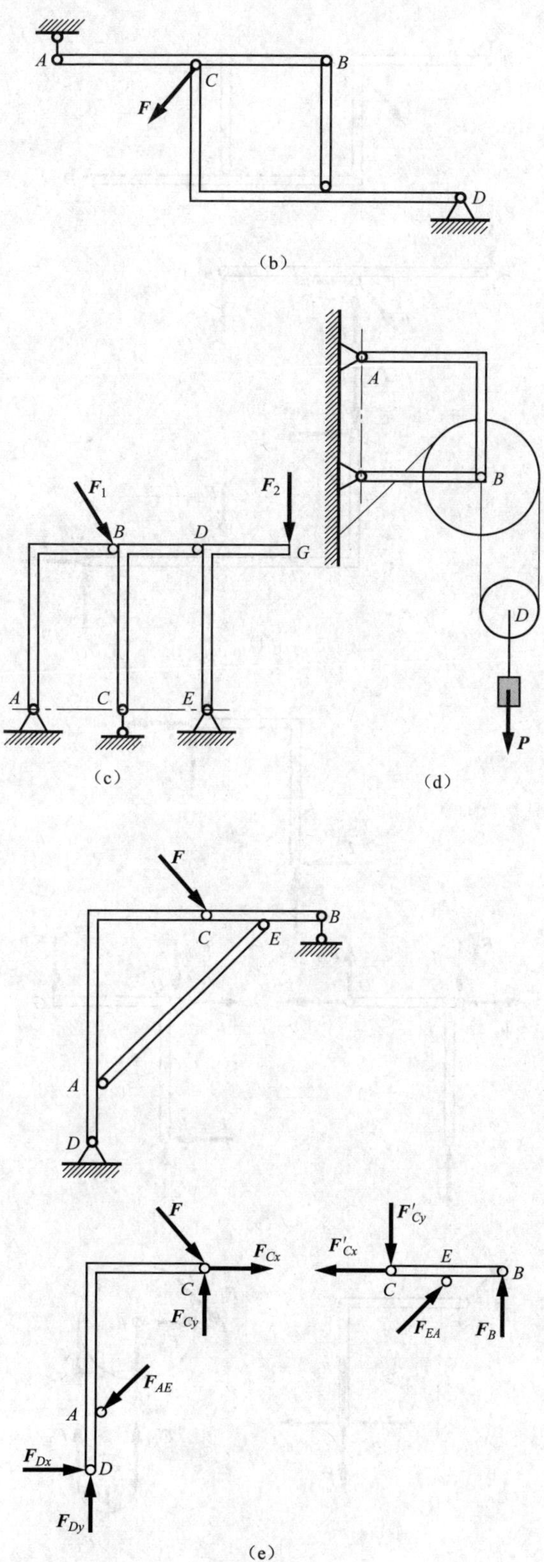

2-7　画出题 2-7 各图中标注字母的物体的受力图（不含销钉）。未画重力的物体自重不计，接触处均为光滑接触。

解： 题 2-7 图（a）～（d）的受力图分别如题 2-7 图（e）～（h）所示。

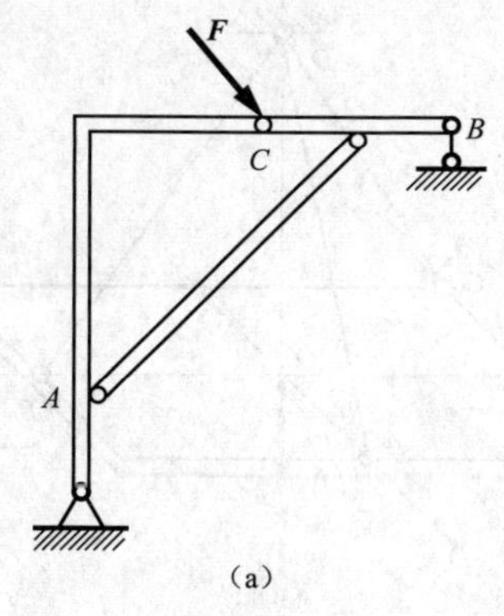

题 2-7 图

题 2-7 图

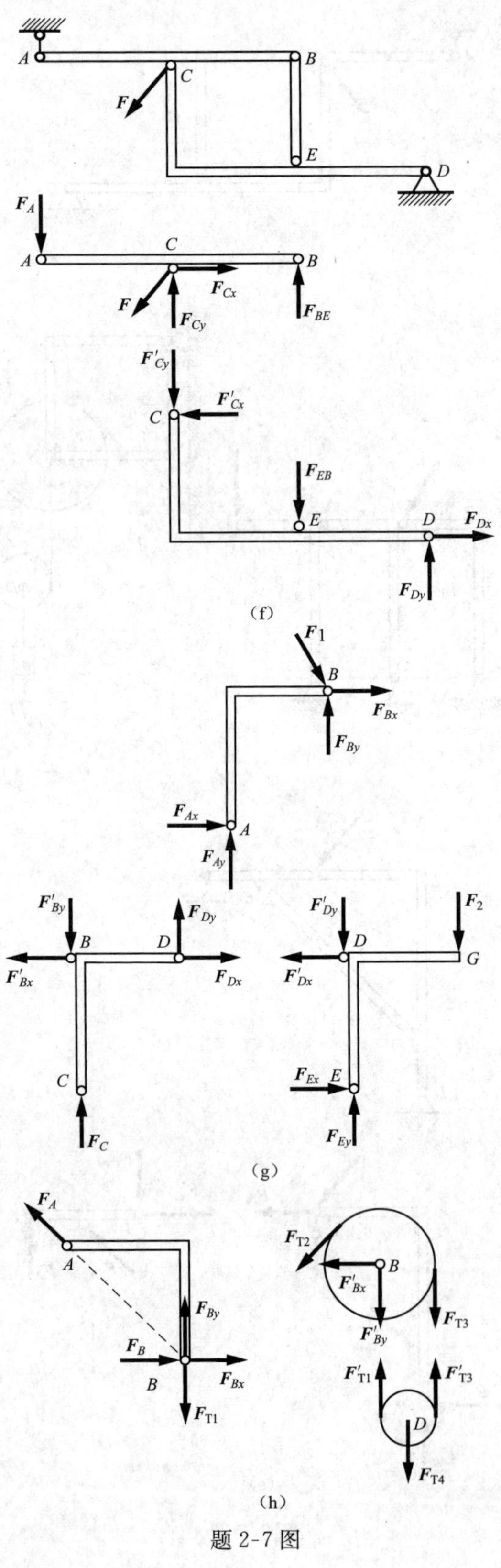

题 2-7 图

2-8 液压夹紧装置如题 2-8（a）图所示。油压力 $\boldsymbol{F}$ 经活塞 A、连杆 BC 和杠杆 CDE 增大对工件 I 的压力。分别画出活塞 A、滚子 B 和杠杆 CDE 的受力图。物体自重不计，设接触处均为光滑接触。

解：题 2-8 图（a）的受力图如题 2-8 图（b）所示。

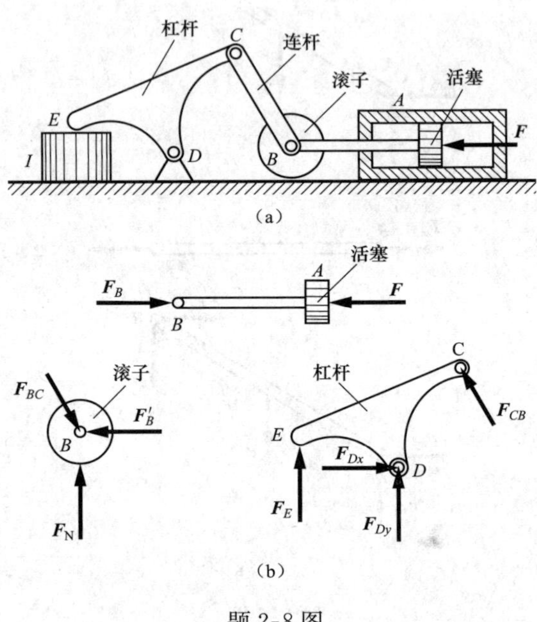

题 2-8 图

2-9 画出题 2-9 图（a）所示正方形板的受力图。

解：题 2-9 图（a）的受力图如题 2-9 图（b）所示。

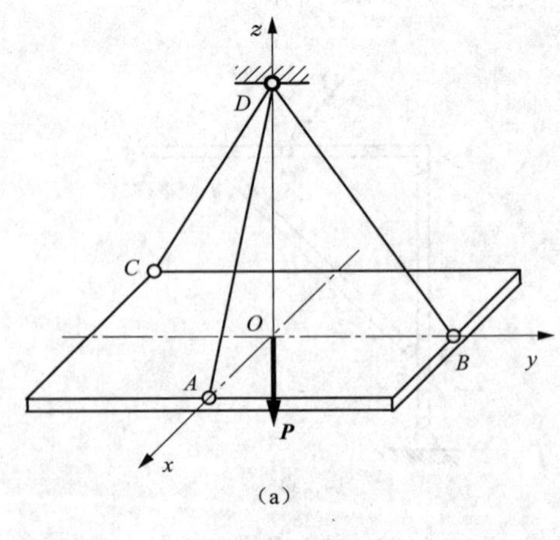

题 2-9 图

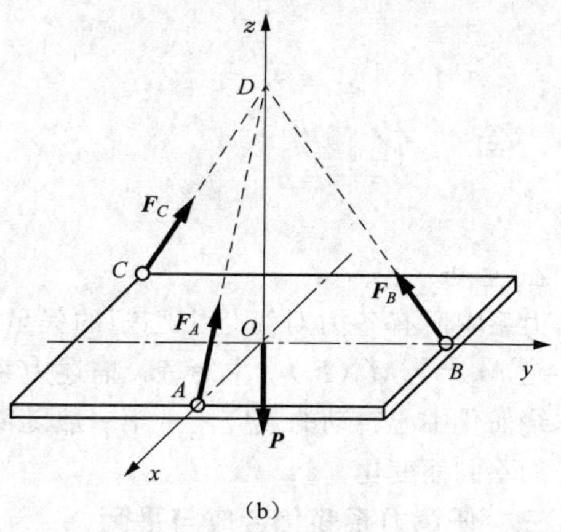

（b）

题 2-9 图

2-10　题 2-10 图（a）所示折杆 $ABCD$ 中，ABC 在水平面内，BCD 在铅垂面内，且 $\angle ABC=\angle BCD=90°$。杆端 D 用球铰、端 A 用滑动轴承支承。杆上作用有力偶矩为 M_1、M_2 和 M_3 的三个力偶，作用面与各杆垂直。画出该杆的受力图。

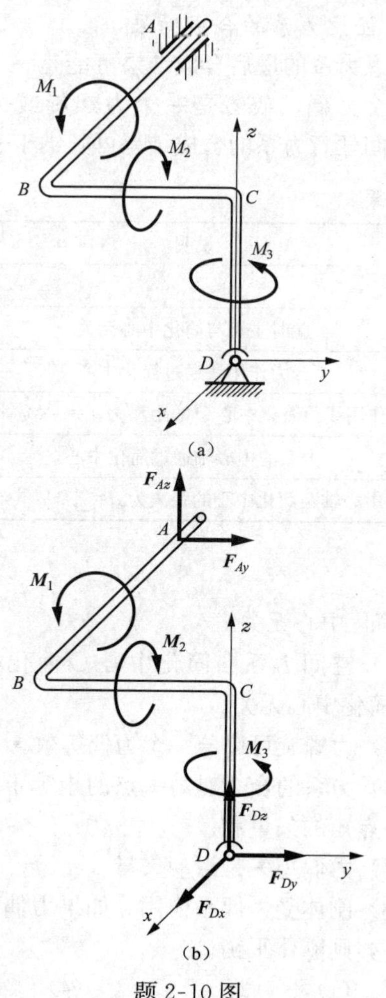

题 2-10 图

解： 题 2-10 图（a）的受力图如题 2-10 图（b）所示。

2-11　题 2-11（a）图所示杆 AB 的 A 端用球铰链与地面相连，B 端靠在光滑的墙上，并用绳索 BC 拉住。画杆 AB 的受力图。

解： 题 2-11 图（a）的受力图如题 2-11 图（b）所示。

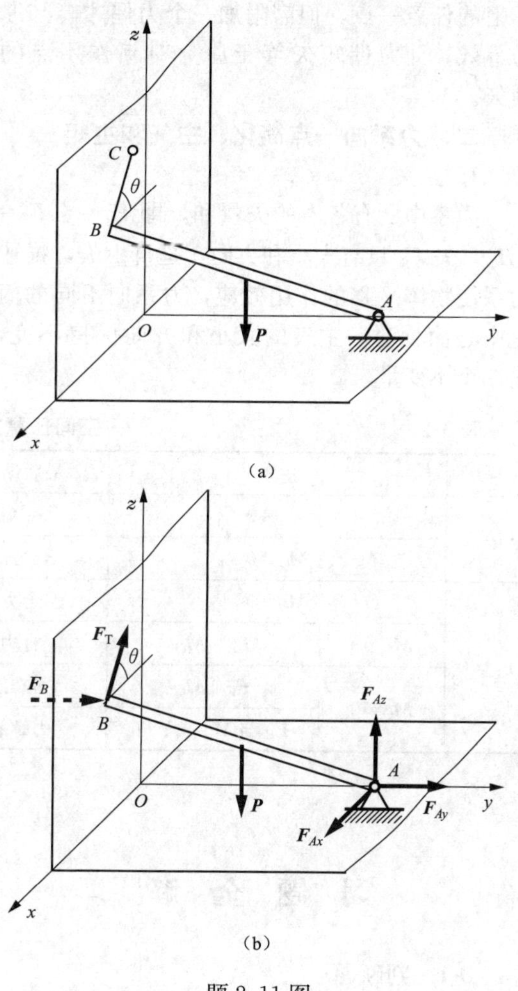

题 2-11 图

第三章　力　系　简　化

内 容 摘 要

一、力的平移定理

作用在刚体上某一点的力可以平移到该刚体上的任意一点，但需附加一个力偶才能与原力等效，此力偶矩矢等于原力对新作用点的矩矢。

二、力系向一点简化、主矢和主矩

1. 主矢

力系中所有各力的矢量和，即 $\boldsymbol{F}_{\mathrm{R}}=\sum\boldsymbol{F}_i'=\sum\boldsymbol{F}_i$，矢 $\boldsymbol{F}_{\mathrm{R}}$ 只有大小和方向，是自由矢，描述力系使物体平移的作用效应，力系向不同的简化中心简化时，主矢的大小和方向保持不变，是一个不变量。

2. 主矩

力系中所有各力对简化中心矩的矢量和。$\boldsymbol{M}_O=\sum\boldsymbol{M}_i=\sum\boldsymbol{M}_O(\boldsymbol{F}_i)$，主矩 $\boldsymbol{M}_O$ 描述力系使物体绕简化中心转动的效应，主矩一般随简化中心的不同而变化。

三、任意力系简化合成与平衡

1. 任意力系的简化

任意力系向任一点 O（简化中心）简化后，一般可得作用于点 O 的一个力和一个力偶，这个力的力矢称为该力系的主矢，这个力偶的矩矢称为力系对简化中心的主矩。

2. 任意力系的合成结果

任意力系的最后合成结果可能是一个合力或是一个力偶，或者是一个力螺旋或力系平衡。空间任意力系的合成结果可归纳于表 3-1。

表 3-1　　空间任意力系的合成结果

主矢	主矩		最后结果	说明
$\boldsymbol{F}_{\mathrm{R}}=0$	$\boldsymbol{M}_O=0$		平衡	
	$\boldsymbol{M}_O\neq0$		合力偶	此时主矩与简化中心无关
$\boldsymbol{F}_{\mathrm{R}}\neq0$	$\boldsymbol{M}_O=0$		合力	合力作用线通过简化中心
	$\boldsymbol{M}_O\neq0$	$\boldsymbol{F}_{\mathrm{R}}\perp\boldsymbol{M}_O$	合力	合力作用线距简化中心 O 的距离为 $d=\lvert M_O\rvert/F_{\mathrm{R}}$
	$\boldsymbol{M}_O\neq0$	$\boldsymbol{F}_{\mathrm{R}}\parallel\boldsymbol{M}_O$	力螺旋	力系的中心轴通过简化中心
		$\boldsymbol{F}_{\mathrm{R}}$ 与 $\boldsymbol{M}_O$ 成 α 角	力螺旋	力系的中心轴距简化中心的距离为 $d=\lvert M_O\rvert\sin\alpha/F_{\mathrm{R}}$

习 题 全 解

3-1　判断题

(1) 刚体上 A 点的作用力 $\boldsymbol{F}$ 平行移到另一点 B 不会改变对刚体的作用效应。　(　　)

(2) 平面任意力系向简化中心简化，如果主矢 $\boldsymbol{F}_{\mathrm{R}}$ 不为 **0**，原力系一定可以简化为一个合力。　(　　)

(3) 空间力系向简化中心 O 简化，主矢 $\boldsymbol{F}_{\mathrm{R}}$ 与简化中心无关。　(　　)

(4) 空间力系向简化中心 O 简化，主矩 $\boldsymbol{M}_O$ 与简化中心无关。　(　　)

(5) 力螺旋可以与一个力偶等效。(　　)

(6) 力系的合力对某一点的矩等于各分力对同一点矩的矢量和。　(　　)

(7) 力偶矩矢是滑动矢量。　(　　)

(8) 刚体受力偶系作用。如果力偶矩矢自行封闭，则刚体平衡。　(　　)

解：(1) × (2) √ (3) √ (4) × (5) ×

(6) √ (7) × (8) √

3-2　填空题

(1) 平面力系在 x 轴上的投影的代数和为 0，且对平面内某一点的矩也为 0，则该力系的简化结果是__________。

(2) 平面力系向面内任一点的简化结果相同，则力系的最终简化结果为__________。

(3) 平行力系的最终简化结果为__________。

(4) 两个异面力的最终简化结果为__________。

解：(1) 平衡或过该点垂直于 x 轴的一个力 (2) 合力偶或平衡 (3) 合力或平衡 (4) 力螺旋

3-3　题 3-3 图所示立方体边长为 a。已知某力系向 B 和 C' 点简化均得一合力。

(1) 力系向 A 和 A' 点分别简化后，主矩是否相等？

(2) 力系向 A 和 O' 点分别简化后，主矩是否相等？

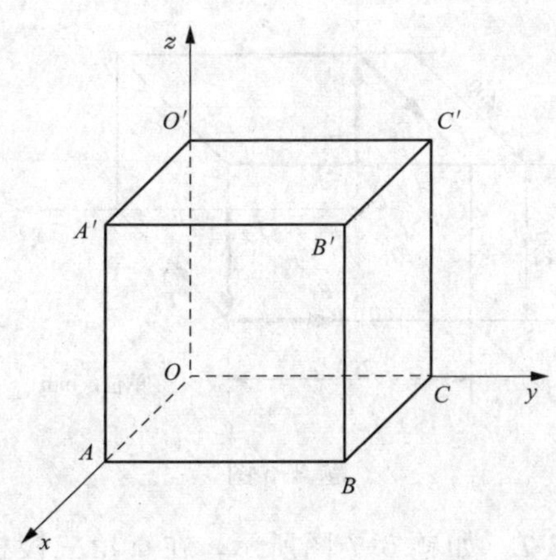

题 3-3 图

解：因为力系向 B 和 C' 点简化均得一合力，故合力作用线通过该两点的连线。

(1) 力系向 A 和 A' 点分别简化后，主矩不相等。

(2) 力系向 A 和 O' 点分别简化后，主矩相等。

3-4　题 3-4 图所示立方体的边长为 a，受 $\boldsymbol{F}_1$ 和 $\boldsymbol{F}_2$ 作用，求该力系向 O 点的简化结果（用解析式表示）。

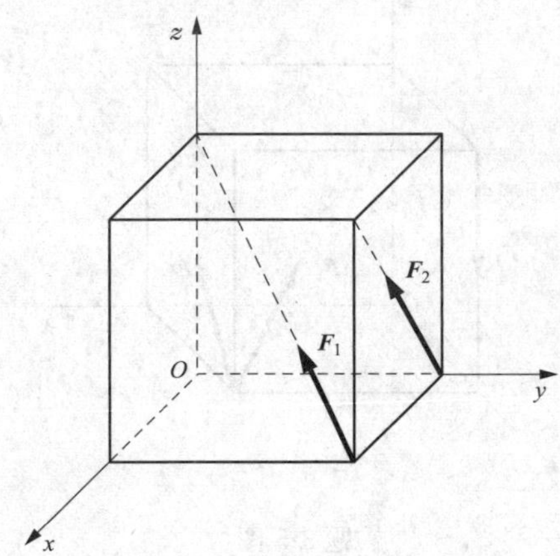

题 3-4 图

解：$\boldsymbol{F}_1$ 在各坐标轴上的投影分别为

$$F_{1x}=F_{1y}=-\frac{\sqrt{3}}{3}F_1,F_{1z}=\frac{\sqrt{3}}{3}F_1$$

$\boldsymbol{F}_1$ 对各坐标轴之矩分别为

$$M_x(\boldsymbol{F}_1)=\frac{\sqrt{3}}{3}F_1a,M_y(\boldsymbol{F}_1)$$

$$=-\frac{\sqrt{3}}{3}F_1a,M_z(\boldsymbol{F}_1)=0$$

$\boldsymbol{F}_2$ 在各坐标轴上的投影分别为

$$F_{2x}=F_{2z}=\frac{\sqrt{2}}{2}F_2,\quad F_{2y}=0$$

$\boldsymbol{F}_2$ 对各坐标轴之矩分别为

$$M_x(\boldsymbol{F}_2)=\frac{\sqrt{2}}{2}F_2a,$$

$$M_y(\boldsymbol{F}_2)=0,$$

$$M_z(\boldsymbol{F}_2)=-\frac{\sqrt{2}}{2}F_2a$$

所以，力系的主矢和主矩分别为

$$\boldsymbol{F}_{\mathrm{R}}=\left(-\frac{\sqrt{3}}{3}F_1+\frac{\sqrt{2}}{2}F_2\right)\boldsymbol{i}-\frac{\sqrt{3}}{3}F_1\boldsymbol{j}+\left(\frac{\sqrt{3}}{3}F_1+\frac{\sqrt{2}}{2}F_2\right)\boldsymbol{k}$$

$$\boldsymbol{M}_O=\left(\frac{\sqrt{3}}{3}F_1+\frac{\sqrt{2}}{2}F_2\right)a\boldsymbol{i}-\frac{\sqrt{3}}{3}F_1a\boldsymbol{j}-\frac{\sqrt{2}}{2}F_2a\boldsymbol{k}$$

3-5　在边长为 1 m 的立方体上作用三个力，如题 3-5 图所示。已知 $F_1=F_3=6$ kN，$F_2=5$ kN，求各力向坐标原点 O 简化的主矢、主矩的大小和方向。

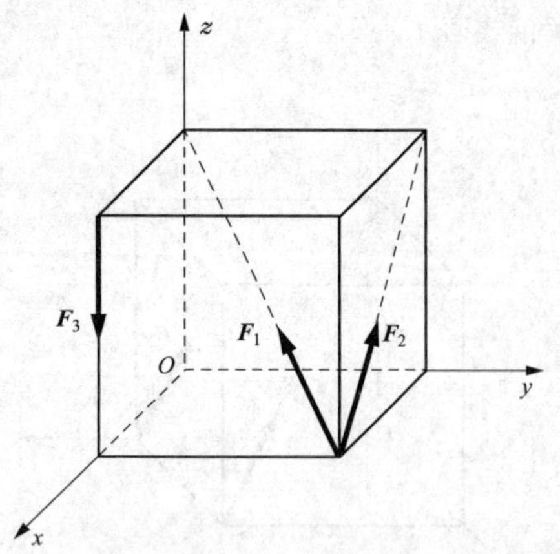

题 3-5 图

解：主矢 $\boldsymbol{F}_{\mathrm{R}}$ 在三个坐标轴上的投影分别为

$$\sum F_x=-6\cdot\frac{\sqrt{3}}{3}-5\cdot\frac{\sqrt{2}}{2}+0=-7.000\ (\mathrm{kN})$$

$$\sum F_y=-6\cdot\frac{\sqrt{3}}{3}+0+0=-3.464\ (\mathrm{kN})$$

$$\sum F_z=-6+6\cdot\frac{\sqrt{3}}{3}+5\cdot\frac{\sqrt{2}}{2}=1.000\ (\mathrm{kN})$$

主矢大小为

$$F_{\mathrm{R}}=\sqrt{(\sum F_x)^2+(\sum F_y)^2+(\sum F_z)^2}=7.874\ \mathrm{kN}$$

主矢与坐标轴的方向余弦分别为

$$\cos\alpha=\frac{\sum F_x}{F_{\mathrm{R}}}=-0.8890$$

$$\cos\beta=\frac{\sum F_y}{F_{\mathrm{R}}}=-0.4399$$

$$\cos\gamma=\frac{\sum F_z}{F_{\mathrm{R}}}=0.1270$$

与坐标轴的夹角分别为

$$\alpha=152.75°,\beta=116.10°,\gamma=82.70°$$

力系对三个坐标轴的矩的代数和分别为

$$\sum M_x(\boldsymbol{F})=F_{1z}\cdot 1+F_{2z}\cdot 1=7.000\ \mathrm{kN\cdot m}$$

$$\sum M_y(\boldsymbol{F})=-F_{1z}\cdot 1-F_{2z}\cdot 1+F_{3z}\cdot 1=-1\ \mathrm{kN\cdot m}$$

$$\sum M_z(\boldsymbol{F})=F_{2x}\cdot 1=3.536\ \mathrm{kN\cdot m}$$

主矩大小为

$$|\boldsymbol{M}_O|=\sqrt{[\sum M_x(\boldsymbol{F})]^2+[\sum M_y(\boldsymbol{F})]^2+[\sum M_z(\boldsymbol{F})]^2}=7.906\ \mathrm{kN\cdot m}$$

与坐标轴的方向余弦分别为

$$\cos\alpha=\frac{\sum M_x}{|M_O|}=0.8854$$

$$\cos\beta=\frac{\sum M_y}{|M_O|}=-0.1265$$

$$\cos\gamma=\frac{\sum M_z}{|M_O|}=0.4472$$

与坐标轴的夹角分别为

$$\alpha=27.70°，\beta=97.27°，\gamma=63.44°$$

3-6 如题 3-6 图所示，在长方体的两个顶点处沿棱边作用 6 个力，大小均等于 100 N。求力系向点 O 的简化结果。

解：由图可见，力系简化的主矢为 **0**。

力系对三个坐标轴的矩的代数和分别为

$$\sum M_x(\boldsymbol{F})=-F_2\cdot 0.3-F_4\cdot 0.2=-50\ \mathrm{N\cdot m}$$

$$\sum M_y(\boldsymbol{F})=F_2\cdot 0.4+F_6\cdot 0.2=60\ \mathrm{N\cdot m}$$

$$\sum M_z(\boldsymbol{F})=-F_1\cdot 0.4+F_3\cdot 0.3=-10\ \mathrm{N\cdot m}$$

所以

$$\boldsymbol{M}_O=(-50\boldsymbol{i}+60\boldsymbol{j}-10\boldsymbol{k})\ \mathrm{N\cdot m}$$

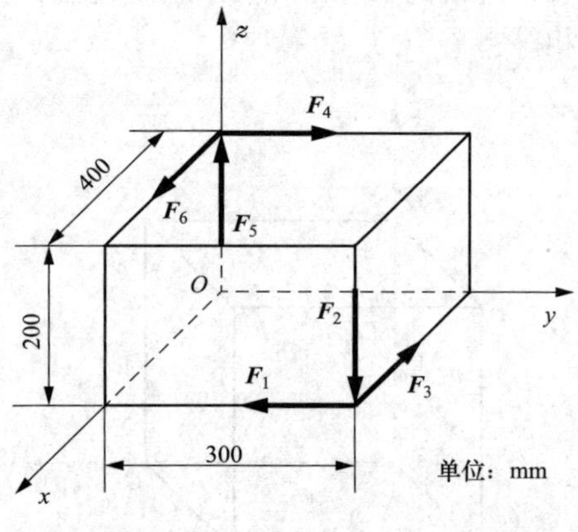

题 3-6 图

3-7 如题 3-7 图所示，在直角三棱柱的顶点 A，B 和 C 上作用有 6 个力。已知 $AB=400$ mm，$BC=300$ mm，向 A 点简化此力系。

解：由图可见，力系简化的主矢为 **0**。

力系对过 A 点的三个坐标轴的矩分别为

$$\sum M_x(\boldsymbol{F})=-100\times 0.3=-30\ (\mathrm{N\cdot m})$$

$$\sum M_y(\boldsymbol{F})=(180-100)\times 0.4=32\ (\mathrm{N\cdot m})$$

$$\sum M_z(\boldsymbol{F})=60\times 0.4=24\ (\mathrm{N\cdot m})$$

所以

$$\boldsymbol{M}_O=(-30\boldsymbol{i}+32\boldsymbol{j}+24\boldsymbol{k})\ \mathrm{N\cdot m}$$

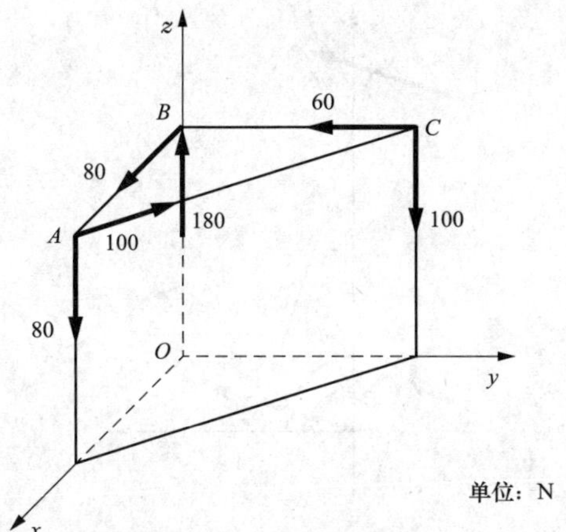

题 3-7 图

3-8　题 3-8 图所示力系由四个力组成。已知 $F_1=60\ \text{N}$，$F_2=400\ \text{N}$，$F_3=500\ \text{N}$，$F_4=200\ \text{N}$。求力系向 A 点简化的结果。

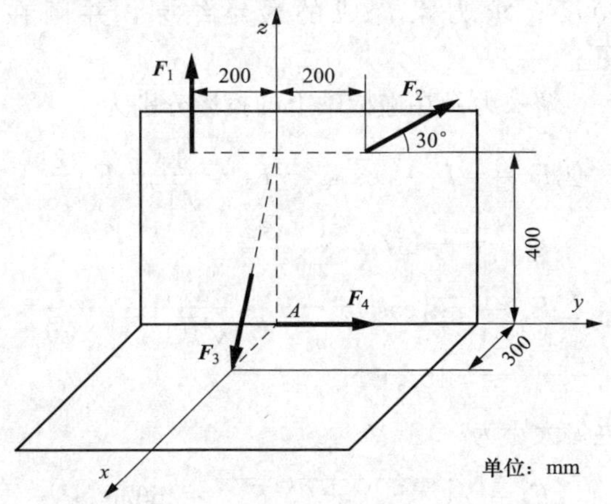

题 3-8 图

解： 力系在图示坐标轴上的投影分别为

$$\sum F_x=F_3\cdot\frac{3}{5}=300\ \text{N}$$

$$\sum F_y=F_1+F_2\sin 30°-F_3\cdot\frac{4}{5}=-140\ \text{N}$$

$$\sum F_z=F_2\cos 30°+F_4=546\ \text{N}$$

所以

$$\boldsymbol{F}_\text{R}=(300\boldsymbol{i}-140\boldsymbol{j}+546\boldsymbol{k})\ \text{N}$$

力系对三个坐标轴的矩的代数和分别为

$$\sum M_x(\boldsymbol{F})=-F_1\cdot 0.2+F_2\sin 30°\cdot 0.2-F_2\cos 30°\cdot 0.4=-111\ \text{N}\cdot\text{m}$$

$$\sum M_y(\boldsymbol{F})=F_3\cdot\frac{4}{5}\times 0.3=120\ \text{N}\cdot\text{m}$$

$$\sum M_z(\boldsymbol{F})=0$$

所以

$$\boldsymbol{M}_A=(-111\boldsymbol{i}+120\boldsymbol{j})\ \text{N}\cdot\text{m}$$

3-9　桁架连接点如题 3-9 图所示。已知 $F_1=F_3=1.5\ \text{kN}$，$F_2=1\ \text{kN}$，钢板 *mnpqrs* 传给杆 *MN* 上的力是多少？

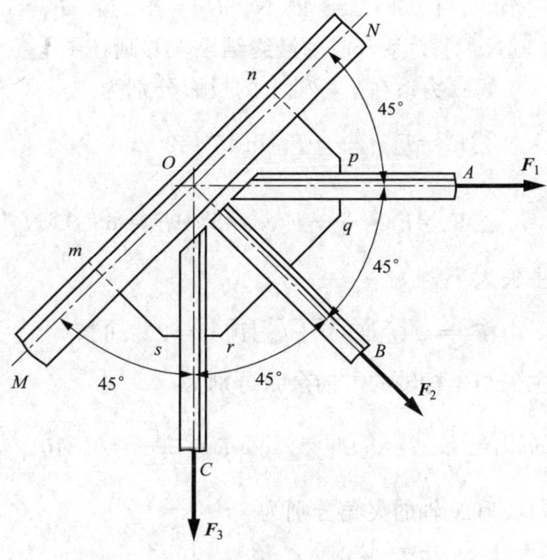

题 3-9 图

解： 钢板传给杆 *MN* 上的力即 $\boldsymbol{F}_1$、$\boldsymbol{F}_2$ 和 $\boldsymbol{F}_3$ 形成的汇交力系的合力。力系在坐标轴上的投影分别为

$$\sum F_x=F_1+F_2\cos 45°=2.207\ \text{kN}$$

$$\sum F_y=-F_1-F_2\cos 45°=-2.207\ \text{kN}$$

合力大小为

$$F_\text{R}=\sqrt{(\sum F_x)^2+(\sum F_y)^2}=3.12\ \text{kN}$$

3-10　如题 3-10 图所示，力 $\boldsymbol{F}_1$，$\boldsymbol{F}_2$ 和 $\boldsymbol{F}_3$ 大小均为 100 N，作用在边长为 100 mm 的等边三角形 *ABC* 的顶点，方向沿边长。求这三个力的合成结果。

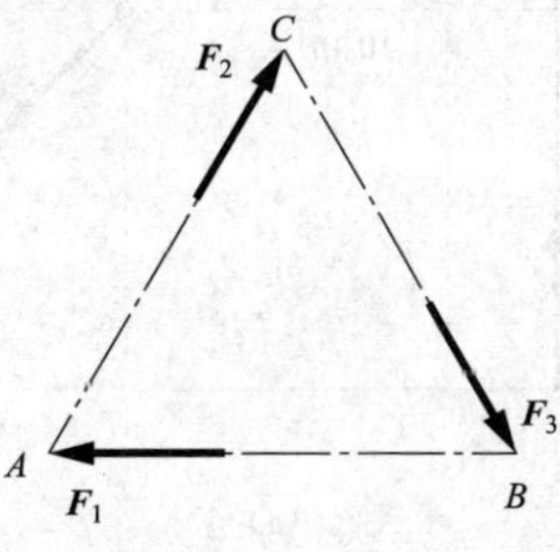

题 3-10 图

解： 不妨将力系向点 A 简化。可见，主矢大小为 0。力系的最后合成结果为一个主矩，其大小等于力系向点 A 简化的合力偶，即

$$M_A = -F_3 \cdot AB\cos 30° = -8.66\ \text{N}\cdot\text{m}$$

3-11 如题 3-11 图（a）所示，平面内有三个力，已知 $F_1 = 120$ N，$F_2 = 150$ N，$F_3 = 100$ N。求力系合成的最终结果，并画在图上。

解： 力系在坐标轴上的投影分别为

$$\sum F_x = F_1 \cdot \frac{4}{5} + F_2 \sin 45° = 202.07\ \text{N}$$

$$\sum F_y = F_1 \cdot \frac{3}{5} - F_2 \cos 45° + F_3 = 65.93\ \text{N}$$

主矢大小为

$$F_R = \sqrt{(\sum F_x)^2 + (\sum F_y)^2} = 212.6\ \text{N}$$

主矢与坐标轴的方向余弦分别为

$$\cos\alpha = \frac{\sum F_x}{F_R} = 0.950\,5,\ \cos\beta = \frac{\sum F_y}{F_R} = 0.310\,2$$

与 x 和 y 轴的夹角分别为

$$\alpha = 18.10°,\quad \beta = 71.93°$$

向 O 点简化的主矩为

$$\begin{aligned} M_O &= \sum M_O(\boldsymbol{F}) \\ &= -F_1 \cdot \frac{4}{5} \cdot 30 + F_1 \cdot \frac{3}{5} \cdot 10 \\ &\quad - F_2 \sin 45° \cdot 30 - F_2 \cos 45° \cdot 40 \\ &= -958\,5\ \text{N}\cdot\text{mm} \end{aligned}$$

力系最后可简化为一合力 $\boldsymbol{F}'_R$，其作用线到点 O 的距离为

$$d = \frac{M_O}{F_R} = 45.1\ \text{mm}$$

如题 3-11 图（b）所示。

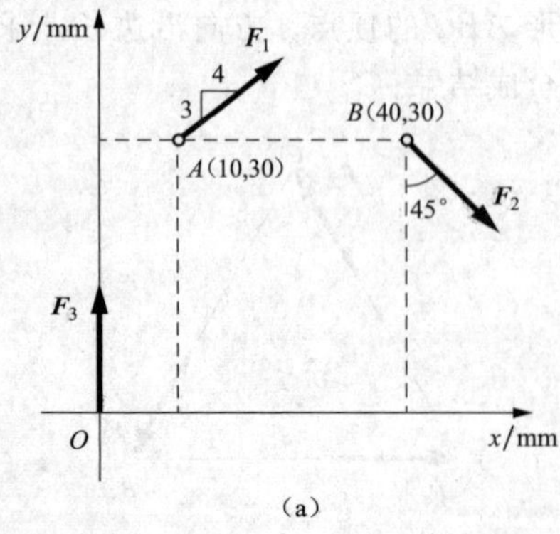

(a)

图 3-11

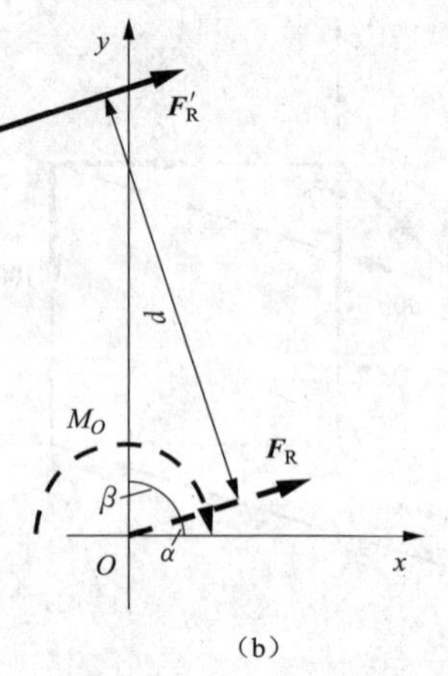

(b)

图 3-11

3-12 如题 3-12 图（a）所示，已知 $F_1 = 150$ N，$F_2 = 200$ N，$F_3 = 300$ N，$F = F' = 200$ N。求力系合成的最终结果，并画在图上。

解： 力系在坐标轴上的投影分别为

$$\begin{aligned} \sum F_x &= -F_1 \cdot \cos 45° - F_2 \cdot \frac{1}{\sqrt{10}} - F_3 \frac{2}{\sqrt{5}} \\ &= -437.6\ \text{N} \end{aligned}$$

$$\begin{aligned} \sum F_y &= -F_1 \cos 45° - F_2 \cdot \frac{3}{\sqrt{10}} + F_3 \cdot \frac{1}{\sqrt{5}} \\ &= -161.6\ \text{N} \end{aligned}$$

主矢大小为

$$F_R = \sqrt{(\sum F_x)^2 + (\sum F_y)^2} = 466.5\ \text{N}$$

主矢在第三象限。主矢与 x 轴之间的锐角为

$$\alpha = \arccos\left|\frac{\sum F_x}{F_R}\right| = 20.27°$$

向 O 点简化的主矩为

$$\begin{aligned} M_O &= \sum M_O(\boldsymbol{F}) = F_1 \cos 45° \cdot 100 \\ &\quad + F_3 \cdot \frac{1}{\sqrt{5}} \cdot 200 - F \cdot 80 = 214\,40\ \text{N}\cdot\text{mm} \end{aligned}$$

力系最后可简化为一合力 $\boldsymbol{F}'_R$，其作用线到点 O 的距离为

$$d = \frac{M_O}{F_R} = 45.96\ \text{mm}$$

如题 3-12 图（b）所示。

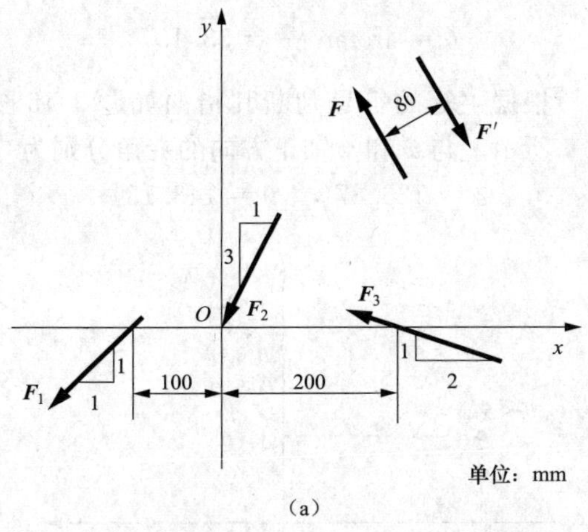

(a)

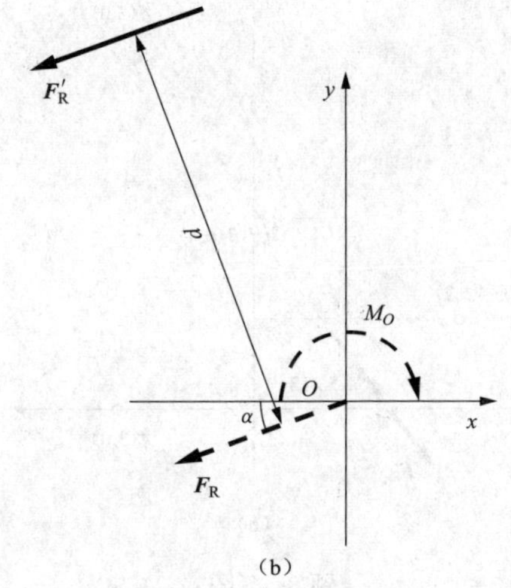

(b)

题 3-12 图

3-13　题 3-13 图（a）所示平面任意力系中 $F_1=40\sqrt{2}$ N，$F_2=80$ N，$F_3=40$ N，$F_4=110$ N，$M=2\,000$ N·mm。求力系合成的最终结果，并写出合力作用线方程。

解：力系在坐标轴上的投影分别为

$$\sum F_x=F_1\cdot\cos 45°-F_2-F_4=-150\text{ N}$$

$$\sum F_y=F_1\sin 45°-F_3=0$$

主矢大小为

$$F_R=\sqrt{(\sum F_x)^2+(\sum F_y)^2}=150\text{ N}$$

方向水平向左。

向 O 点简化的主矩为

$$\begin{aligned}M_O&=\sum M_O(\boldsymbol{F})\\&=F_2\cdot 30+F_3\cdot 50-F_4\cdot 30-M\\&=-900\text{ N}\cdot\text{mm}\end{aligned}$$

力系最后可简化为一合力 $\boldsymbol{F}'_R$，其作用线到点 O 的距离为

$$d=\frac{M_O}{F_R}=6\text{ mm}$$

合力作用线方程为

$$y=-6\text{mm}$$

如题 3-13 图（b）所示。

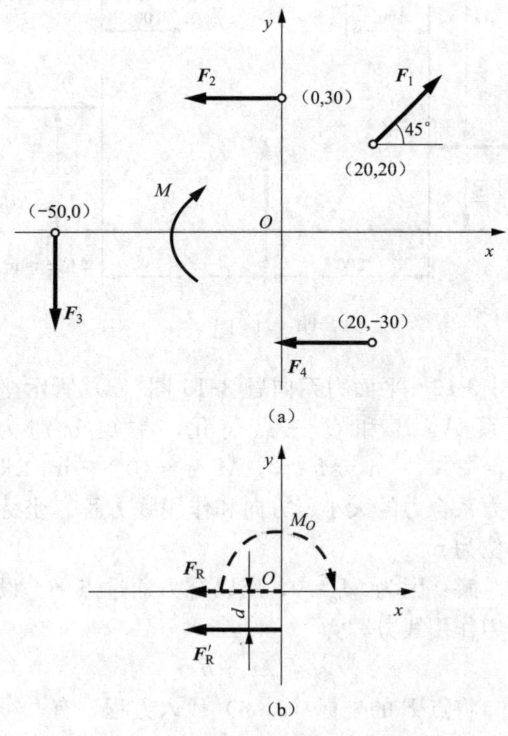

题 3-13 图

3-14　长方形板在题 3-14 图所示 5 个力作用下，合力 $\boldsymbol{F}_R$ 通过形心并沿铅垂方向，求 $\boldsymbol{F}_5$ 的大小和位置。已知 $F_1=F_2=F_3=F_4=100$ N。

解：因为长方形板在图示力系作用下，合力 $\boldsymbol{F}_R$ 沿铅垂方向，所以主矢在 x 轴上的投影为 0。

$$\sum F_x=0$$

$$F_3-F_1\cdot\frac{3}{5}+F_2\cdot\frac{4}{5}-F_5=0$$

解得

$$F_5=120\text{ N}$$

因为合力 $\boldsymbol{F}_R$ 通过形心，力系对长方形板铅垂对称轴任一点的主矩为 0。力系向板底边中点 O 简化的主矩为 0，即

$$M_O=\sum M_O(\boldsymbol{F})=0$$

$$-F_3\cdot 100+F_1\cdot\frac{3}{5}\cdot 300-F_1\cdot\frac{4}{5}\cdot 100$$

$$-F_2\cdot\frac{4}{5}\cdot 300+F_2\cdot\frac{3}{5}\cdot 100+F_5\cdot d=0$$

解得

$$d = 150\ \mathrm{mm}$$

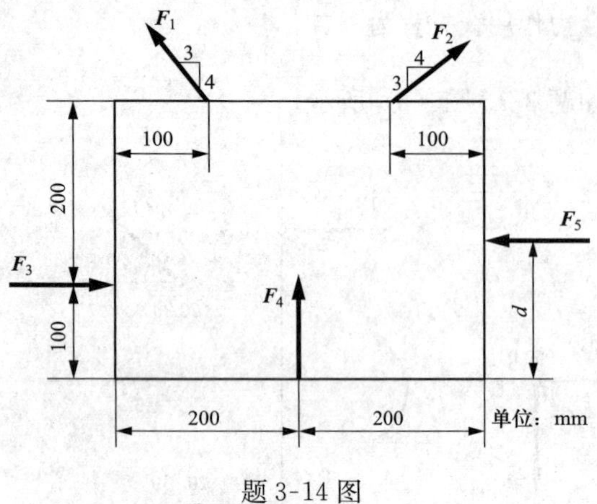

题 3-14 图

3-15 平面力系向题 3-15 图（a）所示坐标系 A，B 和 C 三点简化，主矩分别为 $M_A=20\ \mathrm{N\cdot m}$，$M_B=0$，$M_C=-10\ \mathrm{N\cdot m}$。求该力系合力的大小、方向和作用线方程。坐标单位为 m。

解： 因为 $M_B=0$，所以合力通过点 B。设合力作用线方程为

$$y = kx + b$$

将点 B 的坐标（0，4）代入方程，有

$$4 = k\cdot 0 + b$$

解得

$$b = 4\ \mathrm{m}$$

合力作用线方程可写成

$$kx - y + 4 = 0$$

设点 C 和 A 到该直线的距离分别为 d_1 和 d_2。因力系向 A 和 C 简化，主矩分别为 $M_A=20\ \mathrm{N\cdot m}$，和 $M_C=-10\ \mathrm{N\cdot m}$，有

$$|F'_{\mathrm{R}}d_1| = 10,\ |F'_{\mathrm{R}}d_2| = 20$$

根据点到直线距离公式

$$F'_{\mathrm{R}}\cdot\frac{|k(-4.5)-2+4|}{\sqrt{k^2+1^2}} = 10,$$

$$F'_{\mathrm{R}}\cdot\frac{|k\cdot 3+4|}{\sqrt{k^2+1^2}} = 20$$

解得直线斜率为

$$k = \frac{4}{3}$$

与 x 轴的夹角为

$$\theta = \arctan\frac{4}{3} = 53.13^\circ$$

根据主矩的符号判断其指向如题 3-15 图（b）所示。与 x 和 y 轴正方向的夹角分别为

$$\alpha = 126.87^\circ,\quad \beta = 143.13^\circ$$

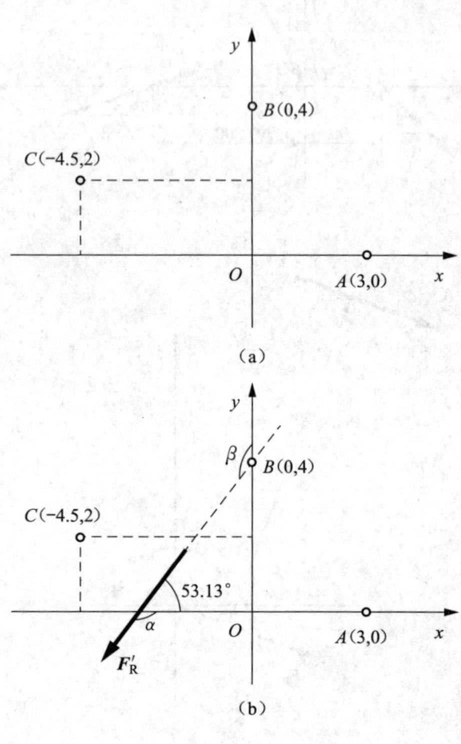

题 3-15 图

3-16 一平行力系由 5 个力组成，力的大小和位置如题 3-16 图所示，求该力系的合力。图中小正方形的边长为 10 mm。

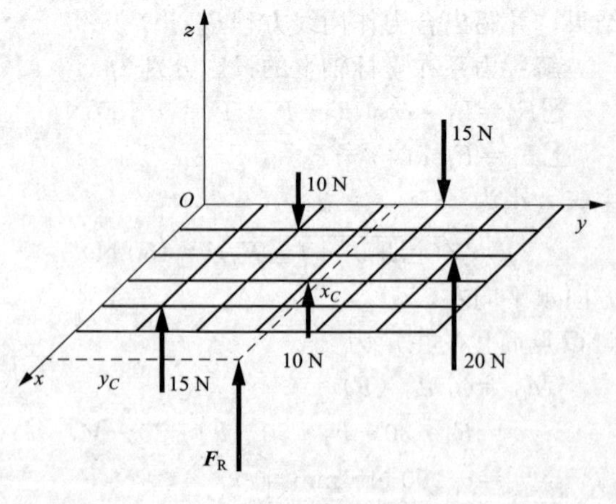

题 3-16 图

解：力系合力的大小为

$$F_{\mathrm{R}} = 15 - 10 + 10 - 15 + 20 = 20\ (\mathrm{N})$$

力系对 x 和 y 轴的矩的代数和分别为

$$\sum M_x(\boldsymbol{F}) = 15\times10 - 10\times20 + 10\times30 - 15\times40 + 20\times50 = 650\ (\mathrm{N\cdot mm})$$

$$\sum M_y(\boldsymbol{F}) = -15\times40 + 10\times10 - 10\times30 - 20\times20 = -1\,200\ (\mathrm{N\cdot mm})$$

根据合力矩定理，合力对轴的矩等于各分力对该轴的矩的代数和。设合力作用点的坐标分别为 x_C 和 y_C，有

$$F_{\mathrm{R}}\cdot y_C = \sum M_x(\boldsymbol{F}),\quad -F_{\mathrm{R}}\cdot x_C = \sum M_y(\boldsymbol{F})$$

即

$$20\cdot y_C = 650,\quad -20\cdot x_C = -1\,200$$

解得

$$y_C = 32.5\ \mathrm{mm},\quad x_C = 60\ \mathrm{mm}$$

3-17　边长为 a 的正方体，受力如题 3-17 图（a）所示。已知 $F_1 = F_2 = F_3 = F$，求该力系向 O 点的简化结果和最终简化结果，并求出合力作用线或力螺旋中心轴的位置。

解：力系向 O 点简化的主矢为

$$\boldsymbol{F}_{\mathrm{R}} = \boldsymbol{F}_1 = F\boldsymbol{k}$$

力系对坐标轴之矩的代数和分别为

$$\sum M_x(\boldsymbol{F}) = 0,$$
$$\sum M_y(\boldsymbol{F}) = F_2 a = Fa,$$
$$\sum M_z(\boldsymbol{F}) = F_3 a = Fa$$

所以，力系向 O 点简化的主矩为

$$\boldsymbol{M}_O = Fa\boldsymbol{j} + Fa\boldsymbol{k}$$

$\boldsymbol{M}_O$ 和 $\boldsymbol{F}_{\mathrm{R}}$ 既不平行，也不垂直。主矢 $\boldsymbol{F}_{\mathrm{R}}$ 和 $\boldsymbol{M}_O$ 与主矢垂直的分量 $Fa\boldsymbol{j}$ 可用作用于 O' 点的力 $\boldsymbol{F}'_{\mathrm{R}}$ 代替，且 $\boldsymbol{F}'_{\mathrm{R}} = \boldsymbol{F}_{\mathrm{R}}$。$\boldsymbol{M}_O$ 与主矢平行的分量 $Fa\boldsymbol{k}$ 可平行移动到 O' 点，使之与 $\boldsymbol{F}'_{\mathrm{R}}$ 共线。力系简化为力螺旋。O 和 O' 两点之间的距离为

$$d = \frac{M_{Oy}}{F_{\mathrm{R}}} = \frac{Fa}{F} = a$$

简化结果如题 3-17 图（b）所示。

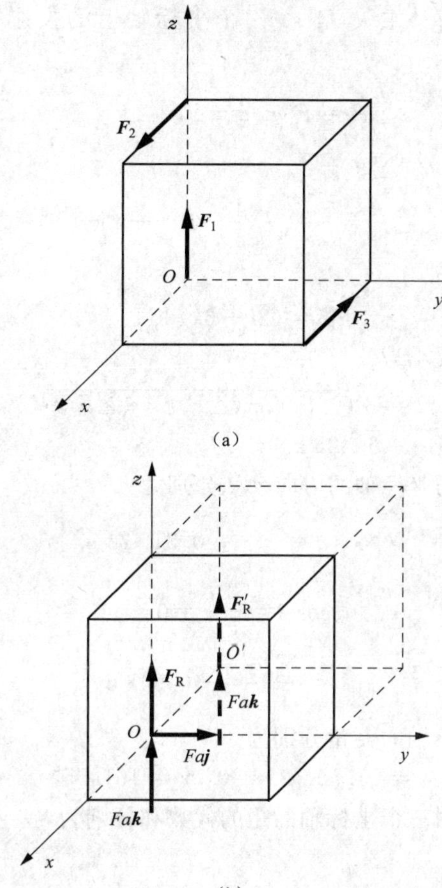

题 3-17 图

3-18　题 3-18 图所示的悬臂梁，重力 $\boldsymbol{P}$ 作用在梁的中心，力 $\boldsymbol{F}_1$、$\boldsymbol{F}_2$ 作用在端面中心，$\boldsymbol{F}_1$ 沿端面对角线，$\boldsymbol{F}_2$ 与 x 轴平行。已知 $P = 2\ \mathrm{kN}$，$F_1 = 5\ \mathrm{kN}$，$F_2 = 1\ \mathrm{kN}$，$l = 3\ \mathrm{m}$，$a = 200\ \mathrm{mm}$，$b = 150\ \mathrm{mm}$。求该力系向 O 点的简化结果，其最终简化结果是什么？

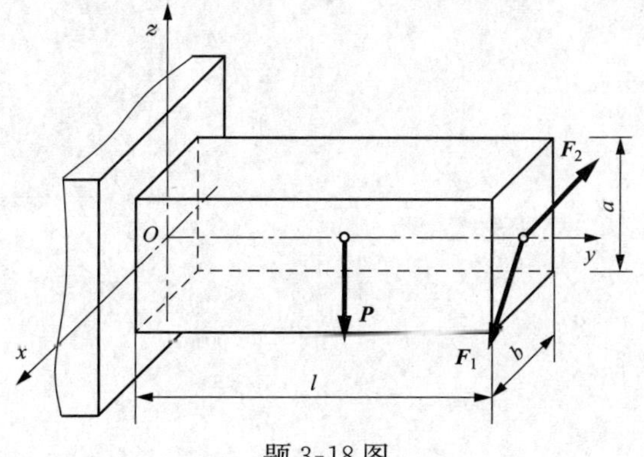

题 3-18 图

解：主矢 $\boldsymbol{F}_{\mathrm{R}}$ 在三个坐标轴上的投影分别为

$$\sum F_x = F_1 \cdot \frac{3}{5} - F_2 = 2\ \mathrm{kN}$$

$$\sum F_y = 0$$

$$\sum F_z = -F_1 \cdot \frac{4}{5} - P = -6\ \mathrm{kN}$$

主矢为

$$\boldsymbol{F}_{\mathrm{R}} = (2\boldsymbol{i} - 6\boldsymbol{k})\ \mathrm{kN}$$

主矢大小为

$$F_{\mathrm{R}} = \sqrt{(\sum F_x)^2 + (\sum F_y)^2 + (\sum F_z)^2} = 6.325\ \mathrm{kN}$$

主矢与坐标轴的方向余弦分别为

$$\cos\alpha = \frac{\sum F_x}{F_{\mathrm{R}}} = 0.316\,2$$

$$\cos\beta = \frac{\sum F_y}{F_{\mathrm{R}}} = 0$$

$$\cos\gamma = \frac{\sum F_z}{F_{\mathrm{R}}} = -0.948\,6$$

与坐标轴的夹角分别为

$$\alpha = 71.55^\circ, \beta = 90^\circ, \gamma = 161.55^\circ$$

力系对三个坐标轴的矩的代数和分别为

$$\sum M_x(\boldsymbol{F}) = -P \cdot \frac{l}{2} - F_1 \cdot \frac{4}{5} \cdot l = -15\ \mathrm{kN \cdot m}$$

$$\sum M_y(\boldsymbol{F}) = 0$$

$$\sum M_z(\boldsymbol{F}) = -F_1 \cdot \frac{3}{5} \cdot l + F_2 \cdot l = -6\ \mathrm{kN \cdot m}$$

主矩为

$$\boldsymbol{M}_O = (-15\boldsymbol{i} - 6\boldsymbol{k})\ \mathrm{kN \cdot m}$$

主矩大小为

$$M_O = \sqrt{[\sum M_x(\boldsymbol{F})]^2 + [\sum M_y(\boldsymbol{F})]^2 + [\sum M_z(\boldsymbol{F})]^2} = 16.16\ \mathrm{kN \cdot m}$$

与坐标轴的方向余弦分别为

$$\cos\alpha = \frac{\sum M_x}{M_O} = -0.928\,5$$

$$\cos\beta = \frac{\sum M_y}{M_O} = 0$$

$$\cos\gamma = \frac{\sum M_z}{M_O} = -0.371\,4$$

与坐标轴的夹角分别为

$$\alpha = 158.20^\circ,\ \beta = 90^\circ,\ \gamma = 111.80^\circ$$

由主矢 $\boldsymbol{F}_{\mathrm{R}}$ 和主矩 $\boldsymbol{M}_O$ 的方向可知，两矢量既不平行，也不垂直。力系最终简化结果是力螺旋。

第四章 力系平衡方程与应用

内容摘要

一、力系的平衡方程

1. 任意力系平衡的充分和必要条件

力系的主矢和对任一点的主矩等于零。

2. 空间任意力系平衡的解析条件

力系中所有各力在三个坐标轴中每一个轴上投影的代数和为零，以及这些力对于每一个坐标轴的矩的代数和也等于零。即

$$\sum F_x=0, \sum F_y=0, \sum F_z=0,$$
$$\sum M_x=0, \sum M_y=0, \sum M_r=0$$

3. 特殊情况的平衡方程

(1) 空间平行力系。令 z 轴与这些力平行，因此，空间平行力系只有三个平衡方程，即

$$\sum F_z=0, \sum M_x=0, \sum M_y=0$$

(2) 空间汇交力系。设空间汇交力系汇交于点 O，则各力对于点 O 的矩恒等于零，于是独立的平衡方程为

$$\sum F_x=0, \sum F_y=0, \sum F_z=0$$

(3) 空间力偶系。对于空间力偶系平衡方程为

$$\sum M_x=0, \sum M_y=0, \sum M_z=0$$

(4) 平面任意力系。设力系所在平面为 xOy 面，则平衡方程为

$$\sum F_x=0, \sum F_y=0, \sum M_O=0$$

(5) 平面汇交力系。

$$\sum F_x=0, \sum F_y=0$$

(6) 平面力偶系。

$$\sum M=0$$

(7) 平面平行力系。设力的作用线平行于 y 轴，于是独立的平衡方程为

$$\sum F_y=0, \sum M_O=0$$

二、平面刚体系统的平衡问题求解

1. 静定问题

系统中的未知量数目等于独立平衡方程的数目，所有未知数都能由平衡方程求出。

2. 静不定问题

在工程实际中，有时为了提高结构的刚度和坚固性，常常会增加约束，因而使这些结构的未知量的数目多于平衡方程的数目，未知量就不能全部由平衡方程求出，这样的问题称为静不定问题或超静定问题。

3. 刚体系统求解一般遵循的原则

(1) 首先进行整体分析，出现的未知量不超过 3 个，或者未知量虽然超过 3 个，但是能写出包含一个未知量的平衡方程，能求出部分未知量就可以先以整体为研究对象。

(2) 如果从整体平衡中求不出任何未知量，但系统中有某个刚体（或某个刚体的组合）所包含的未知量的个数等于其独立平衡方程的个数，或能写出包含一个未知量的平衡方程，就可以以该刚体（或该刚体的组合）为研究对象。

(3) 如果以上两条都不行，可以分别从两个研究对象上建立方程组，算出这两个未知量，再求其他未知量。

三、简单平面桁架

1. 桁架

桁架是由许多细长直杆在两端用铰链连接而成的几何形状不变的结构。

2. 简化桁架计算常采用的几种假设

(1) 桁架的杆件都是直的，杆件中心线位于同一平面内。

(2) 杆件用光滑的铰链连接。

(3) 桁架所受的力（载荷）都作用在节点上，而且在桁架的平面内。

(4) 桁架杆件的质量略去不计，或平均分配在杆件两端的节点上。

3. 计算桁架内力的方法

(1) 节点法。

(2) 截面法。

4. 零杆

在桁架中内力为零的杆件称为零杆。零杆通常不需计算，根据观察即可判断哪些是零杆。

(1) 不共线两杆节点无载荷，此两杆为零杆，如图 4-1 (a) 所示。

(2) 不共线两杆节点有载荷（或反力），且载荷（或反力）与其中一杆共线，则第二杆为零杆，如图 4-1 (b) 所示。

(3) 三杆节点无载荷、且其中两杆共线，则第三杆为零杆，如图 4-1 (c) 所示。

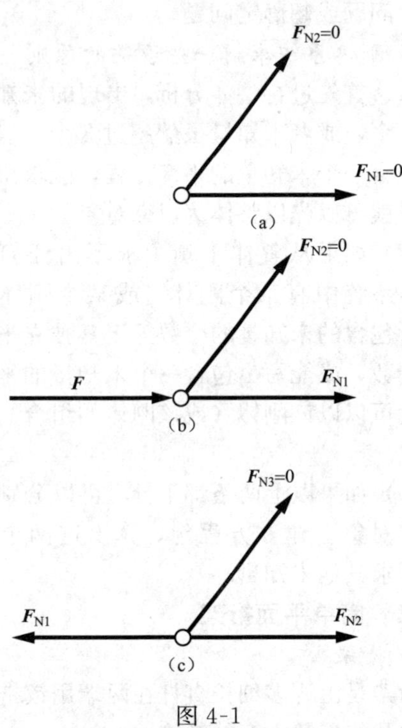

图 4-1

5. 简单平面桁架的内力计算的方法与步骤

(1) 先判断出零杆，使得其他计算简单。

(2) （一般）先取整体，求支座约束力。如果桁架中有两杆铰接的节点，也可从该节点开始研究，不必先求支座约束力。

(3) 应用节点法时，从两杆节点开始，由少到多，依次取节点求各杆内力。选取截面法时，因受力图为平面任意力系，只有三个独立的平衡方程，所以截出的杆件不宜超过三个，再通过适当地选取矩心和投影轴，以使求解方程简单。一般可联合应用节点法和截面法，以方便求解为原则。

四、考虑摩擦的平衡问题

1. 滑动摩擦

两个相互接触的物体有相对滑动趋势或相对滑动时，接触表面会产生阻碍运动或运动趋势的作用。

2. 静滑动摩擦力

当物体受到外力 $\boldsymbol{F}$ 较小时，物体仍然处于平衡状态，说明接触面间有摩擦力，这时的摩擦力称为静滑动摩擦力。

3. 静摩擦定律

最大静摩擦力的大小与两个物体间的法向约束力（正压力）成正比，即

$$F_{s,max}=f_sF_N$$

4. 摩擦角与自锁现象

(1) 摩擦角是静摩擦因数的几何描述，两接触面间的摩擦角定义为最大的全反力 $\boldsymbol{F}_{R,max}$ 与接触面法线夹角达到最大值 φ_m。

(2) 自锁是当主动力的合力的作用线在摩擦锥以内时，无论主动力多大，都能使物体保持平衡，这种靠摩擦力维持物体平衡而与主动力的大小无关的现象称为自锁。反之，当主动力的合力的作用线在摩擦锥以外时，无论主动力多小，物体一定不能平衡。

5. 考虑摩擦时的平衡问题

(1) 分析物体受力时，必须考虑接触面间切向的摩擦力 $\boldsymbol{F}_s$，通常增加了未知量的数目。

(2) 为确定这些新增加的未知量，还需列出补充方程，即 $0\leqslant F_s\leqslant F_{s,max}$，补充方程的数目与摩擦力的数目相同。

(3) 因为物体平衡时摩擦力有一定的范围，即 $0\leqslant F_s\leqslant F_{s,max}=f_sF_N$，所以有摩擦时，平衡问题的解有时也有一定的范围，而不是一个确定的值。

习　题　全　解

4-1　判断题

(1) 刚体上作用三个力，如果这三个力的

作用线交于一点，则刚体必然平衡。（　）

（2）平面平行力系有两个独立的平衡方程。（　）

（3）平面力偶系仅有一个独立的平衡方程。（　）

（4）平面平行分布力合力的大小等于载荷图的面积，作用线通过该面积的形心。（　）

（5）如果刚体的未知力数目不大于 6 个，即为静定问题。（　）

（6）结构中的零杆不受力，所以可以去掉。（　）

（7）对多数材料来说，静摩擦因数 f_s 略小于动摩擦因数 f。（　）

（8）如果作用在物体上的主动力的合力与接触面法线的夹角小于或等于摩擦角 φ_f，则物体不能平衡。（　）

解：（1）×（2）√（3）√（4）√（5）×（6）×（7）×（8）×。

4-2　填空题

（1）题 4-2 图（a）所示三铰拱受力 $\boldsymbol{F}$ 作用，则支座 A 处的约束力大小为______；支座 B 处约束力大小为______。

（2）题 4-2 图（b）和（c）所示三脚架结构，均受矩为 $M=10\ \text{N}\cdot\text{m}$ 的力偶作用。当力偶作用在杆 AC 时［题 4-2 图（b）］，支座 A 和支座 B 处的约束力大小分别为 $F_A=$______N，$F_B=$______N；当力偶作用在杆 BC 时［题 4-2 图（c）］，支座 A 和支座 B 处的约束力大小分别为 $F_A=$______N，$F_B=$______N。

（3）题 4-2 图（d）所示桁架的零杆数为______个；图（e）所示桁架的零杆数为______个。

（4）物块重 $P=50$ N，与地面间的摩擦因数 $f_s=f=0.3$，$F=20$ N。题 4-2 图（f）和（g）所示两种情况物块与地面间的摩擦力 F_s 的大小分别为______N 和______N。

（5）题 4-2 图（h）所示物块重 $P=50$ N，受 $F=100$ N 的力作用，与墙面间的静摩擦因数 $f_s=0.5$，动摩擦因数 $f=0.5$。物块与墙面间的摩擦力 F_s 的大小为______N。

解：（1）$\frac{\sqrt{2}}{2}F$，$\frac{\sqrt{2}}{2}F$；（2）10 N，10 N；（3）8，3；（4）11.4，16；（5）10。

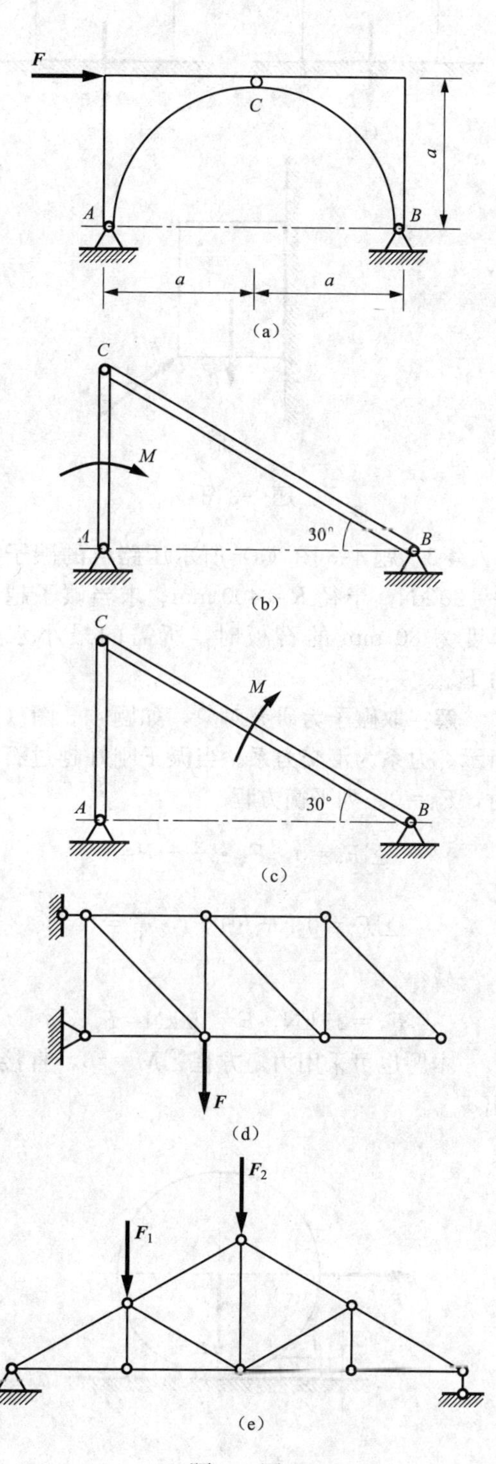

题 4-2 图

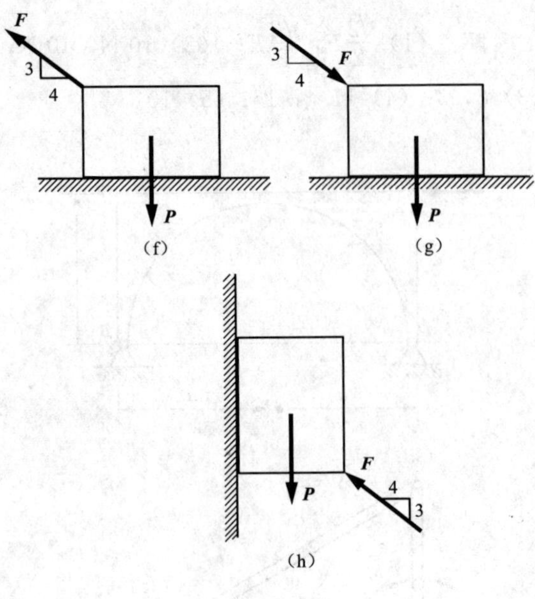

题 4-2 图

4-3　题 4-3 图（a）所示压路机的碾子重 $P=20$ kN，半径 $R=400$ mm。求当碾子越过厚度为 80 mm 的石板时，所需的最小水平力 $F_{\min}$。

解：取碾子为研究对象，如题 4-3 图（b）所示。力系为汇交力系。当碾子刚好越过石板时，$F_B=0$。列平衡方程

$$\sum F_y=0,\ F_A\cdot\frac{4}{5}-P=0$$

$$\sum F_x=0,\ -F+F_A\cdot\frac{3}{5}=0$$

解得

$$F_A=25\ \text{kN},\ F=15\ \text{kN}=F_{\min}$$

本题也可采用力矩方程 $\sum M_A=0$，直接解出 $F_{\min}$。

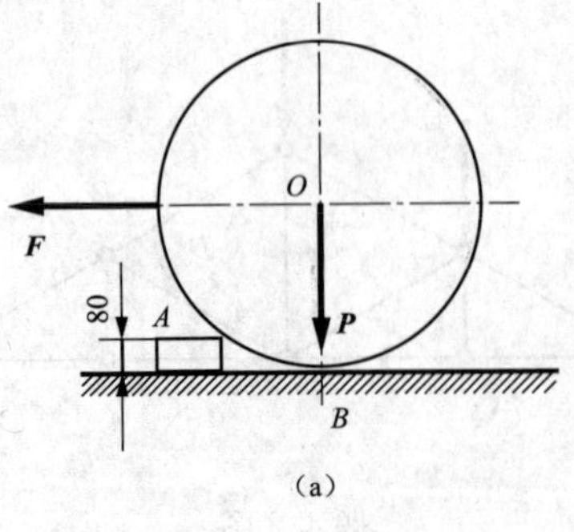

题 4-3 图

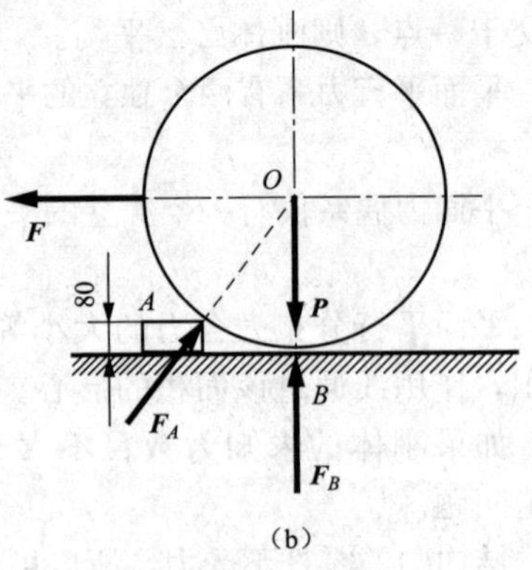

题 4-3 图

4-4　支架如题 4-4 图（a）所示，在销钉 A 上悬挂重量为 $P=20$ kN 的重物。求在题 4-4 图所示两种情形下杆 AB 与 AC 所受的力。

解：对于题 4-4 图（a）所示支架，取节点 A 为研究对象，如题 4-4 图（c）所示。列平衡方程

$$\sum F_y=0,\ F_{AB}\cos 20°-P=0$$

$$F_{AB}=21.28\ \text{kN}$$

$$\sum F_x=0,\ F_{AC}-F_{AB}\cos 70°=0$$

$$F_{AC}=7.28\ \text{kN}$$

对于题 4-4 图（b）所示支架，取节点 A 为研究对象，建立如题 4-4 图（d）所示坐标系。列平衡方程

$$\sum F_x=0,\ -F_{AB}+P\cos 60°=0$$

$$F_{AB}=10\ \text{kN}$$

$$\sum F_y=0,\ F_{AC}-P\cos 30°=0$$

$$F_{AC}=17.32\ \text{kN}$$

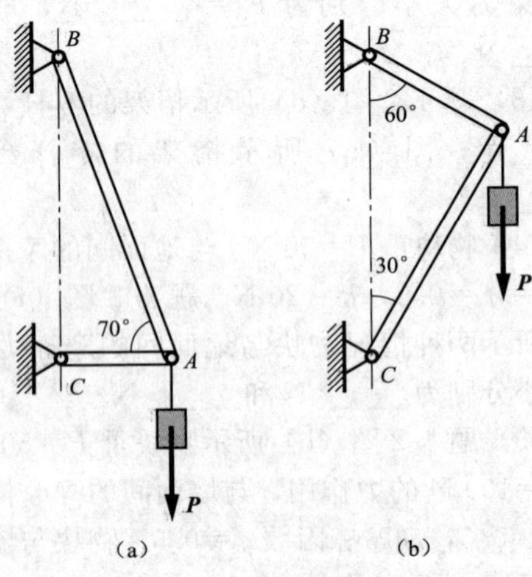

题 4-4 图

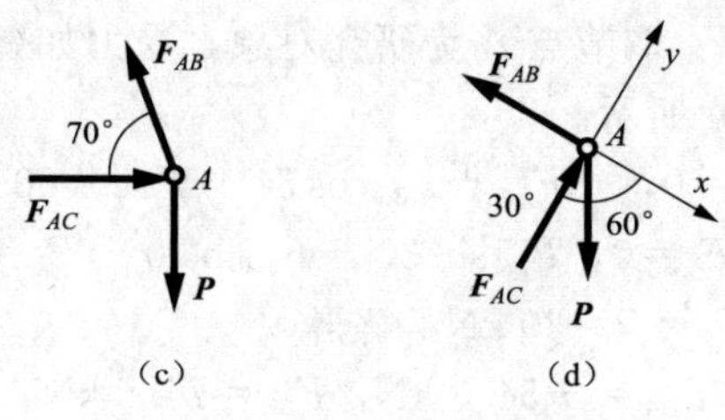

题 4-4 图

4-5　题 4-5 图（a）所示为绳索拔桩装置。绳索的 E、C 两点拴在架子上，点 B 与拴在桩 A 上的绳索 AB 连接，在点 D 加一铅垂向下的力 $\boldsymbol{F}$，AB 沿铅垂方向，DB 沿水平方向。已知 $\alpha=0.1$ rad，力 $F=800$ N。求绳 AB 作用于桩上的力（当 α 很小时，$\tan\alpha\approx\alpha$）。

解： 取节点 D 为研究对象，受力如题 4-5 图（b）所示。

$$\sum F_x=0,\ -F_{DE}\cos\alpha+F_{DB}=0$$

$$\sum F_y=0,\ F_{DE}\sin\alpha-F=0$$

解得

$$F_{DB}=8\ \text{kN}$$

取节点 B 为研究对象，受力如题 4-5 图（c）所示。

$$\sum F_x=0,\ -F_{BD}+F_{BC}\sin\alpha=0$$

$$\sum F_y=0,\ F_{BC}\cos\alpha-F_{BA}=0$$

解得绳 AB 作用于桩上的力为

$$F_{BA}=80\ \text{kN}$$

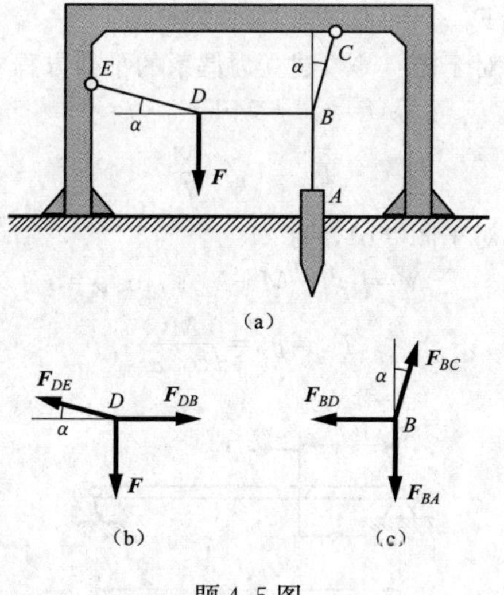

题 4-5 图

4-6　题 4-6 图（a）所示为平面压榨机构。在铰 A 处作用一水平力 $\boldsymbol{F}$，通过杆 AC 使滑块 C 将物体压紧，滑块与墙壁为光滑接触，压块 C、物体 D 和杆的重量均不计。求当连杆 AB、AC 与铅垂线成 α 角时，物体 D 所受的压力。当 $F=1$ kN，$\alpha=5°$时，物体 D 所受的压力为多少？

解： 取节点 A 为研究对象，受力如题 4-6 图（b）所示。

$$\sum F_y=0,\ F_{AB}\cos\alpha-F_{AC}\cos\alpha=0$$

$$F_{AB}=F_{AC}$$

$$\sum F_x=0,\ -F+2F_{AC}\sin\alpha=0$$

$$F_{AC}=\frac{F}{2\sin\alpha}$$

取压块 C 为研究对象，受力如题 4-6 图（c）所示。

$$\sum F_y=0,\ F_{CA}\cos\alpha-F_{Cy}=0$$

$$F_{Cy}=F_{CA}\cos\alpha=\frac{F\cot\alpha}{2}=5.72\ \text{kN}$$

物体 D 所受的压力为 $\boldsymbol{F}_{Cy}$ 的反作用力，即 5.72 kN。

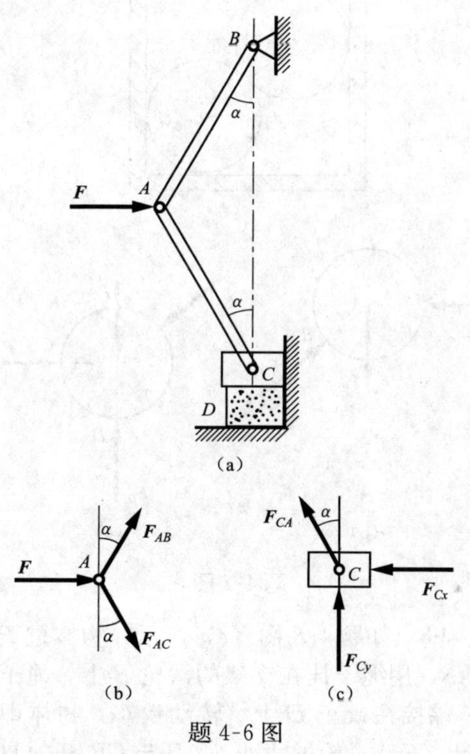

题 4-6 图

4-7　如题 4-7 图（a）所示，两个大小相同的球 O_1 和 O_2 各重 $P=100$ N，放在一光滑的圆筒内。圆筒的直径为 450 mm，球的直径为 250 mm。求圆筒对球的约束力 F_A、F_C 和 F_D 及两球之间作用力 F_B 的大小。

解：由题 4-7 图（a）中几何关系可得

$$O_1O_2=25\ \text{cm},\ O_2E=20\ \text{cm},\ \sin\theta=\frac{3}{5},\ \cos\theta=\frac{4}{5}$$

取球 O_1 为研究对象，受力如题 4-7 图（b）所示。

$$\sum F_x=0,\ F_A-F_B\cos\theta=0$$
$$\sum F_y=0,\ -P+F_B\sin\theta=0$$

解得

$$F_A=133.3\ \text{N},\ F_B=166.7\ \text{N}$$

取球 O_2 为研究对象，受力如题 4-7 图（c）所示。

$$\sum F_x=0,\ F_B'\cos\theta-F_C=0$$
$$\sum F_y=0,\ -F_B'\sin\theta-P+F_D=0$$

解得

$$F_C=133.3\ \text{N},\ F_D=200\ \text{N}$$

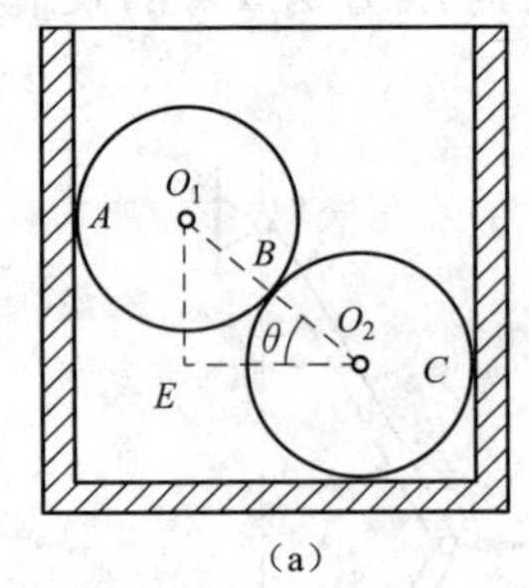

（a）

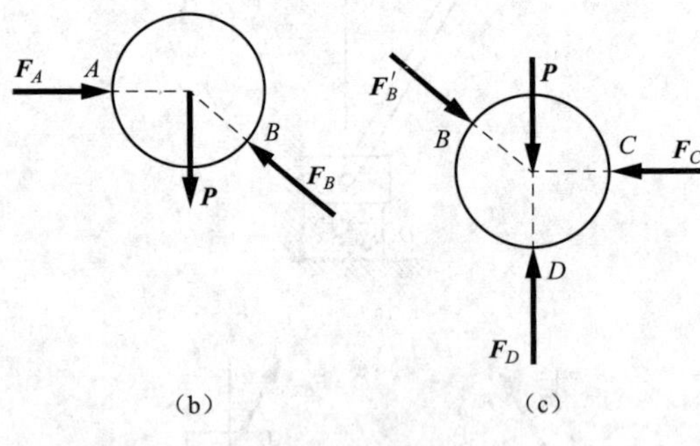

（b） （c）

题 4-7 图

4-8 如题 4-8 图（a）所示，物体重 $P=20\ \text{kN}$，用绳子挂在支架的滑轮 B 上，绳子的另一端接在铰车 D 上。转动铰车，物体即可升起。不计滑轮的大小、AB 与 CB 杆的自重及摩擦，A、B、C 三处均为铰接。求物体处于平衡状态时，杆 AB 和 CB 所受的力。

解：取节点 A 为研究对象，受力如题 4-8 图（b）所示。

$$\sum F_x=0,\ -F_{BA}+F_{BC}\cos 30^\circ-F_T\cos 60^\circ=0$$
$$\sum F_y=0,\ F_{BC}\sin 30^\circ-F_T\sin 30^\circ-P=0$$

其中 $F_T=P=20\ \text{kN}$，解得

$$F_{BA}=-54.5\ \text{kN},\ F_{BC}=74.5\ \text{kN}$$

$\boldsymbol{F}_{BA}$ 之值为负，说明假设方向与实际方向相反。

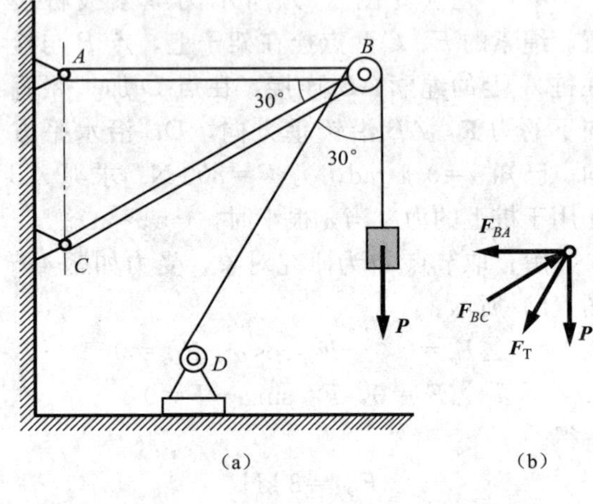

（a） （b）

题 4-8 图

4-9 在梁 AB 上作用一矩为 $\boldsymbol{M}$ 的力偶，求在题 4-9 图（a）和（b）两种情况下，支座的约束力。

解：力偶只能与力偶平衡。据此，梁 AB 的受力图如题 4-9 图（c）和（d）所示，且有 $F_A=F_B$。

对于图（a），建立力偶系的平衡方程

$$\sum M=0,\ -M+F_A\cdot l=0$$
$$F_A=F_B=\frac{M}{l}$$

对于图（b），有

$$\sum M=0,\ -M+F_A\cdot l\cos\alpha=0$$
$$F_A=F_B=\frac{M}{l\cos\alpha}$$

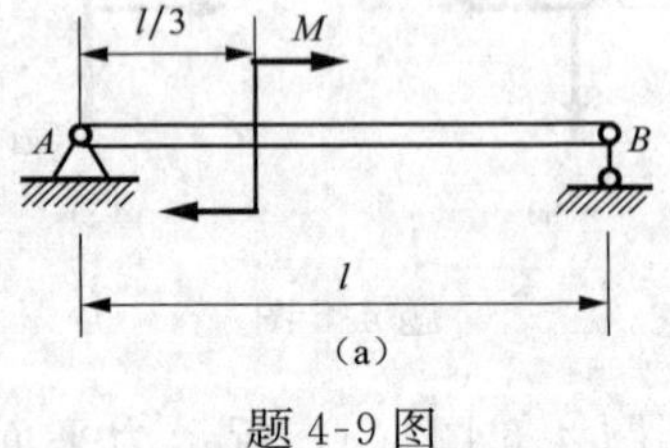

（a）

题 4-9 图

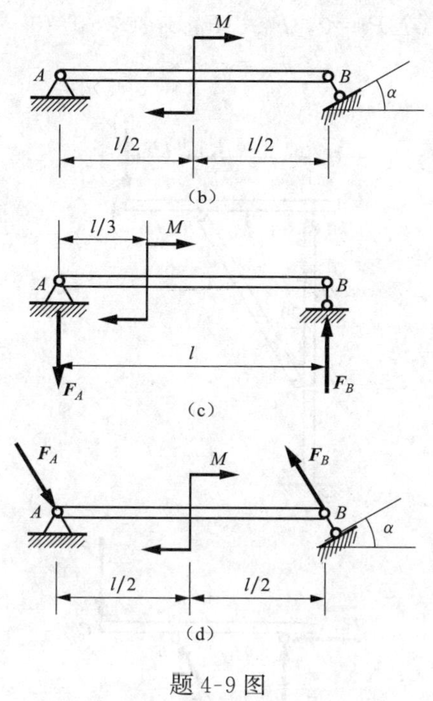

题 4-9 图

4-10　齿轮箱两个外伸轴上作用的力偶如题 4-10 图（a）所示。为保持齿轮箱平衡，求螺栓 A、B 处所提供的约束力。

解：取齿轮箱为研究对象，受力如题 4-10 图（b）所示。螺栓对齿轮箱的水平约束力为二力平衡，可去掉，齿轮箱受力偶系作用。

$$\sum M=0,\ F_A\cdot 0.5-500+125=0$$

$$F_A=F_B=750\ \text{N}$$

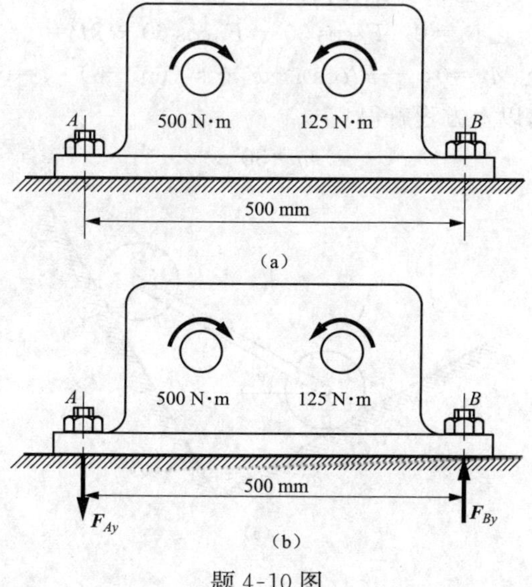

题 4-10 图

4-11　在题 4-11 图（a）所示结构中，不计构件自重，在杆 BC 上作用一矩为 $\boldsymbol{M}$ 的力偶。求支座 A 的约束力。

解：取杆 BC 为研究对象，受力如题 4-11 图（b）所示。

$$\sum M=0,\ M-F_C\cdot a=0$$

$$F_C=\frac{M}{a}$$

取杆 ACD 为研究对象，根据三力平衡汇交定理，受力如题 4-11 图（c）所示。

$$\sum F_x=0,\ -F_A\cos 45°-F_C'=0$$

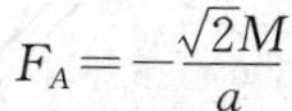

$$F_A=-\frac{\sqrt{2}M}{a}$$

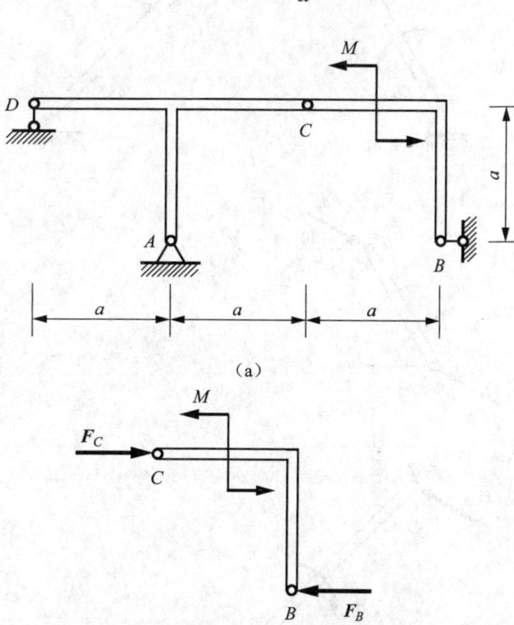

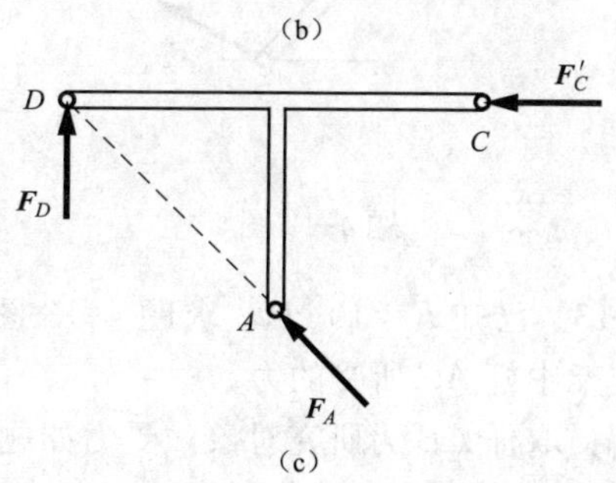

题 4-11 图

4-12　题 4-12 图（a）所示四连杆机构处于平衡状态。已知 $AB=0.1$ m，$CD=0.22$ m，$M_1=0.4$ N·m，不计构件自重，求支座 A、D

的约束力和力偶矩 M_2。

解：取杆 AB 为研究对象，受力如题 4-12 图（b）所示。

$$\sum M=0，-M_1+F_A \cdot AB \cdot \sin 30°=0$$

$$F_A=F_{BC}=8\ \text{N}$$

取杆 CD 为研究对象，受力如题 4-12 图（c）所示。

$$\sum M=0，M_2-F_{BC} \cdot CD \cdot \sin 75°=0$$

$$M_2=1.70\ \text{N} \cdot \text{m}$$

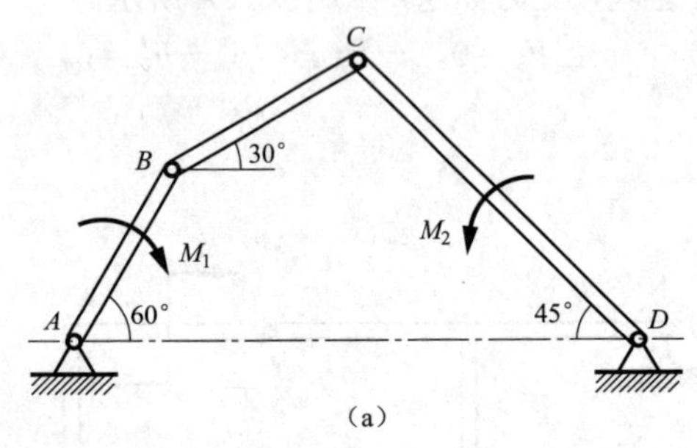

（a）

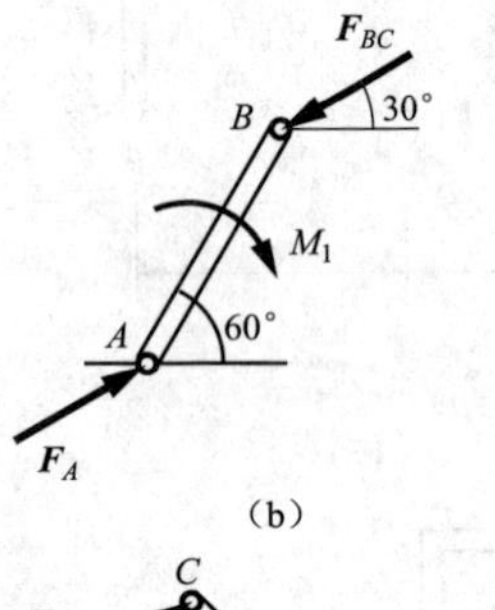

（b）

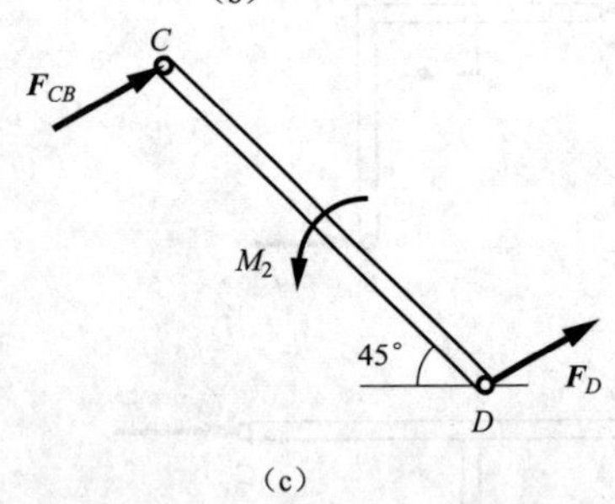

（c）

题 4-12 图

4-13 已知 $F=10\ \text{kN}$，求题 4-13 图（a）所示支架中杆 AC 所受的力。

解：取杆 AB 为研究对象，受力如题 4-13 图（b）所示。

$$\sum M_A=0，F_B\cos 30° \cdot 1-F \cdot 1.7=0$$

$$F_B=19.63\ \text{kN}$$

$$\sum F_x=0，F_{Ax}+F_B\sin 30°=0$$

$$F_{Ax}=9.81\ \text{kN}$$

$$\sum F_y=0，F_{Ay}+F_B\cos 30°-F=0$$

$$F_{Ay}=-7\ \text{kN}$$

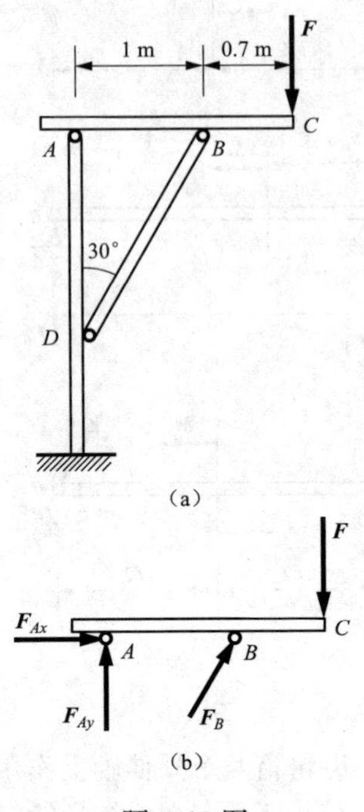

题 4-13 图

4-14 如题 4-14 图（a）所示，杆 AB 两端与两个重量均为 $\boldsymbol{P}$ 的均质圆柱，放置在互相垂直的两个光滑面上，杆 AB 的自重不计。求平衡时杆 AB 与水平面的夹角 α。

解：杆和圆柱受力如题 4-14 图（b）所示。

$$\sum F_x=0，F_C\sin 30°-F_D\sin 60°=0$$

$$\sum F_y=0，F_C\cos 30°-F_D\cos 60°-2P=0$$

$$\sum M_A=0，-Pl\cos\alpha+F_D\cos(60°-\alpha) \cdot l=0$$

由以上方程解得

$$\alpha=30°$$

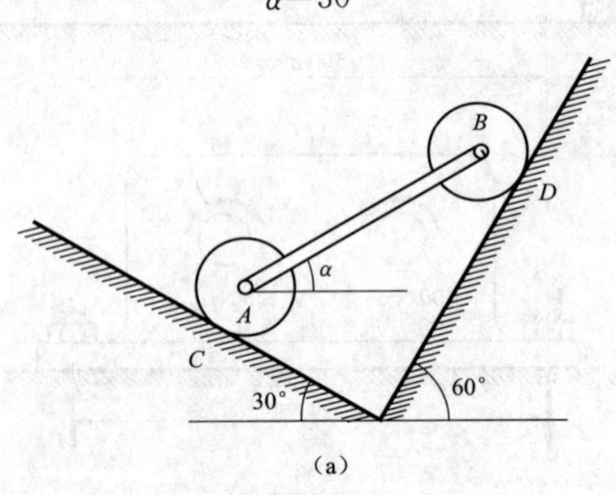

（a）

题 4-14 图

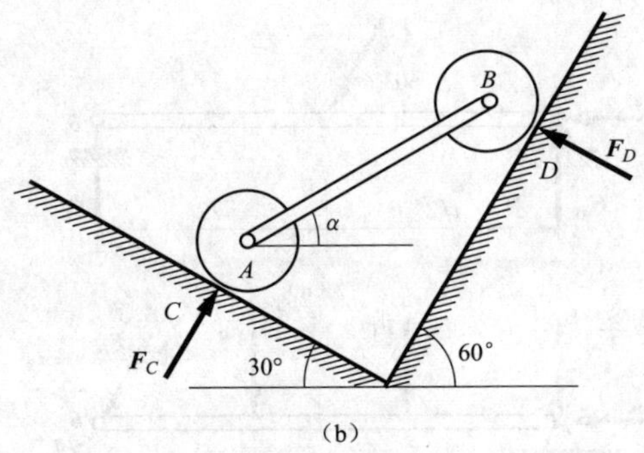

(b)

题 4-14 图

4-15　井架由两个桁架组成，尺寸如题 4-15 图（a）所示。桁架的重心分别在 C_1 和 C_2 点，重量分别为 $P_1=P_2=P$。左侧桁架受风压力 $\boldsymbol{F}$，求支座 A、B 和铰链 C 处的约束力。

解： 取井架的整体为研究对象，受力如题 4-15 图（b）所示。

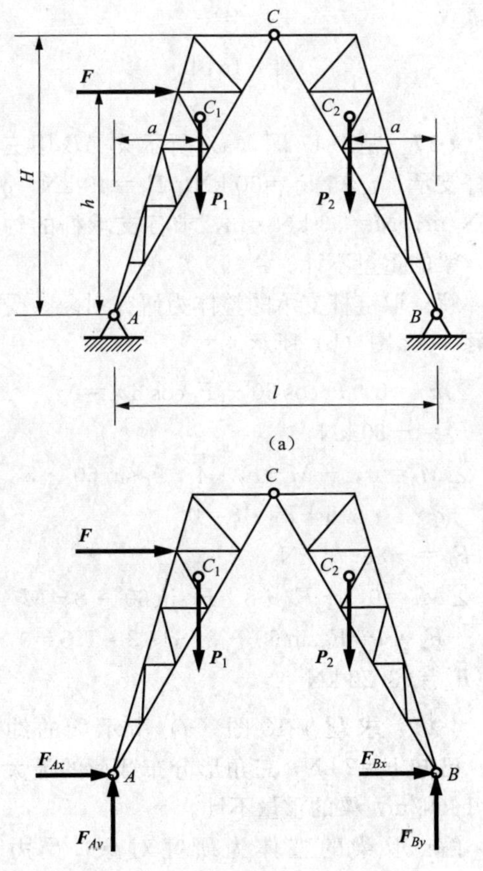

(a)

(b)

题 4-15 图

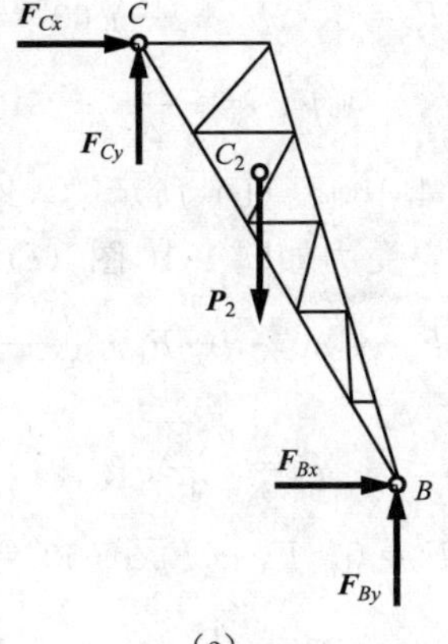

(c)

题 4-15 图

$$\sum M_A=0,\ -Fh-P_1a-P_2(l-a)+F_{By}l=0$$

$$F_{By}=\frac{1}{l}(Pl+Fh)$$

$$\sum M_B=0,\ -F_{Ay}l-Fh+P_1(l-a)+P_2a=0$$

$$F_{Ay}=\frac{1}{l}(Pl-Fh)$$

取桁架 BC 为研究对象，受力如题 4-15 图（c）所示。

$$\sum M_C=0,\ -P_2\left(\frac{l}{2}-a\right)+F_{Bx}\cdot H+F_{By}\cdot\frac{l}{2}=0$$

$$F_{Bx}=-\frac{1}{2H}\ (2Pa+Fh)$$

$$\sum F_x=0,\ F_{Cx}+F_{Bx}=0$$

$$F_{Cx}=\frac{1}{2H}(2Pa+Fh)$$

取井架的整体为研究对象，受力如题 4-15 图（b）所示。

$$\sum F_x=0,\ F+F_{Ax}+F_{Bx}=0$$

$$F_{Ax}=\frac{1}{2H}(2Pa+Fh-2FH)$$

4-16　求题 4-16 图（a）、（b）和（c）所示各梁的约束力。已知 $F_1=2F_2=2F$，$M=Fl$，各梁的重量不计。

解： 对于题 4-16 图（a）所示梁，取梁的整体为研究对象，受力如题 4-16 图（d）所示。

$$\sum M_A=0,\ -F\sin 60°\cdot\frac{l}{2}+F_B\cdot l=0$$

$$F_B=\frac{\sqrt{3}}{4}F$$

$$\sum F_y=0,\ F_{Ay}+F_B-F\sin 60°=0$$

$$F_{Ay}=\frac{\sqrt{3}}{4}F$$

$$\sum F_x=0，F_{Ax}+F\cos 60°=0$$

$$F_{Ax}=-\frac{F}{2}$$

对于题 4-16 图（b）所示梁，取梁的整体为研究对象，受力如题 4-16 图（e）所示。

$$\sum M_A=0，F_B\cos 30°\cdot l-F_1\cdot\frac{l}{3}-F_2\cdot\frac{2l}{3}=0$$

$$F_B=\frac{8\sqrt{3}}{9}F$$

$$\sum F_x=0，F_{Ax}-F_B\cos 60°=0$$

$$F_{Ax}=\frac{4\sqrt{3}}{9}F$$

$$\sum F_y=0，F_{Ay}-F_1-F_2+F_B\cos 30°=0$$

$$F_{Ay}=\frac{5}{3}F$$

对于题 4-16 图（c）所示梁，取梁的整体为研究对象，受力如图（f）所示。

$$\sum M_A=0，-M+F_B\cdot l-F\cdot\frac{3l}{2}=0$$

$$F_B=\frac{5}{2}F$$

$$\sum F_y=0，F_A+F_B-F=0$$

$$F_A=-\frac{3}{2}F$$

（a）

（b）

（c）

题 4-16 图

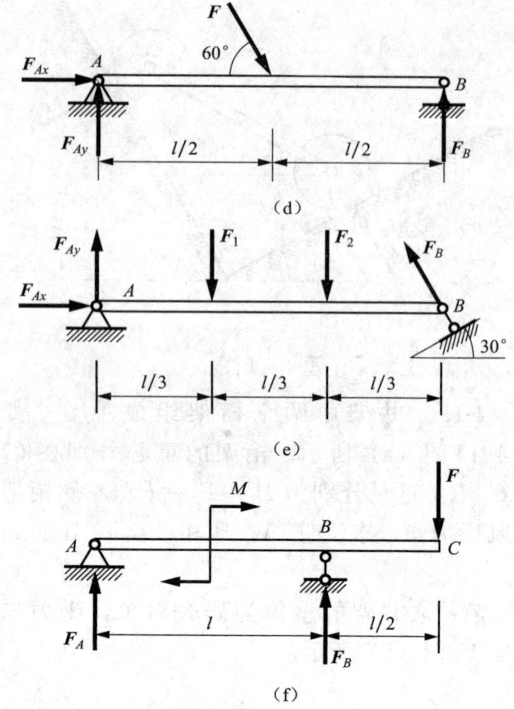

题 4-16 图

4-17 题 4-17 图（a）所示梁 AB 用三根链杆支承。已知 $F_1=30\text{ kN}$，$F_2=40\text{ kN}$，$q=20\text{ N/m}$，$M=30\text{ kN}\cdot\text{m}$，求各支承杆的约束力。梁的重量不计。

解： 取链杆支承的整体为研究对象，受力如题 4-17 图（b）所示。

$\sum F_x=0，F_1\cos 60°+F_C\cos 60°=0$

$F_C=-30\text{ kN}$

$\sum M_A=0，-M-F_2\cdot 4+F_C\sin 60°\cdot 5$
$-q\cdot 3\cdot 6.5+F_B\cdot 8=0$

$F_B=-88.74\text{ kN}$

$\sum M_B=0，-F_A\cdot 8+F_1\sin 60°\cdot 8-M$
$+F_2\cdot 4-F_C\sin 60°\cdot 3+q\cdot 3\cdot 1.5=0$

$F_A=63.22\text{ kN}$

4-18 求题 4-18 图（a）所示梁的约束力。已知 $F=2\text{ kN}$，三角形分布载荷的最大值 $q=1\text{ kN/m}$，梁的重量不计。

解： 取梁的整体为研究对象，受力如题 4-18 图（b）所示。

$$\sum M_B=0,\ F\cdot 1-\frac{1}{2}\cdot q\cdot 3\cdot 1+F_C\cdot 2=0$$

$$F_C=-0.25\ \text{kN}$$

$$\sum F_y=0,\ -F+F_B-\frac{1}{2}\cdot q\cdot 3+F_C=0$$

$$F_B=3.75\ \text{kN}$$

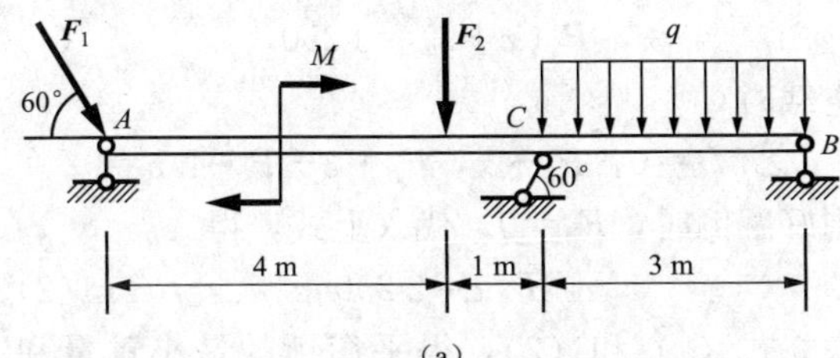

(a)

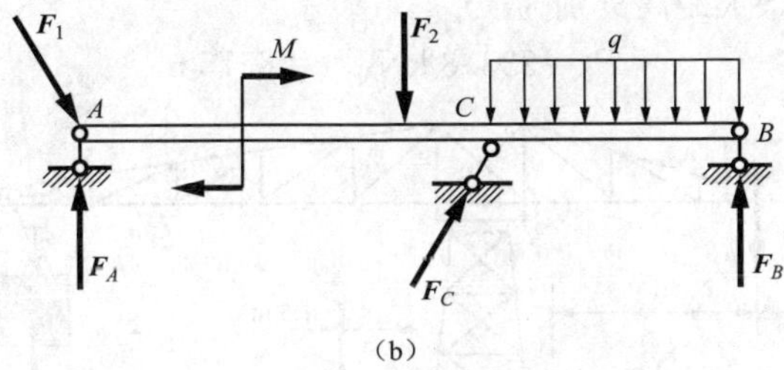

(b)

题 4-17 图

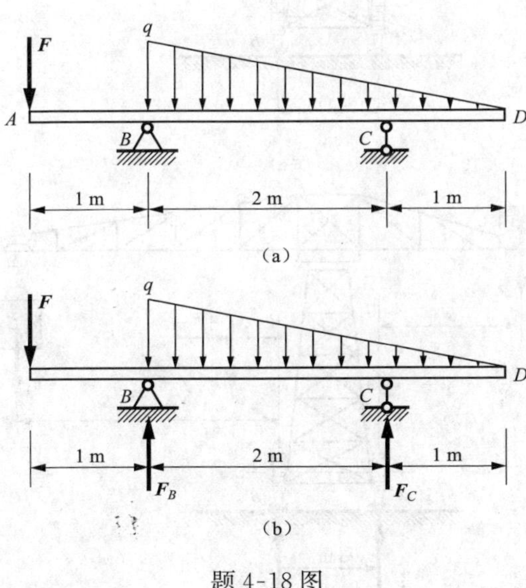

(b)

题 4-18 图

4-19　题 4-19 图（a）所示热风炉重 $P=4\ 000$ kN，所受风压可以简化为梯形分布载荷，$q_1=0.5$ kN/m，$q_2=2.5$ kN/m。求地基对热风炉的约束力。

解：取热风炉的整体为研究对象，受力如题 4-19 图（b）所示。

$$\sum F_x=0,\ F_{Ax}+\frac{q_1+q_2}{2}\cdot 40=0$$

$$F_{Ax}=-60\ \text{kN}$$

$$\sum F_y=0,\ F_{Ay}-P=0$$

$$F_{Ay}=4\ 000\ \text{kN}$$

$$\sum M_A=0,\ M_A-\frac{q_2-q_1}{2}\cdot 40\cdot\frac{2}{3}\cdot 40$$

$$-q_1\cdot 40\cdot 20=0$$

$$M_A=1\ 467\ \text{kN}\cdot\text{m}$$

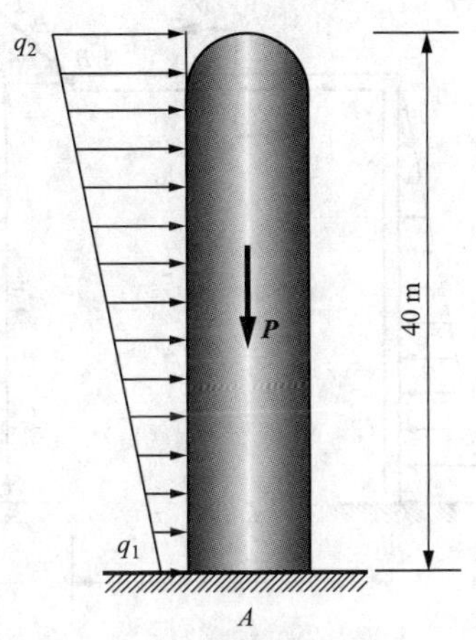

(a)

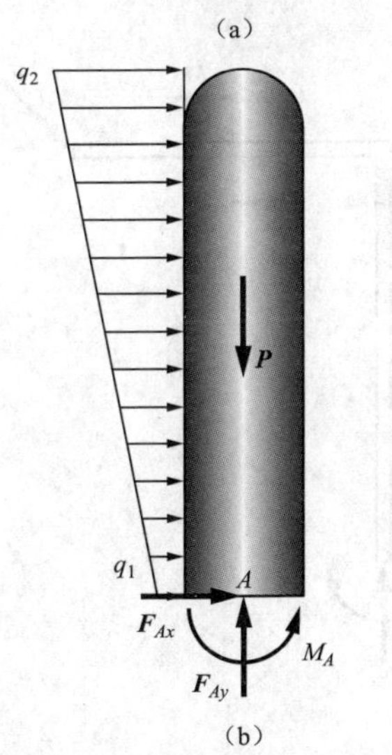

(b)

题 4-19 图

4-20　求题 4-20 图（a）所示刚架的约束力。已知 $q=3$ kN/m，$F=10$ kN，$M-5$ kN·m，刚架自重不计。

解：取刚架的整体为研究对象，受力如题 4-20 图（b）所示。

$$\sum F_x=0,\ F_{Ax}+\frac{1}{2}\cdot q\cdot 4-F\cos 45°=0$$

$$F_{Ax}=1.07\ \text{kN}$$

$$\sum F_y=0,\ F_{Ay}-F\sin 45°=0$$

$$F_{Ay}=7.07\ \text{kN}$$

$$\sum M_A=0,\ M_A-\frac{1}{2}q\cdot 4\cdot\frac{4}{3}-M+F\cos 45°\cdot 4-F\sin 45°\cdot 3=0$$

$$M_A=5.93\ \text{kN}\cdot\text{m}$$

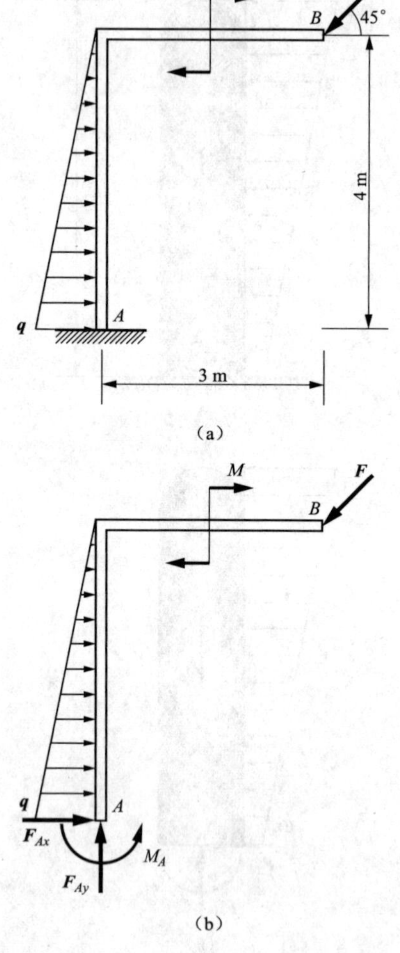

题 4-20 图

4-21 如题 4-21 图（a）所示，行动式起重机不计平衡锤的重为 $P=500$ kN，重心在离右轨 1.5 m 处。起重机的起重力为 $P_1=250$ kN，突臂伸出离右轨 10 m，跑车重量不计。欲使起重机不翻倒，求平衡锤的最小重量 P_2 及平衡锤到左轨的最大距离 x。

解：取起重机的整体为研究对象，受力如题 4-21 图（b）所示。满载时

$$\sum M_B=0,$$

$$P_2(x+3)-F_A\cdot 3-P\cdot 1.5-P_1\cdot 10=0$$

刚好翻倒时，$F_A=0$。代入上式，得

$$P_2(x+3)=3\ 250 \tag{1}$$

空载时

$$\sum M_A=0,\ P_2\cdot x+F_B\cdot 3-P\cdot 4.5=0$$

刚好翻倒时，$F_B=0$。代入上式，得

$$P_2x=2\ 250 \tag{2}$$

联立式（1）和（2），得平衡锤的最小重量和最大距离分别为

$$P_2=333.3\ \text{kN},\ x=6.75\ \text{m}$$

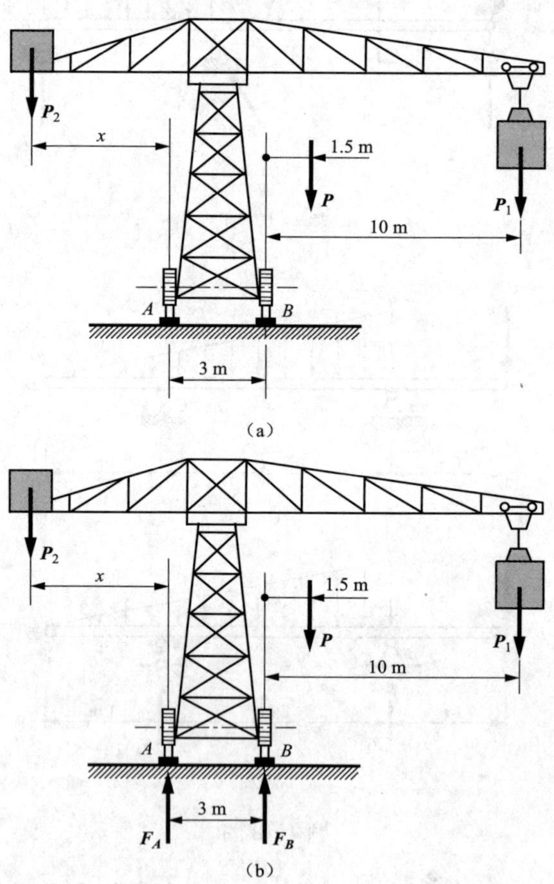

题 4-21 图

4-22 求题 4-22 图（a）所示刚架的约束力。已知 $q=3$ kN/m，$F=1$ kN，刚架自重不计。

解：取刚架的整体为研究对象，受力如题 4-22 图（b）所示。

$$\sum M_A=0，-F\cdot 1-q\cdot 2\cdot 1+F_B\cos 45^\circ\cdot 1+F_B\cos 45^\circ\cdot 2=0$$

$$F_B=3.30\ \mathrm{kN}$$

$$\sum F_x=0，F_{Ax}+F-F_B\cos 45^\circ=0$$

$$F_{Ax}=1.33\ \mathrm{kN}$$

$$\sum F_y=0，F_{Ay}-q\cdot 2+F_B\cos 45^\circ=0$$

$$F_{Ay}=3.67\ \mathrm{kN}$$

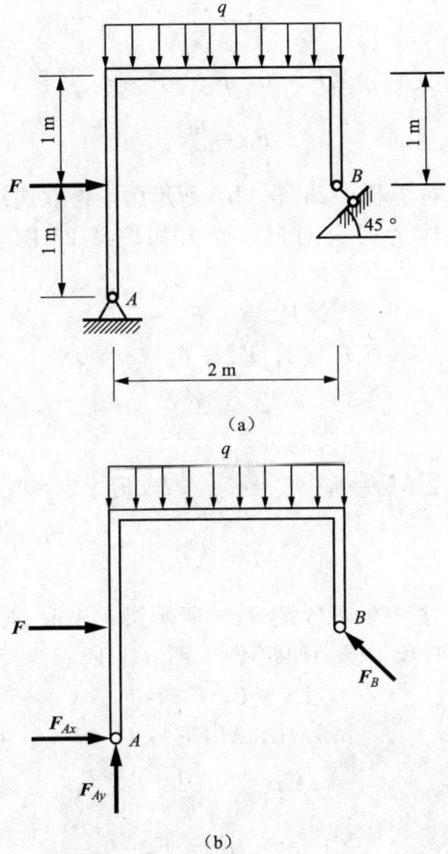

题 4-22 图

4-23　题 4-23 图（a）所示结构由杆 AC 和 BC 铰接而成，$AB=BC=AC=l$，在杆 BC 的中点作用一铅垂力 $\boldsymbol{F}$，杆的自重不计。求固定端 A 和活动铰支座 B 的约束力。

解：取杆 BC 为研究对象，受力如题 4-23 图（b）所示。

$$\sum M_C=0，-F\cdot\frac{l}{4}+F_B\cdot\frac{l}{2}=0$$

$$F_B=\frac{F}{2}$$

取杆 AC 和 BC 的整体为研究对象，受力如题 4-23 图（c）所示。

$$\sum F_x=0，F_{Ax}=0$$

$$\sum F_y=0，F_{Ay}+F_B-F=0$$

$$F_{Ay}=\frac{F}{2}$$

$$\sum M_A=0，M_A-F\cdot 1.5l\cos 60^\circ+F_B\cdot 2l\cos 60^\circ=0$$

$$M_A=\frac{Fl}{4}$$

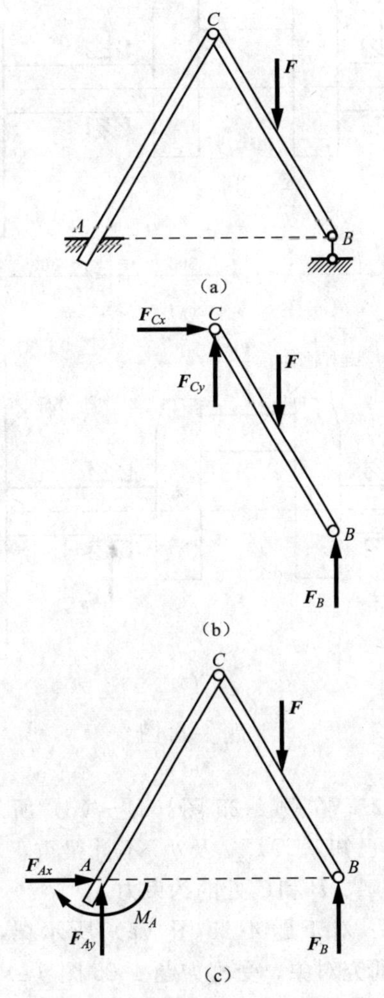

题 4-23 图

4-24　题 4-24 图（a）所示为立式空气压缩机的曲轴和飞轮。当曲轴转到图示位置时，连杆作用于曲柄上的力 $\boldsymbol{F}$ 最大。若 $F=40\ \mathrm{kN}$，

$P=4$ kN，曲轴重量不计，求轴承 A 和 B 处的约束力。

解： 取立式空气压缩机的整体为研究对象，受力如题 4-24 图（b）所示。

$$\sum M_A=0,\ -F\cdot 0.3+F_B\cdot 0.6-P\cdot 0.9=0$$

$$F_B=26.0\ \text{kN}$$

$$\sum F_y=0,\ F_A+F_B-F-P=0$$

$$F_A=18.0\ \text{kN}$$

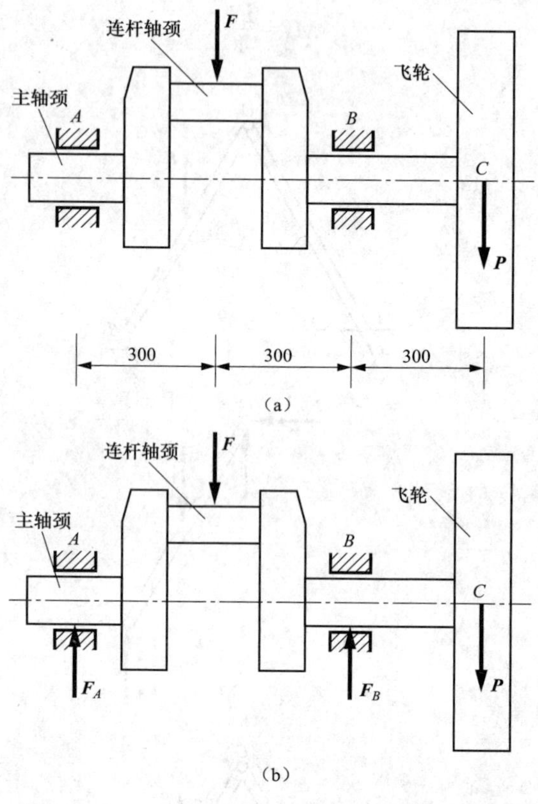

题 4-24 图

4-25 在题 4-25 图（a）～（d）所示连续梁中，已知 q、M、l 及 θ，不计梁重，求各连续梁在 A、B 和 C 处的约束力。

解： 对于题 4-25 图（a）所示梁，先取 BC 为研究对象，受力如题 4-25 图（e）所示。显然杆 BC 的所有约束力均为 0。再取连续梁的整体为研究对象，受力如题 4-25 图（f）所示。

$$\sum F_x=0,\ F_{Ax}=0$$

$$\sum F_y=0,\ F_{Ay}-ql=0$$

$$F_{Ay}=ql$$

$$\sum M_A=0,\ M_A-ql\cdot\frac{l}{2}=0$$

$$M_A=\frac{ql^2}{2}$$

对于题 4-25 图（b）所示梁，先取 BC 为研究对象，受力如题 4-25 图（g）所示。

$$\sum F_x=0,\ F_{Cx}=0$$

$$\sum M_C=0,\ -ql\cdot\frac{l}{2}+F_B\cdot l=0$$

$$F_B=\frac{ql}{2}$$

$$\sum F_y=0,\ F_{Cy}-F_B=0$$

$$F_{Cy}=\frac{ql}{2}$$

对于题 4-25 图（b）所示梁，再取连续梁的整体为研究对象，受力如题 4-25 图（f）所示。

$$\sum F_x=0,\ F_{Ax}=0$$

$$\sum F_y=0,\ F_{Ay}+F_B-ql=0$$

$$F_{Ay}=\frac{ql}{2}$$

$$\sum M_A=0,\ M_A-ql\cdot\frac{3}{2}l+F_B\cdot 2l=0$$

$$M_A=\frac{ql^2}{2}$$

对于题 4-25 图（c）所示梁，先取 BC 为研究对象，受力如题 4-25 图（i）所示。

$$\sum F_x=0,\ F_{Cx}=0$$

$$\sum M_C=0,\ M+F_B\cdot l=0$$

$$F_B=-\frac{M}{l}$$

$$\sum F_y=0,\ F_{Cy}+F_B=0$$

$$F_{Cy}=\frac{M}{l}$$

对于题 4-25 图（c）所示梁，再取连续梁的整体为研究对象，受力如题 4-25 图（j）所示。

$$\sum F_x=0,\ F_{Ax}=0$$

$$\sum F_y=0,\ F_{Ay}+F_B=0$$

$$F_{Ay}=\frac{M}{l}$$

$$\sum M_A=0,\ M_A+M+F_B\cdot 2l=0$$

$$M_A=M$$

对于题 4-25 图（d）所示梁，先取 BC 为研究对象，受力如题 4-25 图（k）所示。

$$\sum M_C=0,\ -ql\cdot\frac{l}{2}+F_B\cos\theta\cdot l=0$$

$$F_B=\frac{ql}{2\cos\theta}$$

$$\sum F_x=0,\ F_{Cx}-F_B\sin\theta=0$$

$$F_{Cx}=\frac{ql}{2}\tan\theta$$

$$\sum F_y=0,\ F_{Cy}-ql+F_B\cos\theta=0$$

$$F_{Cy}=\frac{ql}{2}$$

对于题 4-25 图（d）所示梁，再取连续梁的整体为研究对象，受力如题 4-25 图（l）所示。

$$\sum F_x=0,\ F_{Ax}-F_B\sin\theta=0$$

$$F_{Ax}=\frac{ql}{2}\tan\theta$$

$$\sum F_y=0,\ F_{Ay}-ql+F_B\cos\theta=0$$

$$F_{Ay}=\frac{ql}{2}$$

$$\sum M_A=0,\ M_A-ql\cdot\frac{3}{2}l+F_B\cos\theta\cdot 2l=0$$

$$M_A=\frac{ql^2}{2}$$

求题中各梁固定端处约束力时，也可先取 BC 段研究，再取 AB 段研究。

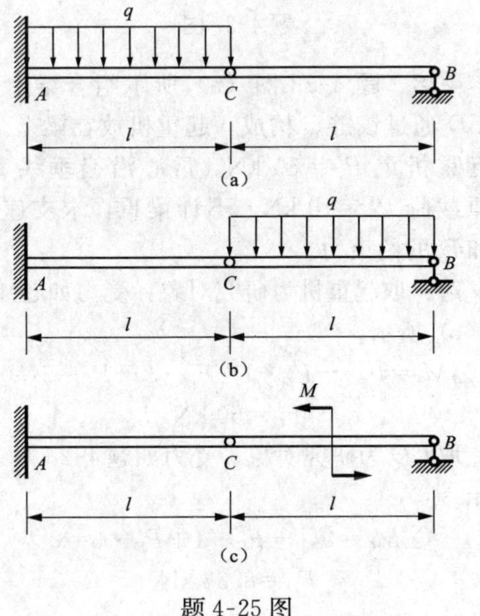

题 4-25 图

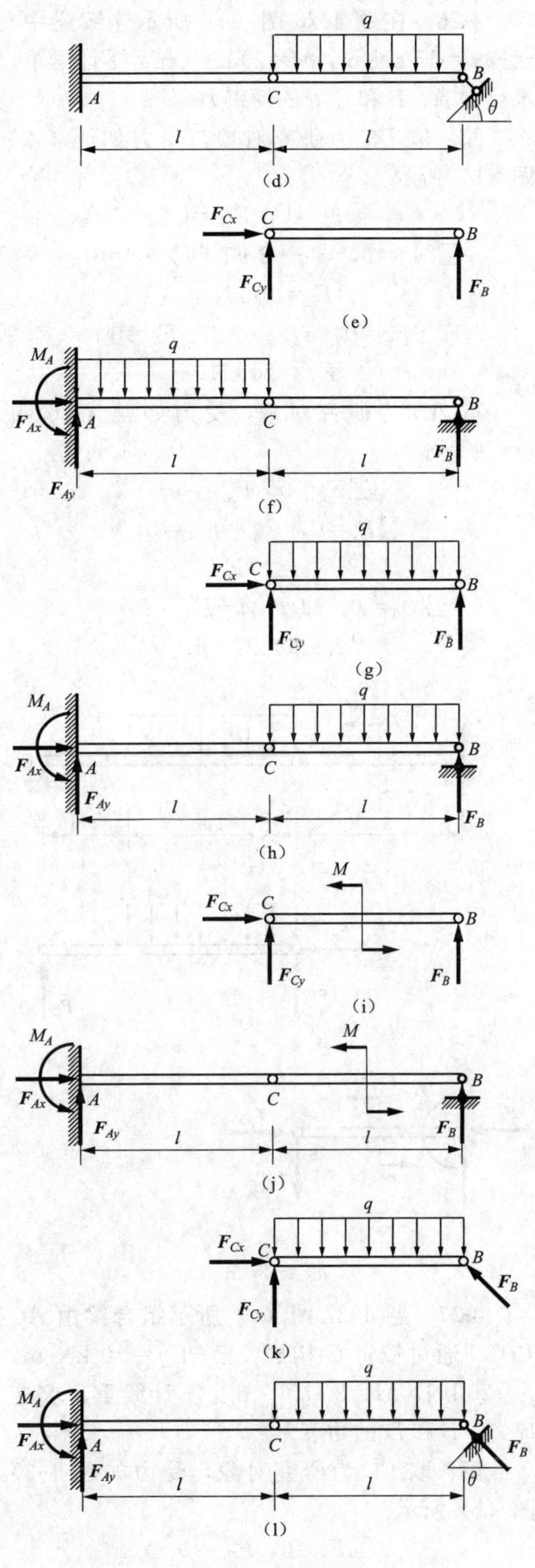

题 4-25 图

4-26　在题 4-26 图（a）所示连续梁中，已知 $q=15\ \text{kN/m}$，$M=20\ \text{kN}\cdot\text{m}$，不计梁重，求梁在 A、B 和 C 处的约束力。

解： 取 BC 为研究对象，受力如题 4-26 图（b）所示。

$$\sum F_x=0,\ F_{Bx}=0$$

$$\sum M_C=0,\ -q\cdot 2\cdot 1+F_C\cdot 3=0$$

$$F_C=10\ \text{kN}$$

$$\sum F_y=0,\ F_{By}-q\cdot 2+F_C=0$$

$$F_{By}=20\ \text{kN}$$

取 AB 为研究对象，受力如题 4-26 图（c）所示。

$$\sum F_x=0,\ F_{Ax}=0$$

$$\sum F_y=0,\ F_{Ay}-F'_{By}=0$$

$$F_{Ay}=20\ \text{kN}$$

$$\sum M_A=0,\ M_A-M-F'_{By}\cdot 2=0$$

$$M_A=60\ \text{kN}\cdot\text{m}$$

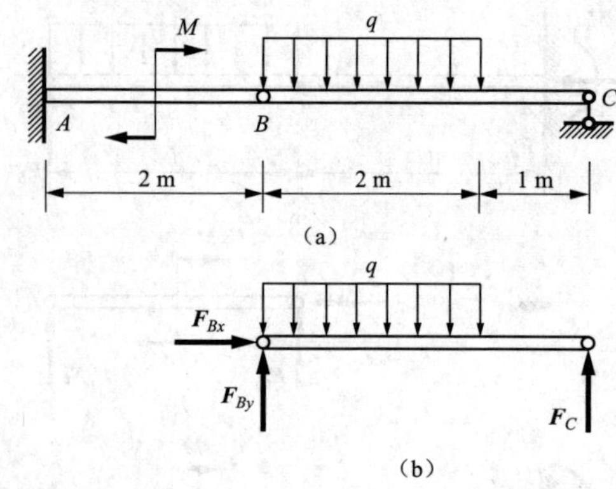

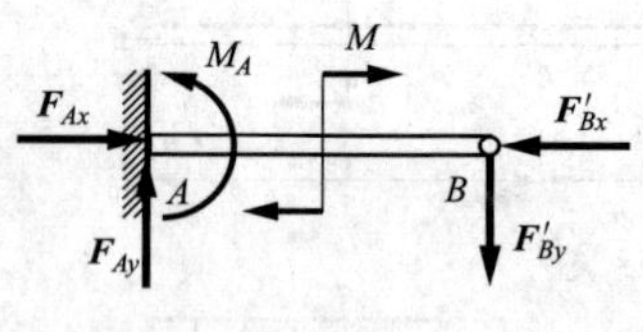

题 4-26 图

4-27　题 4-27 图（a）所示组合梁由 AC 和 CD 通过铰链 C 构成，已知 $q=10\ \text{kN/m}$，$F=20\ \text{kN}$，$M=20\ \text{kN}\cdot\text{m}$。不计梁重，求支座 A、B 和 D 的约束力。

解： 取 BC 为研究对象，受力如题 4-27 图（b）所示。

$$\sum F_x=0,\ F_{Cx}=0$$

$$\sum M_C=0,\ -F\cdot 1+F_D\cdot 2=0$$

$$F_D=10\ \text{kN}$$

取组合梁的整体为研究对象，受力如题 4-27 图（c）所示。

$$\sum F_x=0,\ F_{Ax}=0$$

$$\sum M_A=0,$$

$$-M-q\cdot 4\cdot 2-F\cdot 5+F_B\cdot 2+F_D\cdot 6=0$$

$$F_B=70\ \text{kN}$$

$$\sum F_y=0,\ F_{Ay}-q\cdot 4+F_B-F+F_D=0$$

$$F_{Ay}=-20\ \text{kN}$$

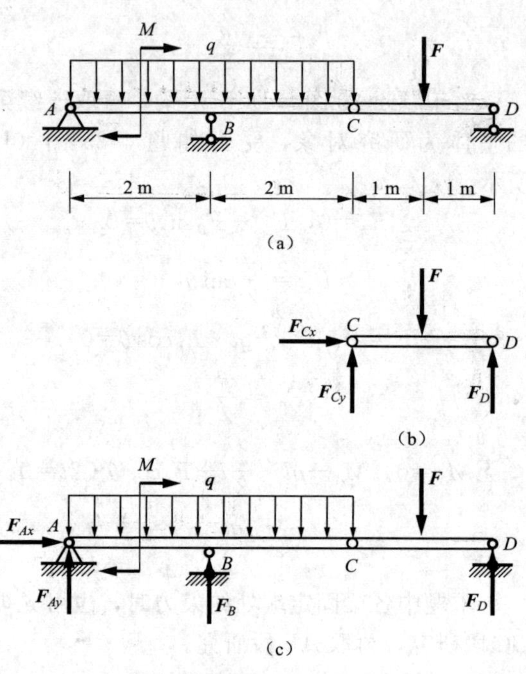

题 4-27 图

4-28　题 4-28 图（a）所示组合梁由 AC 和 CD 通过铰链 C 构成，起重机放在梁上。已知起重机重 $P_1=50\ \text{kN}$，重心沿铅垂线 EC，起重载荷 $P_2=10\ \text{kN}$。不计梁重，求支座 A、B 和 D 的约束力。

解： 取起重机为研究对象，受力如题 4-28 图（b）所示。

$$\sum M_F=0,\ -P_1\cdot 1+F_G\cdot 2-P_2\cdot 5=0$$

$$F_G=50\ \text{kN}$$

取 CD 为研究对象，受力如题 4-28 图（c）所示。

$$\sum M_C=0,\ -F'_G\cdot 1+F_D\cdot 6=0$$

$$F_D=8.33\ \text{kN}$$

取组合梁的整体为研究对象，受力如题 4-28 图（d）所示。

$$\sum F_x=0,\ F_{Ax}=0$$

$$\sum M_A=0,\ F_B\cdot 3-P_1\cdot 6-P_2\cdot 10+F_D\cdot 12=0$$

$$F_B=100\ \text{kN}$$

$$\sum F_y=0,\ F_{Ay}+F_B-P_1-P_2+F_D=0$$

$$F_{Ay}=-48.33\ \text{kN}$$

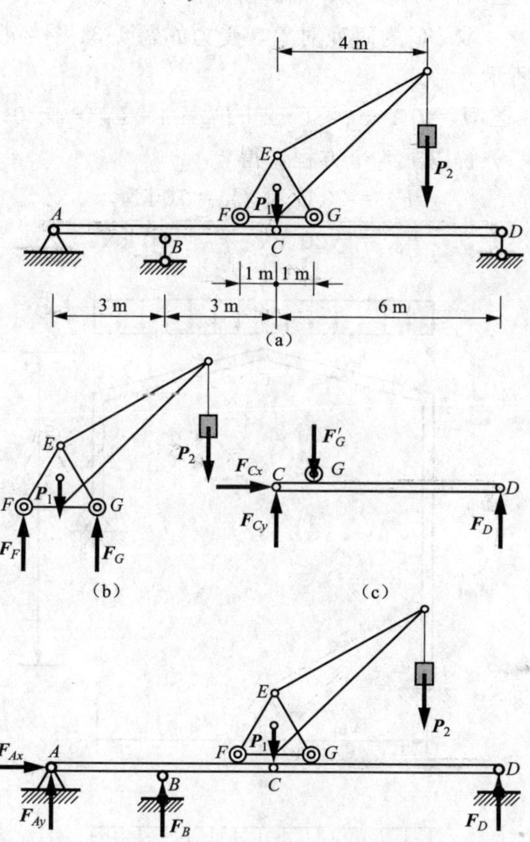

题 4-28 图

4-29　题 4-29 图（a）所示结构中，已知 $q=2\ \text{kN/m}$，$M=8\ \text{kN}\cdot\text{m}$，$F=6\ \text{kN}$。求支座 C 和固端 A 的约束力。

解： 取 BC 为研究对象，受力如题 4-29 图（b）所示。

$$\sum M_B=0,\ F_C\cdot 2-M=0$$

$$F_C=4\ \text{kN}$$

取结构的整体为研究对象，受力如题 4-29 图（c）所示。

$$\sum F_x=0,\ F_{Ax}+q\cdot 4=0$$

$$F_{Ax}=-8\ \text{kN}$$

$$\sum F_y=0,\ F_{Ay}+F-F_C=0$$

$$F_{Ay}=-2\ \text{kN}$$

$$\sum M_A=0,\ M_A-q\cdot 4\cdot 2-F\cdot 2-M+F_C\cdot 6=0$$

$$M_A=12\ \text{kN}\cdot\text{m}$$

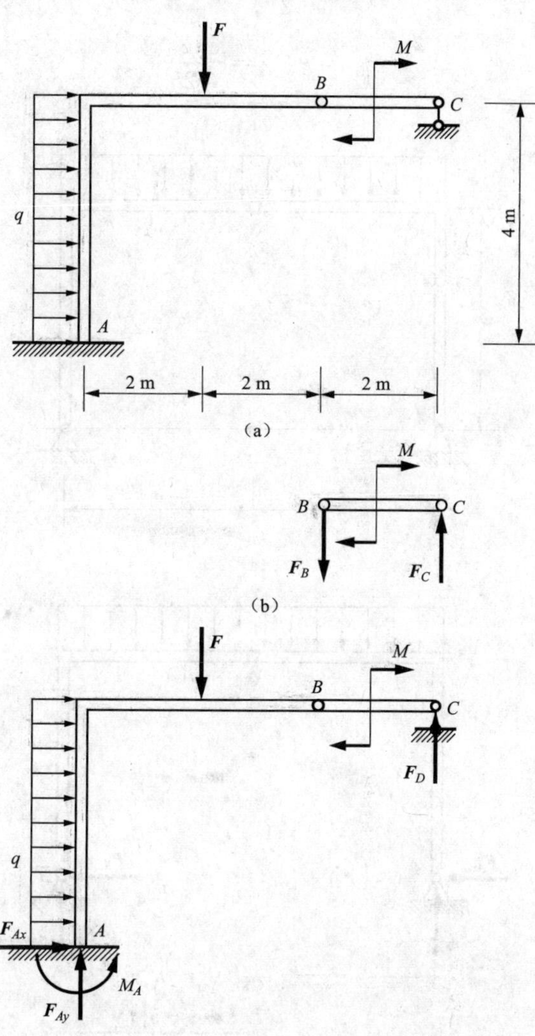

题 4-29 图

4-30　题 4-30 图（a）所示结构中，q、a 及 h 已知，求支座 A 和 B 的约束力。

解： 取结构的整体为研究对象，受力如题 4-30 图（b）所示。

$$\sum M_A=0,\ F_{By}\cdot 2a-2qa\cdot a=0$$

$$F_{By}=qa$$

$$\sum F_y=0,\ F_{Ay}-q\cdot 2a+F_{By}=0$$

$$F_{Ay}=qa$$

$$\sum F_x=0,\ F_{Ax}+F_{Bx}=0$$

$$F_{Ax}=-F_{Bx}$$

取 BC 为研究对象，受力如题 4-30 图（c）所示。

$$\sum M_A=0，-q\cdot a\cdot\frac{a}{2}+F_{Bx}\cdot h+F_{By}\cdot a=0$$

$$F_{Bx}=-F_{Ax}=-\frac{qa^2}{2h}$$

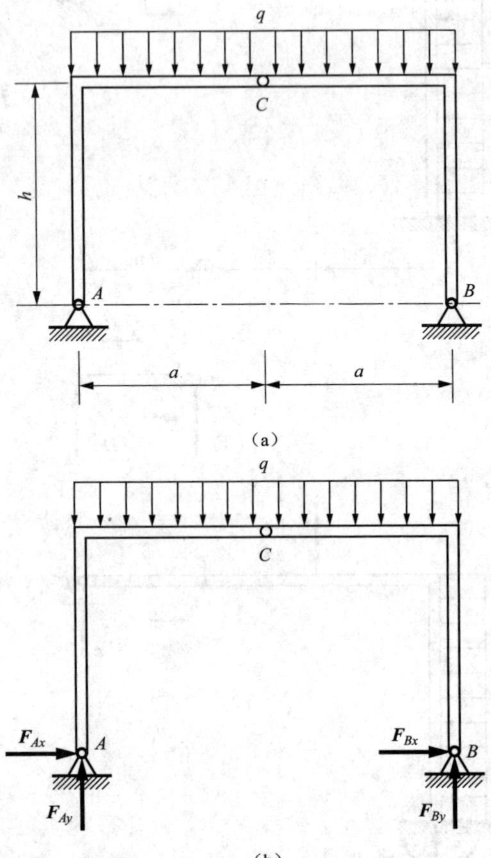

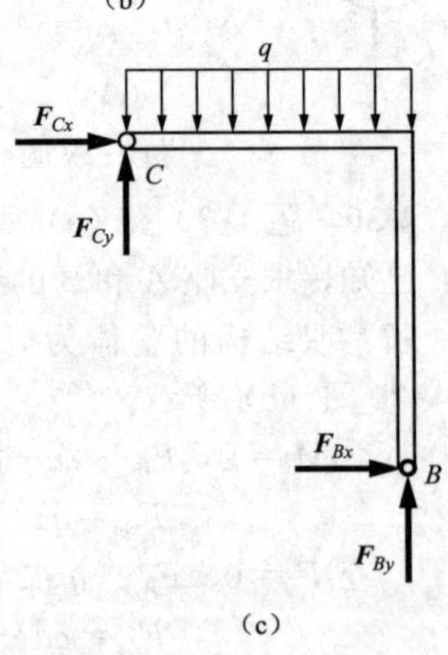

题 4-30 图

4-31 题 4-31 图（a）所示结构，已知 $q=15$ kN/m，不计杆重，求支座 A 和 B 的约束力。

解： 取结构的整体为研究对象，受力如题 4-31 图（b）所示。

$$\sum F_x=0，F_{Ax}+F_{Bx}=0$$

$$\sum F_y=0，F_{Ay}+F_{By}-q\cdot 8=0$$

$$\sum M_A=0，-F_{Bx}\cdot 4-q\cdot 8\cdot 4+F_{By}\cdot 8=0$$

取 BC 为研究对象，受力如题 4-31 图（c）所示。

$$\sum M_C=0，-q\cdot 4\cdot 2+F_{Bx}\cdot 4+F_{By}\cdot 4=0$$

解以上 4 个方程，得

$$F_{Ax}=20\text{ kN}，F_{Ay}=70\text{ kN}，$$

$$F_{Bx}=-20\text{ kN}，F_{By}=50\text{ kN}$$

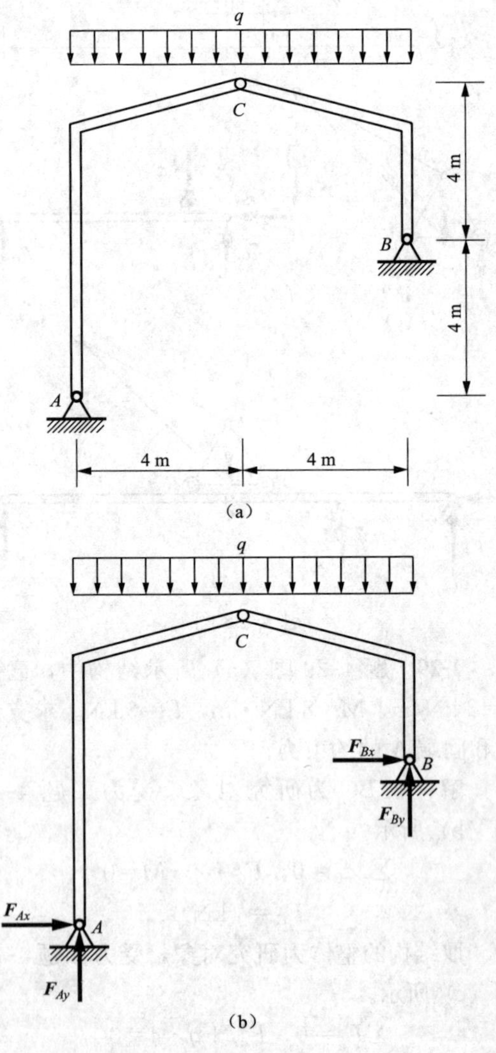

题 4-31 图

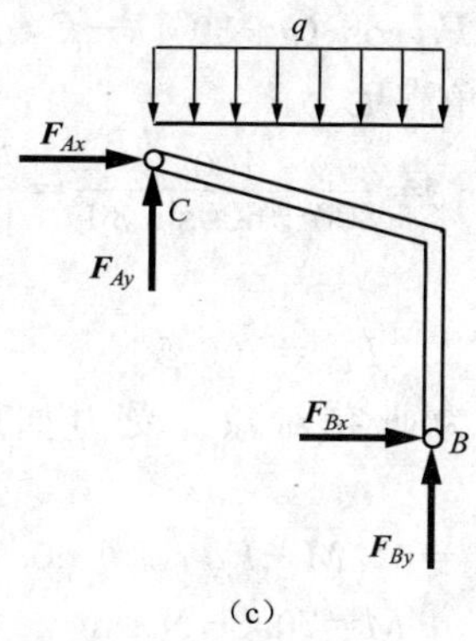

题 4-31 图

4-32　题 4-32 图（a）所示结构由杆 AB、CD 和滑轮 B 组成，滑轮半径为 r，其他尺寸如图所示。一绳索绕过滑轮，一端挂重量为 P 的重物，一端系在杆 CD 的 E 处。不计杆和滑轮的重量，求铰链 C 处的约束力。

解：取滑轮为研究对象，受力如题 4-32 图（b）所示。

$$\sum M_B=0,\ F_T\cdot r-P\cdot r=0$$

$$F_T=P$$

$$\sum F_x=0,\ -F_T+F_{Bx}=0$$

$$F_{Bx}=P$$

$$\sum F_y=0,\ F_{By}=P$$

取 AB 为研究对象，受力如题 4-32 图（c）所示。

$$\sum M_A=0,\ F_{Cy}\cdot l-F'_{By}\cdot 2l=0$$

$$F_{Cy}=2P$$

取 CD 为研究对象，受力如题 4-32 图（d）所示。

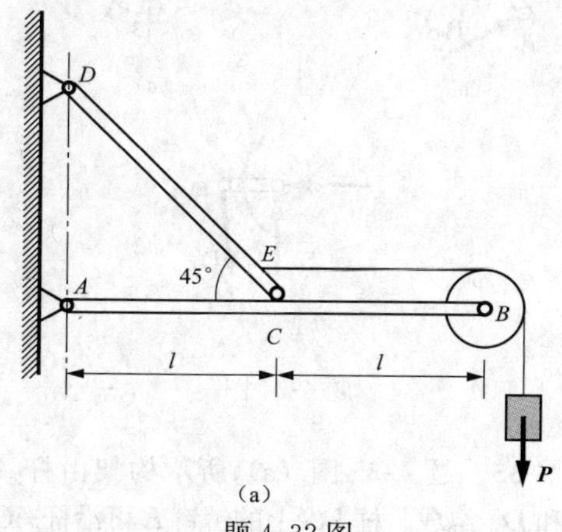

题 4-32 图

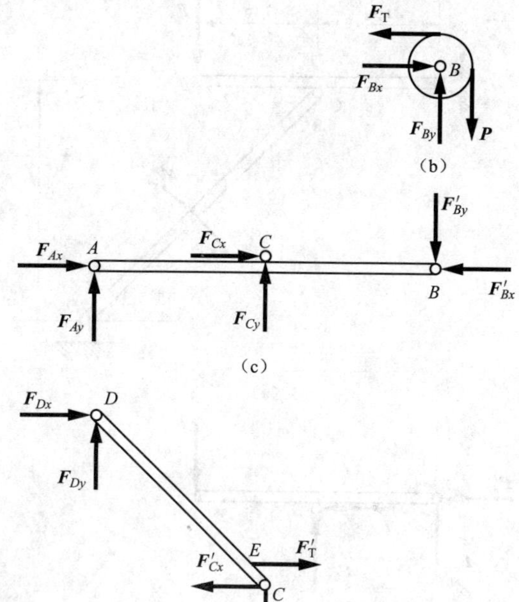

题 4-32 图

$$\sum M_D=0,\ F'_{Cx}\cdot l-F'_{Cy}\cdot l+F'_T(l-r)=0$$

$$F'_{Cx}=\frac{P\ (l+r)}{l}$$

4-33　题 4-33 图（a）所示结构由杆 AB 和 CD 铰接而成，已知 $F=4$ kN，$M=2$ kN·m，不计杆重，求支座 A 和 D 的约束力。

解：取 AB 为研究对象，受力如题 4-33 图（b）所示。

$$\sum M_B=0,\ -F_{Ay}\cdot 1-F\cdot 1=0$$

$$F_{Ay}=-4\ \text{kN}$$

取结构的整体为研究对象，受力如题 4-33 图（c）所示。

$$\sum F_y=0,\ F_{Ay}+F_{Dy}-F=0$$

$$F_{Dy}=8\ \text{kN}$$

$$\sum M_A=0,\ F_{Dy}\cdot 3+F_{Dx}\cdot 2-F\cdot 2-M=0$$

$$F_{Dx}--7\ \text{kN}$$

$$\sum F_x=0,\ F_{Ax}+F_{Dx}=0$$

$$F_{Ax}=7\ \text{kN}$$

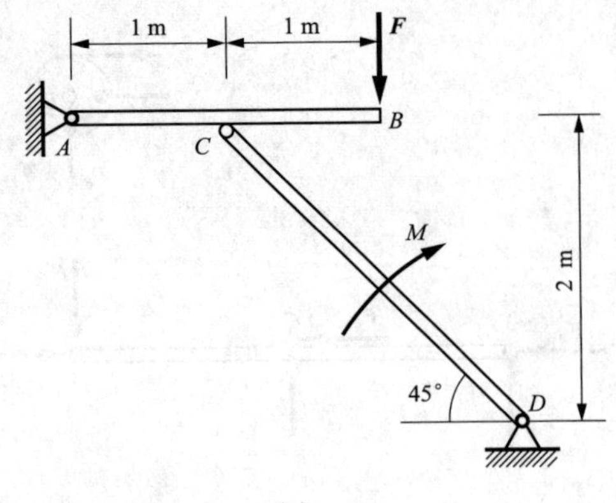

(a)

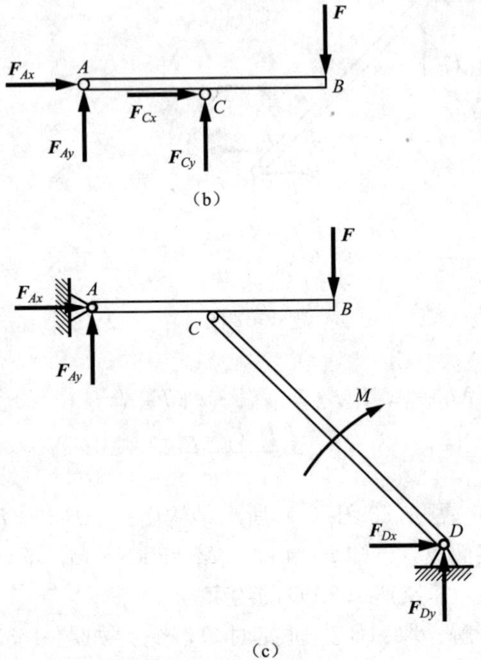

(b)

(c)

题 4-33 图

4-34 题 4-34 图（a）所示矿石破碎机构由在 O 点的电机驱动。在图示位置时矿石对活动夹板 AB 的作用力为 $F=1\,000$ N，已知 $AB\perp BC$，$AB=BC=CD=60$ mm，$OE=100$ mm，$M=2$ kN·m。不计杆重，求电机对杆 OE 的力偶矩的大小 M。

解： 取 AB 为研究对象，受力如题 4-34 图（b）所示。

$$\sum M_A=0,\ F\cdot 400-F_{BC}\cdot 600=0$$

$$F_{BC}=666.7\ \text{N}$$

取节点 C 为研究对象，受力如题 4-34 图（c）所示。

$$\sum F_\zeta=0,\ F_{CE}\cos(\theta+30°)-F_{CB}\cos 30°=0$$

其中 θ 角满足

$$\tan\theta=\frac{100}{800+600\sin 30°}=\frac{1}{11}$$

解得

$$F_{CE}=706.5\ \text{N}$$

取 OE 为研究对象，受力如题 4-34 图（d）所示。

$$\sum M_O=0,\ M-F_{EC}\cos\theta\cdot 0.1=0$$

$$M=70.36\ \text{N}\cdot\text{m}$$

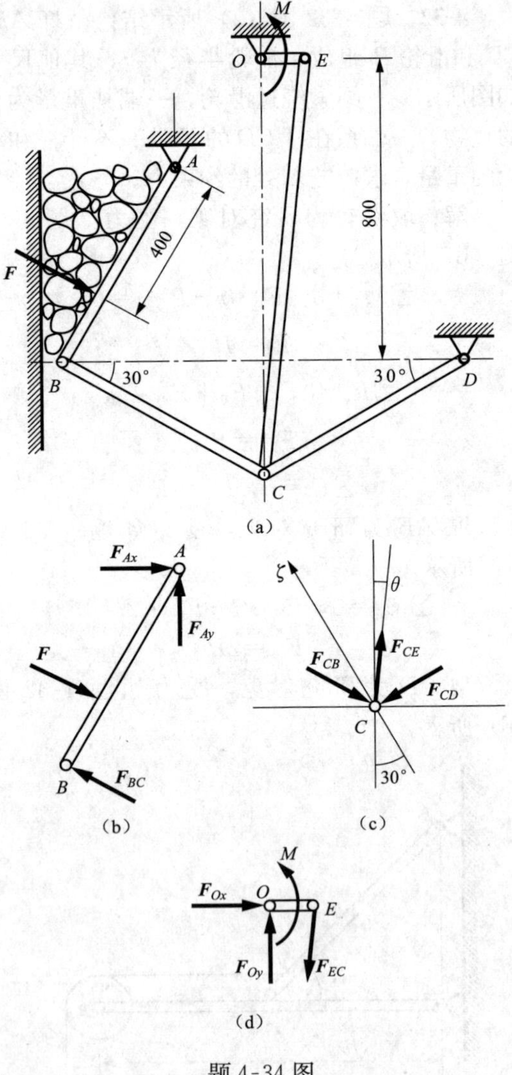

(a)

(b)

(c)

(d)

题 4-34 图

4-35 题 4-35 图（a）所示构架由杆 AB、AC 和 DG 组成。杆 DG 上的销钉 E 可沿杆 AC 的

光滑槽滑动，在杆 DH 的右侧作用一铅垂力 $\boldsymbol{F}$。不计各杆重量，求铰链 A、D 和 B 所受的力。

解： 取构架的整体为研究对象，受力如题 4-35 图（b）所示。

$$\sum M_C=0,\ -F_{By}\cdot 2a=0$$
$$F_{By}=0$$

取 DG 为研究对象，受力如题 4-35 图（c）所示。

$$\sum M_E=0,\ F'_{Dy}\cdot a-F\cdot a=0$$
$$F'_{Dy}=F$$
$$\sum M_B=0,\ F'_{Dx}\cdot a-F\cdot 2a=0$$
$$F'_{Dx}=2F$$

取 AB 为研究对象，受力如题 4-35 图（d）所示。

$$\sum M_A=0,\ F_{Bx}\cdot 2a+F_{Dx}\cdot a=0$$
$$F_{Bx}=-F$$
$$\sum F_x=0,\ F_{Ax}+F_{Dx}+F_{Bx}=0$$
$$F_{Ax}=-F$$
$$\sum F_y=0,\ F_{By}+F_{Dy}+F_{Ay}=0$$
$$F_{Ay}=-F$$

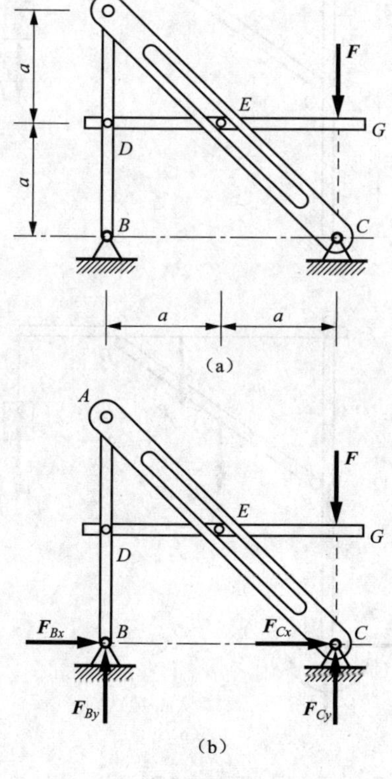

题 4-35 图

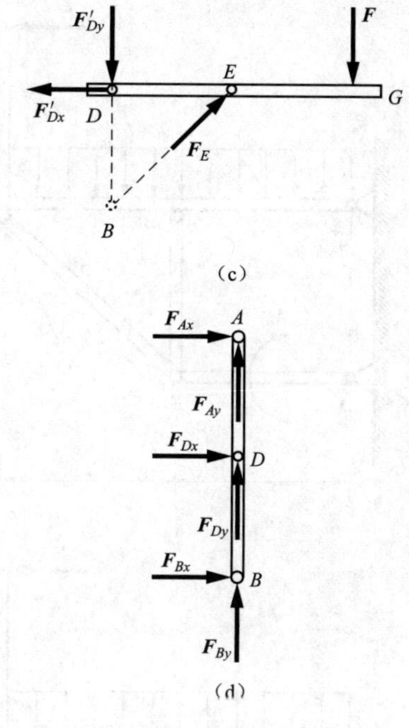

题 4-35 图

4-36　题 4-36 图（a）所示结构由折杆 $ABCD$ 和杆 CE、BE、GE 组成。已知 $F=20$ kN，$q=10$ kN/m，$M=20$ kN·m，$a=2$ m。各杆自重不计，求铰链 A、G 处的约束力及杆 BE、CE 所受力。

解： 取结构的整体为研究对象，受力如题 4-36 图（b）所示。

$$\sum M_A=0,\ F_{Gx}\cdot a+M-F\cdot a-q\cdot 2a\cdot a=0$$
$$F_{Gx}=50\ \text{kN}$$
$$\sum F_x=0,\ F_{Ax}+F_{Gx}+F=0$$
$$F_{Ax}=-70\ \text{kN}$$
$$\sum F_y=0,\ F_{Ay}+F_{Gy}-q\cdot 2a=0 \qquad (1)$$

取 GE 为研究对象，受力如题 4-36 图（c）所示。

$$\sum F_x=0,\ F_{Gx}-F_{EC}\cos 45^\circ=0$$
$$F_{EC}=70.71\ \text{kN}$$
$$\sum M_G=0,\ M+F_{EB}\cdot a-F_{EC}\cos 45^\circ\cdot a=0$$
$$F_{EB}=40\ \text{kN}$$
$$\sum M_E=0,\ M-F_{Gy}\cos 45^\circ\cdot a=0$$
$$F_{Gy}=10\ \text{kN}$$

将 F_{Gy} 代入式（1），得

$$F_{Ay}=30\ \text{kN}$$

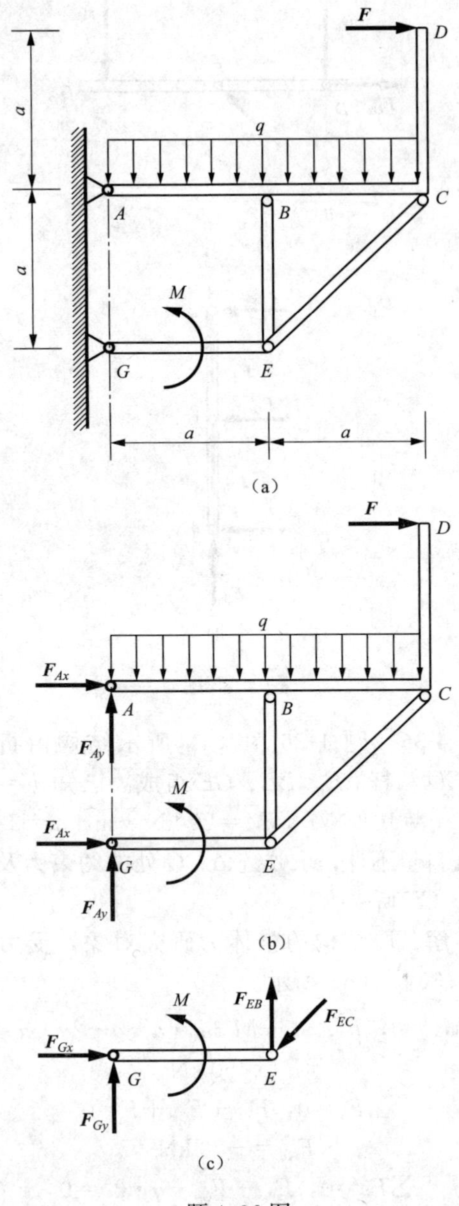

题 4-36 图

4-37 题 4-37 图（a）所示支架各杆单位长度的重量为 300 N/m，载荷 $P=10$ kN。求固定端 A 及铰链 B、C 处的约束力。

解： 取支架的整体为研究对象，受力如题 4-37 图（b）所示。各杆的重量分别为

$$P_1=P_3=1.8\ \text{kN},\ P_2=1.5\ \text{kN}$$

建立平衡方程

$$\sum F_x=0,\ F_{Ax}=0$$

$$\sum F_y=0,\ F_{Ay}-P_1-P_2-P_3-P=0$$

$$F_{Ay}=15.10\ \text{kN}$$

$$\sum M_A=0,\ M_A-P_2\cdot 2-P_3\cdot 3-P\cdot 6=0$$

$$M_A=68.40\ \text{kN}\cdot\text{m}$$

取 CD 为研究对象，受力如题 4-37 图（c）所示。

$$\sum M_D=0,\ F'_{Cy}\cdot 4+P_3\cdot 1-P\cdot 2=0$$

$$F'_{Cy}=4.55\ \text{kN}$$

取 AC 为研究对象，受力如题 4-37 图（d）所示。

$$\sum F_y=0,\ F_{Ay}+F_{By}+F_{Cy}-P_1=0$$

$$F_{By}=-17.85\ \text{kN}$$

$$\sum M_C=0,\ M_A+F_{Ax}\cdot 6+F_{Bx}\cdot 3=0$$

$$F_{Bx}=-22.80\ \text{kN}$$

$$\sum F_x=0,\ F_{Ax}+F_{Bx}+F_{Cx}=0$$

$$F_{Cx}=22.80\ \text{kN}$$

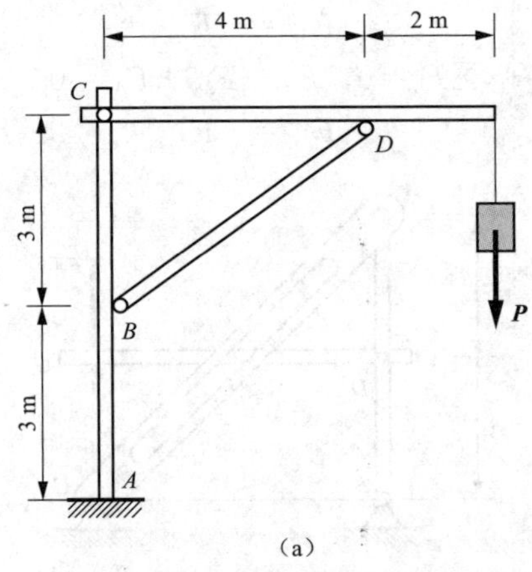

(a)

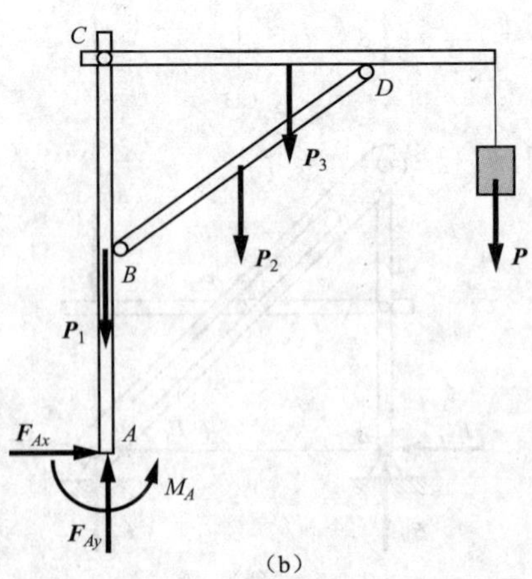

(b)

题 4-37 图

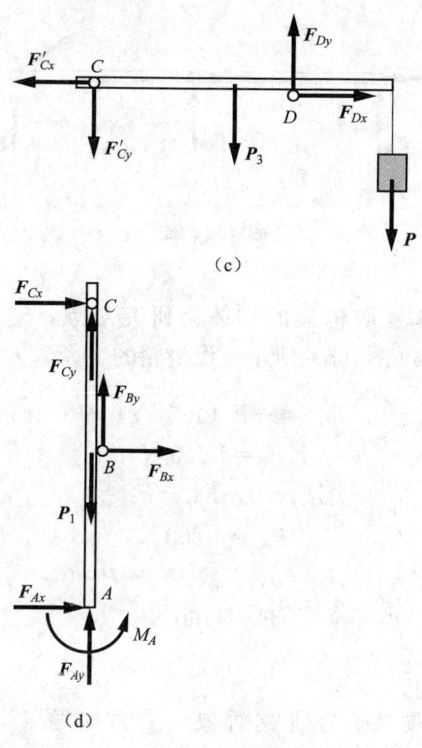

题 4-37 图

4-38　题 4-38 图（a）所示厂房构架是由两个刚架 AC 和 BC 用铰链连接组成的。桥式起重机沿轨道行驶。起重机梁重力大小 $P_1=20$ kN，重心在梁的中点，跑车和起吊重物重力大小 $P_2=60$ kN，每个拱架重力大小 $P_3=60$ kN，重心在点 D、E，恰好与起重机梁的轨道在同一铅垂线上，风力 $F=10$ kN。求当跑车位于图示位置时，固定铰支座 A 和 B 的约束力。

解： 取构架的整体为研究对象，受力如题 4-38 图（b）所示。

$$\sum M_A=0，F_{By}\cdot 12-F\cdot 5-P_3\cdot 2-P_3\cdot 10-P_2\cdot 4-P_1\cdot 6=0$$

$$F_{By}=94.17\ \text{kN}$$

$$\sum F_y=0，F_{Ay}+F_{By}-P_1-P_2-2P_3=0$$

$$F_{Ay}=105.8\ \text{kN}$$

$$\sum F_y=0，F_{Ax}+F_{Bx}+10=0 \qquad (1)$$

取起重机梁为研究对象，受力如题 4-38 图（c）所示。

$$\sum M_G=0，-P_2\cdot 2-P_1\cdot 4+F_2\cdot 8=0$$

$$F_2=25\ \text{kN}$$

取桁架 BC 为研究对象，受力如题 4-38 图（d）所示。

$$\sum M_C=0，-(P_3+F_2)\cdot 4+F_{Bx}\cdot 10+F_{By}\cdot 6=0$$

$$F_{Bx}=-22.50\ \text{kN}$$

将 F_{Bx} 代入式（1），得

$$F_{Ax}=12.50\ \text{kN}$$

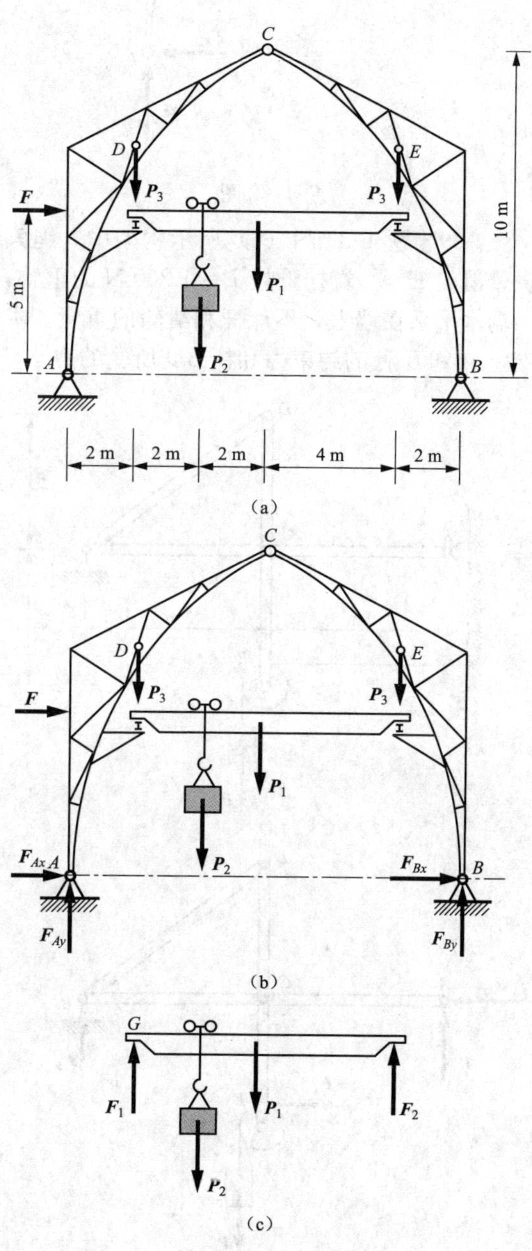

题 4-38 图

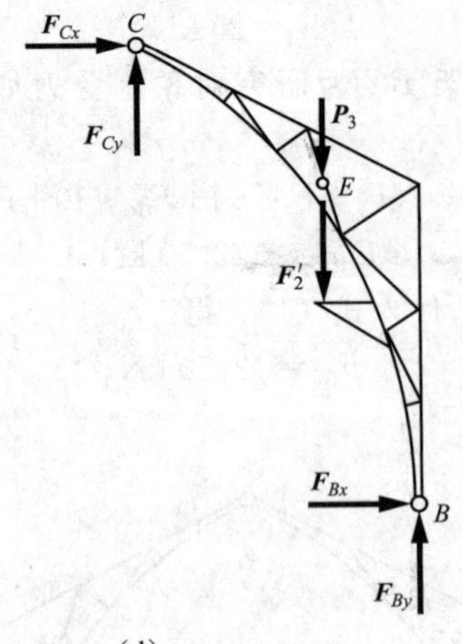

(d)

题 4-38 图

4-39 题 4-39 图（a）所示构架中，绳索绕过滑轮 E，一端挂重量 $P=1\ 200$ N 的重物，一端水平系在墙上，不计杆和滑轮的重量。求支座 A 和 B 处的约束力和杆 BD 所受的力。

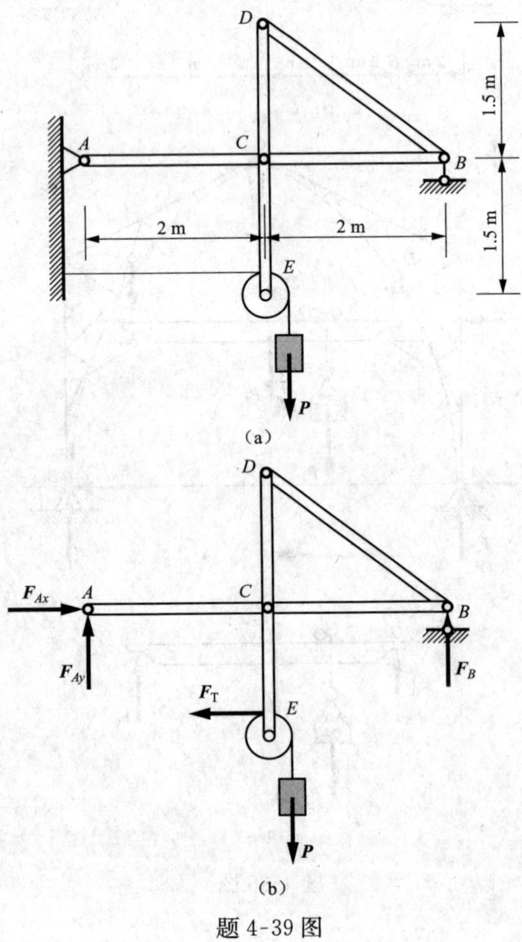

题 4-39 图

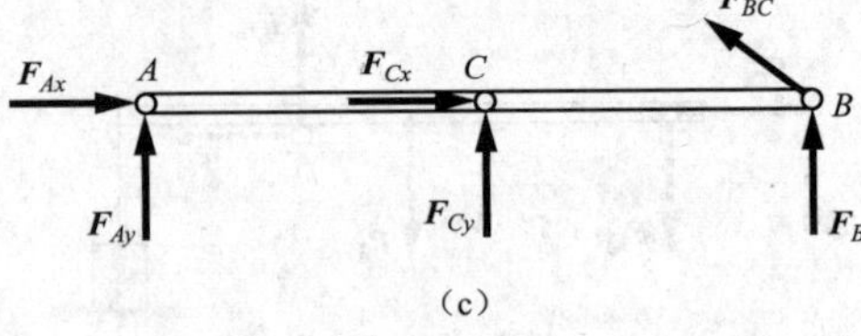

(c)

题 4-39 图

解：取构架的整体为研究对象，受力如题 4-39 图（b）所示。设滑轮的半径为 r。

$$\sum M_A=0,\ F_B\cdot 4-F_T(1.5-r)-P(2+r)=0$$

$$F_B=1\ 050\ \text{N}$$

$$\sum F_x=0,\ F_{Ax}-F_T=0$$

$$F_{Ax}=1\ 200\ \text{N}$$

$$\sum F_y=0,\ F_{Ay}+F_B-P=0$$

$$F_{Ay}=150\ \text{N}$$

其中 $F_T=P$。

取 AB 为研究对象，受力如题 4-39 图（d）所示。

$$\sum M_C=0,\ F_B\cdot 2-F_{BC}\cdot\frac{3}{5}\cdot 2-F_{Ay}\cdot 2=0$$

$$F_{BC}=1\ 500\ \text{N}$$

4-40 题 4-40 图（a）所示构架中，不计杆重，已知载荷 $F=60$ kN。求支座 A、E 的约束力及杆 BD、BC 所受的力。

解：取 AB 为研究对象，受力如题 4-40 图（b）所示。

$$\sum M_B=0,\ -F_{Ay}\cdot 6+F\cdot 3=0$$

$$F_{Ay}=30\ \text{kN}$$

取构架的整体为研究对象，受力如题 4-40 图（c）所示。

$$\sum F_y=0,\ F_{Ay}+F_{Ey}-F=0$$

$$F_{Ey}=30\ \text{kN}$$

$$\sum M_A=0,\ F_{Ex}\cdot 4-F_{Ey}\cdot 2-F\cdot 3=0$$

$$F_{Ex}=60\ \text{kN}$$

$$\sum F_x=0,\ F_{Ax}+F_{Ex}=0$$

$$F_{Ax}=-60\ \text{kN}$$

取 EC 为研究对象，受力如题 4-40 图（d）所示。

$$\sum F_x=0，F_{Ex}-F_{BD}\cdot\frac{3}{5}=0$$

$$F_{BD}=100\ \text{kN}$$

$$\sum M_D=0，-F_{Ey}\cdot 5+F_{BC}\cdot 3=0$$

$$F_{BC}=50\ \text{kN}$$

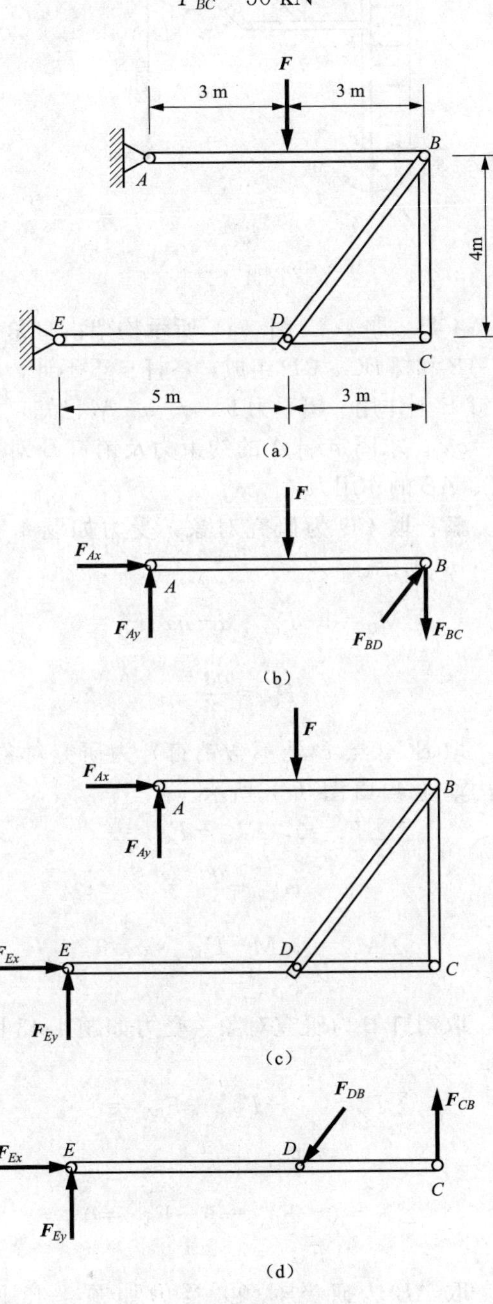

题 4-40 图

4-41　题 4-41 图（a）所示组合结构中，已知 $F_1=6$ kN，$F_2=4$ kN，$F_3=7$ kN。不计杆的自重，求杆 1、2、3 所受的力。

解：取组合结构的整体为研究对象，受力如题 4-41 图（b）所示。

$$\sum F_x=0，F_{Ax}=0$$

$$\sum M_B=0，-F_{Ay}\cdot 14+F_1\cdot 11+F_2\cdot 8+F_3\cdot 4=0$$

$$F_{Ay}=9\ \text{kN}$$

取左半部分为研究对象，受力如题 4-41 图（c）所示。

$$\sum M_C=0，-F_{Ay}\cdot 7-F_1\cdot 4-F_2\cdot 1+F_{GH}\cdot 3=0$$

$$F_{GH}=11.67\ \text{kN}$$

取节点 G 为研究对象，受力如题 4-41 图（d）所示。

$$\sum F_x=0，-F_{GA}\cdot\frac{4}{5}+F_{GH}=0$$

$$F_{GA}=14.58\ \text{kN}$$

$$\sum F_y=0，F_{GA}\cdot\frac{3}{5}+F_{GD}=0$$

$$F_{GD}=-8.75\ \text{kN}$$

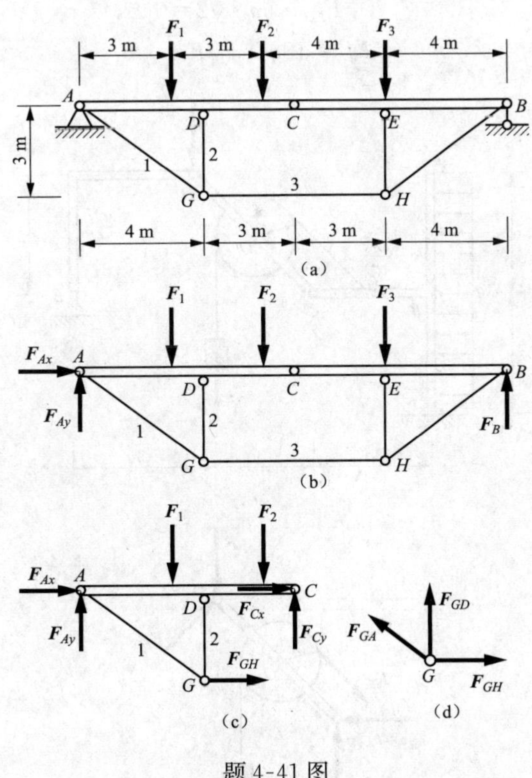

题 4-41 图

4-42　题 4-42 图（a）所示结构由 T 形杆 ABC，直角折杆 DE，杆 CD 和滑轮 O 组成，滑轮半径 $r=a$，$OC=OD$，杆和滑轮的重量不计。在铰链 D 处作用一铅垂力 $\boldsymbol{F}$，一绳索绕过滑轮，一端挂重量 $P=2F$ 的重物，一端系在杆 BC 上。求固定端 A 及支座 E 的约束力。

解：取 CD、滑轮和重物为研究对象，受力如题 4-42 图（b）所示，其中点 D 含销钉。

$$\sum M_C=0，F_{ED}\cdot 3a\cdot\sqrt{2}-F\cdot 3a+F_{\mathrm{T}}\cdot r-P\left(\frac{3}{2}a+r\right)=0$$

$$F_{ED}=\sqrt{2}F$$

支座 E 的约束力与 F_{ED} 的大小和方向相同。

取点 D 以左部分为研究对象，受力如题 4-42 图（c）所示，其中点 D 含销钉。

$$\sum F_x=0，F_{Ax}+q\cdot 6a-F_{ED}\cos 45°=0$$

$$F_{Ax}=F-6qa$$

$$\sum F_y=0，F_{Ay}-P-F+F_{ED}\cos 45°=0$$

$$F_{Ay}=2F$$

$$\sum M_A=0，M_A-q\cdot 6a\cdot 3a-P\cdot 5.5a-F\cdot 6a+F_{ED}\cdot 6a\cdot\sqrt{2}=0$$

$$M_A=18qa^2+5Fa$$

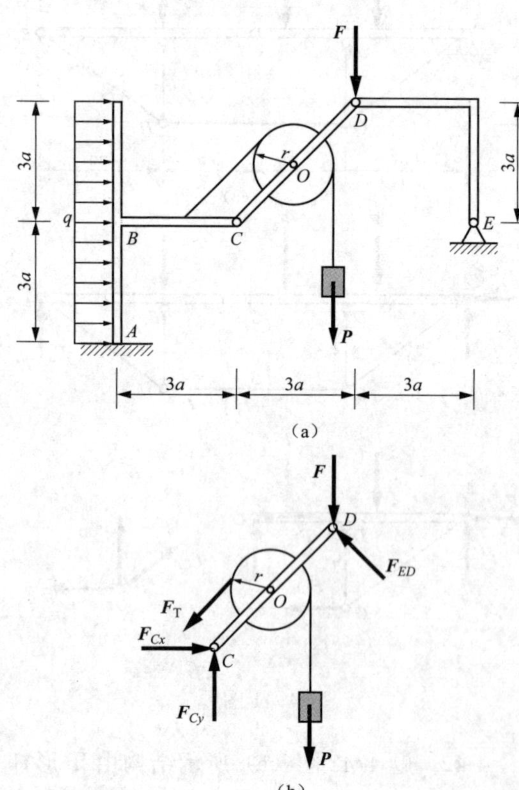

图 4-42

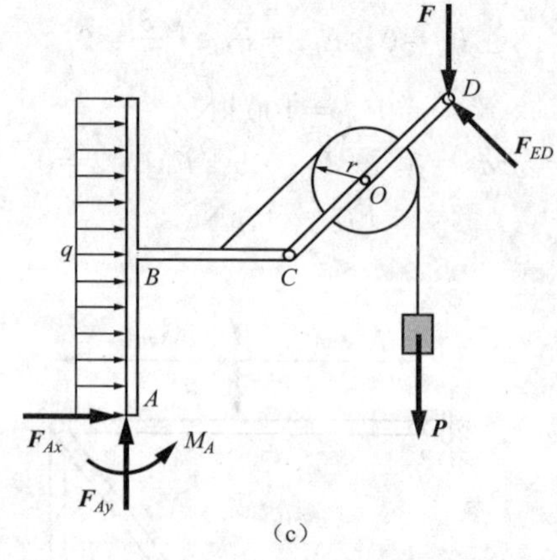

图 4-42

4-43 题 4-43 图（a）所示构架由直角折杆 AB 和杆 BC、CD 组成，各杆自重不计，在销钉 B 上作用一铅垂力 $\boldsymbol{F}$，q、a、M 已知，且 $M=qa^2$。求固定端 A 的约束力及销钉 B 对杆 BC、AB 的作用力。

解：取 CD 为研究对象，受力如题 4-43 图（b）所示。

$$\sum M_D=0，F_{Cx}\cdot a-qa\cdot\frac{a}{2}=0$$

$$F_{Cx}=\frac{qa}{2}$$

取 BC（点 B 处不含销钉）为研究对象，受力如题 4-43 图（c）所示。

$$\sum F_x=0，F_{BCx}-F'_{Cx}=0$$

$$F_{BCx}=\frac{qa}{2}$$

$$\sum M_C=0，M-F_{BCy}\cdot a=0$$

$$F_{BCy}=qa$$

取销钉 B 为研究对象，受力如题 4-43 图（d）所示。

$$\sum F_x=0，-F'_{BCx}+F_{BAx}=0$$

$$F_{BAx}=\frac{qa}{2}$$

$$\sum F_y=0，F_{BAy}-F-F'_{BCy}=0$$

$$F_{BAy}=qa+F$$

取 AB 为研究对象，受力如题 4-43 图（e）所示。

$$\sum F_x=0，F_{Ax}+\frac{1}{2}\cdot q\cdot 3a-F'_{BAx}=0$$

$$F_{Ax}=-qa$$

$$\sum F_y=0,\ F_{Ay}-F'_{BAy}=0$$

$$F_{Ay}=qa+F$$

$$\sum M_A=0,\ M_A+F'_{BAx}\cdot 3a-F'_{BAy}\cdot a-\frac{1}{2}\cdot q\cdot 3a\cdot a=0$$

$$M_A=(qa+F)a$$

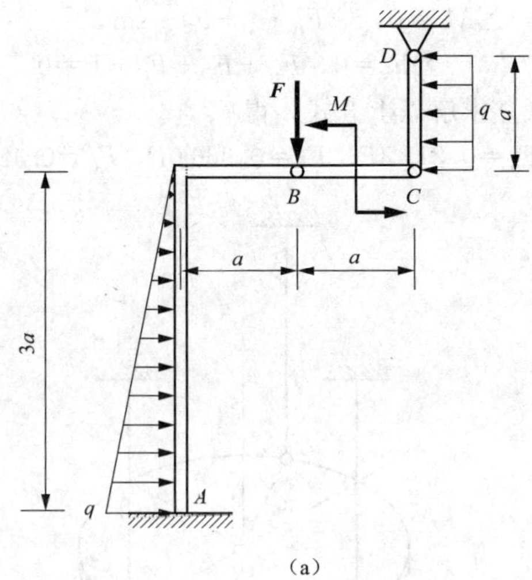

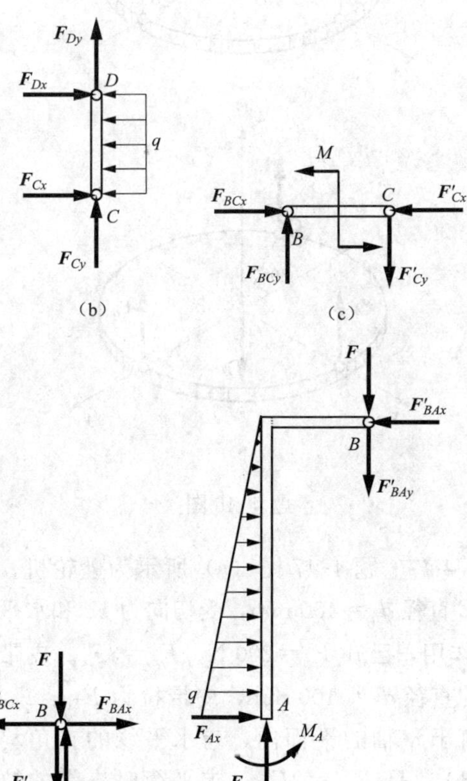

题 4-43 图

4-44　在题 4-44 图（a）所示空间构架中，A、B、C、D 均为球铰，杆的重量不计。已知挂在 D 处的重物重 $P=10$ kN，求铰链 A、B、C 的约束力。

解： 取空间构架的整体为研究对象，受力如题 4-44 图（b）所示。

$$\sum F_x=0,\ F_A\cos 45°-F_B\cos 45°=0$$

$$\sum F_y=0,\ F_A\sin 45°\cos 30°+F_B\sin 45°\cos 30°-F_C\cos 15°=0$$

$$\sum F_z=0,\ F_A\sin 45°\sin 30°+F_B\sin 45°\sin 30°-F_C\sin 15°-P=0$$

联立求解，得

$$F_A=F_B=26.39\ \text{kN},\ F_C=33.46\ \text{kN}$$

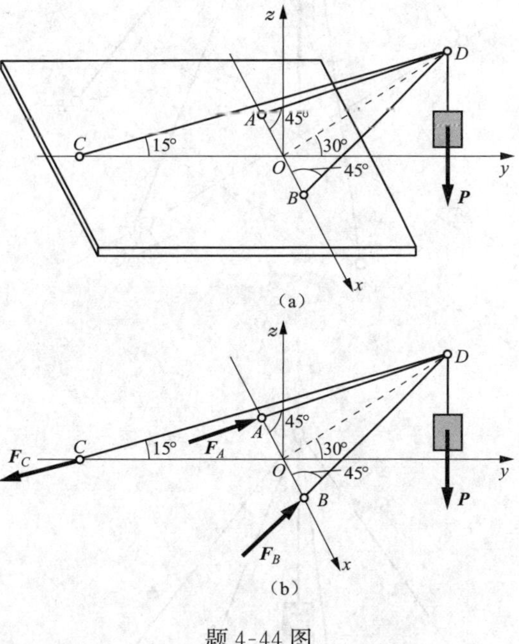

题 4-44 图

4-45　题 4-45 图（a）所示三脚架的三只脚 AD、BD、CD 与水平面 ABC 的夹角均为 60°，且 $AB=BC=AC$，绳索绕过 D 处的滑轮由绞车 E 牵引将重为 $P=30$ kN 的物体吊起。绞车位于∠ACB 的角平分线 y 轴上，绳索 DE 与水平面的夹角为 60°。不计构件重量，当重物被匀速提升时，求各脚所受的力。

解： 取三脚架的整体为研究对象，受力如题 4-45 图（b）所示。设每根杆长度为 l。

$$\sum M_{AB}=0,\ -F_C\sin 60°(l\cos 60°+l\cos 60°\sin 30°)$$

$$+Pl\cos 60^\circ\sin 30^\circ$$
$$-P[l-(l\cos 60^\circ+l\cos 60^\circ\sin 30^\circ)]=0$$
$$F_C=1.547\ \text{kN}$$
$$\sum M_y=0,\ F_A=F_B$$
$$\sum F_z=0,\ (F_A+F_B+F_C-P)\sin 60^\circ-P=0$$
$$F_A=F_B=31.55\ \text{kN}$$

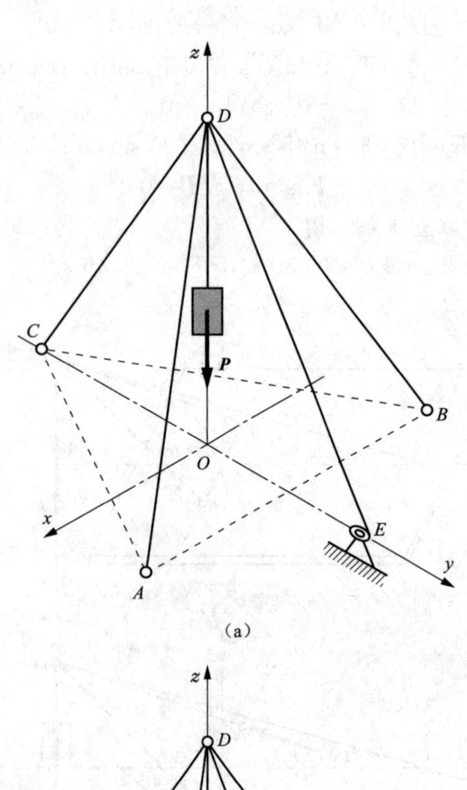

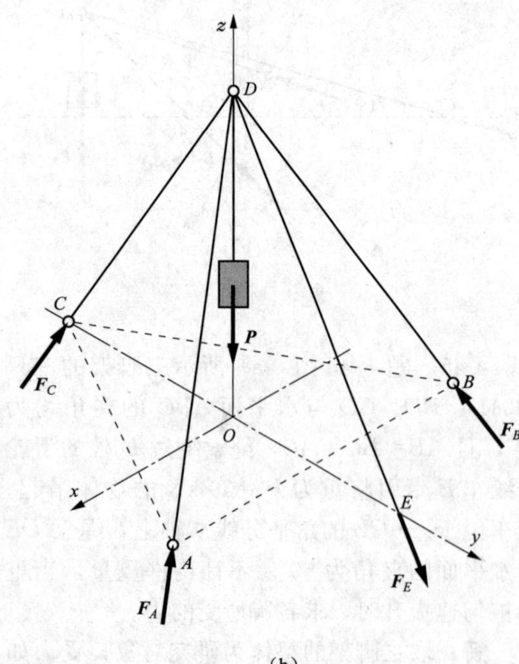

题 4-45 图

4-46 如题 4-46 图（a）所示，均质圆盘重为 P，用三条铅垂方向的绳索将其悬挂在水平位置。求三条绳索所受的力。

解：取圆盘为研究对象，受力如题 4-46 图（b）所示。设圆盘半径为 r。

$$\sum M_x=0,\ F_B\cdot r-F_C\cdot r\cos 30^\circ=0$$
$$\sum M_y=0,\ -F_A\cdot r+F_C\cdot \sin 30^\circ\cdot r=0$$
$$\sum F_z=0,\ F_A+F_B+F_C-P=0$$

联立求解以上 3 式，得

$$F_A=0.211\,3P,\ F_B=0.366\,0P,\ F_C=0.422\,6P$$

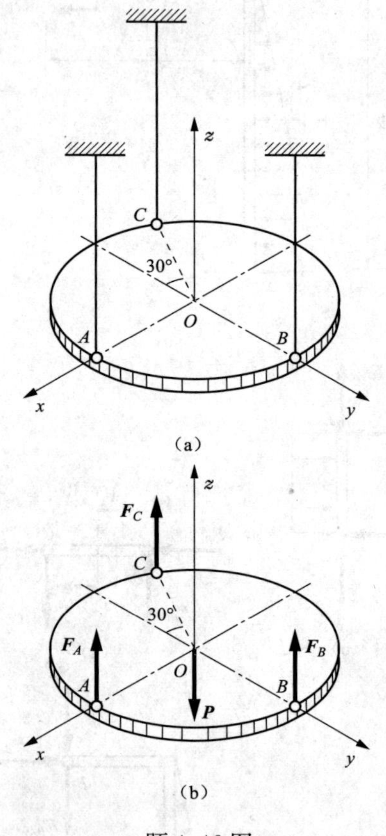

题 4-46 图

4-47 题 4-47 图（a）所示为砂轮机。砂轮 C 直径 $d_1=400$ mm，受切向力 $\boldsymbol{F}_z$ 和水平力 $\boldsymbol{F}_x$ 作用，已知 $F_z=200$ N，$F_x=3F_z$。皮带轮 D 的直径 $d_2=100$ mm，皮带拉力 F_{T1}、F_{T2} 在垂直于 y 轴的平面内，与水平线的夹角均为 $\theta=30^\circ$，且 $F_{T1}=2F_{T2}$。求平衡时皮带的拉力和轴承 A，B 的约束力。

解：取砂轮机整体为研究对象，受力如题

4-47 图（b）所示。

$$F_x=3F_z=600\ \text{N}$$

$$\sum M_y=0,\ -F_z\cdot\frac{d_1}{2}+(F_{T1}-F_{T2})\cdot\frac{d_2}{2}=0$$

已知 $F_{T1}=2F_{T2}$，解得

$$F_{T1}=1\,600\ \text{N},\ F_{T2}=800\ \text{N}$$

在轴承 A 处

$$\sum M_x=0,\ -F_z\cdot 0.1+F_{Bz}\cdot 0.3+(F_{T1}-F_{T2})\cdot\sin\theta\cdot 0.4=0$$

$$F_{Bz}=-466.7\ \text{N}$$

$$\sum M_z=0,\ -F_x\cdot 0.1-F_{Bx}\cdot 0.3+(F_{T1}+F_{T2})\cdot\cos\theta\cdot 0.4=0$$

$$F_{Bx}=2\,571\ \text{N}$$

在轴承 B 处

$$\sum M_x=0,\ -F_z\cdot 0.4-F_{Az}\cdot 0.3+(F_{T1}-F_{T2})\cdot\sin\theta\cdot 0.1=0$$

$$F_{Az}=-133.3\ \text{N}$$

$$\sum M_z=0,\ -F_{Ax}\cdot 0.3-F_x\cdot 0.4+(F_{T1}+F_{T2})\cdot\cos\theta\cdot 0.1=0$$

$$F_{Ax}=-107.2\ \text{N}$$

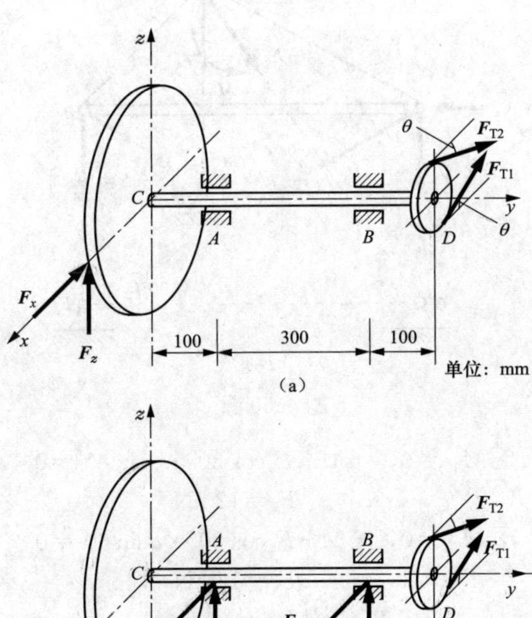

题 4-47 图

4-48　题 4-48 图（a）所示空间桁架由六个杆组成。在节点 A 作用 $F=10$ kN 的力，该力在结构的对称面、矩形 $ABCD$ 内。△AEH 和△BGI 为全等的等腰直角三角形，在顶点 A 和 B 处均为直角。求各杆的内力。

解：取节点 A 为研究对象，受力如题 4-48 图（b）所示。

$$\sum F_x=0,\ F_1\sin 45°-F_2\sin 45°=0$$

$$\sum F_y=0,\ F\sin 45°+F_3=0$$

$$\sum F_z=0,\ -F_1\cos 45°-F_2\cos 45°-F\cos 45°=0$$

联立求解以上 3 式，得

$$F_1=F_2=-5\ \text{kN},\ F_3=-7.07\ \text{kN}$$

取节点 B 为研究对象，受力如题 4-48 图（b）所示。

$$\sum F_x=0,\ F_4\sin 45°-F_5\sin 45°=0$$

$$\sum F_y=0,\ F_6\sin 45°-F_3'=0$$

$$\sum F_z=0,\ -F_4\cos 45°-F_5\cos 45°-F_6\cos 45°=0$$

求解以上 3 式，得

$$F_4=F_5=5\ \text{kN},\ F_6=-10\ \text{kN}$$

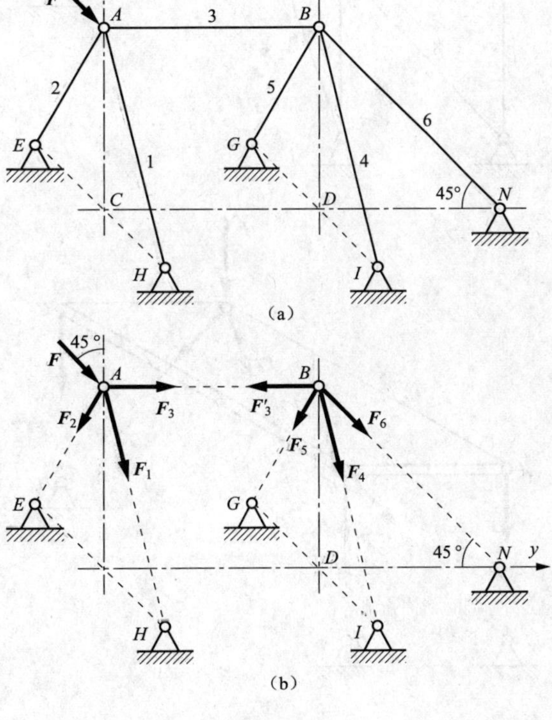

题 4-48 图

4-49 题 4-49（a）图所示水平板用 6 个杆支撑，在板角受铅垂力 $\boldsymbol{F}$ 作用。不计构件自重，求各杆的内力。

解： 取板为研究对象，受力如题 4-49 图（b）所示。

$\sum M_{AE}=0$，$F_6=0$

$\sum M_{BG}=0$，$F_4=0$

$\sum M_{CH}=0$，$F_2=0$

$\sum M_{AB}=0$，$-F\cdot 1000-F_5\cdot 1000=0$

$F_5=-F$

$\sum M_{BC}=0$，$-F_1\cdot 500-F\cdot 500=0$

$F_1=-F$

$\sum M_{CD}=0$，$F_1\cdot 1000+F_3\cdot 1000=0$

$F_3=F$

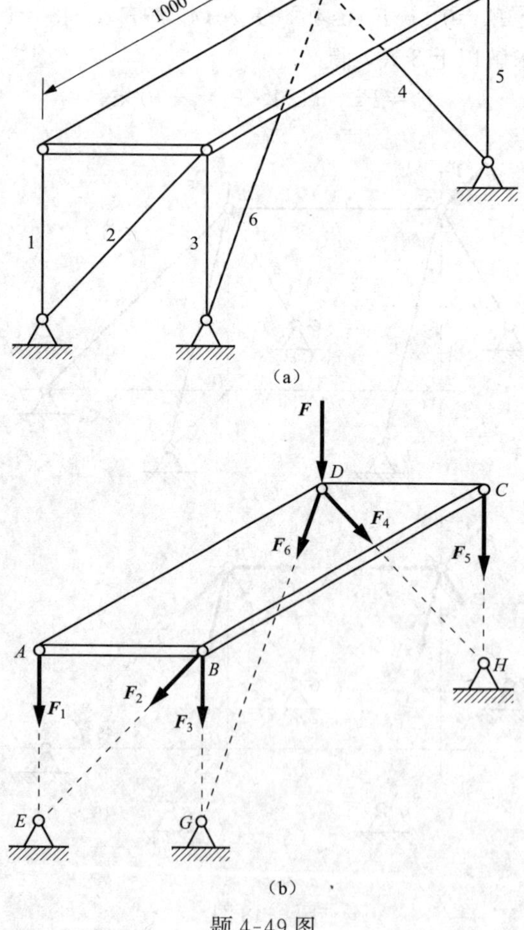

题 4-49 图

4-50 题 4-50 图（a）所示边长为 $a=1$ m 的水平等边三角形板 ABC 用 6 根杆支撑，杆 1、2、3 为铅垂杆，杆 4、5、6 与水平面成 30° 角。板面作用一矩为 $M=9$ kN·m 的力偶，在点 A 处沿 AB 方向作用一大小为 $F=6$ kN 的力。构件自重不计，求各杆内力。

解： 取板为研究对象，受力如题 4-50 图（b）所示。

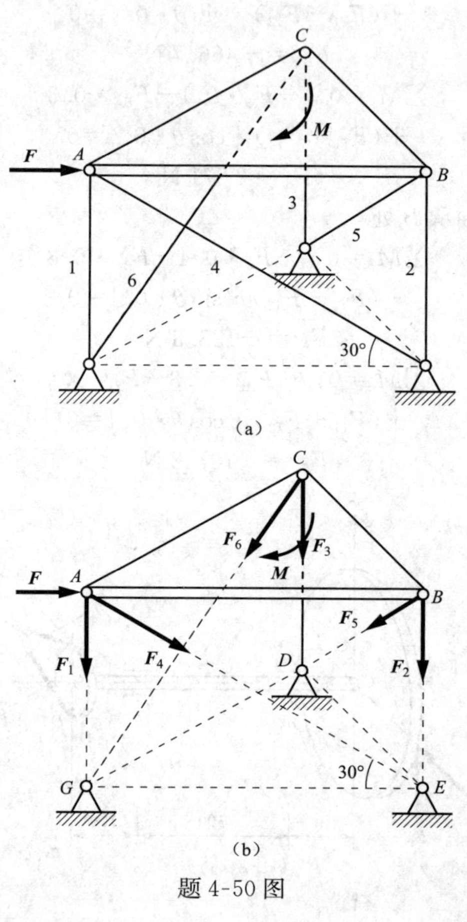

题 4-50 图

$\sum M_{AG}=0$，$-M+F_5\cos 30°\cdot a\sin 60°=0$

$F_5=12$ kN

$\sum M_{BE}=0$，$-M+F_6\cos 30°\cdot a\sin 60°=0$

$F_6=12$ kN

$\sum M_{CD}=0$，

$-M+F\cdot a\sin 60°+F_4\cos 30°\sin 60°=0$

$F_4=5.072$ kN

$\sum M_{AB}=0$，

$F_3\cdot a\sin 60°+F_6\sin 30°\cdot a\sin 60°=0$

$F_3=-6$ kN

$$\sum M_{AC}=0,$$

$$F_2\cdot a\sin 60°+F_5\sin 30°\cdot a\sin 60°=0$$

$$F_2=-6\ \text{kN}$$

$$\sum M_{BC}=0,$$

$$F_1\cdot a\sin 60°+F_4\sin 30°\cdot a\sin 60°=0$$

$$F_1=-2.536\ \text{kN}$$

4-51　题 4-51 图（a）所示为减速机构。动力由Ⅰ轴输入，作用在该轴上的力偶矩为 $M=697\ \text{N}\cdot\text{m}$。齿轮的压力角为 $\alpha=20°$，节圆直径为 $D_1=160\ \text{mm}$，$D_2=632\ \text{mm}$，$D_3=204\ \text{mm}$。求Ⅱ轴两端轴承 A 和 B 的约束力。

解： 取Ⅰ轴为研究对象，设齿轮 D_1 所受力为 $\boldsymbol{F}_1'$[参见题 4-51 图（b）、图（c）]，有

$$F_1'\cdot\frac{D_1}{2}=M$$

得 $$F_1=9\,272\ \text{N}$$

取Ⅱ轴为研究对象，设Ⅱ小齿轮所受的力为 $\boldsymbol{F}_2$，受力如题 4-51 图（b）、图（c）所示（图 c 未画轴承 A、B 的约束力）。由

$$F_1\cos\alpha\cdot\frac{D_2}{2}=F_2\cos\alpha\cdot\frac{D_3}{2}$$

得 $$F_2=28\,724\ \text{N}$$

在轴承 A 处

$$\sum M_x=0$$

$$F_1\cos\alpha\cdot 145+F_2\cos\alpha\cdot(145+235)+F_{Bz}\cdot(145+235+202)=0$$

$$F_{Bz}=-19.79\ \text{kN}$$

$$\sum M_z=0,$$

$$F_1\sin\alpha\cdot 145-F_2\sin\alpha\cdot 380+F_{Bx}\cdot 582=0$$

$$F_{Bx}=-5.624\ \text{kN}$$

在轴承 B 处

$$\sum M_x=0,$$

$$-F_2\cos\alpha\cdot 202-F_1\cos\alpha\cdot 437+F_{Az}\cdot 582=0$$

$$F_{Az}=15.91\ \text{kN}$$

$$\sum M_z=0,$$

$$F_2\sin\alpha\cdot 202-F_1\sin\alpha\cdot 437-F_{Ax}\cdot 582=0$$

$$F_{Ax}=1.029\ \text{kN}$$

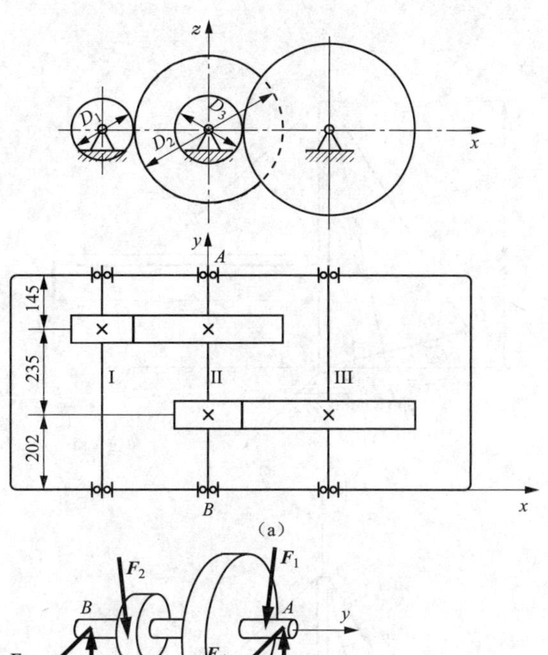

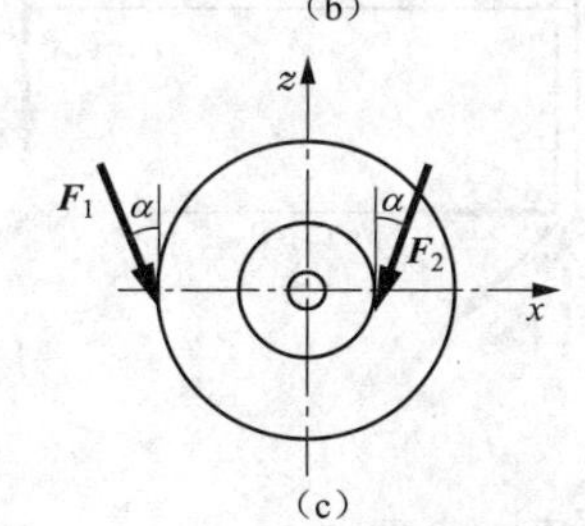

题 4-51 图

4-52　题 4-52 图（a）所示结构由杆 AB 和 CD，绳索 BE、BG 和 BH 等组成，A 处为球铰。杆 CD 在绳索 BG 和 BH 的对称面内，点 G 和 H 在水平面内。已知 $F=20\ \text{kN}$，不计构件自重，求绳索 BG 和 BH 的拉力及球铰 A 处的约束力。

解： 取结构的整体为研究对象，受力如题 4-52 图（b）所示。

$\sum F_x=0$，$F_{Ax}=0$

$\sum M_y=0$，$F_{BG}=F_{BH}$

$\sum M_x=0$，$F_{BG}\cos 60°\cos 45°\cdot 5\times 2-F\cdot 5=0$

$F_{BG}=F_{BH}=28.28\ \text{kN}$

$\sum F_y=0$，$F_{Ay}-F_{BG}\cos 60°\cos 45°\times 2=0$

$F_{Ay}=20\ \text{kN}$

$\sum F_z=0$，$F_{Az}-F_{BG}\sin 60°\times 2-F=0$

$F_{Az}=68.99\ \text{kN}$

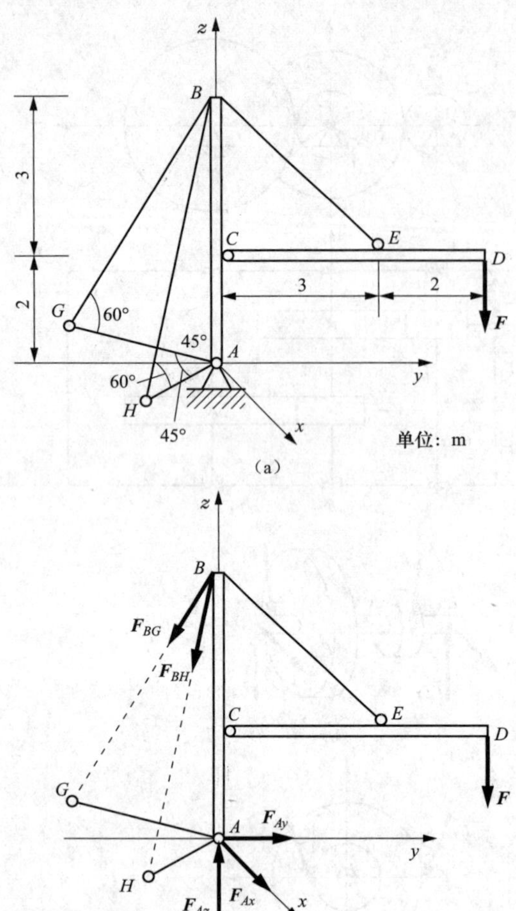

题 4-52 图

4-53 如题 4-53 图（a）所示，空间桁架的节点位于正方体的顶点处，球铰 B、L 和 H 固定。在节点 D 沿 LD 方向作用力 $\boldsymbol{F}$，在节点 C 沿 CH 作用力 $\boldsymbol{F}_C$。求各杆的内力。

解： 取节点 D 为研究对象，受力如题 4-53 图（b）所示。

$$\sum F_y=0,\ -F_1\cos 45^\circ+F\cos 45^\circ=0$$

$$F_1=F$$

$$\sum F_z=0,\ F\cos 45^\circ-F_6\cos 45^\circ=0$$

$$F_6=F$$

$$\sum F_x=0,\ F_1\cos 45^\circ+F_3+F_6\cos 45^\circ=0$$

$$F_3=-\sqrt{2}F$$

取节点 C 为研究对象，受力如图（b）所示。

$$\sum F_x=0,\ -F_3'-F_4\cdot\frac{\sqrt{2}}{\sqrt{3}}\cos 45^\circ=0$$

$$F_4=\sqrt{6}F$$

$$\sum F_y=0,\ -F_2-F_4\cdot\frac{\sqrt{2}}{\sqrt{3}}\cos 45^\circ=0$$

$$F_2=-\sqrt{2}F$$

$$\sum F_z=0,\ -F_5-F_C-F_4\ \frac{1}{\sqrt{3}}=0$$

$$F_5=-\ (F_C+\sqrt{2}F)$$

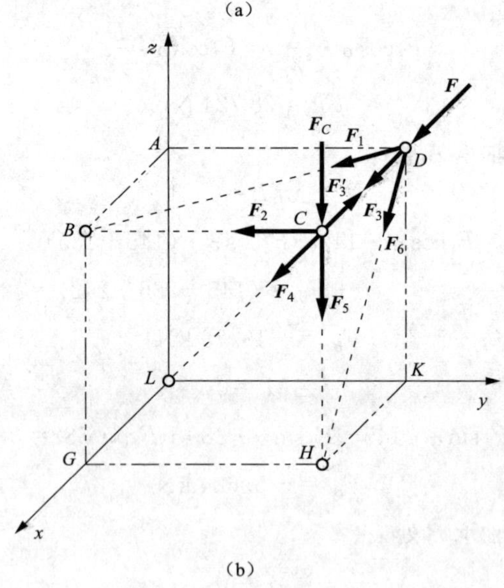

题 4-53 图

4-54 题 4-54 图（a）所示均质杆 AB 重 $P=200$ N，A 端用球铰链与地面相连，B 端靠在光滑的墙上，并用绳索 BC 拉住。已知 $\theta=60^\circ$，$a=0.8$ m，$b=0.3$ m，$c=0.4$ m，求杆

AB 所受的约束力。

解：取杆 AB 整体为研究对象，受力如题 4-54 图（b）所示。

$$\sum M_y=0,\ -F_{BC}\cos\theta\cdot c-F_{BC}\sin\theta\cdot b+P\cdot\frac{b}{2}=0$$

$$F_{BC}=65.24\ \text{N}$$

$$\sum F_z=0,\ F_{BC}\sin\theta-P+F_{Az}=0$$

$$F_{Az}=143.5\ \text{N}$$

力系对过点 B 的与 x 轴平行的轴之矩和向 x、y 轴投影的代数和分别为 0，即

$$\sum M_x=0,\ F_{Ay}\cdot c+F_{Az}\cdot a-P\cdot\frac{a}{2}=0$$

$$F_{Ay}=-86.99\ \text{N}$$

$$\sum F_x=0,\ -F_{BC}\cos\theta+F_{Ax}=0$$

$$F_{Ax}=32.62\ \text{N}$$

$$\sum F_y=0,\ F_{NB}+F_{Ay}=0$$

$$F_{NB}=86.99\ \text{N}$$

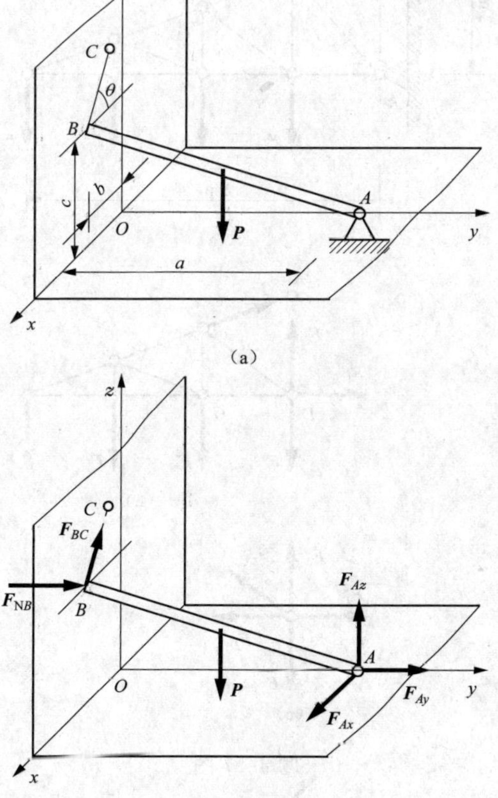

题 4-54 图

4-55　题 4-55 图（a）和（b）所示桁架 $ABCD$ 为正方形。求杆 1、2 和 3 的内力。

解：对于题 4-55 图（a）所示桁架，杆 1 和杆 2 为零杆。取节点 B 为研究对象，受力如题 4-55 图（c）所示。沿杆 3 方向投影，得

$$F_3=F$$

对于题 4-55 图（b）所示桁架，取节点 B 为研究对象，受力如题 4-55 图（d）所示。沿杆 1 方向投影

$$\sum F_x=0,\ -F_1+F\cos 45°=0$$

$$F_1=\frac{\sqrt{2}}{2}F$$

同理

$$F_2=\frac{\sqrt{2}}{2}F$$

取节点 A 为研究对象，受力如题 4-48 图（e）所示。

$$\sum F_x=0,\ F_1+F_3\cos 45°=0$$

$$F_3=-F$$

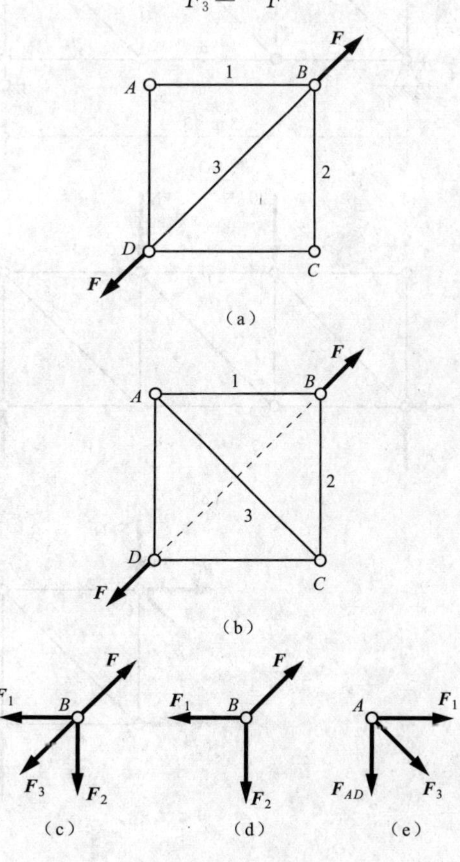

题 4-55 图

4-56 求题 4-56 图（a）所示桁架杆 1、2 和 3 的内力。

解：取桁架杆整体为研究对象，受力如题 4-56 图（b）所示。

$$\sum M_A=0,\ -20\cdot 3-5\cdot 6+F_B\cdot 9=0$$

$$F_B=10\ \text{kN}$$

用假想的截面将杆 1、2 和 3 截开，取右侧部分桁架为研究对象，如题 4-56 图（c）所示。

$$\sum M_C=0,\ -F_3\cdot 3+F_B\cdot 3=0$$

$$F_3=10\ \text{kN}$$

$$\sum F_y=0,\ -5-F_2\cos 45°+F_B=0$$

$$F_2=7.07\ \text{kN}$$

$$\sum F_x=0,\ -F_1-F_2\cos 45°-F_3=0$$

$$F_1=-15\ \text{kN}$$

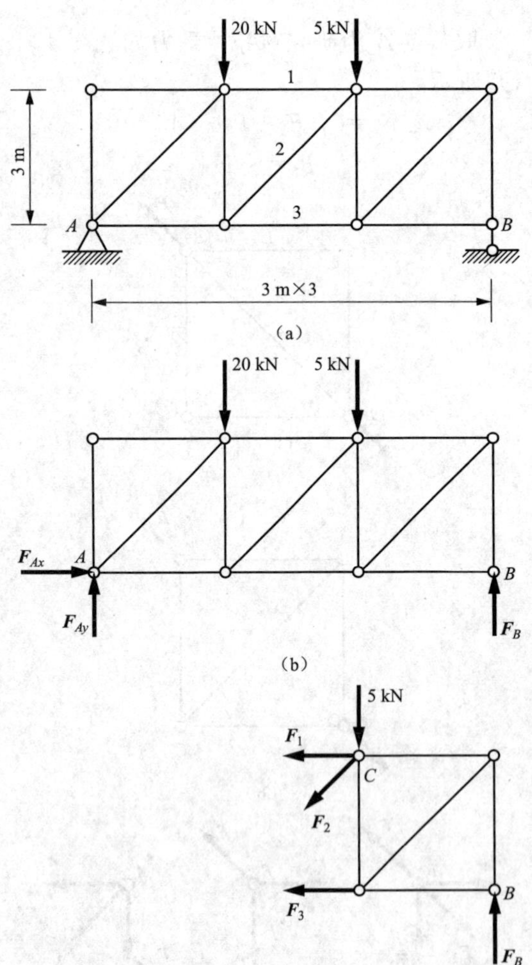

题 4-56 图

4-57 求题 4-57 图（a）所示桁架杆 1、2 和 3 的内力。

解：用假想的截面将杆 1、2 和杆 2、3 之间的杆 CE 截开，取右侧部分桁架为研究对象，如题 4-57 图（b）所示。杆 2 和杆 EG 的长度分别为 2.25 m 和 1.5 m。建立平衡方程并利用合力矩定理

$$\sum M_C=0,\ -F_1\cdot 2.25-4F\cdot 3=0$$

$$F_1=-5.333F$$

$$\sum M_E=0,\ -F_1\cdot 1.5-F_2\cdot 2-4F\cdot 1=0$$

$$F_2=2F$$

取节点 D 为研究对象，受力如题 4-57 图（c）所示。

$$\sum F_y=0,\ F_2+F_3\cdot \frac{3}{5}-F=0$$

$$F_3=-1.667F$$

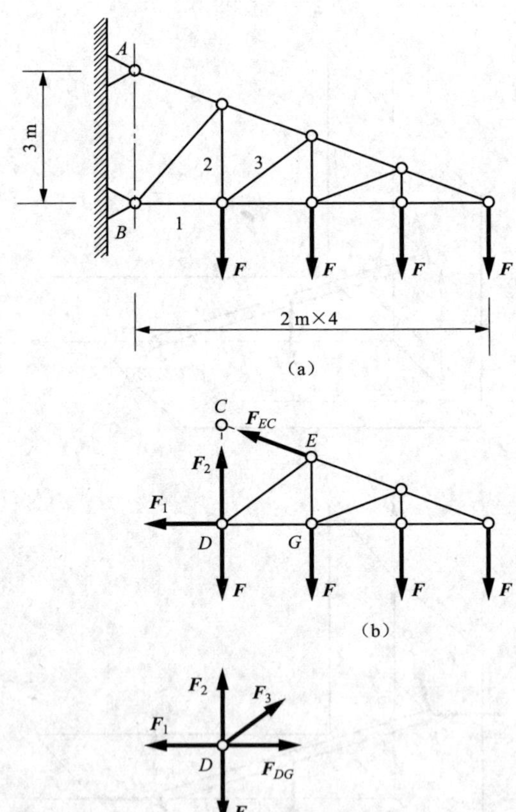

题 4-57 图

4-58 题 4-58 图（a）所示桁架各杆长度相等，求各杆的内力。

解：取桁架的整体为研究对象，受力如题 4-58 图（b）所示。设各杆长度为 a。

$$\sum F_x=0,\ F_{Ax}=0$$

$$\sum M_A=0,\ -40\cdot 3\cdot a+F_B\cdot 2a=0$$

$$F_B=60\ \text{kN}$$

$$\sum F_y=0,\ F_{Ay}-40\cdot 3+F_B=0$$

$$F_{Ay}=60\ \text{kN}$$

取节点 A 为研究对象，受力如题 4-58 图（c）所示。

$$\sum F_y=0,\ F_1\sin 60°+F_{Ay}=0$$

$$F_1=-69.28\ \text{kN}$$

$$\sum F_x=0,\ F_{Ax}+F_1\cos 60°+F_2=0$$

$$F_2=34.64\ \text{kN}$$

取节点 C 为研究对象，受力如题 4-58 图（d）所示。

$$\sum F_y=0,\ (-F_1'-F_3)\ \sin 60°-40=0$$

$$F_3=23.09\ \text{kN}$$

$$\sum F_x=0,\ (-F_1'+F_3)\ \cos 60°+F_4=0$$

$$F_4=46.19\ \text{kN}$$

同理，或由对称性得

$$F_5=F_3=23.09\ \text{kN},\ F_7=F_1=-69.28\ \text{kN},$$

$$F_6=F_2=34.64\ \text{kN}$$

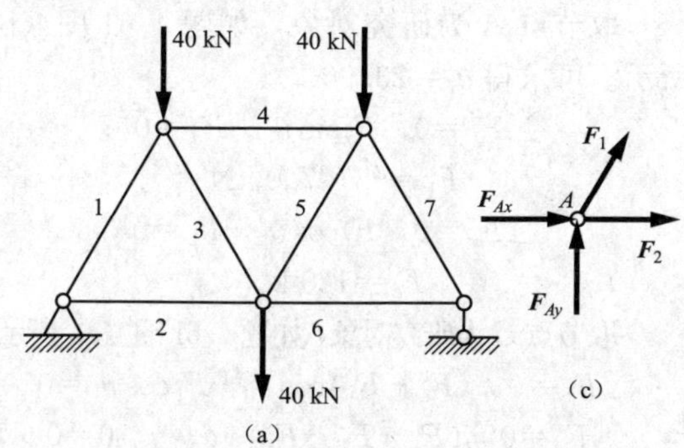

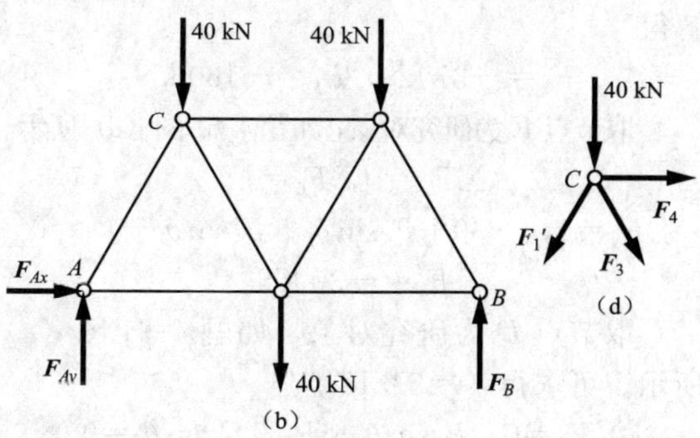

题 4-58 图

4-59 求题 4-59 图（a）所示桁架各杆的内力。

解：取桁架的整体为研究对象，受力如题 4-59 图（b）所示。

$$\sum M_A=0,$$

$$-20\cdot 1-20\cdot(2+2\sin 30°\cos 60°)$$

$$-10\cdot 4+F_B\cdot 4=0$$

$$F_B=27.5\ \text{kN}$$

$$\sum F_y=0,\ F_A-60+F_B=0$$

$$F_A=32.5\ \text{kN}$$

取节点 A 为研究对象，受力如题 4-59 图（c）所示。

$$\sum F_y=0,\ F_A+F_1\sin 60°-10=0$$

$$F_1=-25.98\ \text{kN}$$

$$\sum F_x=0,\ F_1\cos 60°+F_2=0$$

$$F_2=12.99\ \text{kN}$$

取节点 C 为研究对象，受力如题 4-59 图（d）所示。各力向杆 1 方向投影，有

$$F_1'+F_3\cos 60°+20\cos 30°=0,\ F_3=17.32\ \text{kN}$$

各力向杆 4 方向投影，有

$$F_3\sin 60°+F_4+20\sin 30°=0,\ F_4=-25\ \text{kN}$$

取节点 E 为研究对象，受力如题 4-59 图（e）所示。各力向杆 5 方向投影，有

$$F_5+20\sin 60°=0,\ F_5=-17.32\ \text{kN}$$

各力向杆 7 方向投影，有

$$F_7-F_4'+20\cos 60°=0,\ F_7=-35\ \text{kN}$$

取节点 B 为研究对象，受力如题 4-59 图（f）所示。

$$\sum F_x=0,\ -F_6-F_7\cos 30°=0$$

$$F_6=30.31\ \text{kN}$$

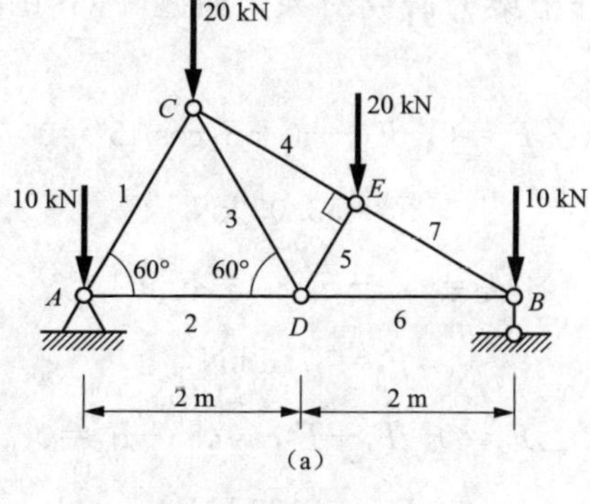

题 4-59 图

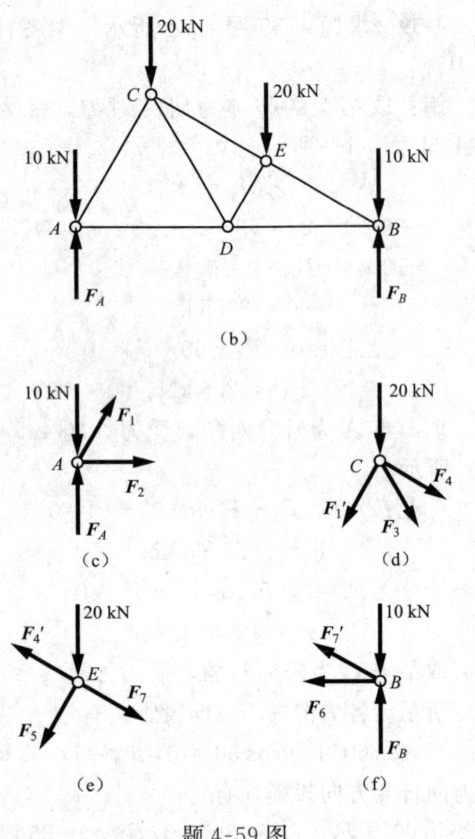

题 4-59 图

4-60　求题 4-60 图（a）所示桁架杆 1，2 和 3 的内力。

解：取桁架杆的整体为研究对象，受力如题 4-60 图（b）所示。

$$\sum M_B=0,\ -F_A\cdot 4+50\cdot 3+100\cdot 2=0$$

$$F_A=87.5\ \text{kN}$$

用假想的截面将杆 1、2 和 3 截开，取左侧部分桁架为研究对象，如题 4-60 图（c）所示。

$$\sum F_y=0,\ F_A-50-F_2\cos 45°=0$$

$$F_2=53.03\ \text{kN}$$

$$\sum M_C=0,\ -F_A\cdot 1+F_3\cdot 1=0$$

$$F_3=87.5\ \text{kN}$$

$$\sum F_x=0,\ F_1+F_2\cos 45°+F_3=0$$

$$F_1=-125\ \text{kN}$$

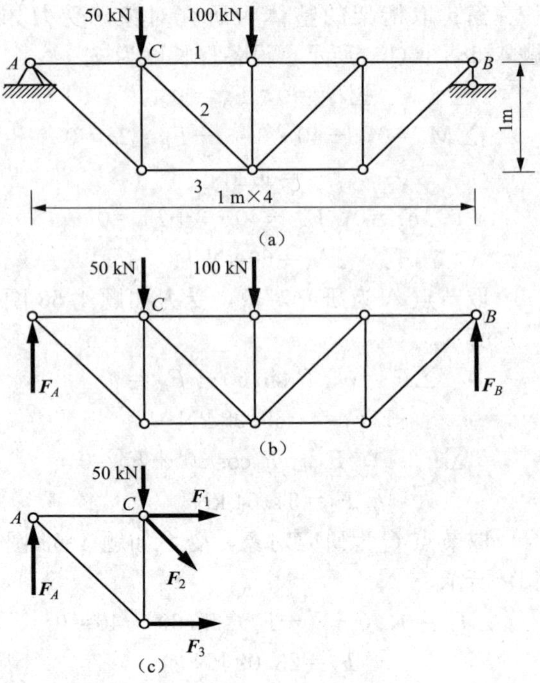

题 4-60 图

4-61　求题 4-61 图（a）所示桁架各杆的内力。已知 $AC=DC$，$HJ=BJ$。

解：取桁架的整体为研究对象，由对称性知支座 A 处的约束力 $F_A=80$ kN，方向向上。

取节点 A 为研究对象，如题 4-61 图（b）所示。可求得 $\theta_1=23.96°$。

$$\sum F_y=0,\ F_1\sin\theta_1+F_A=0$$

$$F_1=-197.0\ \text{kN}$$

$$\sum F_x=0,\ F_1\cos\theta_1+F_2=0$$

$$F_2=180\ \text{kN}$$

取节点 C 为研究对象，如题 4-61 图（c）所示。

$$\sum F_x=0,\ (F_3+F_4)\cos\theta_1+F_1\cos\theta_1=0$$

$$\sum F_y=0,\ (F_4-F_1-F_3)\sin\theta_1-30=0$$

解得

$$F_3=-37\ \text{kN},\ F_4=-160\ \text{kN}$$

取节点 E 为研究对象，如题 4-61 图（d）所示。

$$\sum F_x=0,\ F_6=F_4$$

$$\sum F_y=0,\ -30+F_6\sin\theta_1-F_4\sin\theta_1-F_5=0$$

$$F_5=-30\ \text{kN}$$

取节点 D 为研究对象，如题 4-61 图（e）所示。可求得 $\theta_2=53.13°$。

$$\sum F_y=0,\ F_3\sin\theta_1+F_5+F_8\sin\theta_2=0$$

$$F_8=56.25\ \text{kN}$$

$$\sum F_x = 0,\ -F_2 - F_3 \cdot \cos\theta_1 + F_3\cos\theta_2 + F_7 = 0$$

$$F_7 = 112.5\ \text{kN}$$

由对称性可求出其他各杆的内力。各杆内力如题 4-61 图（f）所示。

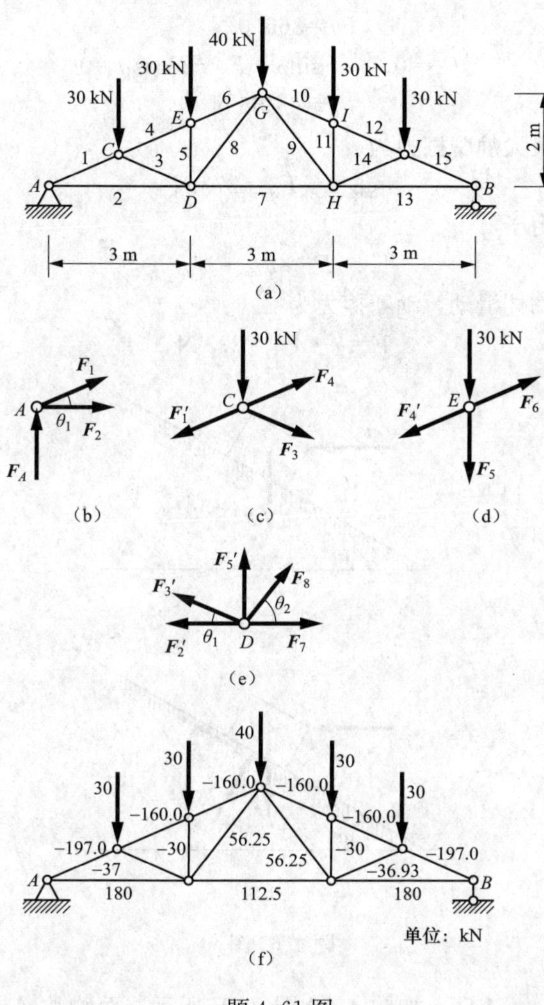

题 4-61 图

4-62　题 4-62 图（a）所示桁架中，ABC 为等边三角形。求杆 CD 的内力。

解：杆 DE 为零杆。用截面将杆 AD、ED、CD 和 CG 截断，取右侧部分为研究对象，如题 4-62 图（b）所示。设等边三角形 BDG 边长为 a。

$$\sum M_B = 0,$$

$$-F_{DE}\sin 60° \cdot a - F_{DC} \cdot a - F \cdot a\sin 60° = 0$$

$$F_{DC} = -0.866F$$

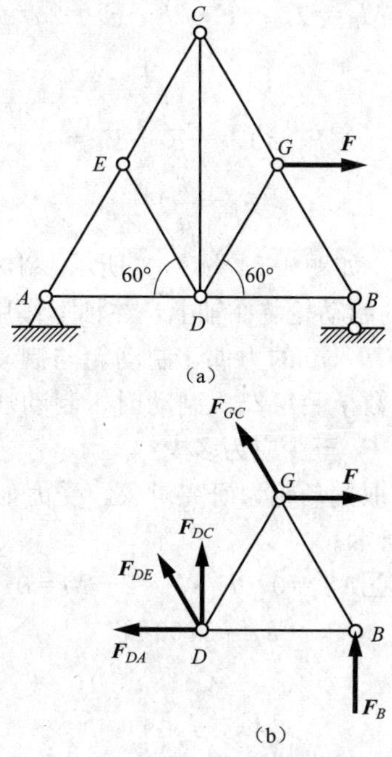

题 4-62 图

4-63　用截面法求题 4-63 图（a）所示桁架中杆 1 和 4 的内力。

解：用截面将题 4-63 图（a）中的杆 1～4 截断，上侧部分为研究对象，如题 4-63 图（b）所示。设等边三角形 BDG 边长为 a。

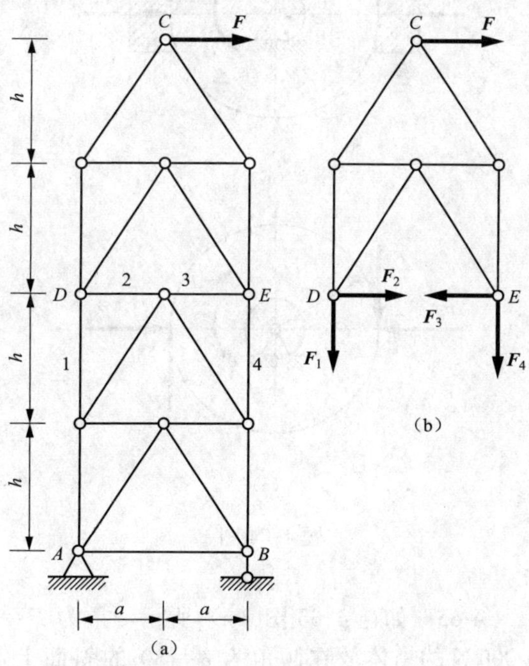

题 4-63 图

$$\sum M_D=0,\ -F\cdot 2h-F_4\cdot 2a=0$$

$$F_4=-\frac{h}{a}F$$

$$\sum F_y=0,\ -F_1-F_4=0$$

$$F_1=\frac{h}{a}F$$

4-64 如题 4-64 图（a）所示，半径为 $r=250\ \text{mm}$ 的制动轮装在轴上，在轴上作用一矩为 $M=1\ 000\ \text{N}\cdot\text{m}$ 的力偶，制动轮与制动块间的静摩擦因数 $f_s=0.25$。制动时，制动块对制动轮的压力 $\boldsymbol{F}_N$ 至少应为多少？

解： 取制动轮为研究对象，受力如题 4-64 图（b）所示。

$$\sum M_O=0,\ F_s\cdot r\times 2-M=0$$

$$F_s=2\ 000\ \text{N}$$

临界时

$$F_s=f_sF_N$$

得所需最小的正压力为

$$F_N=8\ 000\ \text{N}$$

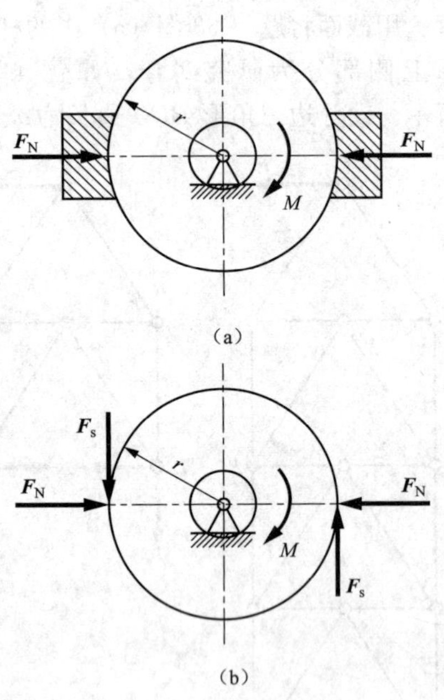

题 4-64 图

4-65 如题 4-65 图（a）所示，重为 $P=1\ 000\ \text{N}$ 的物体放在倾角为 $\alpha=30°$ 的斜面上，物体与斜面间的静摩擦因数 f_s 和动摩擦因数 f 均为 0.2，在物体上作用一 $F=1\ 000\ \text{N}$ 的水平力。求物体与斜面间的摩擦力。

解： 取物体为研究对象，受力如题 4-65 图（b）所示。

$$\sum F_x=0,\ F\cos\alpha-F_s-P\sin\alpha=0$$

$$F_s=366.0\ \text{N}$$

$$\sum F_y=0,\ -F\sin\alpha+F_N-P\cos\alpha=0$$

$$F_N=1\ 366\ \text{N}$$

最大静摩擦力为

$$F_{max}=f_sF_N=273\ \text{N}$$

由于

$$F_s>F_{max}$$

物体滑动，动摩擦力为

$$F=f\cdot F_N=273\ \text{N}$$

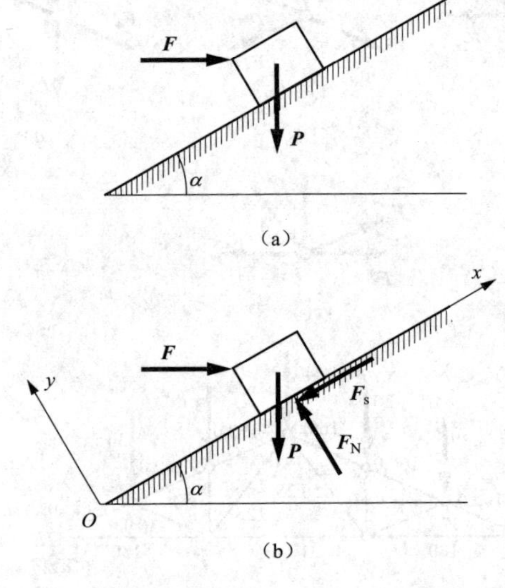

题 4-65 图

4-66 如题 4-66 图（a）所示，两物块 A 和 B 重叠放在地面上。物块 A 重 1 000 N，B 重 2 000 N，物块 A 与 B 之间的静摩擦因数 $f_{s1}=0.5$，B 与地面间的静摩擦因数 $f_{s2}=0.2$，在物块 A 的上方作用一斜方向的力 $F=600\ \text{N}$。求物块的运动状态。

解： 取物块 A 为研究对象，受力如题 4-66 图（b）所示。

$$\sum F_x=0,\ F_{s1}-F\cos 30°=0$$

$$F_{s1}=520\ \text{N}$$

$$\sum F_y=0,\ -F\sin 30°+F_{N1}-1\ 000=0$$

$$F_{N1}=1\ 300\ \text{N}$$

最大静摩擦力为

$$F_{max1}=f_{s1}F_{N1}=650\ \text{N}$$

由于

$$F_{s1}<F_{max1}$$

物体 A 相对于 B 静止。

取物块 B 为研究对象，受力如题 4-66 图（c）所示。

$$\sum F_x=0，F_{s2}-F\cos 30°=0$$

$$F_{s2}=520\ \text{N}$$

$$\sum F_y=0，-F\sin 30°+F_{N2}-3\ 000=0$$

$$F_{N2}=3\ 300\ \text{N}$$

最大静摩擦力为

$$F_{max2}=f_{s2}F_{N2}=660\ \text{N}$$

由于

$$F_{s2}<F_{max2}$$

物体 A 和 B 整体静止。

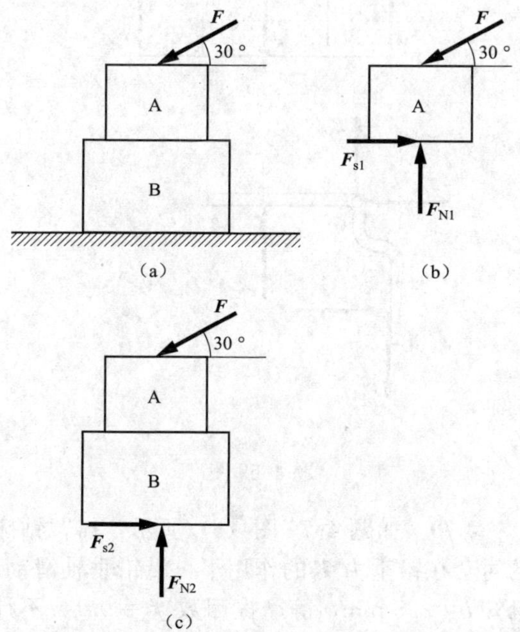

题 4-66 图

4-67　如题 4-67 图（a）所示，铅直面内的匀质杆 AB 靠在墙上，处于临界平衡状态。杆与接触面间的静摩擦因数 f_s 相同，求静摩擦因数 f_s。

解： 取杆为研究对象，受力如题 4-67 图（b）所示。

$$\sum F_x=0，F_{sA}-F_{NB}=0$$

$$\sum F_y=0，F_{NA}-P+F_{sB}=0$$

$$\sum M_A=0，-P\cdot\frac{l}{2}\cos 45°+F_{sB}\cdot l\cos 45°+F_{NB}\cdot l\sin 45°=0$$

临界时

$$F_{sA}=f_sF_{NA}，F_{sB}=f_sF_{NB}$$

解以上各式得

$$f_s=0.41$$

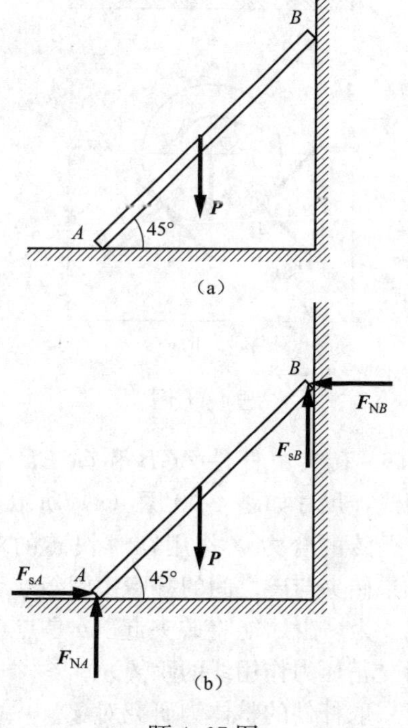

题 4-67 图

4-68　如题 4-68 图（a）所示，重为 $P=400$ N、直径为 $d=250$ mm 的金属棒料置于 V 形槽中，受力偶 M 作用。当 $M=15$ N·m 时，棒料处于临界平衡状态。不计滚动摩阻，求棒料与 V 形槽的静摩擦因数 f_s。

解： 取棒料为研究对象，受力如题 4-68 图（b）所示。

$$\sum M_O=0，-M+(F_{sA}+F_{sB})\cdot\frac{d}{2}=0$$

$$\sum F_x=0，F_{NA}+F_{sB}-P\cos 45°=0$$

$$\sum F_y=0，-F_{sA}+F_{NB}-P\cos 45°=0$$

临界时

$$F_{sA}=f_sF_{NA}，F_{sB}=f_sF_{NB}$$

解以上各式得

$$f_s=0.223$$

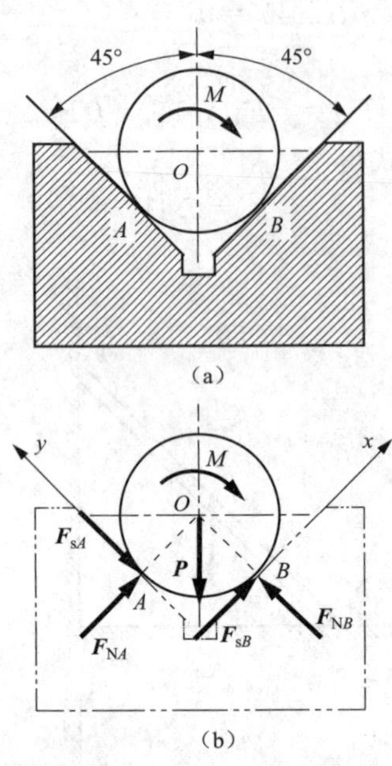

题 4-68 图

4-69 砖夹由杆件 AGB 和 $GCED$ 在点 G 铰接组成，尺寸如题 4-69 图（a）所示。砖重为 $\boldsymbol{P}$，提砖的合力 $\boldsymbol{F}$ 作用在 4 块砖的对称面上。如果砖夹与砖之间的静摩擦因数 $f_s=0.5$，求距离 b 为多少才能将砖夹起（b 是点 G 到砖块上所受正压力作用线的距离）。

解： 取杆件的整体为研究对象。

$$\sum F_y=0，F=P$$

取砖为研究对象，受力如题 4-69 图（b）所示。

$$\sum M_O=0，(-F_{sA}+F_{sD})\cdot\frac{220}{2}=0$$

$$F_{sA}=F_{sD}$$

$$\sum F_y=0，F_{sA}+F_{sD}-P=0$$

$$F_{sA}=F_{sD}=\frac{P}{2}$$

取杆 AGB 为研究对象，受力如题 4-69 图（c）所示。

$$\sum M_G=0，P\cdot(110-30)+F'_{sA}\cdot 30-F'_{NA}b=0 \tag{1}$$

临界时

$$F_{sA}=f_sF_{NA}$$

代入式（1）得

$$b=95\text{ mm}$$

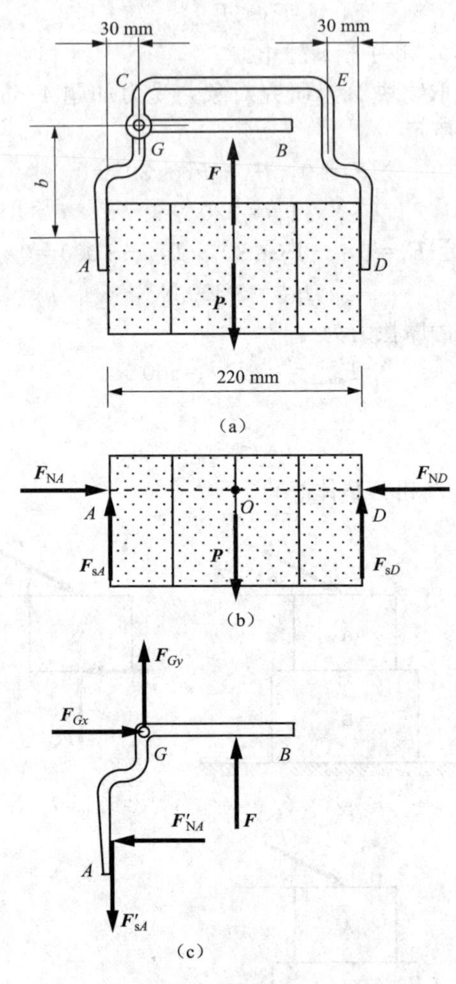

题 4-69 图

4-70 如题 4-70 图（a）所示，摇臂钻床的衬套在铅垂力 $\boldsymbol{F}$ 的作用下，沿铅垂轴滑动。已知 $b=225$ mm，静摩擦因数 $f_s=0.1$，不计构件自重，求能保持滑动的衬套高度 h。

解： 取衬套为研究对象。不失一般性，设衬套向下滑动，受力如题 4-70 图（b）所示。

$$\sum F_x=0，F_{NA}+F_{ND}=0$$

$$\sum F_y=0，F_{sA}+F_{sD}-F=0$$

$$\sum M_O=0，-F_A\cdot\frac{d}{2}+F_{sD}\cdot\frac{d}{2}+F_{NA}\cdot h-F\cdot b=0$$

临界时

$$F_{sA}=f_s F_{NA}，F_{sD}=f_s F_{ND}$$

解以上各式得

$$h=45\ \text{mm}$$

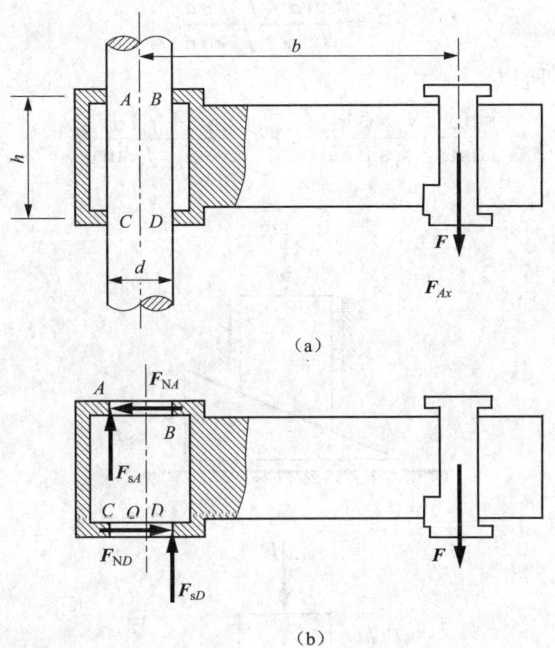

题 4-70 图

4-71　题 4-71 图（a）所示系统由杆 AD 和 CB 在 B 处用套筒式滑块连接，在杆 AD 上作用一矩为 $M_A=40\ \text{N}\cdot\text{m}$ 的力偶，滑块和杆 AD 间的静摩擦因数 $f_s=0.3$。不计构件自重，求保持系统平衡时的力偶矩 M_C 的范围。

解：设杆有逆时针转动的趋势，且此时 $M_C=M_{C1}$。分别取杆 AB 和 BC 为研究对象，受力如题 4-71 图（b）和（c）所示。

$$\sum M_A=0，\ -M_A+F_{N1}\cdot\frac{l}{2}\cos 30°=0$$

$$\sum M_C=0，\ M_{C1}-F'_{N1}\cdot l\sin 60°-F'_{s1}\cdot l\cos 60°=0$$

临界时

$$F'_{s1}=f_s F'_{N1}$$

解得

$$M_{C1}=70.39\ \text{N}\cdot\text{m}$$

设杆有顺时针转动的趋势，且此时 $M_C=M_{C2}$。分别取杆 AB 和 BC 为研究对象，受力如题 4-71 图（d）和（e）所示。

$$\sum M_A=0，\ -M_A+F_{N2}\cdot\frac{l}{2}\cos 30°=0$$

$$\sum M_C=0，\ M_{C1}-F'_{N1}\cdot l\sin 60°+F'_{s2}\cdot l\cos 60°=0$$

临界时

$$F'_{s2}=f_s F'_{N2}$$

解得

$$M_{C2}=49.61\ \text{N}\cdot\text{m}$$

所以

$$49.61\ \text{N}\cdot\text{m}\leqslant M_C\leqslant 70.39\ \text{N}\cdot\text{m}$$

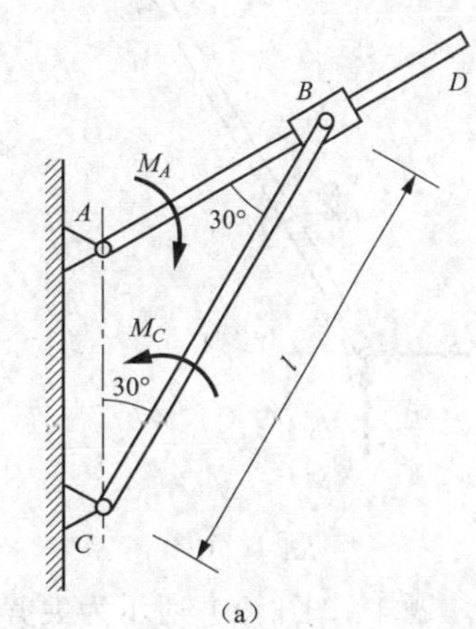

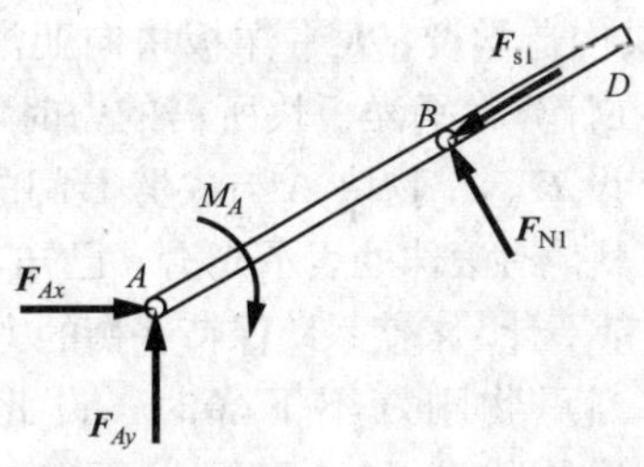

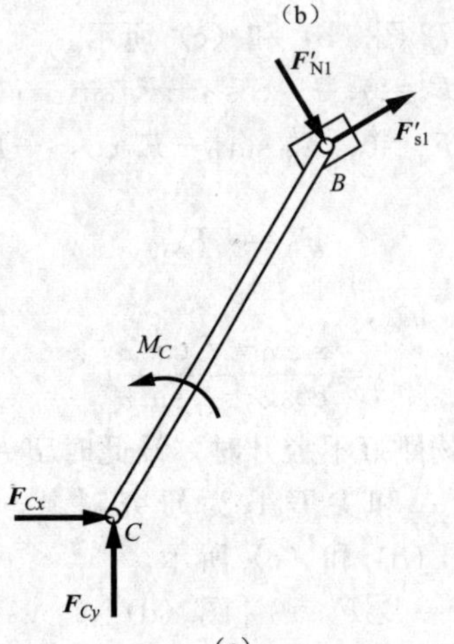

题 4-71 图

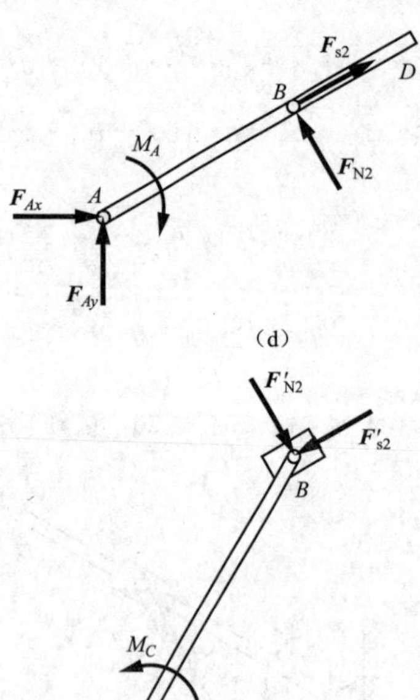

(d)

(e)

题 4-71 图

4-72 题 4-72 图 (a) 所示为尖劈顶重装置(根据板块构造学说，太平洋板块向亚洲大陆斜插下去，在计算太平洋板块所需的力时，可采取该模型)。设 $\boldsymbol{F}'$、α、物块 A 与尖劈 B 间的静摩擦因数 f_s (其他有滚珠处表示光滑) 已知，物块与尖劈的重量不计，求使系统保持平衡的力 $\boldsymbol{F}$ 值。

解：当重物刚好不下降时，设此时 $F=F_1$。分别取物块 A 和尖劈 B 为研究对象，受力如题 4-72 图 (b) 和 (c) 所示。

$$\sum F_y=0,\ F_{N1}\cos\alpha+F_{s1}\sin\alpha-F'=0$$

$$\sum F_x=0,\ F'_{N1}\sin\alpha-F'_{s1}\cos\alpha-F_1=0$$

临界时

$$F_{s1}=f_sF_{N1}$$

解得

$$F_1=\frac{\sin\alpha-f_s\cos\alpha}{\cos\alpha+f_s\sin\alpha}F'$$

当重物刚好不上升时，设此时 $F=F_2$。分别取物块 A 和尖劈 B 为研究对象，受力如题 4-72 图 (d) 和 (e) 所示。

$$\sum F_y=0\ [\text{图 (d)}],$$

$$F_{N2}\cos\alpha-F_{s2}\sin\alpha-F'=0$$

$$\sum F_x=0\ [\text{图 (e)}],$$

$$F'_{N2}\sin\alpha+F'_{s2}\cos\alpha-F_2=0$$

临界时

$$F_{s2}=f_sF_{N2}$$

解得

$$F_2=\frac{\sin\alpha+f_s\cos\alpha}{\cos\alpha-f_s\sin\alpha}F'$$

所以

$$\frac{\sin\alpha-f_s\cos\alpha}{\cos\alpha+f_s\sin\alpha}F'\leqslant F\leqslant\frac{\sin\alpha+f_s\cos\alpha}{\cos\alpha-f_s\sin\alpha}F'$$

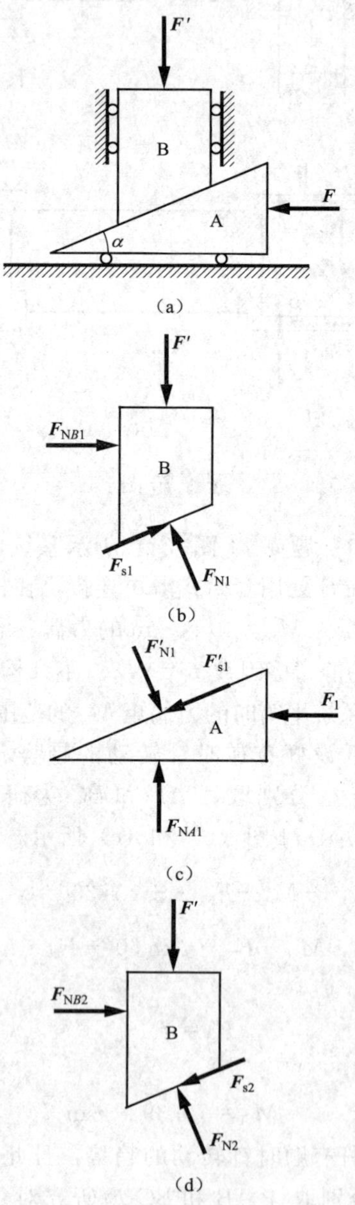

(a)

(b)

(c)

(d)

题 4-72 图

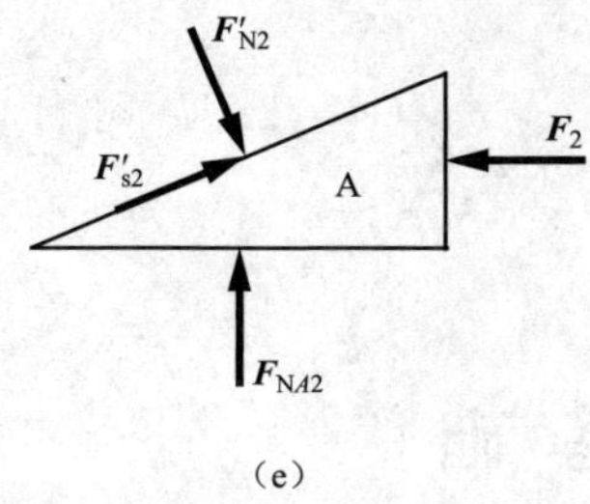

（e）

题 4-72 图

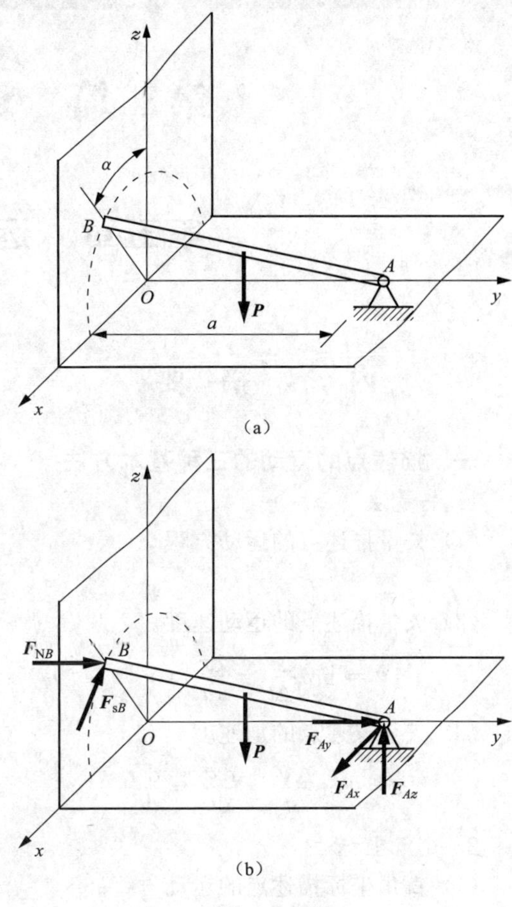

题 4-73 图

4-73　题 4-73 图（a）所示均质杆 AB 重为 $\boldsymbol{P}$，A 端用球铰链与地面相连，B 端靠在墙上，杆与墙的静摩擦因数为 f_s。求 OB 与 z 轴的偏角 α 为多少时，杆 AB 开始滑动。

解： 取杆为研究对象，受力如题 4-73 图（b）所示。对过点 A 的 z 轴取矩

$$\sum M_z = 0,$$

$$F_{NB} \cdot \sqrt{l^2 - a^2}\cos(90^\circ - \alpha) - F_{sB}\cos\alpha \cdot a = 0$$

临界时

$$F_{sB} = f_s F_{NB}$$

解得

$$\tan\alpha = \frac{f_s a}{\sqrt{l^2 - a^2}}$$

第二篇　运　动　学

第五章　运 动 学 基 础

内　容　摘　要

一、描述点的运动的三种基本方法

1. 矢量法

（1）矢量描述点的运动方程。

$$\boldsymbol{r}=\boldsymbol{r}(t)$$

（2）矢量描述点的运动速度。

$$\boldsymbol{v}=\lim_{\Delta t\to 0}\frac{\Delta\boldsymbol{r}}{\Delta t}=\frac{\mathrm{d}\boldsymbol{r}}{\mathrm{d}t}=\boldsymbol{r}$$

（3）矢量描述点的加速度。

$$\boldsymbol{a}=\lim_{\Delta t\to 0}\frac{\Delta\boldsymbol{v}}{\Delta t}=\frac{\mathrm{d}\boldsymbol{v}}{\mathrm{d}t}=\frac{\mathrm{d}^2\boldsymbol{r}}{\mathrm{d}t^2}$$

2. 直角坐标法

（1）直角坐标描述点的运动方程。

$$x=f_1(t),y=f_2(t),z=f_3(t)$$

（2）直角坐标法描述点的速度。

$$\boldsymbol{v}=\frac{\mathrm{d}\boldsymbol{r}}{\mathrm{d}t}=\frac{\mathrm{d}x}{\mathrm{d}t}\boldsymbol{i}+\frac{\mathrm{d}y}{\mathrm{d}t}\boldsymbol{j}+\frac{\mathrm{d}z}{\mathrm{d}t}\boldsymbol{k}$$

（3）直角坐标描述点的加速度。

$$\boldsymbol{a}=\frac{\mathrm{d}^2x}{\mathrm{d}t^2}\boldsymbol{i}+\frac{\mathrm{d}^2y}{\mathrm{d}t^2}\boldsymbol{j}+\frac{\mathrm{d}^2z}{\mathrm{d}t^2}\boldsymbol{k}$$

3. 自然坐标法

（1）自然坐标描述点的运动方程。

$$s=f(t)$$

式中：s 为弧坐标。

（2）自然坐标描述点的速度。

$$v=v\boldsymbol{\tau}=\frac{\mathrm{d}s}{\mathrm{d}t}\boldsymbol{\tau}$$

（3）点的切向加速度和法向加速度。

1）切向加速度：$\boldsymbol{a}_{\mathrm{t}}=\frac{\mathrm{d}v}{\mathrm{d}t}\boldsymbol{\tau}$

2）法向加速度：$\boldsymbol{a}_{\mathrm{n}}=v\frac{\mathrm{d}\boldsymbol{\tau}}{\mathrm{d}t}=v\frac{\mathrm{d}\boldsymbol{\tau}}{\mathrm{d}s}\frac{\mathrm{d}s}{\mathrm{d}t}=\frac{v^2}{\rho}\boldsymbol{n}$

3）全加速度：$a=\sqrt{a_{\mathrm{t}}^2+a_{\mathrm{n}}^2}$

二、刚体基本运动

刚体的基本运动包括刚体平移和定轴转动。

1. 刚体平移

（1）定义。在刚体内任取一条直线段，在运动过程中这条直线段始终与它的最初位置平行，将这种运动称为平行移动，简称平移。

（2）运动特征。当刚体平移时，其上各点的轨迹形状相同，在每一瞬时，各点的速度和加速度相同。这样研究刚体平移就归结为研究刚体上任意一点的运动，即一点的运动就可以代表整个刚体的运动。

2. 刚体定轴转动

（1）定义。刚体运动时，如果其上有一条直线段保持不动，则称刚体作定轴转动。不动的直线段称为转动轴或转轴。

（2）运动特征。刚体定轴转动时，其上各点均在垂直于转轴的平面内绕转轴做圆周运动。

（3）定轴转动刚体的运动描述。

1）运动方程：

$$\varphi=f(t)$$

2）角速度：

$$\omega=\frac{\mathrm{d}\varphi}{\mathrm{d}t}$$

3）角加速度：

$$\alpha=\frac{\mathrm{d}\omega}{\mathrm{d}t}=\frac{\mathrm{d}^2\varphi}{\mathrm{d}t^2}$$

（4）定轴转动刚体内各点的速度和加速度。

1）转动半径：任意一点到转轴的距离。

速度的大小为

$$v=\frac{\mathrm{d}s}{\mathrm{d}t}=r\frac{\mathrm{d}\varphi}{\mathrm{d}t}=r\omega$$

2）速度的方向：垂直于转动半径，指向

与角速度 ω 的转向一致。

切向加速度的大小为

$$a_t = \frac{dv}{dt} = r\frac{d\omega}{dt} = r\alpha$$

3）切向加速度的方向：方向垂直于转动半径，指向与角加速度 α 的转向一致。

法向加速度的大小为

$$a_n = \frac{v^2}{\rho} = \frac{(r\omega)^2}{r} = r\omega^2$$

4）法向加速度的方向：方向沿转动半径，始终指向转轴 O。

全加速度的大小为

$$a = \sqrt{a_t^2 + a_n^2} = \sqrt{r^2\alpha^2 + r^2\omega^2} = r\sqrt{\alpha^2 + \omega^4}$$

全加速度的方向为

$$\tan\theta = \frac{a_t}{a_n} = \frac{a}{\omega^2}$$

（5）定轴转动刚体的矢量描述。

1）角速度矢：

$$\boldsymbol{\omega} = \omega \boldsymbol{k}$$

2）角加速度矢：

$$\alpha = \alpha\boldsymbol{k} = \frac{d\omega}{dt}\boldsymbol{k} = \frac{d\omega}{dt}$$

3）速度矢积表示法：

$$v = \boldsymbol{\omega} \times \boldsymbol{r}$$

4）加速度矢积表示法：

$$\boldsymbol{a}_n = \boldsymbol{\omega} \times v$$

（6）定轴轮系的传动比。

$$\frac{\omega_1}{\omega_2} = \frac{r_2}{r_1} = \frac{z_2}{z_1}$$

习 题 全 解

5-1　判断题

（1）点作曲线运动时，若切向加速度为正，则点作加速运动。（　）

（2）点作曲线运动时，若切向加速度为零，则速度为常矢量。（　）

（3）作曲线运动的两个动点，如果初速度相同、运动轨迹相同、运动中两点的法向加速度也相同，则任意瞬时两动点的速度也相同。（　）

（4）如果动点的切向加速度恒等于零，法向加速度为常量，则该点作匀速圆周运动。（　）

（5）刚体平移时，其上各点的轨迹是直线或平面曲线。（　）

（6）各点都作圆周运动的刚体的运动一定是定轴转动。（　）

（7）定轴转动的刚体上一点的速度用矢量积 $\boldsymbol{\omega}\times\boldsymbol{r}$ 表示，其中 $\boldsymbol{r}$ 为由转轴上一点引出的该点的矢径。（　）

（8）两啮合齿轮接触点的加速度相同。

解：（1）×（2）×（3）√（4）×（5）×（6）×（7）√（8）×

5-2　指出 $\frac{d\boldsymbol{v}}{dt}$ 与 $\frac{dv}{dt}$ 的区别。

解：$\frac{d\boldsymbol{v}}{dt}$ 表示点的总加速度，$\frac{dv}{dt}$ 表示切线加速度的大小。

5-3　在下述各种情况下，动点的加速度 $\boldsymbol{a}$、切向加速度 $\boldsymbol{a}_t$ 和法向加速度 $\boldsymbol{a}_n$ 之间的关系是怎样的？

（1）点作匀速直线运动。

（2）点沿曲线作匀速运动。

（3）点沿曲线运动，在该瞬时速度为0。

（4）点沿直线作变速运动。

（5）点沿曲线作变速运动。

解：（1）$\boldsymbol{a}=0$

（2）$a_t=0$，$\boldsymbol{a}_n=\boldsymbol{a}$

（3）$a_t=0$，$\boldsymbol{a}_t=\boldsymbol{a}$

（4）$a_n=0$，$\boldsymbol{a}_t=\boldsymbol{a}$

（5）$\boldsymbol{a}=\boldsymbol{a}_n+\boldsymbol{a}_t$

5-4　如题5-4图所示，动点沿曲线运动时，其加速度是常矢量，该点作何种运动？

解：动点的切向加速度 $\boldsymbol{a}_t$ 不断变化（同时法线加速度 $\boldsymbol{a}_n$ 也相应变化），故动点作非匀变速运动的变速运动。

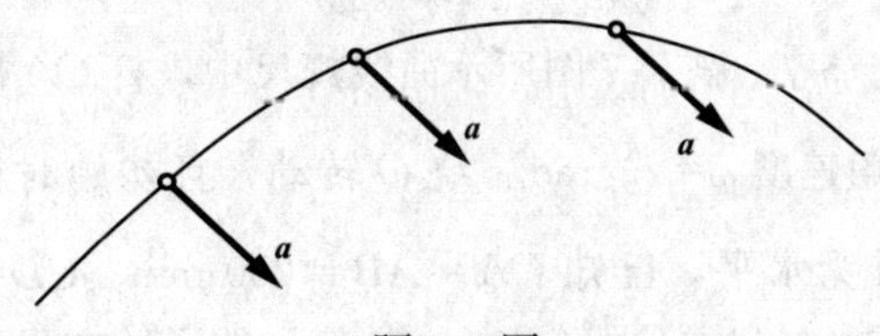

题5-4图

5-5 题 5-5 图示点沿曲线运动，哪些是加速运动，哪些是减速运动，哪些运动是不可能出现的？

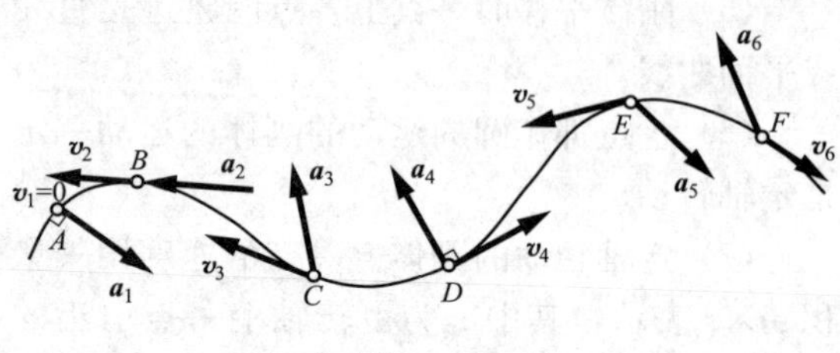

题 5-5 图

解： 点 A 速度为 0，所以 $\boldsymbol{a}_1=0$。

点 B 若有沿切线的速度 v_2，则法向加速度大小不能为 0，故 $\boldsymbol{a}_2$ 不可能与 v_2 同向。

点 C 有速度，且加速度 $\boldsymbol{a}_3$ 与速度 v_3 方向正方向成锐角，切向加速度与速度方向相同，点 C 作加速运动。

点 D 有速度，所以有法向加速度，但加速度 $\boldsymbol{a}_4$ 与切线方向成直角，故不可能。

点 E 有速度，切向加速度与速度方向相反，点 E 作减速运动。

点 F 若有速度，即有法向加速度，并指向曲率中心，加速度 $\boldsymbol{a}_6$ 方向不应向外指。

所以，点 A、D 和 F 不可能，点 C 作加速运动，点 E 作减速运动。

5-6 已知点 M 的运动方程为

$$x=l(\sin\omega t+\cos\omega t)$$

$$y=l(\sin\omega t-\cos\omega t)$$

其中，长度 l 和角速度 ω 均为常数。求点 M 的速度和加速度的大小。

解： $x'=v_x=\omega l(\cos\omega t-\sin\omega t)$

$$x''=a_x=\omega^2 l(-\sin\omega t-\cos\omega t)$$

$$y'=v_y=\omega l(\cos\omega t+\sin\omega t)$$

$$y''=a_y=\omega^2 l(-\sin\omega t+\cos\omega t)$$

$$v=\sqrt{v_x^2+v_y^2}=\sqrt{2}\omega l$$

$$a=\sqrt{a_x^2+a_y^2}=\sqrt{2}\omega^2 l$$

5-7 题 5-7 图所示曲线规尺中，杆 OA 以等角速度 $\omega=\dfrac{\pi}{5}$ rad/s 绕 O 转动，且初始时杆 OA 为水平，已知 $OA=AB=200$ mm，$CD=DE=AC=AE=50$ mm。求点 D 的运动方程和轨迹。

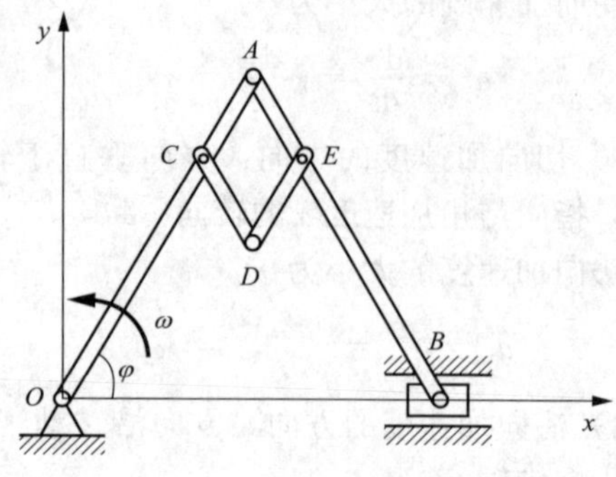

题 5-7 图

解： 点 D 的运动方程为

$$x=OA\cos\omega t=200\cos\frac{\pi t}{5}\ \text{mm}$$

$$y=(OA-2AC)\sin\omega t=100\cos\frac{\pi t}{5}\ \text{mm}$$

消去参数 t 得轨迹方程

$$\frac{x^2}{200^2}+\frac{y^2}{100^2}=1$$

5-8 汽车沿直线行驶时，位移与时间的立方成正比，在前 30 s 内，共走过 90 m。求当 $t=10$ s 时，汽车的速度与加速度。

解： 汽车的运动方程为

$$s=kt^3$$

对位移 s 分别求 1 次和 2 次导数，得速度和加速度分别为

$$v=3kt^2,a=6kt$$

由已知，当 $t=30$ s 时，$s=90$ m，代入上式，得

$$k=0.003\,33\ \text{m/s}^3$$

$t=10$ s 时的速度和加速度分别为

$$v=1\ \text{m/s},a=0.2\ \text{m/s}^2$$

5-9 如题 5-9 图（a）所示，半径为 $r=1$ m 的车轮在直线轨道上只滚不滑，轮心的速度 $v=20$ m/s。求轮缘上任一点 M 的直角坐标运动方程和初瞬时该点的速度及加速度的大小。初瞬时 M 点在坐标原点 O。

解： 动点 M 运动到 M' 时，由于车轮只滚不滑，所以

$$\varphi=\frac{vt}{r}=20\,t$$

动点的坐标，即运动方程为

$$x = vt - r\cos(\varphi - 90°) = 20t - \sin 20t$$

$$y = r + r\sin(\varphi - 90°) = 1 - \cos 20t$$

其代表的轨迹为摆线。速度和加速度分别为

$$v_x = 20 - 20\cos 20t$$

$$v_y = 20\sin 20t$$

$$a_x = 400\sin 20t$$

$$a_y = 400\cos 20t$$

当 $t=0$ 时

$$v_x = 0, v_y = 0, a_x = 0, a_y = 400 \text{ m/s}^2$$

所以

$$v = 0, a = 400 \text{ m/s}^2$$

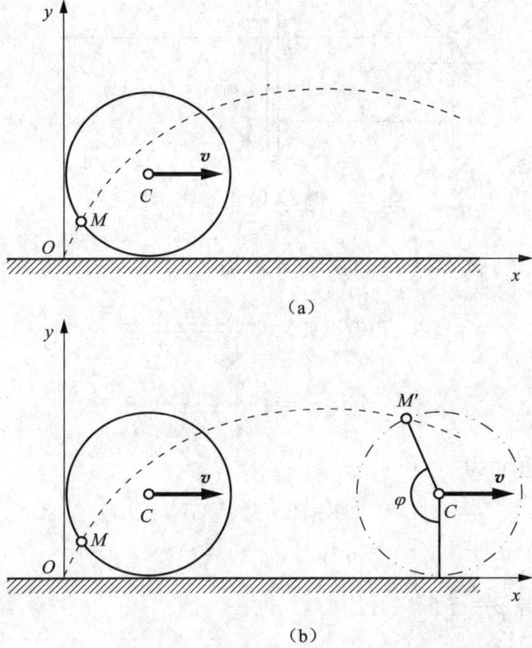

题 5-9 图

5-10　题 5-10 图（a）所示机构中，半圆形凸轮以大小为 $v_0 = 0.01$ m/s 的速度沿水平方向向左运动，同时活塞杆 AB 沿铅垂方向运动。当运动开始时，活塞杆 A 端在凸轮的最高点处。已知凸轮的半径 $R=80$ mm，求活塞 B 相对于地面和相对于凸轮的运动方程和速度。

解： 设 $AB=l$，活塞 B 相对于凸轮的运动方程为［题 5-10 图（a）］

$$x' = v_0 t - 0.01t$$

$$y' = \sqrt{R^2 - (0.01t)^2} + l$$

$$= (0.01\sqrt{64 - t^2} + l) \text{ m}$$

速度为

$$v'_x = 0.01$$

$$v'_y = -\frac{0.01t}{\sqrt{64 - t^2}} \text{ m/s}$$

建立如题 5-10 图（b）所示固定于地面的坐标系 xCy，活塞 B 相对于地面的运动方程为

$$x = 0$$

$$y = (0.01\sqrt{64 - t^2} + l) \text{ m}$$

速度为

$$v_x = 0$$

$$v_y = -\frac{0.01t}{\sqrt{64 - t^2}} \text{ m/s}$$

v_y 的负号表示速度指向与 y 轴正方向相反。

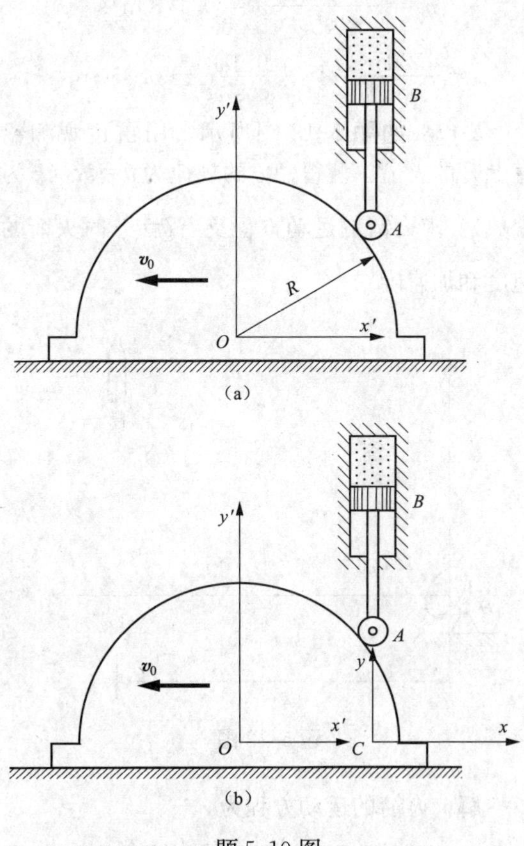

题 5-10 图

5-11　题 5-11 图所示机构中，直角杆 OBC 绕 O 轴转动，转动方程为 $\varphi = \omega t = 0.5t$，$OB = 0.1$ m，套在直角杆上的小环 M 沿 OA 滑动。求当 $\varphi = 60°$ 时，小环 M 的速度和加速度。

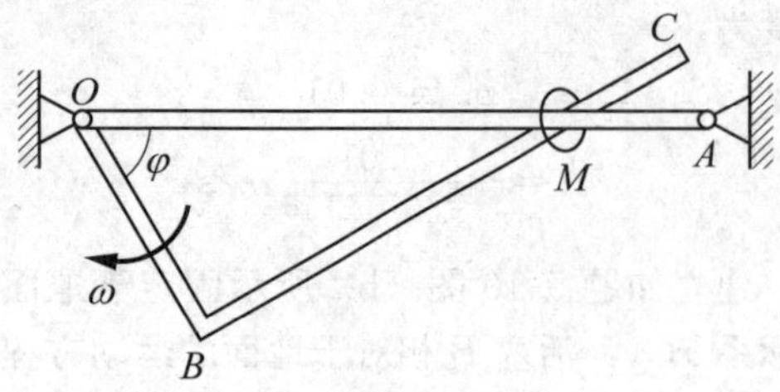

题 5-11 图

解：建立直角坐标系，x 轴沿 OA 方向。小环 M 的运动方程为

$$x = OM = \frac{OB}{\cos\varphi} = \frac{0.1}{\cos\omega t}, y = 0$$

速度和加速度分别为

$$v_x = \frac{0.1\sin\omega t}{\cos^2\omega t}\omega = 0.173\ \text{m/s}$$

$$a_x = \frac{0.2\sin^2\omega t}{\cos^3\omega t}\omega^2 + \frac{0.1\omega^2}{\cos\omega t} = 0.350\ \text{m/s}^2$$

5-12 如题 5-12 图所示，用雷达观测铅直上升的火箭，测得角 θ 的规律为 $\theta = kt$（k 为常数）。求火箭的运动方程及当 $\theta = \frac{\pi}{4}$ 时火箭的速度和加速度。

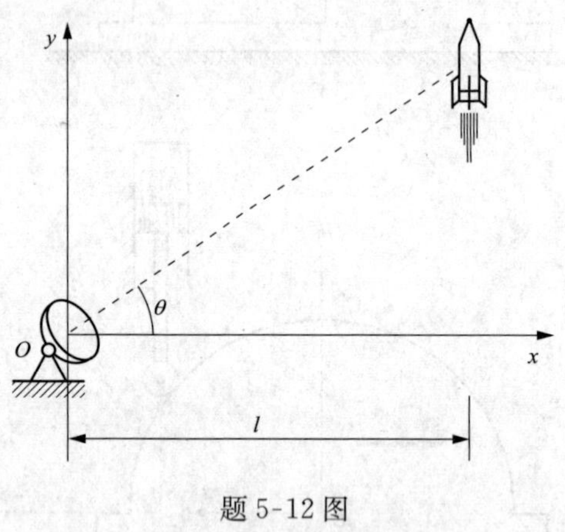

题 5-12 图

解：火箭的运动方程为

$$x = l, y = l\tan\theta = l\tan kt$$

速度和加速度分别为

$$v = v_y = lk\sec^2 kt$$

$$a = a_y = 2lk^2\sec^2 kt\tan kt$$

当 $\theta = \frac{\pi}{4}$ 时

$$v = 2lk, v = 4lk^2$$

5-13 如题 5-13 图所示，摇杆机构的滑杆以等速 v_0 向上运动，摇杆长 $OC = a$，距离 $OD = l$，初始时摇杆水平。建立点 C 的运动方程，并求当 $\varphi = \frac{\pi}{4}$ 时，点 C 速度的大小。

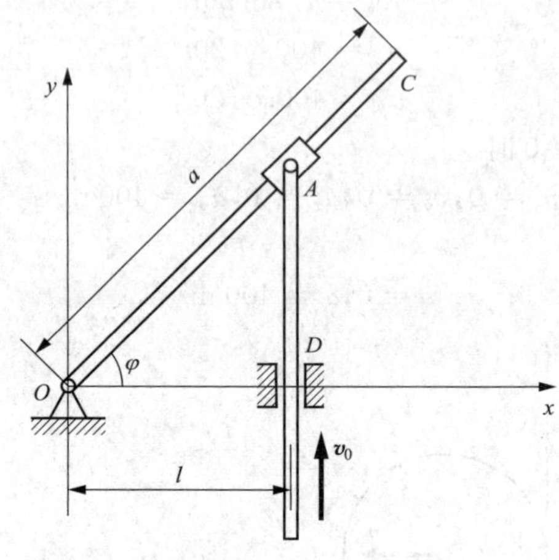

题 5-13 图

解：点 C 的运动方程为

$$x = a\cos\varphi = \frac{al}{\sqrt{l^2 + (v_0 t)^2}}$$

$$y = a\sin\varphi = \frac{av_0 t}{\sqrt{l^2 + (v_0 t)^2}}$$

速度为

$$v_x = -alv_0 t[l^2 + (v_0 t)^2]^{-\frac{3}{2}}$$

$$v_y = av_0 t^2[l^2 + (v_0 t)^2]^{-\frac{3}{2}}$$

当 $\varphi = \frac{\pi}{4}$ 时

$$v_x = \frac{\sqrt{2}av_0}{4l}, v_y = \frac{av_0}{\sqrt{8}l}$$

$$v = \sqrt{v_x^2 + v_y^2} = \frac{av_0}{2l}$$

5-14 题 5-14 图所示曲柄连杆机构中，$OA = OB = 0.6$ m，$MB = \frac{1}{3}AB$，初始时曲柄水平，$\varphi = 4t$（t 以 s 计）。求连杆上点 M 的轨迹，并求初始时该点的速度和加速度。

解：点 C 的运动方程为

$$x = \left(0.6 + 0.6\cdot\frac{2}{3}\right)\cos\varphi = \cos 4t\ \text{m}$$

$$y = 0.2\sin 4t\ \text{m}$$

轨迹方程为

$$x^2+\frac{y^2}{0.2^2}=1$$

速度和加速度分别为

$$v_x=-4\sin 4t, v_y=0.8\cos 4t$$
$$a_x=-1.6\cos 4t, a_y=-3.2\sin 4t$$

当 $t=0$ 时

$$v_x=0, v_y=0.8\ \mathrm{m/s}$$
$$v=v_y=0.8\ \mathrm{m/s}$$
$$a_x=-1.6\ \mathrm{m/s^2}, a_y=0$$
$$a=a_x=-1.6\ \mathrm{m/s^2}$$

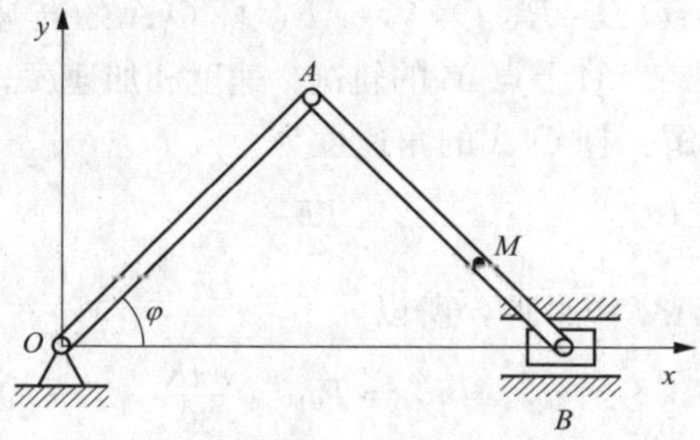

题 5-14 图

5-15　如题 5-15 图（a）所示，小车 B 以匀速 v_0 水平向右运动，并通过绕过滑轮 C 的绳索提升重物 A，初始时小车和重物均位于点 O。求当小车与点 O 的距离为 l 时，重物 A 的速度和加速度。

解：建立如题 5-15 图（b）所示坐标系。设当小车与点 O 的距离为 l 时，时间为 t，有

$$v_0t=l$$

重物 A 的运动方程为

$$x=0,$$
$$y=\sqrt{(v_0t)^2+h^2}-h=\sqrt{l^2+h^2}-h$$

速度和加速度分别为

$$v=v_y=\frac{lv_0}{\sqrt{l^2+h^2}}$$

$$a=a_y=\frac{h^2v_0^2}{\sqrt{(l^2+h^2)^3}}$$

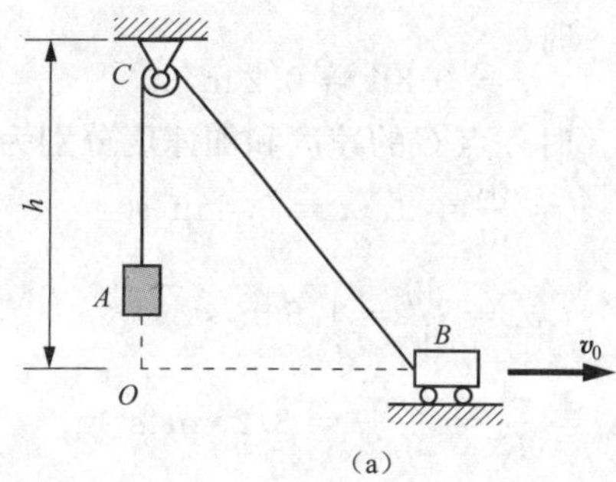

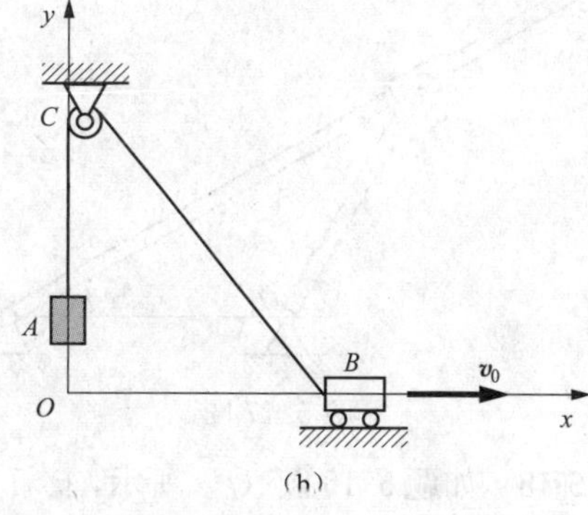

题 5-15 图

5-16　飞轮半径 $R=2$ m，由静止开始等加速转动，经过 10 s 后，轮缘上的一点的线速度 $v=100$ m/s。求当 $t=15$ s 时，轮缘上一点的速度及切向和法向加速度。

解：轮等加速转动时，切向加速度 a_t 等于恒量。于是

$$\frac{\mathrm{d}v}{\mathrm{d}t}=a_t$$

设初速度为 v_0，积分一次，得

$$v=v_0+a_tt$$

由已知，$v_0=0$；当 $t=10$ s 时，$v=100$ m/s，代入上式，得

$$a_t=10\ \mathrm{m/s^2}$$

所以，当 $t=15$ s 时

$$v=10t=150\ \mathrm{m/s}$$

法向加速度

$$a_n=\frac{v^2}{R}=11\ 250\ \mathrm{m/s^2}$$

5-17　题 5-17 图所示机构中，$OA=OC=0.2$ m，$\varphi=2t^2$（t 以 s 计）。用自然法求杆 OC 上点 C 的运动方程，并求当 $t=0.5$ s 时，点 C 的位置、速度和加速度。

解：点 C 的运动方程为

$$s=OC\cdot 2\varphi=0.8t^2\ \mathrm{m}$$

当 $t=0.5\ \mathrm{s}$ 时

$$s=0.8t^2=0.2\ \mathrm{m}$$

当 $t=0.5\ \mathrm{s}$ 时，点 C 的速度和加速度分别为

$$v=\frac{\mathrm{d}s}{\mathrm{d}t}=1.6t=0.8\ \mathrm{m/s}$$

$$a_{\mathrm{t}}=\frac{\mathrm{d}v}{\mathrm{d}t}=1.6\ \mathrm{m/s^2}$$

$$a_{\mathrm{n}}=\frac{v^2}{R}=\frac{0.8^2}{0.2}=3.2\ (\mathrm{m/s^2})$$

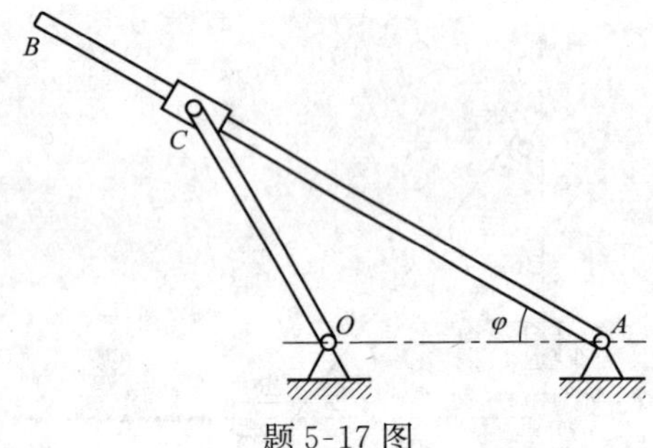

题 5-17 图

5-18 如题 5-18 图（a）所示，摇杆滑道机构中的滑块 M 同时在固定圆弧槽 BC 和摇杆 OA 的滑道中滑动。BC 弧的半径为 R，转轴 O 在 BC 弧所在的圆周上。摇杆绕 O 轴以等角速度 ω 转动，初始时，摇杆在水平位置。用自然法求滑块 M 的运动方程，并求其速度和加速度。

解： 如题 5-18 图（b）所示，点 M 的运动方程为

$$s=O_1M\cdot 2\varphi=2R\omega t$$

速度为

$$v=2R\omega$$

切向加速度

$$a_{\mathrm{t}}=0$$

法向加速度

$$a_{\mathrm{n}}=\frac{v^2}{R}=4R\omega^2$$

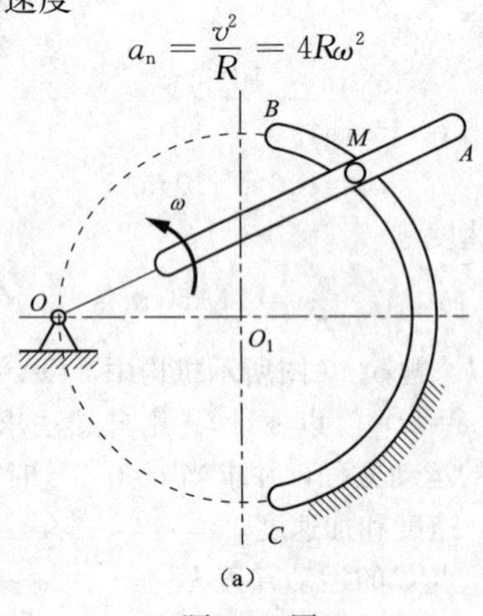

(a)

题 5-18 图

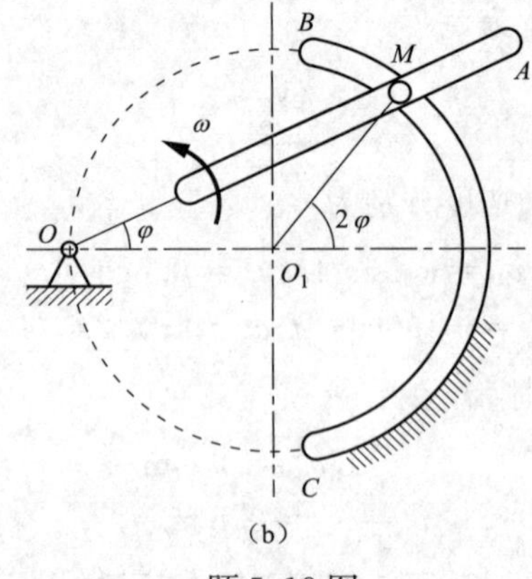

(b)

题 5-18 图

5-19 题 5-19 图所示为一搅拌机构，已知 $O_1A=O_2B=R$，$O_1O_2=AB$，杆 O_1A 的转速为 n，求 BAM 上点 M 的轨迹、速度和加速度。

解： 杆 O_1A 的角速度为

$$\omega=\frac{n\pi}{30}$$

杆 BAM 作平移，所以

$$v_M=v_A=R\omega=\frac{n\pi R}{30}$$

$$a_M=a_A^{\mathrm{n}}=R\omega^2=R\left(\frac{n\pi}{30}\right)^2$$

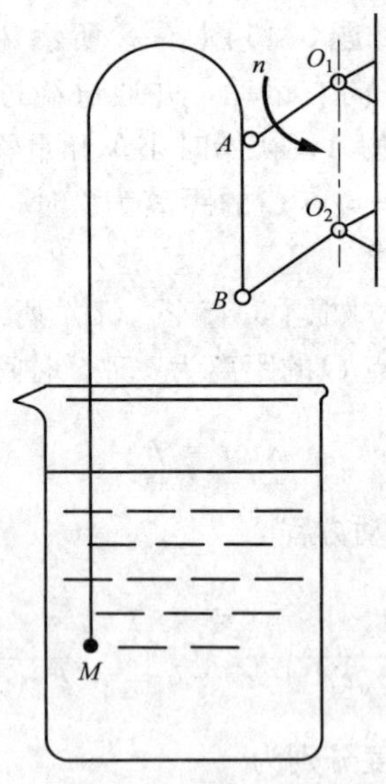

题 5-19 图

5-20 求证：（1）匀速定轴转动的刚体，角速度为 ω，$t=0$ 时的转角为 φ_0，刚体的转动方程为 $\varphi=\varphi_0+\omega t$；（2）匀变速定轴转动的刚体，

角加速度为 α，$t=0$ 时的转角为 φ_0、角速度为 ω_0，刚体的转动方程为 $\varphi=\varphi_0+\omega_0 t+\frac{1}{2}\alpha t^2$。

证明：(1) 对于匀速定轴转动的刚体

$$\frac{\mathrm{d}\varphi}{\mathrm{d}t}=\omega,\int_{\varphi_0}^{\varphi}\mathrm{d}\varphi=\int_0^t\omega\mathrm{d}t$$

积分得

$$\varphi=\varphi_0+\omega t$$

(2) 对于匀变速定轴转动的刚体

$$\frac{\mathrm{d}\omega}{\mathrm{d}t}=\alpha,\int_{\omega_0}^{\omega}\mathrm{d}\omega=\int_0^t\alpha\mathrm{d}t$$

积分得

$$\omega=\omega_0+\alpha t$$

将上式写成

$$\frac{\mathrm{d}\varphi}{\mathrm{d}t}=\omega_0+\alpha t,\int_0^{\varphi}\mathrm{d}\varphi=\int_0^t(\omega_0+\alpha t)\mathrm{d}t$$

积分得

$$\varphi=\varphi_0+\omega_0 t+\frac{1}{2}\alpha t^2$$

5-21　喷气发动机的涡轮作匀加速转动，初瞬时转速为 $n_0=9\ 000\ \mathrm{r/min}$，经过 30 s，转速为 $n=12\ 600\ \mathrm{r/min}$。求涡轮的角加速度及在这段时间中的转数。

解： 由已知

$$\omega_0=\frac{9\ 000\pi}{30}=300\pi,\omega=\frac{12\ 600\pi}{30}=420\pi$$

由刚体的角速度方程

$$\omega=\omega_0+\alpha t$$

得角加速度为

$$\alpha=4\pi$$

刚体的转过的角度为

$$\varphi-\varphi_0=\omega_0 t+\frac{1}{2}\alpha t^2=10\ 800\pi$$

转数为

$$N=\frac{\varphi-\varphi_0}{2\pi}=5\ 400$$

5-22　题 5-22 图所示飞轮半径 $R=1$ m，某瞬时轮缘上一点 M 的加速度 $a=20$ m/s，加速度方向与半径的夹角为 60°。求该瞬时飞轮的角速度和角加速度。

解： 点 M 的切线和法线加速度分别为

$$a_{\mathrm{t}}=a\sin 60°=17.32\ \mathrm{m/s^2}$$
$$a_{\mathrm{n}}=a\cos 60°=10\ \mathrm{m/s^2}$$

由

$$a_{\mathrm{t}}=R\alpha,a_{\mathrm{n}}=R\omega^2$$

分别得

$$\alpha=17.32\ \mathrm{rad/s^2},\omega=3.16\ \mathrm{rad/s}$$

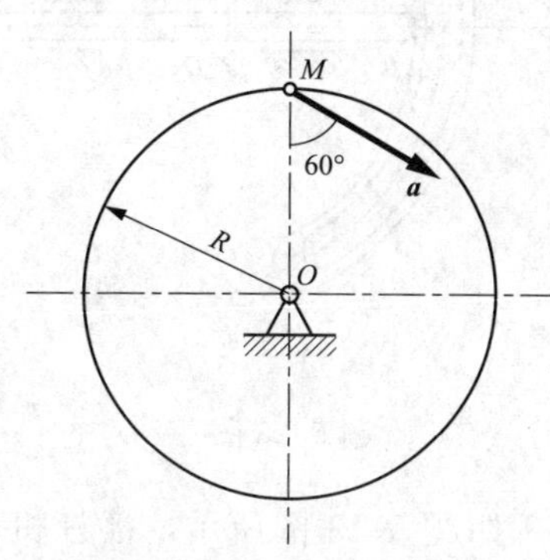

题 5-22 图

5-23　题 5-23 图 (a) 所示为一曲柄滑杆机构。曲柄 $OA=100$ mm，以等角速度 $\omega=4$ rad/s绕 O 轴转动，滑杆上圆弧形滑道半径 $R=100$ mm，圆心 O_1 在导杆 BC 上。求导杆 BC 的运动规律及当曲柄与水平线间的夹角 $\varphi=30°$ 时，导杆的速度和加速度。

解： 导杆作平移，点 O_1 可代表导杆的运动。建立如题 5-23 图 (b) 所示坐标系，点 O_1 的运动方程为

$$x=OA\cos\varphi+R\cos\varphi=0.2\cos 4t\ \mathrm{m}$$

速度和加速度分别为

$$v=-0.8\sin 4t\ \mathrm{m/s}$$
$$a=-3.2\cos 4t\ \mathrm{m/s^2}$$

当 $\varphi=30°$ 时

$$v=-0.40\ \mathrm{m/s},a=-2.77\ \mathrm{m/s^2}$$

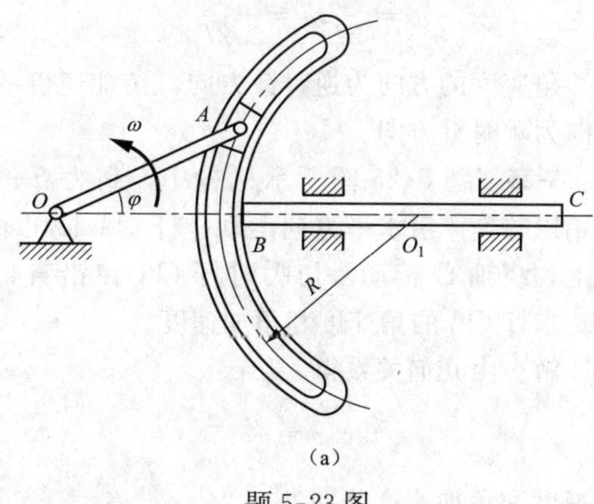

题 5-23 图

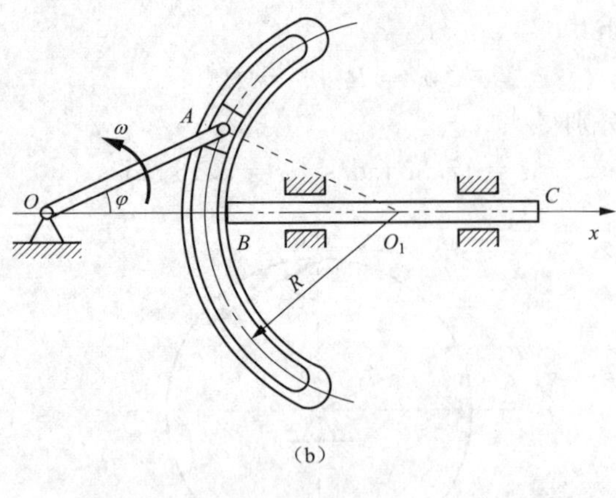

(b)

题 5-23 图

$$\omega = \dot{\varphi} = -\frac{hv}{h^2 + v^2 t^2}$$

$$\alpha = \ddot{\varphi} = \frac{2hv^3 t}{(h^2 + v^2 t^2)^2}$$

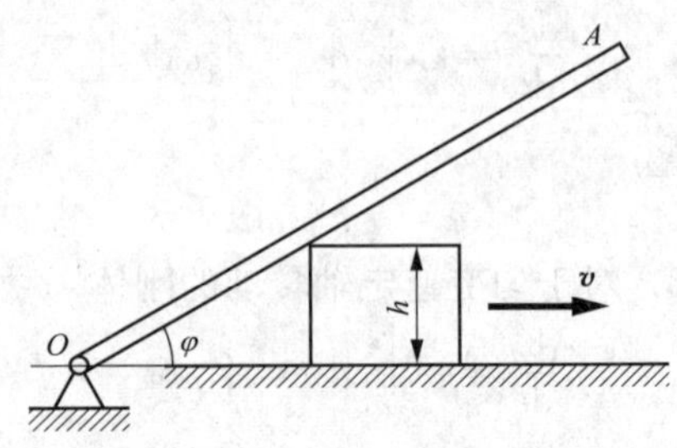

题 5-25 图

5-24 如题 5-13 图所示，摇杆机构的滑杆以等速 $\boldsymbol{v}_0$ 向上运动，摇杆长 $OC=a$，距离 $OD=l$，初始时摇杆水平。求当 $\varphi=\frac{\pi}{4}$ 时，摇杆 OC 的角速度和角加速度。

解：由几何关系得

$$\tan\varphi = \frac{v_0 t}{l}$$

上式即摇杆 OC 的转动方程。两端对时间 t 求导得角速度

$$\omega = \dot{\varphi} = \frac{v_0}{l}\cos^2\varphi$$

角加速度为

$$\alpha = \ddot{\varphi} = -\frac{2v_0}{l}\cos\varphi\sin\varphi\cdot\omega$$

当 $\varphi=\frac{\pi}{4}$ 时，摇杆 OC 的角速度和角加速度分别为

$$\omega = \frac{v_0}{2l}, \alpha = -\frac{v_0^2}{2l^2}$$

角速度的方向为逆时针方向，角加速度的方向为顺时针方向。

5-25 题 5-25 图所示机构中，高为 h 的木箱以等速 v 沿水平方向运动，杆 OA 靠在木箱上，绕轴 O 转动。初瞬时杆 OA 在铅直位置。求杆 OA 的角速度和角加速度。

解：由几何关系得

$$\tan\varphi = \frac{h}{vt}$$

角速度和角加速度分别为

5-26 如题 5-26 图所示，纸盘初始半径为 r_0，由厚度为 a 的纸带组成，中心固定。以等速 v 水平拉动纸带，求纸盘的角加速度。

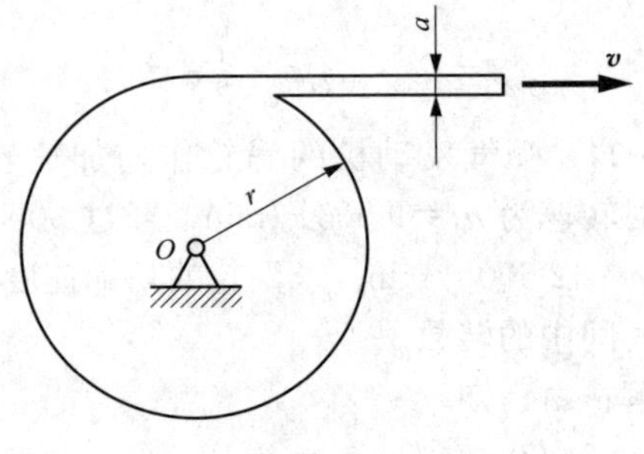

题 5-26 图

解：纸盘自初始时刻经过时间 t 之后，减少的面积为

$$\Delta A = \pi r_0^2 - \pi r^2 = avt$$

上式两端对 t 求导，得

$$-2\pi r\frac{\mathrm{d}r}{\mathrm{d}t} = av$$

$$\frac{\mathrm{d}r}{\mathrm{d}t} = -\frac{av}{2\pi r} \tag{1}$$

由

$$v = r\omega$$

两端对 t 求导，得

$$0 = \frac{\mathrm{d}r}{\mathrm{d}t}\omega + r\frac{\mathrm{d}\omega}{\mathrm{d}t}$$

将式（1）代入上式，得

$$\alpha = \frac{\mathrm{d}\omega}{\mathrm{d}t} = \frac{av^2}{2\pi r^3}$$

5-27 如题 5-27 图所示，重物 A 和 B 用

绳索分别绕在半径为 $r_A=0.5$ m 和 $r_B=0.3$ m 的相固连的滑轮上，重物 A 作匀加速运动，加速度 $a_A=1\ \mathrm{m/s^2}$，初速度 $v_{A0}=1.5$ m/s。求：

（1）滑轮在 3 s 内的转数。

（2）当 $t=3$ s 时重物 B 的速度和经过的路程。

（3）当 $t=0$ 时滑轮边缘上点 C 的加速度。

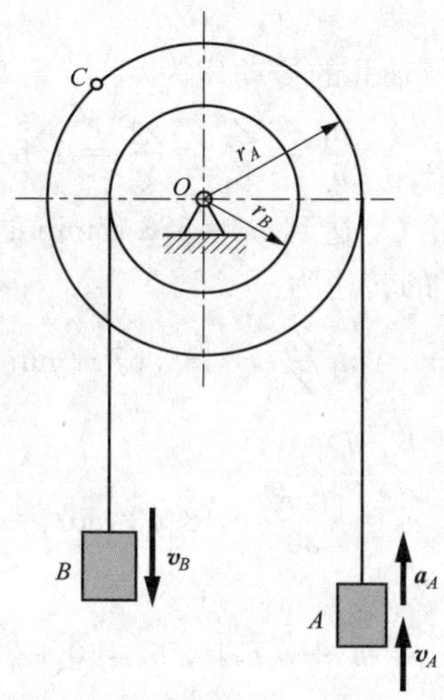

题 5-27 图

解：（1）点 C 的初始速度和切向加速度分别为

$$v_{C0}=v_{A0}=1.5\ \mathrm{m/s}, a_c^{\mathrm{t}}=a_A=1\ \mathrm{m/s^2}$$

滑轮的初始角速度为

$$\omega_0=\frac{v_{C0}}{r_A}=\frac{1.5}{0.5}=3\ (\mathrm{rad/s})$$

滑轮的角加速度为

$$\alpha=\frac{a_c^{\mathrm{t}}}{r_A}=\frac{1}{0.5}=2\ (\mathrm{rad/s^2})$$

经过 3 s 后滑轮的转角为

$$\varphi-\varphi_0=\omega_0 t+\frac{1}{2}\alpha t^2=18\ \mathrm{rad}$$

转数为

$$N=\frac{\varphi-\varphi_0}{2\pi}=2.86$$

（2）当 $t=3$ s 时滑轮的角速度为

$$\omega=\omega_0+\alpha t=9\ \mathrm{rad/s}$$

所以重物 B 的速度为

$$v_B=r_B\omega=0.3\times 9=2.7\ \mathrm{m/s}$$

重物 B 在 3 s 内的位移为

$$s=r_B(\varphi-\varphi_0)=5.4\ \mathrm{m}$$

（3）当 $t=0$ 时点 C 的法向加速度为

$$a_C^{\mathrm{n}}=r_A\omega_0^2=4.5\ \mathrm{m/s^2}$$

加速度及其与半径的夹角分别为

$$a=\sqrt{(a_C^{\mathrm{t}})^2+(a_C^{\mathrm{n}})^2}$$

$$=\sqrt{1^2+4.5^2}=4.6\ (\mathrm{m/s^2})$$

$$\theta=\arctan\frac{|\alpha|}{\omega^2}=\arctan\frac{2}{3^2}=12.5°$$

5-28　题 5-28 图（a）所示半径 $R=100$ mm 的圆盘绕 O 轴转动，在某瞬时，点 A 的速度为 $\boldsymbol{v}_A=200\boldsymbol{j}$ mm/s，点 B 的切向加速度 $\boldsymbol{a}_B^{\mathrm{t}}=150\boldsymbol{i}$ mm/s。求该瞬时的角速度 ω 和角加速度 α，并写出点 C 的加速度矢量表达式。

解：圆盘的角速度和角加速度分别为

$$\omega=\frac{v_A}{R}=\frac{200}{100}=2\ (\mathrm{rad/s})$$

$$\alpha=\frac{a_B^{\mathrm{t}}}{R}=\frac{150}{100}=1.5\ (\mathrm{rad/s^2})$$

转向如题 5-28 图（b）所示，所以

$$\boldsymbol{\omega}=2\boldsymbol{k}\ (\mathrm{rad/s})$$

$$\boldsymbol{\alpha}=-1.5\boldsymbol{k}\ (\mathrm{rad/s^2})$$

点 C 的加速度为

$$\boldsymbol{a}_C=\boldsymbol{a}_C^{\mathrm{t}}+\boldsymbol{a}_C^{\mathrm{n}}=a_C^{\mathrm{t}}\boldsymbol{\tau}+a_C^{\mathrm{n}}\boldsymbol{n}$$

$$=R\alpha(-\sin 45°\boldsymbol{i}-\cos 45°\boldsymbol{j})$$

$$+R\omega^2(-\cos 45°\boldsymbol{i}+\sin 45°\boldsymbol{j})$$

$$=(-388.9\boldsymbol{i}+176.8\boldsymbol{j})\ \mathrm{mm/s^2}$$

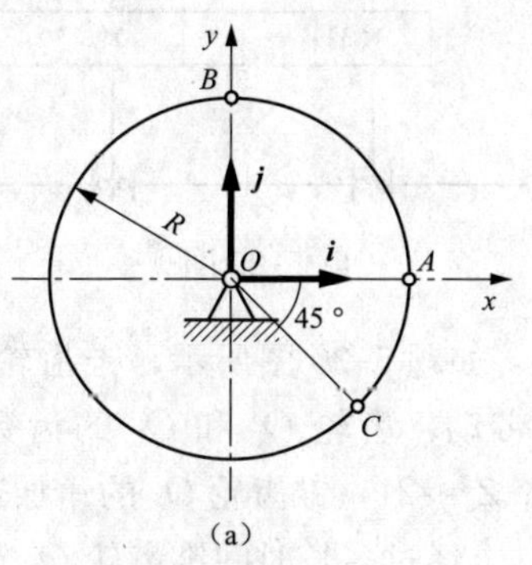

(a)

题 5-28 图

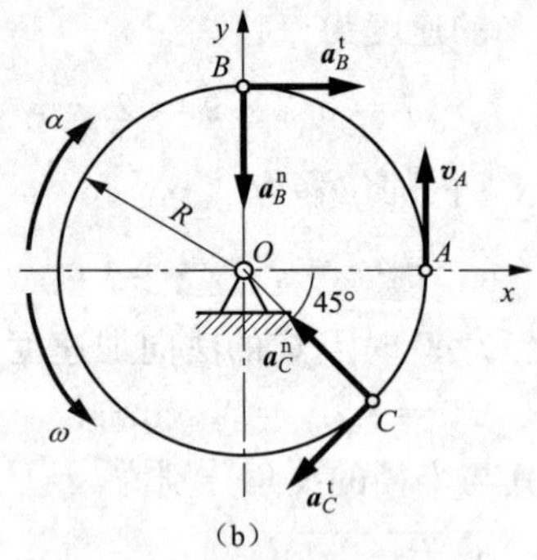

题 5-28 图

5-29 题 5-29 图所示为二级圆柱齿轮减速器。4 个齿轮的齿数分别为 $Z_1=10$，$Z_2=26$，$Z_3=12$，$Z_4=42$，第Ⅰ轴的转速为 1 500 r/min。求减速器的总传动比 i_{13} 和第Ⅲ轴的转速 n_3。

解： 轴Ⅰ、Ⅱ和轴Ⅱ、Ⅲ的传动比分别为

$$i_{12}=\frac{Z_2}{Z_1}=\frac{26}{10}=2.6$$

$$i_{23}=\frac{Z_4}{Z_3}=\frac{42}{12}=3.5$$

所以，从轴Ⅰ到Ⅲ的总传动比为

$$i_{13}=\frac{n_1}{n_3}=\frac{n_1}{n_2}\cdot\frac{n_2}{n_3}=i_{12}\cdot i_{23}=9.1$$

从而得到

$$n_3=\frac{n_1}{9.1}=\frac{1\,500}{9.1}=164.8\ (\text{r/min})$$

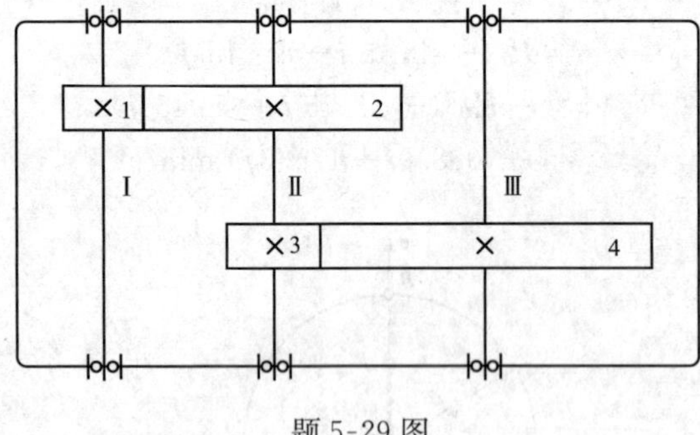

题 5-29 图

5-30 如题 5-30 图所示，锥齿轮 O_1 由锥齿轮 O_2 带动，齿轮 O_1 和 O_2 的齿数分别为 $Z_1=14$ 和 $Z_2=21$，锥齿轮 O_2 的角加速度 $\alpha_2=2\ \text{rad/s}^2$。求经过多长时间锥齿轮 O_1 达到 $n_1=688$ r/min 的转速。

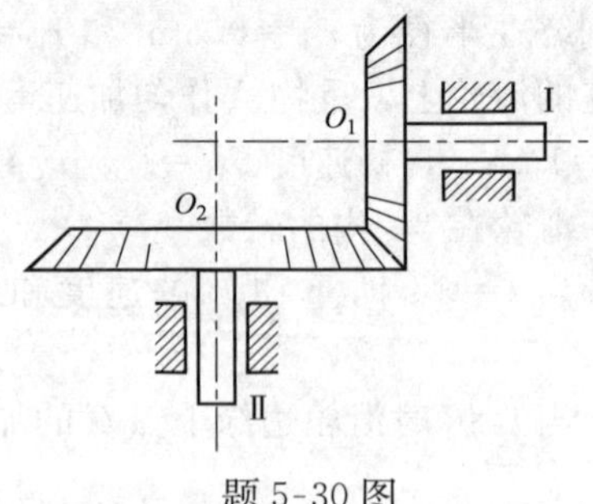

题 5-30 图

解： 轴Ⅰ与轴Ⅱ的传动比为

$$i_{12}=\frac{n_1}{n_2}=\frac{Z_2}{Z_1}=\frac{21}{14}=1.5$$

故当锥齿轮 O_1 达到 $n_1=688$ r/min 的转速时，锥齿轮 O_2 的转速为

$$n_2=n_1\frac{Z_1}{Z_2}=458.67\ \text{r/min}$$

对应的角速度为

$$\omega_2=\frac{n_2\pi}{30}=48.03\ \text{rad/s}$$

由

$$\omega_2=\omega_0+\alpha_2 t, 48.03=0+2t$$

得

$$t=24.02\ \text{s}$$

即经过 24.02 *s* 锥齿轮 O_1 达到 $n_1=688$ r/min 的转速。

5-31 抛丸机的传动系统如题 5-31 图所示，轮 1 和 2 用皮带传动，已知 $D_1=218$ mm，$D_2=140$ mm，$D_3=500$ mm，$n=1\,450$ r/min。不计皮带与轮之间的滑动，求抛丸轮边缘的速度 v。

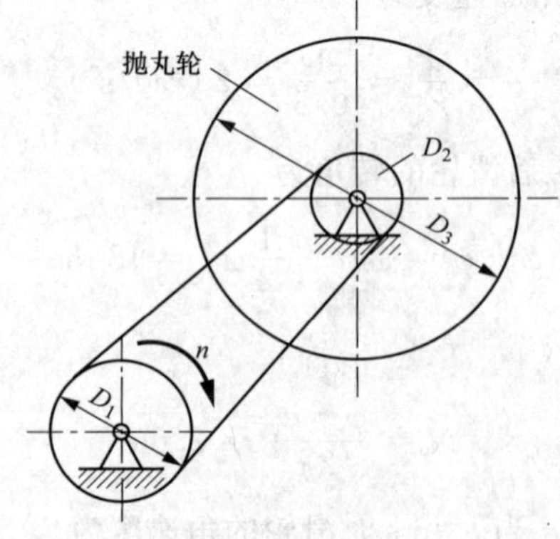

题 5-31 图

解：轴 1 与轴 2 的传动比为

$$i_{12}=\frac{D_2}{D_1}=\frac{140}{218}=0.642\,2$$

轴 2 的转速为

$$n_2=n\frac{D_1}{D_2}=2\,258\ \text{r/min}$$

对应的角速度为

$$\omega_2=\frac{n_2\pi}{30}=236.4\ \text{rad/s}$$

抛丸轮边缘的速度为

$$v=R_3\omega_2=\frac{500\times10^{-3}}{2}\times237.3=59.1\ (\text{m/s})$$

5-32　在题 5-32 图所示起重机构中，手柄 OA 与齿轮 1 固结，齿轮 1、2、3、4 的齿数分别为 $Z_1=6$，$Z_2=24$，$Z_3=8$，$Z_4=22$，齿轮 5 的半径为 $r_5=40$ mm。当手柄 OA 转过 1 rad 后，齿条 BC 升高多少?

解：轴 1 与轮 4、5 轴的总传动比为

$$i_{14}=\frac{\varphi_1}{\varphi_5}=\frac{Z_2}{Z_1}\cdot\frac{Z_4}{Z_3}=\frac{24}{6}\cdot\frac{22}{8}=11$$

轮 5 的转角为

$$\varphi_5=\frac{\varphi_1}{i_{14}}=0.090\,91\ \text{rad}$$

齿条 BC 的升高为

$$h=r_5\varphi_5=3.64\ \text{mm}$$

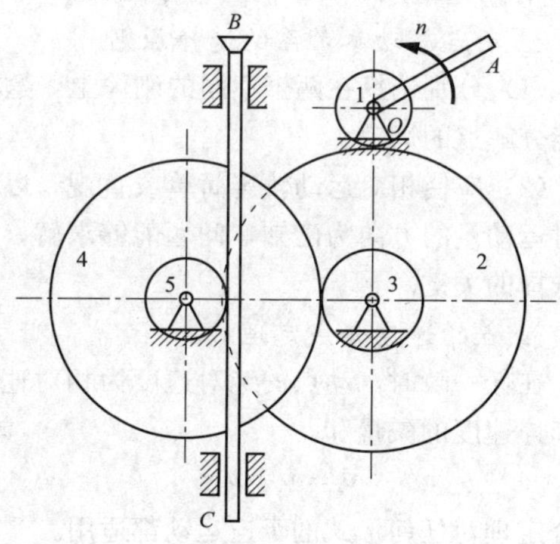

题 5-32 图

5-33　如题 5-33 图所示，摩擦传动机构主动轴 Ⅰ 的转速为 $n=600$ r/min，轴 Ⅰ 摩擦轮的轮缘与轴 Ⅱ 的轮盘接触，并由外向内，沿径向移动。距离 d 按规律 $d=100-5t$ 变化，其中 d 以 mm 计，t 以 s 计。摩擦轮的半径 $r=50$ mm，$R=150$ mm。

（1）以距离 d 表示轮 Ⅱ 的角加速度；

（2）当 $d=r$ 时，求轮 Ⅱ 边缘上一点的加速度。

解：（1）轴 Ⅰ 的角速度为

$$\omega_{\text{I}}=\frac{n\pi}{30}=20\pi\ \text{rad/s}$$

轴 Ⅱ 的角速度和角加速度可分别表示为

$$\omega_{\text{II}}=\frac{r\omega_{\text{I}}}{d}=\frac{1\,000\pi}{d}\ \text{rad/s}$$

$$\alpha_{\text{II}}=\frac{\mathrm{d}\omega_{\text{II}}}{\mathrm{d}t}=-\frac{1\,000\pi}{d^2}\cdot\frac{\mathrm{d}(100-5t)}{\mathrm{d}t}$$

$$=\frac{5\,000\pi}{d}\ \text{rad/s}^2$$

（2）当 $d=r$ 时

$$\alpha_{\text{II}}=\frac{5\,000\pi}{50^2}=2\pi\ \text{rad/s}^2$$

$$\omega_{\text{II}}=\omega_{\text{I}}=20\pi\ \text{rad/s}$$

轮 B 上边缘一点的加速度为

$$a=R\sqrt{\alpha_{\text{II}}^2+\omega_{\text{II}}^4}=592.2\ \text{m/s}^2$$

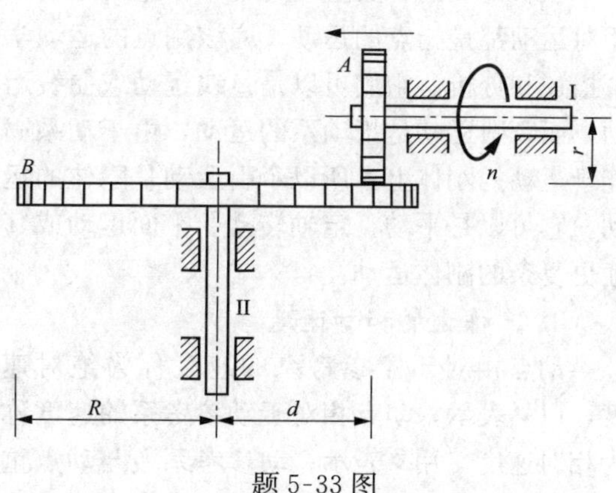

题 5-33 图

第六章 点的合成运动

内容摘要

一、基本概念

1. 动点和两种坐标系

(1) 动点。所研究的点称为动点。

(2) 定参考系。一般把固定在地球上的坐标系称为定参考系，用 $Oxyz$ 表示。

(3) 动参考系。固定在相对地球运动的参考体上的坐标系称为动参考系，用 $O'x'y'z'$ 表示。

2. 三种运动

(1) 绝对运动。动点相对于定参考系的运动称为绝对运动。

(2) 相对运动。动点相对于动参考系的运动称为相对运动。

(3) 牵连运动。动参考系相对于定参考系的运动称为牵连运动。

物体的绝对运动可以看成是相对运动和牵连运动合成的结果。

在研究点的合成运动过程中，绝对运动和相对运动都是指点的运动，应该用点的运动学来描述和分析。它们可以是直线运动或曲线运动，而牵引运动是指动系的运动，由于动系固连于运动的刚体上，所以牵引运动是刚体的运动。它可以是平动、定轴转动、平面运动或其他更复杂的刚体运动。

3. 三种速度和加速度

动点相对于定参考系的速度称为绝对速度，以 $\boldsymbol{v}_a$ 表示；动点相对于动参考系的速度称为相对速度，用 $\boldsymbol{v}_r$ 表示；动参考系上与动点重合之点称为牵连点，牵连点相对定参考系的速度称为牵连速度，以 $\boldsymbol{v}_e$ 表示。

应该指出，牵连速度和牵连加速度是指某瞬时牵连点的绝对速度和绝对加速度。因为不同瞬时，动点分别与动参考系上的重合点不同，所以牵连点并不是动参考系上的某一固定点，故牵连速度和牵连加速度不是指动参考系上任意一点的速度和加速度。除了动参考系作平动这一特殊情况外，动参考系上各点相对定参考系的速度和加速度是不完全相同的。因此，不能把动点的牵连速度和牵连加速度笼统地说成是动参考系的速度和加速度，而应明确认识到动点的牵连速度和牵连加速度是动参考系上与动点重合的那个点在该瞬时的速度和加速度。

二、合成运动中速度与加速度之间的关系

1. 合成运动中运动方程之间的关系

$$x = x_{O'} + x'\cos\varphi - y'\sin\varphi,$$
$$y = y_{O'} + x'\sin\varphi + y'\cos\varphi$$

定参考系 Oxy，动参考系 $O'x'y'$；$x'=x'(t)$，$y'=y'(t)$ 为动点 M 的相对运动方程；$x=x(t)$，$y=y(t)$ 为动点 M 的绝对运动方程；$x_{O'}=x_{O'}(t)$，$y_{O'}=y_{O'}(t)$，$\varphi=\varphi(t)$ 为动点 M 在动参考系 $O'x'y'$ 的运动方程。

2. 动点与动参考系的选择原则

(1) 分别选择在两个不同的刚体上，这样才能分解点的运动。

(2) 应使相对运动轨迹简单或直观，以使相对运动量的方向为已知，问题能够求解，这是选择的关键。

3. 点的速度合成定理

在任一瞬时，动点的绝对速度为相对速度与牵连速度的矢量和。

$$\boldsymbol{v}_a = \boldsymbol{v}_e + \boldsymbol{v}_r$$

这个定理对任何形式的牵连运动都适用。

上式是一个矢量方程，在平面问题中共有大小和方向六个要素，若已知其中四个要素，即可求出其余的两个未知要素。作速度矢量图时，必须注意使图示的 $\boldsymbol{v}_a$、$\boldsymbol{v}_e$ 和 $\boldsymbol{v}_r$ 符合 $\boldsymbol{v}_a = \boldsymbol{v}_e + \boldsymbol{v}_r$。

4. 牵连运动为平移时的加速度合成定理

当牵连运动为平动时，动点的绝对加速度等于牵连加速度与相对加速度的矢量和，即

$$\boldsymbol{a}_a = \boldsymbol{a}_e + \boldsymbol{a}_r$$

5. 牵连运动为转动时的加速度合成定理

当牵连运动为转动时，动点的绝对加速度等于牵连加速度、相对加速度与科氏加速度的矢量和，即

$$\boldsymbol{a}_a = \boldsymbol{a}_e + \boldsymbol{a}_r + \boldsymbol{a}_C$$

其中，科氏加速度 $\boldsymbol{a}_C$ 等于动系转动的角速度矢 $\boldsymbol{\omega}$ 与相对速度 $\boldsymbol{v}_r$ 的矢积的两倍，即

$$\boldsymbol{a}_C = 2\boldsymbol{\omega} \times \boldsymbol{v}_r$$

对于平面机构问题，上式为一个矢量方程，其中每一项都有大小和方向两要素，因为平面矢量方程投影可得两个代数方程，所以这时只能求得两个未知要素。

科氏加速度 a_C 是由于牵连运动和相对运动相互影响而产生的，即当牵连运动为转动时，牵连速度的变化除决定牵连加速度外，还会引起相对速度的方向发生变化；而相对速度的变化除决定相对加速度外也会引起牵连速度（大小和方向）发生变化，由这两部分相互影响而组成的附加加速度就是科氏加速度。

$$\boldsymbol{a}_C = 2\omega v_r \sin\theta$$

习 题 全 解

6-1　判断题

（1）速度合成定理矢量式中共包括大小、方向六个元素，已知任意四个元素，就能求出其他两个。（　）

（2）牵连速度即为动系的速度。（　）

（3）动系角速度矢与相对速度平行时，无科氏加速度。（　）

（4）不论牵连运动为平移还是转动，某瞬时动点的绝对加速度等于牵连加速度与相对加速度的矢量和。（　）

（5）加速度矢量方程投影与静力平衡方程的投影一样。（　）

（6）当牵连运动为平移时，相对加速度等于相对速度对时间的一阶导数。（　）

（7）用合成运动的方法分析点的运动时，若牵连角速度 $\omega_e \neq 0$，相对速度 $v_r \neq 0$，则一定有不为零的科氏加速度。（　）

解：（1）√（2）×（3）√（4）×（5）×（6）√（7）×

6-2　选择题、填空题

（1）动点的牵连速度是指该瞬时牵连点的速度，它所相对的坐标系是（　）。

（A）动坐标系

（B）定坐标系

（C）不必确定的

（D）定或动坐标系都可以

（2）点的速度合成定理 $\boldsymbol{v}_a = \boldsymbol{v}_e + \boldsymbol{v}_r$ 的适应条件是（　）。

（A）牵连运动只能是平移

（B）各种牵连运动都适用

（C）牵连运动只能是转动

（D）牵连运动为零

（3）已知杆 $AB = 40$ cm，以 $\omega_1 = 3$ rad/s 绕 A 轴转动，而杆 CD 又绕 B 轴以 $\omega_2 = 1$ rad/s 的角速度转动，$BC = BD = 30$ cm，题 6-2 图（a）所示瞬时 $AB \perp BD$，若取 C 点为动点，动坐标系固结于 AB 上，则此时 C 点的牵连速度的大小为________。

（4）题 6-2 图（b）所示运动机构，当杆 OA 转动时，推动轮 C 沿水平面作纯滚动，K 点为杆 OA 上与轮的接触点，若取轮心 C 为动点，动系固结在杆 OA 上，若用图中所给的字符，写出 C 点的牵连速度的大小为________。

（5）题 6-2 图（c）所示一圆环半径为 R，以匀角速度 ω 绕固定轴 O 在图示平面内逆时针转动，圆环上套有一金属圆环 M，且相对圆环以大小不变的速度 v 作圆周运动，若以金属圆环 M 为动点，圆环为动系，则此瞬时金属圆环 M 的科氏加速度大小为________。

（6）矩形板 $ABCD$ 以匀角速度 ω 绕固定轴 z 转动，点 M_1，M_2，M_3，M_4 相对于板的速度分别为 $\boldsymbol{v}_1$、$\boldsymbol{v}_2$、$\boldsymbol{v}_3$、$\boldsymbol{v}_4$，如题 6-2 图（d）所示。则点 M_1 的科氏加速度的大小和方向为____________，点 M_2 的科氏加速度的大小和

方向为__________，点 M_3 的科氏加速度的大小和方向为__________，点 M_4 的科氏加速度的大小和方向为__________。

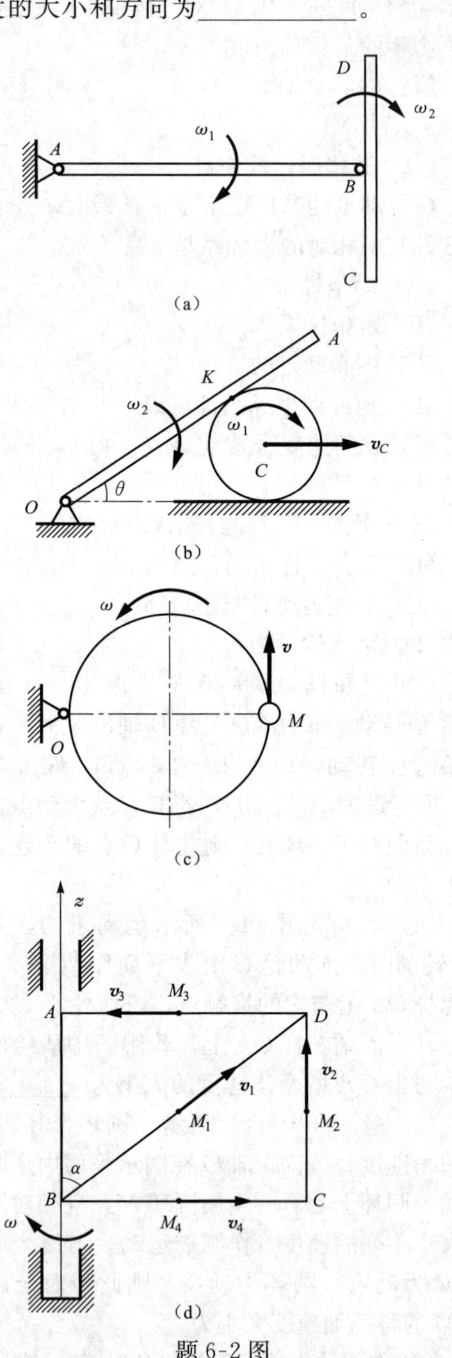

题 6-2 图

(7) A 船以 $\boldsymbol{v}_A=10\sqrt{2}$ m/s 的速度向南航行，另一船 B 以 $\boldsymbol{v}_B=10$ m/s 的速度向沿东偏南 45°方向航行，则在 A 船上看 B 船的速度为__________。

解：(1) B (2) B (3) 150 cm/s (4) $OC\cdot\omega_2$ (5) $2\omega v_r$

(6) $2\omega v_1\sin\theta$ 方向垂直纸面向里；0；$2\omega v_3$ 方向垂直纸面向外；$2\omega v_4$ 方向垂直纸面向里；

(7) 10 m/s，方向东偏北 45°方向。

6-3 题 6-3 (a) 图所示平面机构，杆 OA 长为 l，由直角推杆 BC 推动而在图示平面内绕点 O 转动，假定推杆 BC 的速度为 v，其弯头高为 a。求杆端 A 的速度的大小（表示为 x 的函数）。

解：动点：B，动系：与 OA 固结。由 $\boldsymbol{v}_a=\boldsymbol{v}_e+\boldsymbol{v}_r$ 作速度平行四边形如题 6-3 图 (b) 所示

而 $\boldsymbol{v}_a=v$，所以 $v_e=v_a\sin\varphi=\dfrac{av}{\sqrt{a^2+x^2}}$

即得 OA 杆的角速度为

$$\omega_1=\frac{v_e}{\sqrt{a^2+x^2}}=\frac{av}{a^2+x^2};$$

所以 A 点的速度为

$$v_A=\omega_1\cdot l=\frac{lav}{a^2+x^2}$$

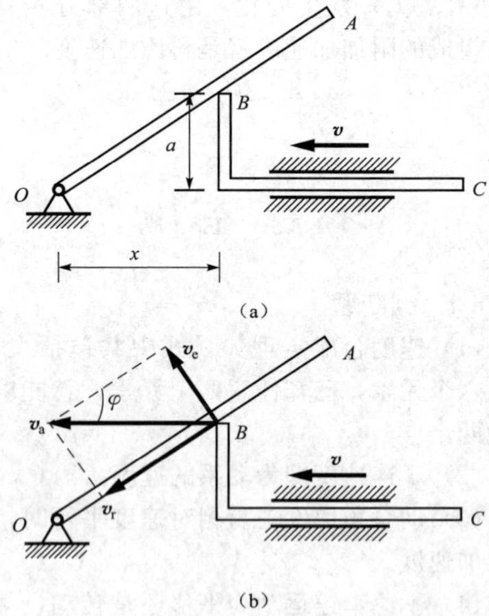

题 6-3 图

6-4 如题 6-4 (a) 图所示的桥式吊车，已知小车水平运行，速度为 v，物块 A 相对小车垂直上升的速度为 v_r。求物块 A 运行的绝对

速度。

解：动点：A，动系：与小车固结

由 $\boldsymbol{v}_a = \boldsymbol{v}_e + \boldsymbol{v}_r$ 作速度平行四边形如题 6-4 图（b）所示

而 $v_e = v$，所以 $v_a = \sqrt{v_e^2 + v_r^2} = \sqrt{v^2 + v_r^2}$

方向：与 x 轴夹角 $\varphi = \arctan \dfrac{v_r}{v}$

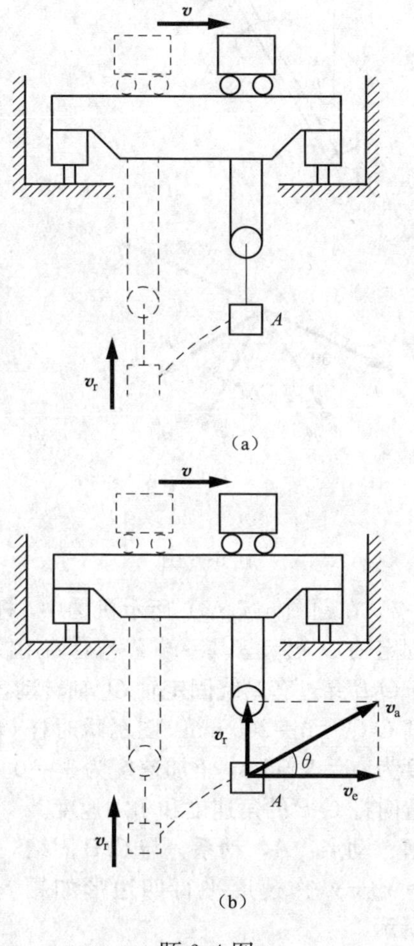

题 6-4 图

6-5　在水面上有两只舰艇 A 和 B 均以匀速度 $v = 36$ km/h 行驶，A 舰艇向东开，B 舰艇沿以 O 为圆心、半径为 $R = 100$ m 的圆弧逆时针方向行驶，如题 6-5 图（a）所示。在图示瞬时，两艇的位置 $S = 50$ m，$\varphi = 30°$。试求：

（1）B 艇相对 A 艇的速度；

（2）A 艇相对 B 艇的速度。

解：（1）动点：B，动系：与 A 固结

由 $\boldsymbol{v}_{a1} = \boldsymbol{v}_{e1} + \boldsymbol{v}_{r1}$ 作速度平行四边形如题 6-5 图（b）所示

而 $v_{a1} = v_B = 36$ km/h $= 10$ m/s，$v_{e1} = v_A = 10$ m/s

所以 B 艇相对 A 艇的速度为

$$v_{BA} = v_{r1} = \sqrt{v_{a1}^2 + v_{e1}^2 - 2v_{a1}v_{e1}\cos 120°} = 17.32 \text{ m/s}$$

（2）动点：A，动系：与 B 固结

由 $\boldsymbol{v}_{a2} = \boldsymbol{v}_{e2} + \boldsymbol{v}_{r2}$ 作速度平行四边形如题 6-5 图（b）所示

而　$v_{a2} = v_A = 10$ m/s，$v_{e2} = OA \times \omega = OA \times \dfrac{v_A}{R} = 5$ m/s，

所以 A 艇相对 B 艇的速度为

$$v_{AB} = v_{r2} = \sqrt{v_{a2}^2 + v_{e2}^2} = 11.2 \text{ m/s}$$

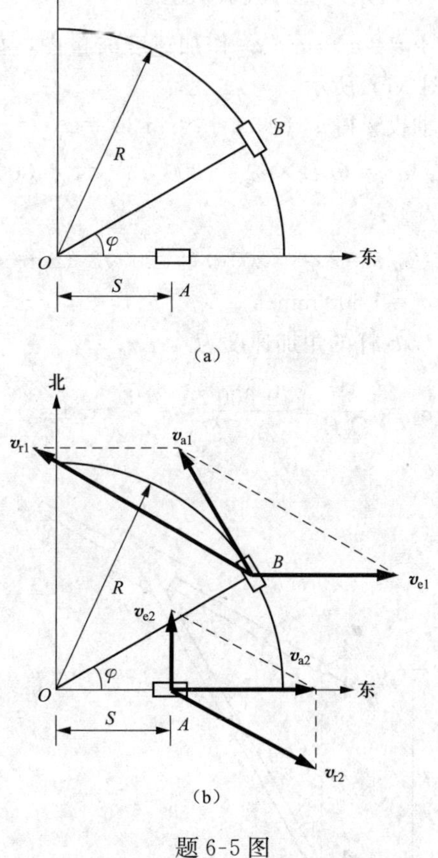

题 6-5 图

6-6　在题 6-6（a）图所示机构中，杆 O_2B 可绕固定轴 O_2 转动，其一端 B 与套筒用

铰链连接，杆 O_1A 穿过套筒绕固定轴 O_1 轴转动，两轴间距离 $O_1O_2=a=200$ mm。图示瞬时杆 O_1A 的角速度为 $\omega_1=3$ rad/s，角加速度为 $\alpha_1=0$。试求图示位置时杆 O_2B 的角速度和角加速度。

解：动点：B，动系：与 O_1A 固结

由 $\boldsymbol{v}_a=\boldsymbol{v}_e+\boldsymbol{v}_r$ 作速度平行四边形如题 6-6 图（b）所示

而 $v_e=\omega_1\times O_1B=600$ mm/s

所以

$$v_a=\frac{v_e}{\cos 30^\circ}=400\sqrt{3}\ \text{mm/s},$$

$$v_r=v_e\tan 30^\circ=200\sqrt{3}\ \text{mm/s}$$

则 O_2B 杆的角速度为

$$\omega_2=\frac{v_a}{O_2B}=\frac{400\sqrt{3}}{2\times O_1O_2\cos 30^\circ}=2\ \text{rad/s}$$

由 $\boldsymbol{a}_a^t+\boldsymbol{a}_a^n=\boldsymbol{a}_e+\boldsymbol{a}_r+\boldsymbol{a}_C$ 作加速度矢量图，如题 6-6 图（c）所示

沿 x 轴投影得 $a_a^t\cos 30^\circ+a_a^n\sin 30^\circ=a_C$

其中：$a_a^n=O_2B\times\omega_2^2=200\sqrt{3}\times 4=800\sqrt{3}$ (mm/s^2)；

$a_C=2\omega_1v_r=2\times 3\times 200\sqrt{3}=1\,200\sqrt{3}$ (mm/s^2)

即得 $a_a^t=1\,600\ \text{mm/s}^2$

所以 O_2B 杆的角加速度为

$$\alpha_2=\frac{a_a^t}{O_2B}=\frac{1\,600}{200\sqrt{3}}=\frac{8\sqrt{3}}{3}\ (\text{rad/s}^2)$$

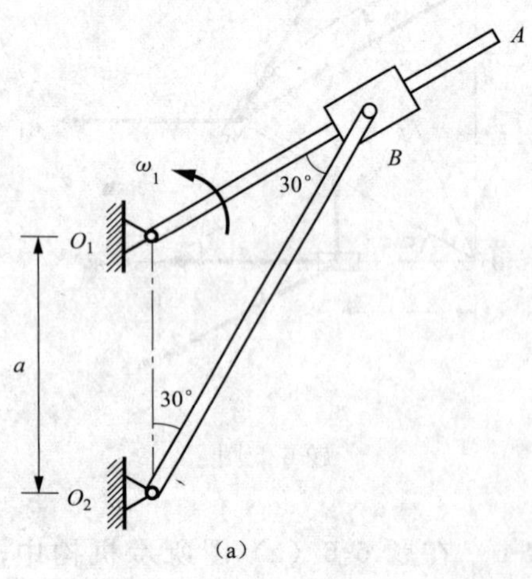

(a)

题 6-6 图

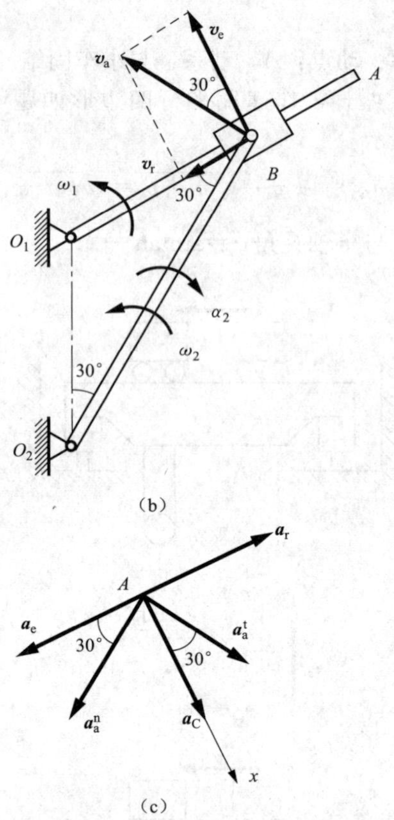

题 6-6 图

6-7 在题图 6-7（a）所示机构中，杆 O_1A 可绕固定轴 O_1 转动，其一端 A 与套筒用铰链连接，杆 O_2B 穿过套筒绕固定轴 O_2 轴转动，两轴间距离 $O_1O_2=a=200$ mm。图示瞬时杆 O_1A 的角速度为 $\omega_1=3$ rad/s，角加速度为 $\alpha_1=0$。求图示位置时杆 O_2B 的角速度和角加速度。

解：动点：A，动系：与 O_2B 固结

由 $\boldsymbol{v}_a=\boldsymbol{v}_e+\boldsymbol{v}_r$ 作速度平行四边形如题 6-7 图（b）所示

而 $v_a=\omega_1\times O_1A=600$ mm/s

所以

$$v_e=v_a\cos 30^\circ=300\sqrt{3}\ \text{mm/s},$$

$$v_r=v_a\sin 30^\circ=300\ \text{mm/s}$$

则 O_2B 杆的角速度为

$$\omega_2=\frac{v_e}{O_2A}=\frac{300\sqrt{3}}{2\times O_1A\cos 30^\circ}=1.5\ \text{rad/s}$$

由 $\boldsymbol{a}_a=\boldsymbol{a}_e^t+\boldsymbol{a}_e^n+\boldsymbol{a}_r+\boldsymbol{a}_C$ 作加速度矢量图，如题 6-7 图（c）所示

沿 x 轴投影得 $a_a\sin 30^\circ=-a_e^t+a_C$

其中：$a_a=O_1A\times\omega_1^2=200\times9=1\ 800\ (\mathrm{mm/s^2})$，$a_C=2\omega_2v_r=2\times1.5\times300=900\ (\mathrm{mm/s^2})$

即得 $a_e^t=0$

所以 O_2B 杆的角加速度为

$$\alpha_2=\frac{a_e^t}{O_2A}=0$$

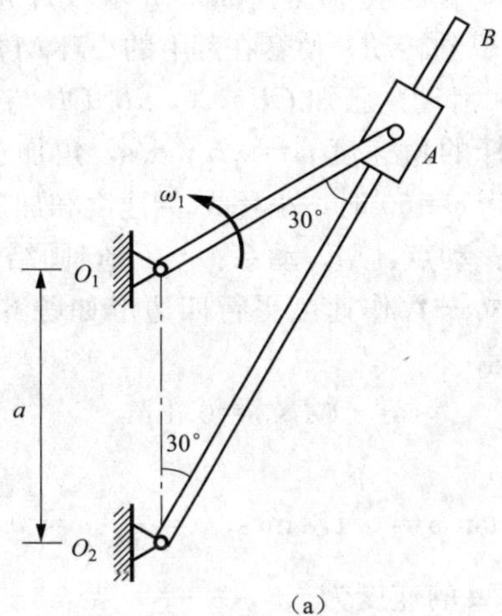

(a)

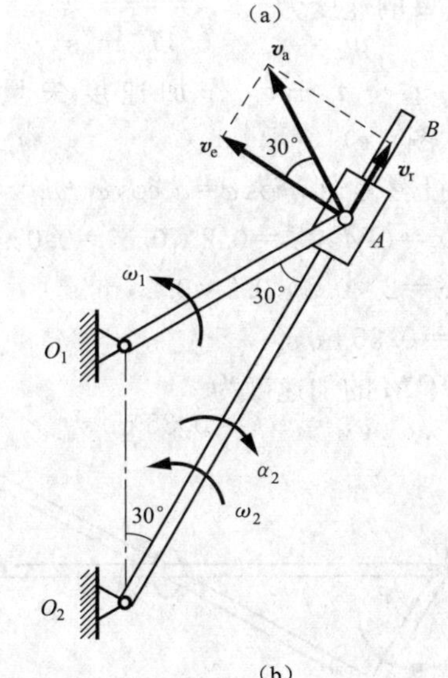

(b)

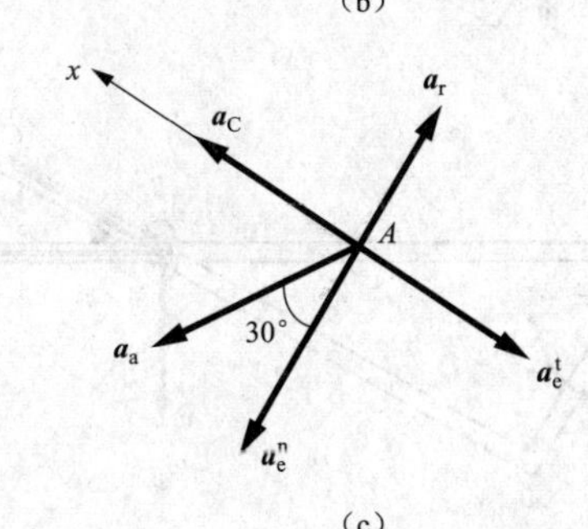

(c)

题 6-7 图

6-8　题 6-8（a）图所示铰链四边形机构中，$O_1O_2=AB$，杆 O_1A 以等角速度 $\omega=2$ rad/s 绕轴 O_1 转动，$O_1A=100$ mm。杆 AB 上有一套筒 C，此套筒与杆 CD 相铰接。机构的各部件都在同一铅直面内。求当 $\varphi=60°$时，杆 CD 的速度和加速度。

解：动点：C，动系：与 AB 固结

由作 $\boldsymbol{v}_a=\boldsymbol{v}_e+\boldsymbol{v}_r$ 速度平行四边形如题 6-8 图（b）所示

而　　$v_e=O_1A\times\omega=200$ mm/s

所以

$$v_a=v_e\cos\varphi=100\ \mathrm{mm/s}$$

即杆 CD 的速度为　$v_{CD}=100$ mm/s

由 $\boldsymbol{a}_a=\boldsymbol{a}_e+\boldsymbol{a}_r$ 作加速度矢量图，如题 6-8 图（c）所示

其中：$a_e=O_1A\times\omega^2=100\times4=400\ (\mathrm{mm/s^2})$

所以有 $a_a=a_e\sin\varphi=400\times\dfrac{\sqrt{3}}{2}=200\sqrt{3}\ (\mathrm{mm/s^2})$

即杆 CD 的加速度为　$a_{CD}=200\sqrt{3}$　mm/s²

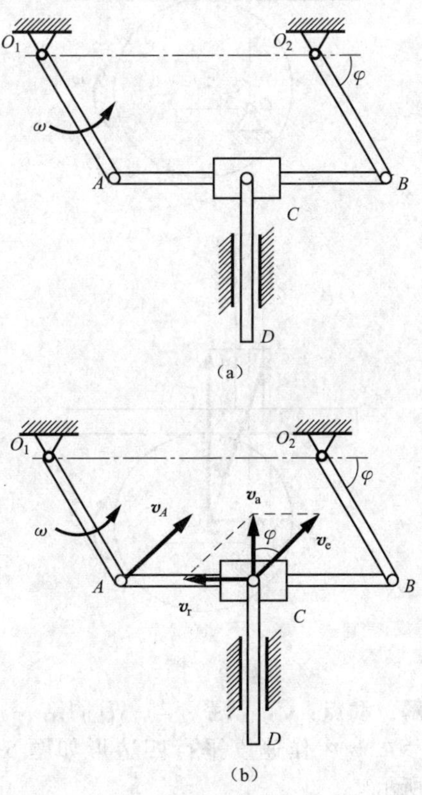

题 6-8 图

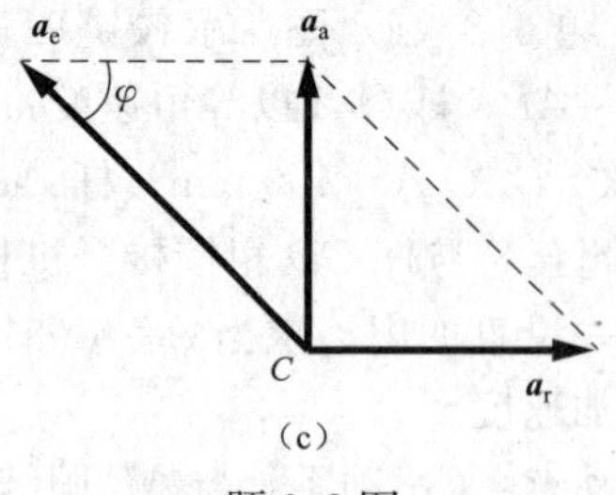

(c)

题 6-8 图

6-9　平底顶杆凸轮机构如题 6-9（a）图所示，顶杆 AB 可沿导槽上下移动，偏心圆盘绕轴 O 转动，轴 O 位于顶杆轴线上。工作时顶杆的平底始终接触凸轮表面。该凸轮半径为 R，偏心距 $OC=e$，凸轮绕轴 O 转动的角速度为 ω，OC 与水平线成夹角 φ。试求当 $\varphi=30°$时顶杆的速度。

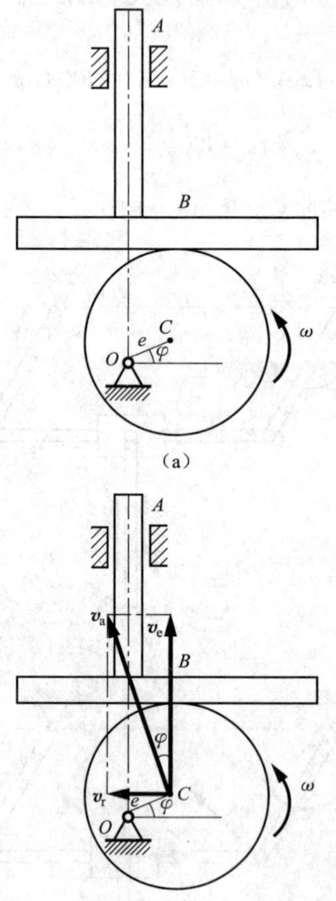

题 6-9 图

解：动点：C，动系：与 AB 固结

由 $\boldsymbol{v}_a=\boldsymbol{v}_e+\boldsymbol{v}_r$ 作速度平行四边形如题 6-9 图（b）所示

而　　　　$v_a=OC\times\omega=e\omega$

所以

$$v_e=v_a\cos\varphi=e\omega\cos\varphi$$

即顶杆 AB 的速度为

$$v_{AB}=v_e=e\omega\cos\varphi$$

当 $\varphi=30°$时，$v_{AB}=e\omega\cos 30°=\frac{\sqrt{3}}{2}e\omega$

6-10　题 6-10 图（a）所示，直角曲杆 OBC 绕 O 轴转动，使套在其上的小环 M 沿固定直杆 OA 滑动。已知 $OB=0.1$ m，OB 与 BC 垂直，曲杆的角速度 $\omega=0.5$ rad/s，角加速度为零。求当 $\varphi=60°$时，小环 M 的速度和加速度。

解：动点：M，动系：与 OBC 固结

由 $\boldsymbol{v}_a=\boldsymbol{v}_e+\boldsymbol{v}_r$ 作速度平行四边形如题 6-10 图（b）所示

而　　　　$v_e=OM\times\omega=0.1$ m/s

所以

$$v_a=v_e\tan\varphi=0.173\text{ m/s},v_r=\frac{v_e}{\cos\varphi}=0.2\text{ m/s}$$

即小环 M 的速度为

$$v_M=v_a=0.173\text{ m/s}$$

由 $\boldsymbol{a}_a=\boldsymbol{a}_e+\boldsymbol{a}_r+\boldsymbol{a}_C$ 作加速度矢量图，如题 6-10 图（c）所示

沿 x 轴投影得 $-a_a\cos\varphi=a_e\cos\varphi-a_C$

其中：$a_e=OM\times\omega^2=0.2\times0.5^2=0.05\ (\text{m/s}^2)$，

$a_C=2\omega v_r=2\times0.5\times0.2=0.2\ (\text{m/s}^2)$

即得 $a_a=0.35\text{ m/s}^2$

所以小环 M 的加速度为

$$a_M=a_a=0.35\text{ m/s}^2$$

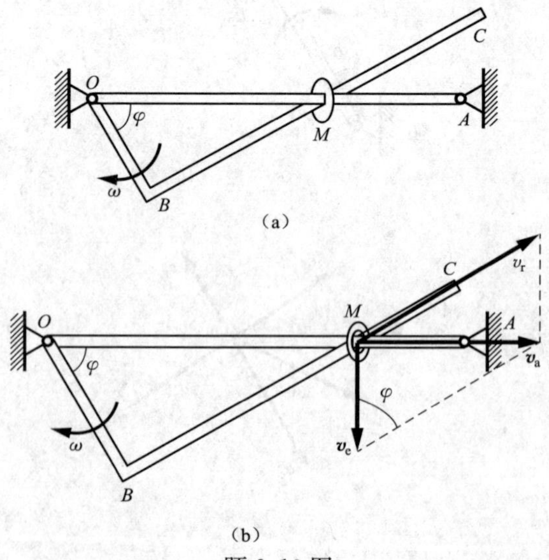

题 6-10 图

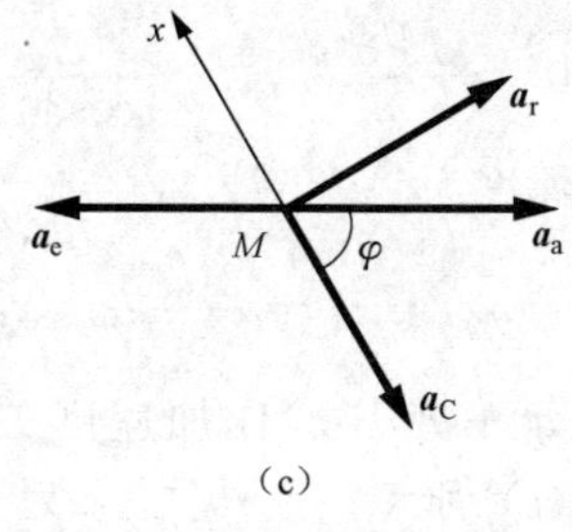

题 6-10 图

6-11　题 6-11 图（a）所示凸轮顶杆机构，顶杆 AB 可沿导槽上下移动，凸轮沿水平面平移。已知凸轮半径为 R，图示瞬时凸轮的速度为 $\boldsymbol{v}_0$，加速度为 $\boldsymbol{a}_0$。试求 $\varphi=60°$时，顶杆 AB 的速度和加速度。

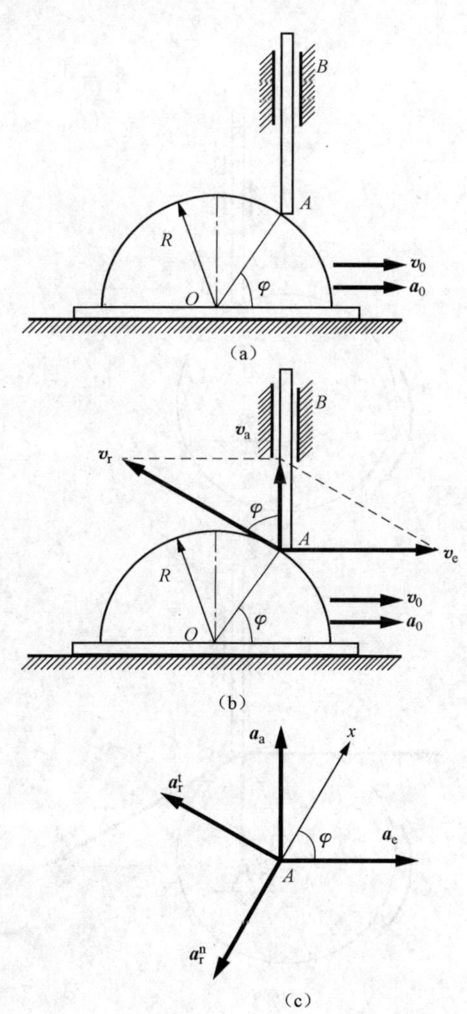

题 6-11 图

解：动点：A，动系：与凸轮固结

由 $\boldsymbol{v}_a=\boldsymbol{v}_e+\boldsymbol{v}_r$ 作速度平行四边形如题 6-11 图（b）所示

而
$$v_e=v_0$$
所以
$$v_a=v_e\cot\varphi=v_0\cot\varphi, v_r=\frac{v_e}{\sin\varphi}=\frac{v_0}{\sin\varphi}$$

即顶杆 AB 的速度为
$$v_{AB}=v_a=v_0\cot\varphi$$

由 $\boldsymbol{a}_a=\boldsymbol{a}_e+\boldsymbol{a}_r^t+\boldsymbol{a}_r^n$ 作加速度矢量图，如题 6-11 图（c）所示

沿 x 轴投影得 $a_a\sin\varphi=a_e\cos\varphi-a_r^n$

其中：$a_e=a_0$，$a_r^n=\dfrac{v_r^2}{R}=\dfrac{v_0^2}{R\sin^2\varphi}$

即得 $a_a=\dfrac{1}{\sin\varphi}\left(a_0\cos\varphi-\dfrac{v_0^2}{R\sin^2\varphi}\right)$

即顶杆 AB 的加速度为
$$a_{AB}=a_a=\frac{1}{\sin\varphi}\left(a_0\cos\varphi-\frac{v_0^2}{R\sin^2\varphi}\right)$$

当 $\varphi=60°$时，$v_{AB}=\dfrac{\sqrt{3}}{3}v_0$，$a_{AB}=\dfrac{\sqrt{3}}{3}\left(a_0-\dfrac{8v_0^2}{3R}\right)$

6-12　题 6-12 图（a）所示曲柄滑杆机构，曲柄长为 $OA=l$，OA 杆绕 O 轴定轴转动，转动角速度、角加速度分别为 ω、α。求 $\varphi=45°$时小车的速度与加速度。

解：动点：A，动系：与滑杆固结

由 $\boldsymbol{v}_a=\boldsymbol{v}_e+\boldsymbol{v}_r$ 作速度平行四边形如题 6-12 图（b）所示

而
$$v_a=OA\cdot\omega=l\omega$$
所以
$$v_e=v_a\cos\varphi=\frac{\sqrt{2}}{2}l\omega, v_r=v_a\sin\varphi=\frac{\sqrt{2}}{2}l\omega$$

即小车的速度为
$$v_{小车}=v_e=\frac{\sqrt{2}}{2}l\omega$$

由 $\boldsymbol{a}_a^t+\boldsymbol{a}_a^n=\boldsymbol{a}_e+\boldsymbol{a}_r$ 作加速度矢量图，如题 6-12 图（c）所示

沿 x 轴投影得 $a_a^t\cos\varphi-a_a^n\sin\varphi=a_e$

其中：$a_a^t=OA\cdot\alpha=l\alpha$，$a_a^n=OA\cdot\omega^2=l\omega^2$

即得：$a_e=\frac{\sqrt{2}}{2}l\ (\alpha-\omega^2)$

即小车的加速度为

$$a_{小车}=a_e=\frac{\sqrt{2}}{2}l(\alpha-\omega^2)$$

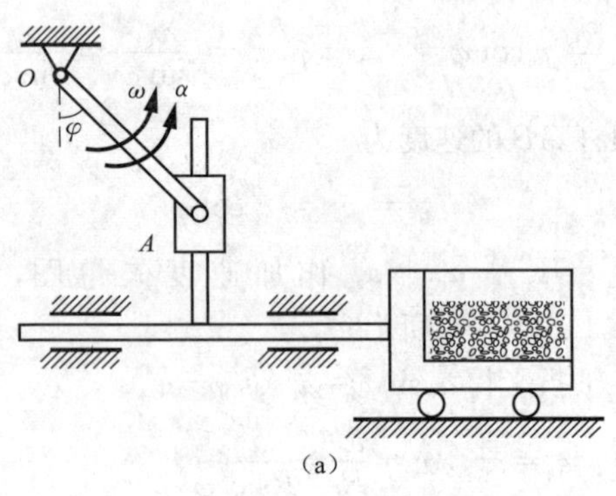

(a)

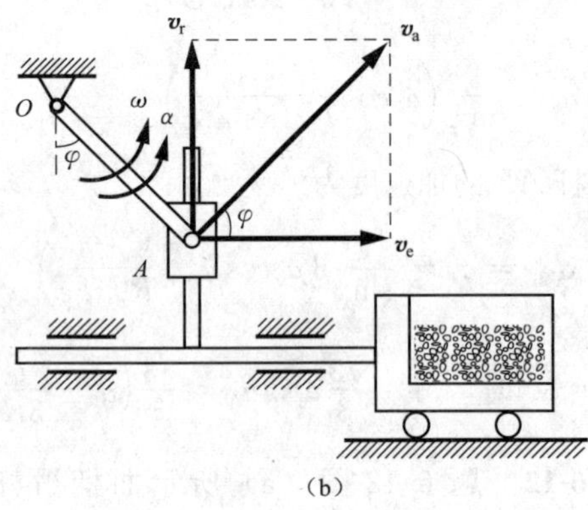

(b)

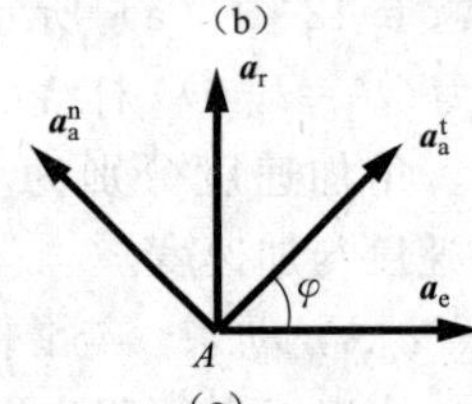

(c)

题 6-12 图

6-13 题 6-13 图（a）所示偏心轮挺杆机构，偏心轮 C 以匀角速度 ω 绕 O 轴作定轴转动，已知偏心距为 $OC=e$，偏心轮半径为 $R=\sqrt{3}e$，图示瞬时，$OC\perp CA$，且 O、A、B 三点共线。求从动杆 AB 的速度和加速度。

解：动点：A，动系：与偏心轮固结

由 $\boldsymbol{v}_a=\boldsymbol{v}_e+\boldsymbol{v}_r$ 作速度平行四边形如题 6-13 图（b）所示

而 $$v_e=OA\cdot\omega=2e\omega$$

所以

$$v_a=v_e\tan 30°=\frac{2\sqrt{3}}{3}e\omega,\ v_r=\frac{v_e}{\cos30°}=\frac{4\sqrt{3}}{3}e\omega$$

即杆 AB 的速度为

$$v_{AB}=v_a=\frac{2\sqrt{3}}{3}e\omega$$

由 $\boldsymbol{a}_a=\boldsymbol{a}_e+\boldsymbol{a}_r^t+\boldsymbol{a}_r^n+\boldsymbol{a}_C$ 作加速度矢量图，如题 6-13 图（c）所示

沿 x 轴投影得 $a_a\cos 30°=a_e\cos 30°+a_r^n-a_C$

其中：$a_e=OA\cdot\omega^2=2e\omega^2$，$a_r^n=\frac{v_r^2}{R}=\frac{16}{9}\sqrt{3}e\omega^2$，

$a_C=2\omega v_r=\frac{8}{3}\sqrt{3}e\omega^2$

即得 $a_a=\frac{2}{9}e\omega^2$

即杆 AB 的加速度为

$$a_{AB}=a_a=\frac{2}{9}e\omega^2$$

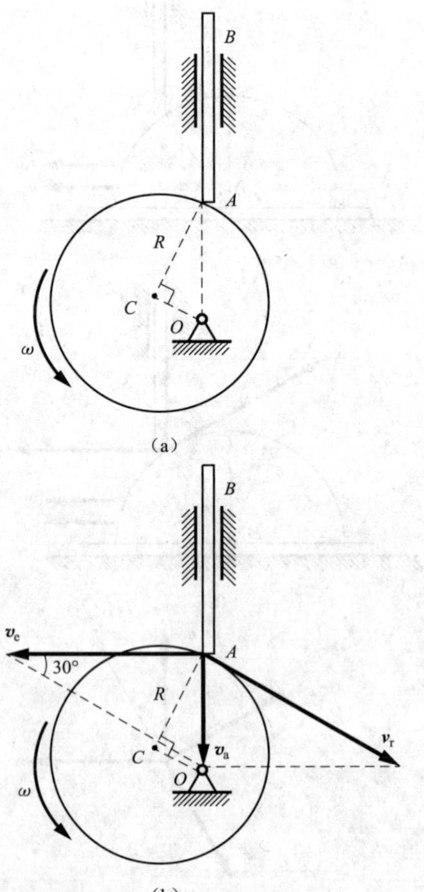

题 6-13 图

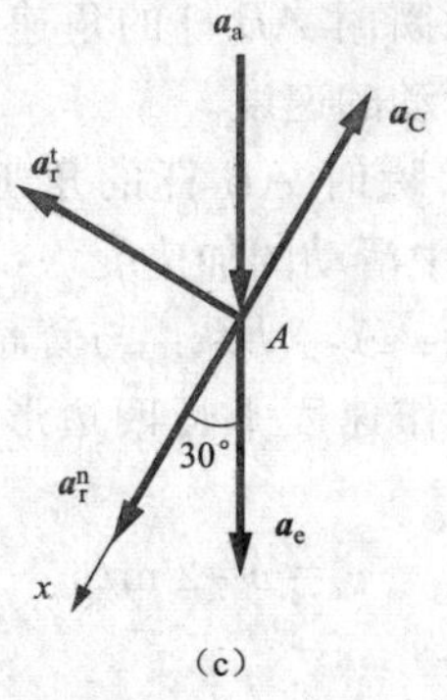

题 6-13 图

6-14　题 6-14 图（a）所示机构，滑槽 OA 可绕 O 轴定轴转动，BC 杆可沿导槽水平平移。图示瞬时 BC 杆的速度、加速度分别为 $\boldsymbol{v}$、$\boldsymbol{a}$，已知 h、θ。试求滑槽 OA 的角速度和角加速度。

解：动点：D，动系：与 OA 固结

由 $\boldsymbol{v}_a=\boldsymbol{v}_e+\boldsymbol{v}_r$ 作速度平行四边形如题 6-14 图（b）所示

而　$v_a=v$

所以

$$v_e=v_a\cos\theta=v\cos\theta,\ v_r=v_a\sin\theta=v\sin\theta$$

即杆 OA 的角速度为

$$\omega_{OA}=\frac{v_e}{OD}=\frac{v}{h}\cos^2\theta$$

由 $\boldsymbol{a}_a=\boldsymbol{a}_e^t+\boldsymbol{a}_e^n+\boldsymbol{a}_r+\boldsymbol{a}_C$ 作加速度矢量图，如题 6-14 图（c）所示

沿 x 轴投影得 $a_a\cos\theta=a_e^t-a_C$

其中：$a_a=a$，$a_C=2\omega_{OA}v_r=\dfrac{2v^2\sin\theta\cos^2\theta}{h}$

即得 $a_e^t=a\cos\theta+\dfrac{2v^2\sin\theta\cos^2\theta}{h}$

即杆 OA 的角加速度为

$$\alpha_{OA}=\frac{a_e^t}{OD}=\left(\frac{a}{h}+\frac{v^2\sin 2\theta}{h^2}\right)\cos^2\theta$$

6-15　半径为 r、偏心距为 e 的凸轮，以匀角速度 ω 绕 O 轴转动，AB 杆长 $l=4e$，A 端置于凸轮上，B 端用铰链支承，如题 6-15 图（a）所示。在图示瞬时 AB 杆处于水平位置，$\varphi=45°$。试求该瞬时 AB 杆的角速度和角加速度。

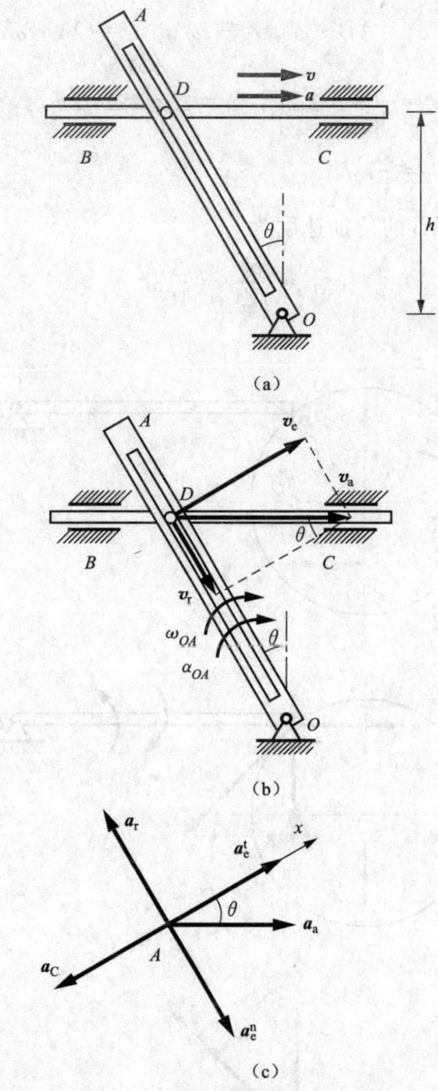

题 6-14 图

解：动点：A，动系：与轮 C 固结

由 $\boldsymbol{v}_a=\boldsymbol{v}_e+\boldsymbol{v}_r$ 作速度平行四边形如题 6-15 图（b）所示

而　$v_e=OA\cdot\omega=e\tan\varphi\cdot\omega=e\omega$

所以

$$v_a=v_e=e\omega,v_r=\sqrt{2}v_e=\sqrt{2}e\omega$$

即杆 AB 的角速度为

$$\omega_{AB}=\frac{v_a}{AB}=\frac{1}{4}\omega$$

由 $\boldsymbol{a}_a^t+\boldsymbol{a}_a^n=\boldsymbol{a}_e+\boldsymbol{a}_r^t+\boldsymbol{a}_r^n+\boldsymbol{a}_C$ 作加速度矢量图，如题 6-15（c）所示

沿 x 轴投影得 $a_a^t\sin\varphi+a_a^n\cos\varphi=-a_e\sin\varphi-a_r^n+a_C$

其中：$a_a^n = AB \cdot \omega_{AB}^2 = \frac{1}{4}e\omega^2$，$a_e = OA \cdot \omega^2 = e\omega^2$，$a_r^n = \frac{v_r^2}{AC} = \sqrt{2}e\omega^2$，$a_C = 2\omega v_r = 2\sqrt{2}e\omega^2$

即得 $a_a^t = \frac{3}{4}e\omega^2$

即杆 AB 的角加速度为

$$\alpha_{AB} = \frac{a_a^t}{AB} = \frac{3}{16}\omega^2$$

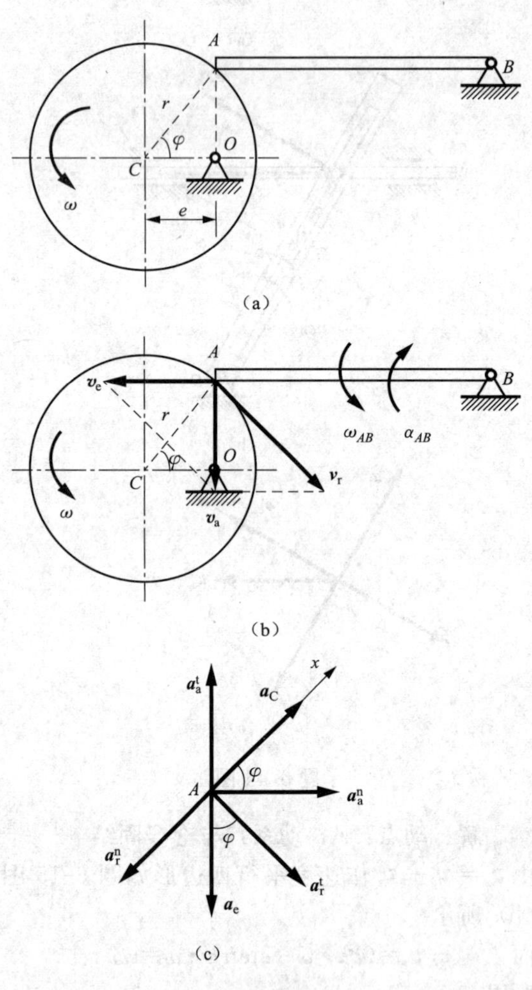

题 6-15 图

6-16 摆杆 AB 与水平杆 DG 以铰链 A 连接，如题 6-16 图（a）所示。水平杆作平移，摆杆 AB 穿过可绕轴 O 转动的套筒 E，并在套筒 E 内滑动。已知 $l=2$ m，在图示位置 $\theta=30°$，DG 杆的速度 $v=2$ m/s，加速度 $a=1$ m/s²。试求：

（1）图示瞬时 AB 杆的角速度，以及 AB 杆在套筒中滑动的速度。

（2）图示瞬时 AB 杆的角加速度，以及 AB 杆在套筒中滑动的加速度。

解：动点：A，动系：与套筒 E 固结

由 $\boldsymbol{v}_a = \boldsymbol{v}_e + \boldsymbol{v}_r$ 作速度平行四边形如题 6-16 图（b）所示

而 $$v_a = v = 2 \text{ m/s}$$

所以

$$v_e = v_a\cos\theta = \sqrt{3} \text{ m/s}, v_r = v_a\sin\theta = 1 \text{ m/s}$$

即杆 AB 的角速度为

$$\omega_{AB} = \frac{v_e}{AE} = \frac{3}{4} \text{ rad/s} = 0.75 \text{ rad/s} = \omega_E$$

AB 杆在套筒中滑动的速度为

$$v_r = 1 \text{ m/s}$$

由 $\boldsymbol{a}_a = \boldsymbol{a}_e^t + \boldsymbol{a}_e^n + \boldsymbol{a}_r + \boldsymbol{a}_C$ 作加速度矢量图，如题 6-16 图（c）所示

沿 x 轴投影得 $-a_a\cos\theta = -a_e^t + a_C$

其中：$a_a = a = 1$ m/s²，$a_C = 2\omega_E v_r = 1.5$ rad/s²

即得 $a_e^t = \frac{1}{2}(3+\sqrt{3})$ m/s²

即杆 AB 的角加速度为

$$\alpha_{AB} = \frac{a_e^t}{AE} = \frac{3(\sqrt{3}+1)}{8} = 1.02\ (\text{rad/s}^2) = \alpha_E$$

沿 y 轴投影得 $-a_a\sin\theta = -a_e^n + a_r$

其中：$a_e^n = AE \cdot \omega_E^2 = \frac{3\sqrt{3}}{4}$ m/s²

即得 $a_r = \frac{1}{4}(3\sqrt{3}-2) = 0.8\ (\text{m/s}^2)$

即 AB 杆在套筒中滑动的加速度为

$$a_r = 0.8\ (\text{m/s}^2)$$

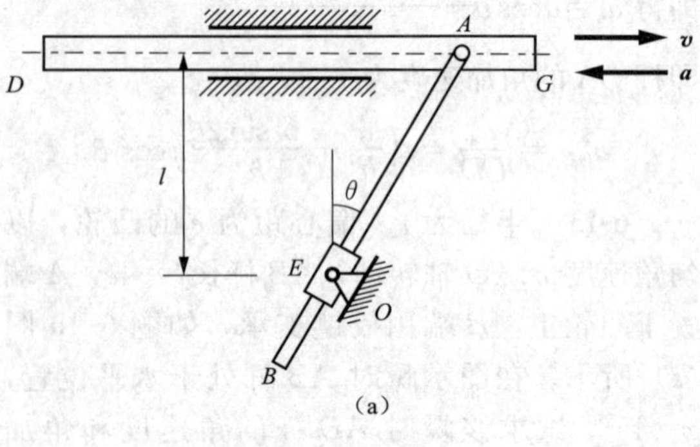

题 6-16 图

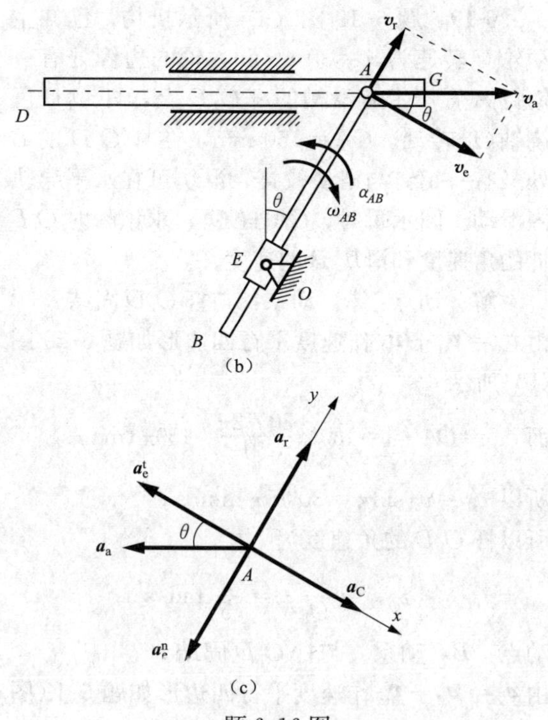

题 6-16 图

6-17　题 6-17 图（a）所示凸轮挺杆机构，凸轮机构以匀角速度 ω 绕固定轴 O 轴转动，图示瞬时 $OA=r$，A 点曲率半径为 ρ，θ 角已知。求该瞬时顶杆 AB 的速度和加速度。

解： 动点：A，动系：与轮 O 固结

由 $\boldsymbol{v}_a=\boldsymbol{v}_e+\boldsymbol{v}_r$ 作速度平行四边形如题 6-17 图（b）所示

而
$$v_e=OA\cdot\omega=\omega r$$
所以
$$v_a=v_e\tan\theta=r\omega\tan\theta,\quad v_r=\frac{v_e}{\cos\theta}=\frac{r\omega}{\cos\theta}$$
即杆 AB 的速度为
$$v_{AB}=v_a=r\omega\tan\theta$$
由 $\boldsymbol{a}_a=\boldsymbol{a}_e+\boldsymbol{a}_r^t+\boldsymbol{a}_r^n+\boldsymbol{a}_C$ 作加速度矢量图，如题 6-17（c）所示

沿 x 轴投影得 $a_a\cos\theta=-a_e\cos\theta-a_r^n+a_C$

其中：$a_e=OA\cdot\omega^2=r\omega^2$，$a_r^n=\dfrac{v_r^2}{\rho}=\dfrac{r^2\omega^2}{\rho\cos^2\theta}$，

$a_C=2\omega v_r=\dfrac{2r\omega^2}{\cos\theta}$

即得 $a_a=-r\omega^2\left(1+\dfrac{r}{\rho}\sec^3\theta-2\sec^2\theta\right)$

即杆 AB 的加速度为
$$a_{AB}=a_a=-r\omega^2\left(1+\frac{r}{\rho}\sec^3\theta-2\sec^2\theta\right)$$

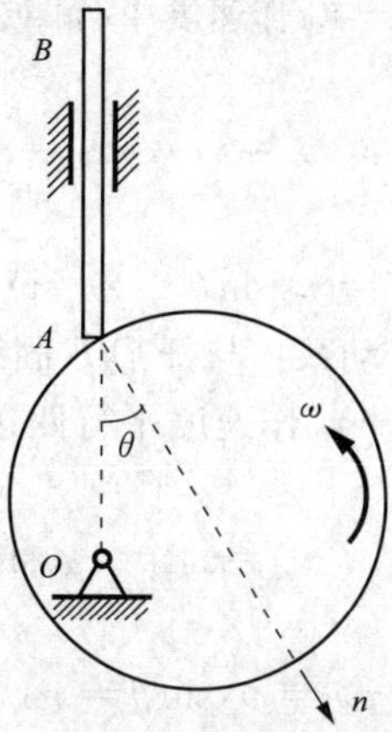

(a)

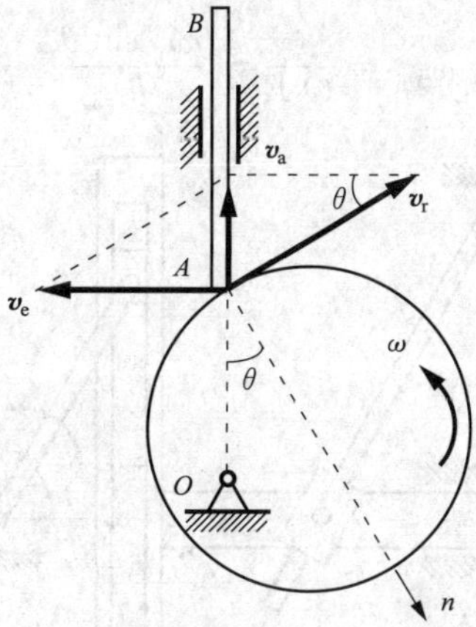

(b)

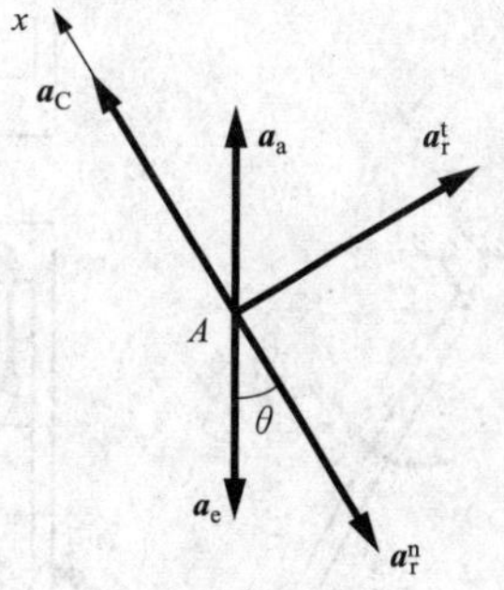

(c)

题 6-17 图

6-18　题 6-18 图（a）所示机构，已知曲柄 $O_1A=r$，以匀角速度 ω_1 绕 O_1 轴转动，A 端与滑块相铰接，滑块可在 T 型推杆 BCD 的滑槽内滑动，推杆 BCD 在点 F 处与一套筒铰接，杆 O_2E 穿过套筒 F 可绕 O_2 轴转动，高度 h 已知。图示瞬时，O_1A 与水平线成 θ 角，且

$O_1A // O_2E$，求该瞬时 O_2E 杆的角速度。

解：动点：A，动系：与推杆 BCD 固结

由 $\boldsymbol{v}_{a1}=\boldsymbol{v}_{e1}+\boldsymbol{v}_{r1}$ 作速度平行四边形如题 6-18 图（b）所示

而
$$v_{a1}=O_1A\cdot\omega_1=r\omega_1$$
所以
$$v_{e1}=v_{a1}\sin\theta=r\omega_1\sin\theta=v_{BCD}$$
动点：F，动系：与杆 O_2E 固结

由 $\boldsymbol{v}_{a2}=\boldsymbol{v}_{e2}+\boldsymbol{v}_{r2}$ 作速度平行四边形如题 6-18 图（b）所示

而
$$v_{a2}=v_{BCD}=r\omega_1\sin\theta$$
所以
$$v_{e2}=v_{a2}\sin\theta=r\omega_1\sin^2\theta$$
即杆 O_2E 的角速度为
$$\omega_{O_2E}=\frac{v_{e2}}{O_2F}=\frac{r\omega_1\sin^3\theta}{h}$$

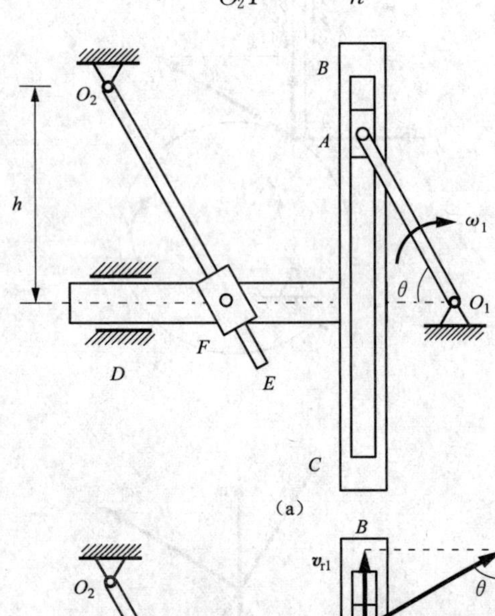

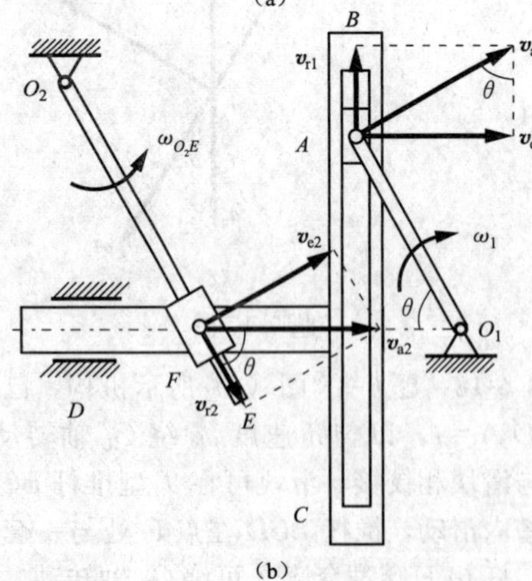

题 6-18 图

6-19　题 6-19 图（a）所示机构，已知主动轮 O 转速为 $n=30$ r/min，轮的边缘处有一销钉 A 置于带有滑槽的杆 O_1D 上，杆 O_1D 可绕轴 O_1 转动，$OA=150$ mm，在杆 O_1D 的 B 处又有一销钉与滑块铰接，滑块可在水平导轨内滑动。图示瞬时，$OA\perp OO_1$，求该瞬时 O_1D 杆的角速度和滑块 B 的速度。

解：动点：A，动系：与杆 O_1D 固结

由 $\boldsymbol{v}_{a1}=\boldsymbol{v}_{e1}+\boldsymbol{v}_{r1}$ 作速度平行四边形如题 6-19 图（b）所示

而 $v_{a1}=OA\cdot\omega=150\times\dfrac{30\times2\pi}{60}=150\pi\ (\text{mm/s})$

所以 $v_{e1}=v_{a1}\sin\varphi=30\sqrt{5}\pi$ mm/s

所以杆 O_1D 的角速度为
$$\omega_{O_1D}=\frac{v_{e1}}{O_1A}=\frac{\pi}{5}\ \text{rad/s}$$
动点：B，动系：与杆 O_1D 固结

由 $\boldsymbol{v}_{a2}=\boldsymbol{v}_{e2}+\boldsymbol{v}_{r2}$ 作速度平行四边形如题 6-19 图（b）所示

而
$$v_{e2}=O_1B\times\omega_{O_1D}=60\sqrt{5}\pi\ \text{mm/s}$$
所以
$$v_{a2}=\frac{v_{e2}}{\cos\varphi}=0.15\pi\ \text{m/s}$$
即滑块 B 的速度为
$$v_B=v_{a2}=0.15\pi\ \text{m/s}$$

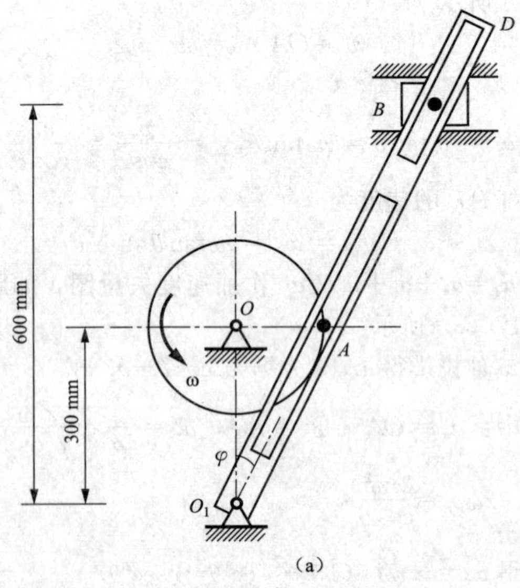

题 6-19 图

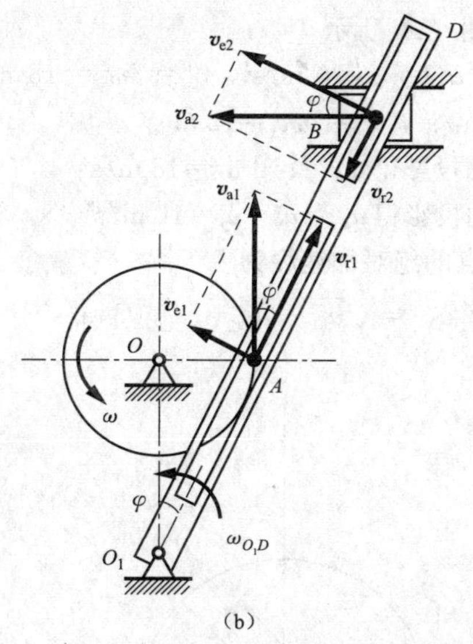

(b)

题 6-19 图

6-20 牛头刨床机构如题 6-20 图（a）所示，已知：$O_1A=200$ mm，$\omega_1=2$ rad/s，$\alpha_1=0$，试求图示位置滑枕 CD 的速度和加速度。

解：动点：A，动系：与杆 O_2B 固结

由$\boldsymbol{v}_{a1}=\boldsymbol{v}_{e1}+\boldsymbol{v}_{r1}$速度平行四边形如题 6-20 图（b）所示

而　$v_{a1}=O_1A\times\omega_1=0.2\times2=0.4$ (m/s)

所以

$$v_{e1}=v_{a1}\sin 30°=0.2\ \text{m/s},$$

$$v_{r1}=v_{a1}\cos 30°=0.2\sqrt{3}\ \text{m/s}$$

即杆 O_2B 的角速度为

$$\omega_2=\frac{v_{e1}}{O_2A}=\frac{0.2}{0.4}=0.5\ (\text{rad/s})$$

由 $\boldsymbol{a}_{a1}=\boldsymbol{a}_{e1}^{t}+\boldsymbol{a}_{e1}^{n}+\boldsymbol{a}_{r1}+\boldsymbol{a}_{C1}$ 作加速度矢量图，如题 6-20 图（c）所示

沿 x 轴投影得$-a_{a1}\cos 30°=a_{e1}^{t}-a_{C1}$

其中：$a_{a1}=O_1A\times\omega_1^2=0.2\times4=0.8$ (m/s^2)，

$a_{C1}=2\omega_2 v_{r1}=2\times0.5\times0.2\sqrt{3}=0.2\sqrt{3}$ (m/s^2)

解得 $a_{e1}^{t}=-0.2\sqrt{3}$ m/s^2

即杆 O_2B 的角加速度为

$$\alpha_2=\frac{a_{e1}^{t}}{O_2A}=\frac{-0.2\sqrt{3}}{0.4}=-0.5\sqrt{3}\ (\text{rad/s}^2)$$

动点：B，动系：与滑枕 CD 固结

由$\boldsymbol{v}_{a2}=\boldsymbol{v}_{e2}+\boldsymbol{v}_{r2}$速度平行四边形如题 6-20 图（b）所示

而 $v_{a2}=O_2B\times\omega_2=\dfrac{650}{\cos 30°}\times0.5\times10^{-3}=0.375$ (m/s)

所以

$$v_{e2}=v_{a2}\cos 30°=0.325\ \text{m/s}$$

即滑枕 CD 的速度为

$$v_{CD}=0.325\ \text{m/s}$$

由 $\boldsymbol{a}_{a2}^{t}+\boldsymbol{a}_{a2}^{n}=\boldsymbol{a}_{e2}+\boldsymbol{a}_{r2}$ 作加速度矢量图，如题 6-20 图（d）所示

沿 x 轴投影得 $a_{a2}^{t}\cos 30°-a_{a2}^{n}\sin 30°=-a_{e2}$

其中：$a_{a2}^{t}=O_2B\times\alpha_2=-0.65$ m/s^2，

$$a_{a2}^{n}=O_2B\times\omega_2^2=0.188\ \text{m/s}^2$$

解得 $a_{e2}=0.657$ m/s^2

即滑枕 CD 的加速度为

$$a_{CD}=0.657\ \text{m/s}^2$$

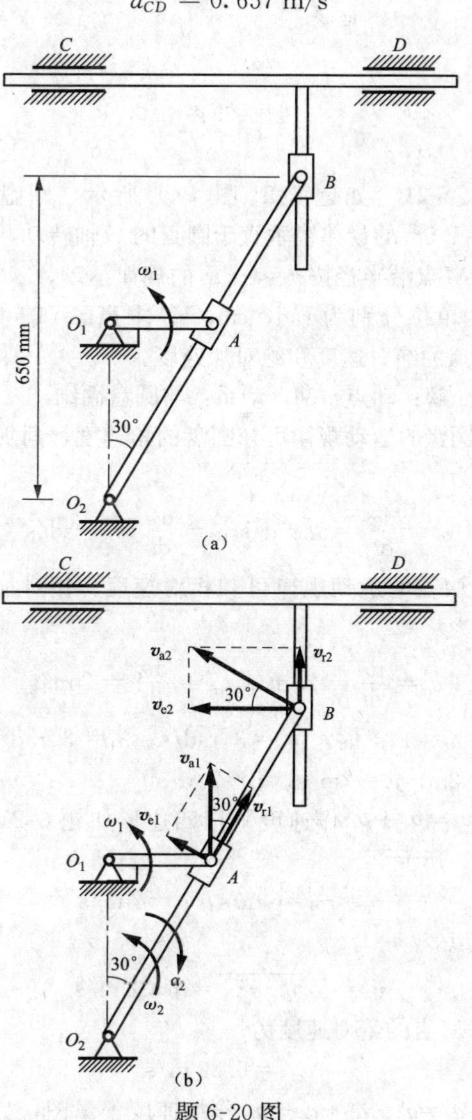

题 6-20 图

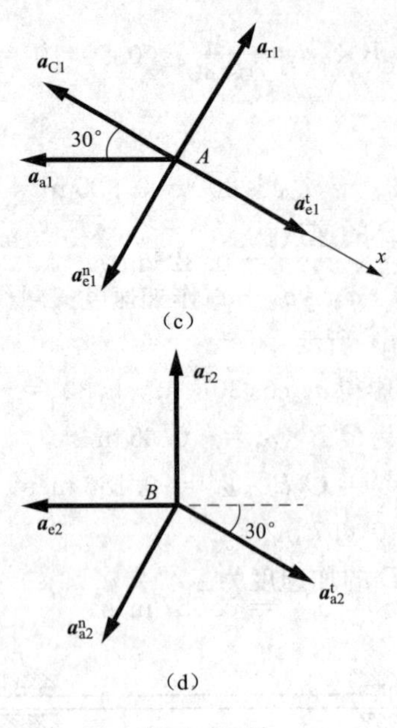

题 6-20 图

6-21 如题 6-21 图（a）所示，圆盘按 $\varphi=1.5t^2$ 的规律绕垂直于圆盘的 O 轴转动，盘上 M 点沿半径按 $r=1+t^2$ 的规律运动，φ，r，t 的单位分别为 rad，cm，s。求当 $t=1$ s 时，M 点的绝对速度和绝对加速度。

解：动点：M，动系：与圆盘固结

由圆盘的运动规律可知圆盘的角速度、角加速度为

$$\omega=\frac{d\varphi}{dt}=3t\ \text{rad/s},\alpha=\frac{d\omega}{dt}=3\ \text{rad/s}^2$$

由 M 点的运动规律可知相对速度、相对加速度为

$$v_r=\frac{dr}{dt}=2t\ \text{m/s},a_r=\frac{dv_r}{dt}=2\ \text{m/s}^2$$

当 $t=1$ s 时，$\omega=3$ rad/s，$\alpha=3$ rad/s^2，$r=2$m，$v_r=2$m/s，$a_r=2$ m/s^2

由 $\boldsymbol{v}_a=\boldsymbol{v}_e+\boldsymbol{v}_r$ 作速度平行四边形如题 6-21 图（b）所示

而 $v_e=r\omega=6$ m/s，$v_r=2$ m/s

所以

$$v_a=\sqrt{v_e^2+v_r^2}=6.32\ \text{m/s}$$

即 M 点的绝对速度为

$$v_M=6.32\ \text{m/s}$$

由 $\boldsymbol{a}_a=\boldsymbol{a}_e^t+\boldsymbol{a}_e^n+\boldsymbol{a}_r+\boldsymbol{a}_C$ 作加速度矢量图，如题 6-21 图（c）所示

其中：$a_e^t=r\alpha=6$ m/s^2，$a_e^n=r\omega^2=18$ m/s^2，$a_r=2$ m/s^2，$a_C=2\omega v_r=12$ m/s^2

沿 x 轴投影得 $a_{ax}=a_e^t+a_C=18$ m/s^2

沿 y 轴投影得 $a_{ay}=a_e^n-a_r=16$ m/s^2

即 M 点的绝对加速度为

$$a_M=\sqrt{a_{ax}^2+a_{ay}^2}=24.08\ \text{m/s}^2$$

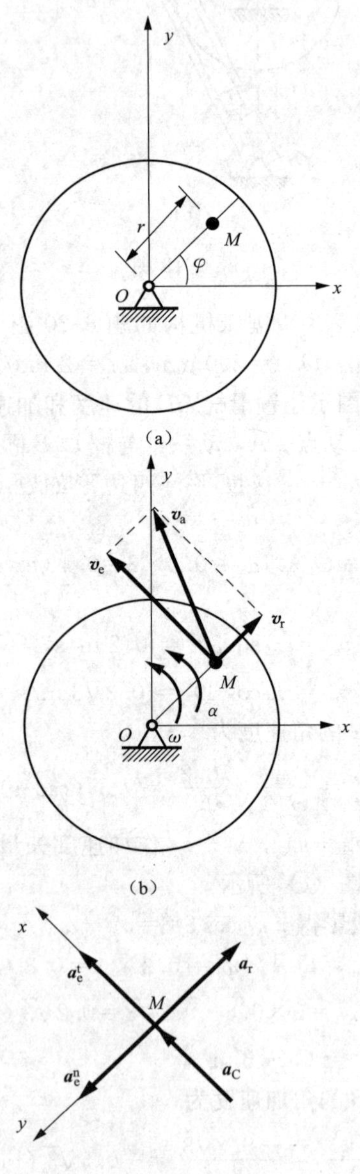

题 6-21 图

6-22　河宽为 b，河水流速与到河岸的距离成正比，在河岸处水流速度为零，一小船以相等的速度 v_r 沿垂直于水流的方向运动，如题 6-22 图（a）所示。求船的运动轨迹及靠岸的位置。

解：由题意知河水的流速为

$$\begin{cases} v_{水} = \dfrac{2v}{b}y & 0 \leqslant y \leqslant \dfrac{b}{2} \\ v_{水} = -\dfrac{2v}{b}(y-b) & \dfrac{b}{2} \leqslant y \leqslant b \end{cases}$$

动点：船，动系：与河水固结

由 $\boldsymbol{v}_a = \boldsymbol{v}_e + \boldsymbol{v}_r$ 作速度平行四边形如题 6-22 图（b）所示

而
$$v_e = v_{水}$$

沿 x、y 轴投影得

$$\begin{cases} v_{ax} = v_e = v_{水} = \dfrac{dx}{dt} \\ v_{ay} = v_r = \dfrac{dy}{dt} \end{cases}$$

由于 $v_r = \dfrac{dy}{dt}$，将其积分得

$$\int_0^y dy = \int_0^t v_r dt$$

$$y = v_r t$$

当 $0 \leqslant y \leqslant \dfrac{b}{2}$ 时，有 $\dfrac{dx}{dt} = v_{水} = \dfrac{2v}{b}y$，则有

$$\frac{dx}{dt} = \frac{2v}{b}y = \frac{2v}{b}v_r t \Rightarrow dx = \frac{2v}{b}v_r t dt$$

积分得

$$\int_0^x dx = \int_0^t \frac{2v}{b}v_r t dt$$

即得 $x = \dfrac{v}{b}v_r t^2$

所以有

$$\begin{cases} x = \dfrac{v}{b}v_r t^2 \\ y = v_r t \end{cases}$$

消去参数 t 即得船的运动轨迹为

$$y^2 = \frac{bv_r}{v}x \quad \left(0 \leqslant y \leqslant \frac{b}{2}\right)$$

所以当 $y = \dfrac{b}{2}$ 时，则有 $t = \dfrac{b}{2v_r}$，$x = \dfrac{bv}{4v_r}$

当 $\dfrac{b}{2} \leqslant y \leqslant b$ 时，有 $\dfrac{dx}{dt} = v_{水} = -\dfrac{2v}{b}(y-b)$，则有

$$\frac{dx}{dt} = -\frac{2v}{b}(y-b) = -\frac{2v}{b}(v_r t - b) \Rightarrow$$

$$dx = -\frac{2v}{b}(v_r t - b)dt$$

积分得

$$\int_{x=\frac{bv}{4v_r}}^x dx = \int_{t=\frac{b}{2v_r}}^t -\frac{2v}{b}(v_r t - b)dt$$

即得 $x = -\dfrac{v}{b}v_r t^2 + 2vt - \dfrac{bv}{2v_r}$

所以有

$$\begin{cases} x = -\dfrac{v}{b}v_r t^2 + 2vt - \dfrac{bv}{2v_r} \\ y = v_r t \end{cases}$$

消去参数 t 即得船的运动轨迹为

$$(b-y)^2 = \frac{1}{2}b^2 - \frac{bv_r}{v}x \quad \left(\frac{b}{2} \leqslant y \leqslant b\right)$$

所以当船靠岸时，应满足 $y = b$，则有 $x = \dfrac{bv}{2v_r}$。

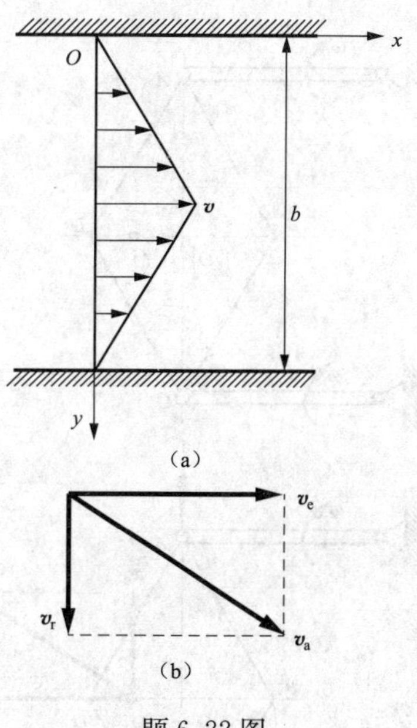

题 6-22 图

6-23　题 6-23 图（a）所示机构，两杆 O_1A 和 O_2C 的长度均为 160 mm，各以匀角速度 $\omega = 0.5$ rad/s 绕定轴 O_1、O_2 转动，并带动菱形薄片 $ABCD$ 运动，$AC = O_1O_2$；M 点按方程 $OM = s = 50t^2$（s 以 mm 计，t 以 s 计）沿菱形的对角线运动，设 $t = 1.5$ s 时，$AC \perp AO_1$。试求此时点 M 的绝对速度和绝对加速度。

解：动点：M，动系：与菱形薄片 $ABCD$ 固结

由 M 点的运动规律可知相对速度、相对加速度为

$$v_r = \frac{ds}{dt} = 100t \text{ mm/s}, a_r = \frac{dv_r}{dt} = 100 \text{ mm/s}^2$$

当 $t=1.5$ s 时，$s=112.5$ mm，$v_r=150$ mm/s，$a_r=100$ mm/s^2

由 $\boldsymbol{v}_a=\boldsymbol{v}_e+\boldsymbol{v}_r$ 作速度平行四边形如题 6-23 图（b）所示

而 $\quad v_e=v_A=v_C=O_1A\cdot\omega=80$ mm/s

所以

$$v_a = \sqrt{v_e^2+v_r^2} = 170 \text{ mm/s}$$

即 M 点的绝对速度为

$$v_M = 170 \text{ mm/s}$$

由 $\boldsymbol{a}_a=\boldsymbol{a}_e+\boldsymbol{a}_r$ 作加速度矢量图，如题 6-23 图（c）所示

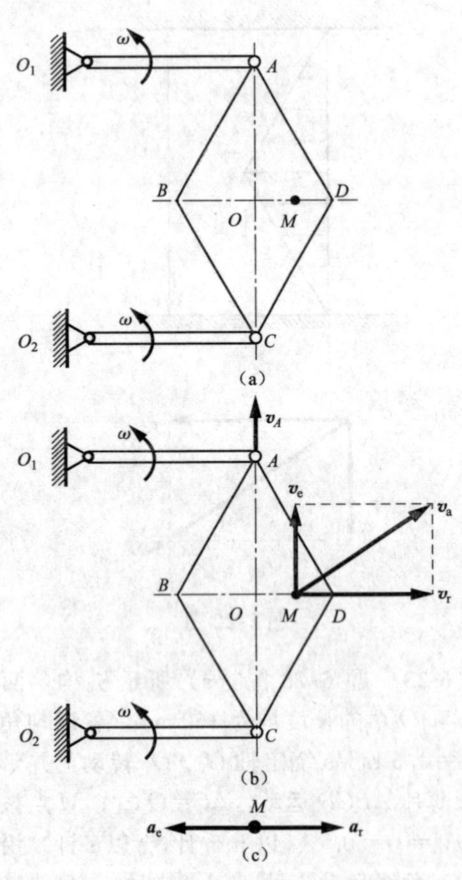

题 6-23 图

其中：$a_e=a_A=a_C=O_1A\cdot\omega^2=40$ mm/s^2，$a_r=100$ mm/s^2

所以

$$a_a = a_r - a_e = 60 \text{ mm/s}^2$$

即 M 点的绝对加速度为

$$a_M = a_a = 60 \text{ mm/s}^2$$

6-24 题 6-24 图（a）所示圆盘绕 AB 轴转动，其角速度 $\omega=2t$ rad/s。点 M 沿圆盘直径离开中心向外缘运动，其运动规律为 $OM=40t^2$ mm。半径 OM 与 AB 轴成 60°角。求当 $t=1$ s 时点 M 的绝对加速度大小。

解：动点：M，动系：与圆盘固结，并建立题 6-24 图（b）所示的动坐标系 O_{xyz}

由圆盘的运动规律可知圆盘的角速度、角加速度为

$$\omega = 2t \text{ rad/s}, \alpha = \frac{d\omega}{dt} = 2 \text{ rad/s}^2$$

由 M 点的运动规律可知相对速度、相对加速度为

$$v_r = \frac{dOM}{dt} = 80t \text{ mm/s}, a_r = \frac{dv_r}{dt} = 80 \text{ mm/s}^2$$

当 $t=1$ s 时，$\omega=2$ rad/s，$\alpha=2$ rad/s^2，$OM=40$ mm，$v_r=80$ mm/s，$a_r=80$ mm/s^2

由 $\boldsymbol{a}_a=\boldsymbol{a}_e^t+\boldsymbol{a}_e^n+\boldsymbol{a}_r+a_C$ 作加速度矢量图，如题 6-24 图（b）所示

其中：$a_e^t=OM\sin 60°\cdot\alpha=40\sqrt{3}$ mm/s^2，

$a_e^n=OM\sin 60°\cdot\omega^2=80\sqrt{3}$ mm/s^2，

$a_r=80$ mm/s^2，$a_C=2\omega v_r\sin 60°=160\sqrt{3}$ mm/s^2

沿 x 轴投影得 $a_{ax}=a_e^t+a_C=200\sqrt{3}$ mm/s^2

沿 y 轴投影得 $a_{ay}=a_r\cos 60°=40$ mm/s^2

沿 z 轴投影得 $a_{az}=-a_e^n+a_r\sin 60°=-40\sqrt{3}$ mm/s^2

所以

$$a_a = \sqrt{a_{ax}^2+a_{ay}^2+a_{az}^2} = 355.5 \text{ mm/s}^2$$

即 M 点的绝对加速度为

$$a_M = 355.5 \text{ mm/s}^2$$

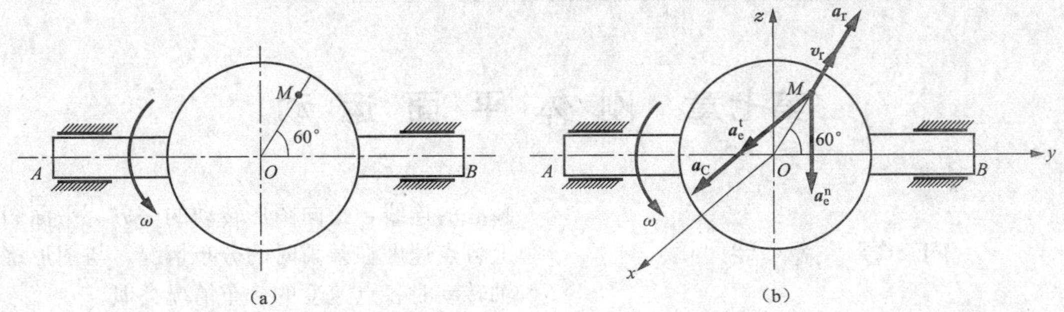

题 6-24 图

第七章　刚 体 平 面 运 动

内 容 摘 要

一、平面运动的运动方程

1. 平面运动的概念

在运动过程中，刚体上任意一点与某一固定平面的距离始终保持不变，则称刚体作平面运动。

2. 平面运动的简化

刚体的平面运动可简化为平面图形在其自身平面内的运动。

3. 平面运动的运动方程

平面运动的运动方程为

$$x_{O'} = x_{O'}(t), y_{O'} = y_{O'}(t), \varphi = \varphi(t)$$

二、平面运动的速度分析

1. 平面运动的分解

平面运动可取任意基点而分解为平移和转动，其中平移的速度和加速度与基点的选择有关，而平面图形绕基点转动的角速度和角加速度与基点的选择无关。

2. 速度分析的三种方法

(1) 基点法。平面图形内任一点 B 的速度等于基点的速度与该点随图形绕基点转动速度的矢量和，即

$$\boldsymbol{v}_B = \boldsymbol{v}_A + \boldsymbol{v}_{BA}$$

(2) 速度投影定理。同一平面图形上任意两点的速度在这两点连线上的投影相等，即

$$(\boldsymbol{v}_B)_{AB} = (\boldsymbol{v}_A)_{AB}$$

(3) 速度瞬心法。平面图形上某瞬时速度为零的点称为平面图形在该瞬时的瞬时速度中心，简称速度瞬心。

刚体作平面运动时，每一瞬时，必有一点成为速度瞬心；在不同的瞬时，速度瞬心的位置是不同的。

图形内各点速度的大小与该点到速度瞬心的距离成正比。速度的方向垂直于该点到速度瞬心的连线，指向图形转动的一方。平面图形上各点速度在某瞬时的分布情况，与图形绕定轴转动时各点速度的分布情况类似。

三、平面运动的加速度分析

平面图形内任一点 M 的加速度等于基点的加速度与该点随图形绕基点转动的切向加速度和法向加速度的矢量和。

$$\boldsymbol{a}_M = \boldsymbol{a}_{O'} + \boldsymbol{a}_{MO'}^{t} + \boldsymbol{a}_{MO'}^{n}$$

$$a_{MO'}^{t} = MO' \cdot \alpha$$

$$a_{MO'}^{n} = MO' \cdot \omega^2$$

式中：$\boldsymbol{a}_{O'}$ 为基点的加速度；$\boldsymbol{a}_{MO'}^{t}$ 为相对切向加速度；$\boldsymbol{a}_{MO'}^{n}$ 为相对法向加速度。

上式为平面内的矢量等式，通常可以向两个相交的坐标轴投影，得到两个代数方程，用以求解两个未知量。

习 题 全 解

7-1　判断题

(1) 刚体平面运动为其上任意一点与某一固定平面的距离始终平行的运动。（　）

(2) 平面图形的运动可以看成是随着基点的平移和绕基点的转动的合成。（　）

(3) 平面图形上任意两点的速度在某固定轴上投影相等。（　）

(4) 平面图形随着基点平移的速度和加速度与基点的选择有关。（　）

(5) 平面图形绕基点转动的角速度和角加速度与基点的选择有关。（　）

(6) 速度瞬心处的速度为零，加速度也为零。（　）

(7) 刚体作平面运动，若某瞬时其平面图形上有两点的加速度的大小和方向均相同，则该瞬时此刚体上各点的加速度都相同。（　）

(8) 圆轮沿直线轨道作纯滚动，只要轮心

作匀速运动，则轮缘上任意一点的加速度的方向均指向轮心。 （ ）

(9) 刚体瞬时平移时，角速度为零，角加速度不为零。 （ ）

解：(1) × (2) √ (3) × (4) √ (5) × (6) × (7) √ (8) √ (9) √

7-2 选择题、填空题

(1) 平面运动刚体相对其上任意两点的（ ）。

(A) 角速度相等，角加速度相等

(B) 角速度相等，角加速度不相等

(C) 角速度不相等，角加速度相等

(D) 角速度不相等，角加速度不相等

(2) 刚体平面运动的瞬时平移，其特点是（ ）。

(A) 各点轨迹相同，速度相同，加速度相同

(B) 该瞬时图形上各点的速度相同

(C) 该瞬时图形上各点的速度相同，加速度相同

(D) 每瞬时图形上各点的速度相同

(3) 若已知某瞬时平面图形上两点的速度为零，则在该瞬时平面图形的（ ）。

(A) 角速度和角加速度一定都为零

(B) 角速度和角加速度一定不为零

(C) 角速度为零，角加速度不一定为零

(D) 角速度不为零，角加速度一定为零

(4) 已知平面图形上任意两点 A、B 的速度分别为 $\boldsymbol{v}_A$、$\boldsymbol{v}_B$，C 为 AB 的中点，则点 C 的速度 $\boldsymbol{v}_C$ 为________，点 C 相对于点 A 的速度 $\boldsymbol{v}_{CA}$ 为________。

(5) 杆 AB 作平面运动，已知某瞬时 B 的速度大小为 $v_B=6$ m/s，方向如题 7-2 (a) 图所示，则在该瞬时 A 点的速度的最小值为________ m/s。

(6) 如题 7-2 图 (b) 所示，某瞬时平面图形上 A 点的速度 $v_A\neq0$，加速度 $a_A=0$，B 点的加速度大小 $a_B=40$ cm/s^2，与 AB 连线间的夹角 $\varphi=60°$。若 $AB=5$ cm，则此瞬时该平面图形角速度的大小为________ rad/s；角加速度的大小为________ rad/s^2。

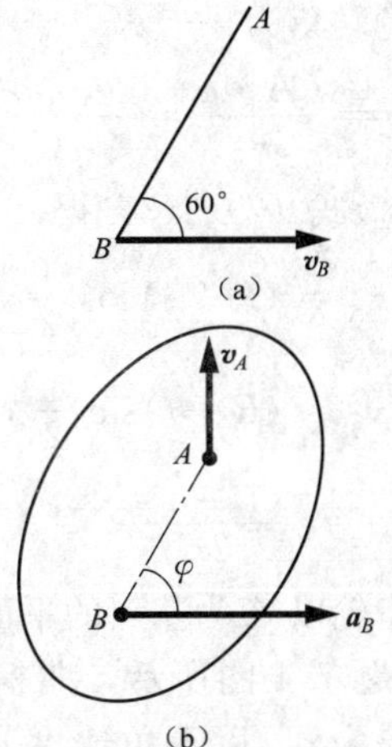

题 7-2 图

解：(1) A (2) B (3) C (4) $\boldsymbol{v}_C=\dfrac{\boldsymbol{v}_A+\boldsymbol{v}_B}{2}$，$\boldsymbol{v}_{CA}=\dfrac{\boldsymbol{v}_B-\boldsymbol{v}_A}{2}$ (5) 3 (6) 2，$4\sqrt{3}$

7-3 题 7-3 图所示半径为 r 的齿轮由曲柄 OA 带动，沿半径为 R 的固定齿轮滚动。曲柄 OA 以等角加速度 α 绕轴 O 转动，当运动开始时，角速度 $\omega_0=0$，转角 $\varphi_0=0$。求动齿轮以圆心 A 为基点的平面运动方程。

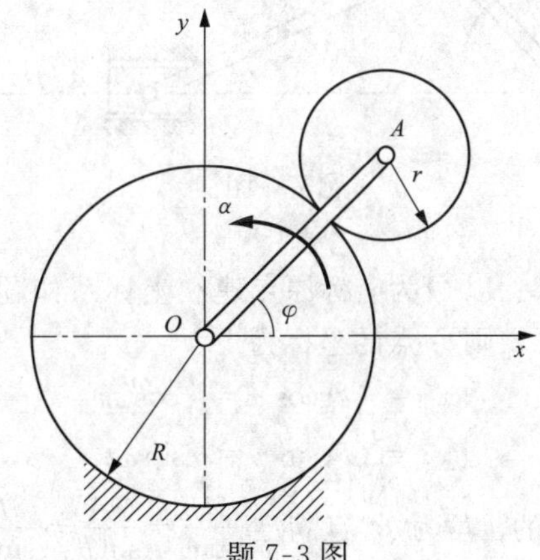

题 7-3 图

解：曲柄以等角加速度 α 绕轴 O 转动，且 $t=0$ 时，角速度 $\omega_0=0$，转角 $\varphi_0=0$，则有

$$\varphi=\frac{1}{2}\alpha t^2 \tag{1}$$

取固定齿轮的中心 O 为坐标原点，建立坐标系如题 7-3 图所示，则 A 点坐标为

$$\begin{cases} x_A=OA\cos\varphi=(R+r)\cos\varphi \\ y_A=OA\sin\varphi=(R+r)\sin\varphi \end{cases} \tag{2}$$

动齿轮转过的转角为

$$\varphi_A=\frac{OA\cdot\varphi}{r}=\frac{(R+r)}{r}\varphi \quad (3)$$

将式（1）代入式（2）、（3）得

$$\begin{cases}x_A=(R+r)\cos\frac{1}{2}\alpha t^2\\ y_A=(R+r)\sin\frac{1}{2}\alpha t^2\\ \varphi_A=\frac{(R+r)}{2r}\alpha t^2\end{cases}$$

此式即为动齿轮以 A 为基点的平面运动方程

7-4 如题 7-4 图所示，曲柄—滑块机构中曲柄 OA 长为 r，以等角速度 ω 绕 O 转动，连杆 AB 长为 l。试求：

（1）连杆 AB 的平面运动方程。

（2）连杆上一点 P（$AP=l_1$）的轨迹、速度和加速度。

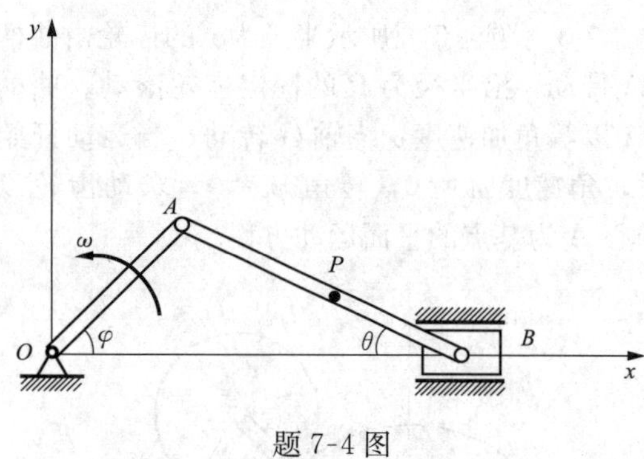

题 7-4 图

解： 以 O 为坐标原点建立坐标系如题 7-4 图所示，则 A 点的坐标为

$$\begin{cases}x_A=OA\cos\varphi=r\cos\omega t\\ y_A=OA\sin\varphi=r\sin\omega t\end{cases}$$

AB 杆的转角为 θ，且满足 $\frac{AB}{\sin\varphi}=\frac{OA}{\sin\theta}\Rightarrow\frac{l}{\sin\varphi}=\frac{r}{\sin\theta}$，即 $\theta=\arcsin\left[\frac{r}{l}\sin(\omega t)\right]$

所以 AB 杆的平面运动方程为

$$\begin{cases}x_A=r\cos\omega t\\ y_A=r\sin\omega t\\ \theta=\arcsin\left[\frac{r}{l}\sin(\omega t)\right]\end{cases}$$

根据约束条件，P 点坐标为

$$\begin{cases}x_P=r\cos\varphi+l_1\cos\theta=r\cos\omega t\\ \qquad +l_1\sqrt{1-\left(\frac{r}{l}\sin\omega t\right)^2}\\ y_P=(l-l_1)\sin\theta=\frac{r(l-l_1)}{l}\sin\omega t\end{cases}$$

此式即为 P 点的运动方程。

考虑到实际的曲柄滑块机构中，往往有 $\frac{r}{l}<\frac{1}{3.5}$，因此，可利用泰勒公式将 x_P 表达式等式右边的第二项展开，并略去 $\left(\frac{r}{l}\right)^4$ 以上的高阶量得

$$\sqrt{1-\left(\frac{r}{l}\sin\omega t\right)^2}=1-\frac{1}{2}\left(\frac{r}{l}\sin\omega t\right)^2+\cdots\cdots$$

且 $\sin^2\omega t=\frac{1-\cos2\omega t}{2}$，最后得 P 点的近似方程为

$$\begin{cases}x_P=r\cos\omega t+l_1\left[1-\frac{1}{2}\left(\frac{r}{l}\right)^2\cdot\frac{1-\cos2\omega t}{2}\right]\\ \quad=l_1\left[1-\frac{1}{4}\left(\frac{r}{l}\right)^2+\frac{r}{l_1}\cos\omega t\right.\\ \quad\left.+\frac{1}{4}\left(\frac{r}{l}\right)^2\cos2\omega t\right]\\ y_P=\frac{r(l-l_1)}{l}\sin\omega t\end{cases}$$

求一次导数得 P 点速度

$$\begin{cases}v_{Px}=l_1\left[-\frac{r}{l_1}\omega\sin\omega t-\frac{1}{2}\left(\frac{r}{l}\right)^2\omega\sin2\omega t\right]\\ \quad=-r\omega\left(\sin\omega t+\frac{1}{2}\frac{rl_1}{l^2}\sin2\omega t\right)\\ v_{Py}=\frac{r\omega(l-l_1)}{l}\cos\omega t\end{cases}$$

求二次导数得 P 点速度

$$\begin{cases}a_{Px}=-r\omega^2\left(\cos\omega t+\frac{rl_1}{l^2}\cos2\omega t\right)\\ a_{Py}=-\frac{r\omega^2(l-l_1)}{l}\sin\omega t\end{cases}$$

7-5 杆 AB 斜靠于高为 h 的台阶角 C 处，一端 A 以匀速 $\boldsymbol{v}_0$ 沿水平方向向右运动，如题 7-5 图（a）所示。试以杆与铅垂线的夹角 θ 表示杆的角速度。

解： AB 杆作平面运动，速度分析如题 7-5 图（b）所示，P 是 AB 杆的瞬心

所以 AB 杆的角速度为

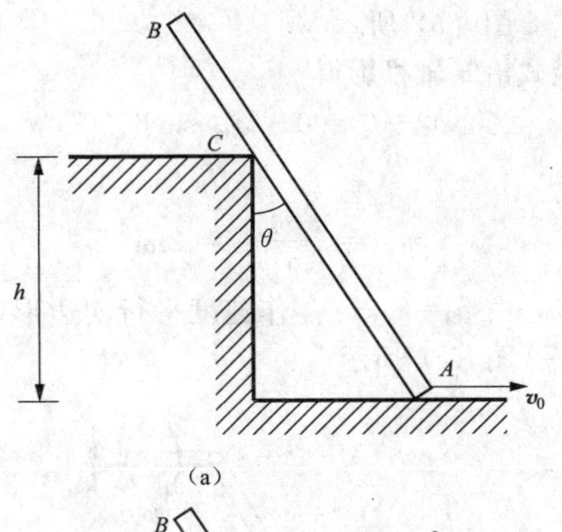

(a)

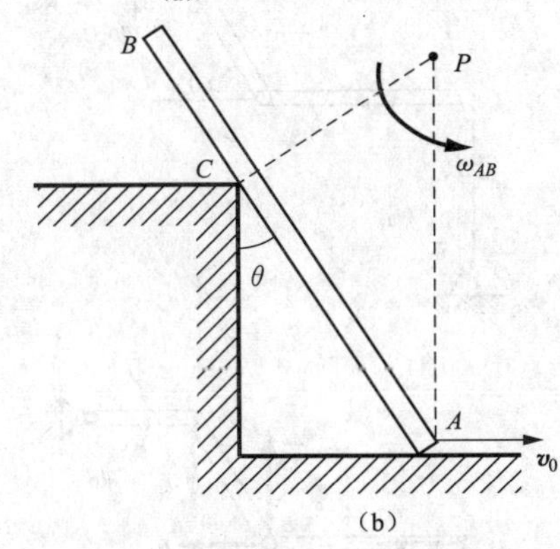

(b)

题 7-5 图

$$\omega_{AB}=\frac{v_A}{AP}=\frac{v_0}{\dfrac{h}{\cos^2\theta}}=\frac{v_0}{h}\cos^2\theta$$

7-6　四连杆机构 $ABCD$ 如题 7-6 图（a）所示。已知曲柄 AB 长为 20 cm，转速为 45 r/min，摆杆 CD 长为 40 cm，试求在图示位置时 BC、CD 两杆的角速度。

解： 杆 AB 作定轴转动，则 B 点的速度为

$$v_B=AB\cdot\omega=20\times\frac{2\pi\times 45}{60}=30\pi\ (\text{cm/s})$$

机构的速度分析如题 7-6 图（b）所示，P 是 BC 杆的瞬心，所以 BC 杆的角速度为

$$\omega_{BC}=\frac{v_B}{AP}=\frac{30\pi}{(80\sqrt{3}-60)}=1.2\ (\text{rad/s})$$

则 C 点的速度为

$$v_C=CP\cdot\omega_{BC}=(80-20\sqrt{3})\times 1.2=54.43(\text{cm/s})$$

所以 CD 杆的角速度为

$$\omega_{CD}=\frac{v_C}{CD}=\frac{54.43}{40}=1.36\ (\text{rad/s})$$

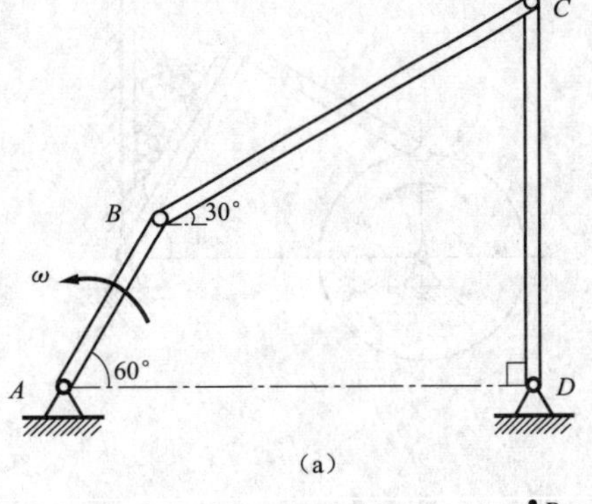

(a)

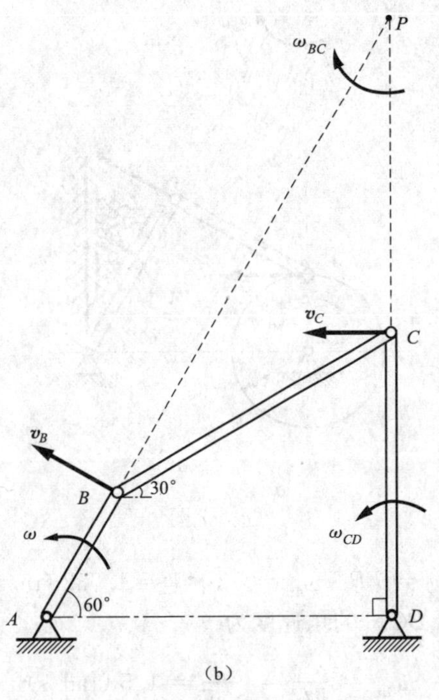

(b)

题 7-6 图

7-7　轧碎机构如题 7-7 图（a）所示，圆轮半径为 $r=0.5$ m，连杆 AB 的长度为 $l=1$ m，圆轮以匀角速度 $\omega=4$ rad/s 沿顺时针方向转动。试求当 OA 铅垂，$\angle ABC=90°$，$\angle OCB=60°$时，点 B 的速度及 AB、BC 两杆的角速度。

解： 圆轮作定轴转动，则 A 点的速度为

$$v_A=OA\cdot\omega=0.5\times 4=2(\text{m/s})$$

机构的速度分析如题 7-7 图（b）所示，P 是 AB 杆的瞬心，所以 AB 杆的角速度为

$$\omega_{AB}=\frac{v_A}{AP}=\frac{2}{2}=1\ (\text{rad/s})$$

则 B 点的速度为

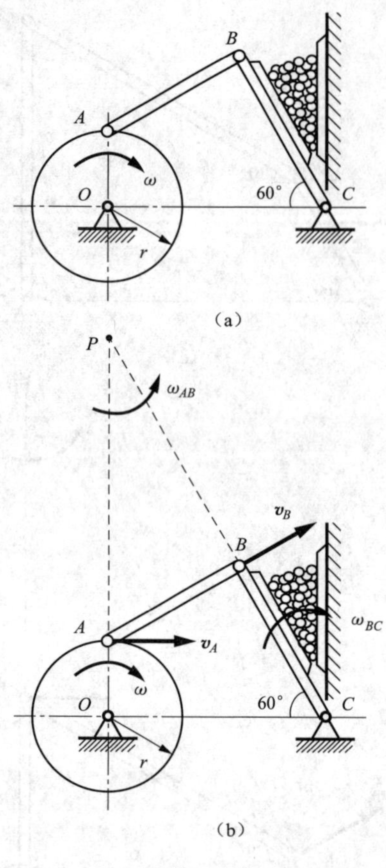

题 7-7 图

$$v_B = BP \cdot \omega_{AB} = \sqrt{3} \times 1 = 1.732\ (\text{m/s})$$

所以 BC 杆的角速度为

$$\omega_{BC} = \frac{v_B}{BC} = \frac{\sqrt{3}}{\frac{2\sqrt{3}}{3}} = 1.5\ (\text{rad/s})$$

7-8 题 7-8 图（a）所示一平面铰接机构。已知 OA 杆长为 $\sqrt{3}r$，角速度为 $\omega_0 = \omega$，CD 杆长为 r，角速度为 $\omega_D = 2\omega$，它们的转向如图所示。在图示位置，OA 杆与 AB 杆垂直，BC 与 AB 夹角为 60°，CD 与 AB 平行。试求该瞬时 B 点的速度 $\boldsymbol{v}_B$。

解： 杆 OA 作定轴转动，则 A 点的速度为

$$v_A = OA \cdot \omega_0 = \sqrt{3} r\omega$$

杆 CD 作定轴转动，则 C 点的速度为

$$v_C = CD \cdot \omega_D = 2r\omega$$

以 A 为基点，则 B 点的速度为 $\boldsymbol{v}_B = \boldsymbol{v}_A + \boldsymbol{v}_{BA}$

以 C 为基点，则 B 点的速度为 $\boldsymbol{v}_B = \boldsymbol{v}_C + \boldsymbol{v}_{BC}$

则有 $\boldsymbol{v}_B = \boldsymbol{v}_A + \boldsymbol{v}_{BA} = \boldsymbol{v}_C + \boldsymbol{v}_{BC}$，速度分析如题 7-8 图（b）所示

将上式沿 x 轴投影得

$$v_A + 0 = 0 + v_{BC} \sin 60°$$

解得

$$v_{BC} = \frac{v_A}{\sin 60°} = 2r\omega$$

所以，由 $v_B = v_C + v_{BC}$ 作速度平行四边形，如题 7-8 图（c）所示

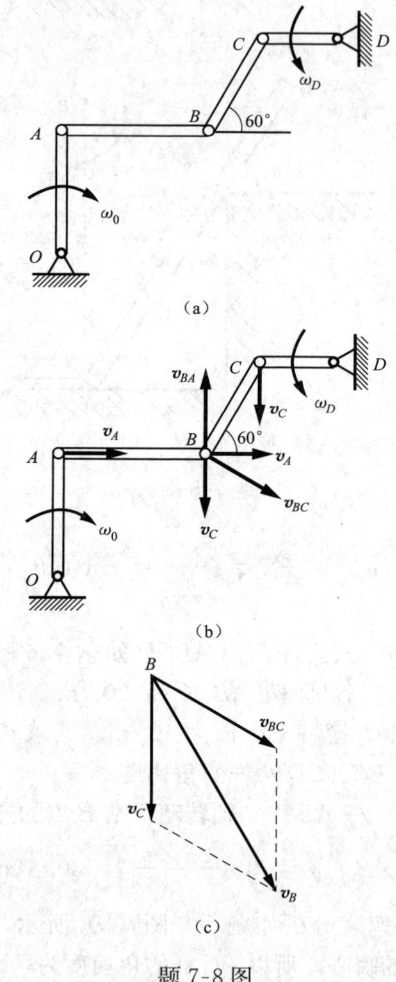

题 7-8 图

即有

$v_B = 2v_C \cos 30° = 2\sqrt{3} r\omega$，方向：与水平方向夹角为 60°

7-9 题 7-9 图所示各机构中，哪些构件做平面运动，并画出平面运动构件的速度瞬心位置、角速度转向，以及 M 点的速度方向（各轮均为纯滚动）。

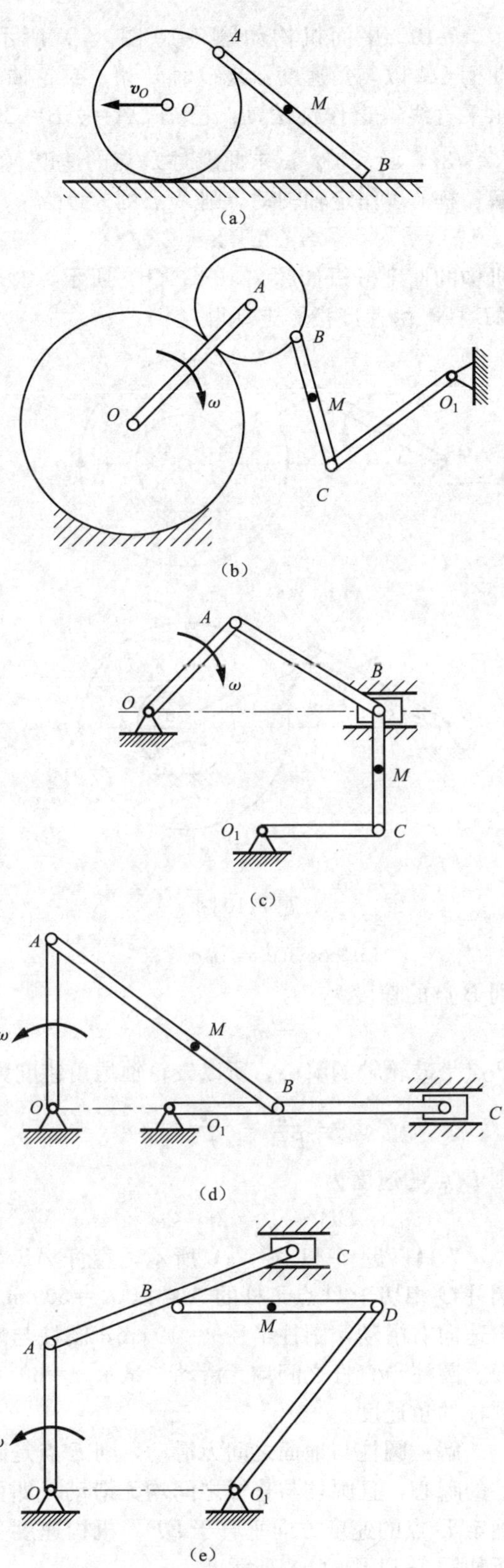

题 7-9 图

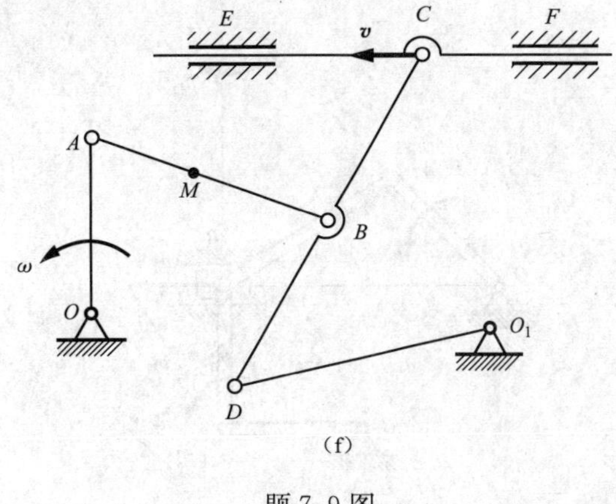

题 7-9 图

解：题 7-9 图所示的运动机构中各平面运动构件的速度瞬心位置、角速度转向，以及 M 点的速度方向如图 7-9 图 A 所示。

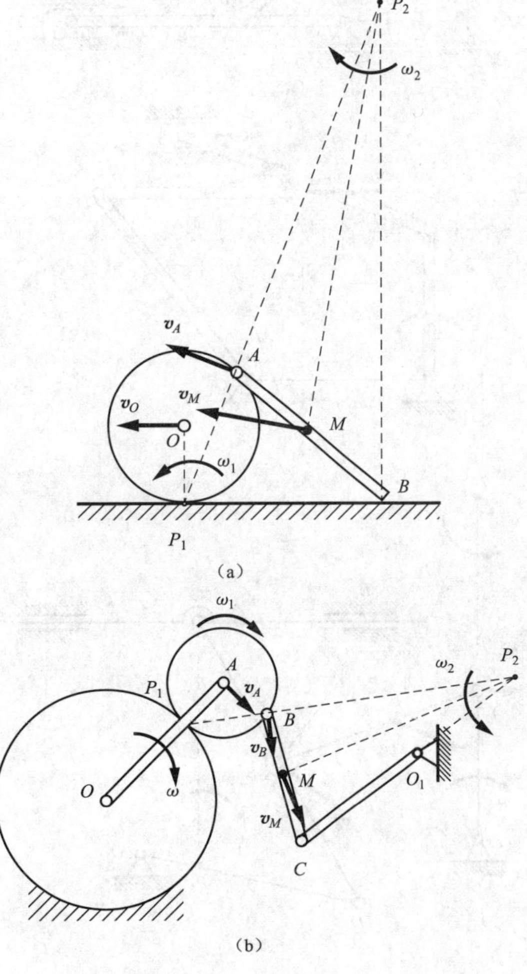

题 7-9 图 A

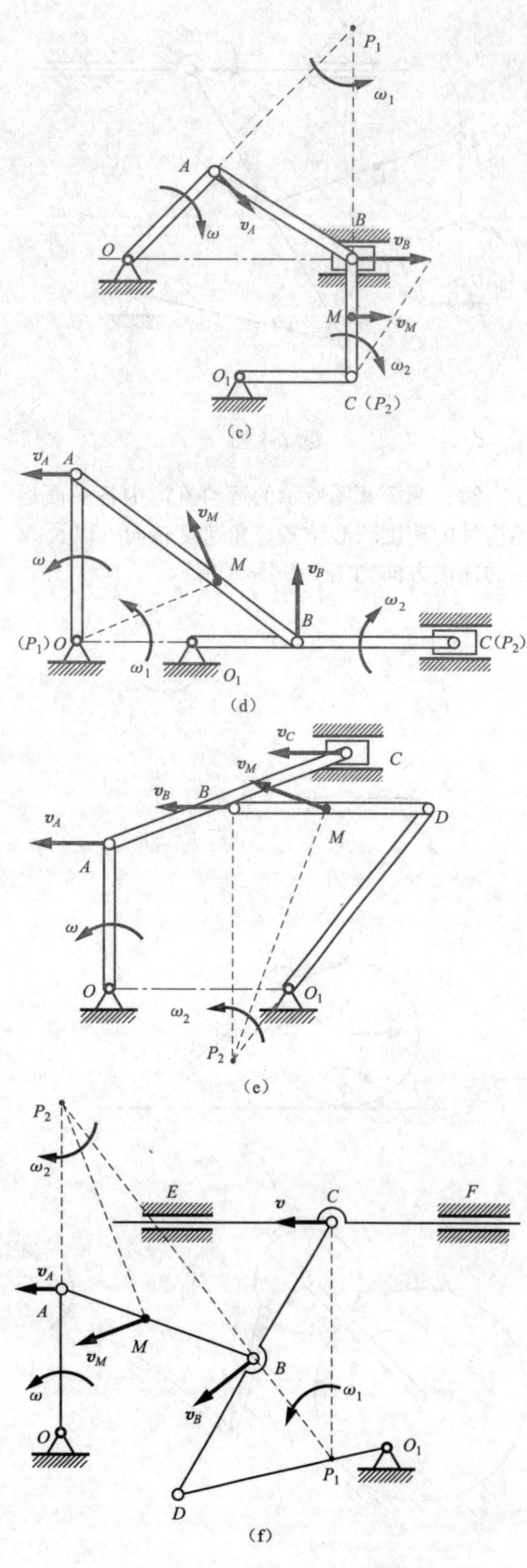

题 7-9 图 A

7-10　平面机构如题 7-10 图（a）所示，曲柄 OA 以匀角速度 ω 绕 O 轴转动，鼓轮轴沿水平直线轨道作纯滚动。已知 $OA=AB=2r$，$R=\sqrt{3}r$，$\varphi=30°$。试求此瞬时 D 点的速度。

解： 杆 OA 作定轴转动，则 A 点的速度为

$$v_A = OA \cdot \omega = 2r\omega$$

机构的速度分析如题 7-10 图（b）所示，对于 AB 杆，由速度投影定理得

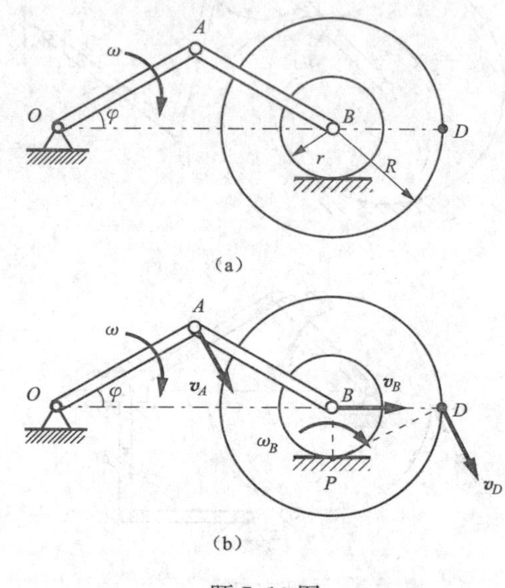

题 7-10 图

$$v_A \cos 30° = v_B \cos 30°$$

则 B 点的速度为

$$v_B = v_A = 2r\omega$$

P 点是鼓轮轴的瞬心，所以鼓轮轴的角速度为

$$\omega_B = \frac{v_B}{BP} = \frac{2r\omega}{r} = 2\omega$$

则 D 点的速度为

$$v_D = DP \cdot \omega_B = 2r \cdot 2\omega = 4r\omega$$

7-11　题 7-11 图（a）所示，直杆 AB 与圆柱 O 相切于 D 点，杆的 A 端以 $v_A=60$ cm/s 匀速向右滑动，圆柱半径 $r=10$ cm，圆柱与地面、圆柱与直杆之间均无滑动，试求 $\varphi=60°$时圆柱的角速度。

解： 圆柱与地面之间无滑动，则 P 点是圆柱的瞬心，且圆柱与直杆之间均无滑动，即可确定 D 点的速度方向垂直于 DP，机构速度分析如题 7-11 图（b）所示。

对于 AB 杆，由速度投影定理得

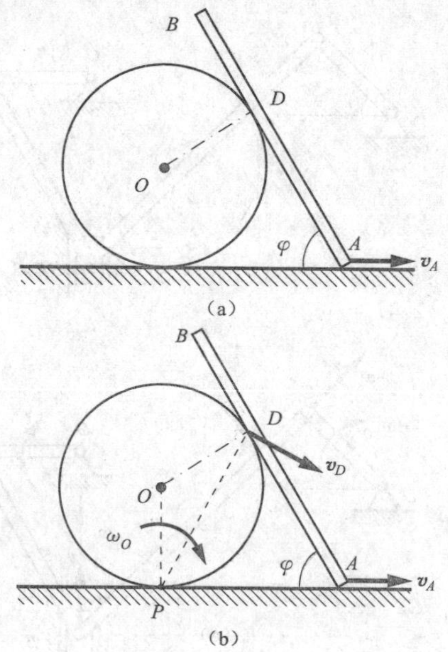

题 7-11 图

$$v_A\cos\varphi = v_D\cos30^\circ$$

则 D 点的速度为

$$v_D = 20\sqrt{3}\,\text{cm/s}$$

所以圆柱的角速度为

$$\omega_O = \frac{v_D}{DP} = \frac{20\sqrt{3}}{10\sqrt{3}} = 2\ (\text{rad/s})$$

7-12　题 7-12（a）图所示平面机构，已知 $OA=30$ cm，以匀角速度 $\omega=5$ rad/s 绕 O 轴转动，$R=20$ cm，$r=10$ cm。试求图示瞬时轮 A 的角速度，以及滑块 C 的速度。

解： 杆 OA 作定轴转动，则 A 点的速度为

$$v_A = OA\cdot\omega = (20+10)\times5 = 150(\text{cm/s})$$

机构的速度分析如题 7-12 图（b）所示，P 点是轮 A 的瞬心，所以轮 A 的角速度为

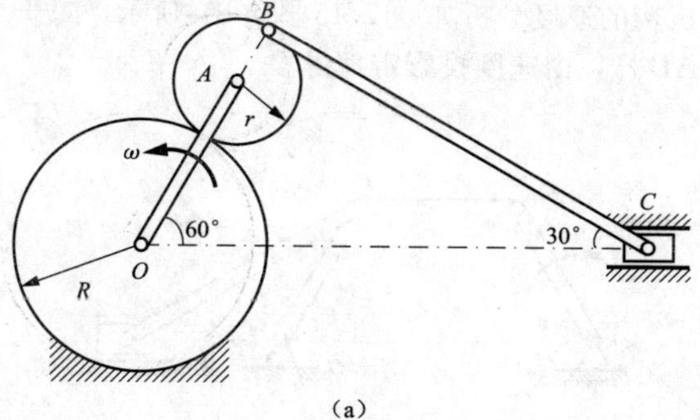

题 7-12 图

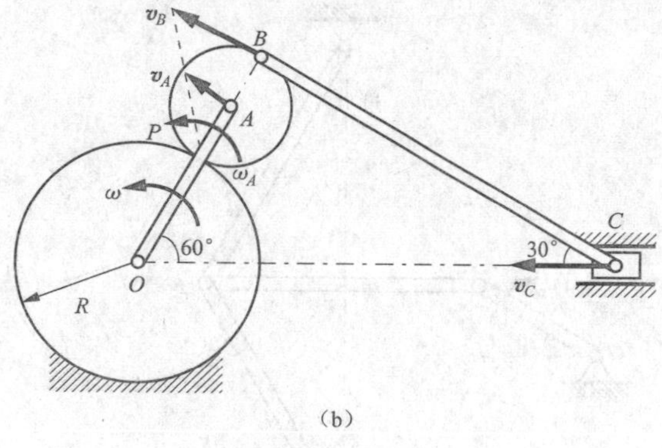

题 7-12 图

$$\omega_A = \frac{v_A}{AP} = \frac{150}{10} = 15\ (\text{rad/s})$$

则 B 点的速度为

$$v_B = BP\cdot\omega_A = 20\times15 = 300(\text{cm/s})$$

对于 BC 杆，由速度投影定理得

$$v_B = v_C\cos30^\circ$$

即得 C 点的速度为

$$v_C = 200\sqrt{3}\ \text{cm/s}$$

7-13　题 7-13 图（a）所示曲柄肘式压床，已知曲柄 OA 长为 r，以匀角速度 ω 转动，$AB=BC=BD=l$，当曲柄与水平线成 30°角时，连杆 AB 处于水平位置，而肘杆 BD 与铅垂线也成 30°角。试求机构在图示位置时连杆 AB 和 BC 的角速度及冲头 C 的速度。

解： 杆 OA 作定轴转动，则 A 点的速度为

$$v_A = OA\cdot\omega = r\omega$$

机构的速度分析如题 7-13 图（b）所示，P_1 点是 AB 杆的瞬心，所以 AB 杆的角速度为

$$\omega_1 = \frac{v_A}{AP_1} = \frac{r\omega}{\frac{\sqrt{3}}{2}l} = \frac{2\sqrt{3}r\omega}{3l} = \omega_{AB}$$

则 B 点的速度为

$$v_B = BP_1\cdot\omega_{AB} = \frac{1}{2}l\cdot\frac{2\sqrt{3}r\omega}{3l} = \frac{\sqrt{3}}{3}r\omega$$

P_2 点是 BC 杆的瞬心，所以 BC 杆的角速度为

$$\omega_2 = \frac{v_B}{BP_2} = \frac{\frac{\sqrt{3}}{3}r\omega}{l} = \frac{\sqrt{3}r\omega}{3l} = \omega_{BC}$$

则滑块 C 的速度为

$$v_C = CP_2\cdot\omega_{BC} = l\cdot\frac{\sqrt{3}r\omega}{3l} = \frac{\sqrt{3}}{3}r\omega$$

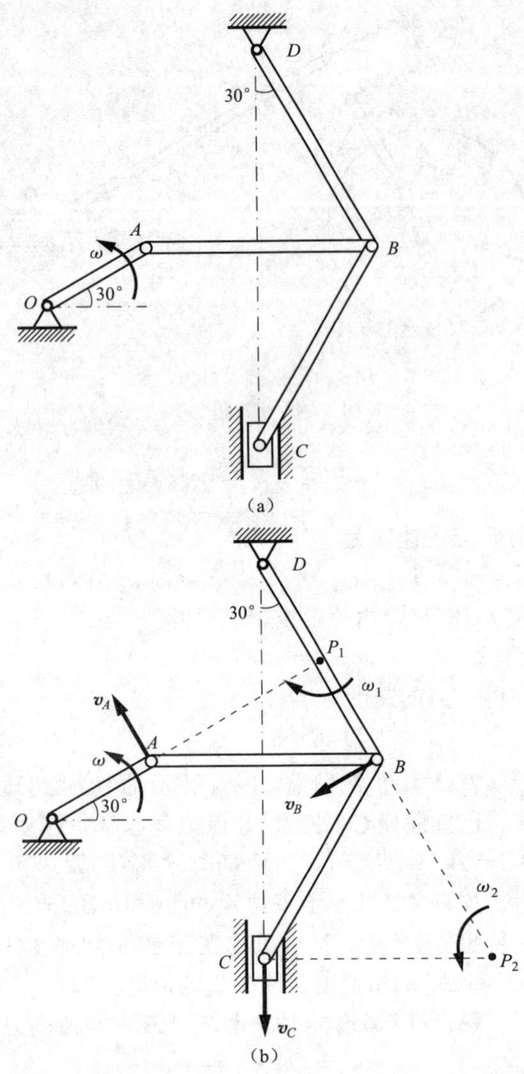

题 7-13 图

7-14 平面机构如题 7-14 图（a）所示，已知 $OA=CD=10$ cm，$AB=20$ cm，$BC=30$ cm。图示位置时，OA 水平，角速度 $\omega=4$ rad/s，$\varphi=\theta=45°$。试求该位置时 AB 杆、BC 杆及 CD 杆的角速度。

解： 杆 OA 作定轴转动，则 A 点的速度为

$$v_A=OA\cdot\omega=10\times4=40\ (\text{cm/s})$$

机构的速度分析如题 7-14 图（b）所示，AB 杆瞬时平移，所以 AB 杆的角速度为

$$\omega_{AB}=0$$

则 B 点的速度为

$$v_B=v_A=40\ \text{cm/s}$$

P 点是 BC 杆的瞬心，所以 BC 杆的角速度为

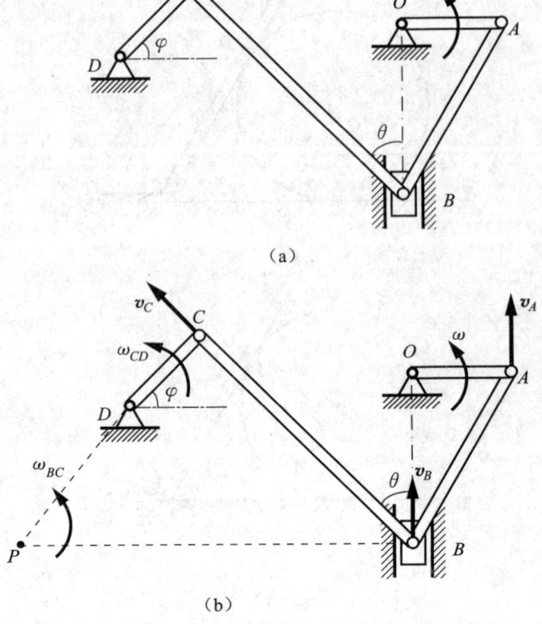

题 7-14 图

$$\omega_{BC}=\frac{v_B}{BP}=\frac{40}{30\sqrt{2}}=\frac{2\sqrt{2}}{3}\ (\text{rad/s})$$

则 C 点的速度为

$$v_C=CP\cdot\omega_{BC}=30\times\frac{2\sqrt{2}}{3}=20\sqrt{2}\ (\text{cm/s})$$

即得 CD 杆的角速度为

$$\omega_{CD}=\frac{v_C}{CD}=\frac{20\sqrt{2}}{10}=2\sqrt{2}\ (\text{rad/s})$$

7-15 题 7-15 图（a）所示平面机构，已知曲柄 OA 的角速度为 ω，$OA=AB=O_1B=O_1C=r$，$\alpha=\beta=60°$，试求滑块 C 的速度。

解： 杆 OA 作定轴转动，则 A 点的速度为

$$v_A=OA\cdot\omega=r\omega$$

机构的速度分析如题 7-15 图（b）所示，对于 AB 杆，由速度投影定理得

$$v_A\cos30°=v_B\cos30° \tag{1}$$

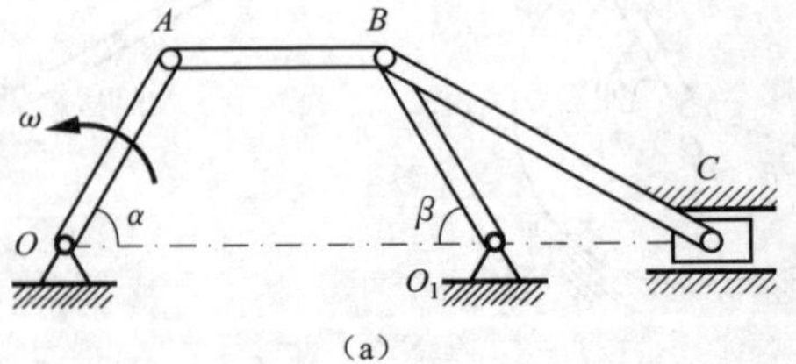

题 7-15 图

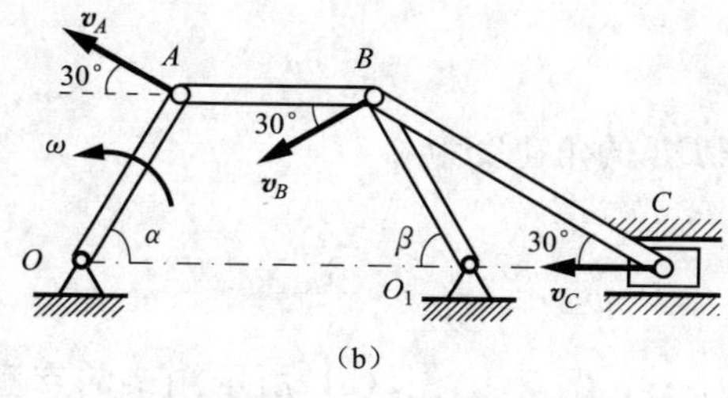

(b)

题 7-15 图

对于 BC 杆，由速度投影定理得

$$v_B \cos 60° = v_C \cos 30° \tag{2}$$

联立式（1）、（2）即得滑块 C 的速度为

$$v_C = \frac{\sqrt{3}}{3} v_A = \frac{\sqrt{3}}{3} r\omega$$

7-16 题 7-16 图（a）所示平面机构，杆 OA 长为 l，以角速度 ω 绕 O 轴转动，从而带动半径为 r 的轮 C 沿水平直线作纯滚动。在图示位置，O、A 和 C 三点在同一水平线上，α 和 β 角已知。试求该瞬时轮 C 的角速度。

解： 杆 OA 作定轴转动，则 A 点的速度为

$$v_A = OA \cdot \omega = l\omega$$

机构的速度分析如题 7-16 图（b）所示，AB 杆瞬时平移，则 AB 杆的角速度为

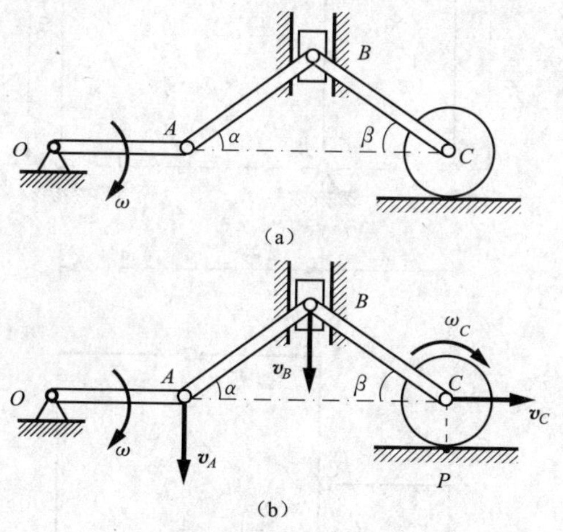

题 7-16 图

$$\omega_{AB} = 0$$

则 B 点的速度为

$$v_B = v_A = l\omega$$

对于 BC 杆，由速度投影定理得

$$v_B \cos(90 - \beta) = v_C \cos \beta$$

即得 C 点的速度为

$$v_C = v_B \tan \beta = l\omega \tan \beta$$

P 点是轮 C 瞬心，则轮 C 的角速度为

$$\omega_C = \frac{v_C}{CP} = \frac{l}{r} \omega \tan \beta$$

7-17 题 7-17 图（a）所示平面机构，杆 OA 以角速度 ω 绕 O 轴转动，尺寸如图所示。试求杆 CDE 和板 ABC 的角速度及 D 点的速度。

解： 杆 OA 作定轴转动，则 A 点的速度为

$$v_A = OA \cdot \omega = l\omega$$

机构的速度分析如题 7-17 图（b）所示，B 点是板 ABC 的瞬心，则板 ABC 的角速度为

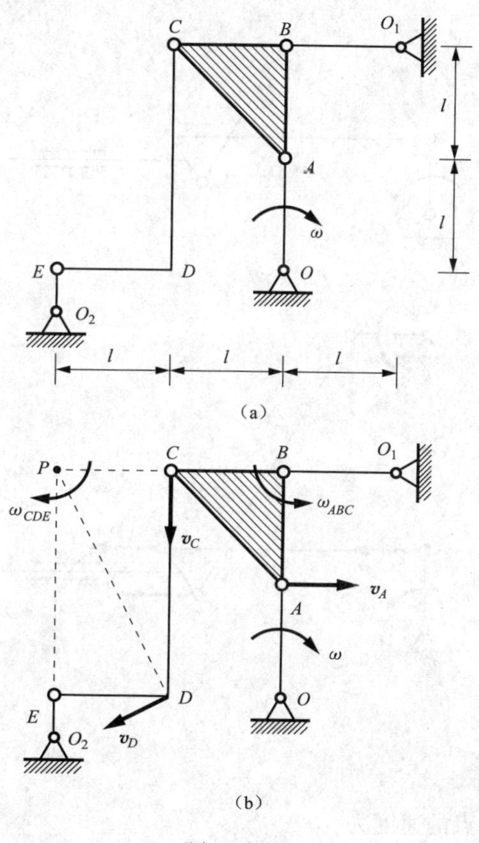

题 7-17 图

$$\omega_{ABC} = \frac{v_A}{AB} = \omega$$

则 C 点的速度为

$$v_C = CB \cdot \omega_{ABC} = l\omega$$

P 点是杆 CDE 的瞬心，则杆 CDE 的角速度为

$$\omega_{CDE} = \frac{v_C}{CP} = \omega$$

则 D 点的速度为

$$v_D = DP \cdot \omega_{CDE} = \sqrt{5} l\omega$$

7-18 题 7-18 图（a）所示平面机构，杆 OA 以角速度 ω 绕 O 轴转动，已知 $CD=6r$，$OA=DE=r$，试求滑杆 FG 的速度和杆 DE 的角速度。

解： 杆 OA 作定轴转动，则 A 点的速度为

$$v_A = OA \cdot \omega = r\omega$$

机构的速度分析如题 7-18 图（b）所示，杆 AB 瞬时平移，则杆 AB 的角速度为

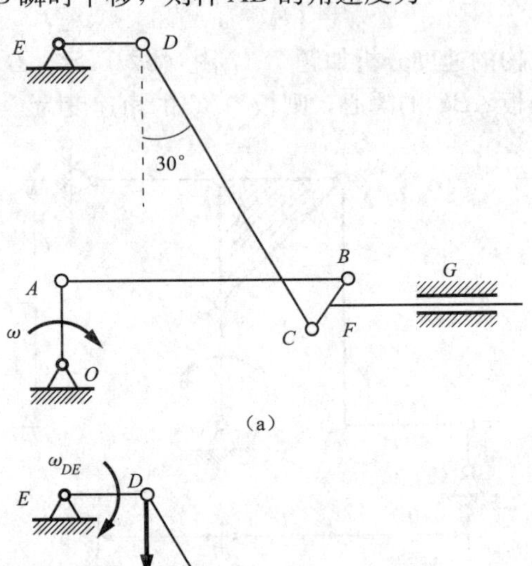

(a)

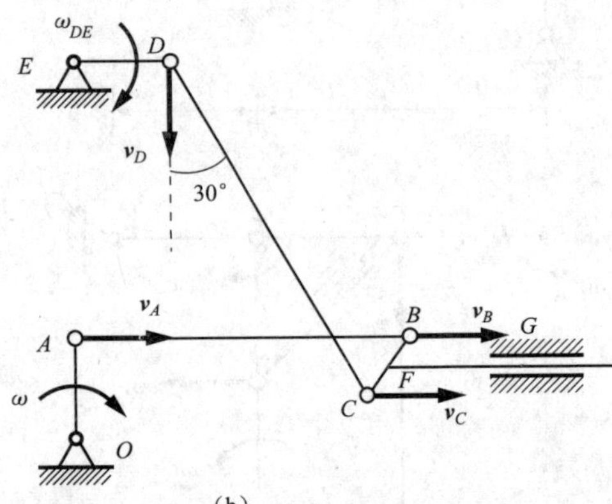

(b)

题 7-18 图

$$\omega_{AB} = 0$$

B 点的速度为

$$v_B = v_A = r\omega$$

因为杆 FG 平移，则杆 FG 的速度为

$$v_{FG} = v_B = r\omega$$

则 C 点的速度为

$$v_C = v_{FG} = r\omega$$

对于杆 CD，由速度投影定理得

$$v_C \cos 60° = v_D \cos 30°$$

即得 D 点速度为

$$v_D = \frac{\sqrt{3}}{3} r\omega$$

则杆 DE 的角速度为

$$\omega_{DE} = \frac{v_D}{DE} = \frac{\frac{\sqrt{3}}{3} r\omega}{r} = \frac{\sqrt{3}}{3}\omega$$

7-19 题 7-19 图（a）所示刚架的支座 B 有一铅直向下的微小位移（沉陷）$\Delta \boldsymbol{r}_B$，相应地，C、D、E 三点都将发生微小位移。试确定 C、D、E 三点的位移 $\Delta \boldsymbol{r}_C$、$\Delta \boldsymbol{r}_D$、$\Delta \boldsymbol{r}_E$ 的方向，以及它们的大小与 Δr_B 的比值。

解： 当支座 B 发生向下的微小位移 Δr_B 时，刚架各部分的位置都得有微小的改变。根据所受约束，杆 AC 部分将绕 A 铰链发生微小转动，点 C 的位移 Δr_C 应垂直于 AC，杆 BC 部分将作平面运动，A 点是杆 BC 的瞬心，机构微小位移分析如题 7-19 图（b）所示。则杆 BC 转过的微小转角为

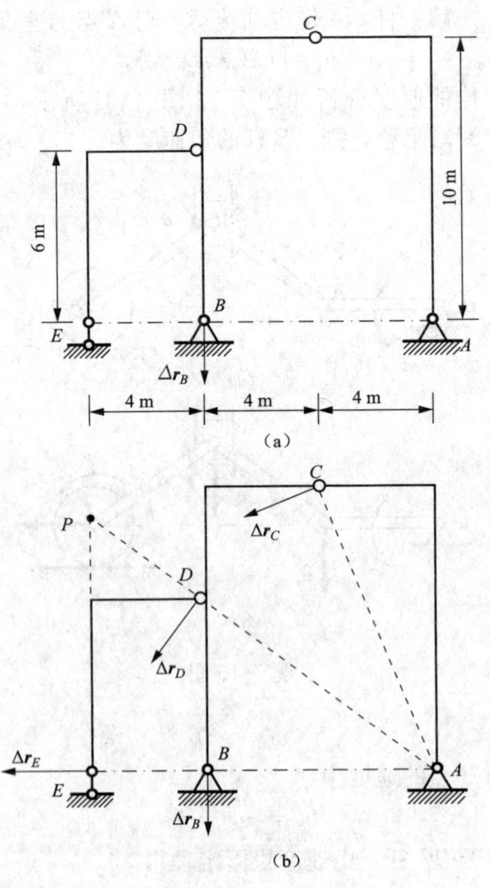

题 7-19 图

$$\Delta\varphi_{BC} = \frac{\Delta r_B}{AB} = \frac{1}{8}\Delta r_B$$

所以 C 点的微小位移为

$$\Delta r_C = AC \cdot \Delta\varphi_{BC} = \sqrt{10^2 + 4^2} \cdot \frac{1}{8}\Delta r_B$$
$$= 1.35\Delta r_B$$

即

$$\frac{\Delta r_C}{\Delta r_B} = 1.35$$

而 D 点的微小位移为

$$\Delta r_D = AD \cdot \Delta\varphi_{BC} = \sqrt{6^2 + 8^2} \cdot \frac{1}{8}\Delta r_B$$
$$= 1.25\Delta r_B$$

即

$$\frac{\Delta r_D}{\Delta r_B} = 1.25$$

P 点是杆 DE 的瞬心，则杆 DE 转过的微小转角为

$$\Delta\varphi_{DE} = \frac{\Delta r_D}{DP} = \frac{1.25\Delta r_B}{\sqrt{3^2 + 4^2}} = 0.25\Delta r_B$$

所以 E 点的微小位移为

$$\Delta r_E = EP \cdot \Delta\varphi_{DE} = 9 \times 0.25\Delta r_B = 2.25\Delta r_B$$

即

$$\frac{\Delta r_E}{\Delta r_B} = 2.25$$

7-20　题 7-20 图（a）所示平面机构，已知 $CD=40$ cm，$BC=OB$，在图示位置时，曲柄 O_1A 垂直于 AB，AB 平行于 O_1O，试求 A、D 两点微小位移间的关系。

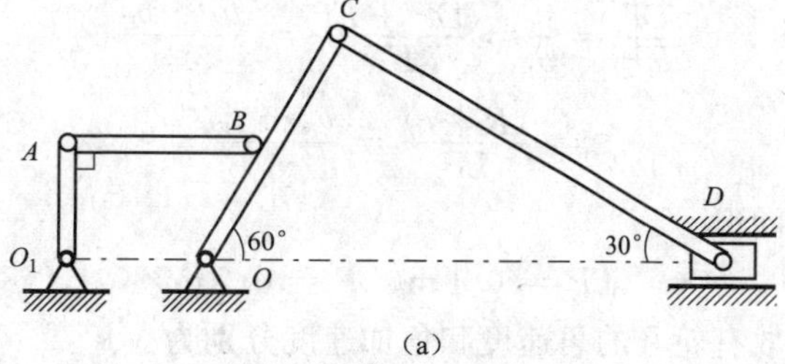

(a)

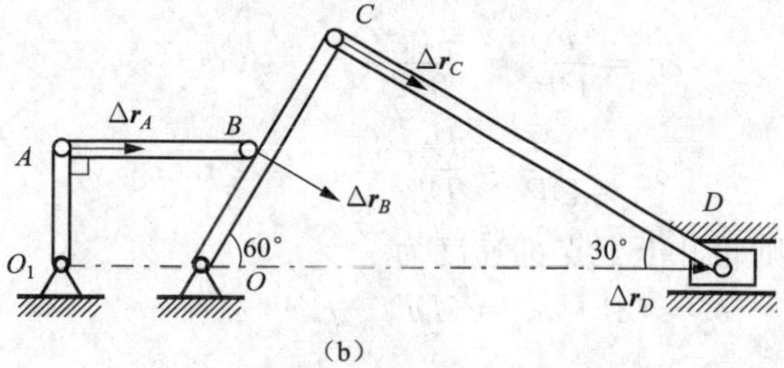

(b)

题 7-20 图

解：机构各点的微小位移应与速度方向一致，假设 A 点的微小位移为 Δr_A，方向与 OA 垂直，则 B 点的微小位移应垂直于 OB，机构的微小位移分析如题 7-20 图（b）所示，则对于 AB 杆，由微小位移投影定理得

$$\Delta r_A = \Delta r_B \cos 30°$$

即得

$$\Delta r_A = \frac{\sqrt{3}}{2}\Delta r_B$$

OC 杆作定轴转动，则 C 点微小位移与 B 点微小位移的关系为

$$\Delta r_B = \frac{1}{2}\Delta r_C$$

对于 CD 杆，由微小位移投影定理得

$$\Delta r_C = \Delta r_D \cos 30°$$

即得

$$\Delta r_C = \frac{\sqrt{3}}{2}\Delta r_D$$

所以 A、D 两点微小位移间的关系为

$$\Delta r_A = \frac{3}{8}\Delta r_D$$

7-21　题 7-21 图（a）所示，塔轮Ⅰ半径为 $r=0.1$ m 和 $R=0.2$ m，绕轴 O 转动的规律是 $\varphi=t^2-3t$ rad，并通过不可伸长的绳子卷动动滑轮Ⅱ，其半径为 $r_2=0.15$ m。设绳子与各轮之间无相对滑动，试求：

（1）$t=1$ s 时，轮Ⅱ的角速度和角加速度。

（2）该瞬时水平直径上 C、D、E 各点的速度和加速度。

解：（1）由塔轮Ⅰ的转动规律可知轮Ⅰ的角速度和角加速度分别为

$$\omega_1 = \frac{d\varphi}{dt} = (2t-3)\ \text{rad/s}, \alpha_1 = \frac{d^2\varphi}{dt^2} = 2\ \text{rad/s}^2$$

当 $t=1$ s 时，$\omega_1 = \frac{d\varphi}{dt} = -1$ rad/s，$\alpha_1 = 2$ rad/s^2

则轮Ⅱ上 D 点和 E 点的速度分别为

$$v_D = \omega_1 R = -0.2\ \text{m/s}, v_E = \omega_1 r = -0.1\ \text{m/s}$$

由 D 点和 E 点的速度关系，可知轮Ⅱ的瞬心为 P 点，机构的速度分析如题 7-21 图（b）所示。则由几何关系得

$$\frac{DP}{EP}=\frac{v_D}{v_E}\Rightarrow\frac{DP+EP}{EP}=\frac{v_D+v_E}{v_E}$$

$$\Rightarrow\frac{(R+r)}{EP}=\frac{v_D+v_E}{v_E}$$

即得

$$EP=0.1\text{ m},DP=0.2\text{ m}$$

故有轮Ⅱ的角速度和角加速度分别为

$$\omega_2=\frac{v_D}{DP}=\frac{-0.2}{0.2}=-1\text{ (rad/s)},$$

$$\alpha_2=\frac{a_D^t}{DP}=\frac{R\alpha_1}{DP}=\alpha_1=2\text{ rad/s}^2$$

则轮Ⅱ上 C 点的速度为

$$v_C=CP\cdot\omega_2=(DP-r_2)\cdot\omega_2$$
$$=(0.2-0.15)\cdot(-1)=-0.05\text{ m/s}$$

(2) 以 C 点为基点分析 D 点的加速度，由 $\boldsymbol{a}_D^t+\boldsymbol{a}_D^n=\boldsymbol{a}_C+\boldsymbol{a}_{DC}^t+\boldsymbol{a}_{DC}^n$ 作加速度矢量图如题 7-21 图 (c) 所示

沿 x 轴投影得

$$a_D^n=a_{DC}^n=CD\cdot\omega_2^2=0.15\cdot(-1)^2$$
$$=0.15\text{ (m/s}^2)$$

沿 y 轴投影得

$$-a_D^t=-a_C-a_{DC}^t$$

其中：$a_D^t=R\alpha_1=0.4\text{ m/s}^2$，$a_{DC}^t=CD\cdot\alpha_2=0.3\text{ m/s}^2$

即得 C 点的加速度为

$$a_C=0.1\text{ m/s}^2$$

故有 D 点的加速度为

$$a_D=\sqrt{(a_D^t)^2+(a_D^n)^2}=\sqrt{(0.4)^2+(0.15)^2}$$
$$=0.427\text{ (m/s}^2)$$

以 C 点为基点分析 E 点的加速度，由 $\boldsymbol{a}_E^t+\boldsymbol{a}_E^n=\boldsymbol{a}_C+\boldsymbol{a}_{EC}^t+\boldsymbol{a}_{EC}^n$ 作加速度矢量图如题 7-21 图 (d) 所示

沿 x 轴投影得

$$a_E^n=a_{EC}^n=EC\cdot\omega_2^2=0.15\cdot(-1)^2$$
$$=0.15\text{ (m/s}^2)$$

而

$$a_E^t=r\alpha_1=0.2\text{ m/s}^2$$

故有 E 点的加速度为

$$a_E=\sqrt{(a_E^t)^2+(a_E^n)^2}=\sqrt{(0.2)^2+(0.15)^2}$$
$$=0.25\text{ (m/s}^2)$$

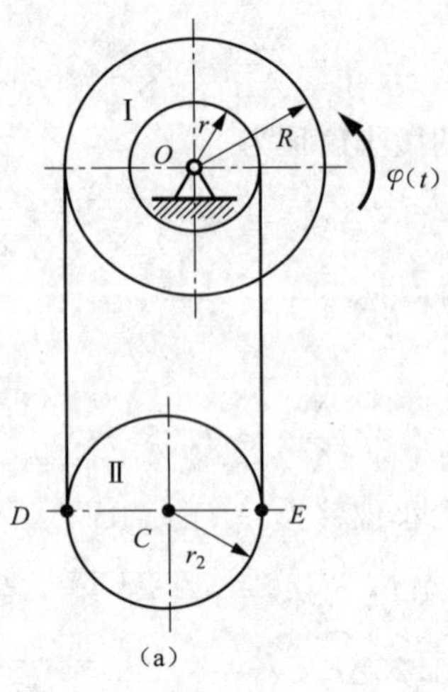

(a)

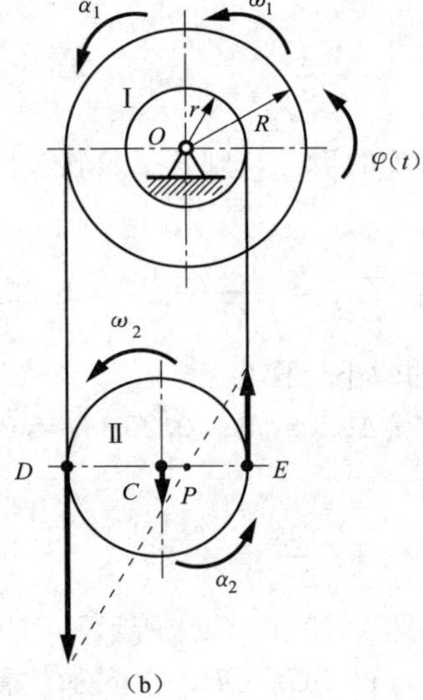

(b)

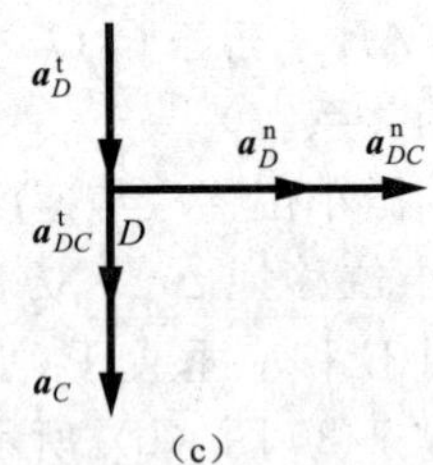

(c)

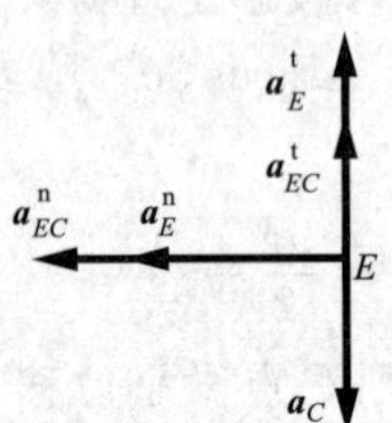

(d)

题 7-21 图

7-22　题 7-22 图（a）所示直角刚性杆，$AC=CB=0.5\ \text{m}$。设在图示瞬时，两端滑块沿水平与铅垂轴的加速度如图所示，其大小分别为 $a_A=1\ \text{m/s}^2$，$a_B=3\ \text{m/s}^2$。试求该瞬时直角杆的角速度和角加速度。

解：以 A 为基点，由基点法 $\boldsymbol{a}_B=\boldsymbol{a}_A+\boldsymbol{a}_{BA}^{t}+\boldsymbol{a}_{BA}^{n}$ 作加速度矢量图如题 7-22 图（b）所示

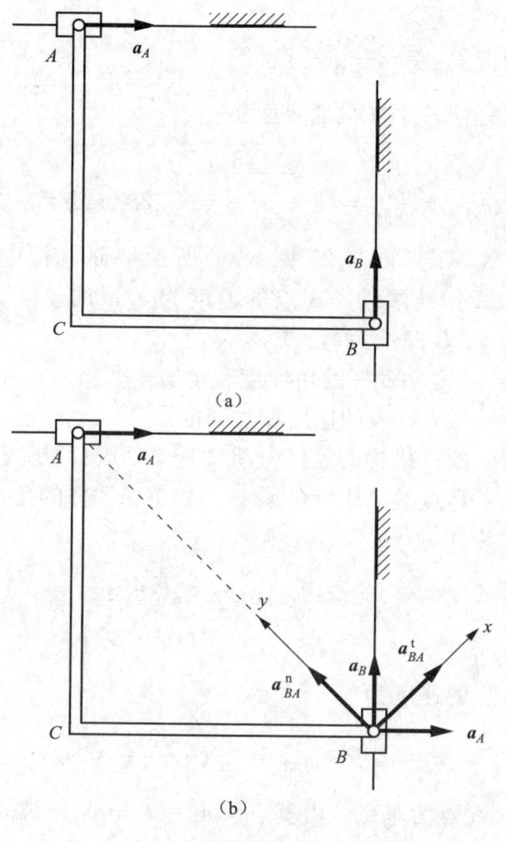

题 7-22 图

沿 x 轴投影得 $a_B\cos 45°=a_A\cos 45°+a_{BA}^{t}$

即得　$a_{BA}^{t}=\sqrt{2}\ \text{m/s}^2$

故有杆 AB 的角加速度为

$$\alpha=\frac{a_{BA}^{t}}{AB}=\frac{\sqrt{2}}{0.5\sqrt{2}}=2\ (\text{rad/s}^2)$$

沿 y 轴投影得 $a_B\sin 45°=-a_A\sin 45°+a_{BA}^{n}$

即得 $a_{BA}^{n}=2\sqrt{2}\ \text{m/s}^2$

故有杆 AB 的角速度为

$$\omega=\sqrt{\frac{a_{BA}^{n}}{AB}}=\sqrt{\frac{2\sqrt{2}}{0.5\sqrt{2}}}=2\ (\text{rad/s})$$

7-23　题 7-23 图（a）所示等边三角形 ABC 在自身平面内运动，已知 $a_A /\!/ BC$，$a_B /\!/ AC$，且 $a_A=2a$，$a_B=a$，试求顶点 C 的加速度。

解：设三角形 ABC 的边长为 l，以 A 点为基点，由基点法 $\boldsymbol{a}_B=\boldsymbol{a}_A+\boldsymbol{a}_{BA}^{t}+\boldsymbol{a}_{BA}^{n}$ 作加速度矢量图如题 7-23 图（b）所示

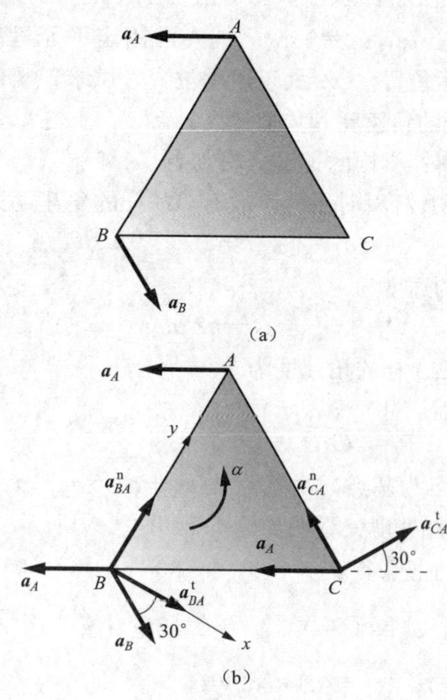

题 7-23 图

沿 x 轴投影得 $a_B\cos 30°=-a_A\cos 30°+a_{BA}^{t}$

即得　$a_{BA}^{t}=\dfrac{3\sqrt{3}}{2}a$

故有三角形 ABC 的角加速度为

$$\alpha=\frac{a_{BA}^{t}}{AB}=\frac{3\sqrt{3}a}{2l}$$

沿 y 轴投影得 $-a_B\sin 30°=-a_A\sin 30°+a_{BA}^{n}$

即得　$a_{BA}^{n}=\dfrac{1}{2}a$

故有三角形 ABC 的角速度为

$$\omega=\sqrt{\frac{a_{BA}^{n}}{AB}}=\sqrt{\frac{a}{2l}}$$

以 A 点为基点，由基点法 $\boldsymbol{a}_C=\boldsymbol{a}_A+\boldsymbol{a}_{CA}^{t}+\boldsymbol{a}_{CA}^{n}$ 作加速度矢量图如题 7-23 图（b）所示

沿 x 轴投影得 $a_{Cx}=-a_A+a_{CA}^{t}\cos 30°-a_{CA}^{n}\cos 60°$

其中：$a_{CA}^{t}=AC\cdot\alpha=\dfrac{3\sqrt{3}}{2}a$，$a_{CA}^{n}=AC\cdot\omega^2=\dfrac{1}{2}a$

即得　$a_{Cx}=0$

沿 y 轴投影得 $a_{Cy}=a_{CA}^{t}\sin 30°+a_{CA}^{n}\sin 60°$

即得 $a_{Cy}=\sqrt{3}a$

故有 C 点的加速度为

$$a_C=\sqrt{a_{Cx}^2+a_{Cy}^2}=\sqrt{3}a$$

7-24 题 7-24 图（a）所示平面机构中，$OA=12$ cm，$AB=30$ cm，AB 杆的 B 端以 $v_B=2$ m/s，$a_B=1$ m/s^2 向左沿固定平面运动。在图示位置，OA 处于铅垂位置，试求该瞬时，AB 杆的角速度和角加速度。

解： 机构的速度分析如题 7-24 图（b）所示，AB 杆瞬时平移，故有 AB 杆的角速度为

$$\omega_{AB}=0$$

A 点的速度为

$$v_A=v_B=2\text{ m/s}$$

所以 OA 杆的角速度为

$$\omega_{OA}=\frac{v_A}{OA}=\frac{2}{0.12}=\frac{50}{3}\text{ (rad/s)}$$

以 B 点为基点，由基点法 $\boldsymbol{a}_A^{t}+\boldsymbol{a}_A^{n}=\boldsymbol{a}_B+\boldsymbol{a}_{AB}^{t}+\boldsymbol{a}_{AB}^{n}$ 作加速度矢量图如题 7-24 图（c）所示

沿 y 轴投影得 $a_A^{n}=-a_{AB}^{t}\cos 30°-a_{AB}^{n}\sin 30°$

其中：$a_A^{n}=OA\cdot\omega_{OA}^2=0.12\cdot\left(\frac{50}{3}\right)^2=\frac{100}{3}$ (m/s^2)，$a_{AB}^{n}=AB\cdot\omega_{AB}^2=0$

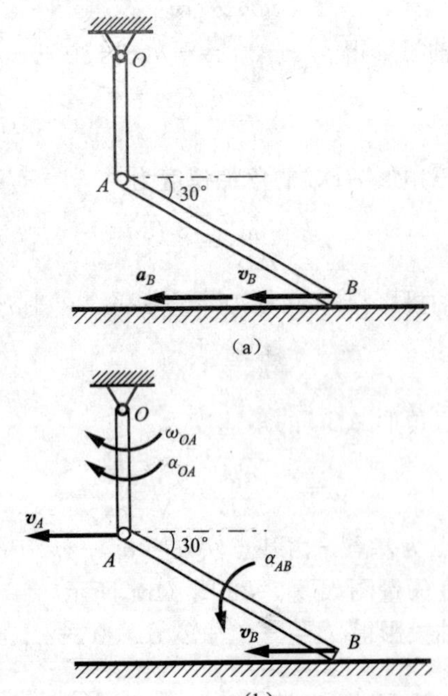

题 7-24 图

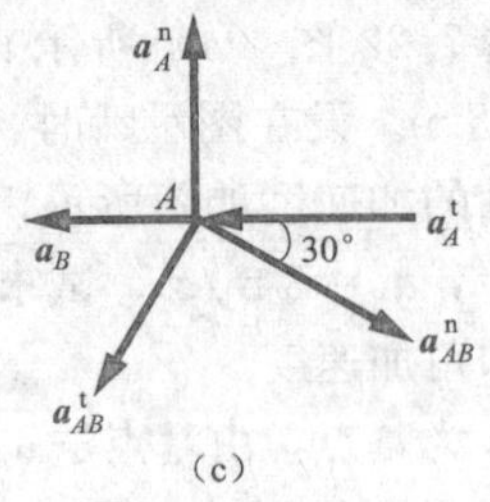

题 7-24 图

即得 $a_{AB}^{t}=-\frac{200\sqrt{3}}{9}$ m/s^2

故有杆 AB 的角加速度为

$$\alpha_{AB}=\frac{a_{AB}^{t}}{AB}=\frac{-\frac{200\sqrt{3}}{9}}{0.3}=-128\text{ (rad/s}^2\text{)}$$

7-25 题 7-25 图（a）所示平面机构中，轮 A 作纯滚动，A 点的速度为 v_A，加速度为 $\boldsymbol{a}_A$，AB 杆长为 l，试求：

（1）AB 杆的角速度和角加速度。

（2）B 点的速度和加速度。

解： 机构的速度分析如题 7-25 图（b）所示，P 点是 AB 杆的瞬心，故有 AB 杆的角速度为

$$\omega_{AB}=\frac{v_A}{AP}=\frac{v_A}{\frac{\sqrt{2}}{2}l}=\frac{\sqrt{2}v_A}{l}$$

B 点的速度为

$$v_B=BP\cdot\omega_{AB}=\frac{\sqrt{2}}{2}l\cdot\frac{\sqrt{2}v_A}{l}=v_A$$

以 A 点为基点，由基点法 $\boldsymbol{a}_B=\boldsymbol{a}_A+\boldsymbol{a}_{BA}^{t}+\boldsymbol{a}_{BA}^{n}$ 作加速度矢量图如题 7-25 图（c）所示

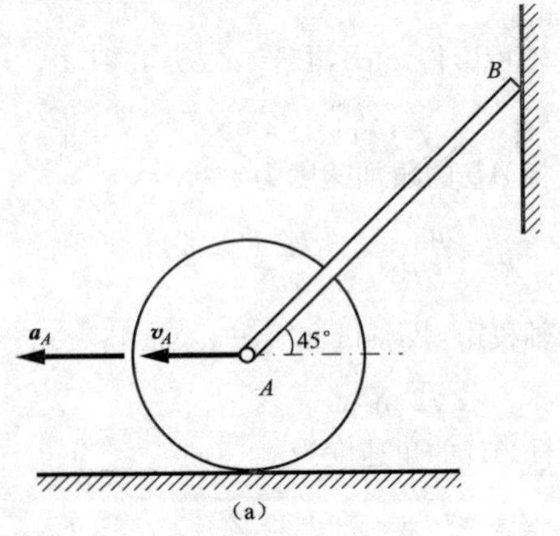

题 7-25 图

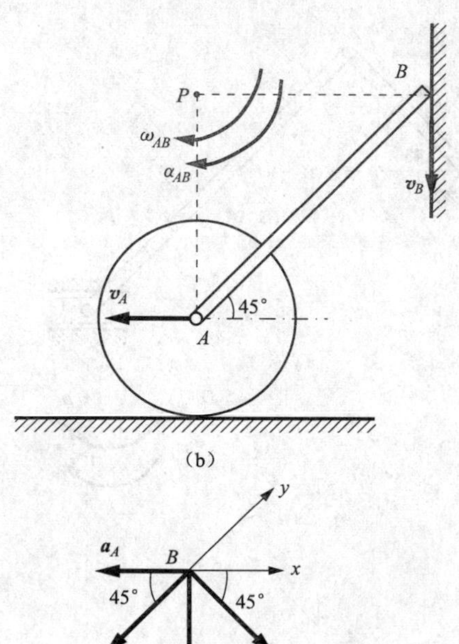

题 7-25 图

沿 x 轴投影得 $0=-a_A+a_{BA}^{t}\cos 45°-a_{BA}^{n}\cos 45°$

其中：$a_{BA}^{n}=AB\cdot\omega_{AB}^{2}=l\cdot\left(\dfrac{\sqrt{2}v_A}{l}\right)^2=\dfrac{2v_A^2}{l}$

即得 $a_{BA}^{t}=\sqrt{2}a_A+\dfrac{2v_A^2}{l}$

故有杆 AB 的角加速度为

$$\alpha_{AB}=\frac{a_{AB}^{t}}{AB}=\frac{\sqrt{2}a_A}{l}+\frac{2v_A^2}{l^2}$$

沿 y 轴投影得 $-a_B\cos 45°=-a_A\cos 45°-a_{BA}^{n}$

即得 $a_B=a_A+\dfrac{2\sqrt{2}v_A^2}{l}$

故有 B 点的加速度为

$$a_B=a_A+\frac{2\sqrt{2}v_A^2}{l}$$

7-26　题 7-26 图（a）所示曲柄滚轮机构中，已知曲柄长为 $OA=15$ cm，滚子半径为 $R=15$ cm，转速为 $n=60$ r/min。试求当 $OA\perp AB$ 且 $\alpha=60°$时，滚轮的角速度和角加速度。

解：曲柄 OA 作定轴转动，则 A 点的速度为

$$v_A=OA\cdot\omega=OA\cdot\frac{2\pi n}{60}=15\cdot\frac{2\pi\cdot 60}{60}$$

$$=30\pi\ (\text{cm/s})$$

机构的速度分析如题 7-26 图（b）所示，P_1 点是 AB 杆的瞬心，故有 AB 杆的角速度为

$$\omega_{AB}=\frac{v_A}{AP_1}=\frac{30\pi}{45}=\frac{2}{3}\pi\ (\text{rad/s})$$

B 点的速度为

$$v_B=BP_1\cdot\omega_{AB}=30\sqrt{3}\cdot\frac{2}{3}\pi=20\sqrt{3}\pi\ (\text{cm/s})$$

P_2 点是滚轮 B 的瞬心，所以滚轮 B 的角速度为

$$\omega_B=\frac{v_B}{BP_2}=\frac{20\sqrt{3}\pi}{15}=\frac{4\sqrt{3}\pi}{3}\ \text{rad/s}$$
$$=7.26\ (\text{rad/s})$$

以 A 点为基点，由基点法 $\boldsymbol{a}_B=\boldsymbol{a}_A+\boldsymbol{a}_{BA}^{t}+\boldsymbol{a}_{BA}^{n}$ 作加速度矢量图如题 7-26 图（c）所示

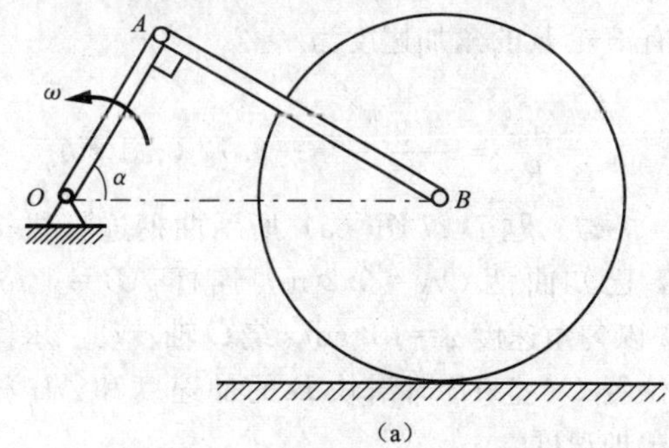

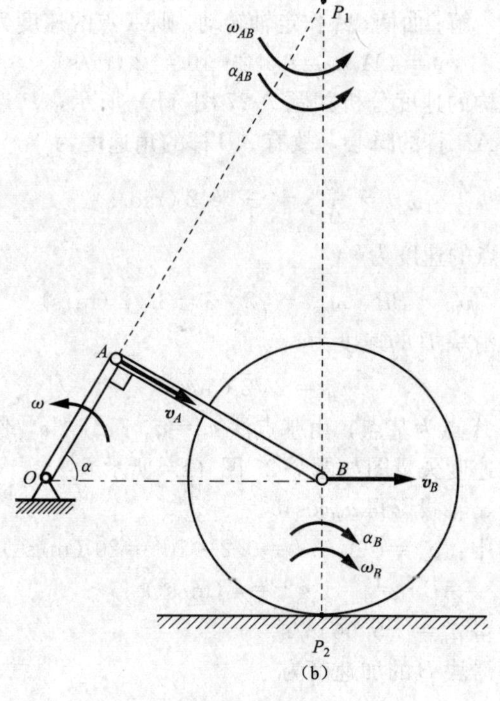

题 7-26 图

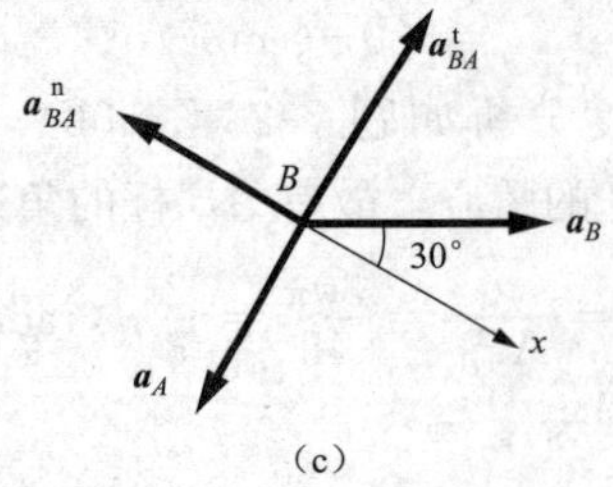

题 7-26 图

沿 x 轴投影得 $a_B\cos 30° = -a_{BA}^{n}$

其中：$a_{BA}^{n} = AB \cdot \omega_{AB}^{2} = 15\sqrt{3} \cdot \left(\dfrac{2\pi}{3}\right)^2$

$$= \frac{20\sqrt{3}}{3}\pi^2 \ (\text{cm/s}^2)$$

即得 $a_B = -\dfrac{40}{3}\pi^2\ \text{cm/s}^2$

故有滚轮 B 的角加速度为

$$\alpha_B = \frac{a_B}{R} = \frac{-\frac{40}{3}\pi^2}{15} = -8.77\ (\text{rad/s}^2)$$

7-27 题 7-27 图（a）所示曲柄连杆机构中，已知曲柄 $OA = 0.2$ m，连杆 $AB = 1$ m，OA 以匀角速度 $\omega = 10$ rad/s 绕 O 轴转动。求图示位置 $OA \perp AB$ 时滑块 B 的加速度和 AB 杆的角加速度。

解： 曲柄 OA 作定轴转动，则 A 点的速度为

$$v_A = OA \cdot \omega = 0.2 \cdot 10 = 2\ (\text{m/s})$$

机构的速度分析如题 7-27 图（b）所示，P 点是 AB 杆的瞬心，故有 AB 杆的角速度为

$$\omega_{AB} = \frac{v_A}{AP} = \frac{2}{1} = 2\ (\text{rad/s})$$

B 点的速度为

$$v_B = BP \cdot \omega_{AB} = \sqrt{2} \cdot 2 = 2\sqrt{2}\ (\text{m/s})$$

即滑块 B 的速度为

$$v_B = 2\sqrt{2}\ (\text{m/s})$$

以 A 点为基点，由基点法 $\boldsymbol{a}_B = \boldsymbol{a}_A + \boldsymbol{a}_{BA}^{t} + \boldsymbol{a}_{BA}^{n}$ 作加速度矢量图如题 7-27 图（c）所示

沿 x 轴投影得 $a_B\cos 45° = -a_{BA}^{n}$

其中：$a_A = OA \cdot \omega^2 = 0.2 \cdot 10^2 = 20\ (\text{m/s}^2)$，

$a_{BA}^{n} = AB \cdot \omega_{AB}^2 = 1 \cdot 2^2 = 4\ (\text{m/s}^2)$

即得 $a_B = -5.66\ \text{m/s}^2$

即滑块 B 的加速度为

$$a_B = -5.66\ \text{m/s}^2$$

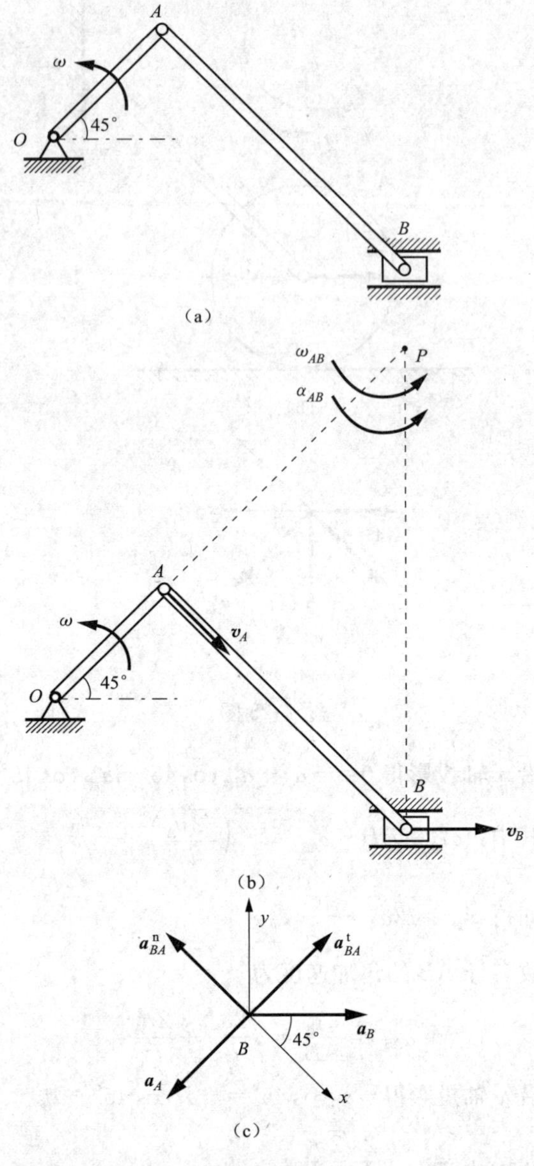

题 7-27 图

沿 y 轴投影得 $0 = -a_A\cos 45° + a_{BA}^{t}\cos 45° + a_{BA}^{n}\cos 45°$

即得 $a_{BA}^{t} = 16\ \text{m/s}^2$

即 AB 杆的角加速度为

$$\alpha_{AB} = \frac{a_{BA}^{t}}{AB} = \frac{16}{1} = 16\ (\text{rad/s}^2)$$

7-28 题 7-28 图（a）所示机构中，已知滑块 A 以匀速度 $v_A = 12$ cm/s 沿水平直槽向左运动，并通过连杆 AB 带动轮 B 沿圆弧轨道作无滑动的滚动。轮 B 的半径为 $r = 2$ cm，圆弧轨道的半径为 $R = 5$ cm，在图示位置滑块 A 离

圆弧轨道中心 O 的距离为 $l=4$ cm。试求该瞬时连杆 AB 的角加速度及轮 B 的角加速度。

解：机构的速度分析如题 7-28 图（b）所示，AB 杆瞬时平移，故有 AB 杆的角速度为

$$\omega_{AB}=0$$

B 点的速度为

$$v_B=v_A=12\ \text{cm/s}$$

P 点是轮 B 的瞬心，则轮 B 的角速度为

$$\omega_B=\frac{v_B}{BP}=\frac{12}{2}=6\ (\text{rad/s})$$

以 A 点为基点，由基点法 $\boldsymbol{a}_B^{\text{t}}+\boldsymbol{a}_B^{\text{n}}=\boldsymbol{a}_A+\boldsymbol{a}_{BA}^{\text{t}}+\boldsymbol{a}_{BA}^{\text{n}}$ 作加速度矢量图如题 7-28 图（c）所示

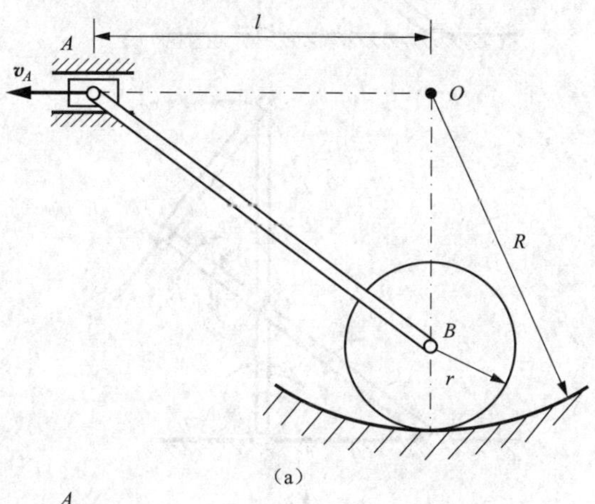

（a）

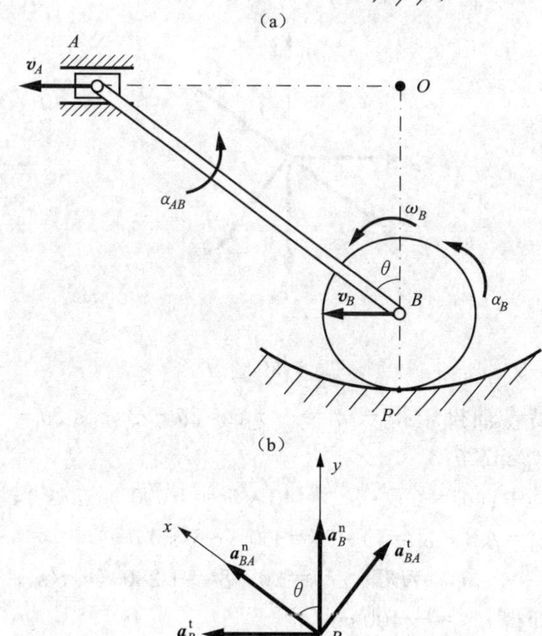

（b）

（c）

题 7-28 图

沿 x 轴投影得 $a_B^{\text{t}}\sin\theta+a_B^{\text{n}}\cos\theta=a_{BA}^{\text{n}}$

其中：$a_B^{\text{n}}=\dfrac{v_B^2}{R-r}=\dfrac{12^2}{5-2}=48\ (\text{cm/s}^2)$，$a_A=0$，

$a_{BA}^{\text{n}}=AB\cdot\omega_{AB}^2=0$

即得 $a_B^{\text{t}}=-36\ \text{cm/s}^2$

即轮 B 的角加速度为

$$\alpha_B=\frac{a_B^{\text{t}}}{BP}=\frac{-36}{2}=-18\ (\text{rad/s}^2)$$

沿 y 轴投影得 $a_B^{\text{n}}=a_{BA}^{\text{t}}\sin\theta+a_{BA}^{\text{n}}\cos\theta$

即得 $a_{BA}^{\text{t}}=60\ \text{cm/s}^2$

即 AB 杆的角加速度为

$$\alpha_{AB}=\frac{a_{BA}^{\text{t}}}{AB}=\frac{60}{5}=12\ (\text{rad/s}^2)$$

7-29　题 7-29 图（a）所示平面四连杆机构中，曲柄 OA 长 r，连杆 AB 长 $l=4r$。当曲柄和连杆成一直线时，此时曲柄的角速度为 ω，角加速度为 α，试求该瞬时摇杆 O_1B 的角速度和角加速度。

解：曲柄 OA 作定轴转动，则 A 点的速度为

$$v_A=OA\cdot\omega=r\omega$$

机构的速度分析如题 7-29 图（b）所示，B 点是 AB 杆的瞬心，故有 AB 杆的角速度为

$$\omega_{AB}=\frac{v_A}{BA}=\frac{r\omega}{4r}=\frac{1}{4}\omega$$

B 点的速度为

$$v_B=0$$

即 O_1B 杆的角速度为

$$\omega_{O_1B}=\frac{v_B}{O_1B}=0$$

以 A 点为基点，由基点法 $\boldsymbol{a}_B^{\text{t}}+\boldsymbol{a}_B^{\text{n}}=\boldsymbol{a}_A^{\text{t}}+\boldsymbol{a}_A^{\text{n}}+\boldsymbol{a}_{BA}^{\text{t}}+\boldsymbol{a}_{BA}^{\text{n}}$ 作加速度矢量图如题 7-29 图（c）所示

沿 x 轴投影得 $a_B^{\text{t}}\sin30°-a_B^{\text{n}}\cos30°=-a_A^{\text{n}}-a_{BA}^{\text{n}}$

其中：$a_B^{\text{n}}=O_1B\cdot\omega_{O_1B}^2=0$，$a_A^{\text{n}}=OA\cdot\omega^2=r\omega^2$，

$a_A^{\text{t}}=OA\cdot\alpha=r\alpha$，

$$a_{BA}^{\text{n}}=AB\cdot\omega_{AB}^2=4r\cdot\left(\frac{1}{4}\omega\right)^2=\frac{1}{4}r\omega^2$$

即得 $a_B^{\text{t}}=-\dfrac{5}{2}r\omega^2$

即 O_1B 杆的角加速度为

$$\alpha_{O_1B}=\frac{a_B^{\text{t}}}{O_1B}=\frac{-\frac{5}{2}r\omega^2}{\frac{5}{\sqrt{3}}r}=-\frac{\sqrt{3}}{2}\omega^2$$

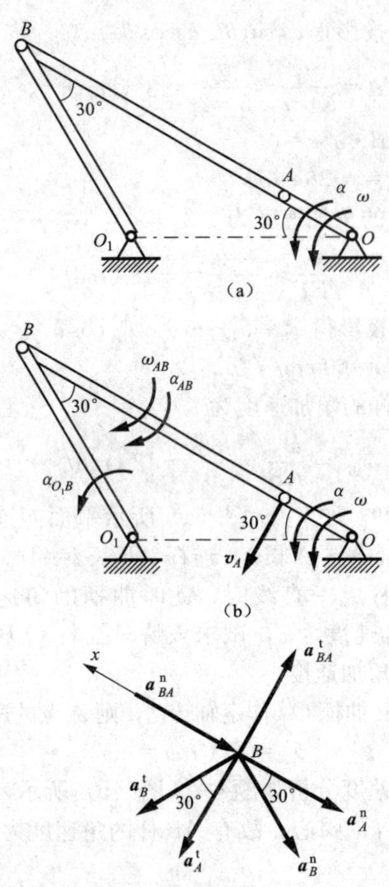

题 7-29 图

7-30 反平行四边形机构如题 7-30 图 (a) 所示，已知 AB 与 CD 等长为 $l=40$ cm，BC 与 AD 等长为 $b=20$ cm，曲柄 AB 以匀角速度 $\omega=3$ rad/s 绕 A 点转动。试求当 $CD\perp AD$ 时，杆 BC 的角速度与角加速度。

解： 曲柄 AB 作定轴转动，则 B 点的速度为

$$v_B=AB\cdot\omega=40\cdot 3=120(\text{cm/s})$$

机构的速度分析如题 7-30 图 (b) 所示，P 点是 BC 杆的瞬心，故有 BC 杆的角速度为

$$\omega_{AB}=\frac{v_A}{BP}=\frac{120}{BC\cdot\cot 2\theta}=\frac{120}{20\cdot\dfrac{3}{4}}=8\ (\text{rad/s})$$

C 点的速度为

$$v_C=CP\cdot\omega_{BC}=\frac{BC}{\sin 2\theta}\cdot\omega_{BC}=\frac{20}{\dfrac{4}{5}}\cdot 8=200\ (\text{cm/s})$$

即 CD 杆的角速度为

$$\omega_{CD}=\frac{v_C}{CD}=\frac{200}{40}=5\ (\text{rad/s})$$

以 B 点为基点，由基点法 $\boldsymbol{a}_C^t+\boldsymbol{a}_C^n=\boldsymbol{a}_B+\boldsymbol{a}_{CB}^t+\boldsymbol{a}_{CB}^n$ 作加速度矢量图如题 7-30 图 (c) 所示

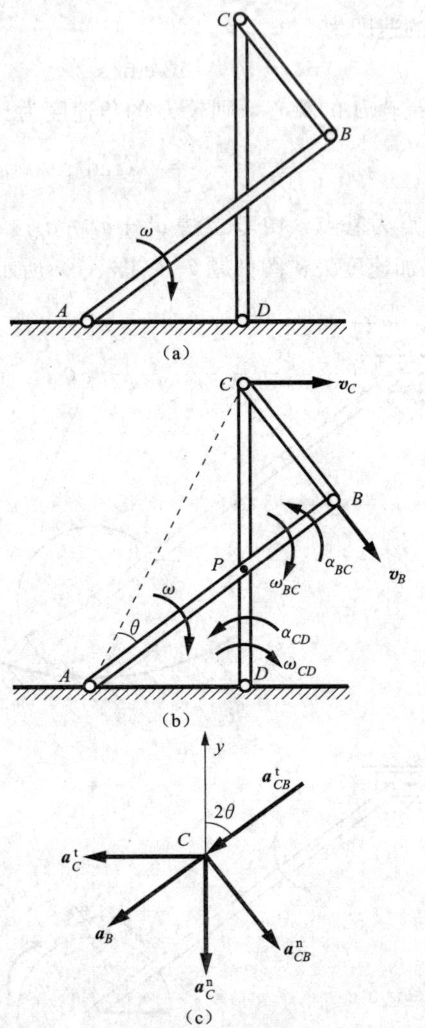

题 7-30 图

沿 y 轴投影得 $-a_C^n=-a_B\cos 2\theta-a_{CB}^t\cos 2\theta-a_{CB}^n\sin 2\theta$

其中：$a_C^n=CD\cdot\omega_{CD}^2=40\cdot 5^2=1\ 000$ (cm/s^2)，

$a_B=AB\cdot\omega^2=40\cdot 3^2=360$ (cm/s^2)，

$a_{CB}^n=BC\cdot\omega_{BC}^2=20\cdot 8^2=1\ 280$ (cm/s^2)

即得 $a_{CB}^t=-400$ cm/s^2

即 BC 杆的角加速度为

$$\alpha_{BC}=\frac{a_{CB}^t}{BC}=\frac{-400}{20}=-20\ (\text{rad/s}^2)$$

7-31　题 7-31 图（a）所示曲柄连杆机构在其连杆中点 C 以铰链与 CD 相连接，DE 杆可以绕 E 点转动。曲柄 OA 的角速度 $\omega=8\ \mathrm{rad/s}$，且 $OA=25\ \mathrm{cm}$，$DE=100\ \mathrm{cm}$，若当 B、E 两点在同一铅垂线上时，O、A、B 三点在同一水平线上，$\angle CDE=90^\circ$，试求杆 DE 的角速度和杆 AB 的角加速度。

解： 曲柄 OA 作定轴转动，则 A 点的速度为

$$v_A=OA\cdot\omega=25\cdot 8=200(\mathrm{cm/s})$$

机构的速度分析如题 7-31 图（b）所示，B 点是 AB 杆的瞬心，故有 C 点的速度为

$$v_C=\frac{1}{2}v_A=100\ \mathrm{cm/s}$$

对于 CD 杆，由速度投影定理得

$$v_C\cos 60^\circ=v_D$$

即得 D 点的速度为

$$v_D=50\ \mathrm{cm/s}$$

所以 DE 杆的角速度为

$$\omega_{DE}=\frac{v_D}{DE}=\frac{50}{100}=0.5\ (\mathrm{rad/s})$$

以 A 点为基点，由基点法 $\boldsymbol{a}_B=\boldsymbol{a}_A+\boldsymbol{a}_{BA}^{\mathrm{t}}+\boldsymbol{a}_{BA}^{\mathrm{n}}$ 作加速度矢量图如题 7-31 图（c）所示

沿 y 轴投影得 $0=0-a_{BA}^{\mathrm{t}}+0$

即得 $a_{BA}^{\mathrm{t}}=0\ \mathrm{cm/s^2}$

即 AB 杆的角加速度为

$$\alpha_{AB}=\frac{a_{BA}^{\mathrm{t}}}{AB}=0$$

（a）

题 7-31 图

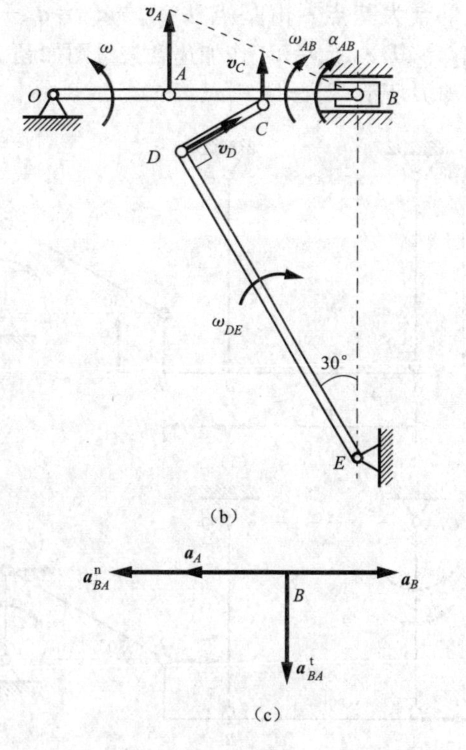

题 7-31 图

7-32　题 7-32 图（a）所示平面机构，在图示位置，已知 $O_1A=O_2B=R$，$O_1A\,/\!/\,O_2B$，$O_1A\perp AB$，$AB=R$，$BE=l$，$ED=h$，$ED\perp AE$，曲柄 $CO\,/\!/\,DE$，$CD=2r$，$CO=r$。曲柄 CO 以匀角速度 ω 绕 O 转动。试求 O_1A 转动的角速度和角加速度。

解： 杆 OC 作定轴转动，则 C 点的速度为

$$v_C=OC\cdot\omega=r\omega$$

因为 $ABED$ 杆平移，其上各点的速度与加速度应相等，所以 D 点的速度方向应为水平方向，即与 DE 垂直。机构的速度分析如题 7-32 图（b）所示，CD 杆瞬时平移，故有 CD 杆的角速度为

$$\omega_{CD}=0$$

D 点的速度为

$$v_D=v_C=r\omega$$

即得 A 点的速度为

$$v_A=v_D=r\omega$$

所以 O_1A 杆的角速度为

$$\omega_{O_1A}=\frac{v_A}{O_1A}=\frac{r\omega}{R}$$

以 C 点为基点，由基点法 $\boldsymbol{a}_D^{\mathrm{t}}+\boldsymbol{a}_D^{\mathrm{n}}=\boldsymbol{a}_C+\boldsymbol{a}_{DC}^{\mathrm{t}}$（$a_{DC}^{\mathrm{n}}=CD\cdot\omega_{CD}^2=0$）作加速度矢量图如题 7-32 图（c）所示

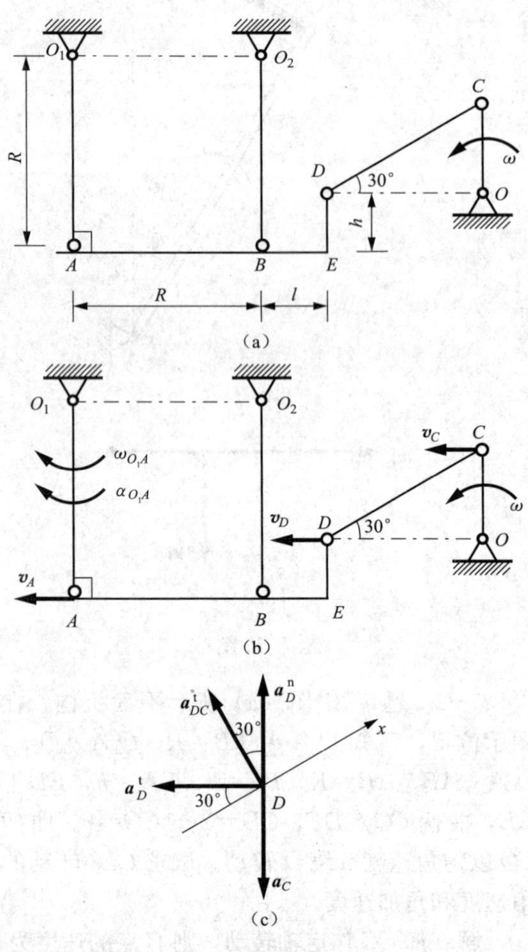

题 7-32 图

沿 x 轴投影得 $-a_D^{\mathrm{t}}\cos 30°+a_D^{\mathrm{n}}\sin 30°=-a_C\sin 30°$

其中：$a_D^{\mathrm{n}}=a_A^{\mathrm{n}}=O_1A\cdot\omega_{O_1A}^2=R\cdot\left(\dfrac{r\omega}{R}\right)^2=\dfrac{r^2\omega^2}{R}$，

$a_C=OC\cdot\omega^2=r\omega^2$

即得 $a_D^{\mathrm{t}}=\dfrac{\sqrt{3}}{3}\left(\dfrac{r}{R}+1\right)r\omega^2$

即 O_1A 杆的角加速度为

$$\alpha_{O_1A}=\frac{a_A^{\mathrm{t}}}{O_1A}=\frac{a_D^{\mathrm{t}}}{O_1A}=\frac{\sqrt{3}(R+r)r}{3R^2}\omega^2$$

7-33　题 7-33 图（a）所示平面机构，半径为 R 的轮子沿固定水平轨道作纯滚动，杆 OA 以匀角速度绕 O 轴转动。已知 $\omega=2$ rad/s，$OA=R=15$ cm，$BD=BC=45$ cm，$AD=30$ cm，OD 铅垂。在图示位置时，OA 处于水平，$BD\perp BC$。试求该瞬时轮心 C 的速度和加速度。

解： 杆 OA 作定轴转动，则 A 点的速度为

$$v_A=OA\cdot\omega=15\cdot 2=30(\mathrm{cm/s})$$

机构的速度分析如题 7-33 图（b）所示，则 BD 杆瞬时平移，故有 BD 杆的角速度为

$$\omega_{BD}=0$$

故有 B 点的速度为

$$v_B=v_A=v_D=30\ \mathrm{cm/s}$$

P_1 点是 BC 杆的瞬心，则 BC 杆的角速度为

$$\omega_{BC}=\frac{v_B}{BP}=\frac{30}{45\cdot\dfrac{\sqrt{3}}{2}}=\frac{4}{9}\sqrt{3}\ (\mathrm{rad/s})$$

即得 C 点的速度为

$$v_C=CP\cdot\omega_{BC}=\frac{45}{2}\cdot\frac{4}{9}\sqrt{3}=10\sqrt{3}(\mathrm{cm/s})$$

以 A 点为基点，由基点法 $\boldsymbol{a}_D=\boldsymbol{a}_A+\boldsymbol{a}_{DA}^{\mathrm{t}}$（$\boldsymbol{a}_{DA}^{\mathrm{n}}=AD\cdot\omega_{BD}^2=0$）作加速度矢量图如题 7-33 图（c）所示

沿 x 轴投影得 $0=-a_A+a_{DA}^{\mathrm{t}}\cos 30°$

其中：$a_A=OA\cdot\omega^2=15\cdot 2^2=60$（cm/s²）

即得 $a_{DA}^{\mathrm{t}}=40\sqrt{3}$（cm/s²）

即 BD 杆的角加速度为

$$\alpha_{BD}=\frac{a_{DA}^{\mathrm{t}}}{AD}=\frac{40\sqrt{3}}{30}=\frac{4}{3}\sqrt{3}\ (\mathrm{rad/s^2})$$

以 A 点为基点，由基点法得 $\boldsymbol{a}_B=\boldsymbol{a}_A+\boldsymbol{a}_{BA}^{\mathrm{t}}$（$\boldsymbol{a}_{BA}^{\mathrm{n}}=AB\cdot\omega_{BD}^2=0$），再以 B 点为基点，由基点法得 $\boldsymbol{a}_C=\boldsymbol{a}_B+\boldsymbol{a}_{CB}^{\mathrm{t}}+\boldsymbol{a}_{CB}^{\mathrm{n}}$，故有 $\boldsymbol{a}_C=\boldsymbol{a}_A+\boldsymbol{a}_{BA}^{\mathrm{t}}+\boldsymbol{a}_{CB}^{\mathrm{t}}+\boldsymbol{a}_{CB}^{\mathrm{n}}$，作加速度矢量图如题 7-33 图（d）所示

沿 x 轴投影得 $a_C\cos 30°=a_A\cos 30°+a_{BA}^{\mathrm{t}}-a_{CB}^{\mathrm{n}}$

其中：$a_A=OA\cdot\omega^2=15\cdot 2^2=60$（cm/s²），

$a_{BA}^{\mathrm{t}}=AB\cdot\alpha_{BD}=15\cdot\dfrac{4}{3}\sqrt{3}=20\sqrt{3}$（cm/s²）

$a_{CB}^{\mathrm{n}}=BC\cdot\omega_{BC}^2=45\cdot\left(\dfrac{4}{9}\sqrt{3}\right)^2=\dfrac{80}{3}$（cm/s²）

即得 $a_C=69.2\ \mathrm{cm/s^2}$

所以 C 点的加速度为

$$a_C=69.2\ \mathrm{cm/s^2}$$

7-34　题 7-34 图（a）所示平面机构，半径为 R 的圆轮在直线轨道上作纯滚动。OA 杆以匀角速度 ω 转动，$OA=R$，$AB=CD=2R$，

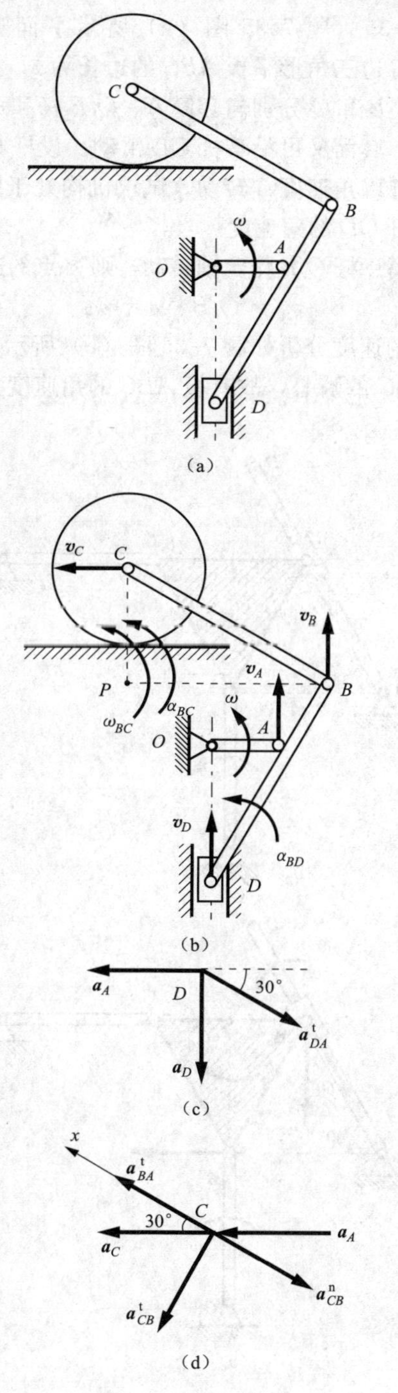

题 7-33 图

$BC - 0.5R$，OA 与 BC 处丁铅垂，$\theta - 30°$。试求该瞬时滑块 D 的速度和加速度。

解：杆 OA 作定轴转动，则 A 点的速度为

$$v_A = OA \cdot \omega = R\omega$$

机构的速度分析如题 7-34 图（b）所示，AB 杆瞬时平移，故有 AB 杆的角速度为

$$\omega_{AB} = 0$$

B 点的速度为

$$v_B = v_A = R\omega$$

P_1 点是轮 B 的瞬心，则轮 B 的角速度为

$$\omega_B = \frac{v_B}{BP_1} = \frac{R\omega}{R} = \omega$$

C 点的角速度为

$$v_C = CP_1 \cdot \omega_B = (R + 0.5R)\omega = \frac{3}{2}R\omega$$

P_2 点是 CD 杆的瞬心，则 CD 杆的角速度为

$$\omega_{CD} = \frac{v_C}{CP_2} = \frac{\frac{3}{2}R\omega}{\sqrt{3}R} = \frac{\sqrt{3}}{2}\omega$$

D 点的速度为

$$v_D - DP_2 \cdot \omega_{CD} = R \cdot \frac{\sqrt{3}}{2}\omega = \frac{\sqrt{3}}{2}R\omega$$

即滑块 D 的速度为

$$v_D = \frac{\sqrt{3}}{2}R\omega$$

以 A 点为基点，由基点法 $\boldsymbol{a}_B = \boldsymbol{a}_A + \boldsymbol{a}_{BA}^t$（$a_{BA}^n = AB \cdot \omega_{AB}^2 = 0$）作加速度矢量图如题 7-34 图（c）所示

沿 x 轴投影得 $-a_B \sin 60° = -a_A \cos 60°$

其中：$a_A = OA \cdot \omega^2 = R\omega^2$

即得 $a_B = \frac{\sqrt{3}}{3}R\omega^2$

即轮 B 的角加速度为

$$\alpha_B = \frac{a_B}{BP_1} = \frac{\sqrt{3}}{3}\omega^2$$

以 B 点为基点，由基点法得 $\boldsymbol{a}_C = \boldsymbol{a}_B + \boldsymbol{a}_{CB}^t + \boldsymbol{a}_{CB}^n$，再以 C 点为基点，由基点法得 $\boldsymbol{a}_D = \boldsymbol{a}_C + \boldsymbol{a}_{DC}^t + \boldsymbol{a}_{DC}^n$，故有 $\boldsymbol{a}_D = \boldsymbol{a}_B + \boldsymbol{a}_{CB}^t + \boldsymbol{a}_{CB}^n + \boldsymbol{a}_{DC}^t + \boldsymbol{a}_{DC}^n$，作加速度矢量图如题 7-34 图（d）所示

沿 x 轴投影得 $a_D \cos\theta = -a_B \sin\theta - a_{CB}^t \sin\theta + a_{CB}^n \cos\theta + a_{DC}^n$

其中：$a_B - \frac{\sqrt{3}}{3}R\omega^2$，$a_{CB}^t - CB \cdot \alpha_B - 0.5R \cdot \frac{\sqrt{3}}{3}\omega^2 = \frac{\sqrt{3}}{6}R\omega^2$，

$$a_{CB}^n = CB \cdot \omega_B^2 = 0.5R \cdot \omega^2 = \frac{1}{2}R\omega^2,$$

$$a_{DC}^{n}=CD\cdot\omega_{CD}^{2}=2R\cdot\left(\frac{\sqrt{3}}{2}\omega\right)^{2}=\frac{3}{2}R\omega^{2}$$

即得 $a_D=\sqrt{3}R\omega^2$

即滑块 D 的加速度为

$$a_D=\sqrt{3}R\omega^2$$

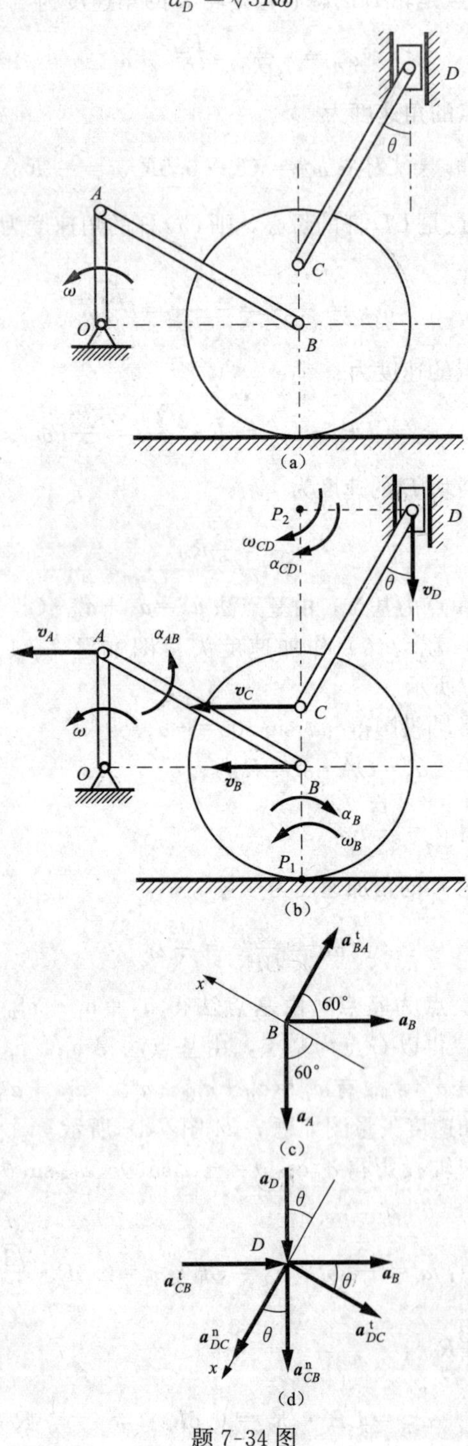

题 7-34 图

7-35 题 7-35 图（a）所示平面连杆机构，等边三角形平板 ABC 的边长为 a，三个顶点 A、B 和 C 分别与套筒 A、O_1B 杆和 O_2C 杆铰接，套筒又可沿着杆 OD 滑动。设杆 O_1B 长为 a 并以角速度 ω 转动。试求机构处于图示位置时杆 OD 的角速度。

解： 杆 O_1B 作定轴转动，则 B 点的速度为

$$v_B=O_1B\cdot\omega=a\omega$$

机构的速度分析如题 7-35 图（b）所示，P 是板 ABC 的瞬心，故有板 ABC 的角速度为

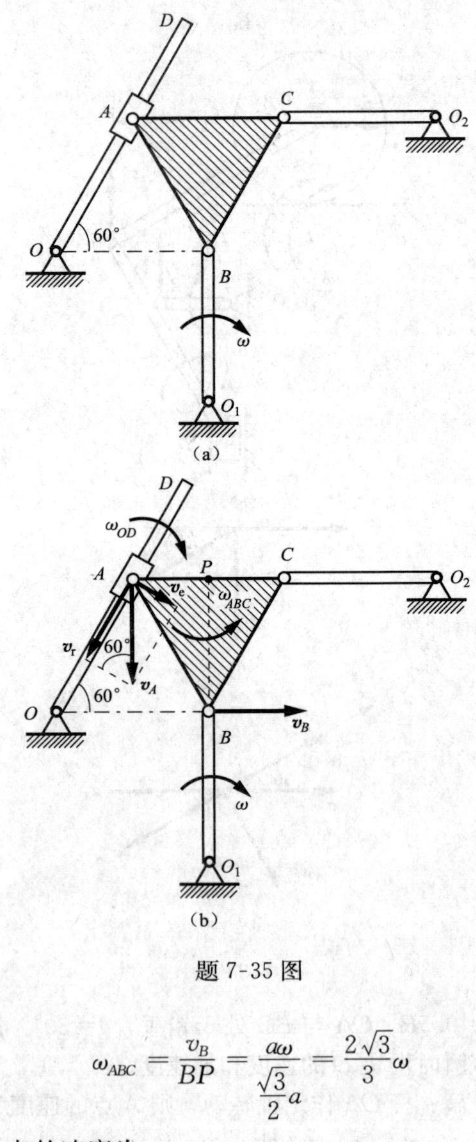

题 7-35 图

$$\omega_{ABC}=\frac{v_B}{BP}=\frac{a\omega}{\frac{\sqrt{3}}{2}a}=\frac{2\sqrt{3}}{3}\omega$$

A 点的速度为

$$v_A = AP \cdot \omega_{ABC} = \frac{1}{2}a \cdot \frac{2\sqrt{3}}{3}\omega = \frac{\sqrt{3}}{3}a\omega$$

动点：A，动系：与 OD 固结

由 $\boldsymbol{v}_a = \boldsymbol{v}_e + \boldsymbol{v}_r$ 作速度平行四边形如题 7-35 图（b）所示

而：$v_a = v_A = \frac{\sqrt{3}}{3}a\omega$，所以 $v_e = v_a \cos 60° = \frac{\sqrt{3}}{6}a\omega$

即得 OD 杆的角速度为

$$\omega_{OD} = \frac{v_e}{OA} = \frac{\sqrt{3}}{6}\omega$$

7-36　题 7-36 图（a）所示机构中，套筒的铰链 C 和 CD 杆连接并套在 AB 杆上。已知 $OA = 20$ cm，$AB = 40$ cm，在图示瞬时 $\alpha = 30°$，套筒在 AB 的中点，曲柄 OA 的角速度为 $\omega = 4$ rad/s。试求此瞬时 CD 杆的速度大小和方向。

解： 杆 A 作定轴转动，则 A 点的速度为

$$v_A = OA \cdot \omega = 20 \cdot 4 = 80(\text{cm/s})$$

机构的速度分析如题 7-36 图（b）所示，AB 杆瞬时平移，故有 AB 杆的角速度为

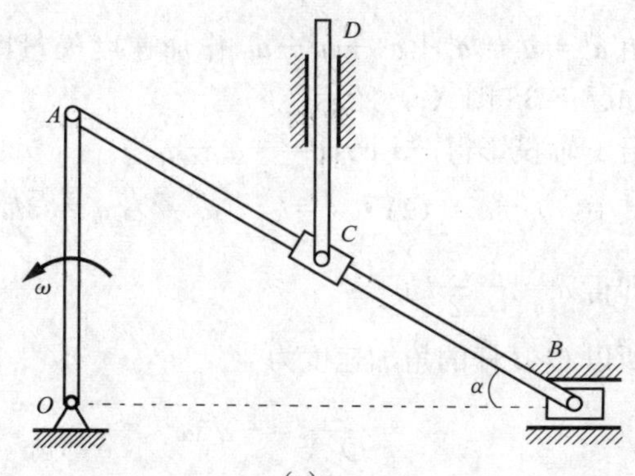

(a)

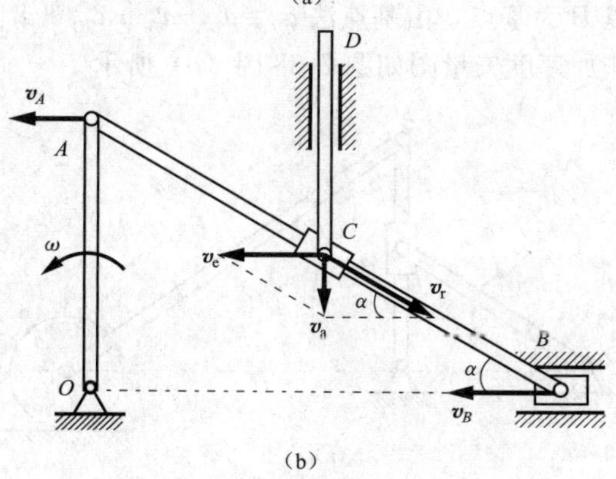

(b)

题 7-36 图

$$\omega_{AB} = 0$$

点的速度为

$$v_A = v_B = 80 \text{ cm/s}$$

动点：C，动系：与 AB 固结

由 $\boldsymbol{v}_a = \boldsymbol{v}_e + \boldsymbol{v}_r$ 作速度平行四边形如题 7-36 图（b）所示

而：$v_e = v_A = 80$cm/s，所以 $v_a = v_e \tan \alpha = 46.2$ cm/s

即得 CD 杆的速度为

$$v_{CD} = 46.2 \text{ cm/s}$$

7-37　题 7-37 图（a）所示平面机构中，杆 AB 以匀速 v 沿水平方向运动，套筒 B 与杆 AB 的端点铰接，并套在绕轴 O 转动的杆 OC 上，可沿杆滑动。已知 AB 和 OE 两平行线间的垂直距离为 b，试求图示位置 $\gamma = 60°$，$\beta = 30°$，$OD = BD$ 时，杆 OC 的角速度和角加速度，以及滑块 E 的速度和加速度。

解： 动点：B，动系：与 OC 固结

由 $\boldsymbol{v}_a = \boldsymbol{v}_e + \boldsymbol{v}_r$ 作速度平行四边形如题 7-37（b）图所示

而：$v_a = v_B = v$

所以

$$v_e = v_a \cos \beta = \frac{\sqrt{3}}{2}v, v_r = v_a \sin \beta = \frac{v}{2}$$

则 OC 杆的角速度为

$$\omega_{OC} = \frac{v_e}{OB} = \frac{3v}{4b}$$

D 点的速度为

$$v_D = \frac{1}{2}v_e = \frac{\sqrt{3}}{4}v$$

以 D 为基点，由基点法 $\boldsymbol{v}_E = \boldsymbol{v}_D + \boldsymbol{v}_{ED}$ 作速度平行四边形如题 7-37 图（b）所示

由几何关系可得滑块 E 的速度为

$$v_E = \frac{v_D}{\cos \beta} = \frac{1}{2}v, v_{ED} = v_D \tan \beta = \frac{1}{4}v$$

由 $\boldsymbol{a}_B = \boldsymbol{a}_a = \boldsymbol{a}_e^t + \boldsymbol{a}_e^n + \boldsymbol{a}_r + \boldsymbol{a}_C$ 作加速度矢量图，如题 7-37 图（c）所示

沿 x 轴投影得 $0 = a_e^t + a_C$

其中：$a_a = 0$，$a_C = 2\omega_{OC} v_r = \frac{3v^2}{4b}$

即得 $a_e^t = -\frac{3v^2}{4b}$

所以 OC 杆的角加速度为

$$\alpha_{OC}=\frac{a_e^t}{OB}=-\frac{3\sqrt{3}v^2}{8b^2}$$

以 D 为基点，由基点法 $\boldsymbol{a}_E=\boldsymbol{a}_D^t+\boldsymbol{a}_D^n+\boldsymbol{a}_{ED}^t+\boldsymbol{a}_{ED}^n$ 作加速度矢量图如题 7-37 图（d）所示

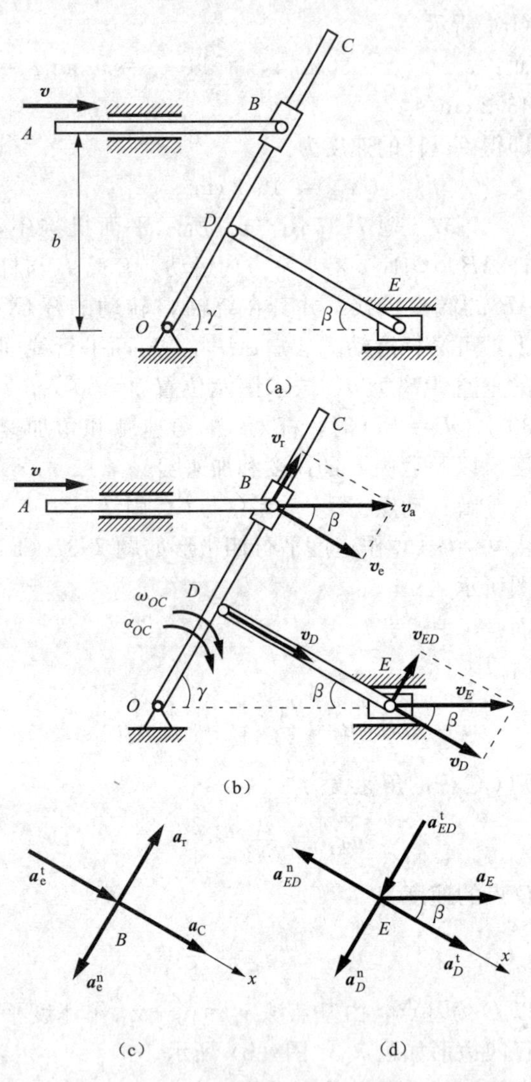

题 7-37 图

沿 x 轴投影得 $a_E\cos\beta=a_D^t-a_{ED}^n$

其中：$a_D^t=OD\cdot\alpha_{OC}=-\frac{3v^2}{8b}$，$a_{ED}^n=\frac{v_{ED}^2}{ED}=\frac{v^2}{16b}$

即得滑块 E 的加速度为

$$a_E=-\frac{7\sqrt{3}v^2}{24b}$$

7-38　题 7-38 图（a）所示平面机构，杆 O_1A 绕 O_1 以匀角速度 ω 转动，$O_1A=O_2B=l$，$BC=2l$，轮 C 半径 $r=\frac{l}{4}$，沿水平固定面作纯滚动。试求当 $\theta=30°$，杆 O_2B 铅垂时，轮 C 的角速度和角加速度。

解：动点：A，动系：与 O_2B 固结

由 $\boldsymbol{v}_a=\boldsymbol{v}_e+\boldsymbol{v}_r$ 作速度平行四边形如题 7-38 图（b）所示

而：$v_a=v_A=O_1A\cdot\omega=l\omega$

所以

$$v_e=v_a\sin 30°=\frac{1}{2}l\omega, v_r=v_a\cos 30°=\frac{\sqrt{3}}{2}l\omega$$

则 O_2B 杆的角速度为

$$\omega_2=\frac{v_e}{O_2A}=\omega$$

B 点的速度为

$$v_B=O_2B\cdot\omega_2=l\omega$$

杆 BC 作瞬时平移，故有

$$v_C=v_B=l\omega, \omega_{BC}=0$$

点 P 为轮 C 的瞬心，则轮 C 的角速度为

$$\omega_C=\frac{v_C}{CP}=4\omega$$

由 $\boldsymbol{a}_A=\boldsymbol{a}_a=\boldsymbol{a}_e^t+\boldsymbol{a}_e^n+\boldsymbol{a}_r+\boldsymbol{a}_C$ 作加速度矢量图，如题 7-38 图（c）所示

沿 x 轴投影得 $-a_a\cos\theta=-a_e^t-a_C$

其中：$a_a=a_A=OA\cdot\omega^2=l\omega^2$，$a_C=2\omega_2v_r=\sqrt{3}l\omega^2$

即得 $a_e^t=-\frac{\sqrt{3}}{2}l\omega^2$

所以 O_2B 杆的角加速度为

$$\alpha_2=\frac{a_e^t}{O_2A}=-\sqrt{3}\omega^2$$

以 B 为基点，由基点法 $\boldsymbol{a}_C=\boldsymbol{a}_B^t+\boldsymbol{a}_B^n+\boldsymbol{a}_{CB}^t+\boldsymbol{a}_{CB}^n$ 作加速度矢量图如题 7-38 图（d）所示

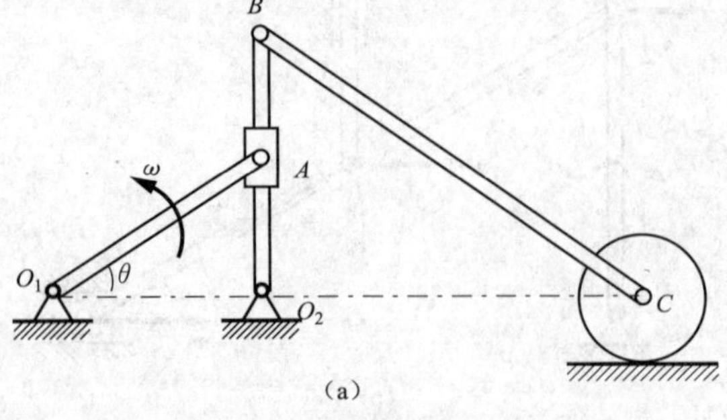

题 7-38 图

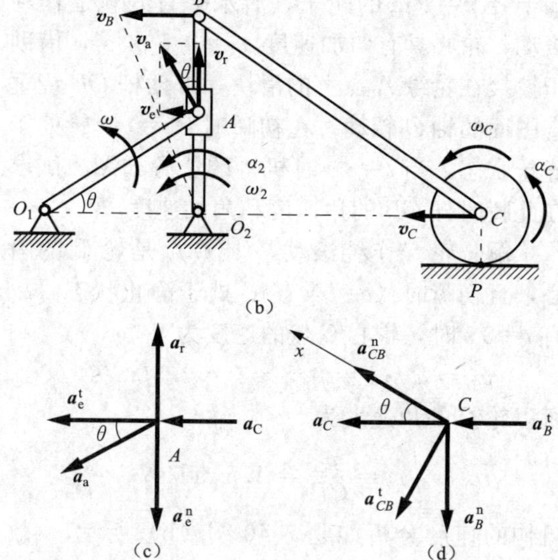

题 7-38 图

沿 x 轴投影得 $a_C\cos\theta = a_B^{\mathrm{t}}\cos\theta - a_B^{\mathrm{n}}\sin\theta + a_{CB}^{\mathrm{n}}$

其中：$a_B^{\mathrm{t}} = O_2B\cdot\alpha_2 = -\sqrt{3}\,l\omega^2$，$a_B^{\mathrm{n}} = O_2B\cdot\omega_2^2 = l\omega^2$，$a_{CB}^{\mathrm{n}} = BC\cdot\omega_{BC}^2 = 0$

即得 $a_C = -\dfrac{4\sqrt{3}}{3}l\omega^2$

故有轮 C 的角加速度为 $\alpha_C = \dfrac{a_C}{CP} = -\dfrac{16\sqrt{3}}{3}\omega^2$

7-39　题 7-39 图所（a）示平面机构，曲柄 OA 长为 r，以匀角速度 ω 绕水平固定轴 O 逆时针转动，杆 OA、AB、BE 分别铰接在 A 和 B 处，$AB=BE=2r$。杆 CD 与套筒 C 铰接，套筒 C 可沿杆 BE 滑动。在图示瞬时，$AB\perp BE$，$OA\perp OB$，$BC=CE$，试求该瞬时杆 CD 的速度和加速度。

解： 杆 OA 作定轴转动，则 A 点的速度为

$$v_A = OA\cdot\omega = r\omega$$

机构的速度分析如题 7-39 图（b）所示，P 点是 AB 杆的瞬心，故有 AB 杆的角速度为

$$\omega_{AB} = \frac{v_A}{AP} = \frac{r\omega}{4r} = \frac{1}{4}\omega$$

B 点的速度为

$$v_B = BP\cdot\omega_{AB} = 2\sqrt{3}r\cdot\frac{1}{4}\omega = \frac{\sqrt{3}}{2}r\omega$$

所以 BE 杆的角速度为

$$\omega_{BE} = \frac{v_B}{BE} = \frac{\frac{\sqrt{3}}{2}r\omega}{2r} = \frac{\sqrt{3}}{4}\omega$$

以 A 点为基点，由基点法 $\boldsymbol{a}_B^{\mathrm{t}} + \boldsymbol{a}_B^{\mathrm{n}} = \boldsymbol{a}_A + \boldsymbol{a}_{BA}^{\mathrm{t}} + \boldsymbol{a}_{BA}^{\mathrm{n}}$ 作加速度矢量图如题 7-39 图（c）所示

沿 x 轴投影得 $a_B^{\mathrm{t}} = -a_A\sin 30^\circ + a_{BA}^{\mathrm{n}}$

其中：$a_A = OA\cdot\omega^2 = r\omega^2$，$a_{BA}^{\mathrm{n}} = AB\cdot\omega_{AB}^2 = 2r\cdot\left(\dfrac{1}{4}\omega\right)^2 = \dfrac{1}{8}r\omega^2$

即得 $a_B^{\mathrm{t}} = -\dfrac{3}{8}r\omega^2$

即 BE 杆的角加速度为

$$\alpha_{BE} = \frac{a_B^{\mathrm{t}}}{BE} = \frac{-\frac{3}{8}r\omega^2}{2r} = -\frac{3}{16}\omega^2$$

动点：C，动系：与 BE 固结

由 $\boldsymbol{v}_{\mathrm{a}} = \boldsymbol{v}_{\mathrm{e}} + \boldsymbol{v}_{\mathrm{r}}$ 作速度平行四边形如题 7-39 图（b）所示

而：$v_{\mathrm{e}} = CE\cdot\omega_{BE} = r\cdot\dfrac{\sqrt{3}}{4}\omega = \dfrac{\sqrt{3}}{4}r\omega$

所以

$$v_{\mathrm{a}} = \frac{v_{\mathrm{e}}}{\cos 30^\circ} = \frac{1}{2}r\omega,\quad v_{\mathrm{r}} = v_{\mathrm{e}}\tan 30^\circ = \frac{1}{4}r\omega$$

则 CD 杆的速度为

$$v_{CD} = v_{\mathrm{a}} = \frac{1}{2}r\omega$$

由 $\boldsymbol{a}_{\mathrm{a}} = \boldsymbol{a}_{\mathrm{e}}^{\mathrm{t}} + \boldsymbol{a}_{\mathrm{e}}^{\mathrm{n}} + \boldsymbol{a}_{\mathrm{r}} + \boldsymbol{a}_{\mathrm{C}}$ 作加速度矢量图，如题 7-39 图（d）所示

沿 x 轴投影得 $a_{\mathrm{a}}\cos 30^\circ = a_{\mathrm{e}}^{\mathrm{t}} + a_{\mathrm{C}}$

其中：$a_{\mathrm{e}}^{\mathrm{t}} = CE\cdot\alpha_{BE} = -\dfrac{3}{16}r\omega^2$，$a_{\mathrm{C}} = 2\omega_{BE}v_{\mathrm{r}} = 2\cdot\dfrac{\sqrt{3}}{4}\omega\cdot\dfrac{1}{4}r\omega = \dfrac{\sqrt{3}}{8}r\omega^2$

即得 $a_{\mathrm{a}} = \dfrac{(2-\sqrt{3})}{8}r\omega^2$

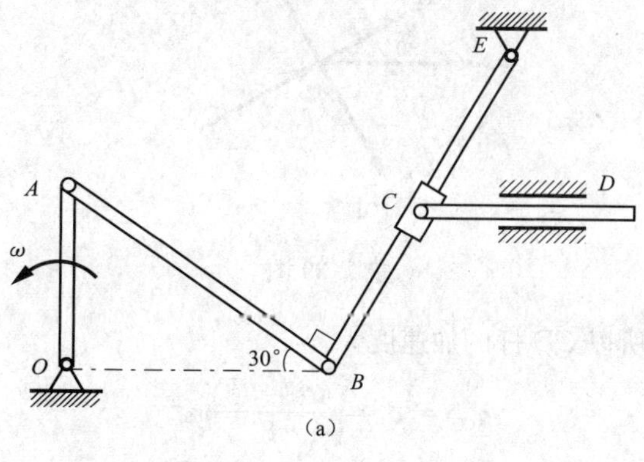

题 7-39 图

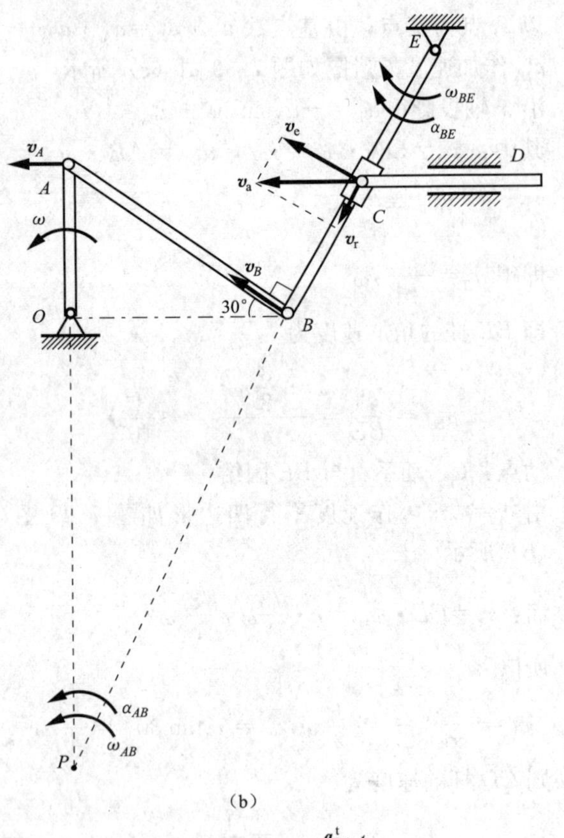

(b)

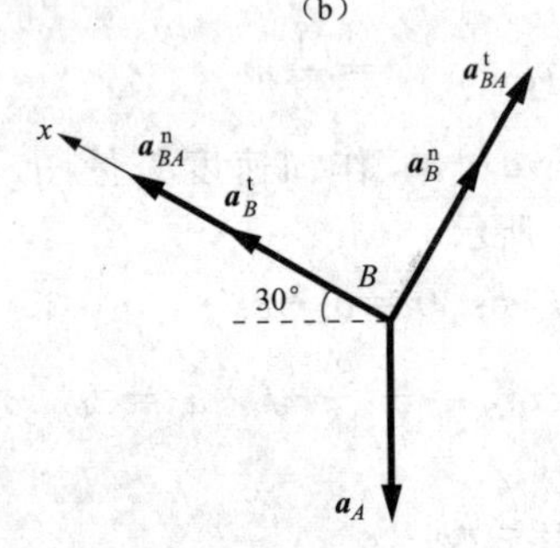

(c)

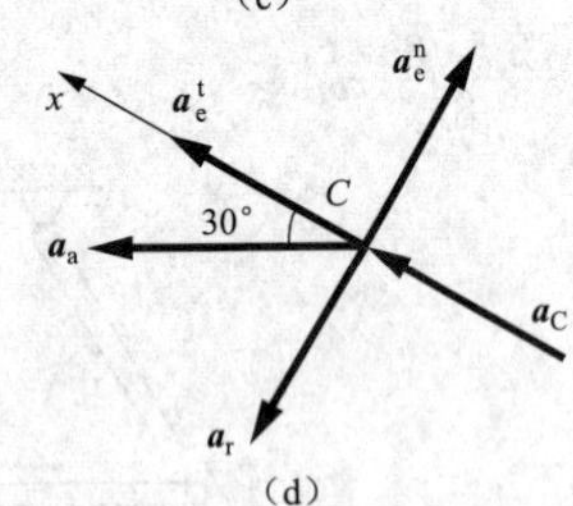

(d)

题 7-39 图

所以 CD 杆的加速度为

$$a_{CD}=a_a=\frac{(2-\sqrt{3})}{8}r\omega^2$$

7-40　题 7-40 图（a）所示平面机构，已知半径 $r=1$ m 的轮子，沿水平直线轨道作纯滚动，轮心具有匀加速度 $a_C=0.5$ m/s²，借助于铰接在轮缘 A 点上的滑块，带动杆 OB 绕垂直图面的轴 O 转动，在初瞬时（$t=0$）轮处于静止状态，当 $t=3$ s 时机构的位置如图。试求在此瞬时杆 OB 的角速度和角加速度。

解： 轮 C 作纯滚动，则 P 点是轮 C 的瞬心，且初瞬时（$t=0$）轮 C 处于静止状态，故有 $t=3$ s 时，轮心 C 点的速度为

$$v_C=a_C\cdot t=0.5\times 3=1.5(\text{m/s})$$

所以轮 C 的角速度为

$$\omega_C=\frac{v_C}{CP}=1.5\ \text{rad/s}$$

机构的速度分析如题 7-40 图（b）所示,，故有 A 点的速度为

$$v_A=2v_C=3\ \text{m/s}$$

而轮心 C 点的加速度为

$$a_C=0.5\ \text{m/s}^2$$

所以轮 C 的角加速度为

$$\alpha_C=\frac{a_C}{CP}=0.5\ \text{rad/s}^2$$

动点：A，动系：与 OB 固结

由 $\boldsymbol{v}_a=\boldsymbol{v}_e+\boldsymbol{v}_r$ 作速度平行四边形如题 7-40 图（b）所示

而：$v_a=v_A=3$ m/s

所以

$$v_e=v_r=v_a\cos 45°=\frac{3}{2}\sqrt{2}\ \text{m/s}$$

则 OB 杆的速度为

$$\omega_{OB}=\frac{v_e}{OA}=\frac{\frac{3}{2}\sqrt{2}}{2\sqrt{2}}=0.75\ (\text{rad/s})$$

以 C 点为基点，由基点法得 $\boldsymbol{a}_A=\boldsymbol{a}_C+\boldsymbol{a}_{CA}^t+\boldsymbol{a}_{CA}^n$，再由加速度合成定理得 $\boldsymbol{a}_A=\boldsymbol{a}_a=\boldsymbol{a}_e^t+\boldsymbol{a}_e^n+\boldsymbol{a}_r+\boldsymbol{a}_C$，故有 $\boldsymbol{a}_C+\boldsymbol{a}_{CA}^t+\boldsymbol{a}_{CA}^n=\boldsymbol{a}_e^t+\boldsymbol{a}_e^n+\boldsymbol{a}_r+\boldsymbol{a}_C$，作加速度矢量图如题 7-40 图（d）所示

沿 x 轴投影得 $a_C\sin 45°+a_{AC}^t\sin 45°+a_{AC}^n\cos 45°=-a_e^t+a_C$

其中：$a_C=0.5$ m/s²，$a_{AC}^t=AC\cdot\alpha_C=0.5$ m/s²，$a_{AC}^n=AC\cdot\omega_C^2=2.25$ m/s²，

$a_C=2\omega_{OB}v_r=2\times 0.75\times\frac{3}{2}\sqrt{2}=2.25\sqrt{2}$ (m/s²)

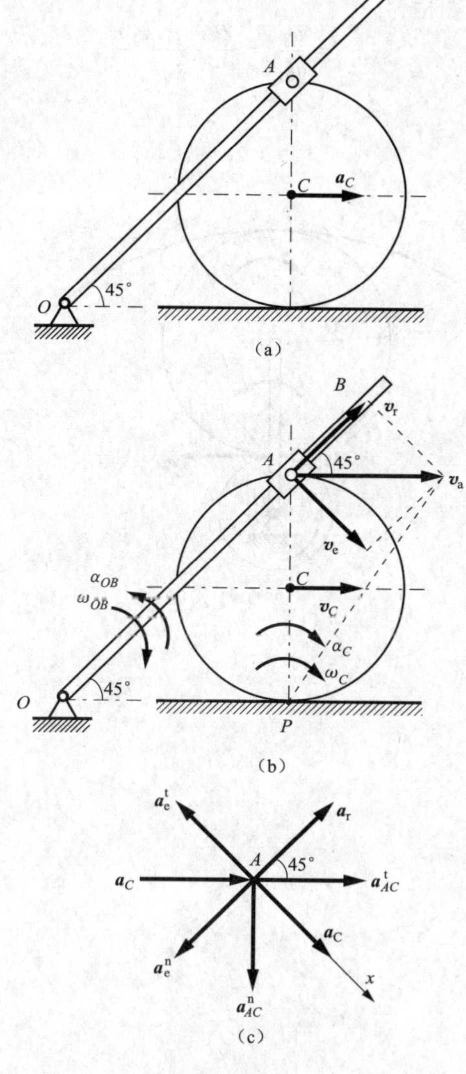

题 7-40 图

即得 $a_e^t = 0.625\sqrt{2} = 0.88\ \text{m/s}^2$

即 OB 杆的角加速度为

$$\alpha_{OB} = \frac{a_e^t}{OA} = \frac{0.625\sqrt{2}}{2\sqrt{2}} = 0.31\ (\text{rad/s}^2)$$

7-41　系杆 H 以匀角速度 ω_H 绕轴 O_1 转动，并带动行星齿轮Ⅱ沿固定齿轮Ⅰ滚动，如题 7-41 图（a）所示。已知齿轮节圆半径分别为 r_1、r_2。试求齿轮Ⅱ的绝对角速度 ω_2，以及对系杆的相对角速度 ω_{2r}。

解： 由于齿轮Ⅱ和固定齿轮Ⅰ啮合，故啮合点 P 为齿轮Ⅱ的瞬心，如题 7-41（b）所示，故有

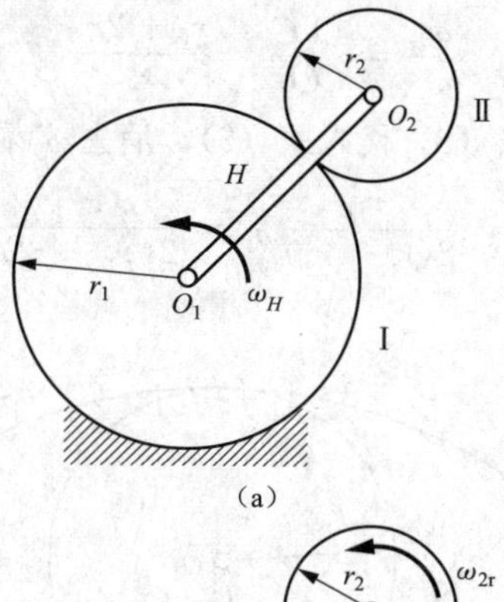

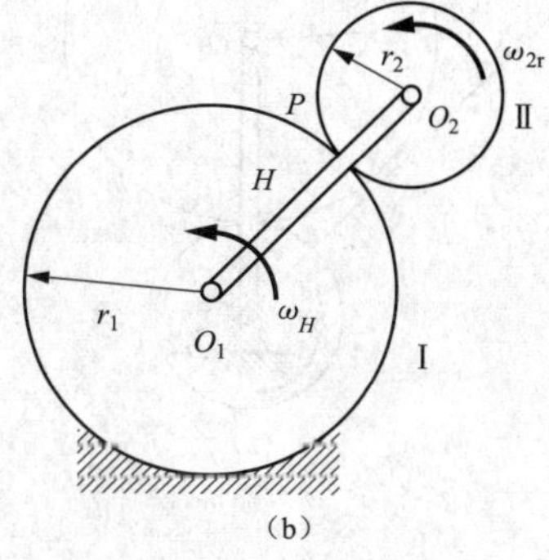

题 7-41 图

$$\frac{\omega_r}{\omega_e} = \frac{r_1}{r_2} = \frac{\omega_{2r}}{\omega_H}$$

齿轮Ⅱ相对于系杆 H 的角速度为

$$\omega_{2r} = \frac{r_1}{r_2}\omega_H$$

所以齿轮Ⅱ的绝对角速度为

$$\omega_2 = \omega_H + \omega_{2r} = \omega_H + \frac{r_1}{r_2}\omega_H = \frac{r_1 + r_2}{r_2}\omega_H$$

7-42　行星齿轮减速机构如题 7-42 图（a）所示。太阳轮 1 绕 O_1 转动，带动行星轮 2 沿固定齿圈 3 滚动，行星轮 2 带动系杆 H 绕轴 O_H 转动，从而实现了变速要求。已知各齿轮节圆半径分别为 r_1，r_2 以及 $r_3 = r_1 + 2r_2$，齿轮 1 和 2 的齿数分别为 z_1 和 z_2，当齿轮 1 以角速度 ω_1 转动时，试求系杆角速度 ω_H，以及传动比 i_{1H}。

解： 轮 2 的瞬心为 P 点，轮 1 和轮 2 的啮合点 M 的速度大小为

$$v_M = r_1\omega_1 = 2r_2\omega_2$$

$$\omega_2 = \frac{r_1\omega_1}{2r_2} \tag{1}$$

轮 2 绕轴 O 以 ω_{2r} 作相对转动，同时绕轴 O_H 以 ω_{2r} 作反向牵连转动，故有

$$\omega_2 = \omega_{2r} - \omega_H \tag{2}$$

$$\frac{\omega_{2r}}{\omega_H}=\frac{O_1C}{CO_2}=\frac{r_1+2r_2}{r_2} \qquad (3)$$

将式（1）、（3）代入式（2），消去 ω_2 和 ω_{2r} 可得

$$\omega_H=\frac{r_1}{2(r_1+r_2)}\omega_1=\frac{z_1}{2(z_1+z_2)}\omega_1$$

则传动比为

$$i_{1H}=\frac{\omega_1}{\omega_H}=\frac{2(z_1+z_2)}{z_1}$$

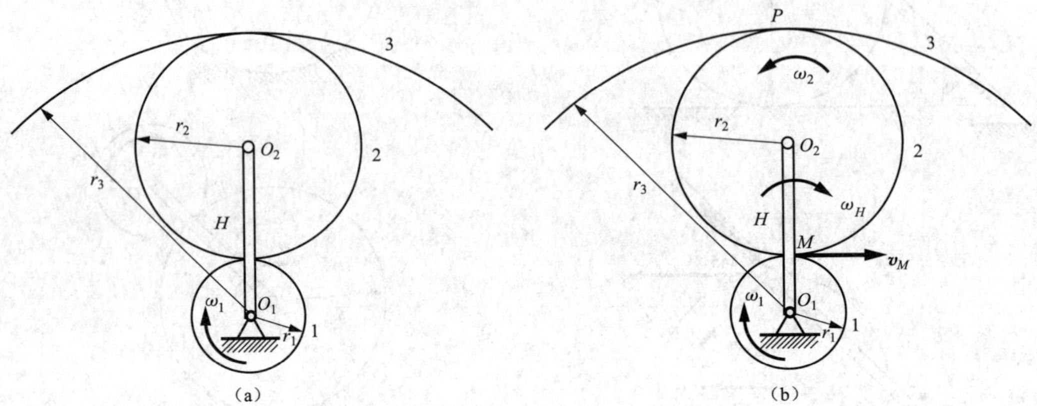

题 7-42 图

第三篇 动 力 学

第八章 质点动力学基本方程

内 容 摘 要

一、动力学的基本定律

1. 三个基本定律

(1) 牛顿第一定律（惯性定律）。不受力作用的质点，将保持静止或作匀速直线运动状态。

(2) 牛顿第二定律（力、质量与加速度之间的关系定律）。当质点受到外力作用时，质点的质量与加速度的乘积等于所受力的大小，加速度方向与作用力方向相同。当质点上受到多个力作用时，则作用在质点上的各力可用合力来代表，即

$$m\boldsymbol{a}=\sum \boldsymbol{F}$$

(3) 牛顿第三定律（力的作用与反作用定律）。两个物体间的作用力与反作用力总是大小相等、方向相反、沿同一条作用线，并分别作用在这两个物体上。这一定律既适用于平衡物体，也适用于运动的物体。

2. 质点动力学定律适用范围

质点动力学的三个基本定律适用于被研究质点的质量、时间和空间都与质点运动速度无关的参考系，这种参考系称为惯性参考系。

二、质点运动微分方程

1. 质点运动微分方程在直角坐标轴上投影形式

质点运动微分方程在直角坐标轴上投影形式为

$$m\frac{\mathrm{d}^2x}{\mathrm{d}t^2}=\sum F_{ix},\ m\frac{\mathrm{d}^2y}{\mathrm{d}t^2}=\sum F_{iy},\ m\frac{\mathrm{d}^2z}{\mathrm{d}t^2}=\sum F_{iz}$$

2. 质点运动微分方程在自然轴上投影形式

质点运动微分方程在自然轴上投影形式为

$$m\frac{\mathrm{d}v}{\mathrm{d}t}=\sum F_{it},\ m\frac{v^2}{\rho}=\sum F_{in},\ 0=\sum F_{ib}$$

3. 质点动力学的两类基本问题

(1) 一类是已知质点运动，求作用在质点上的力，简称第一类问题。

(2) 另一类是已知作用于质点的力，求质点的运动，简称第二类问题。

求解第一类问题，一般只需进行微分运算；求解第二类问题，一般要进行积分运算，属于微分方程的积分问题，应由运动的初始条件确定积分常数。另一方面还应根据力的性质，把加速度灵活地改写为相应的形式，如 $a_x=\frac{\mathrm{d}v_x}{\mathrm{d}t}$，$a_x=\frac{\mathrm{d}v_x}{\mathrm{d}x}\frac{\mathrm{d}x}{\mathrm{d}t}=v_x\frac{\mathrm{d}v_x}{\mathrm{d}x}$等，便于分离变量进行积分。

习 题 全 解

8-1 判断题

(1) 只要知道作用在质点上的力，那么质点在任一瞬间的运动状态就完全确定了。 (　　)

(2) 在惯性参考系中，不论初始条件如何变化，只要质点不受力的作用，则该质点应保持静止或等速直线运动状态。 (　　)

(3) 一个质点只要运动，就一定受力的作用，而且运动的方向就是它受力的方向。 (　　)

(4) 同一运动的质点，在不同的惯性参考系中运动，其运动的初始条件是不同。 (　　)

解：(1) × (2) √ (3) × (4) √

8-2 选择题、填空题

(1) 在题 8-2 图 (a) 所示圆锥摆中，球 M 的质量为 m，绳长为 l，若 α 角保持不变，

则小球的法向加速度为（　　）。

(A) $g\sin\alpha$　　(B) $g\cos\alpha$

(C) $g\tan\alpha$　　(D) $g\cot\alpha$

(2) 已知物体的质量为 m，弹簧的刚度系数为 k，原长为 l_0，静伸长为 δ_{st}，如题 8-2 图 (b) 所示，则对于以弹簧原长末端为坐标原点，铅直向下的坐标为 Ox，重物的运动微分方程为（　　）。

(A) $m\ddot{x}=mg-kx$

(B) $m\ddot{x}=kx$

(C) $m\ddot{x}=-kx$

(D) $m\ddot{x}=mg+kx$

(3) 求解质点动力学问题时，质点的初始条件用来（　　）。

(A) 分析力的变化规律

(B) 建立质点运动微分方程

(C) 确定积分常数

(D) 分离积分变量

(4) 三个质量相同的质点，在相同的力 $\boldsymbol{F}$ 作用下。若初始位置都在坐标原点 O，如题 8-2 图 (c) 所示，但初始速度不同，则三个质点的运动微分方程（　　）；三个质点的运动方程（　　）。

①相同　②不相同　③B、C 相同

④A、B 相同　⑤A、C 相同　⑥无法确定

(5) 已知：物体 A 重为 $P_1=20$ N，物体 B 重为 $P_2=30$ N，滑轮 C、D 不计质量，并略去各处摩擦，如题 8-2 图 (d) 所示，则绳水平段的拉力为（　　）。

(A) 30 N　　(B) 20 N

(C) 16 N　　(D) 24 N

(6) 质量 $m=2$ kg 的重物 M，挂在长 $l=0.5$ m 的细绳下端，重物受到水平冲击后获得了速度 $v_0=5$ m/s，如题 8-2 图 (e) 所示，则此时绳子的拉力等于__________。

(7) 在介质中上抛一质量为 m 的小球，已知：小球所受阻力为 $F=-kv$，若选择坐标轴 x 铅直向上，如题 8-2 图 (f) 所示，则小球的运动微分方程为__________。

解： (1) C (2) A (3) C (4) ①；② (5) D (6) 119.6 N

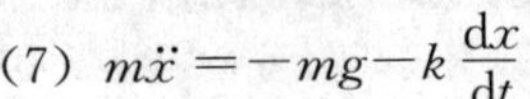

(7) $m\ddot{x}=-mg-k\dfrac{\mathrm{d}x}{\mathrm{d}t}$

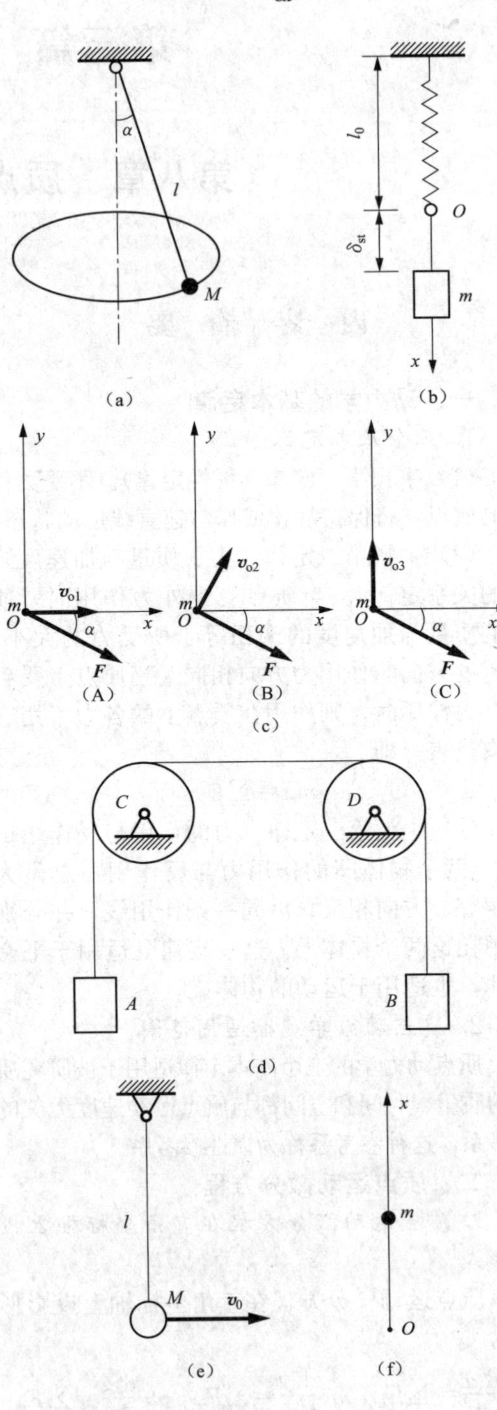

题 8-2 图

8-3 题图 8-3 所示质量为 3 kg 的滑块，沿位于铅垂面内的固定杆向下滑动，$v=3$ m/s，$\theta=30°$，在滑块上沿水平方向加一力 $\boldsymbol{F}$，力 $\boldsymbol{F}$

作用后滑块继续向下滑动 1 m 后停止。

（1）不计滑块与杆之间的摩擦，试求力 $\boldsymbol{F}$ 的大小；

（2）若滑块与杆之间的动摩擦系数 $f=0.2$，试求力 F 的大小。

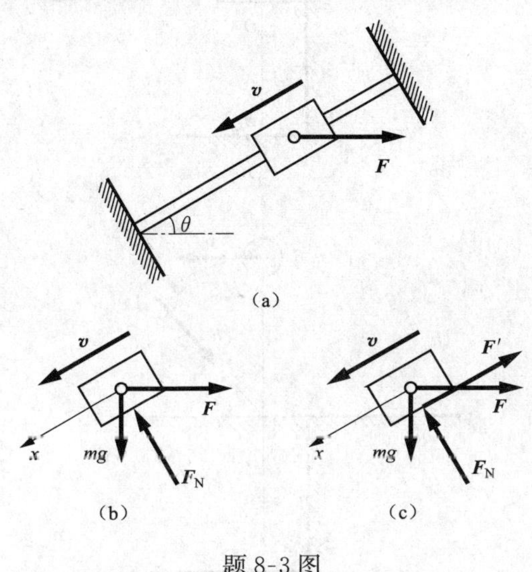

题 8-3 图

解：（1）以滑块为研究对象，其受力如题 8-3 图（b）所示。则滑块的运动微分方程为

$$ma=\sum F_x$$

$$m\frac{\mathrm{d}v}{\mathrm{d}x}\frac{\mathrm{d}x}{\mathrm{d}t}=mv\frac{\mathrm{d}v}{\mathrm{d}x}=mg\sin\theta-F\cos\theta$$

$$\int_3^0 mv\mathrm{d}v=\int_0^1(mg\sin\theta-F\cos\theta)\mathrm{d}x$$

$$\frac{1}{2}m(0^2-3^2)=(mg\sin\theta-F\cos\theta)(1-0)$$

解得

$$F=32.56\ \mathrm{N}$$

（2）以滑块为研究对象，其受力如题 8-3 图（c）所示。则滑块的运动微分方程为

$$ma=\sum F_x$$

$$m\frac{\mathrm{d}v}{\mathrm{d}x}\frac{\mathrm{d}x}{\mathrm{d}t}=mv\frac{\mathrm{d}v}{\mathrm{d}x}=mg\sin\theta-F\cos\theta-F'$$

且 $F'=fF_N=f(mg\cos\theta+F\sin\theta)$

$$\int_3^0 mv\mathrm{d}v=\int_0^1[mg\sin\theta-F\cos\theta-f(mg\cos\theta+F\sin\theta)]\mathrm{d}x$$

$$\frac{1}{2}m(0^2-3^2)=[mg\sin\theta-F\cos\theta-f(mg\cos\theta+F\sin\theta)](1-0)$$

解得

$$F=23.93\ \mathrm{N}$$

8-4　题 8-4 图（a）所示质量为 m 的物块 A 置于倾角为 α 的三棱柱体 B 上，柱体以匀加速度 a 向左运动，设物块与柱体斜面间的动摩擦系数为 f，试求物块对斜面的压力。

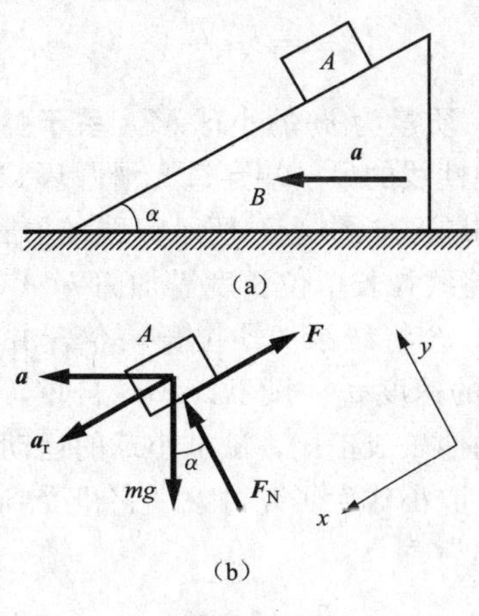

题 8-4 图

解：设物块 A 相对于三棱柱体 B 的加速度为 $\boldsymbol{a}_r$，以物块为动点，动系与三棱柱体 B 固结，则有物块 A 的绝对加速度为

$$\boldsymbol{a}_a=\boldsymbol{a}_e+\boldsymbol{a}_r=\boldsymbol{a}+\boldsymbol{a}_r$$

以物块 A 为研究对象，受力如题 8-4 图（b）所示，则由物块 A 的运动微分方程得

$$ma\sin\alpha=F_N-mg\cos\alpha$$

即得

$$F_N=m(g\cos\alpha+a\sin\alpha)$$

8-5　一质量为 m 的质点受固定中心排斥力 $F=\dfrac{\mu m}{x^2}$ 的作用，其中 μ 为常数，x 为质点到固定中心的距离。在初瞬时，$x_0=a$，$v_0=0$。试求质点运动一段路程 $s=a$ 时的速度。

解：由质点的运动微分方程得

$$m\frac{\mathrm{d}^2x}{\mathrm{d}t^2}=\frac{\mu m}{x^2}$$

$$m\frac{\mathrm{d}v}{\mathrm{d}t}=m\frac{\mathrm{d}v}{\mathrm{d}x}\frac{\mathrm{d}x}{\mathrm{d}t}=mv\frac{\mathrm{d}v}{\mathrm{d}x}=\frac{\mu m}{x^2}$$

$$v\mathrm{d}v=\frac{\mu}{x^2}\mathrm{d}x$$

积分得

$$\int_0^v v\mathrm{d}v = \int_a^{2a} \frac{\mu}{x^2}\mathrm{d}x$$

即得

$$\frac{1}{2}v^2 = -\frac{\mu}{x}\Big|_a^{2a} = -\mu\left(\frac{1}{2a}-\frac{1}{a}\right) = \frac{\mu}{2a}$$

所以质点运动一段路程 $s=a$ 时的速度为

$$v = \sqrt{\frac{\mu}{a}}$$

8-6　质量为 m 的小球 M，系于弹性线的一端，弹性线的另一端穿过光滑圆环 O 固定在 A 点，如题 8-6 图（a）所示。线的原长为 $l=OA$，每将线拉长单位长度需加力 k^2m（其中 k 是常数）。今将线沿 AB 拉长一倍，并给以与 AB 垂直的速度 v_0。设不计小球自重，线的拉力与线的伸长成正比，试求小球的运动规律。

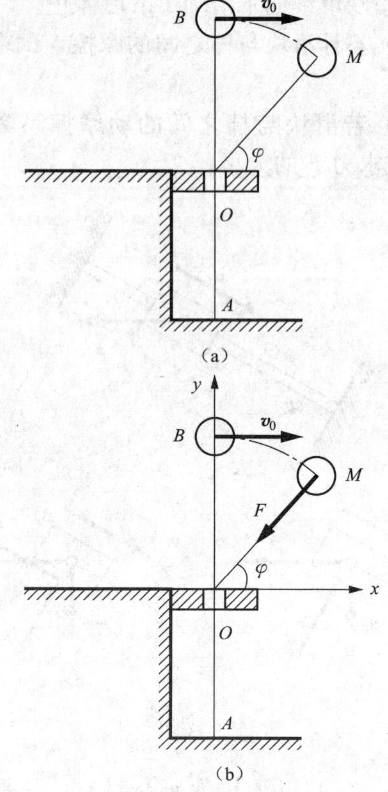

题 8-6 图

解： 取小球为研究对象。它只受到线的拉力，大小为

$$F = k^2 m\Delta l$$

方向沿线指向 O 点。其中 Δl 是线的伸长量，$\Delta l=OM$。

取坐标系如题 8-6 图（b）所示，则质点的运动微分方程为

$$m\frac{\mathrm{d}^2x}{\mathrm{d}t^2} = -F\cos\varphi = -k^2m\Delta l\cos\varphi$$

$$m\frac{\mathrm{d}^2y}{\mathrm{d}t^2} = -F\sin\varphi = -k^2m\Delta l\sin\varphi$$

由几何关系知：$\cos\varphi=\dfrac{x}{\Delta l}$，$\sin\varphi=\dfrac{y}{\Delta l}$，代入方程得

$$\frac{\mathrm{d}^2x}{\mathrm{d}t^2} + k^2x = 0$$

$$\frac{\mathrm{d}^2y}{\mathrm{d}t^2} + k^2y = 0$$

该方程是二阶常系数线性常微分方程，其通解为

$$x = A\cos kt + B\sin kt, y = C\cos kt + D\sin kt$$

而初始条件为：$t=0$ 时，$x_0=0$，$\left.\dfrac{\mathrm{d}x}{\mathrm{d}t}\right|_{t=0}=v_0$；$y_0=l$，$\left.\dfrac{\mathrm{d}y}{\mathrm{d}t}\right|_{t=0}=0$

即可得

$$A = 0, B = \frac{v_0}{k}, C = l, D = 0$$

故有小球的运动规律

$$x = \frac{v_0}{k}\sin kt, y = l\cos kt$$

消去时间 t，得到小球的运动轨迹方程

$$\frac{k^2x^2}{v_0^2} + \frac{y^2}{l^2} = 1$$

即为小球 M 作椭圆曲线运动

8-7　物块 A 和 B 的质量均为 m，以细杆 AB 光滑铰接，置于光滑的水平和铅垂面上，如题 8-7 图（a）所示。如果不计细杆的质量，在 $\theta=60°$时静止自由释放，试求此瞬时杆 AB 所受的力。

解： 杆 AB 不计自重，故其受力相当于二力构件，设其受压。

以物块 A 为研究对象，受力如题 8-7 图（b）所示，则由质点运动微分方程有

$$ma_A = mg - F\sin\theta \tag{1}$$

以物块 B 为研究对象，受力如题 8-7 图（c）所示，则由质点运动微分方程有

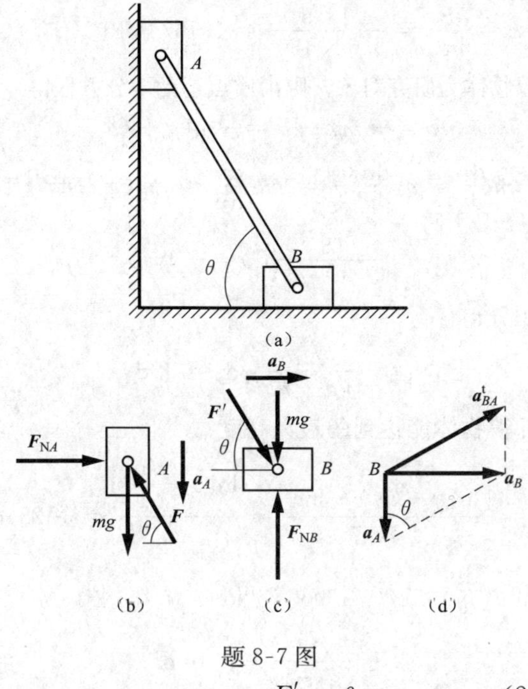

题 8-7 图

$$ma_B = F'\cos\theta \qquad (2)$$

且满足：$F=F'$

以 A 为基点，则有 $\boldsymbol{a}_B=\boldsymbol{a}_A+\boldsymbol{a}_{BA}^{t}$（$a_{BA}^{n}=AB\cdot\omega_{AB}^{2}=0$），加速度矢量图如题 8-7 图（d）所示，则有

$$a_B = a_A\tan\theta \qquad (3)$$

联立式（1）、（2）、（3）即可得

$$F=\frac{\sqrt{3}}{2}mg(\text{压})$$

8-8　跑车通过长为 l 的绳索 OA 吊着质量为 m 的重物 A 以匀速度 v_0 沿水平方向运动，如题 8-8 图（a）所示。由于突然刹车，重物因惯性绕悬挂点 O 向前摆动，试求刹车前和刹车后绳子的拉力。

解：以重物 A 为研究对象，并视为质点，刹车前，重物 A 作匀速直线运动，由平衡条件可知刹车前绳子的拉力为

$$F_0 = mg$$

刹车后，重物 A 将沿以 O 为圆心，l 为半径的圆弧摆动，设重物在任意位置时与铅垂线的夹角为 φ，其受力如题 8-8 图（b）所示，则由质点的运动微分方程得

$$ma_t=-mg\sin\varphi \qquad (1)$$

$$ma_n= F-mg\cos\varphi \qquad (2)$$

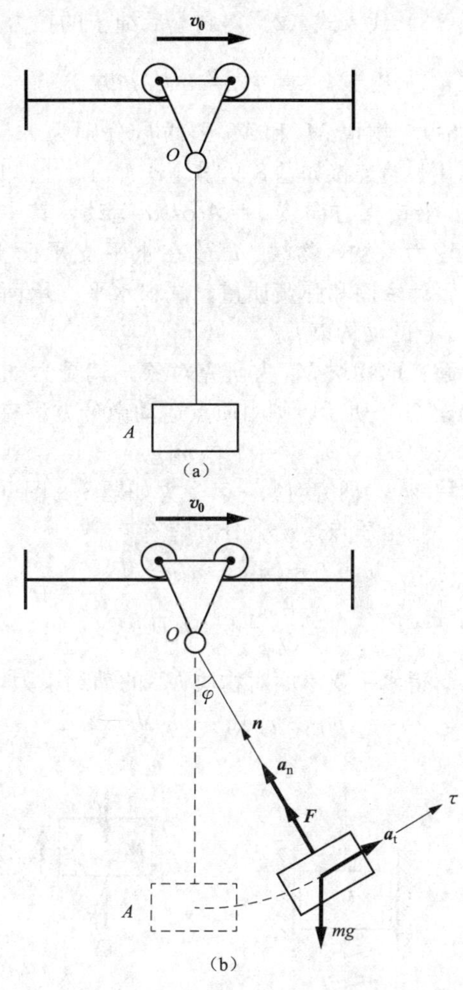

题 8-8 图

且满足：$a_t=l\ddot{\varphi}$，$a_n=l\dot{\varphi}^2$

故有式（1）为

$$ml\ddot{\varphi}=ml\frac{d\dot{\varphi}}{dt}=ml\frac{d\dot{\varphi}}{d\varphi}\frac{d\varphi}{dt}$$

$$=ml\dot{\varphi}\frac{d\dot{\varphi}}{d\varphi}=-mg\sin\varphi$$

$$\dot{\varphi}d\dot{\varphi}=-\frac{g}{l}\sin\varphi d\varphi$$

积分得

$$\int_{\dot{\varphi}_0}^{\dot{\varphi}}\dot{\varphi}d\dot{\varphi}=\int_0^{\varphi}-\frac{g}{l}\sin\varphi d\varphi$$

$$\dot{\varphi}^2=\frac{2g}{l}(\cos\varphi-1)+\dot{\varphi}_0^2 \qquad (3)$$

而 $\dot{\varphi}_0=\dfrac{v_0}{l}$

将式（3）代入式（2）得刹车后绳子的拉力为

$$F = \left(3\cos\varphi - 2 + \frac{v_0^2}{gl}\right)mg$$

8-9　物块 M_1 和 M_2 的质量分别为 m_1 和 m_2，用弹簧连接如题 8-9 图（a）所示。已知物块 M_1 沿铅直方向按 $x=A\cos kt$ 运动，其中 A 和 k 均为常数；物块 M_2 放在水平支承面上。如果不计摩擦和弹簧质量，试求水平支承面对物块 M_2 的动约束力。

解： 取物块 M_1 为研究对象，其受力如题 8-9 图（b）所示，则由质点运动微分方程有

$$m_1 a_1 = F - m_1 g \tag{1}$$

取物块 M_2 为研究对象，其受力如题 8-9 图（c）所示，则由质点运动微分方程有

$$m_2 \cdot 0 = F_N - m_2 g - F' \tag{2}$$

其中 $F=F'$，$a_1=\dfrac{d^2x}{dt^2}=-Ak^2\cos kt$

联立解得水平支承面对物块 M_2 的动约束力

$$F_N = (m_1+m_2)g - m_1 Ak^2\cos kt$$

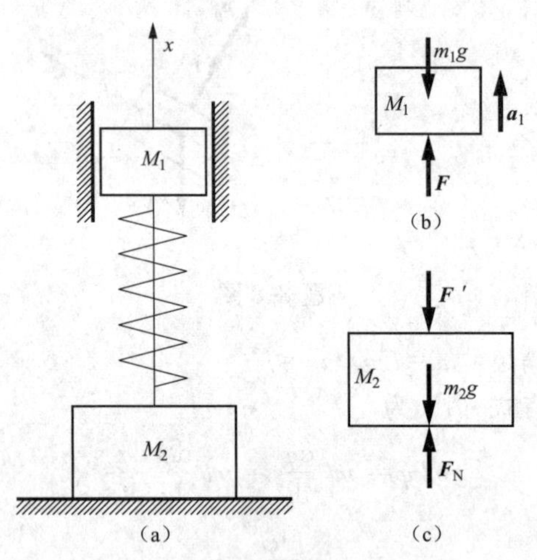

题 8-9 图

8-10　质量为 3.6 kg 的物体铅直向上抛射，空气阻力随速度的变化规律为 $F=kmv^2$，当 $v=180$ m/s 时，$F=13.5$ N。若铅直向上的初速度 $v_0=300$ m/s，忽略高度对空气阻力和地球引力的影响。试求该物体能达到的最大高度及所需时间。

解： 空气阻力随速度的变化规律为 $F=kmv^2$，且当 $v=180$ m/s 时，$F=13.5$ N，则有

$$k = \frac{F}{mv^2} = \frac{13.5}{3.6\times 180^2} = 1.157\times 10^{-4}(\text{m}^{-1})$$

以物体为研究对象，则由质点运动微分方程得

$$ma = -mg - F = -m(g+kv^2)$$

$$m\frac{dv}{dt} = m\frac{dv}{dy}\frac{dy}{dt} = mv\frac{dv}{dy} = -m(g+kv^2)$$

$$\frac{v}{(g+kv^2)}dv = -dy$$

积分得

$$\int_{v_0}^{0} -\frac{v}{(g+kv^2)}dv = \int_0^h dy$$

即得物体能达到的最大高度

$$h = \frac{[\ln(g+kv_0^2) - \ln g]}{2k} = \frac{\ln\left(1+\frac{kv_0^2}{g}\right)}{2k} = 3\,128\text{ m}$$

由 $m\dfrac{dv}{dt}=-m(g+kv^2)$ 可得

$$-\frac{1}{(g+kv^2)}dv = dt$$

积分得

$$\int_{v_0}^{0} -\frac{1}{(g+kv^2)}dv = \int_0^t dt$$

即得物体能达到的最大高度时所需时间

$$t = \frac{(kg)^{-1/2}}{\tan\left[v_0\left(\frac{k}{g}\right)^{1/2}\right]} = 23.8\text{ s}$$

8-11　小球质量为 m，悬挂于长为 l 的细绳上，绳重不计。小球在铅垂面内摆动时，在最低处的速度为 v；摆到最高处时，绳与铅垂线夹角为 φ，如题 8-11 图（a）所示，试求小球在最低与最高位置时绳的拉力。

解： 取小球为研究对象，在最低位置时受力如题 8-11 图（b）所示，且有法向加速度 $a_n=v^2/l$，则由质点运动微分方程沿法向的投影式得

$$ma_n = F_{T1} - mg$$

即得小球在最低位置时绳的拉力为

$$F_{T1} = m\left(g+\frac{v^2}{l}\right)$$

小球在最高位置时受力如题 8-11 图（c）所示，且有法向加速度 $a_n=0$，则由质点运动微分方程沿法向的投影式得

$$ma_n = F_{T2} - mg\cos\varphi$$

即得小球在最高位置时绳的拉力为

$$F_{T2} = mg\cos\varphi$$

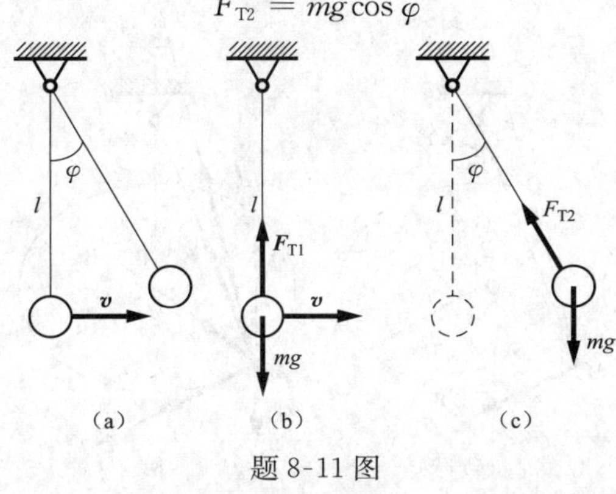

题 8-11 图

8-12　设质量为 m 的质点 M 在平面 Oxy 内运动，如题 8-12 图（a）所示，已知：其运动方程为 $x=a\cos\omega t$，$y=b\sin\omega t$，试求作用在质点上的力 $\boldsymbol{F}$。

解： 以质点 M 为研究对象，建立运动方程消去时间 t，得

$$\frac{x^2}{a^2}+\frac{y^2}{b^2}=1$$

质点 M 作椭圆运动。将运动方程对时间 t 求二阶导数得

$$\ddot{x}=-a\omega^2\cos\omega t,\ddot{y}=-b\omega^2\sin\omega t$$

代入质点的运动微分方程得

$$m\ddot{x}=F_x \Rightarrow F_x=-ma\omega^2\cos\omega t$$

$$m\ddot{y}=F_y \Rightarrow F_y=-mb\omega^2\sin\omega t$$

所以有

$$\begin{aligned}\boldsymbol{F}&=F_x\boldsymbol{i}+F_y\boldsymbol{j}=-ma\omega^2\cos\omega t\boldsymbol{i}-mb\omega^2\sin\omega t\boldsymbol{j}\\&=-m\omega^2(a\cos\omega t\boldsymbol{i}+b\sin\omega t\boldsymbol{j})\\&=-m\omega^2(x\boldsymbol{i}+y\boldsymbol{j})\\&=-m\omega^2\boldsymbol{r}\end{aligned}$$

即力 $\boldsymbol{F}$ 与矢径 $\boldsymbol{r}$ 共线反向，其大小正比于矢径 $\boldsymbol{r}$ 的大小，方向恒指向椭圆中心，如题 8-12 图（b）所示。

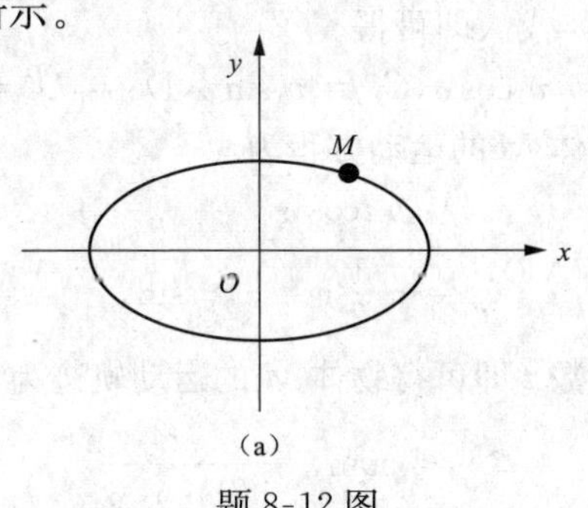

题 8-12 图

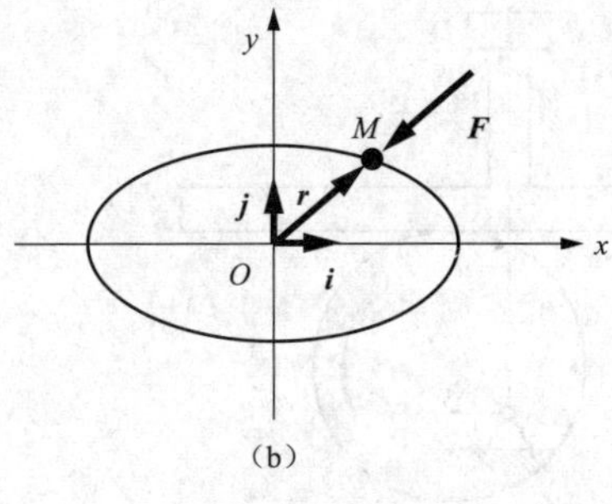

题 8-12 图

8-13　题 8-13 图（a）所示半径为 R 的偏心轮以匀角速度 ω 绕 O 轴转动，推动导板 ABD 沿铅垂轨道作平移。已知偏心距 $OC=e$，开始时 OC 沿水平线。若在导板顶部 D 处放有一质量为 m 的物块。试求：

（1）导板对物体的最大约束反力及此时偏心 C 的位置。

（2）欲使物块不离开导板角速度 ω 的最大值。

解： 取固定坐标系如题 8-13 图（b）所示，则挺杆上与偏心轮的接触点的纵坐标为

$$y=R+e\cos\omega t$$

所以挺杆的加速度为

$$\ddot{y}=-e\omega^2\cos\omega t$$

此即为挺杆连同滑块一起的加速度。

取物块为研究对象，在它不离开挺杆时，受力如题 8-13 图（c）所示，则由质点运动微分方程有

$$ma=m\ddot{y}=F_N-mg$$

即得

$$F_N=mg-me\omega^2\cos\omega t$$

所以 C 点在最左端时，导板对物体有最大约束力为

$$F_{N,\max}=m(g+e\omega^2),$$

要使得物块不离开挺杆，必须满足 F_N 的最小值大于零，亦即

$$F_{N,\min}=mg-me\omega^2>0$$

故有

$$\omega<\sqrt{\frac{g}{e}}$$

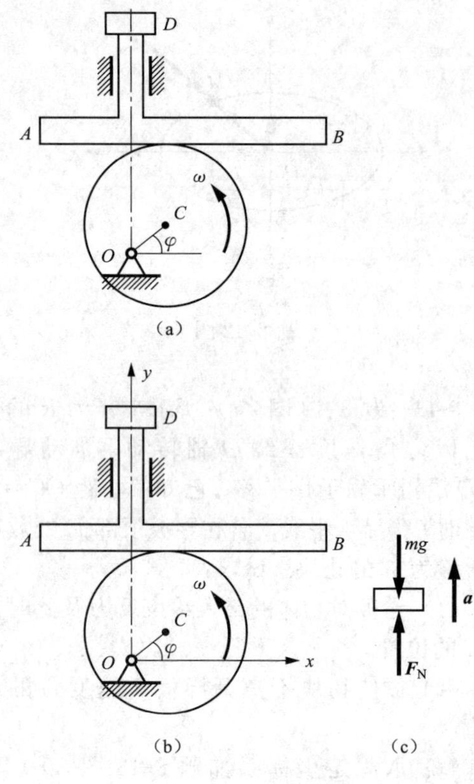

题 8-13 图

即物块不离开导板角速度 ω 的最大值为

$$\omega_{\max} = \sqrt{\frac{g}{e}}$$

8-14　质量为 1 kg 的小球 M，用两绳系住，两绳的另一端分别连接在固定点 A、B，如题 8-14 图（a）所示。已知小球以速度 $v=2.5$ m/s 在水平面内作匀速圆周运动，圆的半径 $r=0.5$ m，试求两绳的拉力。

解：以小球为研究对象，建立自然坐标系，受力如题 8-14 图（b）所示。小球在水平面内作匀速圆周运动，则有

$$a_t = 0, a_n = \frac{v^2}{r} = 12.5 \text{ m/s}^2$$

则由质点运动微分方程得

$$ma_n = \sum F_n \Rightarrow m\frac{v^2}{r} = F_A \sin 45° + F_B \sin 60°$$

$$ma_b = \sum F_b \Rightarrow 0 = F_A \cos 45° + F_B \cos 60° - mg$$

即得

$$F_A = 8.65 \text{ N}, F_B = 7.38 \text{ N}$$

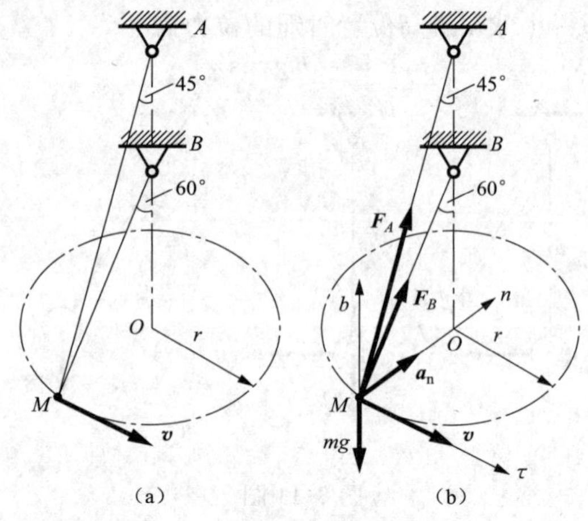

题 8-14 图

8-15　题图 8-15 图（a）所示，从某处抛射一质量为 m 物体 M，已知初速度为 v_0，抛射角为 α，如不计空气阻力，试求物体在重力单独作用下的运动规律。

解：将物体 M 视为质点，以初始位置为坐标原点 O，建立坐标系 Oxy，质点 M 受力如题 8-15 图（b）所示。则由质点运动微分方程得

$$m\frac{d^2x}{dt^2} = 0$$

$$m\frac{d^2y}{dt^2} = -mg$$

一次积分得

$$\frac{dx}{dt} = C_1$$

$$\frac{dy}{dt} = -gt + C_2$$

二次积分得

$$x = C_1 t + D_1$$

$$y = -\frac{1}{2}gt^2 + C_2 t + D_2$$

当 $t=0$ 时，$x_0 = y_0 = 0$，$v_{0x} = v_0 \cos\alpha$，$v_{0y} = v_0 \sin\alpha$，代入即可得

$$C_1 = v_0 \cos\alpha, C_2 = v_0 \sin\alpha, D_1 = D_2 = 0$$

故有物体 M 的运动方程为

$$x = v_0 t\cos\alpha$$

$$y = -\frac{1}{2}gt^2 + v_0 t\sin\alpha$$

消去参数 t 即可得物体 M 的运动轨迹为

$$y = x\tan\alpha - \frac{gx^2}{2v_0^2\cos^2\alpha}$$

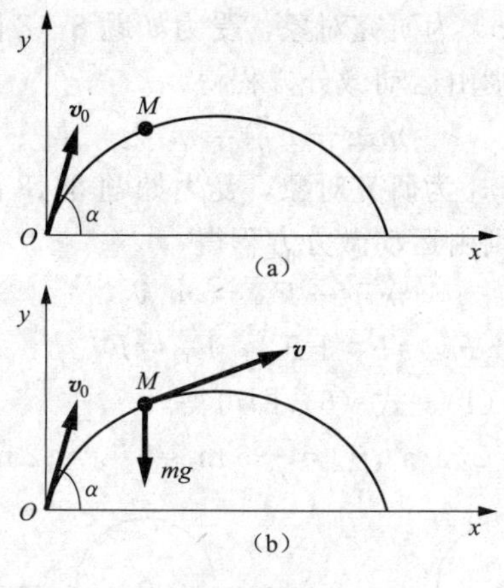

题 8-15 图

8-16　题 8-16 图（a）所示，在重力作用下以仰角 α，初速度 v_0 抛射出一质量为 m 物体 M。假设空气阻力与速度成正比，方向与速度方向相反，即 $F=\quad Cv$，C 为阻力系数。试求抛射体的运动方程。

解： 以物体为研究对象，将其视为质点。建立坐标，在任一位置质点受力如题 8-16 图（b）所示。则由直角坐标形式的质点运动微分方程得

$$m\frac{\mathrm{d}^2x}{\mathrm{d}t^2}=-F\cos\theta=-Cv\cos\theta$$

$$m\frac{\mathrm{d}^2y}{\mathrm{d}t^2}=-F\sin\theta-mg=-Cv\sin\theta-mg$$

而 $\frac{\mathrm{d}x}{\mathrm{d}t}=v_x=v\cos\theta$，$\frac{\mathrm{d}y}{\mathrm{d}t}=v_y=v\sin\theta$

将它们代入运动微分方程，并令 $\mu=\frac{C}{m}$，则有

$$\frac{\mathrm{d}^2x}{\mathrm{d}t^2}+\mu\frac{\mathrm{d}x}{\mathrm{d}t}=0$$

$$\frac{\mathrm{d}y}{\mathrm{d}t}+\mu\frac{\mathrm{d}y}{\mathrm{d}t}=-g$$

这是两个独立的线性二阶常系数常微分方程，由常微分方程理论可知，它们的解为

$$x=C_1+C_2e^{-\mu t},y=D_1+D_2e^{-\mu t}-\frac{g}{\mu}t$$

求导得

$$v_x=-C_2\mu e^{-\mu t},v_y=-D_2\mu e^{-\mu t}-\frac{g}{\mu}$$

当 $t=0$ 时，$x_0=0$，$y_0=0$；$v_{x_0}=v_0\cos\alpha$，$v_{y_0}=v_0\sin\alpha$，代入以上四式得

$$C_1=-C_2=\frac{v_0\cos\alpha}{\mu},D_1=-D_2=\frac{v_0\sin\alpha+g/\mu}{\mu}$$

所以有质点的运动方程为

$$x=\frac{v_0\cos\alpha}{\mu}(1-e^{-\mu t})$$

$$y=\frac{v_0\sin\alpha+g/\mu}{\mu}(1-e^{-\mu t})-\frac{g}{\mu}t$$

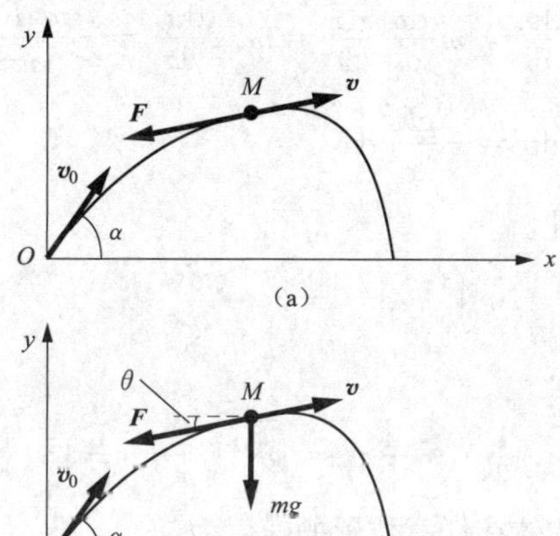

题 8-16 图

8-17　垂直于地面向上以初速度 v_0 发射一物体，试求该物体在地球引力作用下的运动速度，并求第二宇宙速度。不计空气阻力及地球自转的影响。

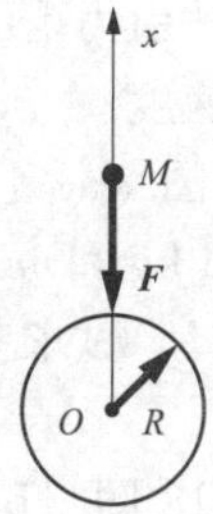

题 8-17 图

解： 以物体为研究对象，将其视为质点，建立题 8-17 图所示坐标。质点在任意位置受地球引力的大小为

$$F=G\frac{mM}{x^2}$$

由于

$$mg=G\frac{mM}{R^2}$$

所以

$$G = \frac{gR^2}{M}$$

即 $$F = \frac{mgR^2}{x^2}$$

则由质点运动微分方程得

$$m\frac{\mathrm{d}^2 x}{\mathrm{d}t^2} = -F = -\frac{mgR^2}{x^2}$$

$$m\frac{\mathrm{d}v_x}{\mathrm{d}t} = m\frac{\mathrm{d}v_x}{\mathrm{d}x}\frac{\mathrm{d}x}{\mathrm{d}t} = mv_x\frac{\mathrm{d}v_x}{\mathrm{d}x} = -\frac{mgR^2}{x^2}$$

$$v_x\mathrm{d}v_x = -\frac{gR^2}{x^2}\mathrm{d}x$$

积分得

$$\int_{v_0}^{v} v_x\mathrm{d}v_x = \int_R^x -\frac{gR^2}{x^2}\mathrm{d}x$$

即得

$$\frac{1}{2}v^2 - \frac{1}{2}v_0^2 = gR^2\left(\frac{1}{x} - \frac{1}{R}\right)$$

所以物体在任意位置的速度为

$$v = \sqrt{(v_0^2 - 2gR) + 2gR^2/x}$$

若 $v_0^2 > 2gR$，则无论 x 为多大，甚至为无限大时，速度 v 均不会为零，因此欲使物体向上发射一去不复返时必须具有的最小速度为

$$v_0^2 = 2gR$$

若取 $g=9.8\ \mathrm{m/s^2}$，$R=6\ 370\ \mathrm{km}$，代入上式得

$$v_0 = 11.2\ \mathrm{km/s}$$

这就是物体脱离地球引力范围所需的最小初速度，即为第二宇宙速度

8-18 题 8-18 图（a）所示滑轮系统，已知 $m_1=4\ \mathrm{kg}$，$m_2=1\ \mathrm{kg}$ 和 $m_3=2\ \mathrm{kg}$，滑轮和绳的质量及摩擦均不计，试求三个物体的加速度（$g=10\ \mathrm{m/s^2}$）。

解： 建立题 8-18 图（b）所示的坐标系，则有

$$y_1 + y_C = C_1$$

$$(y_2 - y_C) + (y_3 - y_C) = C_2$$

故有

$$\ddot{y}_1 + \ddot{y}_C = 0 \tag{1}$$

$$\ddot{y}_2 + \ddot{y}_3 - 2\ddot{y}_C = 0 \tag{2}$$

以物体 m_1 为研究对象，受力如题 8-18 图（c）所示，则由运动微分方程得

$$m_1 g - F_{\mathrm{T1}} = m_1\ddot{y}_1 \tag{3}$$

以物体 m_2 为研究对象，受力如题 8-18 图（c）所示，则由运动微分方程得

$$m_2 g - F_{\mathrm{T2}} = m_2\ddot{y}_2 \tag{4}$$

以物体 m_3 为研究对象，受力如题 8-18 图（c）所示，则由运动微分方程得

$$m_3 g - F_{\mathrm{T3}} = m_3\ddot{y}_3 \tag{5}$$

且满足：$F_{\mathrm{T1}} = F_{\mathrm{T2}} + F_{\mathrm{T3}}$，$F_{\mathrm{T2}} = F_{\mathrm{T3}}$ (6)

联立式（1）~式（6）即可得

$$\ddot{y}_1 = 2\ \mathrm{m/s^2}, \ddot{y}_2 = -6\ \mathrm{m/s^2}, \ddot{y}_3 = 2\ \mathrm{m/s^2}$$

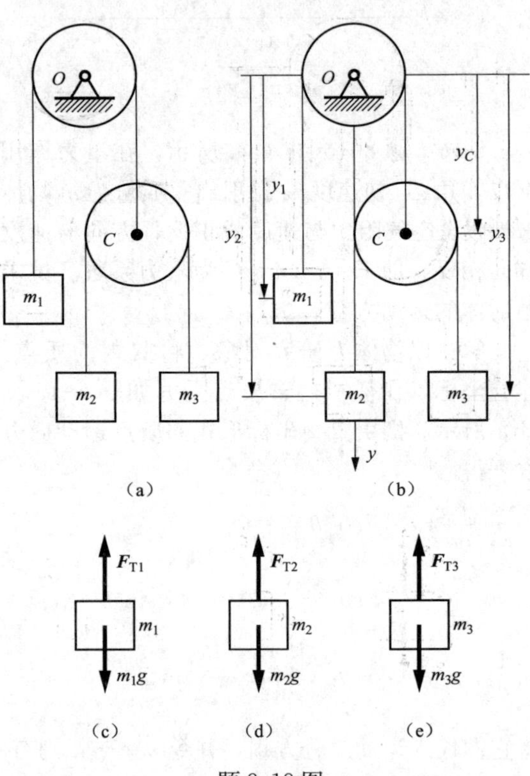

题 8-18 图

8-19 题 8-19 图（a）所示系统中，设 $m_A = m_B = m_C = m$，$\varphi = 30°$，所有接触面间的摩擦都不计，试求物体 B 相对于物体 C 和物体 A 相对于物体 B 的加速度。

解： 以物体 C 为研究对象，设其加速度为 $\boldsymbol{a}_C$，受力如题 8-19 图（b）所示，则由运动微分方程得

$$ma_x = \sum F_x \Rightarrow ma_C = F_{\mathrm{NB}}\sin\varphi \tag{1}$$

以物体 B 为研究对象，其加速度为 $\boldsymbol{a}_B = \boldsymbol{a}_C + \boldsymbol{a}_{BC}$，受力如题 8-19 图（c）所示，则由运动微分方程得

$$ma_x=\sum F_x\Rightarrow m(a_C-a_{BC}\cos\varphi)\ =-F'_{NB}\sin\varphi \quad (2)$$

$$ma_y=\sum F_y\Rightarrow ma_{BC}\sin\varphi=mg+F_{NA}-F'_{NB}\cos\varphi \quad (3)$$

以物体 A 为研究对象，其加速度为 $\boldsymbol{a}_A=\boldsymbol{a}_B+\boldsymbol{a}_{AB}=\boldsymbol{a}_C+\boldsymbol{a}_{BC}+\boldsymbol{a}_{AB}$，受力如题 8-19 图（d）所示，则由运动微分方程得

$$ma_x=\sum F_x\Rightarrow m(a_C-a_{BC}\cos\varphi-a_{AB})=0 \quad (4)$$

$$ma_y=\sum F_y\Rightarrow ma_{BC}\sin\varphi=mg-F'_{NA} \quad (5)$$

联立式（1）～（5）即可得

$$a_C=\frac{2\sqrt{3}}{7}g, a_{BC}=\frac{8}{7}g, a_{AB}=-\frac{2\sqrt{3}}{7}g$$

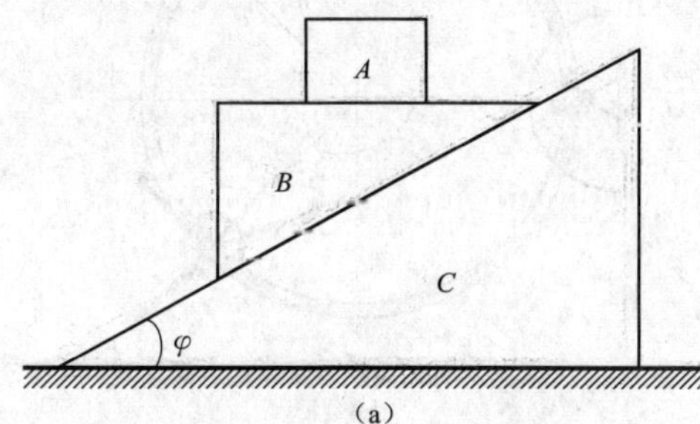

(a)

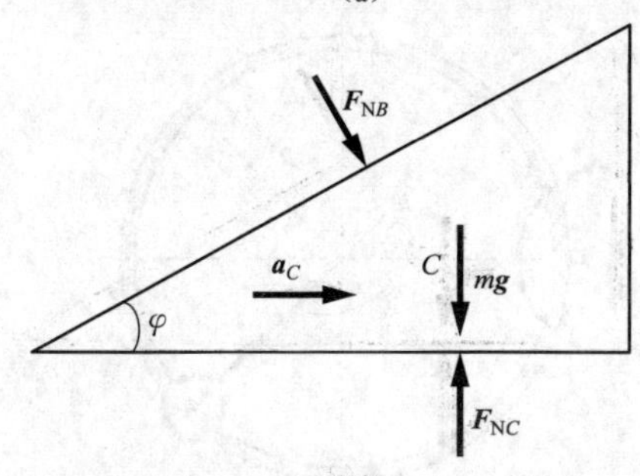

(b)

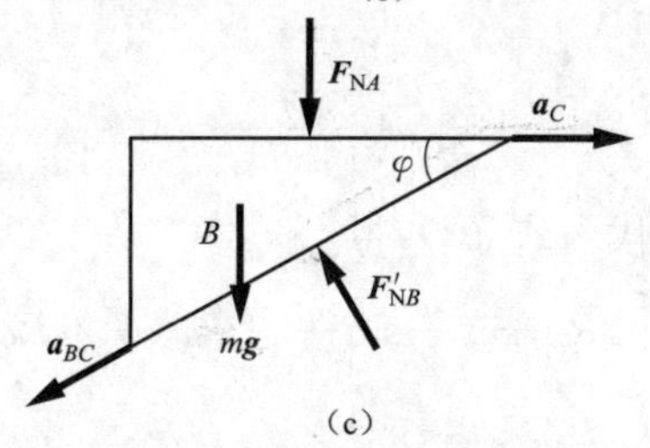

(c)

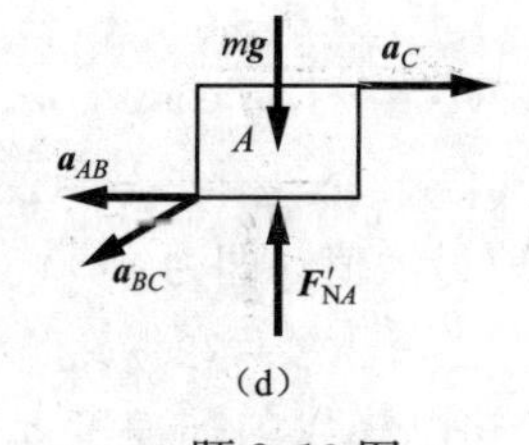

(d)

题 8-19 图

8-20　重为 $P=2\,000$ N 的小船以速度 1.5 m/s 沿直线运动，如题 8-20 图所示。设水的阻力 $F=-50v$，试求：

（1）在多少时间内船的速度减小到原来速度的二分之一？

（2）在这段时间内船航行的距离是多少？

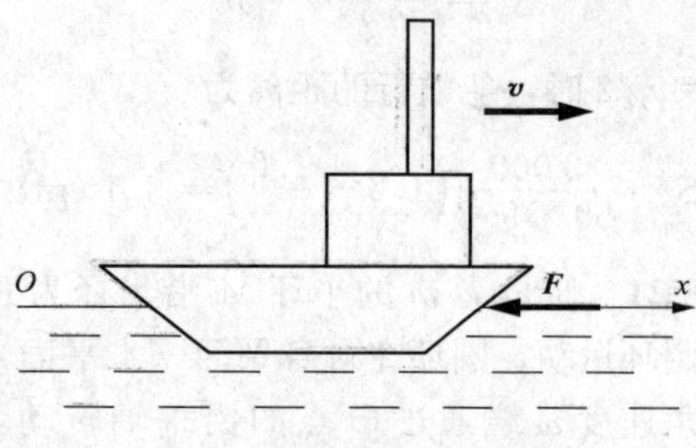

题 8-20 图

解： 取小船为研究对象，受到阻力 $\boldsymbol{F}$，船在铅垂方向重力与浮力平衡，船沿水平方向作直线运动，$t=0$ 时，初速 $v_0=1.5$ m/s，末时速度为 $v=v_0/2$。选 Ox 轴向右为正，则小船的运动微分方程为

$$\frac{P}{g}\frac{dv}{dt}=-50v$$

$$\frac{dv}{v}=-\frac{50g}{P}dt$$

积分得

$$\int_{v_0}^{v}\frac{dv}{v}=\int_0^t-\frac{50g}{P}dt$$

$$\ln\frac{v}{v_0}=-\frac{50g}{P}t$$

即得

$$t=\frac{P}{50g}\ln\frac{v_0}{v}$$

当 $v=v_0/2$ 时，所经过的时间为

$$t=\frac{P}{50g}\ln\frac{v_0}{\frac{v_0}{2}}=\frac{2\,000}{50\times 9.8}\ln 2=2.83\ (\mathrm{s})$$

因为

$$\frac{dv}{dt}=\frac{dv}{dx}\frac{dx}{dt}=v\frac{dv}{dx}$$

代入小船的运动微分方程得

$$\frac{P}{g}\cdot v\frac{dv}{dx}=-50v$$

$$\frac{P}{g}dv=-50dx$$

积分得

$$\int_{v_0}^{v}\frac{P}{g}\mathrm{d}v=\int_0^x -50\mathrm{d}x$$

$$\frac{P}{g}(v-v_0)=-50x$$

即得

$$x=\frac{P}{50g}(v_0-v)$$

当 $v=v_0/2$ 时，船航行的距离为

$$S=\frac{2\,000}{50\times 9.8}\left(1.5-\frac{1.5}{2}\right)=3.1\ (\mathrm{m})$$

8-21 质量为 m 的小环 M 沿半径为 R 的光滑圆环运动，圆环在自身平面（水平面）内以匀角速度 ω 绕通过 O 点的铅垂轴转动，如题 8-21 图（a）所示。在初瞬时，小环 M 在 M_0 处（$\varphi=90°$）且处于相对静止状态。试求小环 M 对圆环的径向压力的最大值。

解：以小环 M 为动点，动系与圆环固结，则由加速度合成定理知：

$$\boldsymbol{a}_M=\boldsymbol{a}_a=\boldsymbol{a}_e+\boldsymbol{a}_r^t+\boldsymbol{a}_r^n+\boldsymbol{a}_C$$

作加速度矢量图，如题 8-21 图（c）所示。

其中：$a_e=OM\cdot\omega^2=\left(2R\sin\dfrac{\varphi}{2}\right)\omega^2=2R\omega^2\sin\dfrac{\varphi}{2}$，

$a_r^t=R\ddot{\varphi}$，$a_r^n=R\dot{\varphi}^2$，

$$a_C=2\omega v_r=2\omega R\dot{\varphi}$$

小环 M 的受力如题 8-21 图（c）所示，则由运动微分方程得

$$ma_M^t=\sum F_t\Rightarrow m\left[-a_e\sin\left(90°-\frac{\varphi}{2}\right)+a_r^t\right]=0 \quad (1)$$

$$ma_M^n=\sum F_n\Rightarrow m\left[a_e\cos\left(90°-\frac{\varphi}{2}\right)+a_r^n+a_C\right]=F_N \quad (2)$$

由式（1）可得

$$\ddot{\varphi}=\omega^2\sin\varphi$$

$$\ddot{\varphi}=\frac{\mathrm{d}\dot{\varphi}}{\mathrm{d}t}=\frac{\mathrm{d}\dot{\varphi}}{\mathrm{d}\varphi}\frac{\mathrm{d}\varphi}{\mathrm{d}t}=\dot{\varphi}\frac{\mathrm{d}\dot{\varphi}}{\mathrm{d}\varphi}=\omega^2\sin\varphi$$

$$\dot{\varphi}\mathrm{d}\dot{\varphi}=\omega^2\sin\varphi\mathrm{d}\varphi$$

积分得

$$\int_0^{\dot{\varphi}}\dot{\varphi}\mathrm{d}\dot{\varphi}=\int_{\frac{\pi}{2}}^{\varphi}\omega^2\sin\varphi\mathrm{d}\varphi$$

$$\dot{\varphi}^2=-2\omega^2\cos\varphi \quad (3)$$

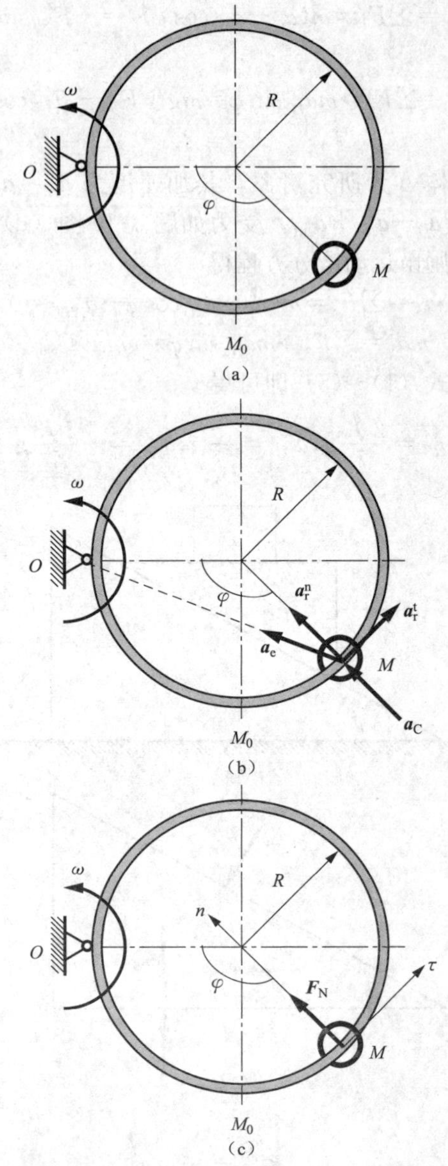

（a）（b）（c）

题 8-21 图

将式（3）代入式（2）得

$$F_N=m\left[2R\omega^2\sin\frac{\varphi}{2}\sin\frac{\varphi}{2}+R\dot{\varphi}^2+2\omega R\dot{\varphi}\right]$$

$$F_N=m\left[2R\omega^2\sin^2\frac{\varphi}{2}+R\cdot(-2\omega^2\cos\varphi)+2\omega R\cdot\sqrt{-2\omega^2\cos\varphi}\right]$$

$$F_N=mR\omega^2(1-3\cos\varphi+2\sqrt{-2\cos\varphi})$$

$\varphi=\pi$ 时，F_N 取最大值，即为

$$F_{N,\max}=2(2+\sqrt{2})mR\omega^2$$

8-22 已知电梯以匀加速度 $\boldsymbol{a}_0$ 上升，如

题 8-22 图（a）所示。试求电梯中摆长为 l 的单摆相对电梯厢的运动微分方程。

解：以单摆为研究对象，动系固结在电梯厢上。单摆在任意偏角 φ 时的受力如题 8-22 图（b）所示。

由加速度合成定理知单摆小球 M 的加速度为 $\boldsymbol{a}_M=\boldsymbol{a}_0+\boldsymbol{a}_r^t+\boldsymbol{a}_r^n$（其中：$a_r^t=l\ddot{\varphi}$），加速度矢量图如题 8-22 图（b）所示。

将质点运动微分方程 $m\boldsymbol{a}_M=\sum \boldsymbol{F}_i$ 沿单摆在动系中的轨迹切向 $\boldsymbol{\tau}$ 投影可得

$$ma_0\sin\varphi+ml\ddot{\varphi}=-mg\sin\varphi$$

对于微幅振动

$$\sin\varphi\approx\varphi$$

即得

$$\ddot{\varphi}+\frac{a_0+g}{l}\varphi=0$$

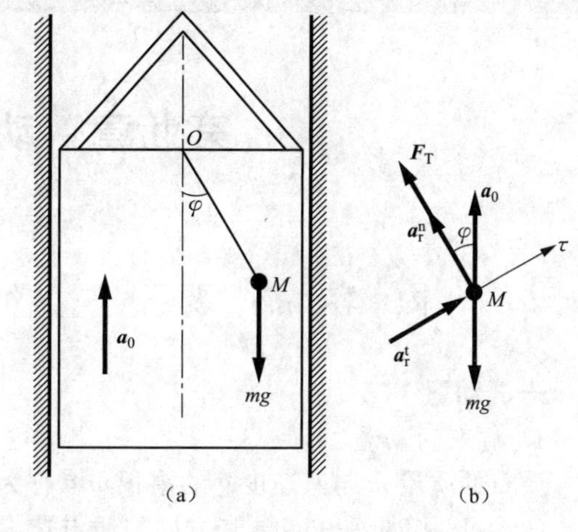

题 8-22 图

第九章　动　量　定　理

内　容　摘　要

一、动量

1. 质点的动量

质点的质量 m 与其速度 $\boldsymbol{v}$ 的乘积 $m\boldsymbol{v}$ 称为质点的动量。动量是矢量，其方向与质点速度的方向相一致。

$$\boldsymbol{p}=m\boldsymbol{v}$$

2. 质点系的动量

质点系内各质点动量的矢量和称为质点系的动量，它等于质点系的质量 m 与其质心速度 $\boldsymbol{v}_C$ 的乘积，即

$$\boldsymbol{p}=\sum m_i\boldsymbol{v}_i=m\boldsymbol{v}_C$$

二、力的冲量

表示力在一段时间内的累积效应，即

$$\boldsymbol{I}=\int_{t_1}^{t_2}\boldsymbol{F}\mathrm{d}t$$

三、动量定理

1. 质点的动量定理

质点的动量对时间的导数等于质点受到的作用力。

$$\frac{\mathrm{d}\boldsymbol{p}}{\mathrm{d}t}=\sum\boldsymbol{F}$$

2. 质点系的动量定理

质点系的动量对时间的导数，等于外力系的主矢。

$$\frac{\mathrm{d}\boldsymbol{p}}{\mathrm{d}t}=\sum_{i=1}^{n}\boldsymbol{F}_i^{(e)}$$

质点系动量定理的积分形式：在某一时间间隔内，质点系动量的改变量等于在这段时间内作用于质点系外力冲量的矢量和。

$$\boldsymbol{p}_2-\boldsymbol{p}_1=\sum\boldsymbol{I}_i^{(e)}$$

3. 质点系动量守恒定律

作用于质点系的外力的主矢恒等于零，质点系的动量保持不变。

作用在质点系的外力主矢在某一坐标轴上的投影恒等于零，则质点系的动量在该坐标轴上的投影保持不变。

四、质心运动定理

1. 质量中心

设质点系内任意质点 m_i 相对于固定点 O 的矢径为 $\boldsymbol{r}_i$，则质心 C 相对点 O 的矢径 $\boldsymbol{r}_C$ 由下式确定

$$\boldsymbol{r}_C=\frac{\sum m_i\boldsymbol{r}_i}{\sum m_i}=\frac{\sum m_i\boldsymbol{r}_i}{m}$$

在直角坐标系中的投影式为

$$x_C=\frac{\sum m_ix_i}{m},\quad y_C=\frac{\sum m_iy_i}{m},\quad z_C=\frac{\sum m_iz_i}{m}$$

2. 质心运动定理

质点系的质量与质心加速度的乘积等于作用于质点系外力的矢量和（即外力主矢）。

$$m\boldsymbol{a}_C=\sum_{i=1}^{n}\boldsymbol{F}_i^{(e)}$$

3. 质心运动守恒定律

如果作用于质点系的所有外力主矢恒等于零，则质心做匀速直线运动；若开始静止，则质心位置始终保持不变。如果作用于质点系的所有外力在某轴上投影的代数和恒等于零，则质心速度在该轴上的速度投影保持不变；若开始时速度投影等于零，则质心沿该轴的坐标保持不变。

习　题　全　解

9-1　判断题

（1）动量是瞬时量，冲量也是瞬时量。　（　）

（2）质点的动量等于力的冲量。　（　）

（3）内力不能改变质点系的动量，也不能改变质点系内各质点的动量。　（　）

（4）质点系的动量守恒时，质点系中各质点的动量也一定守恒。　（　）

（5）由质心运动定理，可以确定质点系质心的运动，也可以确定作用在质点系上的约束力。（　　）

（6）若变力的冲量为零，则变力 F 必为零。（　　）

（7）质心在 x 轴上的坐标不变的主要条件是：作用于质点系的外力在该轴上投影的代数和恒为零。（　　）

（8）刚体受一群力作用，不论各力作用点如何，此刚体质心的加速度都一样。（　　）

（9）一个刚体若动量为零，则该刚体一定处于静止状态。（　　）

解：（1）×（2）×（3）×（4）×（5）√（6）×（7）×（8）√（9）×

9-2　选择题、填空题

（1）系统在某一运动过程中，作用于系统的所有外力的冲量和的方向与系统在此运动过程中（　　）的方向相同。

（A）力

（B）动量

（C）力的改变量

（D）动量的改变量

（2）题 9-2 图（a）所示，均质圆盘 O 的质量为 $2m$，半径为 r，物体 A、B 的质量为 m，如果绳与圆盘之间不打滑，不计绳重，已知 A 的速度为 v，则整个系统的动量大小为（　　）。

（A）mv　　（B）0

（C）$2mv$　　（D）$3mv$

（3）边长为 L 的均质正方形平板，位于铅垂平面内并置于光滑水平面上，如题 9-2 图（b）所示，若给平板一微小扰动，使其从图示位置开始倾倒，平板在倾倒的过程中其质心 C 点的运动轨迹是（　　）。

（A）半径为 $\dfrac{L}{2}$ 的圆弧　　（B）抛物线

（C）椭圆曲线　　（D）铅垂直线

（4）题 9-2 图（c）所示系统，质量分别为 $m_1=m$，$m_2=2m$ 的两个小球 M_1、M_2 用长为 l 而重力不计的刚杆相连。现将 M_1 置于光滑水平面上，且 M_1M_2 与水平面成 60°角。则当无初速释放，M_2 落地时，M_1 球移动的水平距离为（　　）。

（A）$\dfrac{l}{6}$　　（B）$\dfrac{l}{4}$

（C）$\dfrac{l}{3}$　　（D）0

（5）质量均为 m 的均质细杆 AB、BC 和均质圆盘 CD 用铰链连接在一起并支承，如题 9-2 图（d）所示。已知 $AB=BC=CD=2R$，图示瞬时 A、B、C 处于同一水平线位置，而 CD 铅直，若 AB 杆以角速度 ω 转动，则图示瞬时系统的动量大小为________。

（6）题 9-2 图（e）所示系统，均质杆 OA、CD 和 AC 质量均为 m，且 $OA=CD=AC=l$，杆 OA 以角速度 ω 转动，则该瞬时 CD 杆动量的大小为________。

（7）机构如题 9-2 图（f）所示，OA 杆质量为 m，$OA=R$，以匀角速度 ω 绕 O 轴转动，AB 杆和滑块 B 的质量亦为 m，在图示瞬时 $OA\perp OB$，$\theta=30°$，则此瞬时系统的动量大小为________。

解：（1）D（2）B（3）D（4）C（5）$2mR\omega$（6）$\dfrac{\sqrt{2}}{2}ml\omega$（7）$\dfrac{5}{2}mR\omega$

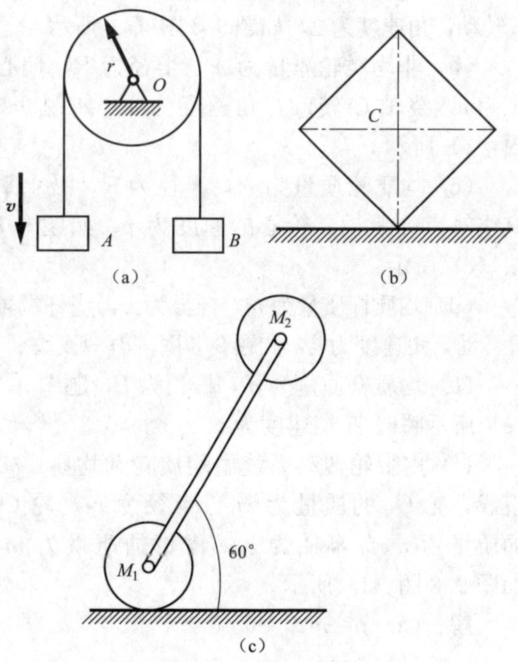

题 9-2 图

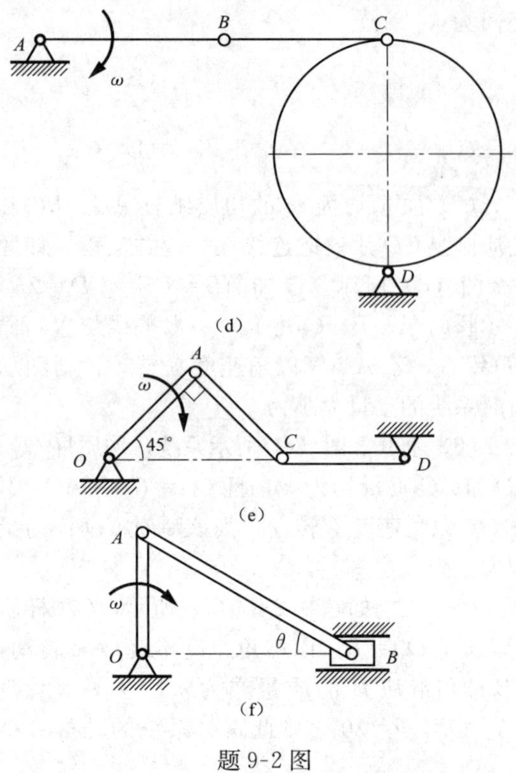

题 9-2 图

9-3 求题 9-3 图所示均质物体或物体系统的动量。

(a) 均质轮质量为 m，半径为 R，绕质心轴 C 转动，角速度为 ω，如题 9-3 图 (a) 所示。

(b) 非均质轮质量为 m，半径为 R，偏心距为 e，绕轴 O 转动，角速度为 ω，如题 9-3 图 (b) 所示。

(c) 均质轮质量为 m，半径为 R，沿水平直线轨道纯滚动，轮心的速度为 v，如题 9-3 图 (c) 所示。

(d) 均质杆质量为 m，杆长为 L，绕杆端轴 O 转动，角速度为 ω，如题 9-3 图 (d) 所示。

(e) 均质杆质量为 m，杆长为 L，题图 9-3 (e) 所示瞬时 A 端速度为 v。

(f) 皮带轮传动系统由均质轮和均质皮带组成，轮 O_1 的质量为 m_1，半径为 r_1，轮 O_2 的质量为 m_2，半径为 r_2，皮带的质量为 m，如题 9-3 图 (f) 所示。

解： (a) $p=mv_C=0$

(b) $p=mv_C=me\omega$

(c) $p=mv_C=mv$

(d) $p=mv_C=m\dfrac{L}{2}\omega=\dfrac{1}{2}mL\omega$

(e) $p=mv_C=m\dfrac{L}{2}\omega=m\dfrac{L}{2}\dfrac{v}{L\sin\varphi}$

$=\dfrac{mv}{2\sin\varphi}$

(f) $p=mv_{C1}+mv_{C2}=mv_{O1}+mv_{O2}=0$

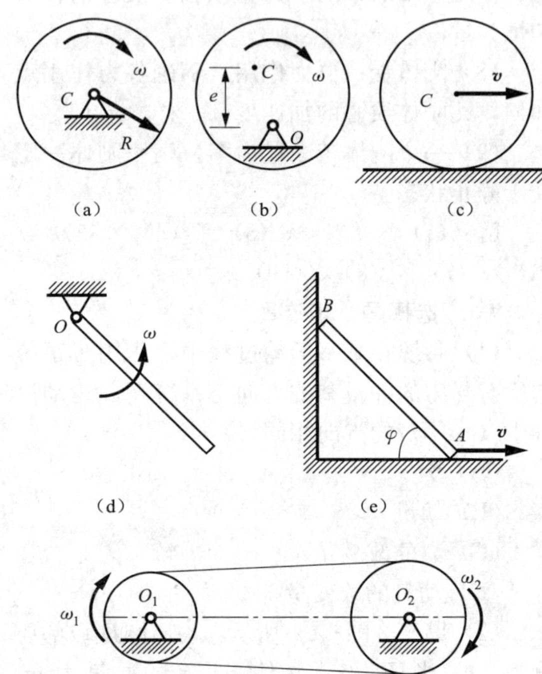

题 9-3 图

9-4 杆 OA 绕 O 轴逆时针转动，均质圆盘沿 OA 杆纯滚动。已知圆盘的质量 $m=20$ kg，半径 $R=100$ mm。在题 9-4 图 (a) 所示位置时，OA 杆的倾角为 30°，其角速度为 $\omega_1=1$ rad/s，圆盘相对 OA 杆转动的角速度 $v_2=4$ rad/s，$OB=100\sqrt{3}$ mm，试求圆盘的动量。

解： 运动分析如题 9-4 图 (b) 所示，取 C 为动点，动系与 OA 固连，则有

$$v_e=OC\cdot\omega_1=0.2\times1=0.2\ \text{m/s}$$

$$v_r=R\omega_2=0.1\times4=0.4\ \text{m/s}$$

于是 $v_C=v_a=v_r\sin60°=0.4\times\dfrac{\sqrt{3}}{2}=0.3464$ m/s

所以 $p=mv_C=20\times0.3464=6.93$ N·s，方向水平向右。

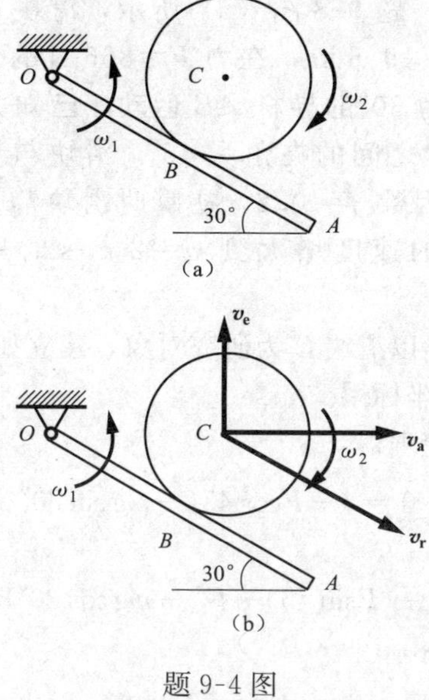

题 9-4 图

9-5　两个相同的均质杆 AB 和 AD 用铰链连接，每个杆的质量为 m，长为 L，在水平面内运动。已知铰链 A 的速度为 $\boldsymbol{u}$，两个杆的角速度为 ω，转向如题 9-5 图（a）所示。试求该瞬时系统质心的速度和系统的动量。

解： 如图题 9-5 图（b）所示，选 C_1 为动点，平动坐标系为 Axy，则有：

$$\boldsymbol{v}_a = \boldsymbol{v}_e + \boldsymbol{v}_r$$

$$\boldsymbol{v}_{C1a} = v_e - v_r = u - \omega \frac{L}{2}$$

同理：$v_{C2a} = v_e - v_r = u - \omega \dfrac{L}{2}$

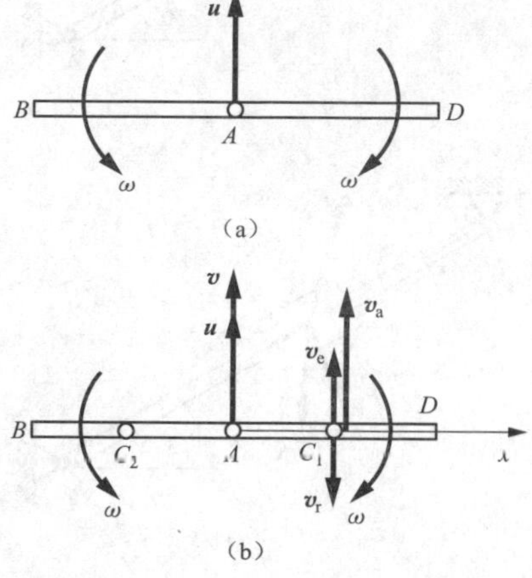

题 9-5 图

质心速度：

$$\boldsymbol{v}_C = \frac{\sum_{i=1}^{n} m_{Ci}\boldsymbol{v}_{Ci}}{\sum_{i=1}^{n} m_{Ci}} = \frac{mv_{C1a} + mv_{C2a}}{2m} = u - \omega \frac{L}{2}$$

系统动量 $p = 2mv_C = m\ (2u - \omega L)$

9-6　两均质杆 OA 和 AB 质量为 m，长为 l，铰接于 A。题 9-6 图（a）所示位置时，OA 杆的角速度为 ω，AB 杆相对 OA 杆的角速度亦为 ω。试求此瞬时系统的动量。

解： 运动分析题 9-6 图（b）所示

根据刚体系统的动量公式：$\boldsymbol{p} = m_1\boldsymbol{v}_{C1} + m_2\boldsymbol{v}_{C2}$

其中：$v_{C1} = \dfrac{l}{2}\omega$

AB 作平面运动：$v_{C2} = v_A + v_{C2A}$

$$v_{C2} = l\omega + \frac{l}{2}2\omega = 2l\omega$$

$$p = m\frac{l}{2}\omega + m2l\omega = \frac{5}{2}ml\omega$$

方向水平向右

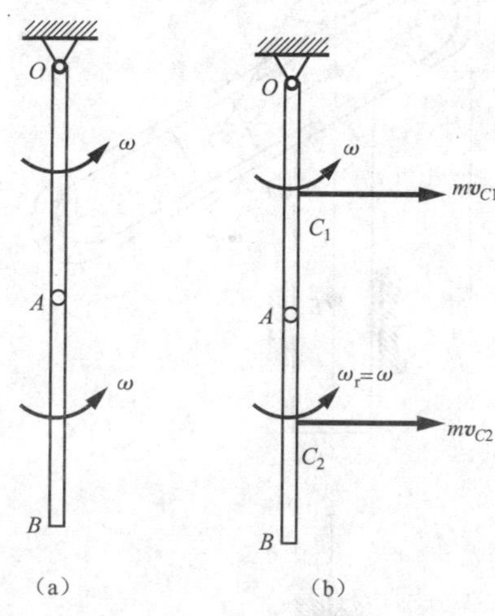

题 9-6 图

9-7　题 9-7 图（a）所示均质曲柄 OA 质量为 m_1，长为 r，以匀角速度 ω 绕 O 转动，带动质量为 m_3 的滑槽作铅垂方向运动。E 为滑槽质心，$DE = b$，滑块 A 的质量为 m_2。当 $t = 0$ 时，$\varphi = 0$。不计摩擦，试求 $\varphi = 30°$ 时：

（1）系统的动量。

（2）O 处铅垂方向的约束力。

解： 建立坐标系，如题 9-7 图（b）所示。系统质心坐标为

$$x_C = \frac{m_1 \cdot \frac{r}{2}\sin\omega t + m_2 \cdot r\sin\omega t}{m_1 + m_2 + m_3}$$

$$y_C = \frac{-m_1 \cdot \frac{r}{2}\cos\omega t - m_2 \cdot r\cos\omega t -}{m_1 + m_2 + m_3}$$

$$\frac{m_3(r\cos\omega t - r\sin\omega t \cdot \cot 60° + b)}{m_1 + m_2 + m_3}$$

将上面的 x_C 和 y_C 分别对 t 求导数，得 $\dot{x}_C$ 和 $\dot{y}_C$。当 $\varphi=30°$时，系统的动量为

$$\boldsymbol{p} = \frac{\sqrt{3}}{4}\omega r(m_1 + 2m_2)\boldsymbol{i} + \frac{1}{4}\omega r(m_1 + 2m_2 + 4m_3)\boldsymbol{j}$$

将 $\dot{y}_C$ 再对 t 求一次导数，得 $\ddot{y}_C$，由 $m\ddot{y}_C = \sum F_y^{(e)}$，当 $\varphi=30°$时，得

$$F_{Oy} = (m_1 + m_2 + m_3)g + \frac{1}{12}(3m_1 + 6m_2 + 4m_3)\sqrt{3}\omega^2 r$$

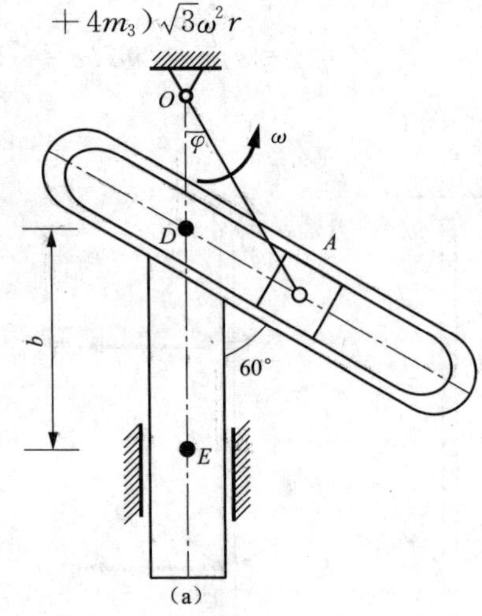

(a)

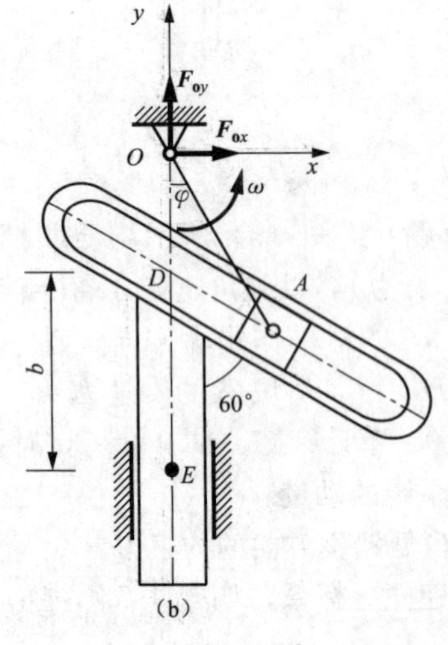

(b)

题 9-7 图

9-8　题 9-8 图（a）所示，滑块 C 的质量为 $m=19.6$ kg，在力 $F=866$ N 的作用下沿倾角为 30°的导杆 AB 运动。已知力 $\boldsymbol{F}$ 与导杆 AB 之间的夹角为 45°，滑块与导杆的动摩擦因数 $f=0.2$，初瞬时滑块静止，试求滑块的速度增大到 $v=2$ m/s 时所需的时间。

解： 以滑块 C 为研究对象，建立如题 9-8 图（b）坐标系。

由动量定理得

$$-mv - 0 = (-F\cos 45° + mg\sin 30° + F_1)t \tag{1}$$

$$0 - 0 = (-F\sin 45° + F_N + mg\cos 30°)t \tag{2}$$

由式（2）得

$$F_N = F\sin 45° - mg\cos 30°$$

从而摩擦力为

$$F_1 = fF_N = f(F\sin 45° - mg\cos 30°)$$

代入式（1），求得所需时间为

$$t = \frac{mv}{F\cos 45° - mg\sin 30° - f(F\sin 45° - mg\cos 30°)} = 0.09 \text{ s}$$

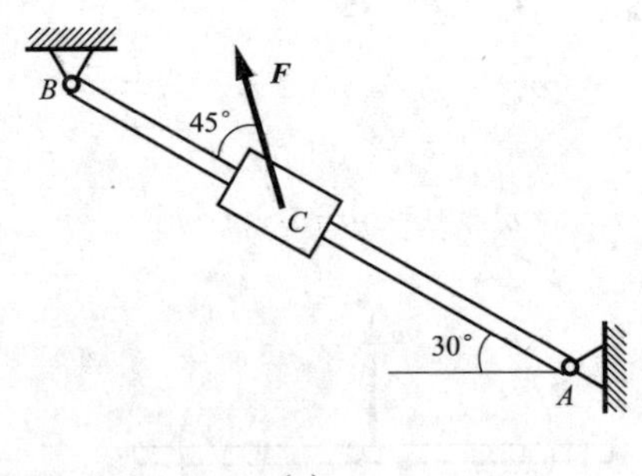

(a)

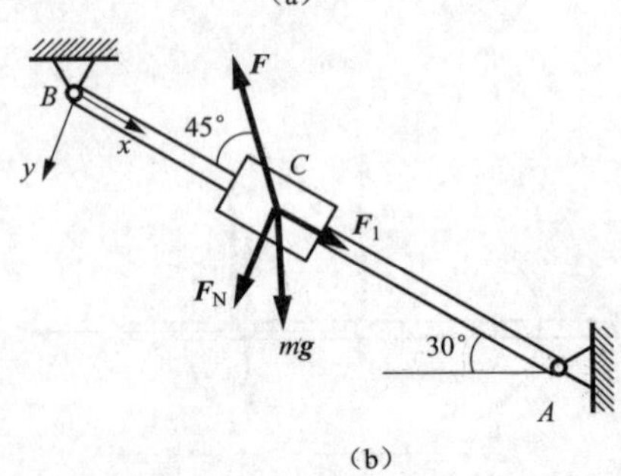

(b)

题 9-8 图

9-9　质量为 m_1 的矩形板可在题 9-9 图（a）所示的光滑平面上运动，板上有一半径为 R 的圆形凹槽，一质量为 m 的质点以相对速度 v_r 沿凹槽匀速运动。初始时，板静止，质点位于圆形凹槽的最右端（$\theta=0°$）。试求质点运动到图示位置时，板的速度、加速度及地面作用于板上的约束力。

解：（1）选择研究对象。选板和质点组成的质点系为研究对象。

（2）画受力图。画出研究对象运动一般位置时的受力图，如题 9-9 图（b）所示。

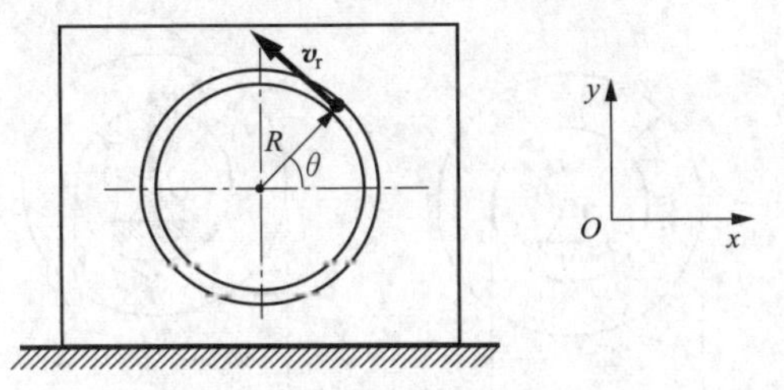

（a）

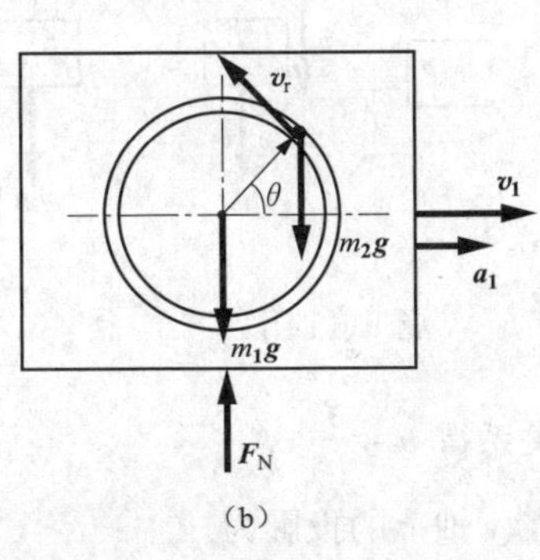

（b）

题 9-9 图

（3）应用动量定理确定板的速度和加速度。板做直线运动，设其速度为 $\boldsymbol{v}_1$，质点的绝对速度 $\boldsymbol{v}_2=\boldsymbol{v}_1+\boldsymbol{v}_r$，则系统的动量为

$$\boldsymbol{p}=[m_1v_1+m_2(v_1-v_r\sin\theta)]\boldsymbol{i}+(m_2v_r\cos\theta)\boldsymbol{j}$$
$$=p_x\boldsymbol{i}+p_y\boldsymbol{j}$$

由于 $\sum F_x^{(e)}=0$，故质点系在水平方向动量守恒，即

$$p_x=m_1v_1+m_2(v_1-v_r\sin\theta)=p_{x0}$$

根据初始条件，$t=0$ 时，$v_1=0$，$\theta=0$，所以 $p_{x0}=0$。由此可以求得板的速度为

$$v_1=\frac{m_2v_r\sin\theta}{m_1+m_2}$$

将上式对时间求一次导数，得到板的加速度：

$$a_1=\frac{\mathrm{d}v_1}{\mathrm{d}t}=\frac{m_2v_r\cos\theta}{m_1+m_2}\dot{\theta}$$

设质点在图示位置时走过的弧长为 $s=R\theta=v_rt$，则将该式对时间求一次导数，得 $\dot{\theta}=v_r/R$。将其代入加速度的表达式，得

$$a_1=\frac{\mathrm{d}v_1}{\mathrm{d}t}=\frac{m_2v_r^2\cos\theta}{(m_1+m_2)R}$$

（4）地面作用在板上的约束力。应用动量定理中的 y 方向投影式，有：

$$\frac{\mathrm{d}p_y}{\mathrm{d}t}=F_{Ry}^{(e)}$$

即　$\dfrac{\mathrm{d}}{\mathrm{d}t}(m_2v_r\cos\theta)=F_N-m_1g-m_2g$

由上式可得

$$m_2v_r(-\sin\theta)\dot{\theta}=F_N-m_1g-m_2g$$

$$F_N=m_1g+m_2g-\frac{m_2v_r^2\sin\theta}{R}$$

9-10　题 9-10 图（a）所示凸轮机构中，凸轮以等角速度 ω 绕定轴 O 转动。质量为 m_1 的滑杆Ⅰ借右端弹簧的拉力而顶在凸轮上，当凸轮转动时，滑杆作往复运动。设凸轮为一均质圆盘，质量为 m_2，半径为 r，偏心距为 e。试求在任意瞬时机座的附加动约束力。

解：设机座的质量为 m_3，则当凸轮转动时，质点系的受力如题 9-10 图（b）所示。当凸轮静止时，水平约束力不存在，此时的约束力为静约束力：$F_N=m_2g+m_1g+m_3g$；当凸轮转动时，存在动约束力：F_x 和 F_y。

当凸轮转动时，凸轮的动量为

$$p_1=m_2v_{C1}=m_2e\omega$$

当凸轮转动时，滑杆Ⅰ的动量为

$$p_2=m_1v_{C2}$$

因为滑杆Ⅰ作平动，所以其质心的速度等于滑杆Ⅰ与凸轮的切点的速度。切点的运动方程为

$$x=e-e\cos\omega t$$
$$v_x=0-e(-\omega\sin\omega t)=e\omega\sin\omega t$$

即

$$v_{C2}=e\omega\sin\omega t$$

故有

$$p_2=m_1v_{C2}=m_1e\omega\sin\omega t$$

当凸轮转动时，机座的动量为

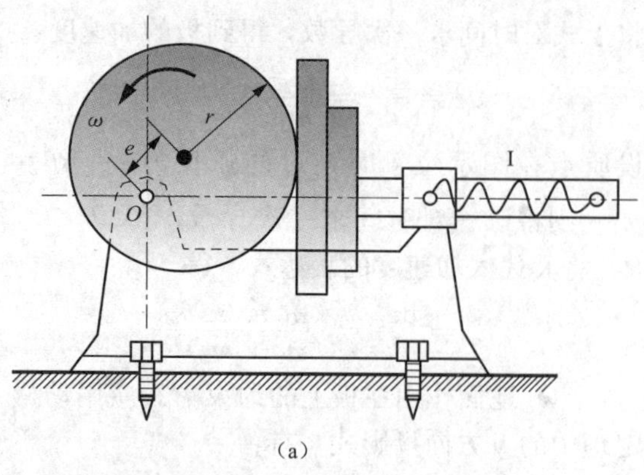

(a)

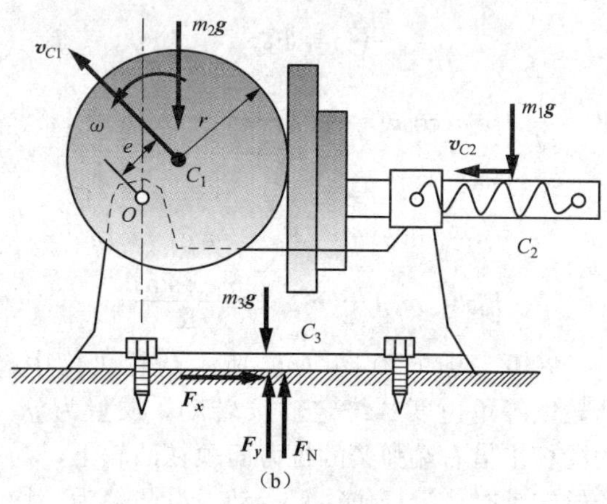

(b)

题 9-10 图

$$p_3 = m_3 v_{C3} = m_3 \times 0 = 0$$

质点系的动量为

$$\boldsymbol{p} = \boldsymbol{p}_1 + \boldsymbol{p}_2 + \boldsymbol{p}_3$$

$$\begin{aligned} p_x &= p_{1x} + p_{2x} + p_{3x} \\ &= m_2 e\omega \sin\omega t + m_1 e\omega \sin\omega t + 0 \\ &= (m_1 + m_2) e\omega \sin\omega t \end{aligned}$$

$$\begin{aligned} p_y &= p_{1y} + p_{2y} + p_{3y} \\ &= m_2 e\omega \cos\omega t + 0 + 0 = m_2 e\omega \cos\omega t \end{aligned}$$

而 $\dfrac{\mathrm{d}p_x}{\mathrm{d}t} = F_x$

$$F_x = \frac{\mathrm{d}}{\mathrm{d}t}[(m_1 + m_2)e\omega \sin\omega t] = (m_1 + m_2)e\omega^2 \cos\omega t$$

即

$$F_x = (m_1 + m_2)\omega^2 e \cos\omega t$$

而　$$\frac{\mathrm{d}p_y}{\mathrm{d}t} = F_y + F_N - (m_1 + m_2 + m_3)g$$

式中，$F_N = m_2 g + m_1 g + m_3 g$，故有

$$F_y = \frac{\mathrm{d}P_y}{\mathrm{d}t} = \frac{\mathrm{d}}{\mathrm{d}t}(m_2 e\omega \cos\omega t) = -m_2 e\omega^2 \sin\omega t,$$

即

$$F_y = -m_2 \omega^2 e \sin\omega t$$

9-11　塔轮由两个半径为 r_1 和 r_2 的均质轮固结在一起组成，并可绕水平轴 O 转动。两轮上各绕有绳索，并挂有重物 M_1 和 M_2，如题 9-11 图（a）所示。设已知两轮的总质量为 m，两重物的质量分别为 m_1 和 m_2，不计绳的质量，试求当 M_1 以加速度 a_1 下降时轴承 O 的约束力。

解：取整体为研究对象，受力分析、运动分析如题 9-11 图（b）所示。

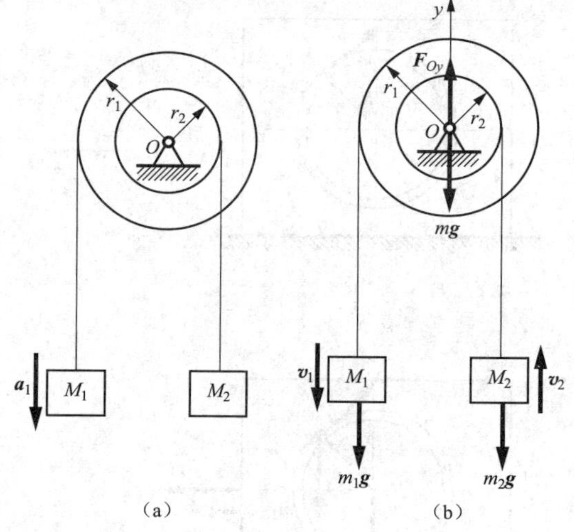

题 9-11 图

由运动几何关系得 $v_2 = \dfrac{r_2}{r_1} v_1$

系统的动量在 y 轴上的投影为

$$p_y = m_1 v_1 - m_2 v_2 = \left(m_1 - \frac{r_2}{r_1} m_2\right) v_1$$

由质点系动量定理可得

$$\frac{\mathrm{d}}{\mathrm{d}t}\left[\left(m_1 - \frac{r_2}{r_1} m_2\right) v_1\right] = (m + m_1 + m_2)g - F_{Oy}$$

$$\frac{\mathrm{d}v_1}{\mathrm{d}t} = a_1$$

解得 $F_{Oy} = (m + m_1 + m_2)g - \left(m_1 - \dfrac{r_2}{r_1} m_2\right) a_1$

9-12　质量为 m 长为 $2l$ 的均质杆 OA 绕水平固定轴 O 在铅垂面内转动，如题 9-12 图（a）所示。已知在图示位置杆的角速度为 ω，角加速度为 α。试求此时杆在 O 轴的约束力。

解一：用质心运动定理

以杆为研究对象，建立如图坐标，受力分析如题 9-12 图（b）所示。

$a_{Cx}=-a_C^{t}\sin\varphi-a_C^{n}\cos\varphi=-l\alpha\sin\varphi-l\omega^2\cos\varphi$

$a_{Cy}=-a_C^{t}\cos\varphi+a_C^{n}\sin\varphi=-l\alpha\cos\varphi+l\omega^2\sin\varphi$

由质心运动定理得

$$F_{Ox}=ma_{Cx}=-ml(\alpha\sin\varphi+\omega^2\cos\varphi)$$

$$F_{Oy}-mg=ma_{Cy}=-ml(\alpha\cos\varphi-\omega^2\sin\varphi)$$

解得

$F_{Ox}=-ml(\alpha\sin\varphi+\omega^2\cos\varphi)$

$$F_{Oy}=-ml(\alpha\cos\varphi-\omega^2\sin\varphi)+mg$$

解二：应用动量定理

以杆为研究对象，建立如图坐标，受力分析如题 9-12 图（c）所示。

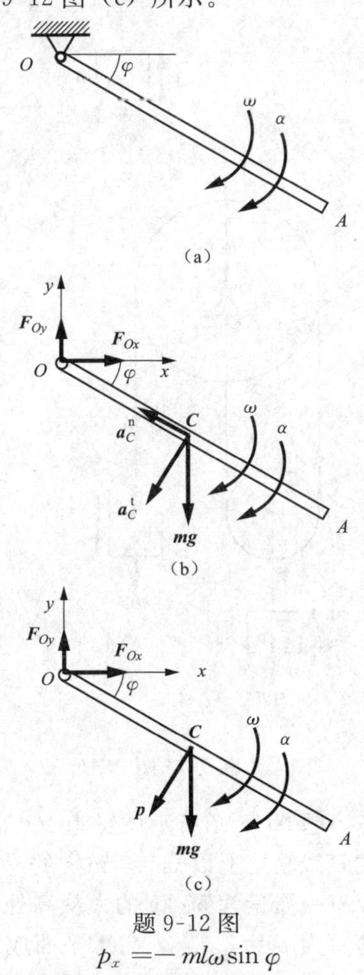

题 9-12 图

$$p_x=-ml\omega\sin\varphi$$

$$p_y=-ml\omega\cos\varphi$$

由 $\dfrac{\mathrm{d}p_x}{\mathrm{d}t}=\sum F_x^{(e)}$，$\dfrac{\mathrm{d}p_y}{\mathrm{d}t}=\sum F_y^{(e)}$ 可得

$$-ml(\alpha\sin\varphi+\omega^2\cos\varphi)=F_{Ox}$$

$$-ml(\alpha\cos\varphi-\omega^2\sin\varphi)=F_{Oy}-mg$$

解得

$$F_{Ox}=-ml(\alpha\sin\varphi+\omega^2\cos\varphi)$$

$$F_{Oy}=mg-ml(\alpha\cos\varphi-\omega^2\sin\varphi)$$

9-13　题 9-13 图（a）所示机构，已知顶杆 AB 的质量为 m_1，均质圆轮的质量为 m_2，半径为 R，以匀角速度 ω 绕 O 轴转动，顶杆与轮之间的摩擦因数为 f。试求此时 O 处的约束力。

解：（1）以机构的整体为研究对象，取圆盘上 C 点为动点，顶杆 AB 为动系，则 C 点绝对运动为绕 O 点的圆周运动，相对运动为水平直线运动，牵连运动为顶杆的上下铅垂平移。加速度分析如题 9-13 图（b）所示。由牵连运动为平动的加速度合成定理得

$\boldsymbol{a}_a=\boldsymbol{a}_e+\boldsymbol{a}_r$　其中绝对加速度大小：$a_a=\omega^2R$

由合成定理得 $a_e=\omega^2R\sin\theta$

由于顶杆 AB 平动，所以 AB 杆上此时各点的加速度大小均为 a_e

（2）取顶杆 AB 为研究对象，受力分析，运动分析如题 9-13 图（c）所示，由质心运动定理得

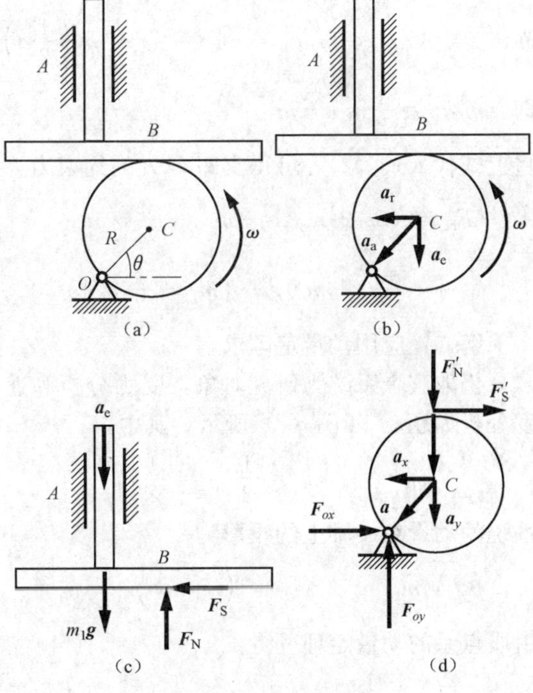

题 9-13 图

$$m_1 g - F_N = m_1 a_e$$

解得 $F_N = m_1 g - m_1 \omega^2 R \sin\theta$

（3）取圆盘为研究对象，受力分析，运动分析如题 9-13 图（d）所示

则 $a_x = \omega^2 R \cos\theta$，$a_y = \omega^2 R \sin\theta$

由质心运动定理：

$$F'_N + m_2 g - F_{Oy} = m_2 a_y$$

$$F_{Ox} + F'_S = -m_2 a_x$$

式中：$F'_S = fF_N$

解得 $F_{Ox} = -fm_1 g + (fm_1 \sin\theta - m_2 \cos\theta)\omega^2 R$

$F_{Oy} = (m_1 + m_2) g - (m_1 + m_2)\omega^2 R \sin\theta$

9-14 题 9-14（a）图所示系统，重物 A 和 B 的质量分别为 m_1、m_2。若 A 下降的加速度为 a，滑轮质量不计。试求支座 O 处的约束力。

解一：应用质心运动定理求解

本题是已知加速度求力。取整个系统为研究对象，受力分析和加速度分析如题 9-14 图（b）所示，其中：

$$a_D = a, a_B = \frac{1}{2} a_D = \frac{1}{2} a$$

根据质心运动定理在固定轴 y 上的投影式，有：

$$m_R a_{Cy} = F_{NO} - (m_1 + m_2) g$$

其中：

$$m_R a_{Cy} = m_1 a_{Ay} + m_2 a_{By} = m_1(-a) + m_2\left(\frac{1}{2} a\right)$$

即：$m_R a_{Cy} = \frac{1}{2} m_2 a - m_1 a$

将上式代入式（2），可得支座 O 处的约束力：

$$F_{NO} = (m_1 + m_2) g - m_1 a + \frac{1}{2} m_2 a$$

$$= (m_1 + m_2) g - \left(m_1 - \frac{1}{2} m_2\right) a$$

解二：应用动量定理求解

仍取整个系统为研究对象，受力分析和速度分析如题 9-14 图（c）所示。其中：

$$v_D = v_A, v_B = \frac{1}{2} v_D = \frac{1}{2} v_A$$

系统的动量在 y 轴上的投影为

$$p_y = m_1 v_A - m_2 v_B = \left(m_1 - \frac{1}{2} m_2\right) v_A$$

由质点系的动量定理可得

$$\frac{d}{dt}\left[\left(m_1 - \frac{1}{2} m_2\right) v_A\right] = m_1 g + m_2 g - F_{NO}$$

由于 $\frac{dv_A}{dt} = a$，因此：

$$F_{NO} = (m_1 + m_2) g - \left(m_1 - \frac{1}{2} m_2\right) a$$

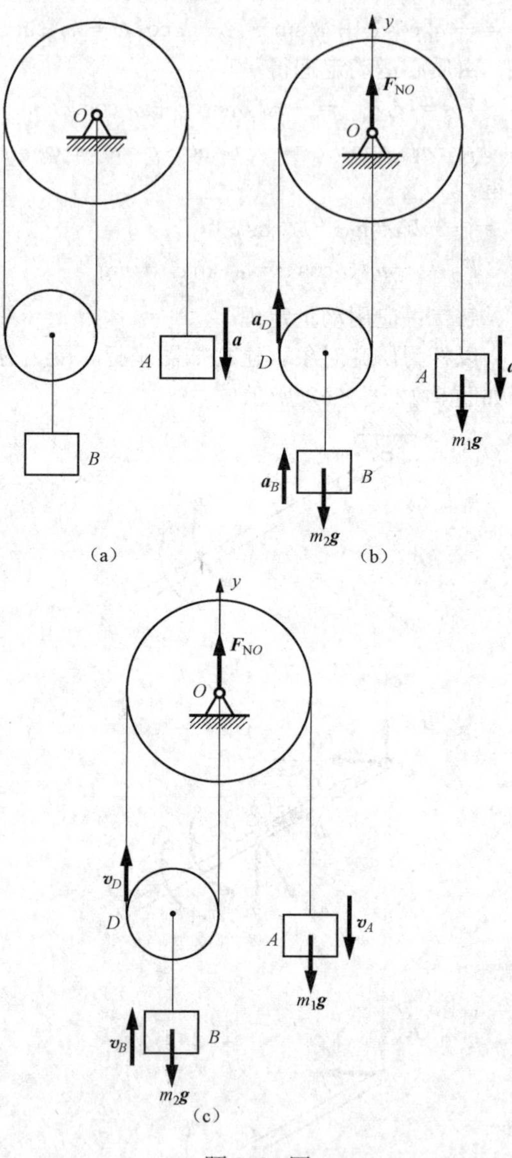

题 9-14 图

9-15 题 9-15 图所示质量为 100 kg 的车在光滑的直线轨道上以 $v_1 = 1$ m/s 的速度匀速运动。今有一质量为 50 kg 的人从高处跳到车上，其速度为 $v_2 = 2$ m/s，与水平面成 60°角。随后此人又从车上向后跳下，他跳离车子后相对于车子的速度为 $v_r = 1$ m/s，方向与水平面成 30°角，试求人跳离车子后的车速。

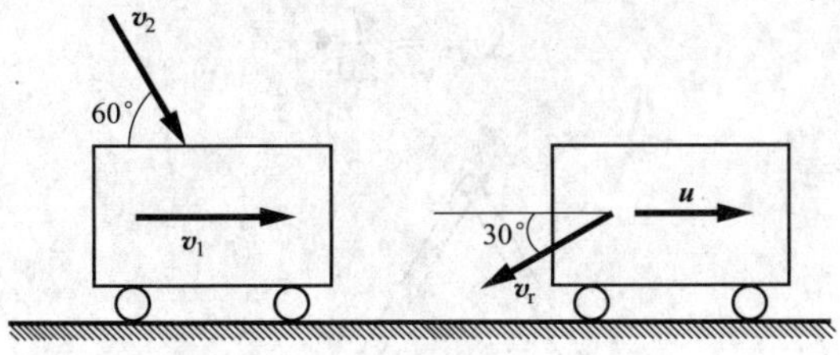

题 9-15 图

解：设人与车的质量分别为 m、M。对于人和小车构成的系统有 $\sum F_x=0$。

初始跳入时：

$$p_{x1}=Mv_1+mv_2\cos 60°$$

设人从车上跳离后的车速为 u，则人相对于地面的绝对速度为

$$\boldsymbol{v}=\boldsymbol{v}_e+\boldsymbol{v}_r$$

在 x 方向投影得

$$v=u-v_r\cos 30°$$

所以 $p_{x2}=Mu+m\ (u-v_r\cos 30°)$

由 $p_{x2}-p_{x1}=0$ 可得

$$Mu+m(u-v_r\cos 30°)=Mv_1+mv_2\cos 60°$$

解得

$$u=\frac{Mv_1+mv_2\cos 60°+mv_r\cos 30°}{M+m}$$

$$=\frac{100\times 1+50\times 2\times\frac{1}{2}+50\times 1\times\frac{\sqrt{3}}{2}}{100+50}$$

$$=1.29\ (\mathrm{m/s})$$

9-16　题 9-16 图（a）所示均质杆 AB 长为 $2l$，质量为 m，在光滑水平面上自由倒下，初始 $\varphi_0=60°$，试求：

（1）AB 杆落至水平时 A 点的位移。

（2）B 点的轨迹。

解：C 为 AB 杆质心，建立如题 9-16 图（b）所示坐标系，当杆无初速度倒下时，由于杆只受到重力作用，故在水平方向质心作惯性运动。

初始 A 横坐标：$x_A=-\frac{1}{2}l$

质心 C 横坐标：$x_C=0$，由质心运动守恒，可知 $x_C\equiv 0$

故 AB 杆水平时 A 横坐标：$x_A=-l$

因此 A 点的位移 $\Delta x_A=\frac{l}{2}$

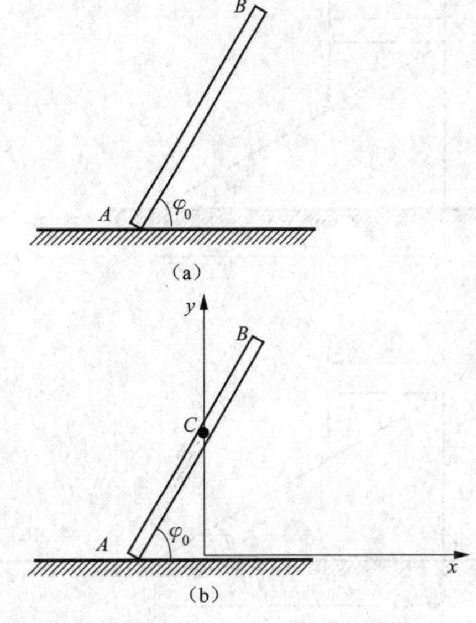

题 9-16 图

由几何关系：$x_B=l\cos\theta$，$y_B=2l\sin\theta$

消去 θ 得 $\left(\frac{x_B}{l}\right)^2+\left(\frac{y_B}{2l}\right)^2=1$

因此 B 点的轨迹为椭圆。

9-17　质量为 M 的大三角块放在光滑水平面上，其斜面上放一和它相似的小三角块，其质量为 m。已知大、小三角块的水平边长各为 b 与 a，如题 9-17 图（a）所示。试求小三角块由图示位置滑到底时大三角块的位移。

解：因大、小三角块组成的质点系在水平方向不受外力作用，故质心在水平方向动量守恒。又因起始时系统静止，故在水平方向，系统质心位置守恒。建立如题 9-17 图（b）所示坐标系 Oxy，设大、小三角块的初始位置坐标为 x_1、x_2，当小三角块沿大三角块滑到水平面时，大、小三角块的坐标为 $x_1+\Delta x_1$、$x_2+\Delta x_2$，则初始位置时的质心坐标为

$$x_{C1}=\frac{Mx_1+mx_2}{M+m}$$

末位置时的质心坐标为

$$x_{C2}=\frac{M(x_1+\Delta x_1)+m(x_2+\Delta x_2)}{M+m}$$

由于质心水平无运动，故 $x_{C1}=x_{C2}$。即

$$Mx_1+mx_2=M(x_1+\Delta x_1)+m(x_2+\Delta x_2)$$

整理得

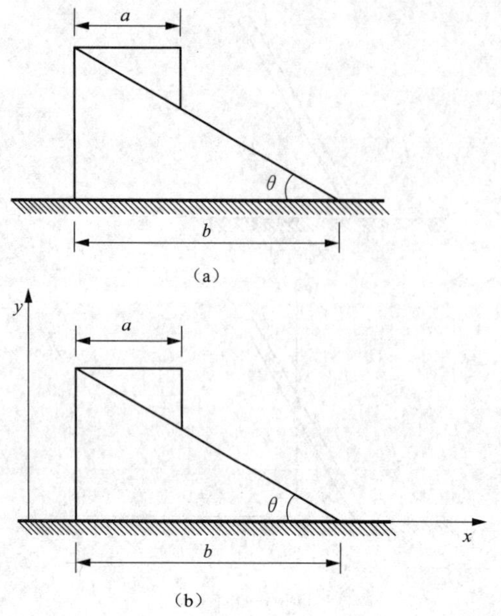

题 9-17 图

$$M\Delta x_1 + m\Delta x_2 = 0 \quad (1)$$

补充运动关系，当小三角块沿大三角块滑到水平面时，其相对位移为（$b-a$），故有：

$$\Delta x_2 = b - a + \Delta x_1 \quad (2)$$

联立（1）和（2）可得

$$\Delta x_1 = \frac{-m(b-a)}{M+m}$$

即大三角块向左移动，移动的距离为$\frac{m(b-a)}{M+m}$。

9-18 均质杆 AD 和 BD 长为 l，质量分别为 $6m$ 和 $4m$，在 D 处铰接，如题 9-18 图（a）所示。开始时维持在铅垂面内静止，设地面光滑，两杆被释放后将分开倒向地面。试求 D 点落地时偏移的水平距离。

解： 建立如题 9-18 图（b）所示坐标系，C_1、C_2 分别为 AD、BD 质心，C 为系统质心，则 $x_{C1}=-\frac{l}{4}$，$x_{C2}=\frac{l}{4}$

由质心坐标公式得 $x_C=\frac{6m\left(-\frac{l}{4}\right)+4m\left(\frac{l}{4}\right)}{6m+4m}=-\frac{l}{20}$

由于系统只受重力，水平动量守恒，系统的质心竖直下落，则 D 点落地时水平位移为

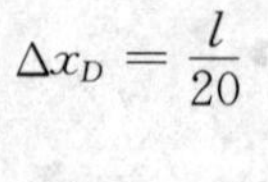

$$\Delta x_D = \frac{l}{20}$$

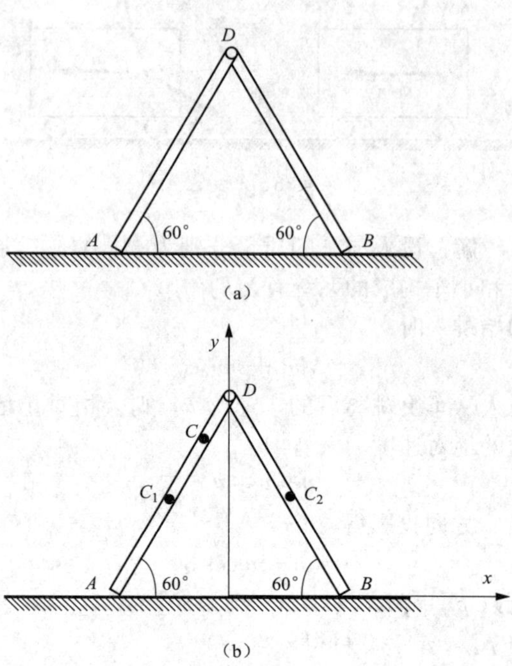

题 9-18 图

9-19 质量为 m_1 的物块，沿倾角为 θ 的光滑楔块滑下。楔块放在光滑的水平面上，如题 9-19 图（a）所示，已知楔块的质量为 m_2。试求：

（1）物块水平方向的加速度 a_1。

（2）楔块的加速度 a_2。

（3）楔块对物块的约束力 $\boldsymbol{F}_{R1}$ 及水平面对楔块的约束力 $\boldsymbol{F}_{R2}$。

解：（1）先取楔块和物块为一体为研究对象。

受力如题 9-19 图（b）所示。因为 $\sum F_x^{(e)}=0$，系统在 x 方向动量守恒。

分析运动：初始时刻 $t=0$，系统静止，$p_0=0$，任意时刻 t，取物块为动点，动系与楔块固结，则由加速度合成定理知物块的加速度为 $\boldsymbol{a}_a=\boldsymbol{a}_e+\boldsymbol{a}_r$。求出物块的加速度在坐标轴的投影为

$$\left.\begin{aligned} a_1 &= a_2 + a_r\cos\theta \\ a_{1y} &= -a_r\sin\theta \end{aligned}\right\} \quad (1)$$

由动量守恒定律，可得

$$\frac{\mathrm{d}}{\mathrm{d}t}(m_1\dot{x}_1 + m_2\dot{x}_2) = 0 \quad 或 \quad m_1a_1 + m_2a_2 = 0 \quad (2)$$

解方程，由式（1）消去 a_r 得

$$a_{1y}=(a_2-a_1)\tan\theta \qquad (3)$$

由式（2）得

$$a_2=-\frac{m_1}{m_2}a_1 \qquad (4)$$

将式（4）代入式（3），可得

$$a_{1y}=-\frac{m_1+m_2}{m_2}a_1\tan\theta \qquad (5)$$

为确定物块的运动尚需补充其他方程。

（2）再取物块为研究对象，受力如题 9-19 图（c）所示。物块的运动微分方程为

$$m_1a_1=F_{R1}\sin\theta \qquad (6)$$

$$m_1a_{1y}=F_{R1}\cos\theta-m_1g \qquad (7)$$

式中：F_{R1} 为楔块对物块的约束力。

联立式（5）、（6）和（7）可解得

$$a_1=\frac{m_2\sin\theta\cos\theta}{m_2+m_1\sin^2\theta}g=\frac{m_2\sin 2\theta}{2(m_2+m_1\sin^2\theta)}g$$

$$F_{R1}=\frac{m_1m_2\cos\theta}{m_2+m_1\sin^2\theta}g$$

由式（6）得

$$a_2=-\frac{m_1\sin\theta\cos\theta}{m_2+m_1\sin^2\theta}g$$

（3）为确定水平面对楔块的约束力 F_{R2}，再取楔块为研究对象，受力如题 9-19 图（d）所示。由 $a_{2y}=0$ 可得

$$F_{R2}-F'_{R1}\cos\theta-m_2g=0$$

将 F_{R1} 代入上式，可得

$$F_{R2}=\frac{m_2(m_1+m_2)}{m_2+m_1\sin^2\theta}g$$

小结：当楔块斜度 $\theta=0$ 时，$a_1=0$，$F_{R1}=m_1g$；当楔块斜度 $\theta=90°$时，$a_1=0$，$F_{R1}=0$；当楔块斜度 $\theta=45°$时，$a_1=a_{1\max}=\frac{m_2}{2m_2+m_1}g$，$F_{R1}=F_{R1,\max}=\frac{\sqrt{2}m_1m_2}{2m_2+m_1}g$。

当楔块质量 $m_2\to\infty$时，$a_2=0$，$a_1=\frac{1}{2}g\sin 2\theta$，$F_{R1}=m_1g\cos\theta$。

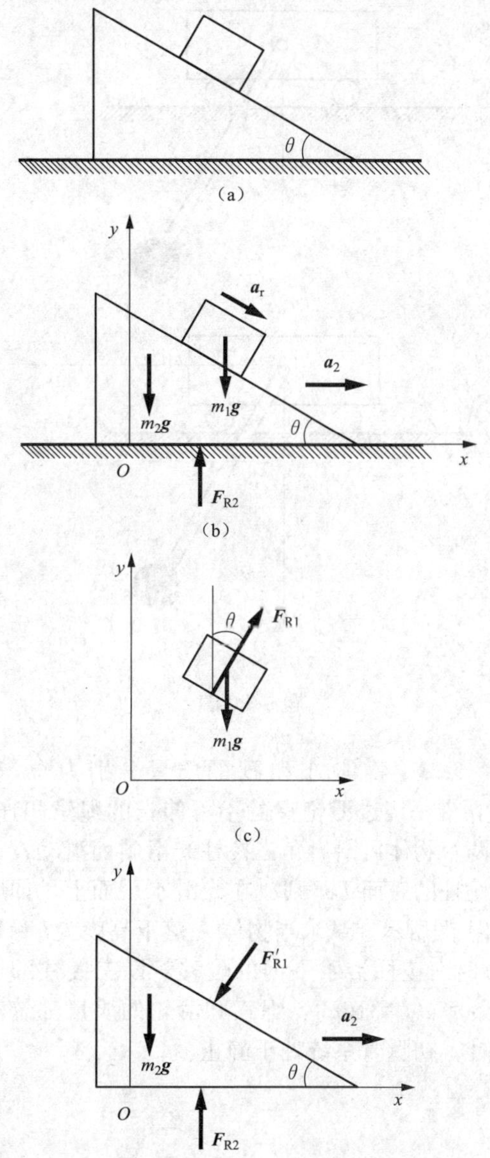

题 9-19 图

9-20　质量为 m_1 的小车置于光滑水平面上，长为 l 的无重刚杆 AB 的 B 端固结一质量为 m_2 的小球，如题 9-20 图（a）所示。若刚杆在与铅垂方向成 θ 角位置时，系统静止，试求系统释放后，当 AB 杆运动到 $\theta=0°$时小车的水平位移。

解： 建立如题 9-20 图（b）所示坐标系，则系统质心的横坐标为

$$x_C=\frac{m_2l\sin\theta}{m_1+m_2}$$

系统只受重力，水平动量守恒，即运动过程中系统质心竖直下落，所以 $\theta=0$ 时

小车的水平位移 $S=\frac{m_2l\sin\theta}{m_1+m_2}$

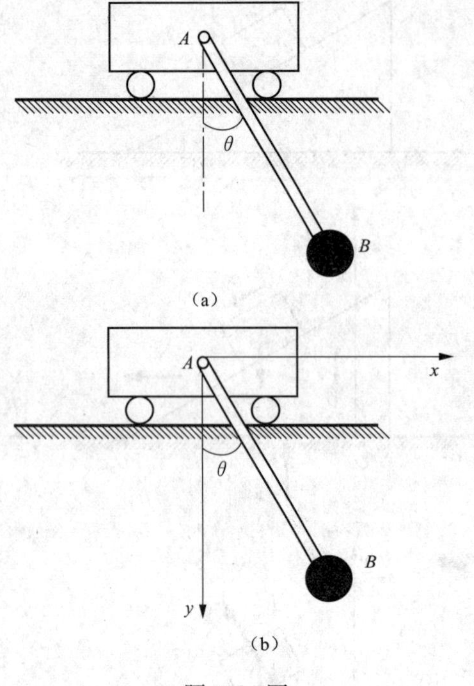

题 9-20 图

9-21 物体 A 和 B 的质量分别为 m_1 和 m_2，借一绕过滑轮 C 的不可伸长的绳索相连，这两个物体可沿直角三棱柱光滑斜面滑动，而三棱柱的底面 DE 则放在光滑水平面上，如题 9-21 图所示。试求当物体 A 落下高度为 $h=10$ cm 时三棱柱沿水平面的位移。设三棱柱的质量 $m=4m_1=16m_2$，绳索和滑轮的质量都忽略不计。初瞬时系统处于静止。

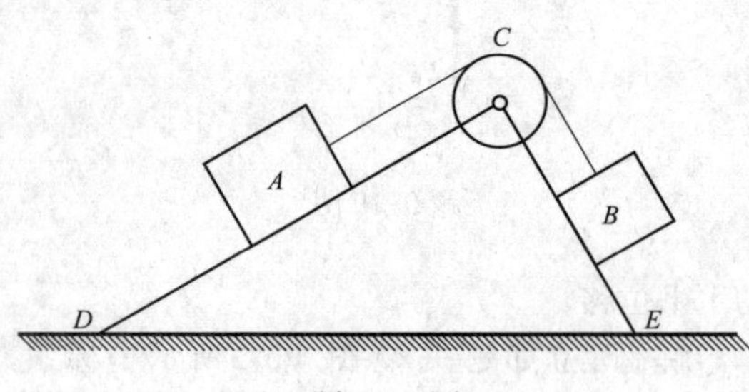

题 9-21 图

解： 该质点系包括三个物体 A、B 和三棱柱。质点系受的外力只有重力，根据质心运动守恒定理，质点系的质心在水平方向保持静止，即 $x_C=x'_C$。

该质点系运动前，物体 A 在水平轴上的坐标为 x_1，物体 B 及三棱柱体质心的水平坐标分别为 x_2、x_3，整个质点系质心的水平坐标为

$$x_C=\frac{m_1x_1+m_2x_2+mx_3}{m_1+m_2+m}$$

设三个物体运动以后，物体 A 的水平坐标为 $(x_1+\Delta x_1)$，物体 B 的水平坐标为 $(x_2+\Delta x_2)$，三棱柱体质心的水平坐标为 $x_3+\Delta x_3$，此时整个质点系质心的水平坐标为

$$x'_C=\frac{m_1(x_1+\Delta x_1)+m_2(x_2+\Delta x_2)+m(x_3+\Delta x_3)}{m_1+m_2+m}$$

因为 $x_C=x'_C$，即

$$m_1x_1+m_2x_2+mx_3=m_1(x_1+\Delta x_1)+m_2(x_2+\Delta x_2)+m(x_3+\Delta x_3)$$

所以有

$$m_1\Delta x_1+m_2\Delta x_2+m\Delta x_3=0 \tag{1}$$

由于点的绝对位移等于相对位移和牵连位移之和，设 A 对三棱柱的水平相对位移为 Δx_1，由题中所给的条件可知：

$$\Delta x_{r1}=\frac{10}{\tan 30^\circ}=17.3\ \text{cm}$$

选取三棱柱为动参考系，它的位移为牵连位移，则物体 A 的水平位移为

$$\Delta x_1=\Delta x_3+\Delta x_{r1} \tag{2}$$

B 物体对三棱柱的相对位移设为 Δx_{r2}，因为绳不可伸长，所以

$$\Delta x_{r2}=\frac{10}{\sin 30^\circ}\cos 60^\circ=10\ \text{cm}$$

按照复合运动，同样有

$$\Delta x_2=\Delta x_3+\Delta x_{r2} \tag{3}$$

现将式（2）和（3）代入式（1）得

$$m_1(17.3+\Delta x_3)+m_2(10+\Delta x_3)+m\Delta x_3=0$$

又因为 $m=4m_1=16m_2$

所以

$$\frac{m}{4}(17.3+\Delta x_3)+\frac{m}{16}(10+\Delta x_3)+m\Delta x_3=0$$

解得

$\Delta x_3=-3.77$ cm，负号表示三棱柱向左移动了 3.77 cm。

第十章　动 量 矩 定 理

内　容　摘　要

一、动量矩

1. 质点系动量矩

质点系对固定点 O 点的动量矩 $\boldsymbol{L}_O$ 等于质点系中各质点的动量对点 O 之矩的矢量和，称为质点系动量对该点的矩，即

$$\boldsymbol{L}_O=\sum \boldsymbol{L}_{Oi}=\sum \boldsymbol{r}_i\times \boldsymbol{m}_i\boldsymbol{v}_i$$

质点系对固定轴 z 的动量矩 L_z 等于质点系中所有各质点的动量对任一轴的矩之代数和，称为质点系动量对该轴的矩，即

$$L_z=\sum L_{zi}$$

2. 定轴转动刚体的动量矩

绕定轴转动的刚体对转动轴 z 的动量矩等于刚体对转轴的转动惯量与转动角速度的乘积，即 $L_z=J_z\omega$，动量矩 L_z 的符号与角速度 ω 的符号相同。

3. 质点系对固定点 O 与相对质心 C 的动量矩之间的关系

$$\boldsymbol{L}_O=\boldsymbol{r}_C\times m\boldsymbol{v}_C+\boldsymbol{L}_C$$

二、刚体对轴的转动惯量

1. 定义

转动惯量表示刚体绕轴转动惯性大小的度量。即

$$J_z=\sum_{i=1}^{n}m_ir_i^2$$

称为刚体对 z 轴的转动惯量。

2. 惯性半径

$$\rho_z=\sqrt{\frac{J_z}{m}}$$

称为惯性半径（或回转半径）。

3. 简单形状物体对质心轴的转动惯量

（1）质量为 m，长为 l 的均质细直杆对于质心轴的转动惯量

$$J_O=\frac{1}{12}ml^2$$

（2）质量为 m，半径为 R 的均质薄圆环对于中心轴的转动惯量

$$J_O=mR^2$$

（3）质量为 m，半径为 R 的均质薄圆板对于中心轴的转动惯量

$$J_O=\frac{mR^2}{2}$$

4. 平行轴定理

刚体对于任一轴的转动惯量等于刚体对于通过质心，并与该轴平行的轴的转动惯量，加上刚体的质量与两轴间距离平方的乘积，即

$$J_z=J_{zC}+md^2$$

由平行轴定理可知，刚体对于诸平行轴，以通过质心轴的转动惯量为最小。

三、动量矩定理

1. 质点对定点的动量矩定理

质点的动量矩定理：质点对某定点的动量矩对时间的一阶导数，等于作用力对同一点的矩。即

$$\frac{\mathrm{d}\boldsymbol{L}_O}{\mathrm{d}t}=\boldsymbol{M}_O(\boldsymbol{F})$$

质点对某定轴的动量矩对时间的一阶导数等于作用力对于同一轴的矩。

2. 质点系对定点的动量矩定理

质点系对于某定点 O 的动量矩对时间的导数，等于作用于质点系的外力对于同一点 O 的主矩。即

$$\frac{\mathrm{d}\boldsymbol{L}_O}{\mathrm{d}t}=\sum_{i=1}^{n}\boldsymbol{M}_O\left(\boldsymbol{F}_i^{(e)}\right)$$

质点系对于某定轴的动量矩对时间的导数等于作用于质点系的外力对同一轴的矩的代数和。

四、刚体的定轴转动微分方程

刚体对定轴的转动惯量与角加速度的乘积，等于作用于刚体的外力对该轴矩的代数和。

$$J_z\alpha=\sum M_z\left(\boldsymbol{F}_i^{(e)}\right)$$

称为刚体绕定轴的转动微分方程。

五、刚体的平面运动微分方程

刚体的平面运动微分方程为

$ma_{Cx}=\sum F_x^{(e)}$，$ma_{Cy}=\sum F_y^{(e)}$，$J_C\alpha=\sum M_C(\boldsymbol{F}_i^{(e)})$

或

$m\ddot{x}_C=\sum F_x^{(e)}$，$m\ddot{y}_C=\sum F_y^{(e)}$，$J_C\ddot{\varphi}=\sum M_C(\boldsymbol{F}_i^{(e)})$

3个独立方程数目恰好等于平面运动刚体的自由度数。

习题全解

10-1　判断题

（1）质点系动量矩的变化与外力有关，与内力无关。（　）

（2）质点系对某点动量矩守恒，则对过该点的任意轴也守恒。（　）

（3）当质点的动量与某轴平行，则质点对该轴的动量矩恒为零。（　）

（4）质心轴转动惯量是所有平行于质心轴转动惯量的最小值。（　）

（5）定轴转动刚体对转轴的动量矩等于刚体对转轴的转动惯量与角加速度之积。（　）

解：（1）√（2）√（3）×（4）√（5）×

10-2　选择题、填空题

（1）某刚体质量为 m，质心在 C，如题10-2图（a）所示，3根轴 z、z_1、z_2 彼此平行。已知该刚体对轴 z_1 的转动惯量为 J_{z1}，则该刚体对轴 z_2 的转动惯量等于（　）。

（A）$J_{z2}=J_{z1}+m(a+b)^2$

（B）$J_{z2}=J_{z1}+m(a^2+b^2)$

（C）$J_{z2}=J_{z1}+m(b^2-a^2)$

（D）$J_{z2}=J_{z1}+m(a^2-b^2)$

（2）题10-2图（b）所示，在（　）情况下，跨过滑轮的绳子两边张力相等，即 $F_{T1}=F_{T2}$（不计轴承处摩擦）。

（A）滑轮保持静止或以匀速转动或滑轮质量不计

（B）滑轮保持静止或滑轮质量沿轮缘均匀分布

（C）滑轮质量不计

（D）任何情况下均相等

（3）题10-2图（c）所示结构中均质圆盘 A 的质量为 m，半径为 R，圆盘 A 绕质心 O 转动，系于不可伸长绳索上的重物 B 的质量为 M，绳索与圆盘 A 之间无滑动，假设圆盘 A 在某瞬时的角速度为 ω，则在该瞬时系统对 O 轴的动量矩为（　）。

（A）$\left(MR^2+\frac{1}{2}mR^2\right)\omega$

（B）$(MR^2+mR^2)\omega$

（C）$\left(\frac{MR^2}{2}+mR^2\right)\omega$

（D）$\frac{mR^2\omega}{2}$

（4）题10-2图（d）所示，圆盘可绕 O 轴转动，图示瞬时角速度为 ω。质量为 m 的小球 A 沿圆盘径向运动，当 $OA=s$ 时相对于圆盘的速度为 v_r，则质点 A 对轴 O 的动量矩大小为（　）。

（A）0　　（B）mv_rs

（C）$ms\sqrt{v_r^2+s^2\omega^2}$　　（D）$ms^2\omega$

（5）题10-2图（e）所示两种不同材料的均质细长杆焊接成直杆 ABC，AB 段为一种材料，长度为 a，质量为 m_1，BC 段为另一种材料，长度为 b，质量为 m_2，杆 ABC 以匀角速度 ω 绕轴 A 转动，则其对轴 A 的动量矩大小为（　）。

（A）$\frac{1}{3}(m_1+m_2)(a+b)^2\omega$

（B）$\left[\frac{1}{3}m_1a^2+\frac{1}{12}m_2b^2+m_2\left(a+\frac{b}{2}\right)^2\right]\omega$

（C）$\left(\frac{1}{3}m_1a^2+\frac{1}{3}m_2b^2+m_2a^2\right)\omega$

（D）$\left(\frac{1}{3}m_1a^2+\frac{1}{3}m_2b^2\right)\omega$

（6）题10-2图（f）所示十字杆由两根均质细杆固连而成，OA 长 $2l$，质量为 $2m$；BD 长 l，质量为 m，则系统对 Oz 轴的转动惯量为________。

（7）题10-2图（g）所示，一质量为 m，半径为 R 的均质圆板，挖去一半径为 $r=R/2$ 的圆洞。该刚体在铅垂平面内绕水平轴 O 以角速度 ω 转动，则图示该瞬时刚体对 O 轴的动量矩的大小为________。

（8）题10-2图（h）所示，均质直角杆

OAB，单位长度的质量为 ρ，两段皆长为 $2R$，图示瞬时以角速度 ω、角加速度 α 绕 O 轴转动，则该瞬时直角杆对 O 轴的动量矩的大小为________。

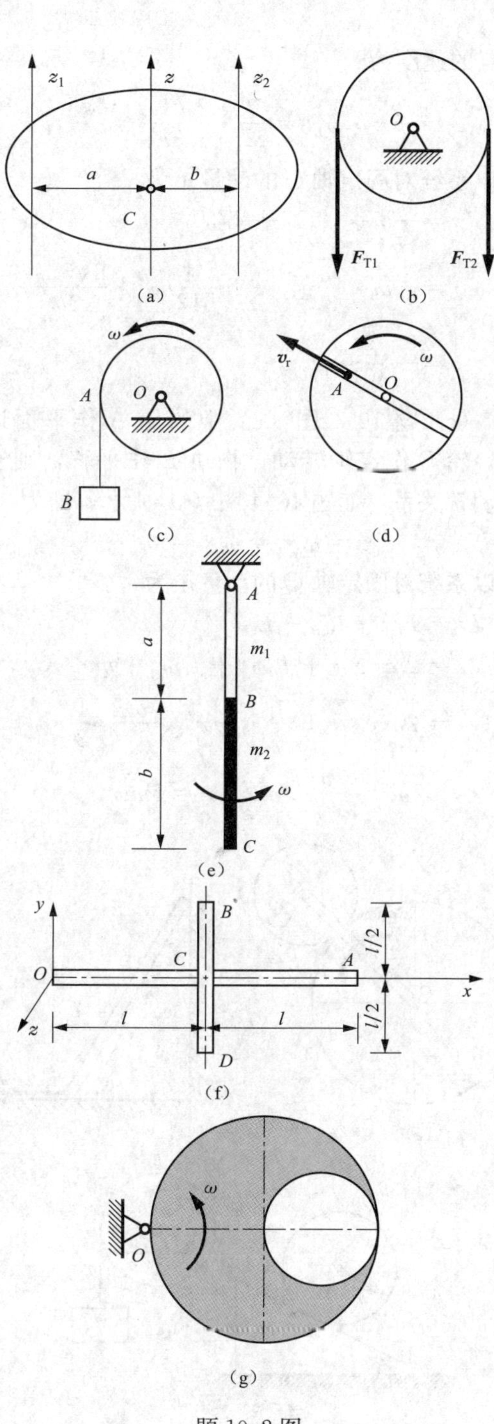

题 10-2 图

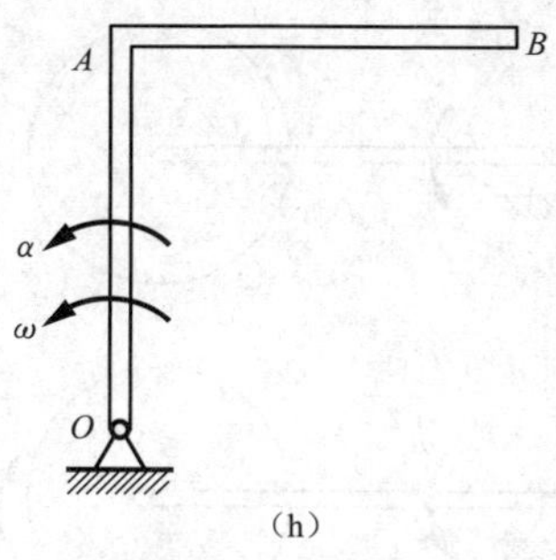

题 10-2 图

解：(1) C (2) A (3) A (4) D (5) B (6) $\dfrac{15}{4}ml^2$ (7) $\dfrac{29}{32}mR^2\omega$ (8) $\dfrac{40}{3}\rho R^3\omega$

10-3　均质圆盘 A 质量为 $2m$，半径为 r。细杆 OA 质量为 m，长为 $l=3r$，绕轴 O 转动的角速度为 ω。试求题 10-3 图所示三种情况下系统对轴 O 的动量矩：

(a) 圆盘与杆固结。

(b) 圆盘绕轴 A 相对杆 OA 以角速度 ω 逆时针方向转动。

(c) 圆盘绕轴 A 相对杆 OA 以角速度 ω 顺时针方向转动。

解：题 10-3 图 (a) 中，圆盘与杆固结，作定轴转动，则有系统对轴 O 的动量矩

$$L_O = J_O\omega =$$

$$\omega\left[\frac{1}{3}m(3r)^2+\frac{1}{2}(2m)r^2+2m(3r)^2\right]=22mr^2\omega$$

题 10-3 图 (b) 中，圆盘作平面运动，其绝对角速度和盘心 A 的速度为

$$\omega_a=\omega-\omega=0, v_A=OA\cdot\omega=3r\omega$$

所以圆盘平移，则有系统对轴 O 的动量矩

$$L_O=L_{杆}+L_{盘}=\frac{1}{3}m(3r)^2\omega+2mv_A\times 3r$$

$$=21mr^2\omega$$

题 10-3 图 (c) 中，圆盘作平面运动，其绝对角速度和盘心 A 的速度为

$$\omega_a=\omega+\omega=2\omega, v_A=OA\cdot\omega=3r\omega$$

则有系统对轴 O 的动量矩

$$L_O=L_{杆}+L_{盘}=\frac{1}{3}m(3r)^2\omega+(2mv_A\times 3r+J_A\omega_a)$$

$$=\frac{1}{3}m({}^{3}r)2\omega+\left[2mv_A\times 3r+\frac{1}{2}(2m)r^2(2\omega)\right]$$

$$=23mr^2\omega$$

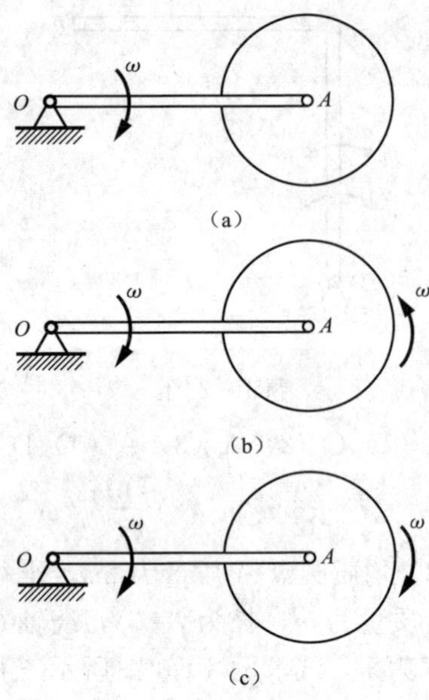

题 10-3 图

10-4　试求题 10-4 图所示各质点系对通过点 O 的固定轴的动量矩。

(a) 轮 A 质量为 m_1，半径为 r_1；轮 O 质量为 m_2，半径为 r_2；杆 OA 质量为 m_3，角速度为 ω。

(b) 杆 AB 质量为 m，长为 l，B 点速度为 $\boldsymbol{v}_B$。

(c) 轮 A、B 质量均为 $2m$，半径为 r；物块 E 的质量为 m；轮 A 质心 D 点的速度为 $\boldsymbol{v}$。

解：(a) 题 10-4 图 (a) 中的杆 OA 作定轴转动，齿轮 2 不动，而齿轮 1 作平面运动，其瞬心为 P 点，如题 10-4 图 (d) 所示，则齿轮 1 的角速度为

$$\omega_1 = \frac{\boldsymbol{v}_A}{AP} = \frac{(r_1 + r_2)\omega}{r_1}$$

所以系统对固定轴 O 的动量矩为

$$\begin{aligned} L_O &= L_{O1} + L_{O2} + L_{O杆} = (m_1 v_A \times OA + J_A\omega_1) + 0 + \frac{1}{3}m_3(r_1+r_2)^2\omega \\ &= m_1(r_1+r_2)\omega \times (r_1+r_2) + \frac{1}{2}m_1 r_1^2 \frac{(r_1+r_2)}{r_1}\omega + \frac{1}{3}m_3(r_1+r_2)^2\omega \\ &= \left[\frac{3r_1+2r_2}{2(r_1+r_2)}m_1 + \frac{1}{3}m_3\right](r_1+r_2)^2\omega \end{aligned}$$

(b) 题 10-4 图 (b) 中的杆 AB 作平面运动，其瞬心为 P 点，如题 10-4 图 (e) 所示，则杆 AB 的角速度为

$$\omega_{AB} = \frac{v_B}{BP} = \frac{v_B}{\frac{\sqrt{3}}{2}l} = \frac{2\sqrt{3}v_B}{3l}$$

C 点的速度为

$$v_C = CP \cdot \omega_{AB} = \frac{l}{2} \cdot \frac{2\sqrt{3}v_B}{3l} = \frac{\sqrt{3}}{3}v_B$$

所以系统对固定轴 O 的动量矩为

$$\begin{aligned} L_O &= -mv_C \times OC + J_C\omega_{AB} \\ &= -m \cdot \frac{\sqrt{3}}{3}v_B \cdot \frac{l}{2} + \frac{1}{12}ml^2 \cdot \frac{2\sqrt{3}v_B}{3l} \\ &= -\frac{\sqrt{3}}{9}mv_B l \end{aligned}$$

(c) 题 10-4 图 (c) 中的轮 A 作平面运动，轮 B 作定轴转动，物块 E 作平移，则有运动学关系，如题 10-4 图 (f) 所示，即为

$$v = \omega_A r = \omega_B r = v_E$$

所以系统对固定轴 O 的动量矩为

$$\begin{aligned} L_O &= L_{OA} + L_{OB} + L_{OE} \\ &= 2mv \times r + J_D\omega_A + J_O\omega_B + mv_E \times r \\ &= 2mv \times r + \frac{1}{2} \cdot 2mr^2 \cdot \frac{v}{r} + \frac{1}{2} \cdot 2mr^2 \cdot \frac{v}{r} + mv \times r = 5mvr \end{aligned}$$

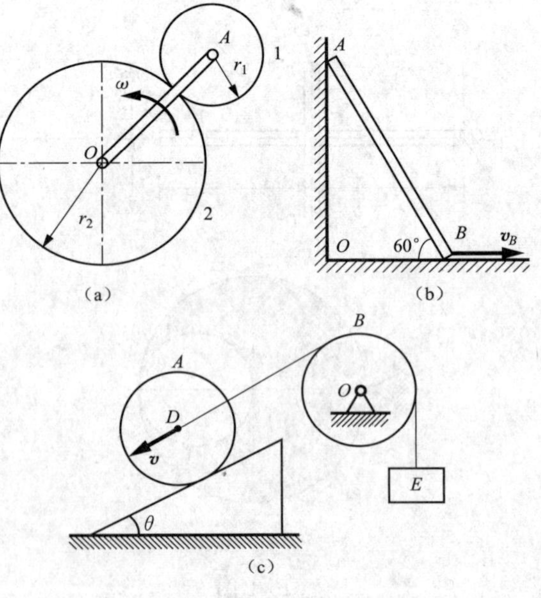

题 10-4 图

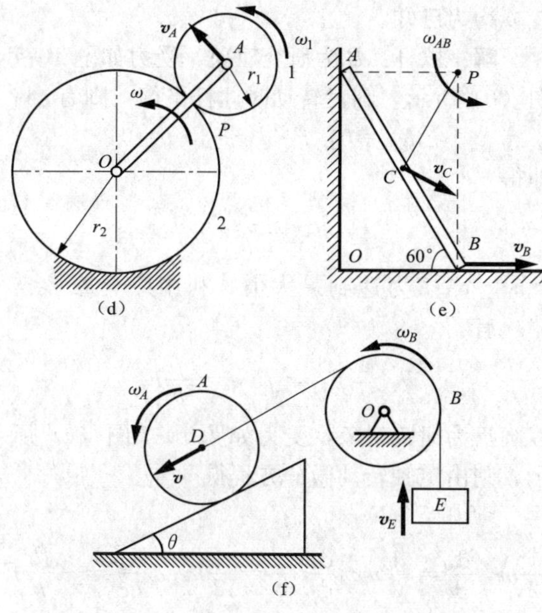

题 10-4 图

10-5　质量为 m 的均质圆盘，平放在光滑的水平面上，其受力情况如题 10-5 图所示。设开始时，圆盘静止，图中 $r=R/2$。试说明各圆盘将如何运动。

解：(a) 以圆盘为研究对象，由刚体平面运动微分方程得

$$\begin{cases} ma_{Cx}=\sum F_x \\ ma_{Cy}=\sum F_y \\ J_C\alpha=\sum M_C \end{cases} \Rightarrow \begin{cases} ma_{Cx}=F-F=0 \\ ma_{Cy}=0 \\ \left[\dfrac{1}{2}m(2r)^2\right]\alpha=F\cdot 2r+Fr \end{cases}$$

即得

$$a_{Cx}=0, a_{Cy}=0, \alpha=\frac{3F}{2mr}$$

而初始静止，故有圆盘质心不动，圆盘绕质心加速转动。

(b) 以圆盘为研究对象，由刚体平面运动微分方程得

$$\begin{cases} ma_{Cx}=\sum F_x \\ ma_{Cy}=\sum F_y \\ J_C\alpha=\sum M_C \end{cases} \Rightarrow \begin{cases} ma_{Cx}=F-2F=-F \\ ma_{Cy}=0 \\ \left[\dfrac{1}{2}m(2r)^2\right]\alpha=F\cdot 2r-2F\cdot r=0 \end{cases}$$

即得

$$a_{Cx}=-\frac{F}{m}, a_{Cy}=0, \alpha=0$$

而初始静止，故有圆盘质心有加速度 $a=F/m$，向左，圆盘平移。

(c) 以圆盘为研究对象，由刚体平面运动微分方程得

$$\begin{cases} ma_{Cx}=\sum F_x \\ ma_{Cy}=\sum F_y \\ J_C\alpha=\sum M_C \end{cases} \Rightarrow \begin{cases} ma_{Cx}=F \\ ma_{Cy}=0 \\ \left[\dfrac{1}{2}m(2r)^2\right]\alpha=Fr \end{cases}$$

即得

$$a_{Cx}=\frac{F}{m}, a_{Cy}=0, \alpha=\frac{F}{2mr}$$

而初始静止，故有圆盘质心有加速度 $a=F/m$，向右，圆盘绕质心加速转动。

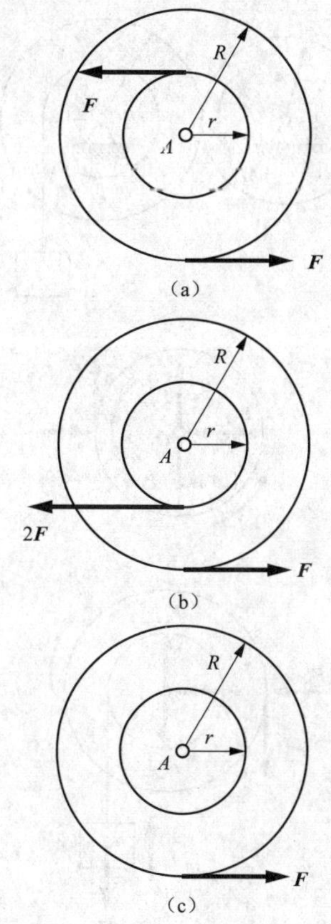

题 10-5 图

10-6　题 10-6 图 (a) 所示传动系统中，主动轮半径为 R_1，对于其转动轴的转动惯量为 J_1，从动轮半径为 R_2，鼓轮半径为 r 并与从动轮相固结成为一刚体，从动轮连同鼓轮对于其转动轴的转动惯量为 J_2，鼓轮外绕一绳，绳端系一质量为 m 的物体 A。若在主动轮上作

用一不变力偶 M，设轴承处摩擦和绳质量不计，试求重物的加速度。

解： 以主动轮为研究对象，其受力分析如题10-6图（b）所示，则由定轴转动微分方程得

$$J_1\alpha_1 = M - FR_1 \tag{1}$$

以从动轮及物体 A 为研究对象，其受力分析如题10-6图（c）所示，则由动量矩定理得

$$J_2\alpha_2 + mar = F'R_2 - mgr \tag{2}$$

且有
$$a = r\alpha_2,\ R_1\alpha_1 = R_2\alpha_2 \tag{3}$$

联立式（1）～（3）即可得重物的加速度为

$$a = \frac{MrR_1R_2 - mgr^2R_1^2}{J_1R_2^2 + J_2R_1^2 + mr^2R_1^2}$$

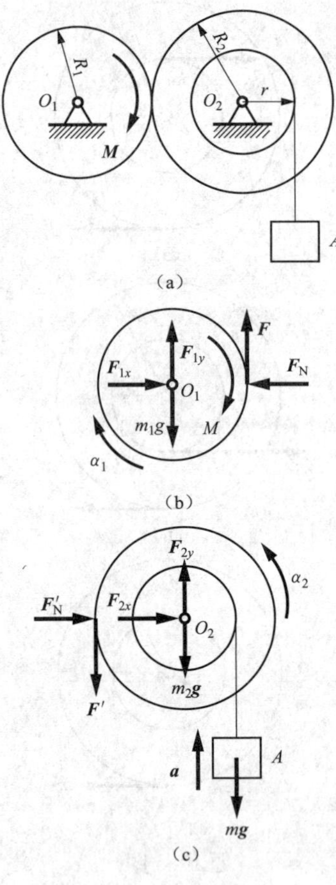

题10-6图

10-7 题10-7图（a）所示，质量为 m 的均质圆盘半径为 r，以角速度 ω 绕轴 O 转动。若在水平制动杆的 A 端作用大小不变的铅直力 $\boldsymbol{F}$，试求圆盘需再转多少转才能停止。设制动杆与圆盘间的动摩擦因数为 f，图中的长度 l、b 均为已知。

解： 以杆 AB 为研究对象，受力如题10-7图（b）所示，圆盘转动时此杆平衡，则有

$$\sum M_O = 0,\ F\cdot l - F'_{\mathrm{N}}\cdot b = 0$$

即得

$$F'_{\mathrm{N}} = \frac{Fl}{b}$$

此时，摩擦力达到最大值，利用库仑摩擦定律，有

$$F'_1 = F_1 = fF'_{\mathrm{N}} = \frac{fl}{b}F$$

以圆盘为研究对象，受力如题10-7图（c）所示，则由定轴转动微分方程得

$$J_O\alpha = -F_1r$$

$$\frac{1}{2}mr^2\frac{\mathrm{d}\omega}{\mathrm{d}t} = \frac{1}{2}mr^2\frac{\mathrm{d}\omega}{\mathrm{d}\varphi}\frac{\mathrm{d}\varphi}{\mathrm{d}t} = \frac{1}{2}mr^2\omega\frac{\mathrm{d}\omega}{\mathrm{d}\varphi} = -\frac{flr}{b}F$$

$$\frac{1}{2}mr^2\omega\mathrm{d}\omega = -\frac{flr}{b}F\mathrm{d}\varphi$$

积分得

$$\int_\omega^0\frac{1}{2}mr^2\omega\mathrm{d}\omega = \int_0^\varphi -\frac{flr}{b}F\mathrm{d}\varphi$$

即得

$$\varphi = \frac{mrb\omega^2}{4lfF}$$

故有圆盘转过的转数为

$$n = \frac{\varphi}{2\pi} = \frac{mrb\omega^2}{8\pi lfF}$$

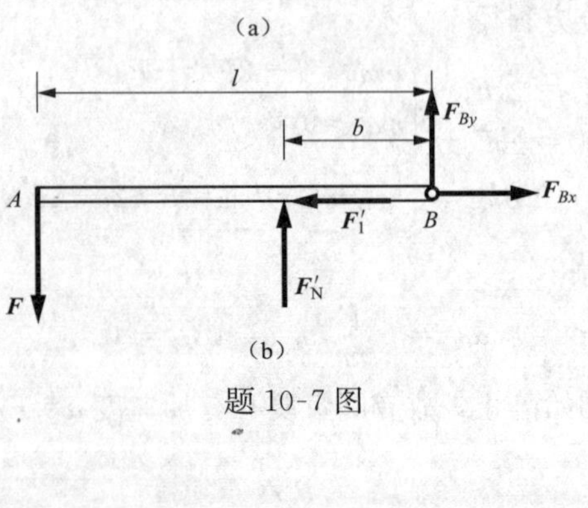

(a)

(b)

题10-7图

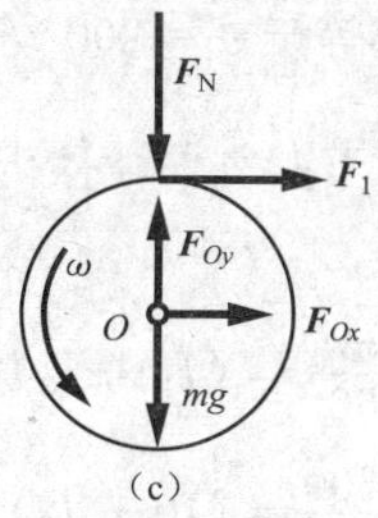

题 10-7 图

10-8 卷扬机的传动轮系如题 10-8 图（a）所示，设轴Ⅰ和Ⅱ各转动部分对其轴的转动惯量分别为 J_1、J_2，已知主动力矩 M，提升重物为 $W=mg$，齿轮 A、B 节圆半径为 r_1、r_2，且轮系的传动比为 $i_{12}=r_2:r_1$，卷筒半径为 R，不计摩擦及绳质量，试求重物的加速度。

解： 以轴Ⅰ为研究对象，其左视图的受力分析如题 10-8 图（b）所示，则由定轴转动微分方程得

$$J_1\alpha_1 = M - Fr_1 \tag{1}$$

以轴Ⅱ为研究对象，其左视图的受力分析如题 10-8 图（c）所示，则由动量矩定理得

$$J_2\alpha_2 + maR = F'r_2 - mgR \tag{2}$$

且有

$$a=R\alpha_2,\ r_1\alpha_1=r_2\alpha_2 \tag{3}$$

而

$$i_{12}=\frac{r_2}{r_1}=\frac{z_1}{z_2} \tag{4}$$

联立式（1）～（4）即可得重物的加速度为

$$a=\frac{(Mi_{12}-mgR)R}{mR^2+J_1i_{12}^2+J_2}$$

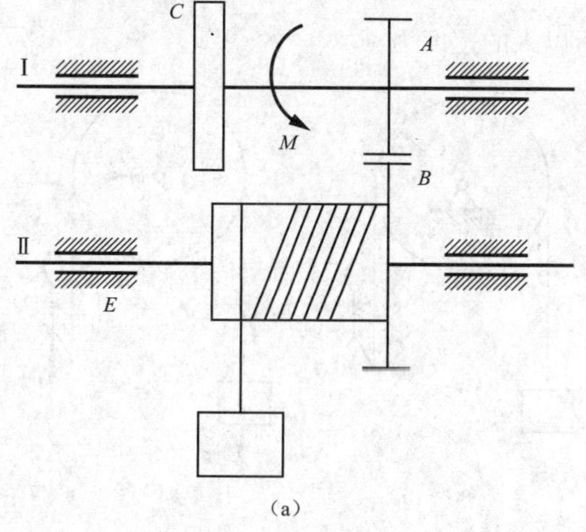

题 10-8 图

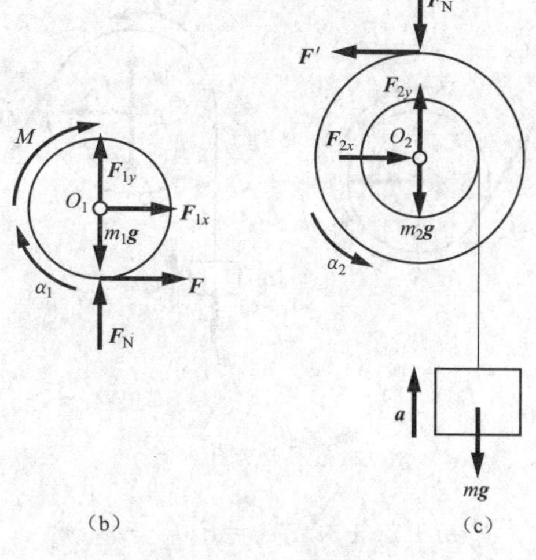

题 10-8 图

10-9 题 10-9 图（a）所示提升装置中，轮 A、B 的质量分别为 m_1、m_2，半径分别为 r_1、r_2，可视为均质圆盘。物体 C 的质量为 m_3，轮 A 上作用常力偶 M。试求物体 C 上升的加速度。

解： 以轮 A 为研究对象，受力如题 10-9 图（b）所示，则由刚体定轴转动微分方程得

$$J_A\alpha_A=\sum M_A$$

$$\frac{1}{2}m_1r_1^2\alpha_A=M-F_Tr_1 \tag{1}$$

以轮 B 及物体 C 为研究对象，受力如题 10-9 图（c）所示，则由动量矩定理得

$$\frac{dL_B}{dt}=\sum M_B$$

$$\frac{d}{dt}\left(\frac{1}{2}m_2r_2^2\omega_B+m_3v_Cr_2\right)=F'_Tr_2-m_3gr_2$$

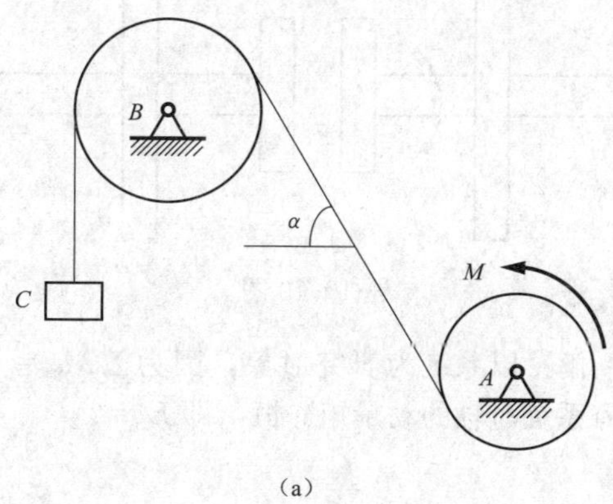

题 10-9 图

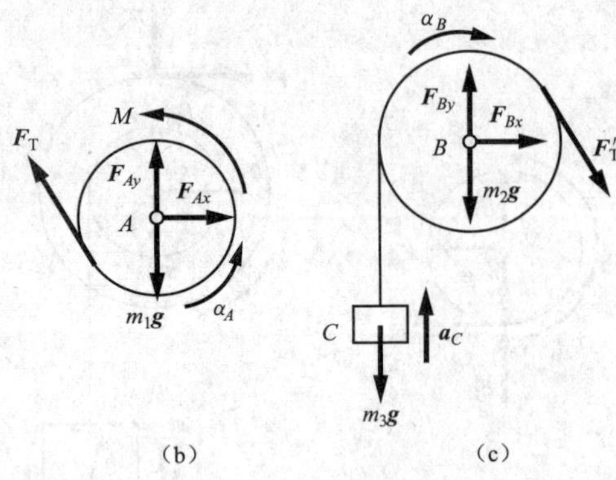

题 10-9 图

$$\frac{1}{2}m_2 r_2^2 \alpha_B + m_3 a_C r_2 = F'_T r_2 - m_3 g r_2 \qquad (2)$$

由运动学关系知：$a_C = r_2 \alpha_B = r_1 \alpha_A$ (3)

联立式（1）～（3）即可得物体 C 上升的加速度为

$$a_C = \frac{2\left(\dfrac{M}{r_1} - m_3 g\right)}{m_1 + m_2 + 2m_3}$$

10-10 题 10-10 图所示，A 与 B 两飞轮轴杆由摩擦啮合器连接。A 轮的转动惯量为 $J_1 = 10\ \text{kg}\cdot\text{m}^2$，轴承处摩擦不计，开始时 B 轮静止，A 轮以 $n_1 = 600\ \text{r/min}$ 转动，然后使 A 与 B 结合，因而 B 轮得到加速度而 A 轮减速，直到两轮的转速都等于 $n_2 = 200\ \text{r/min}$ 为止，试求：

（1）B 轮的转动惯量。

（2）在啮合过程中 A 轮损失的动量矩。

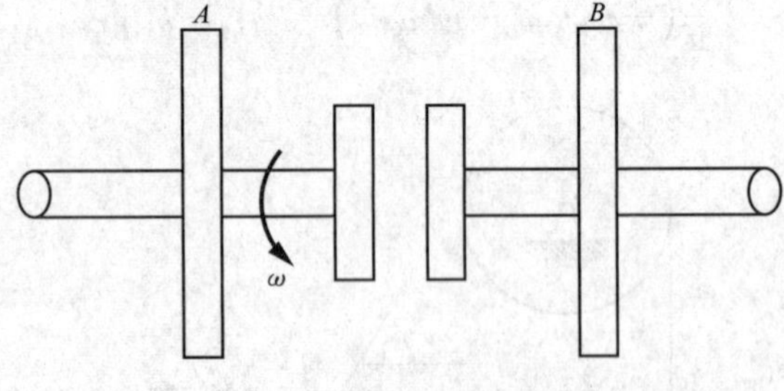

题 10-10 图

解： 以系统为研究对象，因为 $\sum M_{轴} = 0$，故有系统对轴的动量矩守恒，即 $L_1 = L_2$

而

$$L_1 = J_1 \omega_1 = J_1 \frac{2\pi n_1}{60}$$

当两轮的转速都等于 $n_2 = 200\ \text{r/min}$ 时，有

$$L_1 = J_1 \omega_2 + J_2 \omega_2 = (J_1 + J_2)\frac{2\pi n_2}{60}$$

所以有

$$J_1 \frac{2\pi n_1}{60} = (J_1 + J_2)\frac{2\pi n_2}{60}$$

$$10 \cdot \frac{2\pi \cdot 600}{60} = (10 + J_2)\frac{2\pi \cdot 200}{60}$$

即可得

$$J_2 = 20\ \text{kg}\cdot\text{m}^2$$

所以在啮合过程中 A 轮损失的动量矩为

$$\Delta L_1 = J_1 \omega_1 - J_1 \omega_2 = 10 \cdot \frac{2\pi \cdot 600}{60} - 10 \cdot \frac{2\pi \cdot 200}{60} = 418.88\ (\text{kg}\cdot\text{m}^2/\text{s})$$

10-11 一绳跨过定滑轮，其一端吊有质量为 m 的重物 A，另一端有一质量为 m 的人以速度 $\boldsymbol{u}$ 相对细绳向上爬，如题 10-11 图（a）所示。若滑轮半径为 r，质量不计，并且开始时系统静止，试求人的速度。

解： 以系统为研究对象，受力如题 10-11 图（b）所示，由于 $\sum M_O = 0$，且系统初始静止，所以系统动量矩守恒，即 $L_{O1} = L_{O2} = 0$。设重物 A 上升的速度为 v，则人的绝对速度大小为 $v_a = u - v$

所以有

$$L_{O2} = m(u - v)r - mvr = 0$$

即得

$$v = \frac{u}{2}$$

所以人的速度为

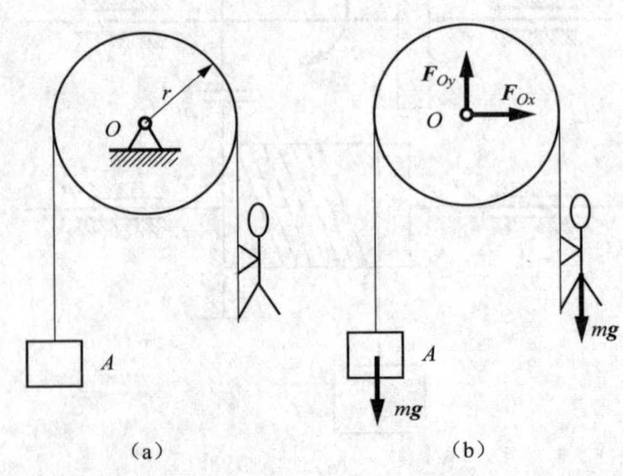

题 10-11 图

$$v_a = \frac{u}{2}$$

10-12　题 10-12 图（a）所示平面机构，小球 A 质量为 m，连在细绳的一端，绳的另一端穿透光滑的水平面上的小孔 O，令小球在水平面上沿半径为 r 的圆周作匀速运动，其速度为 v。若将细绳往下拉，使圆周的半径缩小为 $r/2$，试求此时小球的速度 $\boldsymbol{u}$ 和细绳的拉力 $\boldsymbol{F}_T$。

解：以小球为研究对象，受力如题 10-12 图（b）所示，由于 $\sum M_O=0$，所以系统动量矩守恒，即 $L_{O1}=L_{O2}$。

所以有

$$L_{O1} = mvr$$

当小球运动的圆周的半径缩小为 $r/2$ 时

$$L_{O2} = mu \cdot \frac{1}{2}r = \frac{1}{2}mur$$

即得此时小球的速度为

$$u = 2v$$

则由小球的运动微分方程得

$$ma_n = F_T$$

$$m\frac{u^2}{\frac{r}{2}} = F_T$$

即得细绳的拉力为

$$F_T = \frac{8mv^2}{r}$$

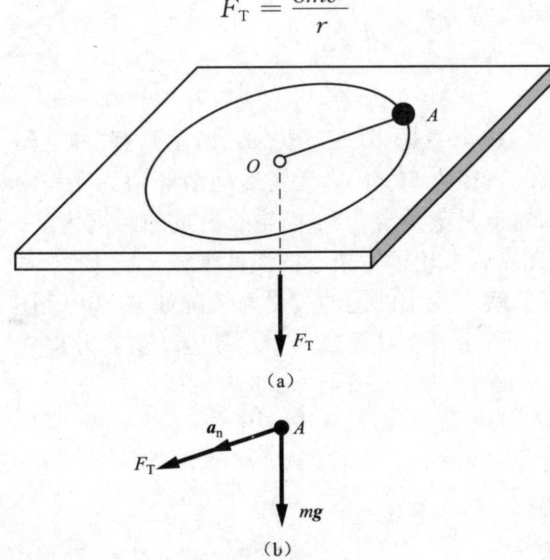

题 10-12 图

10-13　题 10-13 图（a）所示，滑块 A、B 的质量分别为 2 kg、0.5 kg，用长为 1 m 的绳子连接，在水平光滑滑竿上滑动，绳和竿的质量不计。竿绕铅垂轴转动，轴的摩擦也不计。当 $r_A=0.6$ m 时，滑块 A 以速度 0.4 m/s 沿竿向外运动，杆的角速度 $\omega=0.5$ rad/s，试求此时竿的角加速度。

解：以系统为研究对象，因为 $\sum M_{轴}=0$，故有系统对轴的动量矩守恒，即 $L_{轴}=C$。以滑块 A、B 为动点，动系与竿固结，则由速度合成定理知滑块 A、B 速度分别为

$$\boldsymbol{v}_A = \boldsymbol{v}_{Ae} + \boldsymbol{v}_{Ar}, \boldsymbol{v}_B = \boldsymbol{v}_{Be} + \boldsymbol{v}_{Br}$$

速度分析如题 10-13 图（b）所示，其中：$v_{Ae}=r_A\omega$，$v_{Be}=r_B\omega$。

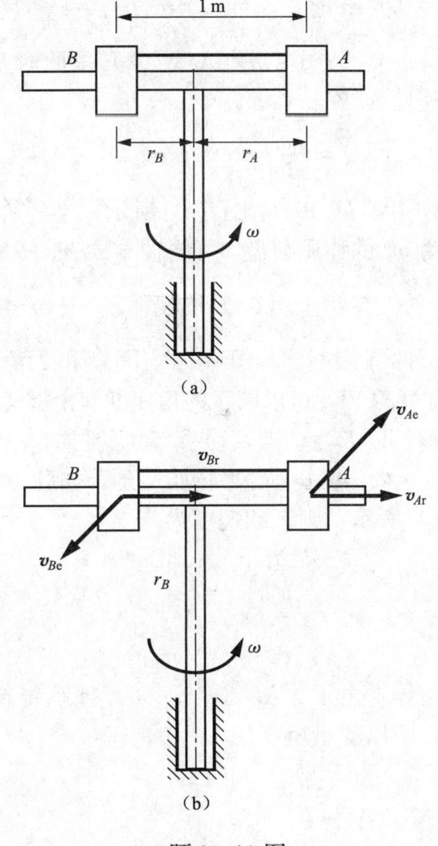

题 10-13 图

所以系统对轴的动量矩为

$$\begin{aligned} L_{轴} &= L_{轴,A} + L_{轴,B} = m_A v_{Ae} \cdot r_A + m_B v_{Be} \cdot r_B \\ &= (m_A r_A^2 + m_B r_B^2)\omega = C \end{aligned}$$

将上式两端对时间 t 求导得

$$\left(m_A \cdot 2r_A \frac{dr_A}{dt} + m_B \cdot 2r_B \frac{dr_B}{dt}\right)\omega$$

$$+(m_A r_A^2+m_B r_B^2)\frac{d\omega}{dt}=0 \qquad (1)$$

且有 $r_A+r_B=1$

故有 $\frac{dr_A}{dt}+\frac{dr_B}{dt}=0 \Rightarrow \frac{dr_B}{dt}=-\frac{dr_A}{dt}$

将上式代入式（1）得

$$\left(m_A\cdot 2r_A\frac{dr_A}{dt}-m_B\cdot 2r_B\frac{dr_A}{dt}\right)\omega$$

$$+(m_A r_A^2+m_B r_B^2)\frac{d\omega}{dt}=0$$

$$2(m_A r_A-m_B r_B)\omega\frac{dr_A}{dt}+(m_A r_A^2+m_B r_B^2)\frac{d\omega}{dt}=0 \qquad (2)$$

当 $r_A=0.6$ m 时，$r_B=0.4$ m，$v_A=\frac{dr_A}{dt}=0.4$ m/s，$\omega=0.5$ rad/s，代入式（2）得此时竿的角加速度为

$$\alpha=\frac{d\omega}{dt}=-0.5\text{ rad/s}^2$$

10-14 题 10-14 图（a）所示，半径为 R，质量为 m_1 的均质圆盘，可绕轴 z 转动。一质量为 m_2 的人在盘上由点 B 按规律 $s=\frac{1}{2}at^2$ 沿半径为 r 的圆周行走，开始时，圆盘和人静止，不计轴承摩擦，试求圆盘的角速度和角加速度。

解：以人为动点，动系与圆盘固结

则由 $\boldsymbol{v}_a=\boldsymbol{v}_e+\boldsymbol{v}_r$ 作速度平行四边形，如题 10-14 图（b）所示，则人的速度为

$$v_人=v_a=v_e-v_r$$

而 $v_e=r\omega$，$v_r=\dot{s}=at$

即得 $\qquad v_人=r\omega-at$

研究整体，由于 $\sum M_z(F)=0$，且系统初始静止，所以动量矩守恒 $L_z=0$，即

$$L_{z盘}+L_{z人}=0$$

式中

$$L_{z盘}=J_z\omega=\frac{1}{2}m_1R^2\omega$$

$$L_{z人}=m_2v_人 r=m_2(r\omega-at)r$$

解得圆盘的角速度为

$$\omega=\frac{2m_2art}{m_1R^2+2m_2r^2}$$

则圆盘的角加速度为

$$\alpha=\frac{2m_2ar}{m_1R^2+2m_2r^2}$$

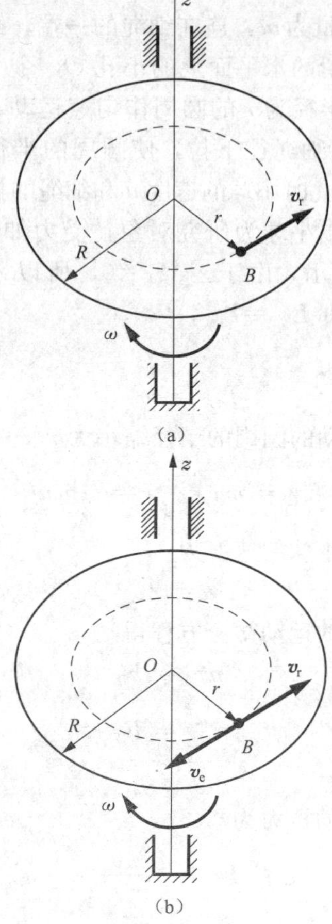

题 10-14 图

10-15 题 10-15 图（a）所示，有一轮子，轴的直径为 50 mm，无初速地沿倾角为 $\theta=20°$ 的轨道只滚不滑，5 s 内轮心滚过的距离为 $s=3$ m。试求轮子对轮心的惯性半径。

解：轮子的运动及受力情况如题 10-15 图（b）所示。设其质量为 m，其运动微分方程为

$$ma=mg\sin\theta-F$$

$$m\rho^2\alpha=Fr$$

且 $a=r\alpha$

解得

$$a=\frac{gr^2\sin\theta}{\rho^2+r^2}$$

由此知轮心作匀加速运动，故有

$$s=\frac{1}{2}at^2$$

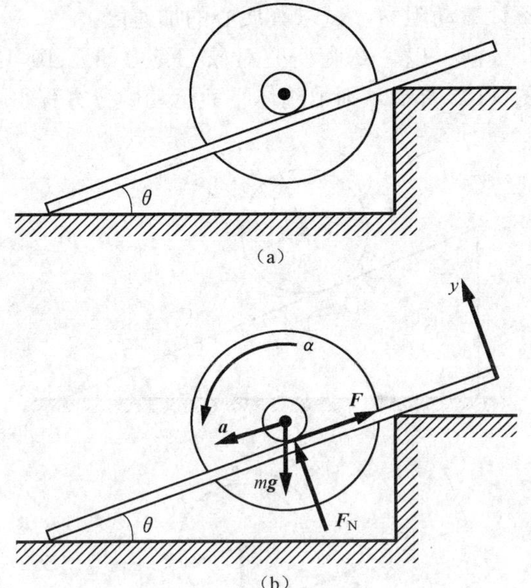

题 10-15 图

当 $t=5$ s 时，$s=3$ m，则有

$$a = 0.24 \text{ m/s}^2$$

即得

$$\rho = 90 \text{ mm}$$

10-16　题 10-16 图（a）所示绕线轮质量为 $m=50$ kg，半径为 $R=100$ mm 和 $r=60$ mm，对质心的回转半径为 $\rho=70$ mm。轮与地面的静、动滑动摩擦因数分别为 $f_s=0.20$ 和 $f=0.15$，水平绳的拉力 $F=200$ N，试求轮心的加速度和轮的角加速度。

解： 绕线轮作平面运动，其受力如题 10-16 图（b）所示，设其质心加速度为 $\boldsymbol{a}_C$，角加速度为 α，则由刚体平面运动微分方程得

$$\begin{cases} ma_{Cx}=\sum F_x \\ ma_{Cy}=\sum F_y \\ J_C\alpha=\sum M_C \end{cases} \Rightarrow \begin{cases} ma_C=F-F_1 \\ m\cdot 0=F_N-mg \\ m\rho^2\alpha=-Fr+F_1R \end{cases} \tag{1}$$

假设绕线轮作纯滚动，则有

$$\boldsymbol{a}_C = R\alpha \tag{2}$$

联立式（1）、（2）即可得

$$F_N = 490 \text{ N}, \boldsymbol{a}_C = 1.074 \text{ m/s}^2,$$

$$\alpha = 10.74 \text{ rad/s}^2, F_1 = 146.3 \text{ N}$$

而最大静摩擦力为

$$F_{max} = f_sF_N = 0.2\times 490 = 98 \text{ N} < F_1 = 146.3 \text{ N}$$

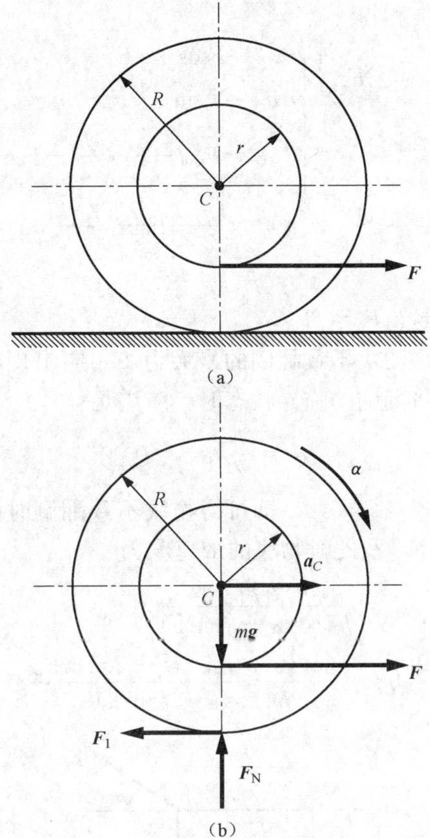

题 10-16 图

所以绕线轮作纯滚动是不符合实际的，实际上绕线轮是既滚动又滑动的，此时受力图中的静摩擦力 $\boldsymbol{F}_1$ 应为动摩擦力 $\boldsymbol{F}'$，故有平面运动微分方程应为

$$\begin{cases} ma_{Cx}=\sum F_x \\ ma_{Cy}=\sum F_y \\ J_C\alpha=\sum M_C \end{cases} \Rightarrow \begin{cases} ma_C=F-F' \\ m\cdot 0=F_N-mg \\ m\rho^2\alpha=-Fr+F'R \end{cases} \tag{3}$$

且满足：$F'=fF_N=0.15\times 490=73.5\ (\text{N})$　(4)

联立式（3）、（4）即可得轮心的加速度和轮的角加速度分别为

$$\boldsymbol{a}_C = 2.53 \text{ m/s}^2, \alpha = -18.98 \text{ rad/s}^2$$

10-17　质量为 m 的物块在力 $\boldsymbol{F}$ 作用下向右滑动，如题 10-17 图（a）所示，物块与地面间的动滑动摩擦因数为 f，试求使物块不致翻倒时的最大力 $\boldsymbol{F}_{max}$ 及此时物块的加速度 a_C。

解： 设物块的加速度为 $\boldsymbol{a}_C$，则由平面运动

微分方程得

$$\begin{cases} ma_{Cx}=\sum F_x \\ ma_{Cy}=\sum F_y \\ J_C\alpha=\sum M_C \end{cases} \Rightarrow \begin{cases} ma_C=F\cos\alpha-F' \\ ma_{Cy}=F\sin\alpha+F_N-mg \\ J_C\alpha_C=F_Nd-F'\cdot\dfrac{h}{2}-F\cos\alpha\cdot\dfrac{h}{2}+F\sin\alpha\cdot\dfrac{b}{2} \end{cases} \tag{1}$$

且满足：$F'=fF_N$ (2)

若使得物块不致翻倒的最大力 F_{max} 应出现在物块即将翻倒的临界状态时，应满足

$$d=\frac{b}{2},\alpha_C=0 \tag{3}$$

联立式 (1)～(3) 即可得物块不致翻倒时的最大力 $\boldsymbol{F}_{max}$ 及此时物块的加速度为

$$F_{max}=\frac{(b-fh)mg}{h(\cos\alpha-f\sin\alpha)},$$

$$a_C=\frac{b(\cos\alpha+f\sin\alpha)-2fh\cos\alpha}{h(\cos\alpha-f\sin\alpha)}g$$

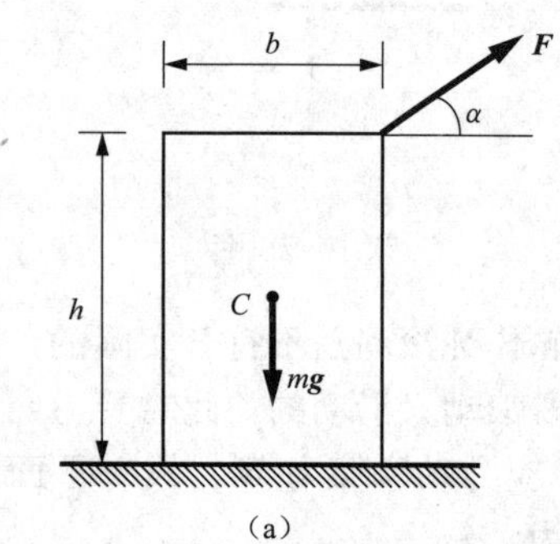

(a)

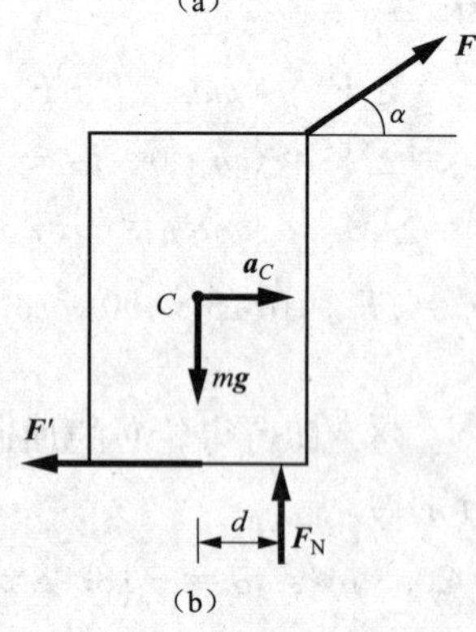

(b)

题 10-17 图

10-18 题 10-18 图 (a) 所示，一均质圆柱，质量为 m，半径为 r，无初速地放在倾角为 θ 的斜面上，轮与斜面的摩擦因数为 f，若不计滚动阻力，试求其质心的加速度。

解：以轮 C 为研究对象，受力如题 10-18 图 (b) 所示，则由刚体平面运动微分方程得

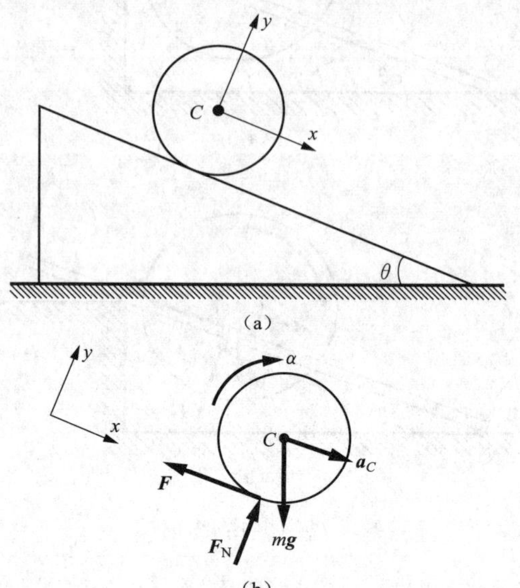

题 10-18 图

$$\begin{cases} ma_{Cx}=\sum F_x \\ ma_{Cy}=\sum F_y \\ J_C\alpha=\sum M_C \end{cases} \Rightarrow \begin{cases} ma_{Cx}=mg\sin\theta-F \\ ma_{Cy}=F_N-mg\cos\theta \\ \dfrac{1}{2}mr^2\alpha=Fr \end{cases}$$

由图可知，$F_N=mg\cos\theta$

则 $a_{Cy}=0$

则 $a_{Cx}=a_C$

(1) 若接触面光滑，则有：$F=0$

即得

$$\alpha=0,a_C=g\sin\theta,F=0,F_N=mg\cos\theta$$

(2) 若接触面足够粗糙，轮作纯滚动，则有：$a_C=r\alpha$

即得

$$\alpha=\frac{2}{3r}g\sin\theta,a_C=\frac{2}{3}g\sin\theta,$$

$$F=\frac{1}{3}mg\sin\theta,F_N=mg\cos\theta$$

(3) 若接触面粗糙，轮作既滚动又滑动，则有：$F=fF_N=fmg\cos\theta$

即得

$$\alpha=\frac{2fg\cos\theta}{r},a_C=(\sin\theta-f\cos\theta)g,$$

$$F=fmg\cos\theta,F_N=mg\cos\theta$$

轮作纯滚动的条件为

$$F = \frac{1}{3}mg\sin\theta \leqslant F_{\max} = fmg\cos\theta$$

即　$f \geqslant \frac{1}{3}\tan\theta$

综上所述

(1) 接触处完全光滑时 ($f=0$)，$a_C = g\sin\theta$

(2) 圆柱作纯滚动时 $\left(f \geqslant \frac{1}{3}\tan\theta\right)$，$a_C = \frac{2}{3}g\sin\theta$

(3) 圆柱体既滚动又滑动时 $\left(f < \frac{1}{3}\tan\theta\right)$，$a_C =$ ($\sin\theta - f\cos\theta$) g

10-19　滑轮 C 质量为 m，可视为均质圆盘。轮上绕以细绳，绳的一端固定于 O 点，如题 10-19 图 (a) 所示。试求滑轮下降时轮心 C 的加速度和绳的拉力 $\boldsymbol{F}_{\mathrm{T}}$。

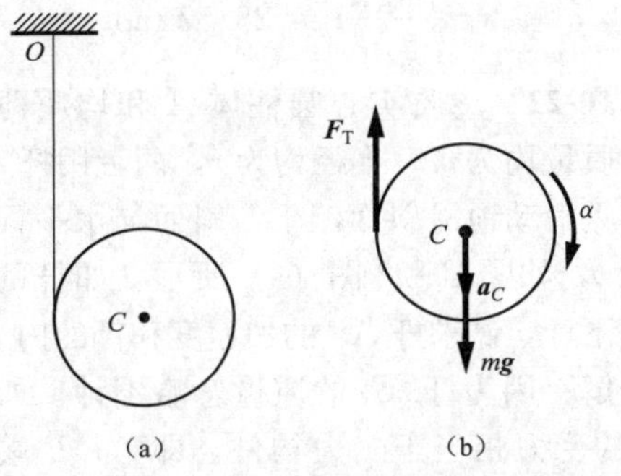

题 10-19 图

解： 以滑轮 C 为研究对象，受力如题 10-19 图 (b) 所示，则由刚体平面运动微分方程得

$$ma_C = mg - F_{\mathrm{T}} \tag{1}$$

$$\frac{1}{2}mr^2\alpha = F_{\mathrm{T}}r \tag{2}$$

且满足：$a_C = r\alpha$　(3)

联立式 (1)、(2)、(3) 即可得

$$F_{\mathrm{T}} = \frac{1}{3}mg, a_C = \frac{2}{3}g$$

10-20　题 10-20 图 (a) 所示均质圆柱，半径为 r，质量为 m，置圆柱于墙角。初始角速度为 ω_0，墙面、地面与圆柱接触处的动滑动摩擦因数均为 f，滚动阻力不计，试求使圆柱停止转动所需要的时间。

解： 以圆柱 C 为研究对象，受力题 10-20 图 (b) 所示，由刚体平面运动微分方程有

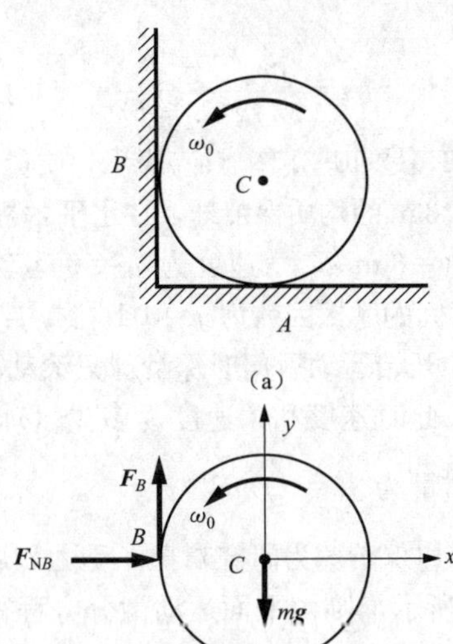

题 10-20 图

$$\begin{cases} ma_{Cx} = \sum F_x \\ ma_{Cy} = \sum F_y \\ J_C\alpha = \sum M_C \end{cases}$$

其中：$a_{Cx}=0$，$a_{Cy}=0$，$\alpha = \frac{\mathrm{d}\omega}{\mathrm{d}t}$，代入上述方程有

$$0 = F_{NB} - F_A \tag{1}$$

$$0 = F_B + F_{NA} - mg \tag{2}$$

$$\frac{1}{2}mr^2\frac{\mathrm{d}\omega}{\mathrm{d}t} = -F_A r - F_B r \tag{3}$$

另有摩擦补充方程

$$F_A = fF_{NA} \tag{4}$$

$$F_B = fF_{NB} \tag{5}$$

将式 (4)、(5) 代入式 (1)、(2) 得

$$F_{NA} = \frac{mg}{1+f^2}, F_A = \frac{fmg}{1+f^2},$$

$$F_{NB} = \frac{fmg}{1+f^2}, F_B = \frac{f^2mg}{1+f^2}$$

将上述结果代入式 (3) 得

$$\frac{\mathrm{d}\omega}{\mathrm{d}t} = -\frac{2fg(1+f)}{r(1+f^2)}$$

积分得

$$\int_{\omega_0}^{0}\mathrm{d}\omega=\int_0^t-\frac{2fg(1+f)}{r(1+f^2)}\mathrm{d}t$$

即得

$$t=\frac{r\omega_0(1+f^2)}{2fg(1+f)}$$

10-21 题10-21图（a）所示，质量为7 kg，直径为0.3 m的均质保龄球，在水平木板上以初速度为$v_0=6$ m/s，角速度为$\omega_0=0$运动，如果球和木板间的摩擦因数为$f=0.1$。试求：

（1）开始运动后何时保龄球只滚动不滑动；

（2）此时速度和角速度为多少（球对质心的转动惯量为$J_C=\frac{2}{5}mR^2$）？

解：以保龄球为研究对象，受力如题10-21图（b）所示，则由平面运动微分方程得

$$\begin{cases}ma_{Cx}=\sum F_x\\ ma_{Cy}=\sum F_y\\ J_C\alpha=\sum M_C\end{cases}\Rightarrow\begin{cases}ma_{Cx}=-F_s\\ m\cdot 0=F_N-mg\\ J_C\alpha=F_sR\end{cases}$$

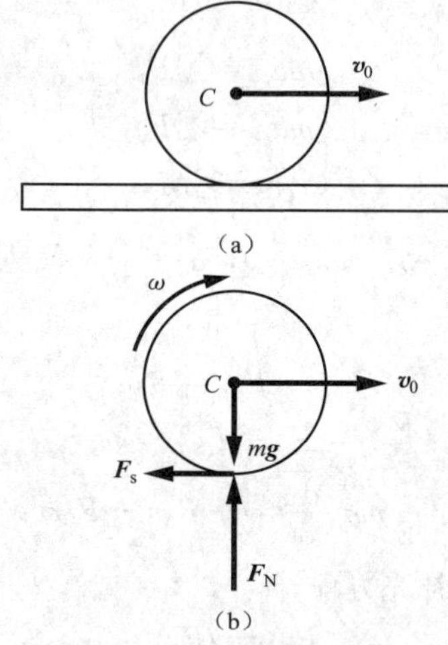

题10-21图

当保龄球开始只滚动不滑动时，应满足：$F_s=fF_N$代入上式即可得

$$a_{Cx}=-fg,\alpha=\frac{fmgR}{J_C}$$

而

$$a_{Cx}=\frac{\mathrm{d}v}{\mathrm{d}t}=-fg\Rightarrow\mathrm{d}v=-fg\,\mathrm{d}t$$

$$\alpha=\frac{\mathrm{d}\omega}{\mathrm{d}t}=\frac{fmgR}{J_C}\Rightarrow\mathrm{d}\omega=\frac{fmgR}{J_C}\mathrm{d}t$$

将上式积分即可得

$$\int_{v_0}^{v}\mathrm{d}v=\int_0^t-fg\,\mathrm{d}t\Rightarrow v=v_0-fgt$$

$$\int_0^{\omega}\mathrm{d}\omega=\int_0^t\frac{fmgR}{J_C}\mathrm{d}t\Rightarrow\omega=\frac{fmgR}{J_C}t$$

保龄球只滚不滑的条件是：$v=\omega R$

所以有

$$v_0-fgt=\frac{fmgR}{J_C}tR$$

$$t=\frac{v_0}{fg+\frac{fmgR^2}{J_C}}=\frac{v_0}{fg+\frac{fmgR^2}{\frac{2}{5}mR^2}}$$

$$=\frac{2v_0}{7fg}=\frac{2\times 6}{7\times 0.1\times 9.8}=1.749\text{ s}$$

所以此时速度和角速度为

$$v=v_0-fgt=4.286\text{ m/s}$$

$$\omega=\frac{fmgR}{J_C}t=28.57\text{ rad/s}$$

10-22 均质实心圆柱体A和均质薄铁环B的质量均为m，半径均为r，两者用杆AB铰接，无滑动地沿斜面滚下，斜面与水平面的夹角为θ，如题10-22图（a）所示。如杆的质量忽略不计，试求杆AB的加速度和杆的内力。

解：因为杆AB的质量忽略不计，所以杆AB的受力相当于二力构件，即A、B端的约束力是沿杆方向的，设杆AB的加速度为a。以圆柱体A为研究对象，受力图如题10-22图（b）所示，则由刚体平面运动微分方程得

$$\begin{cases}ma_A=mg\sin\theta+F_{AB}-F_A\\ J_A\alpha_A=F_Ar\end{cases}\tag{1}$$

以薄铁环B为研究对象，受力图如题10-22图（c）所示，则由刚体平面运动微分方程得

$$\begin{cases}ma_B=mg\sin\theta-F_{BA}-F_B\\ J_B\alpha_B=F_Br\end{cases}\tag{2}$$

且满足：$F_{AB}=F_{BA}$，$a=a_A=a_B=r\alpha_A=r\alpha_B$，$J_A=\frac{1}{2}mr^2$，$J_B=mr^2$

联立式（1）、（2）解得

$$a=\frac{4}{7}g\sin\theta,F_{AB}=-\frac{1}{7}mg\sin\theta\text{（压）}$$

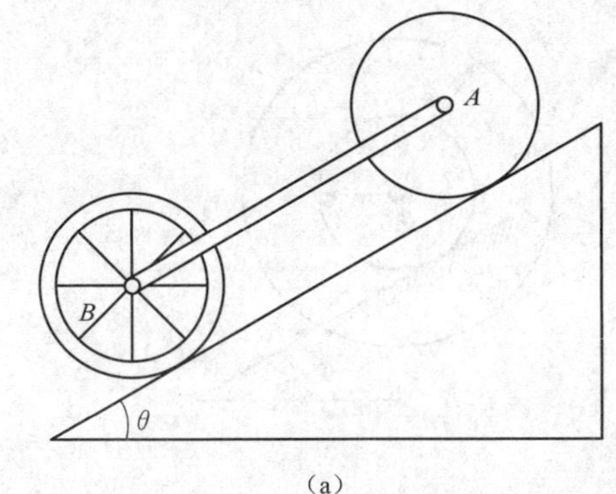

(a)

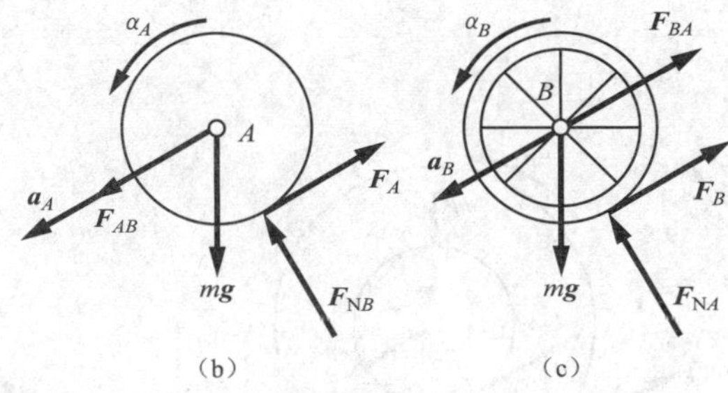

(b)　(c)

题 10-22 图

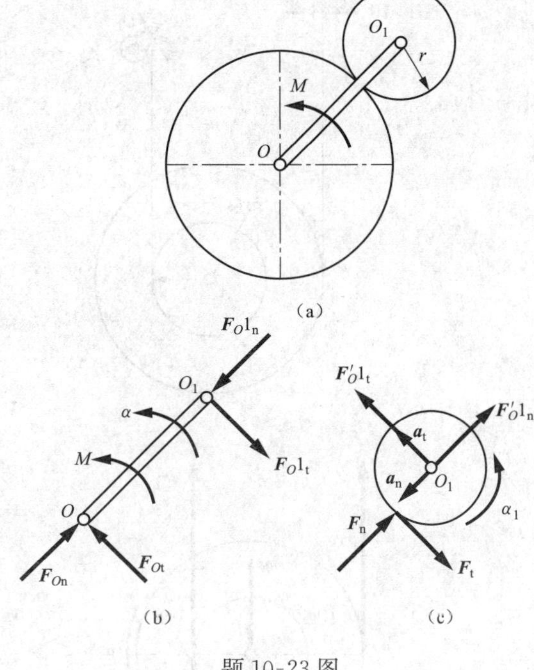

(a)

(b)　(c)

题 10-23 图

10-23　行星齿轮机构位于水平面内，曲柄 OO_1 受力偶 M 作用而绕固定铅直轴 O 转动，并带动齿轮 O_1 在固定水平齿轮 O 上纯滚动，如题 10-23 图（a）所示。设曲柄 OO_1 为均质杆，长为 l、质量为 m_1；齿轮 O_1 为均质圆盘，质量为 m_2，半径为 r。试求曲柄的角加速度及两齿轮接触处沿切线方向的力。

解：以曲柄为研究对象，其水平面内受力如题 10-23 图（b）所示，则由定轴转动微分方程得

$$J_O\alpha = \sum M_O$$

$$\frac{1}{3}m_1 l^2 \alpha = M - F_{O_1t}l \tag{1}$$

以轮 O_1 为研究对象，其水平面内受力如题 10-23 图（c）所示，则由平面运动微分方程得

$$m_2 a_t = F'_{O_1t} - F_t \tag{2}$$

$$J_{O_1}\alpha_1 = \sum M_{O_1} \Rightarrow \frac{1}{2}m_2 r^2 \alpha_1 = F_t r \tag{3}$$

且满足运动学关系

$$a_t = r\alpha_1 = l\alpha \tag{4}$$

联立式（1）～（4）即可得

$$\alpha = \frac{6M}{(2m_1 + 9m_2)l^2}, F_t = \frac{3m_2 M}{(2m_1 + 9m_2)l}$$

10-24　已知 A 和 B 两轮的质量均为 m，对其质心轴的转动惯量均为 mr^2，且 $R=2r$，轮 B 沿固定斜面只滚动而不滑动，如题 10-24 图（a）所示。如不计小定滑轮 O 及绕在两轮上的细绳质量，试求 A 和 B 两轮心的加速度。

解：以轮 A 为研究对象，其受力分析及运动分析如题 10-24 图（b）所示，则由刚体平面运动微分方程得

$$ma_A = mg - F_T - F_D \tag{1}$$

$$J_A\alpha_A = F_T \cdot 2r - F_D \cdot r \tag{2}$$

以轮 B 为研究对象，其受力分析及运动分析如题 10-24 图（c）所示，则由刚体平面运动微分方程得

$$ma_A = mg\sin 30° - F_s - F_E \tag{3}$$

$$J_B\alpha_B = F_E \cdot 2r + F_s \cdot r \tag{4}$$

且有　$F_D = F_E$　(5)

由运动学关系知

$$a_A = 2r\alpha_A, a_B = 2r\alpha_B, a_B = a_E^t = a_D^t = 3r\alpha_A \tag{6}$$

联立式（1）～（6）即可得 A 和 B 两轮心的加速度分别为

$$a_A = \frac{7}{23}g, a_B = \frac{21}{46}g$$

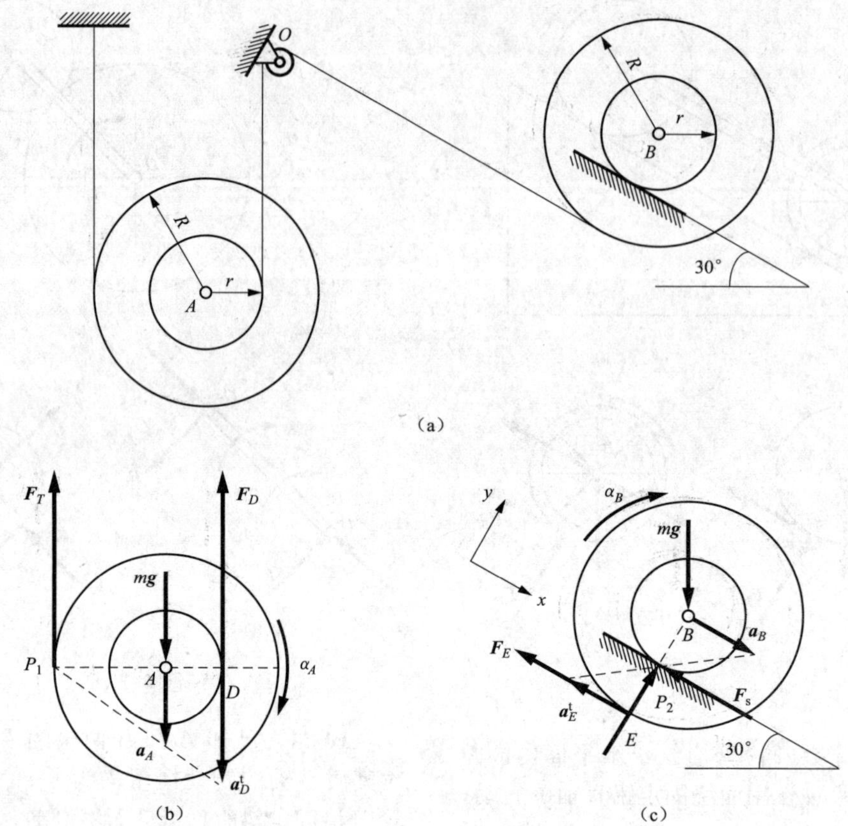

题 10-24 图

10-25　如题 10-25 图（a）所示 A、B 两轮的质量分别为 m_1 和 m_2、半径分别为 r_1 和 r_2。另有一细绳绕在两轮上，其中 A 轮绕固定轴转动。试求：

（1）B 轮下落时，其轮心的加速度。

（2）细绳的张力。

解： 以轮 A 为研究对象，受力如题 10-25 图（b）所示，则由定轴转动微分方程得

$$J_A\alpha_A = \sum M_A$$

$$\frac{1}{2}m_1 r_1^2\alpha_A = F_T r_1 \qquad (1)$$

以轮 B 为研究对象，受力如题 10-25 图（c）所示，则由平面运动微分方程得

$$m_2 a_B = m_2 g - F_T' \qquad (2)$$

$$J_B\alpha_B = \sum M_B \Rightarrow \frac{1}{2}m_2 r_2^2\alpha_B = F_T' r_2 \qquad (3)$$

且满足

$$F_T = F_T',\ a_B = r_1\alpha_A + r_2\alpha_B \qquad (4)$$

联立式（1）～（4）即可得

$$F_T = \frac{m_1 m_2}{3m_1 + 2m_2}g,\ a_B = \frac{2(m_1 + m_2)}{3m_1 + 2m_2}g$$

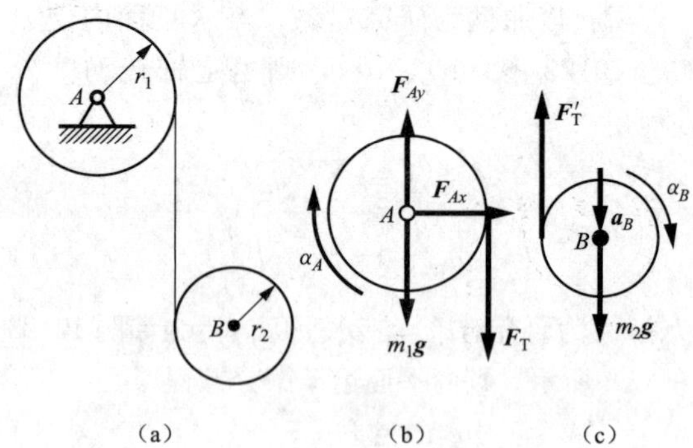

题 10-25 图

10-26　均质圆盘质量为 m，半径为 R，所受约束如题 10-26 图（a）所示。若突然撤去 A 处的约束，试求该瞬时 O 处的约束力。

解： 圆盘在撤去 A 处的约束后将绕 O 轴转动，则撤去约束瞬时圆盘的角速度为 $\omega=0$，角

加速度不为零，设其为 α，圆盘受力如题 10-26 图（b）所示，则由刚体定轴转动微分方程得

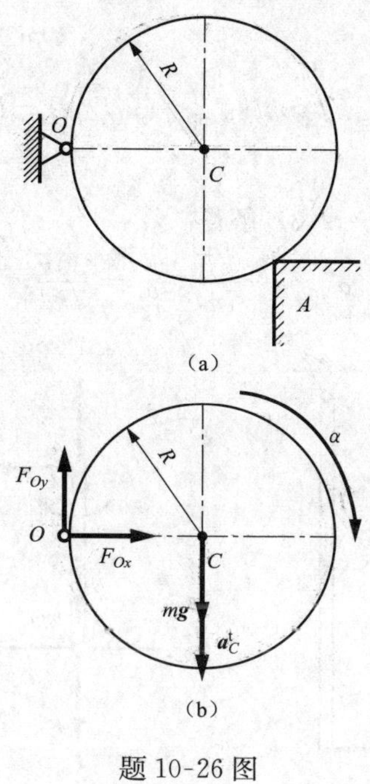

题 10-26 图

$$J_O\alpha = mgR$$

$$\left(\frac{1}{2}mR^2 + mR^2\right)\alpha = mgR$$

即可得

$$\alpha = \frac{2g}{3R}$$

则可知质心的加速度为

$$a_C^t = R\alpha = \frac{2}{3}g, a_C^n = R\omega^2 = 0$$

方向如题 10-26 图（b）所示

则由质心运动定理得

$$ma_{Cx} = \sum F_x \Rightarrow m \cdot 0 = F_{Ox}$$

$$ma_{Cy} = \sum F_y \Rightarrow m \cdot \left(-\frac{2}{3}g\right) = F_{Oy} - mg$$

即可得 O 处约束力为

$$F_{Ox} = 0, F_{Oy} = \frac{1}{3}mg$$

10-27　题 10-27 图（a）所示，均质杆 AB 质量为 m，长为 l，在铅直平面内一端沿着水平地面，另一端沿着铅垂墙壁，从图示位置无初速地滑下。不计摩擦，试求开始滑动的瞬时，地面和墙壁对杆的约束力。

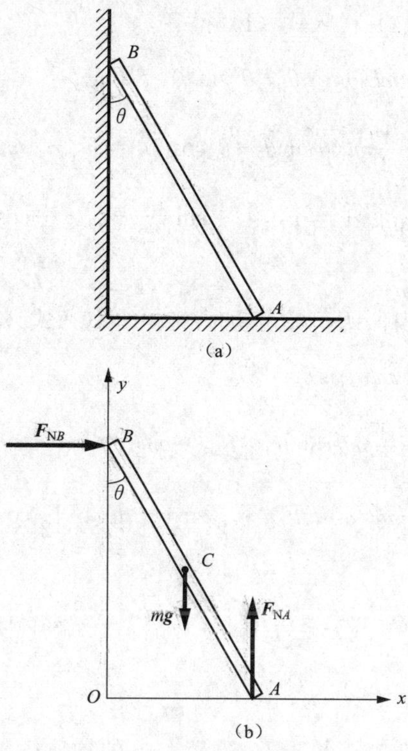

题 10-27 图

解：以杆 AB 为研究对象，将其置于一般位置，即杆 AB 与墙面的夹角为 θ，其受力如题 10-27 图（b）所示，由刚体平面运动微分方程有

$$\begin{cases} ma_{Cx} = \sum F_x \\ ma_{Cy} = \sum F_y \\ J_C\alpha = \sum M_C \end{cases} \tag{1}$$

其中：$\omega = \dot{\theta}$，$\alpha = \ddot{\theta}$

在图示坐标系下，杆 AB 的质心坐标为

$$\begin{cases} x_C = \dfrac{l}{2}\sin\theta \\ y_C = \dfrac{l}{2}\cos\theta \end{cases}$$

杆 AB 的质心的速度为

$$\begin{cases} \dot{x}_C = \dfrac{l}{2}\dot{\theta}\cos\theta \\ \dot{y}_C = -\dfrac{l}{2}\dot{\theta}\sin\theta \end{cases}$$

杆 AB 的质心的加速度为

$$\begin{cases} \ddot{x}_C = \dfrac{l}{2}(\ddot{\theta}\cos\theta - \dot{\theta}^2\sin\theta) \\ \ddot{y}_C = -\dfrac{l}{2}(\ddot{\theta}\sin\theta + \dot{\theta}^2\cos\theta) \end{cases} \tag{2}$$

将式（2）代入式（1）得

$$\begin{cases}\frac{1}{2}ml(\ddot{\theta}\cos\theta-\dot{\theta}^2\sin\theta)=F_{NB}\\-\frac{1}{2}ml(\ddot{\theta}\sin\theta-\dot{\theta}^2\cos\theta)=F_{NA}-mg\\\frac{1}{12}ml^2\ddot{\theta}=F_{NA}\cdot\frac{l}{2}\sin\theta-F_{NB}\cdot\frac{l}{2}\cos\theta\end{cases}\tag{3}$$

考虑到杆 AB 开始滑动时，$\dot{\theta}=0$，代入式（3）得

$$\begin{cases}\frac{1}{2}ml\alpha\cos\theta=F_{NB}\\-\frac{1}{2}ml\alpha\sin\theta=F_{NA}-mg\\\frac{1}{12}ml^2\alpha=F_{NA}\cdot\frac{l}{2}\sin\theta-F_{NB}\cdot\frac{l}{2}\cos\theta\end{cases}$$

即得

$$\alpha=\frac{3g}{2l}\sin\theta,F_{NA}=mg\left(1-\frac{3}{4}\sin^2\theta\right),$$

$$F_{NB}=\frac{3}{4}mg\sin\theta\cos\theta$$

10-28 长为 l，质量为 m 的均质杆 AB 和 BC 用铰链 B 连接，并用铰链 A 固定，位于平衡位置，如题 10-28 图（a）所示。今在 C 端作用一水平力 $\boldsymbol{F}$，试求此瞬时，两杆的角加速度。

解： 假设杆 AB、BC 的角加速度分别为 α_{AB}、α_{BC}，刚开始时，$\omega_{AB}=\omega_{BC}=0$，故有 $a_B^n=0$。

对于杆 BC，以 B 为基点，则其质心 C_2 点的加速度为

$$\boldsymbol{a}_{C_2}^t+\boldsymbol{a}_{C_2}^n=\boldsymbol{a}_B^t+\boldsymbol{a}_{C_2B}^t+\boldsymbol{a}_{C_2B}^n$$

加速度矢量图如题 10-28 图（c）所示。

其中 $a_B^t=l\alpha_{AB}$，$a_{C_2B}^t=\frac{1}{2}l\alpha_{BC}$，$a_{C_2B}^n=0$

所以

$$a_{C_2}^n=0,\boldsymbol{a}_{C_2}^t=\boldsymbol{a}_B^t+\boldsymbol{a}_{C_2B}^t$$

即

$$a_{C_2}^t=a_B^t+a_{C_2B}^t=l\left(\alpha_{AB}+\frac{1}{2}\alpha_{BC}\right)$$

以杆 AB 为研究对象，受力图如题 10-28 图（b）所示，则由定轴转动微分方程得

$$J_A\alpha_{AB}=\sum M_A$$

$$\frac{1}{3}ml^2\alpha_{AB}=F_{Bx}l\tag{1}$$

以杆 BC 研究对象，受力图如题 10-28 图（c）所示，则由刚体平面运动微分方程得

$$J_{C_2}\alpha_{AB}=\sum M_{C_2}\Rightarrow\frac{1}{12}ml^2\alpha_{BC}=F'_{Bx}\cdot\frac{1}{2}l+F\cdot\frac{1}{2}l\tag{2}$$

$$ma_{C_2}^t=\sum F_x\Rightarrow ml\left(\alpha_{AB}+\frac{1}{2}\alpha_{BC}\right)=-F'_{Bx}+F\tag{3}$$

联立式（1）～（3）解得

$$\alpha_{AB}=-\frac{6F}{7ml},\alpha_{BC}=\frac{30F}{7ml}$$

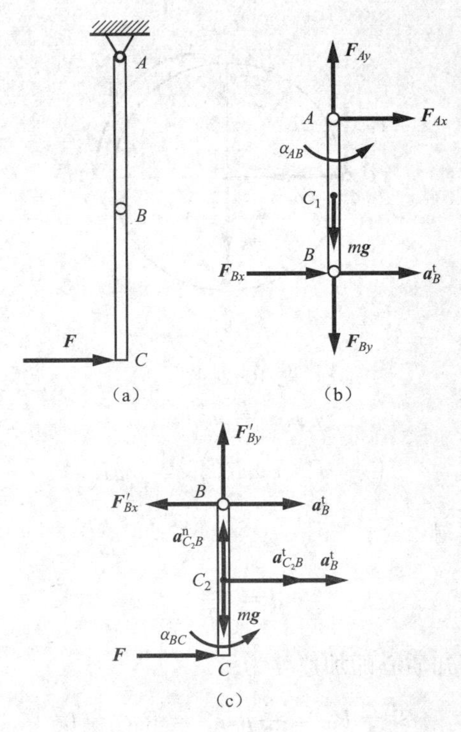

题 10-28 图

10-29 题 10-29 图（a）所示，质量为 m，长为 l 的均质杆 AB 用细绳吊住，已知两绳与水平方向的夹角为 φ。试求 B 端绳断开瞬时，A 端绳的张力。

解： B 端绳断开后，杆 AB 将作平面运动，且断开瞬时满足杆 AB 的角速度为 $\omega=0$，A 点的速度为 $v_A=0$，但杆 AB 角加速度不为零，设其为 α，则以 A 点为基点，质心 C 点的加速度为 $\boldsymbol{a}_C=\boldsymbol{a}_A^t+\boldsymbol{a}_A^n+\boldsymbol{a}_{CA}^t+\boldsymbol{a}_{CA}^n$，加速度矢量图如题 10-29 图（b）所示，沿 x 轴投影得

$$a_{Cx}=-a_A^n+a_{CA}^t\sin\varphi-a_{CA}^n\cos\varphi$$

其中：$a_A^n=0$，$a_{CA}^n=AC\cdot\omega^2=0$

即可得

$$a_{Cx}=a_{CA}^{t}\sin\varphi=\frac{1}{2}l\alpha\sin\varphi$$

以杆 AB 为研究对象，受力如题 10-29 图（c）所示，则由刚体平面运动微分方程得

$$ma_{Cx}=mg\sin\varphi-F_{T}$$

$$\frac{1}{12}ml^2\alpha=F_{T}\times\frac{l}{2}\sin\varphi$$

联立求解即可得 A 端绳的张力为

$$F_{T}=\frac{mg\sin\varphi}{1+3\sin^2\varphi}$$

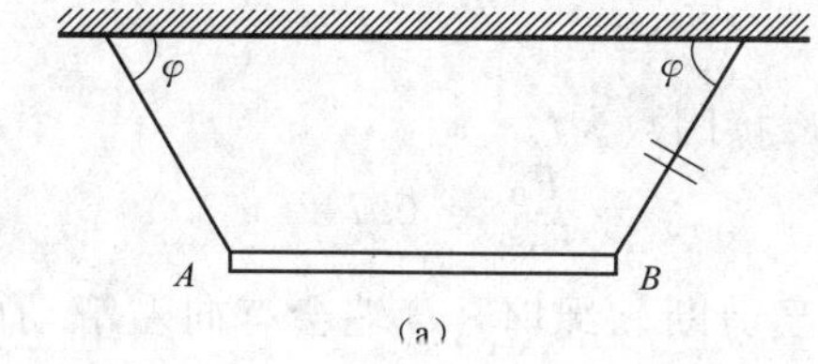

（a）

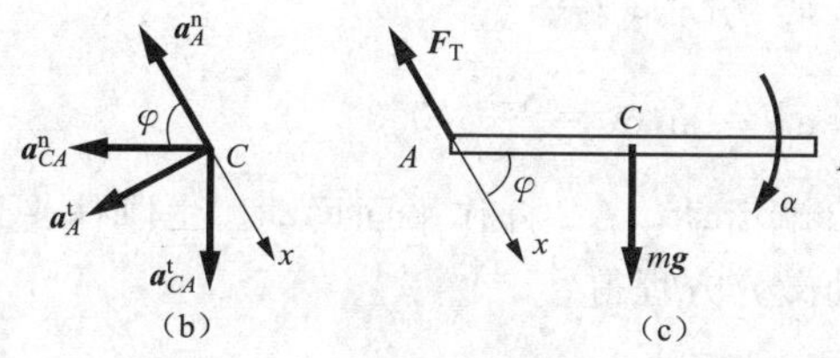

（b）　（c）

题 10-29 图

10-30　题 10-30 图（a）所示平面机构，平板质量为 m_1，受水平力 F 作用而沿水平面运动，板与水平面间的动摩擦因数为 f，平板上放一质量为 m_2 的均质圆柱，它相对平板只滚动不滑动，试求平板的加速度。

解：以圆柱为研究对象，受力如题 10-30 图（b）所示，由刚体平面运动微分方程有

$$m_2a_C=F_2 \tag{1}$$

$$0=F_{N2}-m_2g \tag{2}$$

$$J_C\alpha=\frac{1}{2}m_2R^2\alpha=F_2R \tag{3}$$

解得

$$F_{N2}=m_2g,\alpha=\frac{2a_C}{R}$$

以点 C 为基点，则圆柱上的接触点 D 的加速度为 $\boldsymbol{a}_D=\boldsymbol{a}_C+\boldsymbol{a}_{DC}^{t}+\boldsymbol{a}_{DC}^{n}$

故有点 D 切向加速度为 $a_D^t=a_C+a_{DC}^t=a_C+R\alpha$

而接触点 D 的切向加速度应与板的加速度 a 相等，即 $a_D^t=a$

故有 $$a_C=\frac{a}{3}$$

以平板为研究对象，受力如题 10-30 图（c）所示，则有

$$m_1a=F-F_1-F_2' \tag{4}$$

$$0=F_{N1}-F_{N2}'-m_1g \tag{5}$$

而

$$F_1=fF_{N1}=f(F_{N2}+m_1g)$$
$$=f(m_2g+m_1g)=f(m_1+m_2)g \tag{6}$$

将式（1）、（6）代入式（4），则有

$$m_1a=F-f(m_1+m_2)g-\frac{m_2a}{3}$$

可解得板的加速度为

$$a=\frac{F-f(m_1+m_2)g}{m_1+\frac{1}{3}m_2}$$

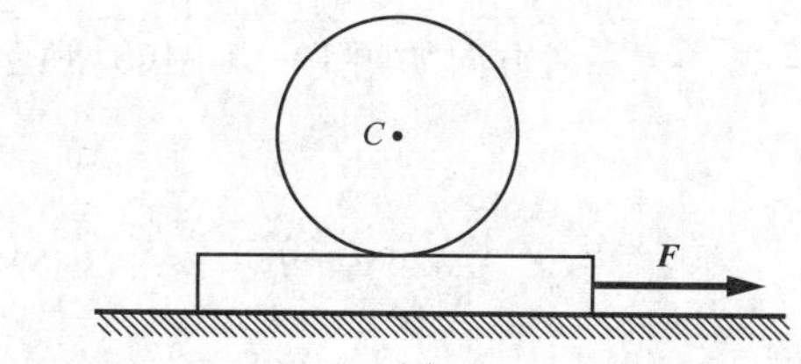

（a）

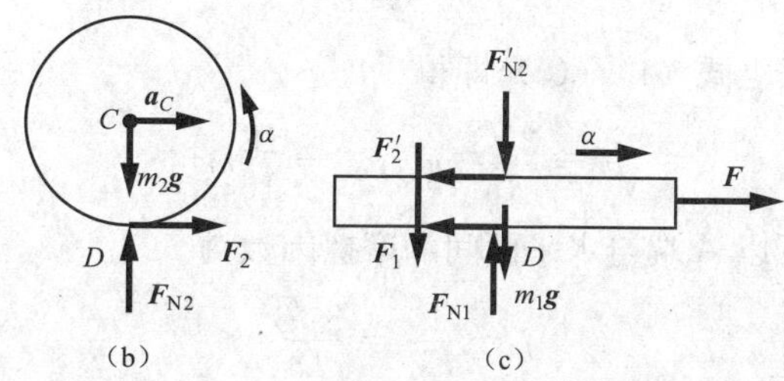

（b）　（c）

题 10-30 图

10-31　题 10-31 图所示，质量为 m，长为 l 的均质杆 AB 用细绳 BD 吊住，图示位置静止，要使得剪断 BD 的瞬时 A 点的加速度为零，试求 A 端与水平面间的摩擦因数。

解：当剪断软绳时，杆 AB 角速度为 $\omega=0$，角加速度为 α，AB 杆受力如图 10-31 图（b）所示，则由平面运动微分方程有

$$ma_{Cx}=\sum F_x\Rightarrow ma_{Cx}=F \tag{1}$$

$$ma_{Cy}=\sum F_y\Rightarrow ma_{Cy}=F_N-mg \tag{2}$$

$$J_C\alpha=\sum M_C\Rightarrow\frac{1}{12}ml^2\alpha=F_N\times\frac{l}{2}\cos 60^\circ$$

$$-F\times\frac{l}{2}\sin 60° \quad (3)$$

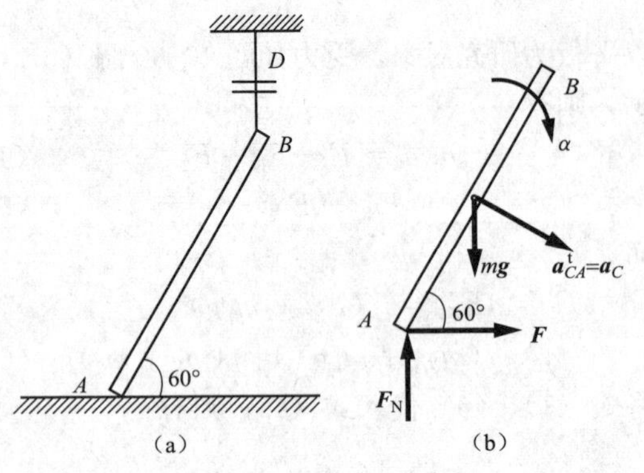

题 10-31 图

以 A 点为基点，由基点法知 $\boldsymbol{a}_C=\boldsymbol{a}_A+\boldsymbol{a}_{CA}^{t}$（$a_{CA}^{n}=AC\cdot\omega^2=0$）

其中：$a_A=0$

所以

$$a_C=a_{CA}^{t}=\frac{l}{2}\alpha,\text{方向如题 10-31 图(b) 所示}$$

则有

$$a_{Cx}=\frac{l}{2}\alpha\cos 30° \quad (4)$$

$$a_{Cy}=-\frac{l}{2}\alpha\sin 30° \quad (5)$$

联立式（1）～（5）即得

$$F=\frac{3\sqrt{3}}{16}mg,F_N=\frac{13}{16}mg$$

所以 A 端与水平面间的摩擦因数为

$$f=\frac{F}{F_N}=\frac{3\sqrt{3}}{13}$$

10-32 均质杆 AB，重 100 N，长 1 m，B 端搁在地面上，A 端用软绳悬挂，如题 10-32 图（a）所示。设杆与地面之间的摩擦因数为 0.3，问当软绳剪断时 B 端是否滑动？并试求此瞬时杆的角加速度及地面对杆的作用力。假定动摩擦因数等于静摩擦因数。

解： 当剪断软绳时，假设 B 端不滑动，且角速度为 $\omega=0$，角加速度为 α，AB 杆受力如图 10-32 图（b）所示，由动量矩定理有

$$J_B\alpha=\sum M_B$$

$$\frac{1}{3}ml^2\alpha=mg\times\frac{l}{2}\cos 30°$$

$$\frac{1}{3}ml^2\alpha=\frac{\sqrt{3}}{4}mgl \quad (1)$$

AB 杆质心的加速度为 $a_C^{t}=\frac{1}{2}l\alpha$，$a_C^{n}=\frac{1}{2}l\omega^2=0$

由质心运动定理有

$$ma_{Cx}=\sum F_x\Rightarrow m\cdot\frac{1}{2}l\alpha\sin 30°=F_B \quad (2)$$

$$ma_{Cy}=\sum F_y\Rightarrow m\cdot\left(-\frac{1}{2}l\alpha\cos 30°\right)=F_{NB}-mg \quad (3)$$

联立式（1）、（2）及（3）解得

$$F_{NB}=\frac{175}{4}\text{ N},F_B=\frac{75}{4}\sqrt{3}\text{ N}$$

所以摩擦因数为

$$f=\frac{F_B}{F_{NB}}=0.742>0.3$$

所以当剪断软绳时，B 端会有向左滑动的趋势，$\boldsymbol{F}_B$ 方向向右。

因 $\tan\theta=\tan 30°=\frac{\sqrt{3}}{3}>0.3$

故 B 端滑动，AB 杆作平面运动。由刚体平面运动微分方程得

$$ma_{Cx}=F_B$$

$$ma_{Cy}=F_{NB}-mg$$

$$\frac{1}{12}ml^2\alpha=F_{NB}\times\frac{l}{2}\cos 30°-F_B\times\frac{l}{2}\sin 30°$$

以 B 点为基点，由基点法 $\boldsymbol{a}_C=\boldsymbol{a}_B+\boldsymbol{a}_{CB}^{t}+\boldsymbol{a}_{CB}^{n}$ 作加速度矢量图，如题 10-32 图（c）所示

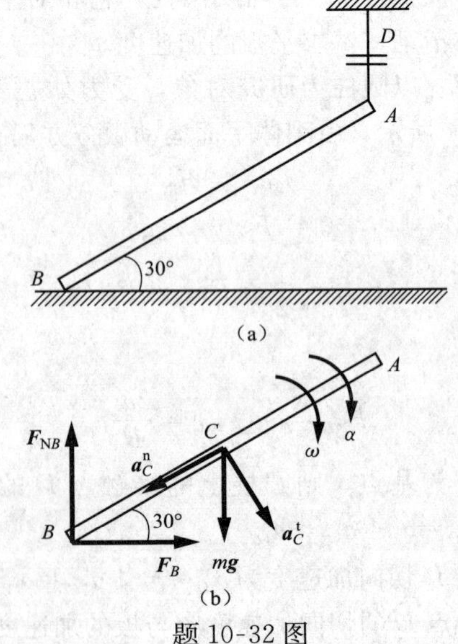

题 10-32 图

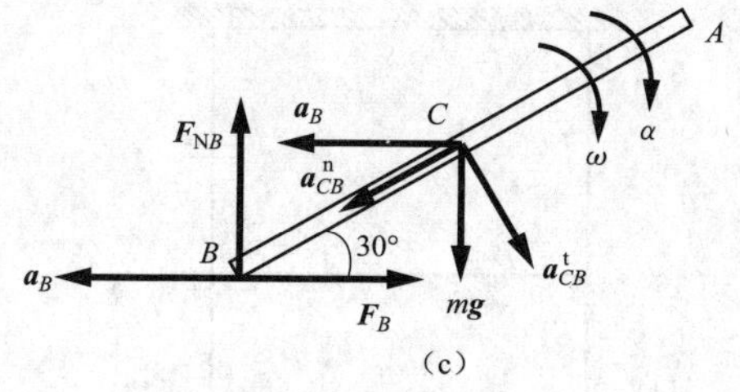

题 10-32 图

其中 $a_{CB}^{t}=BC\cdot\alpha=\frac{1}{2}l\alpha$，$a_{CB}^{n}=BC\cdot\omega^{2}=0$

所以有

$$a_{Cy}=-a_{CB}^{t}\cos 30°=-\frac{\sqrt{3}}{4}l\alpha$$

且 $F_B=fF_{NB}$

故有

$$m\left(-\frac{\sqrt{3}}{4}l\alpha\right)=F_{NB}-mg$$

$$\frac{1}{12}ml^{2}\alpha=F_{NB}\times\frac{l}{2}\cos 30°-fF_{NB}\times\frac{l}{2}\sin 30°$$

即得 $F_{NB}=35\ \text{N}$，$F_B=fF_{NB}=10.5\ \text{N}$，$\alpha=14.71\ \text{rad/s}^2$

10-33　题 10-33 图（a）所示机构中，已知均质杆 AB 质量为 m，长为 l，$\theta=30°$。试求当绳子 OB 突然断开的瞬时滑槽的约束力（滑块 A 质量不计，滑槽光滑）及杆 AB 的角加速度。

解：在剪断 OB 的瞬时，杆 AB 的角速度为零，但角加速度不为零，设角加速度为 α，杆 AB 与滑块 A 整体的受力如题 10-34 图（b）所示，则由刚体平面运动微分方程得

$$ma_{Cx}=mg\sin\theta \tag{1}$$

$$ma_{Cy}=mg\cos\theta-F_N \tag{2}$$

$$J_C\alpha=\frac{1}{12}ml^{2}\alpha=F_N\cdot\frac{l}{2}\cos\theta \tag{3}$$

以点 A 为基点，则点 C 的加速度为 $\boldsymbol{a}_C=\boldsymbol{a}_A+\boldsymbol{a}_{CA}^{t}$（$\boldsymbol{a}_{CA}^{n}=AC\cdot\omega_{AB}^{2}=0$），加速度矢量图如题 10-34 图（b）所示，所以有

$$a_{Cx}=a_A+a_{CA}^{t}\sin\theta=a_A+\frac{1}{2}l\alpha\sin\theta \tag{4}$$

$$a_{Cy}=a_{CA}^{t}\cos\theta=\frac{1}{2}l\alpha\cos\theta \tag{5}$$

联立式（2）、（3）、（5）即可得

$$\alpha=\frac{18g}{13l},F_N=0.266\text{mg}$$

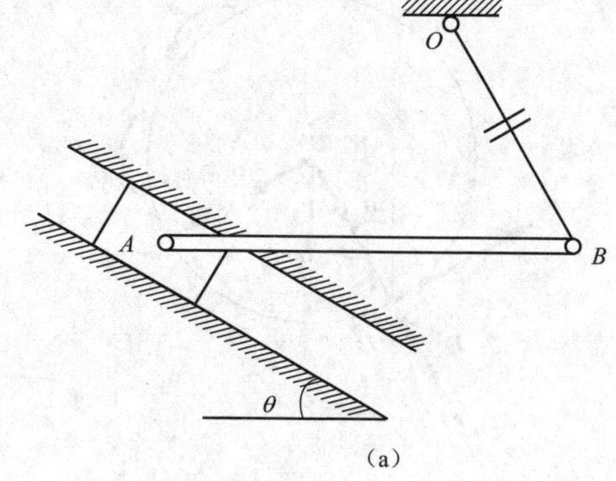

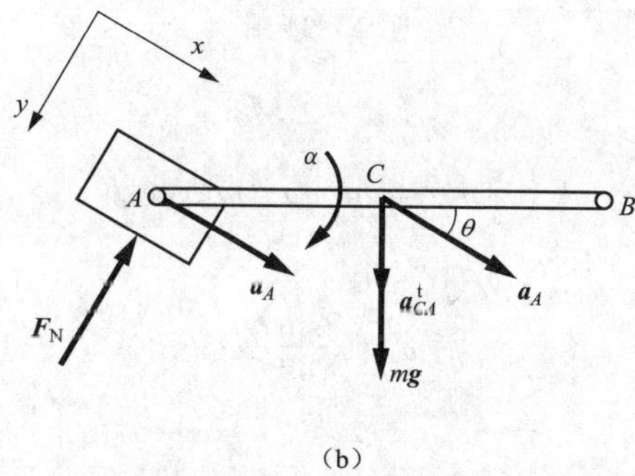

题 10-33 图

10-34　题 10-34 图（a）所示，均质圆柱 C 自桌角滚离桌面，$\theta=0$，$\dot{\theta}_0=0$ 时；当 $\theta=30°$时，刚刚发生滑动现象。试求圆柱与桌角之间的静滑动摩擦因数。

解：该圆柱绕 O 转动，受力图如题 10-34 图（b）所示，设此时角加速度为 α，$\theta=0$，$\omega_0=\dot{\theta}_0=0$，则由定轴转动微分方程得

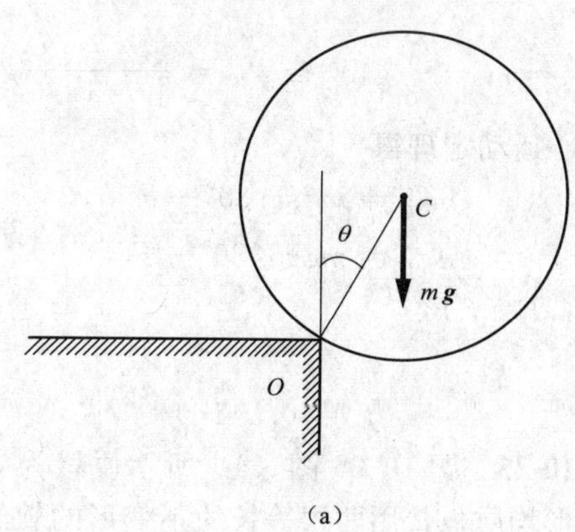

题 10-34 图

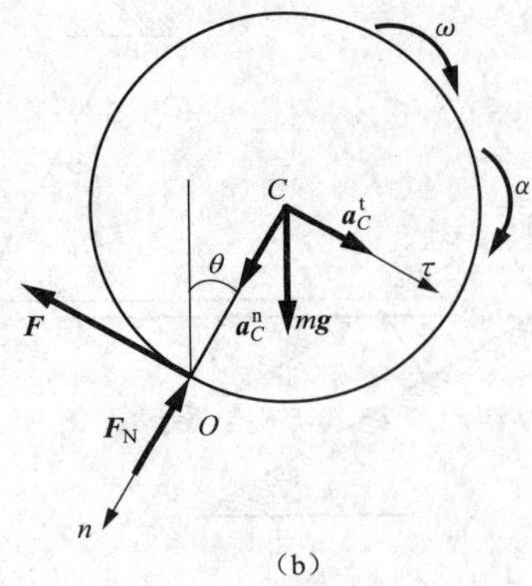

(b)

题 10-34 图

$$J_O\alpha=\sum M_O$$

$$\left(\frac{1}{2}mr^2+mr^2\right)\alpha=mgr\sin\theta$$

解得

$$\alpha=\frac{2\sin\theta}{3r}g$$

而

$$\alpha=\frac{2\sin\theta}{3r}g=\frac{\mathrm{d}\omega}{\mathrm{d}t}=\frac{\mathrm{d}\omega}{\mathrm{d}\theta}\cdot\frac{\mathrm{d}\theta}{\mathrm{d}t}=\omega\frac{\mathrm{d}\omega}{\mathrm{d}\theta}$$

所以

$$\frac{2\sin\theta}{3r}g\,\mathrm{d}\theta=\omega\mathrm{d}\omega$$

积分得

$$\int_0^{30^\circ}\frac{2\sin\theta}{3r}g\,\mathrm{d}\theta=\int_0^{\omega}\omega\mathrm{d}\omega$$

解得

$$\omega^2=\frac{2(2-\sqrt{3})}{3r}g$$

故有

$$a_C^t=r\alpha=\frac{1}{3}g,a_C^n=r\omega^2=\frac{2(2-\sqrt{3})}{3}g$$

由质心运动定理得

$$\begin{cases}ma_C^t=mg\sin 30^\circ-F\\ma_C^n=mg\cos 30^\circ-F_N\end{cases}$$

其中：$F=f_sF_N$

解得

$$f_s=0.242$$

10-35 题 10-35 图（a）所示质量为 4 kg 的矩形均质板，用两根等长的不变形的软绳悬挂在图示位置（AB 水平）。该板处于静止状态时，B 端的绳子突然被剪断，试求：

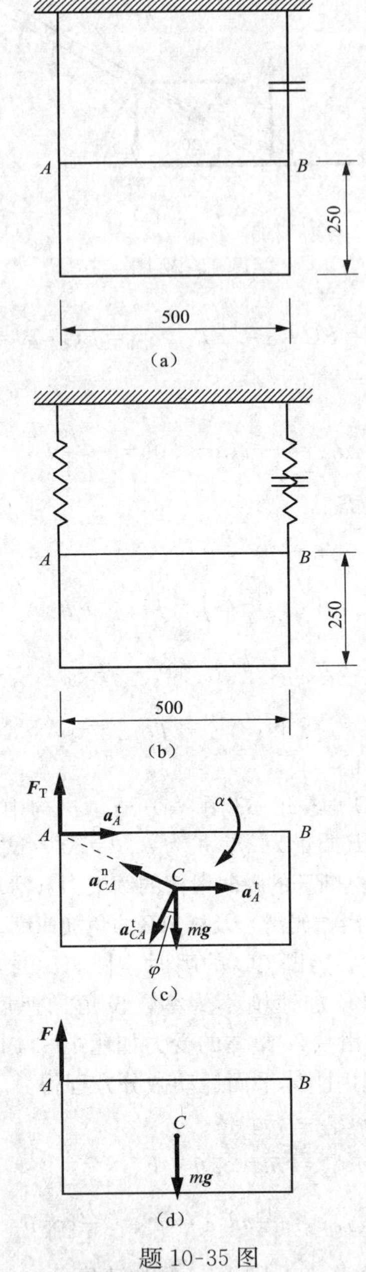

题 10-35 图

（1）此瞬时该板质心的加速度及 A 端绳子的张力。

（2）若将两绳换成弹簧，如题 10-35 图（b）所示，在 B 端的弹簧突然被剪断时，该板质心的加速度及 A 端弹簧张力将如何？

解：（1）以板 AB 为研究对象，受力图如题 10-35 图（c）所示。则由刚体平面运动微分方程有

$$ma_{Cx}=0$$

$$ma_{Cy} = mg - F_T$$

$$J_C\alpha = F_T \times 0.25$$

在剪断绳的初瞬时满足 $v_A = 0$，$a_A \neq 0$，若以点 A 为基点，则点 C 的加速度为 $\boldsymbol{a}_{Cx} + \boldsymbol{a}_{Cy} = \boldsymbol{a}_A^t + \boldsymbol{a}_A^n + \boldsymbol{a}_{CA}^t + \boldsymbol{a}_{CA}^n$，加速度矢量图如题 10-35 图（c）所示

其中：$a_{Cx} = 0$，$a_{Cy} = a_C$，$a_{CA}^n = 0$，$a_A^n = 0$

所以

$$a_{Cy} = a_C = a_{CA}^t \cos\varphi = AC \cdot \alpha \sin\varphi$$

联立解得

$$a_C = \frac{12}{17}g = 6.92\ \mathrm{m/s^2}, F_T = 11.52\ \mathrm{N}$$

（2）以板 AB 为研究对象，受力图如题 10-35 图（d）所示。弹簧被剪断前，弹簧力 $F_T = \frac{1}{2}mg$，剪断瞬时，弹簧的变形量未变，弹簧力仍为 $F_T = \frac{1}{2}mg = 19.6\ \mathrm{N}$。由质心运动定理知

$$ma_{Cx} = 0 \quad 即 \quad a_{Cx} = 0$$

$$ma_{Cy} = mg - F_T$$

解得

$$a_C = a_{Cy} = \frac{1}{2}g = 4.9\ \mathrm{m/s^2}$$

10-36　质量为 m，长为 $2l$ 的均质杆 AB 用细绳 O_1A、O_2B 悬挂于水平位置，如题 10-36 图（a）所示。刚度系数为 k 的弹簧 AD 的 D 端固定，原长为 l_0，图示状态被拉长为 l，方向铅直，图中系统处于平衡。如突然同时剪断细绳 O_1A 及 O_2B，试求此时 A 点的加速度。

解：剪断绳的瞬时，以杆 AB 为研究对象，受力如题 10-36 图（b）所示。则有

$$F = k(l - l_0)$$

由于杆 AB 水平方向不受力，因此质心水平方向加速度为零，故由刚体平面运动微分方程有

$$ma_C = mg + k(l - l_0)$$

$$J_C\alpha = k(l - l_0) \cdot l$$

其中 $J_C = \frac{1}{12}m(2l)^2 = \frac{1}{3}ml^2$

联立解得

$$a_C = g + \frac{k}{m}(l - l_0), \alpha = \frac{3k}{ml}(l - l_0)$$

以点 C 为基点，则点 A 的加速度为 $\boldsymbol{a}_A = \boldsymbol{a}_C + \boldsymbol{a}_{AC}^t$（$a_{AC}^n = AC \cdot \omega_{AB}^2 = 0$），加速度矢量图如题 10-36 图（c）所示，所以 A 点的加速度为

$$a_A = a_C + a_{AC}^t = a_C + AC \cdot \alpha = g + \frac{4k}{m}(l - l_0)$$

方向铅垂向下。

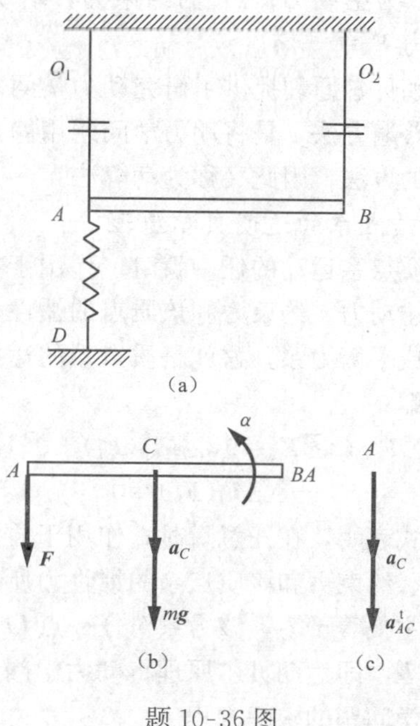

题 10-36 图

第十一章　达朗贝尔原理

内容摘要

一、达朗贝尔原理

1. 质点的达朗贝尔原理

在质点运动的每一瞬时，作用于质点的主动力、约束力和质点的惯性力在形式上构成一个平衡力系，这就是质点的达朗贝尔原理。即

$$\boldsymbol{F}+\boldsymbol{F}_{\mathrm{N}}+\boldsymbol{F}_{\mathrm{I}}=0$$

式中：$\boldsymbol{F}$ 为主动力；$\boldsymbol{F}_{\mathrm{N}}$ 为约束力；$\boldsymbol{F}_{\mathrm{I}}$ 为隐藏的惯性力 $\boldsymbol{F}_{\mathrm{I}}=-m\boldsymbol{a}_C$。

达朗贝尔原理提供了研究动力学问题的一个新的普遍方法，是将动力学问题用静力学方法求解的方法，因此又称为动静法。

2. 质点系的达朗贝尔原理

在质点系运动的任一瞬时，作用于每一质点上的主动力、约束力和该质点的惯性力在形式上构成平衡力系，这就是质点系的达朗贝尔原理。即

$$\sum\boldsymbol{F}_i+\sum\boldsymbol{F}_{\mathrm{N}i}+\sum\boldsymbol{F}_{\mathrm{I}i}=0,\sum\boldsymbol{M}_O(\boldsymbol{F}_i)+\sum\boldsymbol{M}_O(\boldsymbol{F}_{\mathrm{N}i})+\sum\boldsymbol{M}_O(\boldsymbol{F}_{\mathrm{I}i})=0$$

上式表明，在任意瞬时，作用于质点系的主动力、约束力和该质点系的惯性力所构成的力系的主矢等于零，该力系对任一点 O 的主矩也等于零，即达朗贝尔原理将动力学问题转化为静力学问题的求解方程。

二、刚体惯性力系的简化

1. 刚体作平移

平移刚体的惯性力系简化为通过质心的合力，大小等于刚体的质量与加速度的乘积，方向与加速度的方向相反，即

$$\boldsymbol{F}_{\mathrm{I}}=-m\boldsymbol{a}_C$$

2. 刚体定轴转动

当刚体具有对称面且转轴与对称面垂直时，惯性力系向转动轴与对称面的交点 O 简化，得到一个力和一个力偶，该力大小等于刚体的质量与质心加速度的乘积，方向与质心加速度的方向相反，作用线通过转轴；该力偶的矩等于刚体对转轴的转动惯量与角加速度的乘积，转向与角加速度相反，即

$$\boldsymbol{F}_{\mathrm{I}}=-m\boldsymbol{a}_C;M_{\mathrm{I}O}=-J_O\alpha$$

如取质心 C 为简化中心，将惯性力系向 C 点简化，就得到通过质心 C 的惯性力 $\boldsymbol{F}_{\mathrm{I}}=-m\boldsymbol{a}_C$ 和在对称面内的 $M_{\mathrm{I}O}=-J_C\alpha$。

3. 刚体作平面运动（只讨论刚体有一对称平面，而且对称面在质心运动平面内的情形）

惯性力系向质心 C 简化为一个力和一个力偶，该力大小等于刚体的质量与质心加速度的乘积，方向与质心加速度的方向相反，作用线通过质心；该力偶的矩等于刚体对通过质心且垂直于对称面的轴转动惯量与角加速度的乘积，转向与角加速度相反，即

$$\boldsymbol{F}_{\mathrm{I}}=-m\boldsymbol{a}_C;M_{\mathrm{I}C}=-J_C\alpha$$

习题全解

11-1　判断题

(1) 质量相同的物体其惯性力也相同。（　）

(2) 惯性力是使质点改变运动状态的施力物体的反作用力。（　）

(3) 凡是运动的质点都具有惯性力。（　）

(4) 惯性力是真实力。（　）

(5) 质点系惯性力系的主矢与简化中心的选择有关，而惯性力系的主矩与简化中心的选择无关。（　）

(6) 作瞬时平移的刚体，在该瞬时其惯性力系向质心简化的主矩必为零。（　）

解：(1) ×　(2) ×　(3) ×　(4) ×　(5) ×　(6) ×

11-2　选择题、填空题

（1）物体 A 重为 Q，用细绳 BA、CA 悬挂如题 11-2 图（a）所示，$\alpha=60°$，若将 BA 绳剪断，则该瞬时 CA 绳的张力为（　　）。

（A）0　　（B）$0.5Q$

（C）Q　　（D）$2Q$

（2）均质细杆 AB 重为 P、长为 $2L$，如题 11-2 图（b）所示，在水平位置时，当 B 端绳突然剪断，则该瞬时 AB 杆的角加速度的大小为（　　）。

（A）0　　（B）$\alpha=\dfrac{3g}{4L}$

（C）$\alpha=\dfrac{3g}{2L}$　　（D）$\alpha=\dfrac{6g}{L}$

（3）均质细杆 AB 重为 P，用二铅直细绳悬挂成水平位置，如题 11-2 图（c）所示，当 B 端细绳突然剪断瞬时，则 A 点加速度的大小为（　　）。

（A）0　（B）g　（C）$\dfrac{g}{2}$　（D）$2g$

（4）题 11-2 图（d）所示三个质量、半径相同的圆盘 A、B 和 C 放在光滑的水平面上；同样大小、方向的力 $\boldsymbol{F}$ 分别作用于三个圆盘的不同点，则惯性力系分别向各自质心简化的结果是（　　）。

（A）惯性力系主矢、主矩都相等

（B）惯性力系主矢相等、主矩不相等

（C）惯性力系主矢不相等、主矩相等

（D）惯性力系主矢、主矩都不相等

（5）题 11-2 图（e）所示飞轮以匀角速度 ω 绕 AB 轴转动。由于制造和安装的错误，其质心不在转动轴上，若偏心距为 e，轴承 A 处的附加动约束力的大小为 F_{NA}，则当偏心距为 $2e$ 时，轴承 A 处的附加动约束力的大小为（　　）。

（A）F_{NA}　　（B）$2F_{NA}$

（C）$3F_{NA}$　　（D）$4F_{NA}$

（6）如题 11-2 图（f）所示，不计质量的轴上用不计质量的细杆固连着几个质量均等 m 的小球，当轴以匀角速度 ω 转动时，则属于动平衡的是（　　）；属于静平衡的是（　　）。

（7）题 11-2 图（g）所示等边三角形构架位于水平面内。已知三根相同均质细杆质量均为 m、长为 L。若使得三角形构架获得匀角加速度 α，则作用其上的力偶矩为________。

（8）题 11-2 图（h）所示半径为 R 的圆盘 O 沿水平地面作纯滚动，一质量为 m，长为 R 的均质杆 OA 固结在圆盘上，当杆处于铅垂位置时，圆盘圆心 O 有速度 $\boldsymbol{v}$，加速度 $\boldsymbol{a}$。图示瞬时，杆 OA 的惯性力系向杆中心 C 简化的结果为________（需将结果画在图上）。

解：（1）B（2）B（3）A（4）B（5）B（6）A；B（7）$M=\dfrac{3}{2}mL^2\alpha$

（8）主矢：$\dfrac{1}{2}m\sqrt{9a^2+\dfrac{v^4}{R^2}}$，方向斜向左上方；主矩：$\dfrac{mRa}{12}$，逆时针

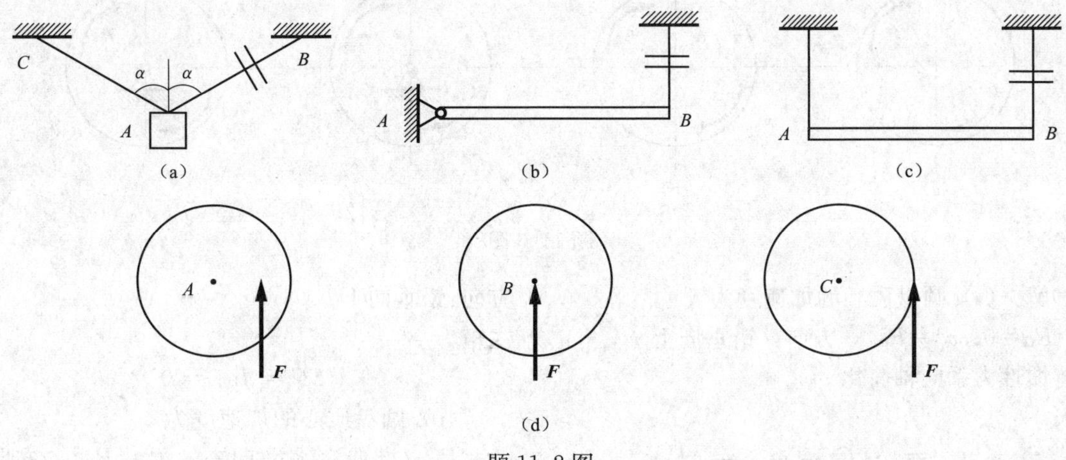

题 11-2 图

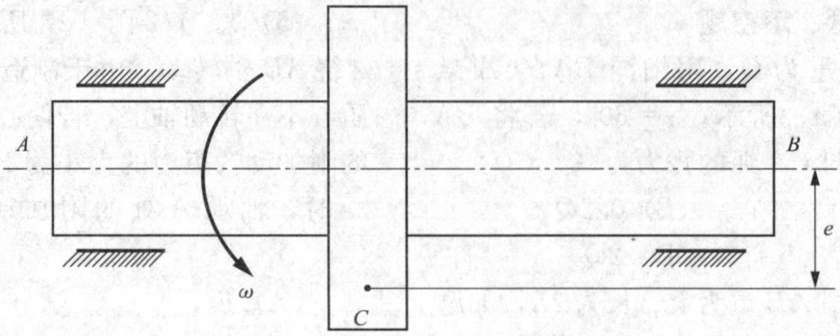

(e)

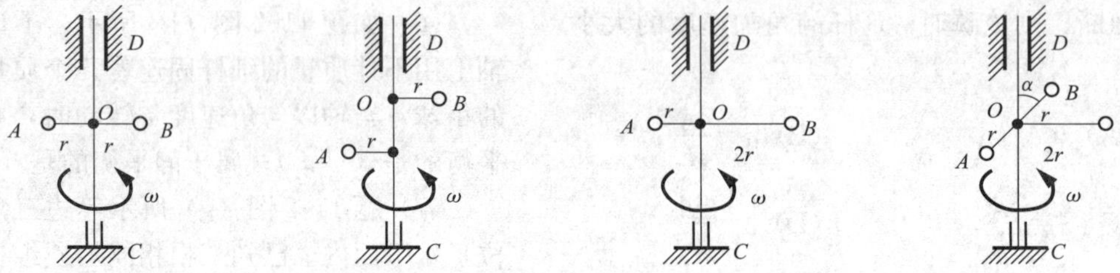

(A) (B) (C) (D)

(f)

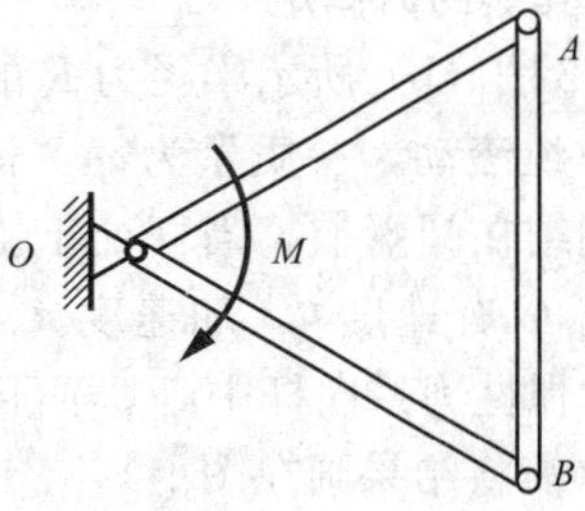

(g) 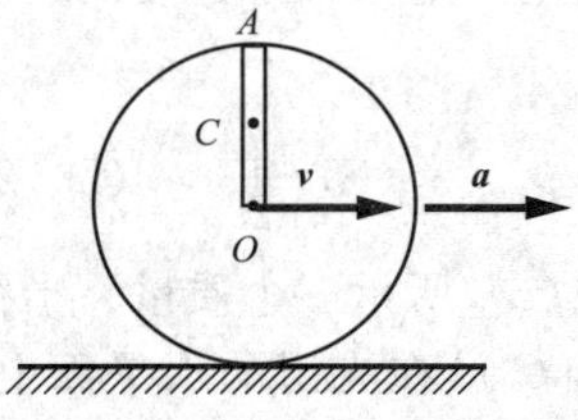 (h)

题 11-2 图

11-3 题 11-3 图所示均质圆盘作定轴转动，其中图（a）、图（c）的转动角速度为常数，图（b）、图（d）的角速度不为常数。试对图示四种情形进行惯性力系的简化。

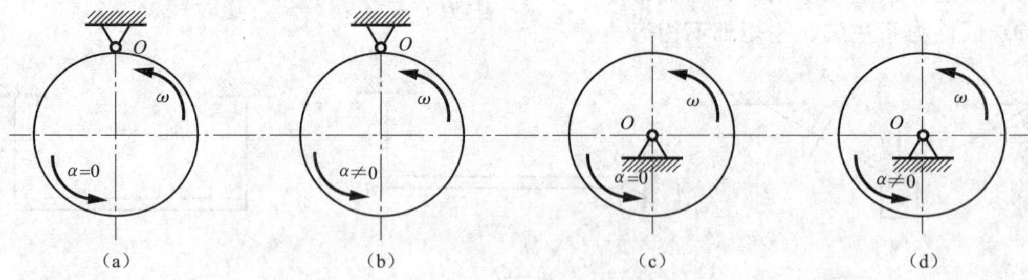

题 11-3 图

解：（a）圆盘质心的加速度为

$a_C^t = R\alpha = 0$；$a_C^n = R\omega^2$，方向：铅垂向上

故将惯性力系向轴简化

主矢

$$F_I^t = ma_C^t = 0；F_I^n = ma_C^n = mR\omega^2，$$

方向：铅垂向下

主矩

$$M_I = J_O\alpha = 0$$

（b）圆盘质心的加速度为

$a_C^t = R\alpha$，方向：水平向右；$a_C^n = R\omega^2$，方向：

铅垂向上

故将惯性力系向轴简化

主矢

$F_{\mathrm{I}}^{\mathrm{t}}=ma_C^{\mathrm{t}}=mR\alpha$，方向：水平向左；

$F_{\mathrm{I}}^{\mathrm{n}}=ma_C^{\mathrm{n}}=mR\omega^2$，方向：铅垂向下

主矩

$M_{\mathrm{I}}=J_O\alpha=\dfrac{3}{2}mR^2\alpha$，方向：顺时针

（c）圆盘质心的加速度为零

故将惯性力系向轴简化，主矢为零

主矩：$M_{\mathrm{I}}=J_O\alpha=0$

（d）圆盘质心的加速度为零

故将惯性力系向轴简化，主矢为零

主矩

$M_{\mathrm{I}}=J_O\alpha=\dfrac{3}{2}mR^2\alpha$，方向：顺时针

11-4　题 11-4 图（a）所示，质量为 M 的三棱柱体 A 以加速度 a_1 向右移动，质量为 m 的滑块 B 以加速度 a_2 相对三棱柱体的斜面滑动，试求滑块 B 的惯性力的大小及方向。

解：以滑块 B 为动点，动系与三棱柱体 A 固结，则由加速度合成定理得

$$\boldsymbol{a}_{\mathrm{a}}=\boldsymbol{a}_{\mathrm{e}}+\boldsymbol{a}_{\mathrm{r}}$$

其中：$a_{\mathrm{e}}=a_1$，$a_{\mathrm{r}}=a_2$

故有滑块 B 的加速度为 $\boldsymbol{a}_B=\boldsymbol{a}_{\mathrm{a}}=\boldsymbol{a}_1+\boldsymbol{a}_2$，其加速度矢量图如题 11-4 图（b）所示，所以滑块 B 的加速度大小为

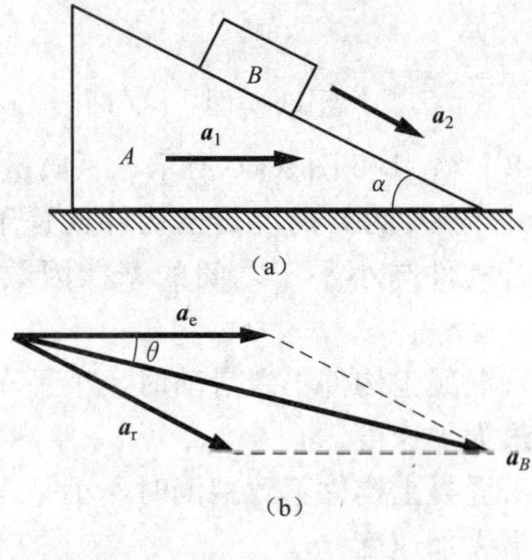

题 11-4 图

$$a_B=\sqrt{a_{\mathrm{e}}^2+a_{\mathrm{r}}^2-2a_{\mathrm{e}}a_{\mathrm{r}}\cos(\pi-\alpha)}$$
$$=\sqrt{a_1^2+a_2^2+2a_1a_2\cos\alpha}$$

且满足

$$\frac{a_{\mathrm{r}}}{\sin\theta}=\frac{a_{\mathrm{e}}}{\sin(\alpha-\theta)}\Rightarrow\tan\theta=\frac{a_2\sin\alpha}{a_1+a_2\cos\alpha}$$

所以滑块 B 的惯性力为 $F_{\mathrm{I}B}=ma_B=m\sqrt{a_1^2+a_2^2+2a_1a_2\cos\alpha}$

方向与滑块 B 的加速度方向相反，

即 $\theta=\arctan\dfrac{a_2\sin\alpha}{a_1+a_2\cos\alpha}$

11-5　题 11-5 图（a）所示系统由均质圆盘与均质细杆铰接而成。已知圆盘半径为 r、质量为 M，杆长为 L、质量为 m。在图示水平位置杆的角速度为 ω、角加速度为 α，圆盘的角速度、角加速度均为零，试求系统惯性力系向定轴 O 简化的主矢与主矩。

解：圆盘的角速度、角加速度均为零，所以圆盘平移，故圆盘的惯性力系向其质心 A 简化得

$$F_{\mathrm{I}A}^{\mathrm{t}}=Ma_A^{\mathrm{t}}=ML\alpha, F_{\mathrm{I}A}^{\mathrm{n}}=Ma_A^{\mathrm{n}}=ML\omega^2$$

方向如题 11-5 图（b）所示。

OA 杆作定轴转动，其惯性力系向轴 O 简化得

$$F_{\mathrm{I}O}^{\mathrm{t}}=Ma_C^{\mathrm{t}}=\frac{1}{2}mL\alpha, F_{\mathrm{I}O}^{\mathrm{n}}=Ma_C^{\mathrm{n}}$$
$$=\frac{1}{2}mL\omega^2, M_{\mathrm{I}O}=J_O\alpha=\frac{1}{3}mL^2\alpha$$

方向如题 11-5 图（b）所示。

故系统惯性力系向轴 O 简化得

$$F_{\mathrm{I}}^{\mathrm{t}}=F_{\mathrm{I}A}^{\mathrm{t}}+F_{\mathrm{I}O}^{\mathrm{t}}=ML\alpha+\frac{1}{2}mL\alpha$$
$$=\left(M+\frac{1}{2}m\right)L\alpha$$
$$F_{\mathrm{I}}^{\mathrm{n}}=F_{\mathrm{I}A}^{\mathrm{n}}+F_{\mathrm{I}O}^{\mathrm{n}}=ML\omega^2+\frac{1}{2}mL\omega^2$$
$$=\left(M+\frac{1}{2}m\right)L\omega^2$$
$$M_{\mathrm{I}}=M_{\mathrm{I}O}+M_O(F_{\mathrm{I}A}^{\mathrm{t}})=\frac{1}{3}mL^2\alpha+ML\alpha\cdot L$$
$$=\left(M+\frac{1}{3}m\right)L^2\alpha$$

方向如题 11-5 图（c）所示。

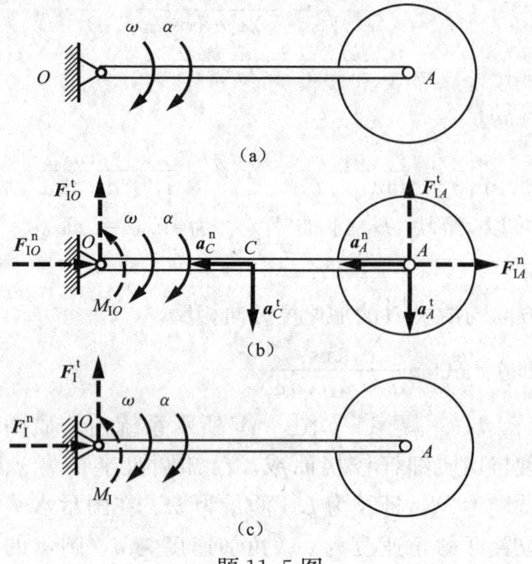

题 11-5 图

11-6 题 11-6 图（a）所示，已知质量为 m，半径为 r 的均质圆盘在力偶 M 作用下，沿水平面作纯滚动，试求质心 C 的加速度 a 和水平面对圆盘的约束力。

解： 假设质心 C 的加速度为 a，将惯性力系向质心简化，则圆盘的惯性力为

$$F_I = ma, M_I = J_C\alpha = \frac{1}{2}mr^2\alpha = \frac{1}{2}mra$$

以圆盘为研究对象，受力如题 11-6 图（b）所示，则有

$$\sum F_x = 0, \ F_s - F_I = 0$$
$$\sum F_y = 0, \ F_N - mg = 0$$
$$\sum M_C = 0, \ M_I - M + F_s \cdot r = 0$$

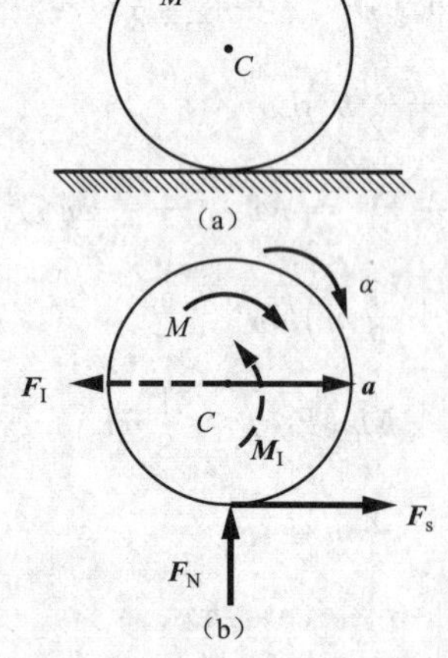

题 11-6 图

即得 $F_N = mg$，$F_s = \dfrac{2M}{3r}$，$a = \dfrac{2M}{3mr}$

11-7 题 11-7 图（a）所示，已知质量为 m，半径为 r 的均质圆盘在力 $\boldsymbol{F}$ 作用下，沿倾角为 $\theta = 30°$的斜面向上作纯滚动，$F = mg$，试求质心 C 的加速度 a 和斜面对圆盘的约束力。

解： 假设质心 C 的加速度为 $\boldsymbol{a}$，将惯性力系向质心简化，则圆盘的惯性力为

$$F_I = ma, M_I = J_C\alpha = \frac{1}{2}mr^2\alpha = \frac{1}{2}mra$$

以圆盘为研究对象，受力如题 11-7 图（b）所示，则有

$$\sum F_x = 0, \ F_I + F_s - F + mg\sin\theta = 0$$
$$\sum F_y = 0, \ F_N - mg\cos\theta = 0$$
$$\sum M_C = 0, \ -M_I + F_s \cdot r = 0$$

即得 $F_N = \dfrac{\sqrt{3}}{2}mg$，$F_s = \dfrac{1}{6}mg$，$a = \dfrac{1}{3}g$

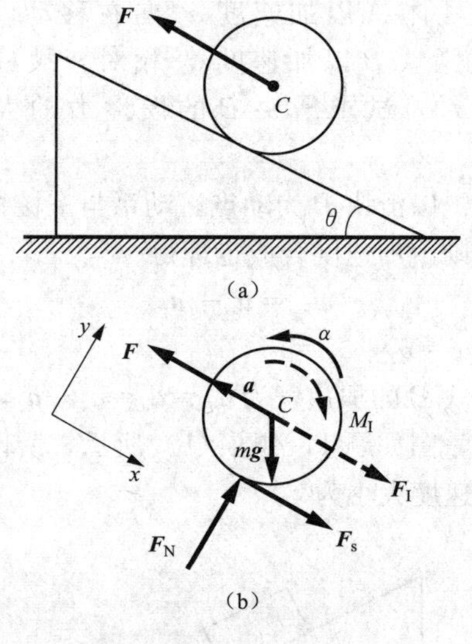

题 11-7 图

11-8 题 11-8 图（a）所示，一质量为 m，宽度为 d，高度为 h 的混凝土构件放置于小平车上，若构件与小平车之间的摩擦因数为 f，试求：

（1）混凝土构件不致滑动时，小平车直线前进的最大加速度；

（2）混凝土构件不致翻倒时，小平车直线前进的最大加速度。

解： 假设小车的加速度为 $\boldsymbol{a}$，将惯性力系向质心简化，则混凝土构件的惯性力为 $F_I = ma$

以混凝土构件为研究对象，受力如题 11-8 图（b）所示，则有

$$\sum F_x=0,\ F_s-F_I=0$$

$$\sum F_y=0,\ F_N-mg=0$$

$$\sum M_A=0,\ -mg\cdot b+F_I\cdot\frac{h}{2}=0$$

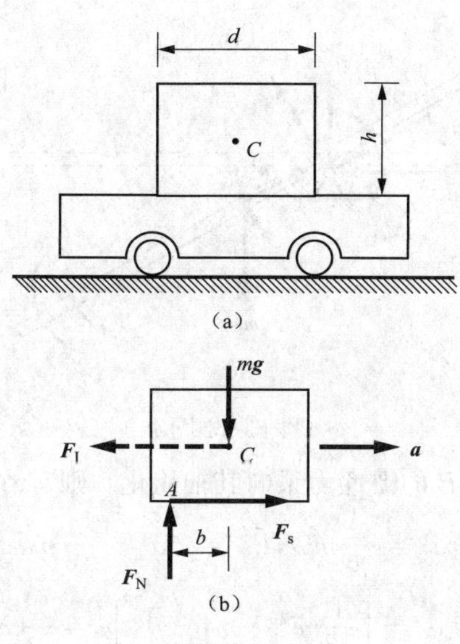

题 11-8 图

即得 $F_N=mg$，$F_s=F_I=ma$，$b=\dfrac{ah}{2g}$

当混凝土构件不致滑动时，应满足：$F_s\leqslant fF_N$

所以有

$$a\leqslant fg$$

即混凝土构件不致滑动时，小平车直线前进的最大加速度：$a_{max}=fg$

当混凝土构件不致翻倒时，应满足：$b\leqslant\dfrac{d}{2}$

所以有

$$a\leqslant\frac{d}{h}g$$

即混凝土构件不致翻倒时，小平车直线前进的最大加速度：$a_{max}=\dfrac{d}{h}g$

11-9　题 11-9 图（a）所示一质量为 m 的均质圆柱沿倾角为 θ 的斜面滚下。试求圆柱与斜面间的摩擦因数应为多大时在接触处才没有相对滑动以及此时质心的加速度。

解：假设质心 C 的加速度为 $\boldsymbol{a}$，将惯性力系向质心简化，则圆盘的惯性力为

$$F_I=ma,M_I=J_C\alpha=\frac{1}{2}mr^2\alpha$$

若接触处无相对滑动，则须满足：$a=r\alpha$

以圆盘为研究对象，受力如题 11-7 图（b）所示，则有

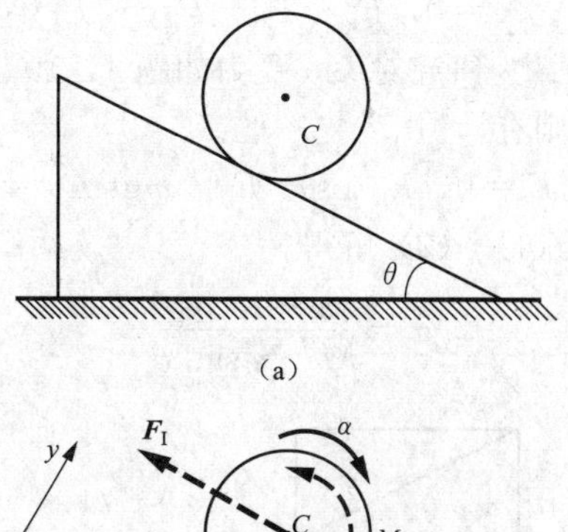

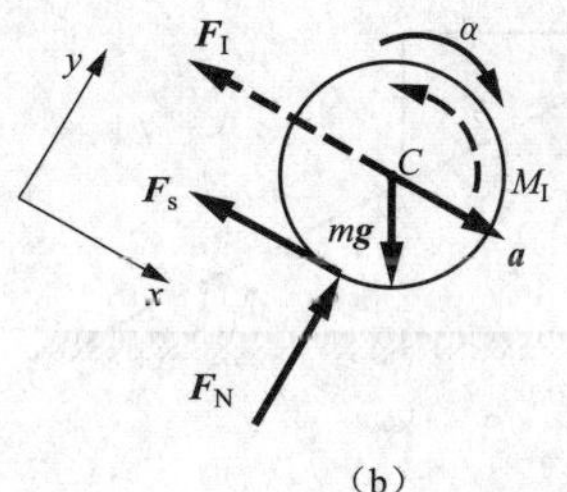

题 11-9 图

$$\sum F_x=0,\ -F_I-F_s+mg\sin\theta=0$$

$$\sum F_y=0,\ F_N-mg\cos\theta=0$$

$$\sum M_C=0,\ M_I-F_s\cdot r=0$$

即得 $F_N=mg\cos\theta$，$F_s=\dfrac{1}{3}mg\sin\theta$，$a=\dfrac{2}{3}g\sin\theta$

若接触处无相对滑动，则还须满足

$$F_s\leqslant fF_N$$

$$\frac{1}{3}mg\sin\theta\leqslant fmg\cos\theta$$

即得

$$f\geqslant\frac{1}{3}\tan\theta$$

11-10　题图 11-10 所示水平面上放一均质三棱柱 A，在此三棱柱上又放一均质三棱柱 B，两三棱柱的横截面都是直角三角形，且质量分别为 M 和 m，设各接触面都是光滑的。试求当三棱柱 B 从图示位置沿 A 由静止滑下时，三棱柱 A 的加速度。

解：假设三棱柱 A 的加速度为 $\boldsymbol{a}$，三棱柱 B 相对三棱柱 A 的加速度为 $\boldsymbol{a}_r$，则以 B 为动点，动系与 A 固结，所以有

$$\boldsymbol{a}_a = \boldsymbol{a}_e + \boldsymbol{a}_r = \boldsymbol{a} + \boldsymbol{a}_r$$

三棱柱 A 的惯性力为　$F_{IA}=Ma$

三棱柱 B 的惯性力为　$F_{I1}=ma$，$F_{I2}=ma_r$

以整体为研究对象，受力如题 11-10 图（b）所示，则有

$$\sum F_x=0,\ F_{IA}+F_{I1}-F_{I2}\cos\theta=0 \tag{1}$$

以滑块 B 为研究对象，受力如题 11-10 图（c）所示，则有

$$\sum F_x=0,\ F_{I1}\cos\theta-F_{I2}+mg\sin\theta=0 \tag{2}$$

联立式（1）、（2）解得

$$a=\frac{mg\sin\theta\cos\theta}{M+m\sin^2\theta}$$

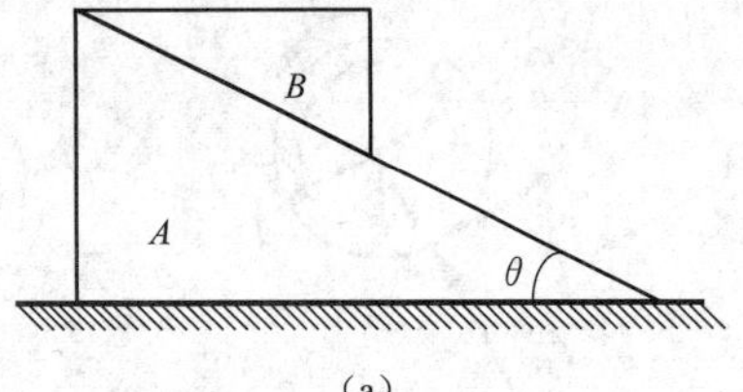

（a）

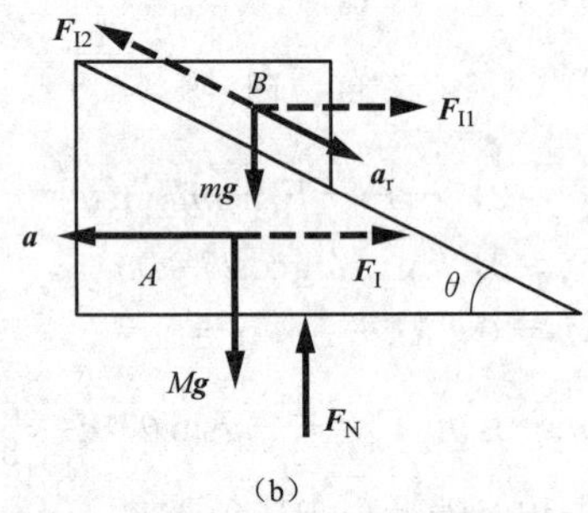

（b）

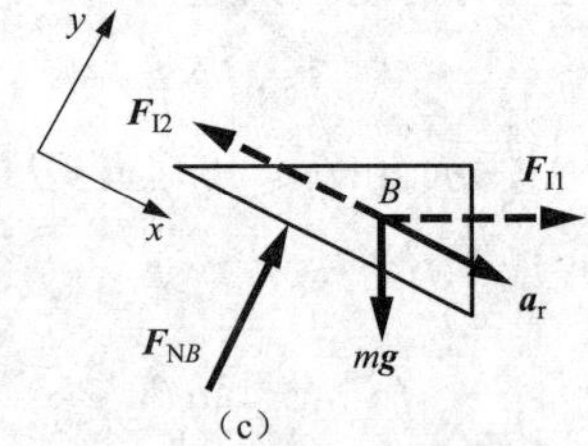

（c）

题 11-10 图

11-11　均质细杆 AB 长为 l，质量为 m，在水平位置用铰链支座 A 和铅垂绳 BD 连接，如题 11-11 图（a）所示，如绳突然断去，试求杆 AB 到达与水平位置成 φ 角时 A 处的约束力。

解： 杆 AB 的质心 C 的加速度为

$$a_C^t=AC\cdot\alpha=\frac{1}{6}l\alpha;\ a_C^n=AC\cdot\omega^2=\frac{1}{6}l\omega^2$$

方向如题 11-11 图（b）所示。

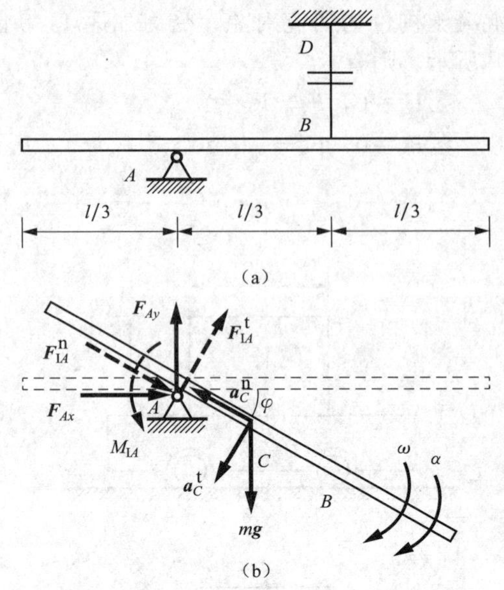

题 11-11 图

将杆 AB 的惯性力系向其轴简化，则有

$$F_{IA}^t=ma_C^t=\frac{1}{6}ml\alpha,F_{IA}^n=ma_C^n=\frac{1}{6}ml\omega^2,M_{IA}$$

$$=J_A\alpha=\left[\frac{1}{12}ml^2+m\left(\frac{l}{6}\right)^2\right]\alpha=\frac{1}{9}ml^2\alpha$$

以杆 AB 为研究对象，受力如题 11-11 图（b）所示，则有

$$\sum M_A=0,\ M_{IA}-mg\cdot\frac{l}{6}\cos\varphi=0$$

即得 $\alpha=\dfrac{3g}{2l}\cos\varphi$

而 $\alpha=\dfrac{3g}{2l}\cos\varphi=\dfrac{d\omega}{dt}=\dfrac{d\omega}{d\varphi}\dfrac{d\varphi}{dt}=\omega\dfrac{d\omega}{d\varphi}$

即 $\omega d\omega=\dfrac{3g}{2l}\cos\varphi d\varphi$

$$\int_0^\omega \omega d\omega=\int_0^\varphi \frac{3g}{2l}\cos\varphi d\varphi$$

解得 $\omega^2=\dfrac{3g}{l}\sin\varphi$

所以有

$$F_{IA}^t=\frac{1}{6}ml\alpha=\frac{1}{4}mg\cos\varphi,F_{IA}^n=\frac{1}{6}ml\omega^2$$

$$=\frac{1}{2}mg\sin\varphi$$

故有

$$\sum F_x=0,\ F_{Ax}+F_{IA}^t\cos\varphi+F_{IA}^n\cos\varphi=0$$

$$\sum F_y=0,\ F_{Ay}+F_{IA}^t\sin\varphi-F_{IA}^n\sin\varphi-mg=0$$

即得

$$F_{Ax}=-\frac{3}{4}mg\sin\varphi\cos\varphi, F_{Ay}=\frac{3}{4}mg(2-\cos^2\varphi)$$

11-12　题 11-12 图（a）所示水平面内的杆和圆盘，视杆 AB 为均质杆，质量为 m，长为 $l=2r$，杆的一端 A 与圆盘的边缘固结。圆盘半径为 r，以角速度 ω 与角加速度 α 绕 O 轴转动。若忽略圆盘自重，试求在图示瞬时，AB 杆在 A 处的约束力。

解： 杆 AB 的质心加速度为

$$a_C^t=OC\cdot\alpha=\sqrt{2}r\alpha; a_C^n=OC\cdot\omega^2=\sqrt{2}r\omega^2$$

方向如题 11-12 图（b）所示。

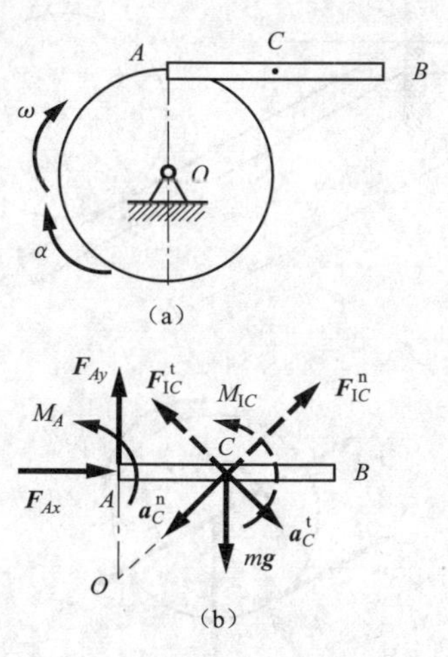

题 11-12 图

将杆 AB 的惯性力系向其质心 C 简化，则有

$$F_{IC}^t=ma_C^t=\sqrt{2}mr\alpha, F_{IC}^n=ma_C^n=\sqrt{2}mr\omega^2,$$

$$M_{IC}=J_C\alpha=\frac{1}{12}m(2r)^2\alpha=\frac{1}{3}mr^2\alpha$$

以杆 AB 为研究对象，受力如题 11-12 图（b）所示，则有

$\sum F_x=0$，$F_{Ax}-F_{IC}^t\cos45^\circ+F_{IC}^n\cos45^\circ=0$

$\sum F_y=0$，$F_{Ay}+F_{IC}^t\sin45^\circ+F_{IC}^n\sin45^\circ-mg=0$

$\sum M_A=0$，$M_A+M_{IC}+F_{IC}^t\sin45^\circ\cdot r+F_{IC}^n\sin45^\circ\cdot r-mg\cdot r=0$

即得 $F_{Ax}=mr(\alpha-\omega^3)$，$F_{Ay}=mg-mr(\alpha+\omega^3)$，

$$M_A=mgr-\frac{1}{3}mr^2(3\omega^2+4\alpha)$$

11-13　质量为 m_1 和 m_2 的两重物 A 和 B，分别挂在两条绳子上，绳又分别绕在半径为 r_1 和 r_2 并装在同一轴的两鼓轮上，如题 11-13 图（a）所示。已知两鼓轮对于转轴 O 的转动惯量为 J，系统在重力作用下发生运动，试求鼓轮的角加速度。

解： 设轮 O 的角加速度为 α，以系统为研究对象，则系统中各物体的惯性力系简化结果为

$$F_{IA}=m_1a_A=m_1r_1\alpha, F_{IB}=m_2a_B=m_2r_2\alpha,$$

$$M_{IO}=J_O\alpha=J\alpha$$

系统的受力如题 11-13 图（b）所示。

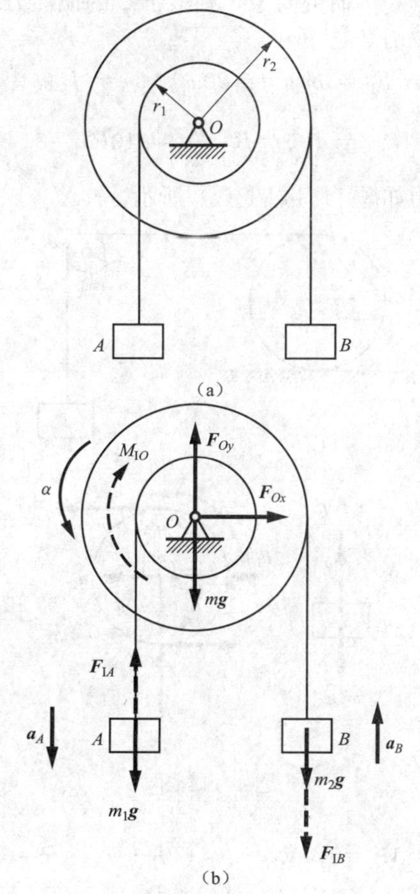

题 11-13 图

故有

$\sum M_O=0$，$m_1g\cdot r_1-F_{IA}\cdot r_1-M_{IO}-m_2g\cdot r_2-F_{IB}\cdot r_2=0$

即得

$$\alpha=\frac{(m_1r_1-m_2r_2)g}{J+m_1r_1^2+m_2r_2^2}$$

11-14　题 11-14 图（a）所示平面机构中，圆柱形滚子 C 质量为 20 kg，其上绕有细

绳，绳沿水平方向拉出，跨过无重滑轮 B 系有质量为 10 kg 的重物 A，如滚子沿水平面只滚不滑，试求滚子中心 C 的加速度。

解：设滚子中心 C 的加速度为 $\boldsymbol{a}_C$，以重物 A 为研究对象，则重物 A 的惯性力为

$$F_{IA}=m_A a_A=10a_A=10\cdot 2a_C=20a_C \quad (1)$$

其受力如题 11-14 图（b）所示。

故有

$$\sum F_y=0，F_{IA}+F_T-m_A g=0 \quad (2)$$

以滚子 C 为研究对象，则滚子 C 的惯性力系简化结果为

$$F_{IC}=m_C a_C=20a_C, M_{IC}=J_C\alpha=\left(\frac{1}{2}m_C R^2\right)\frac{a_C}{R}=10Ra_C \quad (3)$$

其受力如题 11-14 图（c）所示。

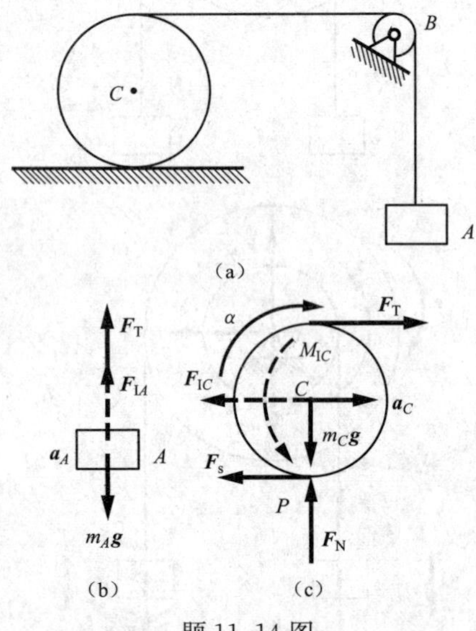

题 11-14 图

故有

$$\sum M_P=0，M_{IC}-F_T\cdot 2R+F_{IC}\cdot R=0 \quad (4)$$

联立式（1）、(2)、(3)、(4) 即得

$$a_C=\frac{2}{7}g$$

11-15 题 11-15 图（a）所示，均质圆柱体 C 重为 P，半径为 R，无滑动地沿倾斜平板由静止自 O 点开始滚动。平板对水平线的倾角为α，板的重力略去不计，试求 $OA=S$ 时平板在 O 点的约束力。

解：设圆柱体中心 C 的加速度为 $\boldsymbol{a}_C$，以圆柱体为研究对象，则圆柱体的惯性力系简化结果为

$$F_{IC}=\frac{P}{g}a_C, M_{IC}=J_C\alpha_C=\left(\frac{1}{2}\frac{P}{g}R^2\right)\frac{a_C}{R}=\frac{1}{2}\frac{P}{g}Ra_C$$

其受力如题 11-15 图（b）所示。

故有

$$\sum M_A=0，M_{IC}+F_{IC}\cdot R-P\sin\alpha\cdot R=0$$

即得 $a_C=\dfrac{2}{3}g\sin\alpha$，$\alpha_C=\dfrac{2}{3R}g\sin\alpha$

以圆柱体整体为研究对象，受力如题 11-15 图（c）所示。

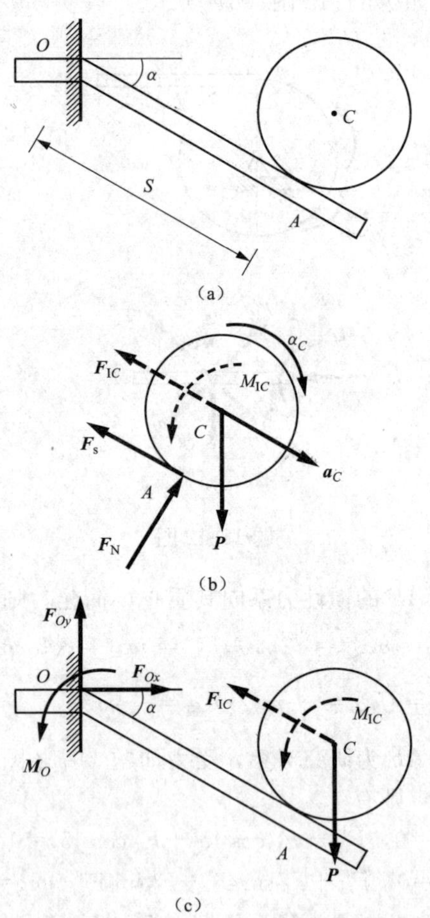

题 11-15 图

故有

$$\sum F_x=0，F_{Ox}-F_{IC}\cos\alpha=0$$

$$\sum F_y=0，F_{Oy}+F_{IC}\sin\alpha-P=0$$

$$\sum M_O=0，M_O+M_{IC}+F_{IC}\cdot R-P\sin\alpha\cdot R-P\cos\alpha\cdot S=0$$

即得

$$F_{Ox}=\frac{1}{3}P\sin 2\alpha, F_{Oy}=P\left(1-\frac{2}{3}\sin^2\alpha\right),$$

$$M_O=PS\cos\alpha$$

11-16　题 11-16 图（a）所示一凸轮导板机构，偏心圆轮的圆心为 O，半径为 r，偏心距 $OO_1=e$，绕 O_1 轴以匀角速度 ω 转动。当导板 AB 在最低位置时，弹簧的压缩量为 b，导板质量为 m。要使导板在运动过程中始终不离偏心轮，试求弹簧刚度系数。

解：以导板为研究对象，由坐标系可知

$$y_{AB}=r+e\cos\omega t$$

$$\ddot{y}_{AB}=-e\omega^2\cos\omega t\text{（负号表示方向）}$$

则惯性力大小为

$$F_{\mathrm{I}}=m\ddot{y}_{AB}=me\omega^2\cos\omega t$$

导板的受力图如题 11-16 图（b）所示，则有

$$\sum F_y=0,\ F_{\mathrm{N}}-F-mg+F_{\mathrm{I}}=0$$

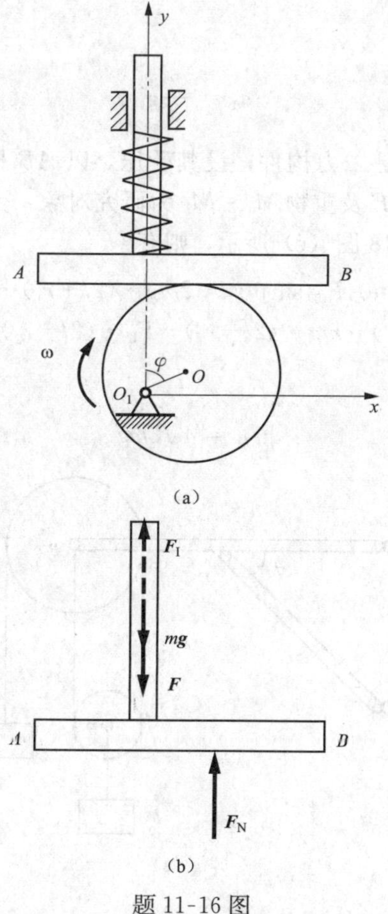

题 11-16 图

其中：$F=k(b+e+e\cos\omega t)$

代入上式有

$$F_{\mathrm{N}}-k(b+e+e\cos\omega t)-mg+me\omega^2\cos\omega t=0$$

解得

$$F_{\mathrm{N}}=k(b+e+e\cos\omega t)+mg-me\omega^2\cos\omega t$$

导板不离开偏心轮的条件为 $F_{\mathrm{N}}\geqslant 0$，则

$$k(b+e+e\cos\omega t)+mg-me\omega^2\cos\omega t\geqslant 0$$

因为 $\cos\omega t=1$ 为极小值，则

$$k(b+2e)+mg-me\omega^2\geqslant 0$$

即得

$$k\geqslant\frac{m(e\omega^2-g)}{(b+2e)}$$

11-17　题 11-17 图（a）所示矩形块质量为 $m_1=100$ kg，$b=0.5$ m，$h=1.0$ m，置于平台车上，车质量为 $m_2=50$ kg。此车沿光滑水平面运动，车和矩形块在一起由质量为 m_3 的物体牵引，使之作加速运动。设物块与车之间的摩擦力足够阻止相互滑动，试求能够使车加速运动的质量 m_3 的最大值以及此时车的加速度。

解：以物块 m_1 为研究对象，设其加速度为 $\boldsymbol{a}$，则惯性力为 $F_{\mathrm{I1}}=m_1a$。能够使车加速运动的质量 m_3 的最大值应出现在物块即将滑动的临界状态，则此时物块 m_1 的受力图如题 11-17 图（b）所示。故有

$$\sum M_A=0,\ F_{\mathrm{T}}\cdot h-m_1g\cdot\frac{1}{2}b-F_{\mathrm{I1}}\cdot\frac{1}{2}h=0\quad(1)$$

以物块 m_1 及小车为研究对象，则惯性力为 $F_{\mathrm{I2}}=m_2a$，受力图如题 11-17 图（c）所示。故有

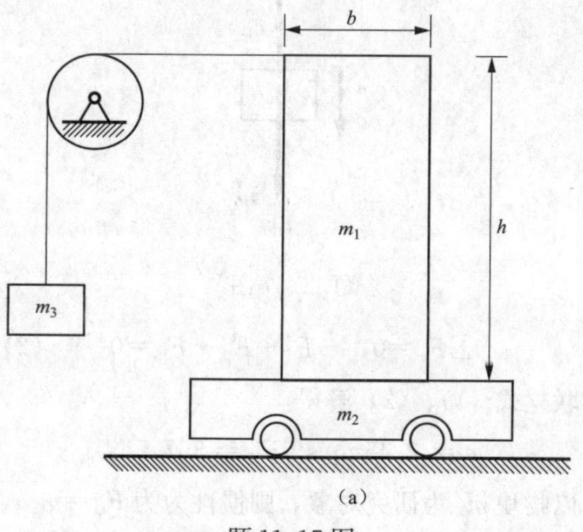

题 11-17 图

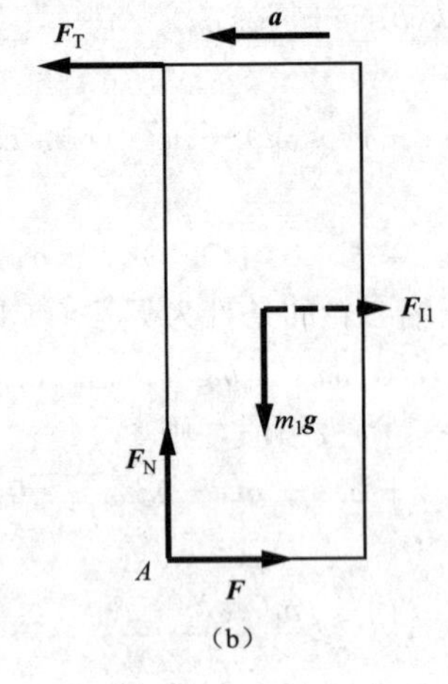

(b)

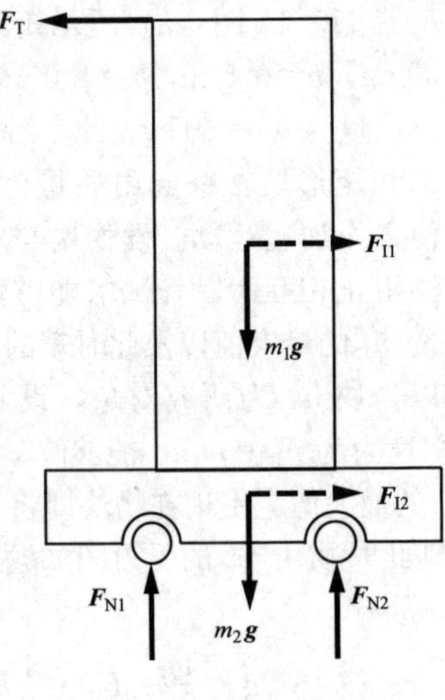

(c)

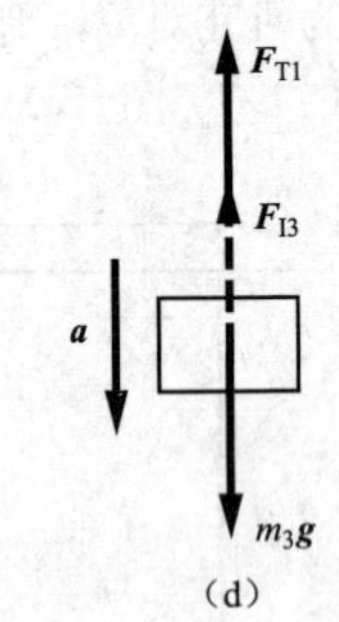

(d)

题 11-17 图

$$\sum F_x=0,\ -F_T+F_{I1}+F_{I2}=0 \qquad (2)$$

联立式（1）、（2）解得

$$a=2.45\ \mathrm{m/s^2}, F_T=367.5\ \mathrm{N}$$

以物块 m_3 为研究对象，则惯性力为 $F_{I3}=m_3a$，受力图如题 11-17 图（d）所示。故有

$$\sum F_y=0,\ F_{T1}+F_{I3}-m_3g=0\ (F_{T1}=F_T)$$

解得

$$m_3=50\ \mathrm{kg}$$

11-18　题 11-18 图（a）所示构架滑轮机构中，重物 M_1 和 M_2 的质量分别为 $2m$ 和 m，略去各杆及滑轮 B 和 E 的质量。已知 $AD=DB=l$，$\theta=45°$，滑轮 B 和 E 的半径分别为 r_1 和 r_2，且 $r_1=2r_2=2r$。试求重物 M_1 的加速度 a_1 和 DC 杆所受的力。

解： 设重物 M_1 的加速度为 $\boldsymbol{a}_1$，以滑轮 B、E 及重物 M_1、M_2 为研究对象，则各物体的惯性力系简化结果为

$$F_{I1}=2ma_1, F_{I2}=ma_2$$

且满足：$a_1=r_1\alpha_1=2r_2\alpha_2=2a_2$，滑轮 B、E 及重物 M_1、M_2 受力如题 11-18 图（b）所示。故有

$$\sum M_B=0, F_{I1}\cdot r_1-2mg\cdot r_1+mg\cdot r_2+F_{I2}\cdot r_2=0$$

即得

$$a_1=\frac{2}{3}g$$

CD 杆是二力构件，设其受压，以 AB 杆、滑轮 B、E 及重物 M_1、M_2 为研究对象，受力如题 11-18 图（c）所示，则有

$$\sum M_A=0, F_{CD}\sin\theta\cdot l-2mg\cdot(2l+r_1)+F_{I1}\cdot(2l+r_1)-mg\cdot(2l-r_2)-F_{I2}\cdot(2l-r_2)=0$$

即得

$$F_{CD}=4\sqrt{2}mg$$

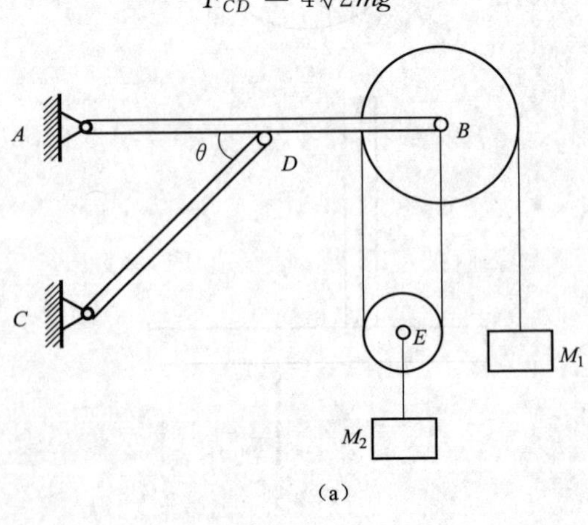

(a)

题 11-18 图

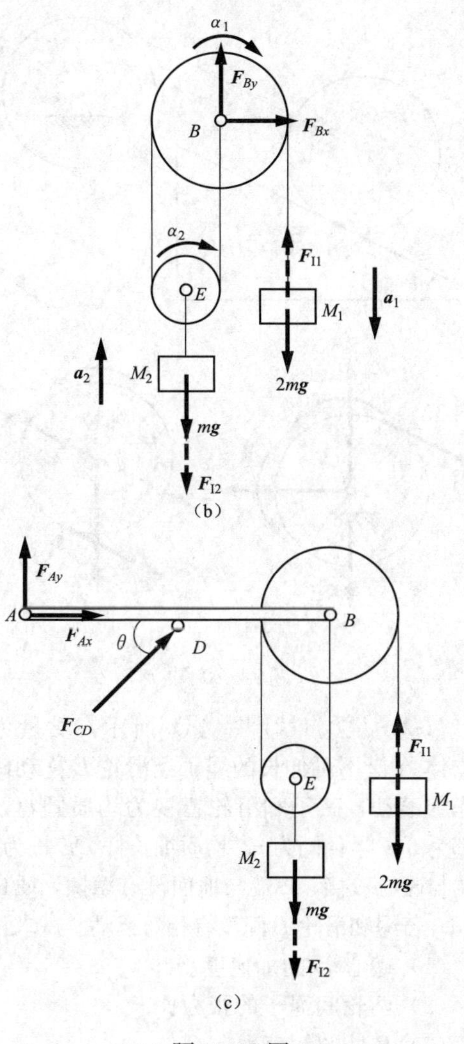

题 11-18 图

11-19　不计质量的梁 AB，在点 O 处铰接质量为 $M=8m$，半径为 R 的定滑轮 O，轮 O 悬挂质量分别为 $4m$ 和 m 的物块 C 和 D，如题 11-19 图（a）所示。定滑轮 O 可视为均质圆盘，摩擦均不计。试求支座 B 的约束力。

解：设物块 C 的加速度为 $\boldsymbol{a}$，以滑轮 O 及物块 C、D 为研究对象，则各物体的惯性力系简化结果为

$$F_{I1}=4ma, F_{I2}=ma_D, M_I=J_O\alpha$$

$$=\frac{1}{2}\cdot 8m\cdot R^2\alpha=4mR^2\alpha$$

且满足：$a=R\alpha=a_D$，滑轮 O 及物块 C、D 受力如题 11-19 图（b）所示。

故有

$$\sum M_O=0, -F_{I1}\cdot R+4mg\cdot R-M_I-mg\cdot R-F_{I2}\cdot R=0$$

即得

$$a=\frac{1}{3}g$$

以梁的整体为研究对象，受力如题 11-19 图（c）所示，则有

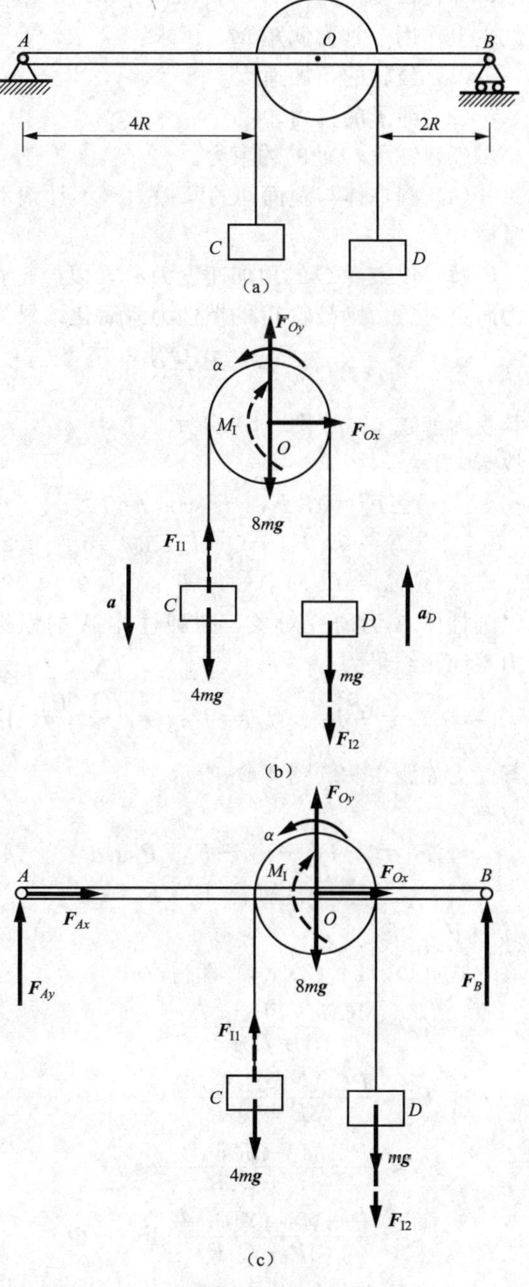

题 11-19 图

$\sum M_A=0, F_{I1}\cdot 4R-4mg\cdot 4R-8mg\cdot 5R-M_I-mg\cdot 6R-F_{I2}\cdot 6R+F_B\cdot 8R=0$

即得

$$F_B=7.5mg$$

11-20 题 11-20 图（a）所示机构中，沿斜面向上作纯滚动的圆柱体 A 和鼓轮 O 均为均质物体，各重为 P 和 Q，半径均为 R，绳子不可伸长，其质量不计，斜面倾角为 θ，如在鼓轮上作用一常力偶矩 M。试求：

（1）鼓轮的角加速度。

（2）绳子的拉力。

（3）轴承 O 处的约束力。

（4）圆柱体与斜面间的摩擦力（不计滚动摩擦）。

解：设鼓轮 O 的角加速度为 α_O，以鼓轮 O 为研究对象，则鼓轮 O 的惯性力系简化结果为

$$M_{IO}=J_O\alpha_O=\left(\frac{1}{2}\frac{Q}{g}R^2\right)\alpha_O$$

其受力如题 11-20 图（b）所示。

故有

$$\sum F_x=0,\ F_{Ox}-F_T\cos\theta=0 \tag{1}$$

$$\sum F_y=0,\ F_{Oy}-Q-F_T\sin\theta=0 \tag{2}$$

$$\sum M_O=0,\ M_{IO}-M+F_T\cdot R=0 \tag{3}$$

以圆柱体 A 为研究对象，则圆柱体 A 的惯性力系简化结果为

$$F_{IA}=\frac{P}{g}a_A=\frac{P}{g}R\alpha_O, M_{IA}=J_A\alpha_A=\left(\frac{1}{2}\frac{P}{g}R^2\right)\alpha_O$$

其受力如题 11-20 图（c）所示。

故有

$$\sum F_x=0,\ F_{T1}-F_{IA}-F_s-P\sin\theta=0 \tag{4}$$

$$\sum M_A=0,\ M_{IA}-F_s\cdot R=0$$

其中 $F_{T1}=F_T$

联立式（1）、（2）、（3）、（4）即得

$$\alpha_O=\frac{2(M-PR\sin\theta)}{(3P+Q)R^2}g,$$

$$F_T=\frac{P(3M+QR\sin\theta)}{(3P+Q)R}$$

$$F_{Ox}=\frac{P(3M+QR\sin\theta)}{(3P+Q)R}\cos\theta,$$

$$F_{Oy}=\frac{P(3M+QR\sin\theta)}{(3P+Q)R}\sin\theta+Q$$

$$F_s=\frac{P(M-PR\sin\theta)}{(3P+Q)R}$$

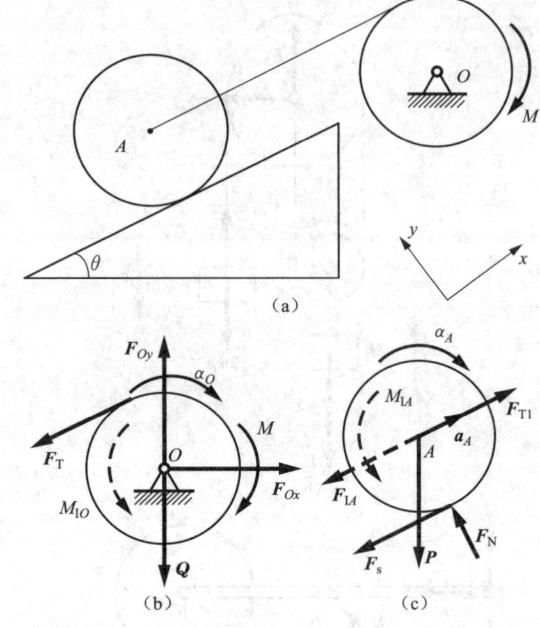

题 11-20 图

11-21 题 11-21 图（a）所示，质量为 m 的物体 A 借不可伸长的绳子经滑轮 B 拖动磙子 D 作纯滚动，磙子和滑轮皆视为均质圆盘，质量都为 m、半径同为 r。均质细长杆 DE 长为 $2r$，D 端与磙心铰接，E 端与地面没有摩擦，质量也为 m。若绳和滑轮 B 间没有相对运动。试求：

（1）磙心 D 的加速度。

（2）两轮间绳子的张力。

（3）B 处的约束力。

（4）地面对杆端 E 的约束力。

解：设磙心 D 的加速度为 $\boldsymbol{a}$，以杆 DE 为研究对象，杆 DE 平移，则杆 DE 的惯性力系简化结果为

$$F_{IC}=ma_C=ma_D$$

其受力如题 11-21 图（b）所示，则有

$$\sum M_D=0, -mg\cdot\frac{\sqrt{3}}{2}r+F_{IC}\cdot\frac{1}{2}r+F_{NE}\cdot\sqrt{3}r=0$$

即
$$-\frac{\sqrt{3}}{2}mgr+\frac{1}{2}mra_D+\sqrt{3}rF_{NE}=0 \tag{1}$$

以磙子 D 与杆 DE 为研究对象，则各物体的惯性力系简化结果为

$$F_{IC}=ma_C=ma_D, F_{ID}=ma_D, M_{ID}=J_D\alpha_D=\frac{1}{2}mr^2\cdot\frac{a_D}{r}=\frac{1}{2}mra_D$$

其受力如题 11-21 图（c）所示，则有

$$\sum M_P=0,\ F_{T1}\cdot r-F_{ID}\cdot r-M_{ID}-mg\cdot\frac{\sqrt{3}}{2}r-F_{IC}\cdot\frac{1}{2}r+F_{NE}\cdot\sqrt{3}r=0$$

即 $F_{T1}\cdot r-2mra_D-mg\cdot\frac{\sqrt{3}}{2}r+F_{NE}\cdot\sqrt{3}r=0$ (2)

其中 $F_{T1}=F_T$

以滑轮 B 与物块 A 为研究对象，则各物体的惯性力系简化结果为

$$F_{IA}=ma_A=ma_D,M_{IB}=J_B\alpha_B=\frac{1}{2}mr^2\cdot\frac{a_D}{r}=\frac{1}{2}mra_D$$

其受力如题 11-21 图（d）所示，则有

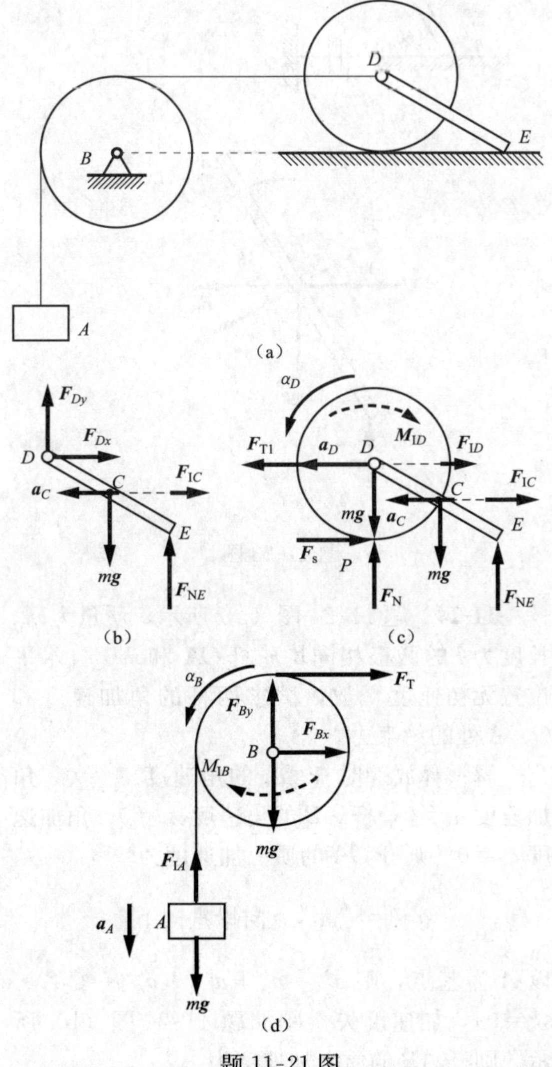

题 11-21 图

$$\sum M_B=0,\ mg\cdot r-F_{IA}\cdot r-M_{IB}-F_T\cdot r=0$$

即
$$mgr-\frac{3}{2}mra_D-F_Tr=0 \quad (3)$$

$$\sum F_x=0,\ F_{Bx}+F_T=0 \quad (4)$$

$$\sum F_y=0,\ -mg+F_{IA}-mg+F_{By}=0 \quad (5)$$

联立式（1）、(2)、(3)、(4)、(5) 即得

$$a_D=\frac{1}{4}g,F_T=\frac{5}{8}mg,F_{Bx}=-\frac{5}{8}mg,$$

$$F_{By}=\frac{7}{4}mg,F_{NE}=\frac{12-\sqrt{3}}{24}mg$$

11-22　题 11-22 图（a）所示长度为 l 的两根绳悬挂一根长为 l，质量为 m，并处于水平位置的均质杆 AB。若突然剪断绳 OB，试求刚剪断瞬时绳子 OA 的拉力及杆 AB 的角加速度。

解：以杆为研究对象，当绳子 OB 剪断后，杆 AB 作平面运动，点 A 作以 O 为圆心、AO 为半径的圆周运动，且满足绳子 OB 剪断瞬时有

$$\omega_{AB}=0,\alpha_{AB}\neq 0,v_A=0$$

以 A 点为基点，则有 $\boldsymbol{a}_C=\boldsymbol{a}_A^t+\boldsymbol{a}_{CA}^t\left(\boldsymbol{a}_A^n=\frac{v_A^2}{OA}=0,\ \boldsymbol{a}_{CA}^n=CA\cdot\omega_{AB}^2=0\right)$，作加速度矢量图如题 11-22 图（b）所示。将杆 AB 的惯性力系向其质心 C 简化得

$$F_{I1}=ma_{CA}^t=m\cdot\frac{l}{2}\alpha_{AB}=\frac{1}{2}ml\alpha_{AB},$$

$$F_{I2}=ma_A^t,M_I=J_C\alpha_{AB}=\frac{1}{12}ml^2\alpha_{AB}$$

杆 AB 的受力如题 11-22 图（c）所示，则有

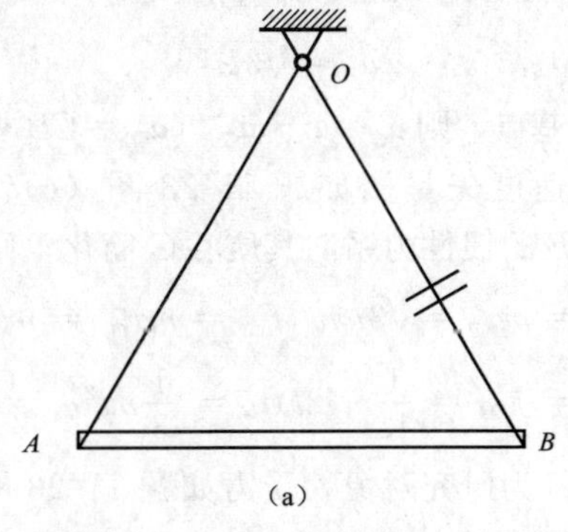

题 11-22 图

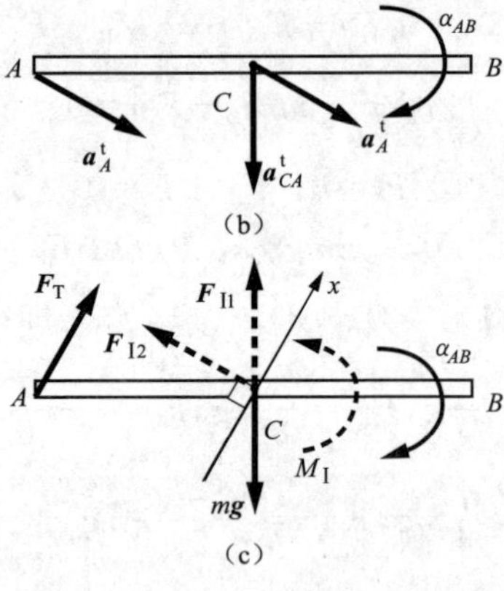

题 11-22 图

$$\sum F_x=0,\ F_T+F_{I1}\cos 30°-mg\cos 30°=0$$

$$\sum M_C=0,\ -F_T\cos 30°\times\frac{l}{2}+M_I=0$$

即可解得刚剪断瞬时绳子 OA 的拉力及杆 AB 的角加速度分别为

$$F_T=0.266mg,\alpha_{AB}=1.385\frac{g}{l}$$

11-23 均质杆 AB 的质量为 m，长为 $2l$，一端放在光滑地面上，并用两软绳支持，如题 11-23 图（a）所示。试求当 BD 绳切断的瞬时 B 点的加速度、AE 绳的拉力及地面的约束力。

解： 当 BD 绳切断的瞬时应满足：$\omega_{AB}=0$，设该瞬时杆 AB 的角加速度为 α。

以 B 为基点，则 $\boldsymbol{a}_A^t=\boldsymbol{a}_B+\boldsymbol{a}_{AB}^t\left(\boldsymbol{a}_{AB}^n=AB\cdot\omega_{AB}^2=0,\ \boldsymbol{a}_A^n=\frac{v_A^2}{AE}=0\right)$，加速度矢量图如题 11-23 图（b）所示，沿 x 轴投影得

$$0=-a_B+a_{AB}^t\sin 60°$$

且 $a_{AB}^t=AB\cdot\alpha=2l\alpha$，即可得

$$a_B=\sqrt{3}l\alpha$$

以 B 为基点，则 $\boldsymbol{a}_C=\boldsymbol{a}_B+\boldsymbol{a}_{CB}^t$（$\boldsymbol{a}_{CB}^n=CB\cdot\omega_{AB}^2=0$），加速度矢量图如题 11-23 图（c）所示。将杆 AB 的惯性力系向其质心 C 简化，则有

$$F_{I1}=ma_B=\sqrt{3}ml\alpha,F_{I2}=ma_{CB}^t=ml\alpha,$$

$$M_I=J_C\alpha=\frac{1}{12}m(2l)^2\alpha=\frac{1}{3}ml^2\alpha \tag{1}$$

以杆 AB 为研究对象，受力如题 11-23 图（c）所示，则有

$$\sum M_C=0,\ M_I-F_N\cdot l\cos 60°+F_T\cdot l\sin 60°=0 \tag{2}$$

$$\sum F_x=0,\ F_{I1}-F_{I2}\cos 30°-F_T=0 \tag{3}$$

$$\sum F_y=0,\ F_N-mg+F_{I2}\sin 30°=0 \tag{4}$$

联立式（1）、(2)、(3)、(4) 即可得

$$a_B=\frac{3\sqrt{3}}{8}g,F_N=\frac{13}{16}mg,F_T=\frac{3\sqrt{3}}{16}mg$$

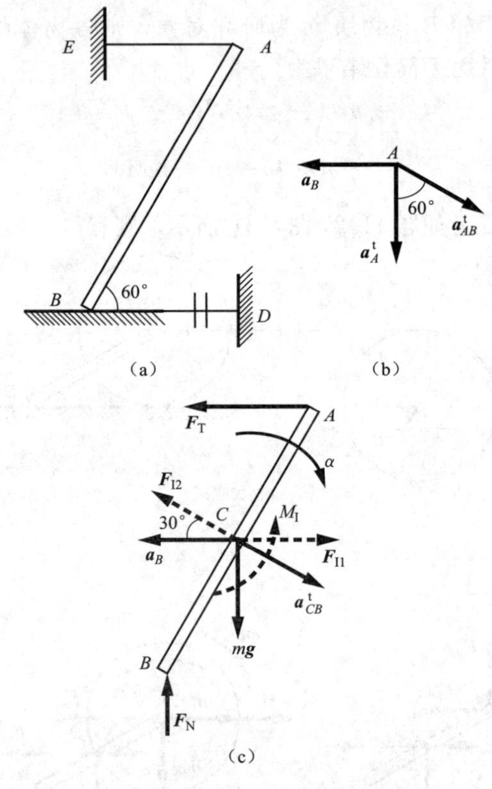

题 11-23 图

11-24 题 11-24 图（a）所示，质量为 m、长度为 l 的两根相同均质杆 OA 和 AB 自水平位置无初速度释放，试求两杆的角加速度和 O、A 处的约束力。

解： 释放瞬时杆 OA 的角速度 $\omega_1=0$，角加速度 $\alpha_1\neq0$，杆 AB 的角速度 $\omega_2=0$，角加速度 $\alpha_2\neq0$，则杆 OA 的质心加速度为

$$a_{C_1}=\frac{l}{2}\alpha_1,\text{方向铅垂向下}$$

以 A 为基点，则 $\boldsymbol{a}_{C_2}=\boldsymbol{a}_A+\boldsymbol{a}_{C_2A}^t$（$\boldsymbol{a}_{C_2A}^n=C_2A\cdot\omega_2^2=0$），加速度矢量图如题 11-24 图（b）所示。则杆 AB 的质心加速度为

$$a_{C_2}=a_A+a_{C_2A}^{t}=l\alpha_1+\frac{l}{2}\alpha_2$$，方向铅垂向下

将杆 OA 的惯性力系向轴 O 简化，则有

$$F_{I1}=ma_{C_1}=\frac{1}{2}ml\alpha_1,M_{I1}=J_O\alpha_1=\frac{1}{3}ml^2\alpha_1$$

将杆 AB 的惯性力系向其质心简化，则有

$$F_{I2}=ma_{C_2}=ml\left(\alpha_1+\frac{1}{2}\alpha_2\right),M_{I2}=J_{C_2}\alpha_2$$

$$=\frac{1}{12}ml^2\alpha_2$$

以杆 AB 为研究对象，受力如题 11-12 图（c）所示，则有

$$\sum M_A=0,\ M_{I2}-mg\cdot\frac{l}{2}+F_{I2}\cdot\frac{1}{2}l=0$$

即得

$$3\alpha_1+2\alpha_2=\frac{3g}{l}\tag{1}$$

以整体为研究对象，受力如题 11-12 图（d）所示，则有

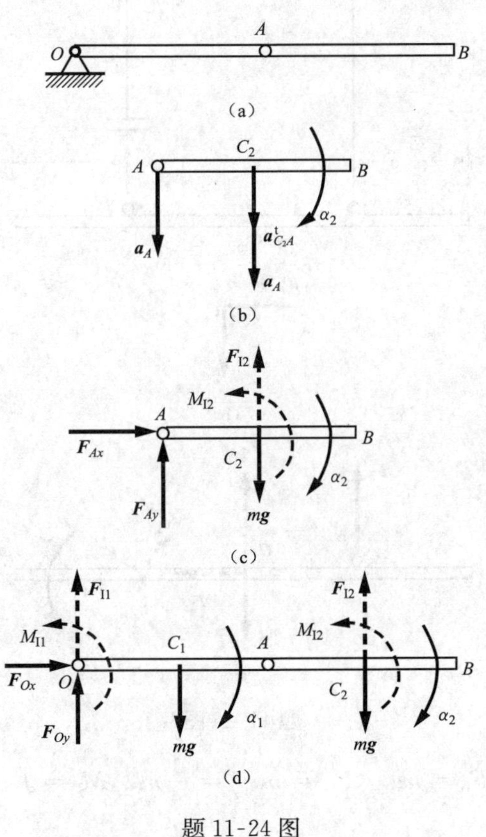

题 11-24 图

$$\sum M_O=0,\ M_{I1}-mg\cdot\frac{l}{2}+F_{I2}\cdot\frac{3}{2}l-mg\cdot\frac{3}{2}l+M_{I2}=0$$

即得

$$11\alpha_1+5\alpha_2=\frac{12g}{l}\tag{2}$$

联立式（1）、（2）得

$$\alpha_1=\frac{9g}{7l},\alpha_2=-\frac{3g}{7l}$$

对于整体有

$\sum F_x=0$，$F_{Ox}=0$

$\sum F_y=0$，$F_{Oy}+F_{I1}-mg+F_{I2}-mg=0$

即得 $F_{Ox}=0$，$F_{Oy}=\frac{2}{7}mg$

对于杆 AB 有

$\sum F_x=0$，$F_{Ax}=0$

$\sum F_y=0$，$F_{Ay}+F_{I2}-mg=0$

即得 $F_{Ax}=0$，$F_{Ay}=-\frac{1}{14}mg$

11-25　长为 l、质量为 m 的均质杆 AB 与 EF 以软绳 AE 与 BF 相连并在 AB 的中点用铰链 O 固定，如题 11-25 图（a）所示。试求当 BF 被剪断的瞬时 B 与 F 两点的加速度。

解：剪断 BF 的瞬时应满足：$\omega_{AB}=\omega_{EF}=0$，设该瞬时杆 AB、EF 的角加速度分别为 α_1、α_2，则有

$$a_A=\frac{l}{2}\alpha_1=a_E,a_B=\frac{l}{2}\alpha_1$$

以 E 为基点，则 $\boldsymbol{a}_C=\boldsymbol{a}_E+\boldsymbol{a}_{CE}^{t}$（$\boldsymbol{a}_{CE}^{n}=CE\cdot\omega_{EF}^2=0$），加速度矢量图如题 11-25 图（b）所示。则杆 EF 的质心加速度为

$$a_C=a_E+a_{CE}^{t}=\frac{l}{2}\alpha_1+\frac{l}{2}\alpha_2$$，方向铅垂向下

以 E 为基点，则 $\boldsymbol{a}_F=\boldsymbol{a}_E+\boldsymbol{a}_{FE}^{t}$（$\boldsymbol{a}_{FE}^{n}=FE\cdot\omega_{EF}^2=0$），加速度矢量图如题 11-25 图（c）所示。则 F 点的加速度为

$$a_F=a_E+a_{FE}^{t}=\frac{l}{2}\alpha_1+l\alpha_2$$，方向铅垂向下

以均质杆的整体为研究对象，则各物体的惯性力系简化结果为

$$M_{I1}=J_O\alpha_1=\frac{1}{12}ml^2\alpha_1,F_{IC}=ma_C$$

$$=m\left(\frac{l}{2}\alpha_1+\frac{l}{2}\alpha_2\right),M_{I2}=J_C\alpha_2=\frac{1}{12}ml^2\alpha_2$$

其受力如题 11-25 图（d）所示，则有

$$\sum M_O=0,\ -M_{I1}+M_{I2}=0$$

即

$$-\frac{1}{12}ml^2\alpha_1+\frac{1}{12}ml^2\alpha_2=0 \tag{1}$$

以杆 EF 为研究对象，其受力如题 11-25 图（e）所示，则有

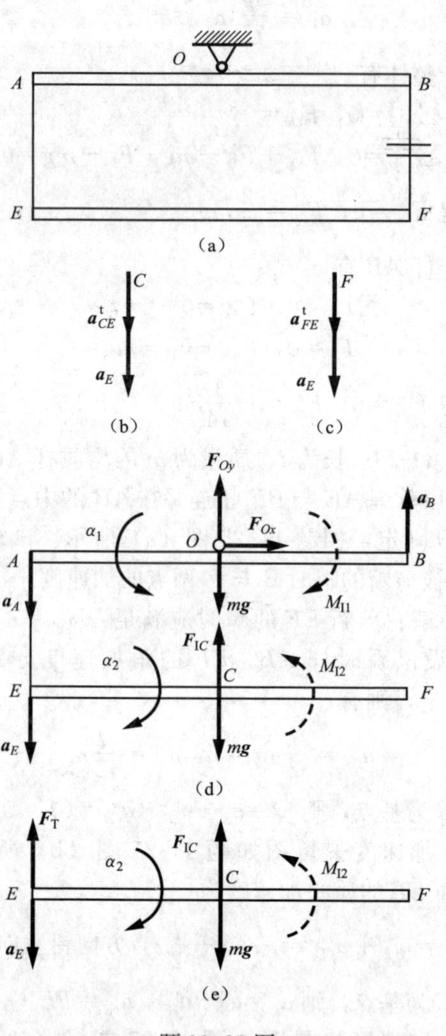

题 11-25 图

$$\sum M_E=0,\ F_{IC}\cdot\frac{l}{2}-mg\cdot\frac{l}{2}+M_{I2}=0$$

即
$$\frac{1}{2}ml\left(\frac{l}{2}\alpha_1+\frac{l}{2}\alpha_2\right)-\frac{1}{2}mgl+\frac{1}{12}ml^2\alpha_2=0 \tag{2}$$

联立式（1）、（2）即得

$$\alpha_1=\alpha_2=\frac{6g}{7l}$$

所以 B 点与 F 点的加速度分别为

$$a_B=\frac{l}{2}\alpha_1=\frac{3}{7}g,\ a_F=\frac{l}{2}\alpha_1+l\alpha_2=\frac{9}{7}g$$

11-26　均质杆 AB 质量为 m，长为 l，悬挂如题 11-26 图（a）所示。试求一绳突然断开时，杆的质心加速度以及另一绳的拉力。

解：以杆 AB 为研究对象，当绳突然断开的瞬时，杆的角速度为零，所以 $a^n_A=0$。以点 A 为基点，由基点法 $\boldsymbol{a}_C=\boldsymbol{a}^t_A+\boldsymbol{a}^n_A+\boldsymbol{a}^t_{CA}+\boldsymbol{a}^n_{CA}$（$a^n_{CA}=CA\cdot\omega^2_{AB}=0$）作加速度矢量图如题 11-26 图（b）所示。

沿 y 轴投影得

$$a_{Cy}=a^t_{CA}=\frac{l}{4}\alpha$$

取杆 AB 为研究对象，受力如题 11-26 图（c）所示，其中

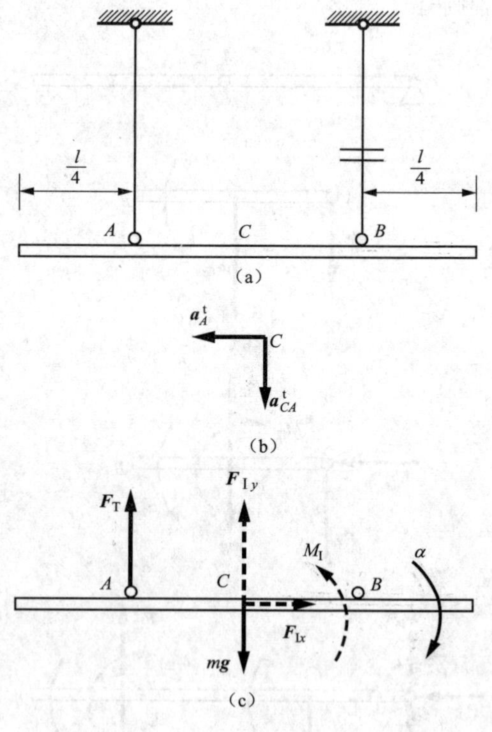

题 11-26 图

$$F_{Ix}=ma_{Cx},F_{Iy}=ma_{Cy}=\frac{1}{4}ml\alpha,M_I=J_C\alpha$$
$$=\frac{1}{12}ml^2\alpha$$

则有

$\sum F_x=0$，$F_{Ix}=0$

$\sum M_A=0$，$-mg\times\dfrac{l}{4}+F_{Iy}\times\dfrac{l}{4}+M_I=0$

$\sum F_y=0$，$F_T+F_{Iy}-mg=0$

解得

$$a_{Cx}=0,\ \alpha=\frac{12g}{7l},\ a_{Cy}=\frac{3}{7}g,\ F_T=\frac{4}{7}mg$$

11-27　题 11-27 图（a）所示，AB、BC 为长度相等，质量不等的两均质杆，已知从图示位置 $\varphi=30°$，$\beta=60°$无初速地开始运动时，BC 杆中点 M 的加速度与铅垂线的夹角为 $\theta=30°$，试求两杆质量之比。

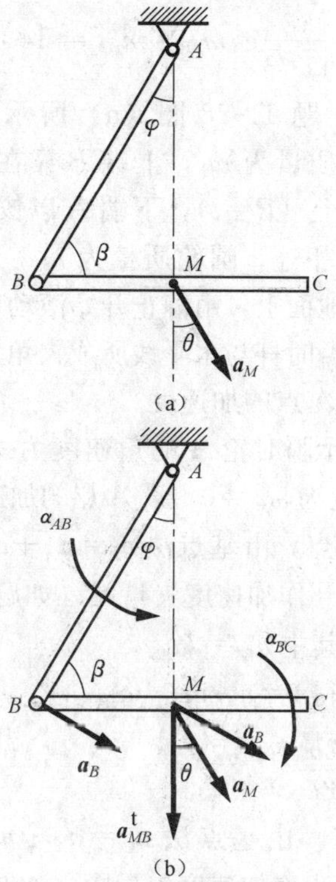

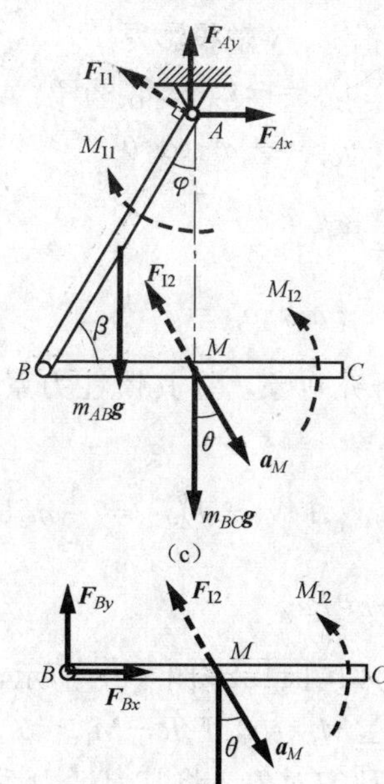

题 11-27 图

解：以点 B 为基点，由基点法 $\boldsymbol{a}_M=\boldsymbol{a}_B+\boldsymbol{a}_{MB}^{t}$（$a_{MB}^{n}=MB\cdot\omega_{BC}^2=0$）作加速度矢量图如题 11-27 图（b）所示。

在运动初始时 $\omega_{AB}=\omega_{BC}=0$，设 $a_M=a$，$AB=BC=l$，则沿 x 轴投影得

$$a\sin 30°=a_B\cos 30°+0$$

解得

$$a_B=\frac{\sqrt{3}}{3}a \tag{1}$$

$$\alpha_{AB}=\frac{a_B}{AB}=\frac{\sqrt{3}a}{3l} \tag{2}$$

沿 y 轴投影得

$$-a\cos 30°=-a_B\sin 30°-a_{MB}^{t}$$

$$\frac{\sqrt{3}}{2}a=\frac{1}{2}\left(\frac{\sqrt{3}}{3}a\right)+\frac{l}{2}\alpha_{BC}$$

解得

$$\alpha_{BC}=\frac{2\sqrt{3}a}{3l} \tag{3}$$

取两均质杆的整体为研究对象，受力如题 11-27 图（c）所示，其中

$$M_{I1}=J_A\alpha_{AB},F_{I1}=m_{AB}\cdot\left(\frac{1}{2}\alpha_B\right),$$

$$M_{I2}=J_M\alpha_{BC},F_{I2}=m_{BC}a_M$$

则有

$$\sum M_A=0,\ -M_{I1}+M_{I2}+m_{AB}g\times\frac{l}{2}\sin30°-F_{I2}\times\frac{l}{2}\sin60°=0 \tag{4}$$

取 BC 杆为研究对象，受力如题 11-27 图（d）所示，则有

$$\sum M_B=0,\ M_{I2}-m_{BC}g\times\frac{l}{2}+F_{I2}\times\frac{l}{2}\sin 60°=0 \tag{5}$$

联立式（1）、(2)、(3)、(4)、(5) 解得

$$a=\frac{18}{11\sqrt{3}}g, m_{AB}:m_{BC}=14:3$$

11-28 题 11-28 图（a）所示，均质杆 AB 长为 l，质量为 m_1，上端 B 靠在半径为 R 的光滑圆弧上（$R=l$），下端 A 以铰链和均质圆轮中心 A 相连，圆轮质量为 m_2，半径为 r，放在粗糙的地面上，由静止开始滚动而不滑动。若运动开始瞬时杆与水平线所成夹角为 $\theta=45°$。试求此瞬时 A 点的加速度。

解： 图示瞬时轮 A 的角速度为 $\omega_A=0$，杆 AB 的角速度为 $\omega_{AB}=0$，设 A 点的加速度为 $\boldsymbol{a}_A$。则取 A 为基点，由基点法 $\boldsymbol{a}_B=\boldsymbol{a}_A+\boldsymbol{a}_{BA}^{t}$（$\boldsymbol{a}_{BA}^{n}=AB\cdot\omega_{AB}^2=0$）作加速度矢量图，如题 11-28 图（b）所示，其中 $a_{BA}^{t}=l\alpha_{AB}$

沿 x 轴投影得 $0=a_A\sin\theta-a_{BA}^{t}$

即得 $\alpha_{AB}=\dfrac{\sqrt{2}a_A}{2l}$

取 A 为基点，由基点法 $\boldsymbol{a}_C=\boldsymbol{a}_A+\boldsymbol{a}_{CA}^{t}$（$\boldsymbol{a}_{CA}^{n}=AC\cdot\omega_{AB}^2=0$）作加速度矢量图，如题 11-28 图（b）所示，沿 x、y 轴投影得

$$a_{Cx}=-a_A+a_{CA}^{t}\sin\theta$$
$$a_{Cy}=-a_{CA}^{t}\cos\theta$$

其中 $a_{CA}^{t}=\dfrac{l}{2}\alpha_{AB}$

即得 $a_{Cx}=-\dfrac{3}{4}a_A$，$a_{Cy}=-\dfrac{1}{4}a_A$

以轮 A 为研究对象，将其惯性力系向质心 A 简化得

$$F_{IA}=m_2a_A, M_{IA}=J_A\alpha_A=\frac{1}{2}m_2R^2\cdot\frac{a_A}{R}$$
$$=\frac{1}{2}m_2Ra_A$$

轮 A 的受力如题 11-28 图（c）所示，则有

$$\sum M_A=0,\ F_sR-M_{IA}=0 \quad (1)$$

以杆 AB 为研究对象，将其惯性力系向质心 C 简化得

$$F_{Ix}=m_1a_{Cx}=-\frac{3}{4}m_1a_A, F_{Iy}=m_1a_{Cy}$$
$$=-\frac{1}{4}m_1a_A$$

$$M_{IC}=J_C\alpha_{AB}=\frac{1}{12}m_1l^2\cdot\frac{\sqrt{2}a_A}{2l}=\frac{\sqrt{2}}{24}m_1la_A$$

杆 AB 的受力如题 11-29 图（d）所示，则有

$$\sum M_A=0,\ M_{IC}-m_1g\cdot\frac{l}{2}\cos\theta+F_{Ix}\cdot\frac{l}{2}\sin\theta-F_{Iy}\cdot\frac{l}{2}\cos\theta+F_{NB}\cdot l=0 \quad (2)$$

以均质杆的整体为研究对象，受力如题 11-28 图（e）所示，则有

$$\sum F_x=0,\ F_s+F_{IA}-F_{Ix}-F_{NB}\cos\theta=0 \quad (3)$$

联立式（1）、（2）、（3）即可得

$$a_A=\frac{3m_1g}{2(4m_1+9m_2)}$$

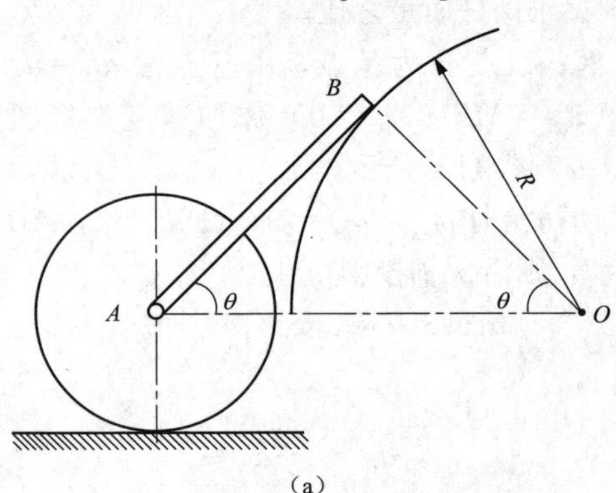

（a）

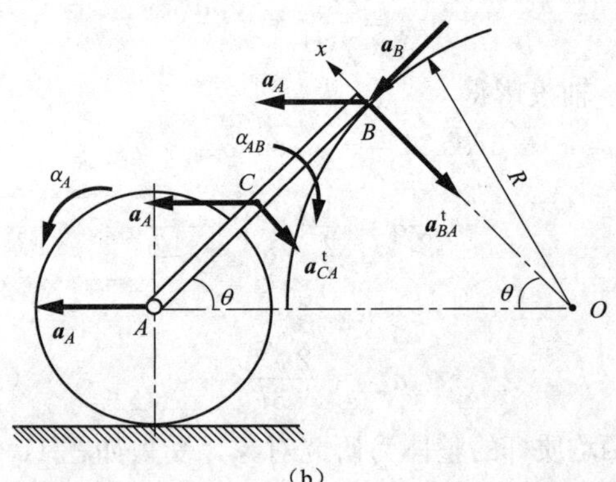

（b）

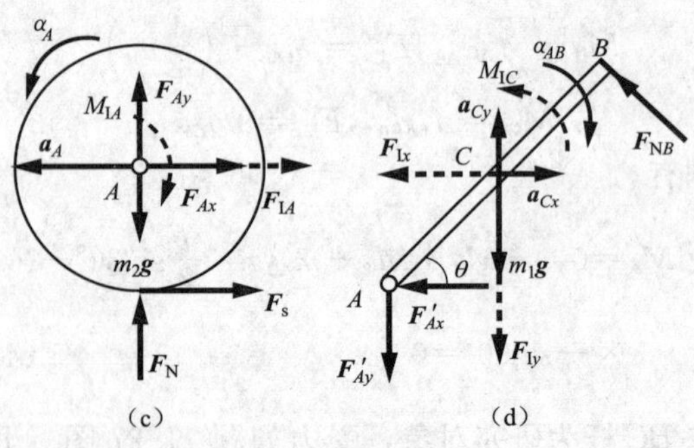

（c） （d）

题 11-28 图

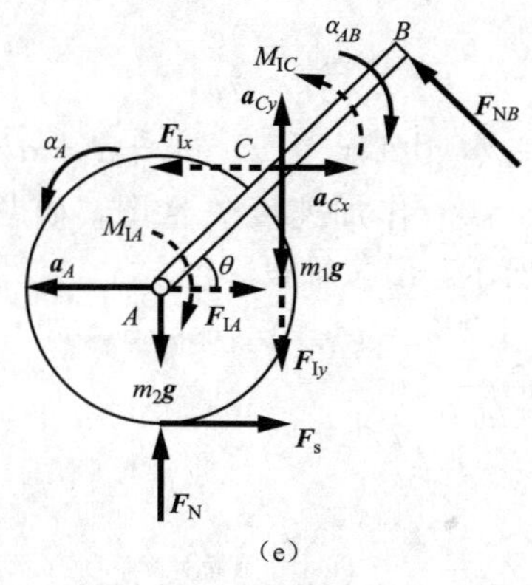

题 11-28 图

11-29　题 11-29 图（a）所示平面机构，均质细杆 AB 长为 l，质量为 m，上端 B 靠在光滑的墙上，下端 A 用铰与质量为 M，半径为 R 且放在粗糙地面上的圆柱中心相连。在图示瞬时系统静止且杆与水平线的夹角为 $\theta=45°$，试求该瞬时杆 AB 的角加速度。

解： 图示瞬时轮 A 的角速度为 $\omega_A=0$，杆 AB 的角速度为 $\omega_{AB}=0$，设 A 点的加速度为 $\boldsymbol{a}_A$。则取 A 为基点，由基点法 $\boldsymbol{a}_B=\boldsymbol{a}_A+\boldsymbol{a}_{BA}^{t}$（$\boldsymbol{a}_{BA}^{n}=AB\cdot\omega_{AB}^2=0$）作加速度矢量图，如题 11-29 图（b）所示，其中：$a_{BA}^{t}=l\alpha_{AB}$

沿 x 轴投影得 $0=-a_A+a_{BA}^{t}\sin\theta$

即得 $\alpha_{AB}=\dfrac{\sqrt{2}a_A}{l}$

取 A 为基点，由基点法 $\boldsymbol{a}_C=\boldsymbol{a}_A+\boldsymbol{a}_{CA}^{t}$（$\boldsymbol{a}_{CA}^{n}=AC\cdot\omega_{AB}^2=0$）作加速度矢量图，如题 11-29 图（b）所示，沿 x、y 轴投影得

$$a_{Cx}=-a_A+a_{CA}^{t}\sin\theta$$

$$a_{Cy}=-a_{CA}^{t}\cos\theta$$

其中 $a_{CA}^{t}=\dfrac{l}{2}\alpha_{AB}$

即得 $a_{Cx}=-\dfrac{1}{2}a_A$，$a_{Cy}=-\dfrac{1}{2}a_A$

以轮 A 为研究对象，将其惯性力系向质心 A 简化得

$$F_{IA}=Ma_A,M_{IA}=J_A\alpha_A=\frac{1}{2}MR^2\cdot\frac{a_A}{R}$$

$$=\frac{1}{2}MRa_A$$

轮 A 的受力如题 11-29 图（c）所示，则有

$$\sum M_A=0，F_sR-M_{IA}=0\qquad(1)$$

以杆 AB 为研究对象，将其惯性力系向质心 C 简化得

$$F_{Ix}=ma_{Cx}=-\frac{1}{2}ma_A,F_{Iy}=ma_{Cy}=-\frac{1}{2}ma_A,$$

$$M_{IC}=J_C\alpha_{AB}=\frac{1}{12}ml^2\cdot\frac{\sqrt{2}a_A}{l}=\frac{\sqrt{2}}{12}mla_A$$

杆 AB 的受力如题 11-29 图（d）所示，则有

$$\sum M_A=0，M_{IC}-mg\cdot\frac{l}{2}\cos\theta+F_{Ix}\cdot$$

$$\frac{l}{2}\sin\theta-F_{Iy}\cdot\frac{l}{2}\cos\theta+F_{NB}\cdot l\sin\theta=0\qquad(2)$$

以平面机构整体为研究对象，受力如题 11-29 图（e）所示，则有

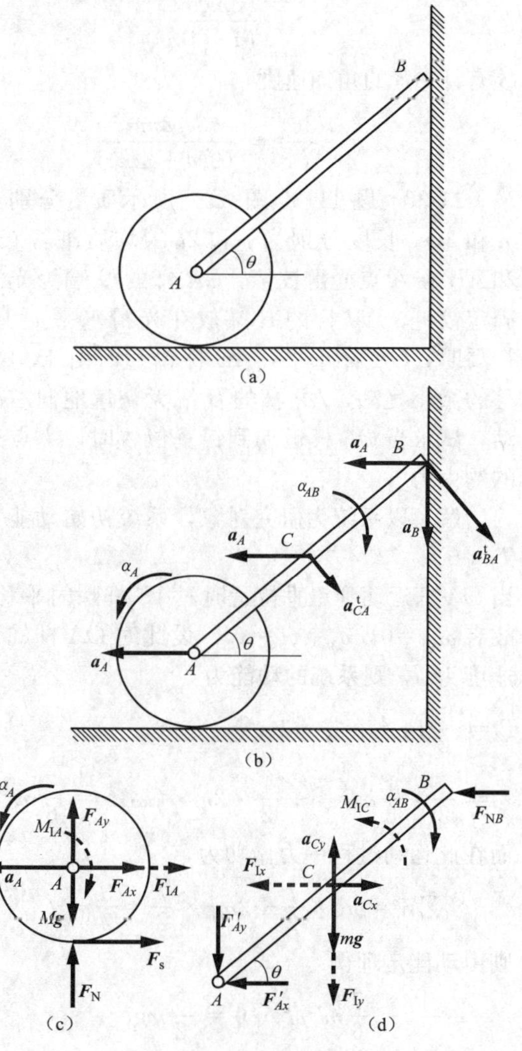

题 11-29 图

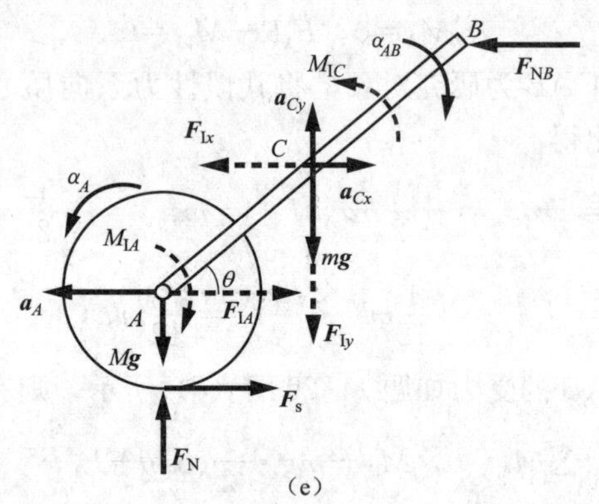

(e)

题 11-29 图

$$\sum F_x=0,\ F_s+F_{IA}-F_{Ix}-F_{NB}=0 \quad (3)$$

联立式 (1)、(2)、(3) 即可得

$$a_A=\frac{3mg}{9M+4m}$$

故有杆 AB 的角加速度

$$\alpha_{AB}=\frac{\sqrt{2}a_A}{l}=\frac{3\sqrt{2}mg}{(9M+4m)l}$$

11-30 题 11-30 图 (a) 所示质量分别为 m 和 $2m$，长度分别为 l 和 $2l$ 的均质细杆 OA 和 AB 在 A 点光滑铰接，OA 杆的 O 端为光滑固定铰链，AB 杆的 B 端放在光滑水平面上。初瞬时，OA 杆水平，AB 杆铅直。由于初位移的微小扰动，AB 杆的 B 端无初速地向右滑动，试求当 OA 杆运动到铅垂位置时，A 点处的约束力。

解： 以系统为研究对象，系统初始动能为 $T_1=0$。

当 OA 杆运动到铅垂位置时，AB 杆瞬时平移，故有 $\omega_{AB}=0$，$v_A=v_B=v_C$，设此时 OA 杆的角速度为 ω，则系统的动能为

$$T_2=\frac{1}{2}J_O\omega^2+\frac{1}{2}\cdot 2m\cdot v_C^2$$

$$=\frac{1}{2}\cdot\frac{1}{3}ml^2\omega^2+\frac{1}{2}\cdot 2m\cdot(l\omega)^2=\frac{7}{6}ml^2\omega^2$$

而在此运动过程中力做功为

$$\sum W=mg\times\frac{l}{2}+2mg\times\frac{l}{2}=\frac{3}{2}mgl$$

则由动能定理得

$$\frac{7}{6}ml^2\omega^2-0=\frac{3}{2}mgl$$

即得

$$\omega^2=\frac{9g}{7l}$$

取 A 为基点，由基点法 $\boldsymbol{a}_B=\boldsymbol{a}_A^t+\boldsymbol{a}_A^n+\boldsymbol{a}_{BA}^t$（$a_{BA}^n=AB\cdot\omega_{AB}^2=0$）作加速度矢量图，如题 11-30 图 (b) 所示，沿 y 轴投影得

$$0=a_A^n+a_{BA}^t\cos 30°$$

其中 $a_A^n=l\omega^2=\frac{9}{7}g$

即得

$$a_{BA}^t=-\frac{6\sqrt{3}}{7}g$$

所以 AB 杆的角加速度为

$$\alpha_{AB}=\frac{a_{BA}^t}{2l}=-\frac{3\sqrt{3}g}{7l}$$

取 A 为基点，由基点法 $\boldsymbol{a}_C=\boldsymbol{a}_A^t+\boldsymbol{a}_A^n+\boldsymbol{a}_{CA}^t$（$a_{CA}^n=AC\cdot\omega_{AB}^2=0$）作加速度矢量图，如题 11-30 图 (b) 所示，沿 x 轴投影得

$$a_{Cx}=a_A^t+a_{CA}^t\sin 30°=l\alpha-\frac{3\sqrt{3}}{14}g$$

沿 y 轴投影得

$$a_{Cy}=a_A^n+a_{CA}^t\cos 30°=\frac{9}{7}g-\frac{9}{14}g=\frac{9}{14}g$$

以 OA 杆为研究对象，受力如题 11-30 图 (c) 所示，则由定轴转动微分方程得

$$J_O\alpha=\sum M_O\Rightarrow\frac{1}{3}ml^2\alpha=F_{Ax}l \quad (1)$$

以 AB 杆为研究对象，惯性力系向其质心 C 简化的结果为

$$F_{Ix}=2ma_{Cx}=2m\left(l\alpha-\frac{3\sqrt{3}}{14}g\right),$$

$$F_{Iy}=2ma_{Cy}=\frac{9}{7}mg \quad (2)$$

$$M_I=J_C\alpha_{AB}=-\frac{2\sqrt{3}}{7}mgl \quad (3)$$

AB 杆受力如题 11-30 图 (d) 所示，则有

$$\sum F_x=0,\ -F'_{Ax}-F_{Ix}=0 \quad (4)$$

$$\sum F_y=0,\ -F'_{Ay}-F_{Iy}-2mg+F_N=0 \quad (5)$$

$$\sum M_A=0,\ -M_I-F_{Ix}\cdot\frac{l}{2}-F_{Iy}\cdot\frac{\sqrt{3}}{2}l$$

$$-2mg\cdot\frac{\sqrt{3}}{2}l+F_N\cdot\sqrt{3}l=0 \quad (6)$$

联立式 (1)～(6) 即可得

$$\alpha = \frac{9\sqrt{3}g}{49l}, F_{Ax} = \frac{3\sqrt{3}}{49}mg, F_{Ay} = -\frac{96}{49}mg$$

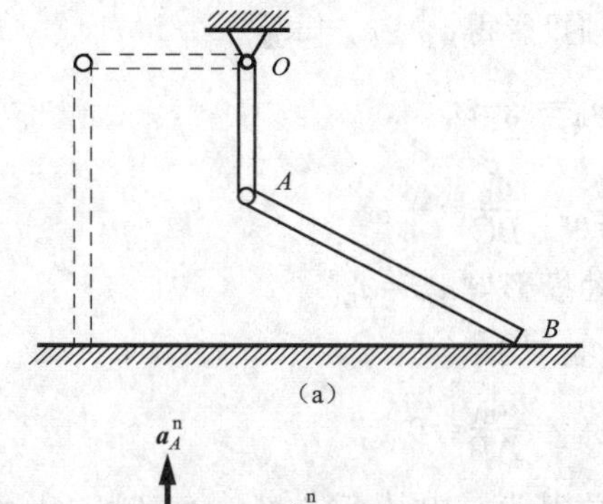

(a)

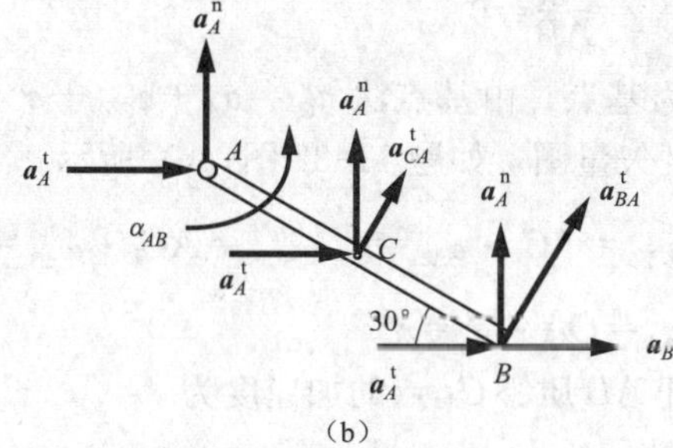

(b)

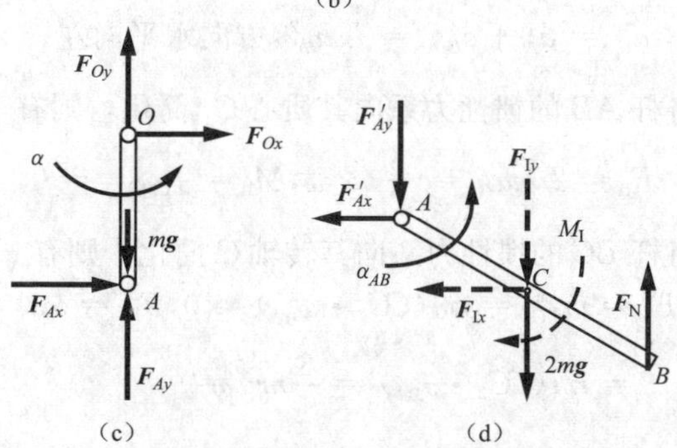

(c)　　(d)

题 11-30 图

11-31　题 11-31 图（a）所示系统中，均质杆 AB 长为 l、质量为 m，均质圆盘 O 的半径为 r，且 $r=l/2$，质量为 m，物体 E 的质量为 m，系统初始处于静止，杆 AB 处于水平位置，B 端的绳子突然断开，试求该瞬时物体 E 和杆 AB 的质心 C 的加速度。设绳与轮之间无相对滑动，O 处摩擦不计。

解：以系统为研究对象，B 端的绳子突然断开后，物体 E 作平移，圆盘 O 作定轴转动，杆 AB 作平面运动。且满足剪断 B 端的绳子的瞬时有

$$\omega_{AB} = \omega_O = 0, a_E = a_A = r\alpha_O \tag{1}$$

取 A 为基点，由基点法 $\boldsymbol{a}_C = \boldsymbol{a}_A + \boldsymbol{a}_{CA}^t$（$a_{CA}^n = AC \cdot \omega_{AB}^2 = 0$）作加速度矢量图，并系统进行运动分析，如题 11-31 图（b）所示。故有 C 点加速度为

$$a_C = a_A - a_{CA}^t = a_A - \frac{1}{2}l\alpha_{AB}$$

则各物体的惯性力系的简化结果为

$$F_{I1} = ma_{CA}^t = \frac{1}{2}ml\alpha_{AB}, F_{I2} = ma_A,$$

$$M_{I1} = J_C\alpha_{AB} = \frac{1}{12}ml^2\alpha_{AB} \tag{2}$$

$$F_{IE} = ma_E, M_{I2} = J_O\alpha_O = \frac{1}{2}mr^2\alpha_O \tag{3}$$

以杆 AB 为研究对象，受力如题 11-31 图（c）所示，则有

$$\sum M_B=0,\ F_{I1}\times\frac{l}{2}-F_{I2}\times\frac{l}{2}-mg\times\frac{l}{2}+M_{I1}=0 \tag{4}$$

系统的整体的受力如题 11-22 图（d）所示，则有

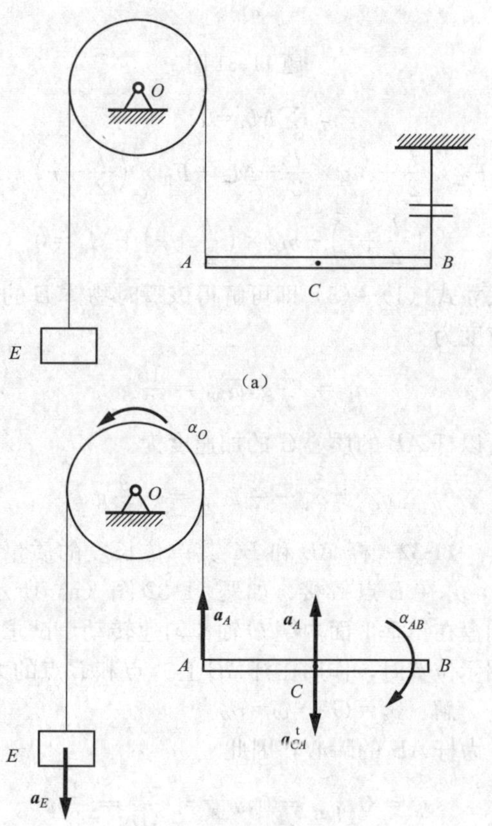

题 11-31 图

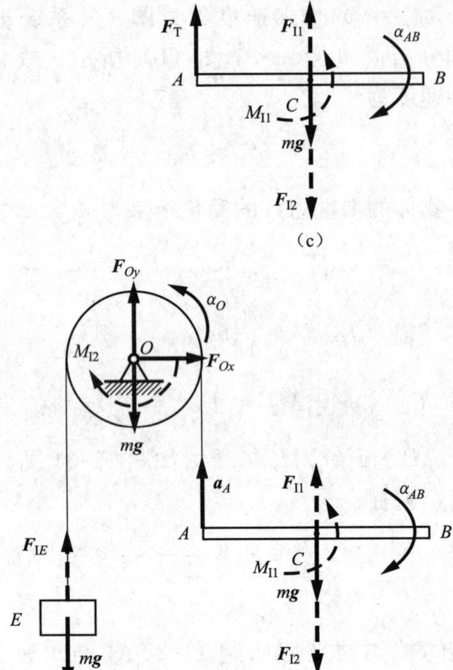

(d)

题 11-31 图

$$\sum M_O=0,$$

$$-F_{IE}\times\frac{l}{2}+mg\times\frac{l}{2}-M_{I2}+F_{I1}\times\left(\frac{l}{2}+r\right)-F_{I2}\times\left(\frac{l}{2}+r\right)-mg\times\left(\frac{l}{2}+r\right)+M_{I1}=0 \quad (5)$$

联立式（1）～(5）即可解得该瞬时物体 E 的加速度为

$$a_E=\frac{3}{7}g,l\alpha_{AB}=\frac{15}{7}g$$

所以杆 AB 的质心 C 的加速度为

$$a_C=a_A-\frac{1}{2}l\alpha_{AB}=-\frac{9}{14}g$$

11-32 杆 AB 和 BC 其单位长度的质量为 m，并在 B 点铰接，如题 11-32 图（a）所示。圆盘在铅垂平面内绕 O 轴作匀速转动。试求在图示位置时，作用在杆 AB 上 A 点和 B 点的力。

解： $v_A=OA\cdot\omega=r\omega$

B 为杆 AB 的瞬心，因此

$$v_B=0,\omega_{BC}=0,\omega_{AB}=\frac{v_A}{AB}=\frac{1}{2}\omega$$

取 A 为基点，由基点法 $\boldsymbol{a}_B^t+\boldsymbol{a}_B^n=\boldsymbol{a}_A+\boldsymbol{a}_{BA}^t+\boldsymbol{a}_{BA}^n$ 作加速度矢量图，如题 11-32 图（b）所示。

其中 $a_B^n=BC\cdot\omega_{BC}^2=0$，$a_A=OA\cdot\omega^2=r\omega^2$，$a_{BA}^n=AB\cdot\omega_{AB}^2=2r\cdot\left(\frac{1}{2}\omega\right)^2=\frac{1}{2}r\omega^2$

沿 x 轴投影得 $a_B^t=a_A+a_{BA}^n$

即得 $a_B^t=\frac{3}{2}r\omega^2$

所以 $\alpha_{BC}=\frac{a_B^t}{BC}=\frac{3}{2}\omega^2$

沿 y 轴投影得 $a_B^n=a_{BA}^t$

即得 $a_{BA}^t=0$

所以 $\alpha_{AB}=\frac{a_{BA}^t}{AB}=0$

取 A 为基点，由基点法 $\boldsymbol{a}_{C_1}=\boldsymbol{a}_A+\boldsymbol{a}_{C_1A}^t+\boldsymbol{a}_{C_1A}^n$ 作加速度矢量图，如题 11-32 图（c）所示。

其中 $a_{C_1A}^t=AC_1\cdot\alpha_{AB}=0$，$a_{C_1A}^n=AC_1\cdot\omega_{AB}^2=\frac{1}{4}r\omega^2$，$a_A=OA\cdot\omega^2=r\omega^2$

所以杆 AB 质心 C_1 点的加速度为

$$a_{C_1}=a_A+a_{C_1A}^n=\frac{5}{4}r\omega^2\text{，方向水平向左。}$$

将杆 AB 的惯性力系向其质心 C_1 简化，则有

$$F_{I1}=2rma_{C_1}=\frac{5}{2}mr^2\omega,M_{I1}=J_{C_1}\alpha_{AB}=0$$

将杆 BC 的惯性力系向其转轴 C 简化，则有

$$F_{I2}^n=ma_{C_2}^n=rm(CC_2\cdot\omega_{BC}^2)=0,F_{I2}^t=ma_{C_2}^t=rm(CC_2\cdot\alpha_{BC})=\frac{3}{4}mr^2\omega^2$$

$$M_{I2}=J_C\alpha_{BC}=\frac{1}{2}mr^3\omega^2$$

以杆 BC 为研究对象，受力如题 11-32 图（d）所示，则有

$$\sum M_C=0,\ -F_{Bx}\cdot r-M_{I2}=0$$

即得

$$F_{Bx}=-\frac{1}{2}mr^2\omega^2$$

再以杆 AB 为研究对象，受力如题 11-12 图（e）所示，则有

$$\sum M_A=0,\ -2rmg\cdot r-F'_{By}\cdot 2r=0$$
$$\sum F_x=0,\ F_{Ax}+F_{I1}-F'_{Bx}=0$$
$$\sum F_y=0,\ F_{Ay}-2rmg-F'_{By}=0$$

即得 $F'_{By}=F_{By}=-mgr$，$F_{Ax}=-3mr^2\omega^2$，$F_{Ay}=mgr$

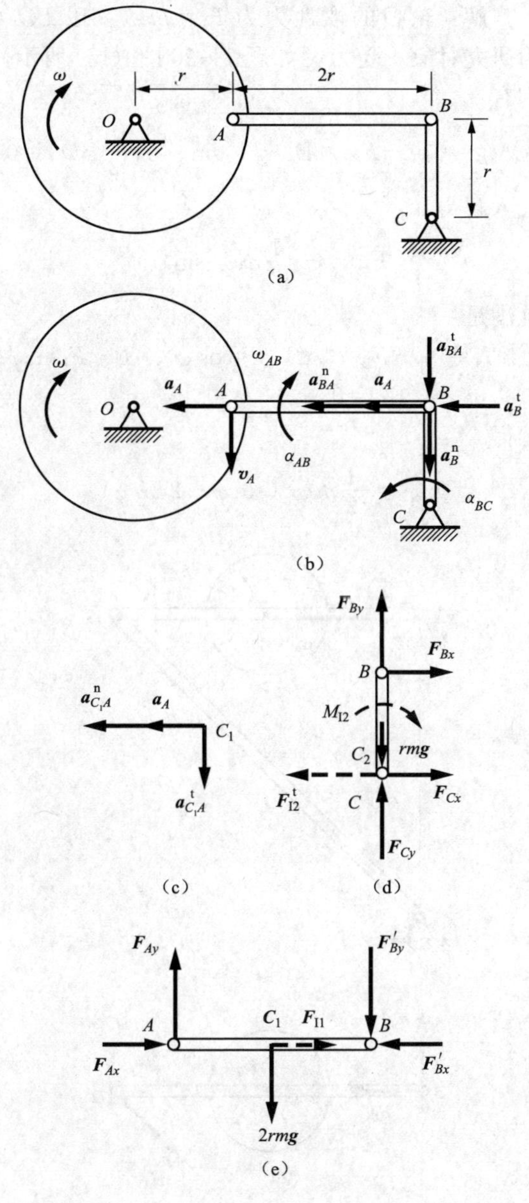

题 11-32 图

11-34　质量不计的刚性轴 O_1O_2 上固连一根质量为 m，长度为 l 的均质杆 AB。当轴以匀角速度 ω 转动时，试求题 11-34 图（a）所示之偏心距为 e 的情况下轴承 O_1 和 O_2 处的约束力。

解： 杆 AB 的质心 C 的加速度为

$$a_C = e\omega^2,\text{方向水平向左。}$$

将杆 AB 的惯性力系向质心 C 简化，则有

$$F_I = ma_C = me\omega^2$$

以轴连同杆 AB 为研究对象，受力如题 11-34 图（b）所示，则有

$$\sum M_{O_1}=0,\ F_{O_2x}\cdot l - mge - F_I\cdot\frac{l}{2}=0$$

$$\sum F_x=0,\ F_{O_1x}-F_{O_2x}+F_I=0$$

$$\sum F_y=0,\ F_{O_1y}-mg=0$$

即得 $F_{O_2x}=\frac{e}{l}mg+\frac{1}{2}me\omega$，$F_{O_1x}=\frac{e}{l}mg-\frac{1}{2}me\omega^2$，$F_{O_1y}=mg$

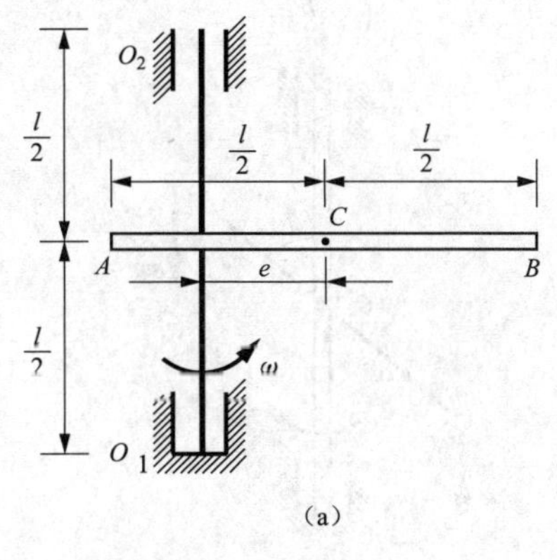

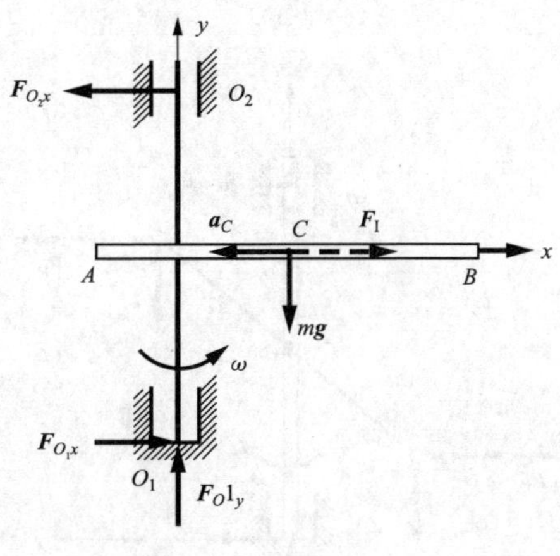

题 11-34 图

11-35　两个质量均为 m 的小球由长为 $2l$、质量不计的细杆连接，杆的中点 C 焊接在质量不计的铅垂轴 AB 的中点，并以匀角速度 ω 绕 AB 轴转动，如题 11-35 图（a）所示。已知 $AB-h$，细杆与转轴的夹角为 θ。试求系统运动到图示位置时，轴承 A 和 B 处的约束力。

解： 将两个小球视为质点，它们绕轴 AB 作匀速圆周运动，其加速度只有水平指向转轴的法向加速度，所以两个小球的惯性力的大小为

$$F_{I1}=F_{I2}=ml\omega^2\sin\theta$$

以两个小球、细杆和转轴为研究对象，受力如题 11-35 图（b）所示，则有

$$\sum F_x=0,\ F_{Ax}+F_{Bx}+F_{I1}-F_{I2}=0$$

$$\sum F_y=0,\ F_{Ay}-mg-mg=0$$

$$\sum M_A=0,\ mg\cdot l\sin\theta-mg\cdot l\sin\theta-F_{Bx}\cdot h-F_{I1}\cdot\left(\frac{h}{2}+l\cos\theta\right)+F_{I2}\cdot\left(\frac{h}{2}-l\cos\theta\right)=0$$

即得 $F_{Ax}=-F_{Bx}=\dfrac{ml^2\omega^2\sin 2\theta}{h}$，$F_{Ay}=2mg$

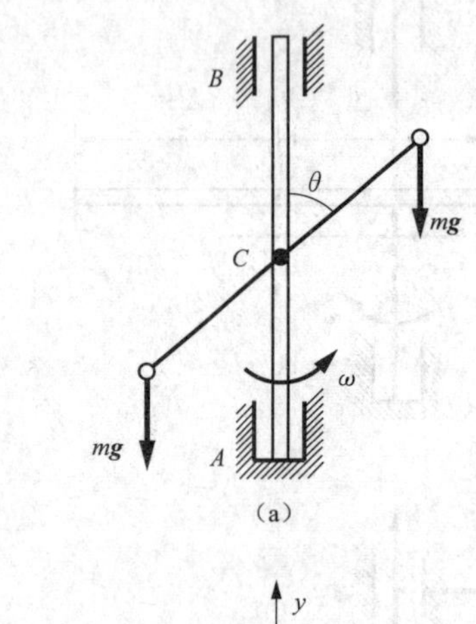

（a）

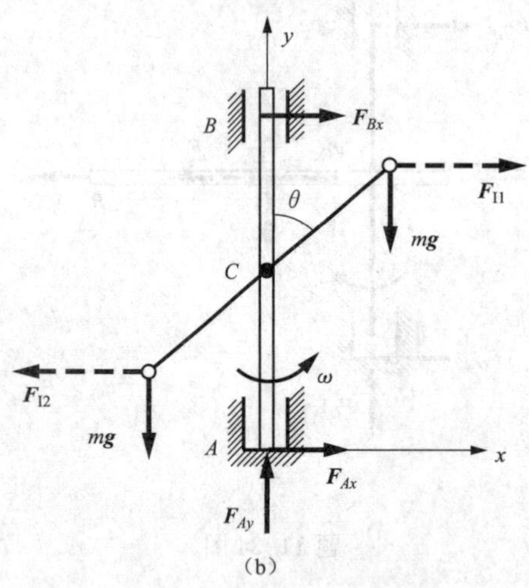

（b）

题 11-35 图

11-36 题 11-36 图（a）所示系统位于铅垂面内。已知质量为 m 的偏心轮以匀角速度 ω 绕 O 转动，偏心轮质心为 C，偏心距 $OC=e$，$AB=BD$，$BO=OD$。试求当轮转过 φ 角时，B 处的动约束力。

解：轮 O 的惯性力为 $F_I=me\omega^2$，以 BOD 为研究对象，受力图如题 11-36 图（b）所示，则有

$$\sum M_D=0,\ -F_{By}\times BD-F_I\sin\varphi\times\left(\frac{1}{2}BD\right)=0$$

代入解得

$$F_{By}=-\frac{1}{2}me\omega^2\sin\varphi$$

且满足

$$\sum M_A=0,-F_{Bx}\times AB-F_I\cos\varphi\times AB+F_I\sin\varphi\times BO=0$$

解得

$$F_{Bx}=\frac{1}{2}me\omega^2(\sin\varphi-2\cos\varphi)$$

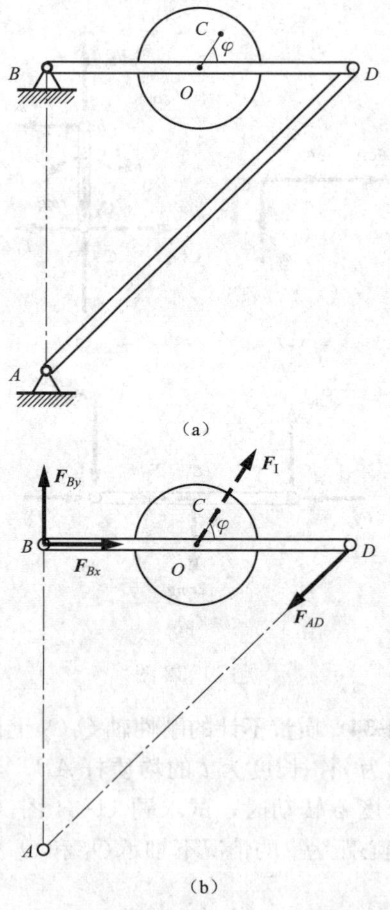

题 11-36 图

第十二章　动　能　定　理

内　容　摘　要

一、动能

1. 质点的动能

设质点的质量为 m，速度为 v，则质点的动能为

$$T=\frac{1}{2}mv^2$$

2. 质点系的动能

质点系内各质点动能的代数和称为质点系的动能，即

$$T=\sum\frac{1}{2}m_iv_i^2$$

3. 刚体的动能

(1) 平移刚体的动能。刚体质量为 m，以速度 v 作平移时，平移刚体的动能为

$$T=\frac{1}{2}mv^2$$

即平移刚体的动能等于刚体质量与平移速度平方乘积的一半。

(2) 定轴转动刚体的动能。

$$T=\frac{1}{2}J_z\omega^2$$

即刚体定轴转动的动能等于刚体对转轴的转动惯量与角速度平方乘积的一半。

(3) 平面运动刚体的动能。

$$T=\frac{1}{2}J_P\omega^2$$

式中：J_P 为刚体绕瞬心轴 P 的转动惯量。

$$T=\frac{1}{2}mv_C^2+\frac{1}{2}J_C\omega^2$$

即平面运动刚体的动能等于随质心平移动能与绕质心转动动能之和。

二、力的功

1. 力对质点的功

作用于质点的力 F 与质点的无限小位移 $\mathrm{d}\boldsymbol{r}$ 的点积，称为力对质点所做的元功，记作 δW，即

$$\delta W=\boldsymbol{F}\cdot\mathrm{d}\boldsymbol{r}$$

2. 几种常见力做功

(1) 重力的功。

$$\sum W=mg\ (z_{C1}-z_{C2})$$

式中：$z_{C1}-z_{C2}$ 为质心始末位置高度差。

可见，质心下降，重力做正功；质心上移，重力做负功。质点系重力做功仍与质心的运动轨迹的形状无关。

(2) 弹性力的功。

$$W=\frac{k}{2}(\delta_1^2-\delta_2^2)$$

弹性力的功等于弹簧初变形的平方与末变形的平方之差乘以弹簧刚度系数的一半。弹性力的功与重力的功一样，只与开始和末了位置有关，与运动轨迹的形状无关。

(3) 作用在定轴转动刚体上力的功。

$$W=\int_{\varphi_1}^{\varphi_2}M_z\mathrm{d}\varphi$$

(4) 质点系内力的功。刚体内任意两个质点相互作用力是内力：等值、反向、共线，距离保持不变。沿这两点连线的位移必定相等，其中一力做正功，另一力做负功，一对力所做的功的和等于零。刚体所有内力做功的和等于零。

(5) 理想约束力的功。作用于质点系的约束力一般要做功。但在许多理想情形下，约束力不做功或做功之和为零。

三、动能定理

1. 质点动能定理

质点动能定理的微分形式

$$\mathrm{d}\left(\frac{1}{2}mv^2\right)=\delta W\quad 或\quad \mathrm{d}T=\delta W$$

质点动能的微分等于作用在质点上力的元功。

质点动能定理的积分形式

$$\frac{1}{2}mv_2^2-\frac{1}{2}mv_1^2=W_{12}\quad 或\quad T_2-T_1=W_{12}$$

即质点运动的某个过程中，质点动能的改变量等于作用于质点的力做的功。

2. 质点系的动能定理

质点系动能定理的微分形式

$$\mathrm{d}T=\sum_{i=1}^{n}\delta W_i$$

即质点系动能的增量，等于作用于质点系全部力所做的元功的和。

对上式积分得质点系动能定理的积分形式

$$T_2-T_1=\sum W_i$$

即质点系在某一段运动过程中，起点和终点的动能的改变量，等于作用于质点系的全部力在这段过程中所做功的和。

四、势力场 势能 机械能守恒定律

1. 势力场

如果物体在某力场内运动，则作用于物体的力所做的功只与力作用点的初始位置和终了位置有关，而与该点的轨迹形状无关，这种力场称为势力场或保守力场。

2. 势能

在势力场中，选择参考点 M_0，质点从点 M 运动到 M_0 有势力所做的功称为质点在点 M 相对于点 M_0 的势能。记作 V，即

$$V=\int_{M}^{M_0}\boldsymbol{F}\cdot\mathrm{d}\boldsymbol{r}=\int_{M}^{M_0}(F_x\mathrm{d}x+F_y\mathrm{d}y+F_z\mathrm{d}z)$$

3. 几种常见的势能

(1) 重力场。若零势能位置的坐标为 (0，0，z_0)，质点系重力势能为

$$V=mg(z_C-z_{C_0})$$

式中：m 为质点系的总质量；z_C 为质心坐标；z_{C_0} 为零势能位置质心的坐标。

(2) 弹性力场。以弹簧变形量 δ_0 为零势能位置，则由弹性力做功的式可求得变形量为 δ 的弹性势能为

$$V=\frac{k}{2}(\delta^2-\delta_0^2)$$

若以弹簧原长处为零势能位置，则 $\delta_0=0$，代入上式可得弹性力势能为

$$V=\frac{k}{2}\delta^2$$

4. 势能函数

$$\boldsymbol{F}=-\left(\frac{\partial V}{\partial x}\boldsymbol{i}+\frac{\partial V}{\partial y}\boldsymbol{j}+\frac{\partial V}{\partial z}\boldsymbol{k}=-\,\mathbf{grad}\,V\right)$$

即有势力的大小等于势能函数在该点梯度的大小，其方向与势能梯度矢量方向相反。

在势力场中，所有势能相同的点组成的曲面称为等势面。即

$$V(x,y,z)=\text{常量}$$

若常量为零，则称为零势面。

$$\sum W_i=V_1-V_2$$

即有势力所做的总功等于质点系在运动过程中的起始位置总势能与终了位置总势能之差。

5. 机械能守恒定律

设质点系运动时只受到有势力的作用，当质点系从第一位置运动到第二位置时，根据动能定理，有

$$T_2-T_1=\sum W_i=V_1-V_2$$

移项后得

$$T_1+V_1=T_2+V_2=\text{常量}$$

即质点系只有在有势力作用下运动时，其动能与势能之和为常量。质点系在某瞬时的动能与势能的代数和称为机械能，故上述结论称为机械能守恒定律。只受有势力作用的质点系称为保守系统，有势力又称为保守力。

五、功率和功率方程

1. 功率

力在单位时间内所做的功称为功率，并且用 P 表示。

$$P=\frac{\delta W}{\mathrm{d}t}=\boldsymbol{F}\cdot\frac{\mathrm{d}\boldsymbol{r}}{\mathrm{d}t}=\boldsymbol{F}\cdot\boldsymbol{v}=F_{\mathrm{t}}v$$

其中，$\boldsymbol{v}$ 是力 $\boldsymbol{F}$ 作用点的速度。功率等于切向力与力作用点速度的乘积。

力矩或力偶矩的功率为

$$P=\frac{\delta W}{\mathrm{d}t}=M\frac{\mathrm{d}\varphi}{\mathrm{d}t}=M\omega$$

式中：ω 为角速度。作用于转动刚体上力的功率等于该力对轴的矩与角速度的乘积。

2. 功率方程

为研究质点系上作用力的功率和质点系动能变化之间的关系，将质点系动能定理的微分形式两端除以 dt，得功率方程

$$\frac{\mathrm{d}T}{\mathrm{d}t}=\frac{\sum\delta W_i}{\mathrm{d}t}=\sum P_i$$

它表示质点系动能对时间的一阶导数，等于作用于质点系的所有力的功率的代数和。

习题全解

12-1　判断题

(1) 当质点系从第一位置运动到第二位置时，质点系的动能的改变等于所有作用于质点系的外力的功的和。（　）

(2) 作平面运动刚体的动能等于它随基点平移的动能和绕基点转动动能之和。（　）

(3) 如果某质点系的动能很大，则该质点系的动量也很大。（　）

解：(1) ×　(2) ×　(3) ×

12-2　选择题、填空题

(1) 题 12-2 图 (a) 所示两均质轮的质量皆为 m，半径皆为 R，用不计质量的绳绕在一起，两轮角速度分别为 ω_1 和 ω_2，则系统动能为（　）。

(A) $T=\frac{1}{2}\left(\frac{1}{2}mR^2\right)\omega_1^2+\frac{1}{2}m\ (R\omega_2)^2$

(B) $T=\frac{1}{2}\left(\frac{1}{2}mR^2\right)\omega_1^2+\frac{1}{2}\left(\frac{1}{2}mR^2\right)\omega_2^2$

(C) $T=\frac{1}{2}\left(\frac{1}{2}mR^2\right)\omega_1^2+\frac{1}{2}m\ (R\omega_2)^2+\frac{1}{2}\left(\frac{1}{2}mR^2\right)\omega_2^2$

(D) $T=\frac{1}{2}\left(\frac{1}{2}mR^2\right)\omega_1^2+\frac{1}{2}m\ (R\omega_1+R\omega_2)^2+\frac{1}{2}\left(\frac{1}{2}mR^2\right)\omega_2^2$

(2) 半径为 R，质量为 m 的均质圆盘在其自身平面内作平面运动，若已知圆盘上 A、B 两点的速度方向如题 12-2 图 (b) 所示，$\alpha=45°$，且知 B 点速度大小为 v_B，则圆轮的动能为（　）。

(A) $\frac{1}{16}mv_B^2$　(B) $\frac{3}{16}mv_B^2$

(C) $\frac{1}{4}mv_B^2$　(D) $\frac{3}{4}mv_B^2$

(3) 题 12-2 图 (c) 所示，已知均质杆 AB 长 L，质量为 m，端点 B 的速度为 v，则杆的动能为（　）。

(A) $\frac{1}{3}mv^2$　(B) $\frac{1}{2}mv^2$

(C) $\frac{2}{3}mv^2$　(D) $\frac{4}{3}mv^2$

(4) 一质量为 m 的均质细圆环半径为 R，其上固结一个质量也为 m 的质点 A。细圆环在水平面上作纯滚动，题 12-2 图 (d) 所示瞬时角速度为 ω，则系统的动能为（　）。

(A) $\frac{1}{2}mR^2\omega^2$　(B) $\frac{3}{2}mR^2\omega^2$

(C) $mR^2\omega^2$　(D) $2mR^2\omega^2$

(5) 一刚度系数为 k 的弹簧下挂一质量为 m 的物体，若物体从静平衡位置（设静伸长为 δ）下降了距离 Δ，如题 12-2 图 (e) 所示，则弹性力所做的功为（　）。

(A) $\frac{1}{2}k\delta^2$

(B) $\frac{1}{2}k\ (\delta+\Delta)^2$

(C) $\frac{1}{2}k[(\delta+\Delta)^2-\delta^2]$

(D) $\frac{1}{2}k\ [\delta^2-(\delta+\Delta)^2]$

(6) 题 12-2 图 (f) 所示一端固结于 O 点的弹簧，另一端可自由活动，弹簧原长 $l_0=\frac{2}{3}b$，弹簧的刚度系数为 k，若以 B 点为零势能点，则 A 处的弹性势能为（　）。

(A) $\frac{1}{24}kb^2$　(B) $\frac{5}{18}kb^2$

(C) $\frac{3}{8}kb^2$　(D) $-\frac{3}{8}kb^2$

(7) 在竖直平面内的两均质杆长为 L，质量为 m，在 O 处用铰链连接，A、B 两端沿光滑水平面向两边运动，如题 12-2 图 (g) 所示。已知某一瞬时 O 点的速度为 v_0，方向竖直向下，且 $\angle OAB=\theta$。则此瞬时系统的动能为____________。

(8) 半径为 r 的均质圆盘，质量为 m_1，固结在长为 $4r$，质量为 m_2 的均质直杆上，系统绕水平轴 O 转动，如题 12-2 图 (h) 所示。在图示瞬时角速度为 ω，则系统动能为____________。

解：(1) D　(2) B　(3) C　(4) D　(5) D　(6) A　(7) $T=\frac{mv_0^{\ 2}}{3\cos^2\theta}$　(8) $T=\left(\frac{9}{4}m_1+\frac{8}{3}m_2\right)r^2\omega^2$

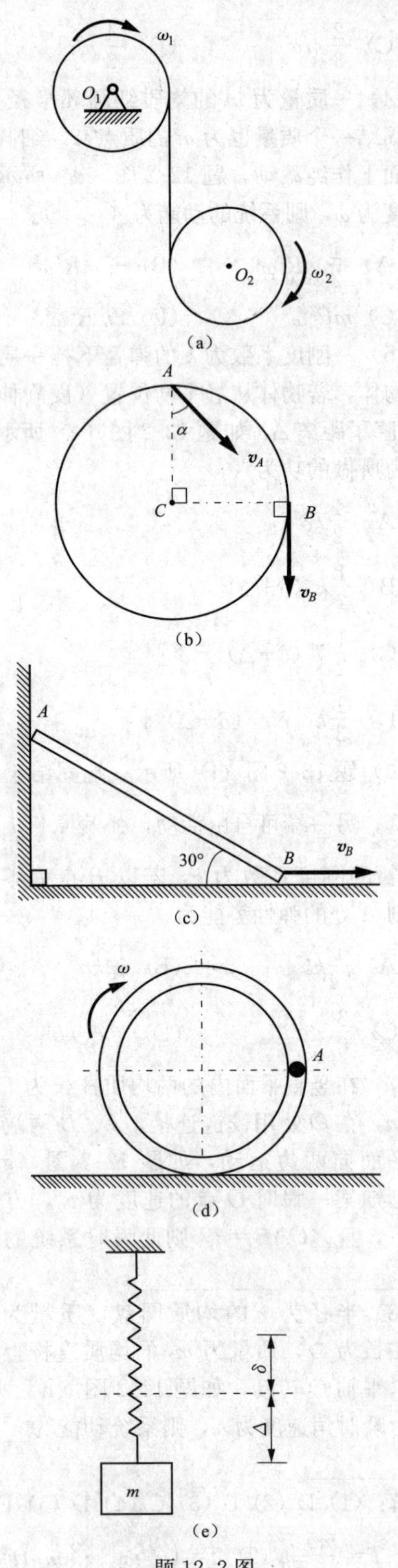

题 12-2 图

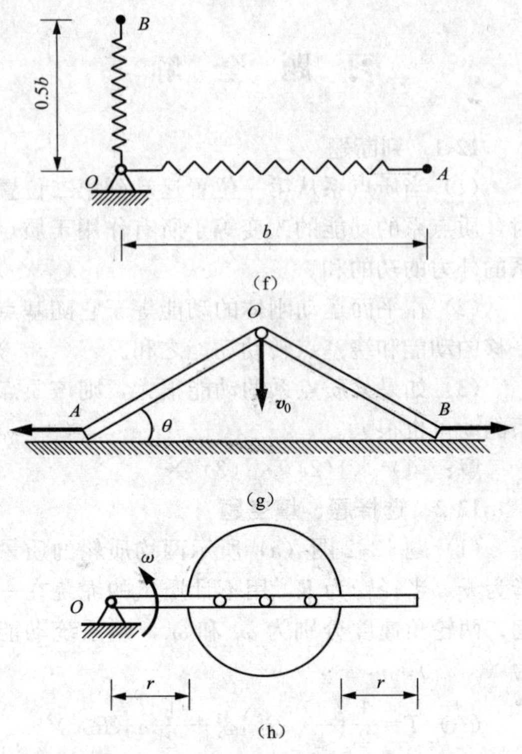

题 12-2 图

12-3 题 12-3 图所示，若已知弹簧刚度系数为 $k=10$ N/cm，原长为 $l_0=10$ cm，试求：

(1) 弹簧端点从 A 到 B 过程中弹性力所做的功。

(2) 弹簧端点从 B 到 C 的过程中弹性力所做的功（图中长度单位为 cm）。

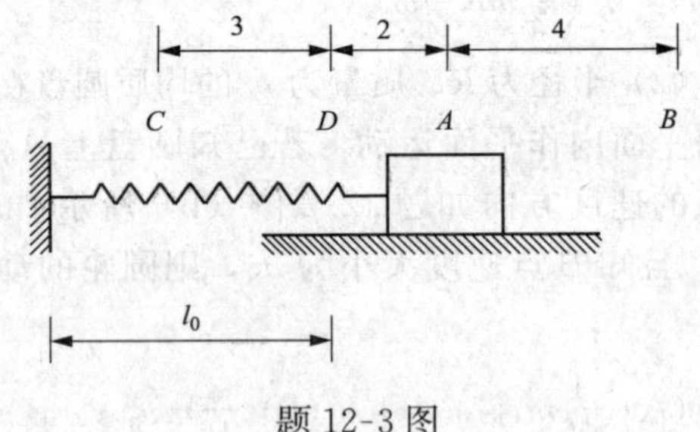

题 12-3 图

解： 弹性力做功与路径无关

(1) 弹簧端点从 A 到 B 过程中弹性力所做的功

$$W_{AB}=\frac{1}{2}k(\delta_A^2-\delta_B^2)=\frac{1}{2}\times 10\times(2^2-6^2)$$

$$=-160\ (\text{N}\cdot\text{cm})$$

(2) 弹簧端点从 B 到 C 过程中弹性力所做的功

$$W_{BC}=\frac{1}{2}k(\delta_B^2-\delta_C^2)=\frac{1}{2}\times10\times[6^2-(-3)^2]$$
$$=135\ (\text{N}\cdot\text{cm})$$

12-4　题 12-4 图所示机构，杆 AB 长为 40 cm，弹簧原长为 $L_0=20$ cm，弹簧的刚度系数为 $k=200$ N/m，力偶矩为 $M=180$ N·m，当 AB 杆从图示位置运动到水平位置 $A'B$ 的过程中，试求弹性力所做的功和力偶所做的功。

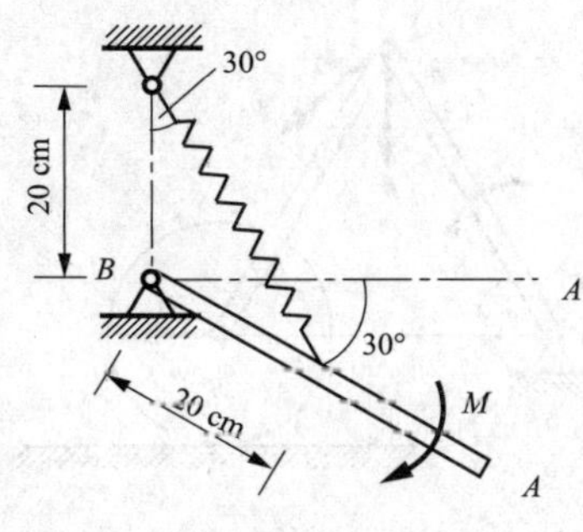

题 12-4 图

解：弹性力所做的功

$$W_{弹}=\frac{1}{2}k(\delta_1^2-\delta_2^2)=\frac{1}{2}\times200\times[(2\times0.2\times\cos30°-0.2)^2-(0.2/\cos45°-0.2)^2]$$
$$=1.46\ (\text{N}\cdot\text{m})$$

力偶所做的功 $W_{力偶}=-M\cdot\Delta\varphi=-180\times\frac{\pi}{6}=-94.25\ (\text{N}\cdot\text{m})$

12-5　题 12-5 图 (a) 所示系统，与弹簧相连的滑块 M 可沿固定的光滑圆环滑动，圆环和弹簧都在同一铅直平面内，已知滑块 M 的重量为 $P=100$ N，圆环的半径为 $R=10$ cm，弹簧原长为 $l_0=15$ cm，弹簧的刚度系数为 $k=400$ N/m，试求滑块从位置 C 运动到位置 B 的过程中，滑块上各力所做的总功。

解：作用于滑块 M 上的力有重力 $\boldsymbol{P}$，弹性力 $\boldsymbol{F}$ 和约束反力 $\boldsymbol{F}_N$，如题 12-5 图 (b) 所示。由于反力 $\boldsymbol{F}_N$ 始终与滑块的位移垂直，故它的功为零。现在计算重力和弹性力的功。

滑块 M 在位置 C 和 B 的高度差 $h=10$ cm$=0.1$ m，重力的功为

$$W_1=Ph=100\ \text{N}\times0.1\ \text{m}=10\ \text{J}$$

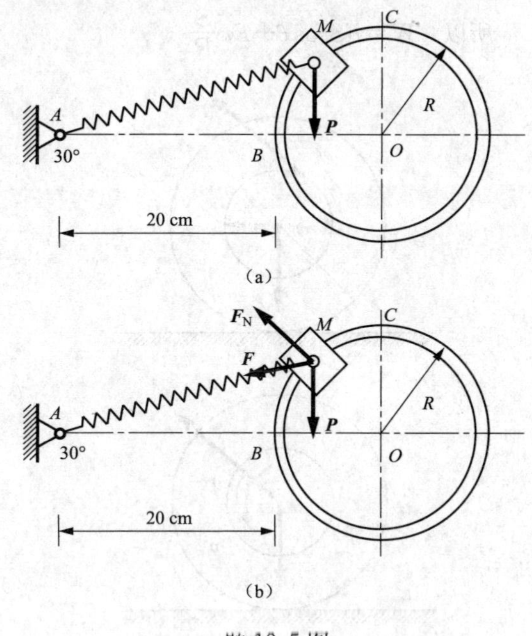

题 12-5 图

弹簧在位置 C 时的变形为

$$\delta_1=AC-l_0=\sqrt{(OA)^2+(CO)^2}-l_0$$
$$=(\sqrt{(0.3)^2+(0.1)^2}-0.15)\ \text{m}=0.166\ \text{m}$$

在位置 B 时的变形为

$$\delta_2=AB-l_0=(0.2-0.15)\ \text{m}=0.05\ \text{m}$$

弹性力 F 的功为

$$W_2=\frac{1}{2}k(\delta_1^2-\delta_2^2)=\frac{400}{2}(0.166^2-0.05^2)\text{J}$$
$$=5\ \text{J}$$

因此，作用于滑块 M 上所有力的功为

$$W=W_1+W_2=15\ \text{J}$$

12-6　题 12-6 图 (a) 所示，滚子重为 $\boldsymbol{P}$，半径为 R，在滚子的鼓轮上绕有一细绳，绳上作用不变力 $\boldsymbol{F}$，其方向总与水平成 θ 角，鼓轮半径为 r，在力 $\boldsymbol{F}$ 作用下，滚子沿水平面作纯滚动，滚子中心 O 在水平方向的位移为 S，试求力 $\boldsymbol{F}$ 在位移 S 上所做的功。

解：为便于分析力 $\boldsymbol{F}$ 在 S 的做功，将力 $\boldsymbol{F}$ 平行的移到 O 点，按力的平移定理，同时附加力偶 $\boldsymbol{M}_O$，如题 12-6 图 (b) 所示。力偶的大小为 $M_O=Fr$

则力 $\boldsymbol{F}$ 在 S 的做功就等效为力 $\boldsymbol{F}$ 和 $\boldsymbol{M}_O$ 在 S 的做功，

所以 $W=FS\cos\theta+Fr\dfrac{S}{R}$

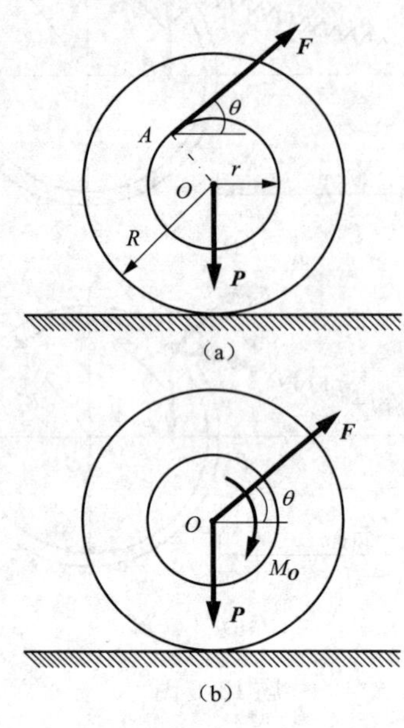

题 12-6 图

12-7 在对称连杆的 A 点，作用一铅垂方向的常力 $\boldsymbol{F}$，开始时系统静止，如题 12-7 图（a）所示。设连杆 OA、AB 长均为 l，质量均为 m，均质圆盘 B 质量为 m_1，半径为 r，且作纯滚动。试求连杆 OA 运动到水平位置时的角速度。

解： 运动分析如题 12-7 图（b）所示，初瞬时的动能为 $T_1=0$

设连杆 OA 运动到水平位置时的角速度为 ω，由于 $OA=AB$，所以杆 AB 的角速度也为 ω，且此时 B 端为杆 AB 的速度瞬心，因此轮 B 的角速度为零，系统此时的动能为

$$T_2=\frac{1}{2}J_O\omega^2+\frac{1}{2}J_B\omega^2=\frac{1}{2}\left(\frac{1}{3}ml^2\right)\omega^2+\frac{1}{2}\left(\frac{1}{3}ml^2\right)\omega^2=\frac{1}{3}ml^2\omega^2$$

系统受力如题 12-7 图（c）所示，在运动过程中所有的力做功为

$$\sum W_{12}=2\left(mg\,\frac{l}{2}\sin\alpha\right)+Fl\sin\alpha=(mg+F)l\sin\alpha$$

由 $T_2-T_1=\sum W_{12}$ 得

$$\frac{1}{3}ml^2\omega^2-0=(mg+F)l\sin\alpha$$

解得 $\omega=\sqrt{\dfrac{3(mg+F)\sin\alpha}{lm}}$

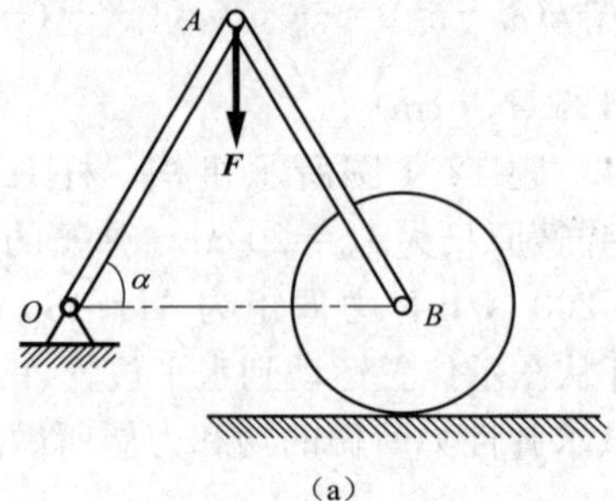

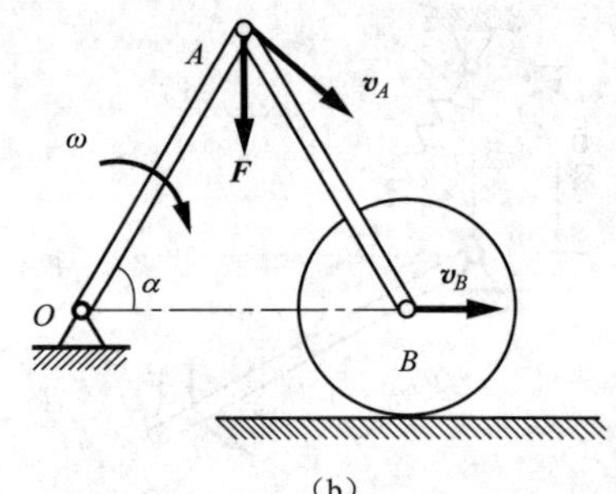

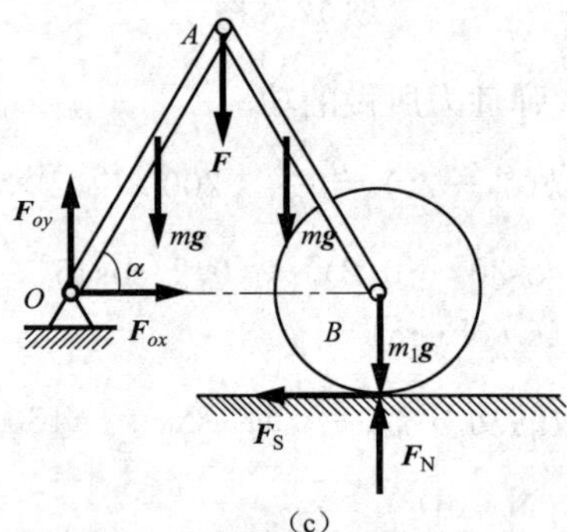

题 12-7 图

12-8 两根完全相同的均质细杆 AB 和 BC 用铰链 B 连接在一起，而杆 BC 则用铰链连接在 C 点上，每根杆重为 $P=10$ N，长为 $l=1$ m，一刚度系数为 $k=120$ N/m 的弹簧连接在两杆的中心，如题 12-8 图（a）所示。假设两杆与光滑地面的夹角为 $\theta=60°$ 时弹簧不伸长，力 $F=10$ N 作用在 A 点，该系统由静止释放，试求 $\theta=0°$ 时 AB 杆的角速度。

解： AB 杆作平面运动，BC 杆作定轴转动，AB 杆的速度瞬心在 O 点，如题 12-8 图（b）所示。由几何关系知 $OB=BC=l$，因此由 $v_B=\omega_{AB}\cdot OB=\omega_{AB}\cdot BC$ 得 $\omega_{AB}=\omega_{BC}=\omega$

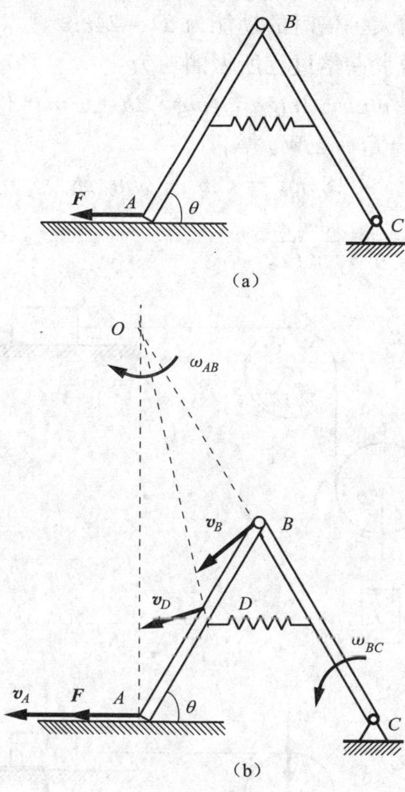

题 12-8 图

同时还可以得出结论，当 $\theta=0°$ 时 O 点与 A 点重合，即 A 为 AB 杆的速度瞬心，所以，

$$T_1=0$$

$$T_2=\frac{1}{2}J_A\omega_{AB}^2+\frac{1}{2}J_C\omega_{BC}^2=\frac{1}{3}\frac{P}{g}l^2\omega^2$$

因为系统属理想约束，约束反力不做功，做功的力有力 $\boldsymbol{F}$，重力 $\boldsymbol{P}$ 和弹性力，分别求得如下：

力 $\boldsymbol{F}$ 做功：$W_F=FS=F(2l-2l\cos\theta)=Fl$

重力 $\boldsymbol{P}$ 做功：$W_P=2P\cdot\frac{1}{2}l\sin\theta=\frac{\sqrt{3}}{2}Pl$

弹性力做功：$W_E=\frac{1}{2}k(\delta_1^2-\delta_2^2)=\frac{1}{2}k\left[0-\left(l-\frac{l}{2}\right)^2\right]=-\frac{1}{8}kl^2$

综上外力做功总和：$\sum W_{12}=W_F+W_P+W_E=Fl+\frac{\sqrt{3}}{2}Pl-\frac{1}{8}kl^2$

由动能定理得 $\frac{1}{3}\frac{P}{g}l^2\omega^2=Fl+\frac{\sqrt{3}}{2}Pl-\frac{1}{8}kl^2$

解得 $\omega=\sqrt{\left(F+\frac{\sqrt{3}}{2}P-\frac{1}{8}kl\right)\Big/\left(\frac{1}{3}\frac{P}{g}l\right)}=3.28$ rad/s

12-9　一长为 l，质量密度为 ρ 的链条放置在光滑的水平桌面上，有长为 b 的一段悬挂下垂，如题 12-9 图所示。初始链条静止，在自重的作用下运动。试求当末端滑离桌面时链条的速度。

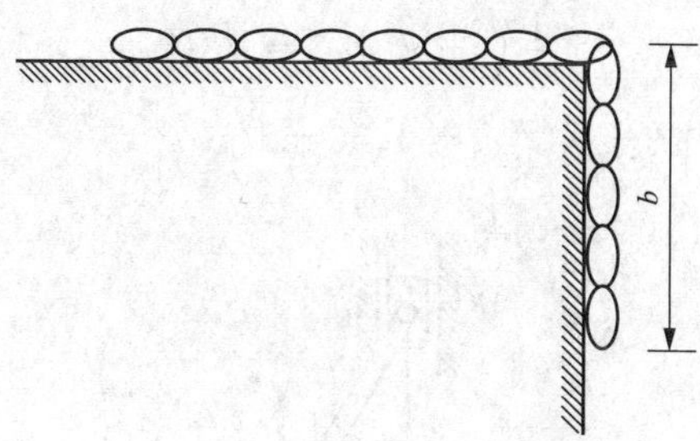

题 12-9 图

解：链条在初始及终了两状态的动能分别为

$$T_1=0$$

$$T_2=\frac{1}{2}\rho lv^2$$

在运动过程中所有的力所做的功为

$$W_{12}=\rho gb(l-b)+\rho g(l-b)\frac{1}{2}(l-b)$$

$$=\frac{1}{2}\rho g(l^2-b^2)$$

由动能定理：$T_2-T_1=\sum W_{12}$

解得 $v_2=\sqrt{\dfrac{g(l^2-b^2)}{l}}$

12-10　题 12-10 图所示机构，均质杆 AB 质量为 $m=10$ kg，长度为 $l=60$ cm，两端与不计重量的滑块铰接，滑块可在光滑槽内滑动，弹簧的刚度系数为 $k=360$ N/m。在图示位置系统静止，弹簧的伸长为 20 cm。然后无初速释放，试求当杆到达铅垂位置时的角速度。

解：以系统为研究对象，则运动初瞬时的动能为

$$T_1=0$$

当杆运动到铅垂位置时，其速度瞬心为杆端 B，设此时杆的角速度为 ω，则系统的动能为

$$T_2=\frac{1}{2}J_B\omega^2=\frac{1}{2}\left(\frac{1}{3}ml^2\right)\omega^2=\frac{1}{6}ml^2\omega^2$$

在系统运动过程中，只有重力和弹性力做功，且弹簧在始末位置的形变量分别为 $\delta_1 = 20$ cm，$\delta_2 = -10$ cm，所以在系统运动过程中所有的力做功为

$$\sum W_{12} = mg\left(\frac{l}{2}\cos 30° - \frac{l}{2}\right) + \frac{1}{2}k(\delta_1^2 - \delta_2^2)$$

$$= 1.46\ \text{N} \cdot \text{m}$$

由 $T_2 - T_1 = \sum W_{12}$ 得

$$\frac{1}{2}\left(\frac{1}{3}ml^2\right)\omega^2 = 1.46$$

$$\omega = 1.56\ \text{rad/s}$$

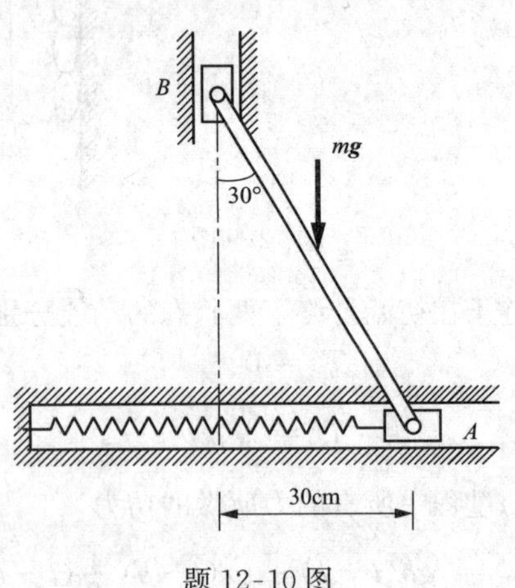

题 12-10 图

12-11　题 12-11 图 (a) 所示，重物 A 和 B 通过动滑轮 D 和定滑轮 C 而运动。设重物 A 和 B 的质量均为 m，滑轮 D 和 C 的质量为 $2m$，且为均质圆盘。重物 B 与水平面间的动摩擦因数为 f，绳索不能伸长，其质量忽略不计。如果重物 A 开始时向下的速度为 v_0，试求重物 A 下落多大距离时其速度增大一倍。

解： 取系统分析，设重物 A 下降 h 高度时，其速度增大一倍，

运动分析和受力分析如题 12-11 图 (b)，则运动初瞬时的动能为

$$T_A = \frac{1}{2}mv_0^2 \quad T_B = \frac{1}{2}m(2v_0)^2 = 2mv_0^2$$

$$T_C = \frac{1}{2}\left(\frac{1}{2}2mr_C^2\right)\left(\frac{2v_0}{r_C}\right)^2 = 2mv_0^2$$

$$T_D = \frac{1}{2}2mv_0^2 + \frac{1}{2}\left(\frac{1}{2}2mr_D^2\right)\left(\frac{v_0}{r_D}\right)^2 = \frac{3}{2}mv_0^2$$

$$T_1 = T_A + T_B + T_C + T_D = 6mv_0^2$$

速度增大一倍时的动能为 $T_2 = 24mv_0^2$

速度增大一倍过程所做的功为

$$\sum W_{12} = mgh + 2mgh - fmg \cdot 2h = (3m - 2fm)gh$$

由 $T_2 - T_1 = \sum W_{12}$ 得

$$18mv_0^2 = (3m - 2fm)gh$$

解得 $h = \dfrac{18v_0^2}{(3-2f)g}$

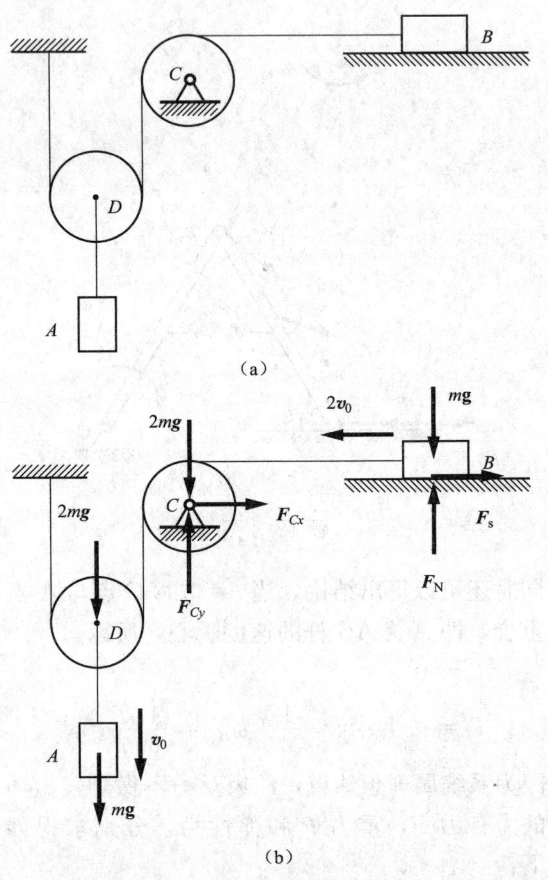

题 12-11 图

12-12　题 12-12 图所示质量为 m_1 的物块 A 悬挂于不可伸长的绳子上，绳子跨过滑轮 O 与铅直弹簧相连，弹簧刚度系数为 k。设滑轮的质量为 m_2，并可以看成半径是 r 的均质圆盘。现在从平衡位置给物块 A 以向下的初速度 v_0，弹簧和绳子的质量不计。试求物块 A 由此位置下降的最大距离 S。

解： 取整个系统作为研究对象，物块 A 的平衡位置为初位置，物块 A 的最大降点作为末位置。

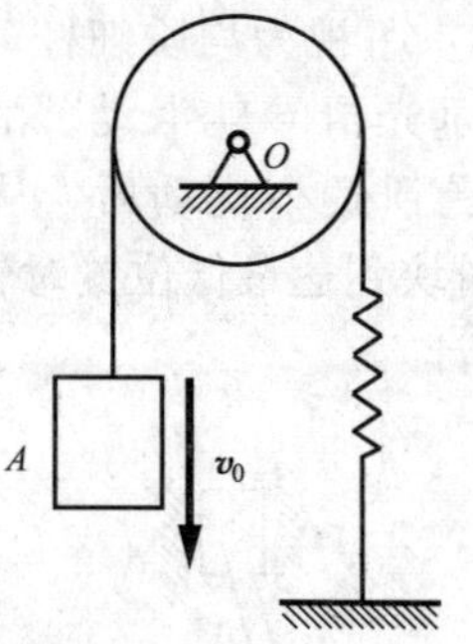

题 12-12 图

$$T_1=\frac{1}{2}m_1v_0^2+\frac{1}{2}J\omega^2=\frac{1}{2}m_1v_0^2+\frac{1}{2}\left(\frac{1}{2}m_2r^2\right)\left(\frac{v_0}{r}\right)^2=\frac{1}{4}(2m_1+m_2)v_0^2$$

$$T_2=0$$

外力做功：$\sum W_{12}-m_1gS+\frac{k}{2}(\delta_1^2-\delta_2^2)$

$\delta_1=m_1g/k$，$\delta_2=m_1g/k+S$ 整理得$\sum W_{12}=-\frac{1}{2}kS^2$

由动能定理 $T_2-T_1=\sum W_{12}$得 $S=\sqrt{\frac{2m_1+m_2}{2k}}v_0$

12-13　题 12-13 图（a）所示一皮带运输机构，设皮带质量可忽略，皮带与水平面的倾角为β，被提升的重物 A 质量为 m_1，轮 B 和轮 C 的半径均为 r，质量均为 m_2。如机构在启动时主动轮 B 受转动力偶 M 作用，试求重物 A 随皮带倾斜上升的加速度。轮 B 和轮 C 均可视为均质圆盘。

解：运动、受力分析图题 12-13 图（b）所示。该系统初始动能为零，设物块 A 移动距离 s 时速度为 v，由动能定理

$$T_2-T_1=\sum W_i \text{ 得}$$

$$\left(\frac{1}{2}m_1v^2+2\times\frac{1}{2}\times\frac{1}{2}m_2r^2\cdot\omega^2\right)-0=M\phi-sm_1g\sin\beta \tag{1}$$

式中　$\phi=\frac{s}{r}$，$\omega=\frac{v}{r}$

解得 $v=\sqrt{\frac{2(M-m_1gr\sin\beta)}{r(m_1+m_2)}s}$

将式（1）对时间求一阶导数，解得

$$a=\frac{M-m_1gr\sin\beta}{r(m_1+m_2)}$$

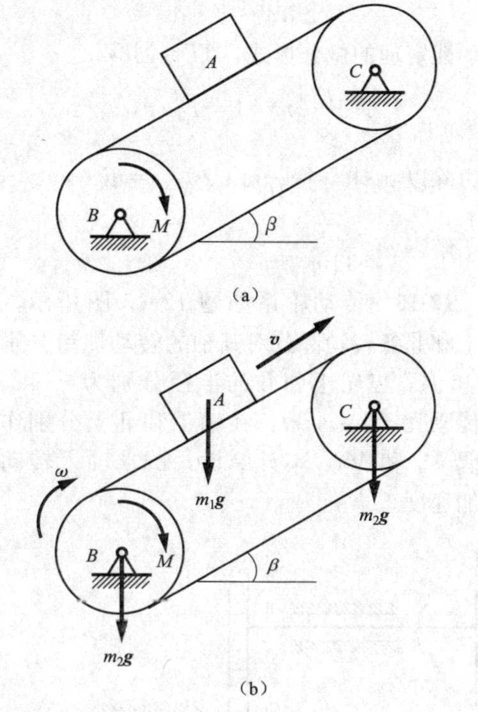

题 12-13 图

12-14　题 12-14 图所示系统，质量为 m 的杆置于两个半径为 r，质量为$\frac{m}{2}$的实心圆柱上，圆柱放在水平面上，试求当杆上加水平力 $\boldsymbol{F}$ 时杆的加速度。设接触处都有摩擦，而无相对滑动。

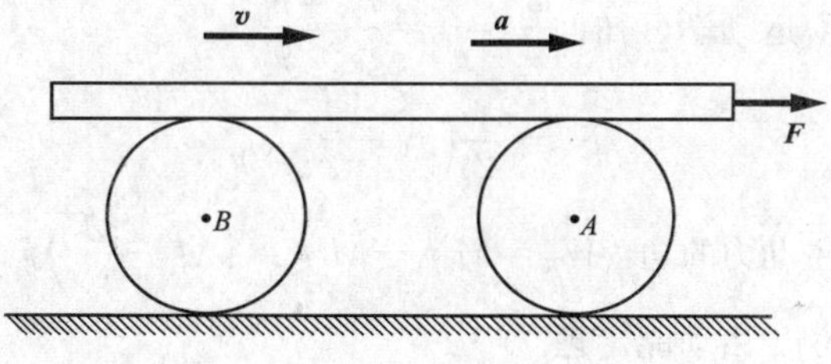

题 12-14 图

解：由题可知，杆作平动，圆柱体作平面运动。设任意瞬时杆的速度为 v，则圆柱质心的速度为 $v/2$，角速度 $\omega=\frac{v}{2r}$

系统的动能：$T=\frac{1}{2}mv^2+2\left[\frac{1}{2}\cdot\frac{m}{2}\left(\frac{v}{2}\right)^2+\frac{1}{2}\left(\frac{1}{2}\frac{m}{2}r^2\right)\left(\frac{v}{2r}\right)^2\right]=\frac{11}{16}mv^2$

$$\sum \delta W = F \cdot \mathrm{d}s$$

由动能定理的微分形式：$\mathrm{d}T = \sum \delta W$

$$\mathrm{d}\left(\frac{11}{16}mv^2\right) = F \cdot \mathrm{d}s$$

两边除以 $\mathrm{d}t$ 求导得 $\frac{11}{16}m \cdot 2v \cdot a = F \cdot v$

解得 $a = \frac{8F}{11m}$

12-15　传动轮系如题 12-15 图所示，设轴Ⅰ和Ⅱ各转动部分对其轴的转动惯量分别为 J_1 和 J_2，齿轮Ⅰ和Ⅱ的半径分别为 r_1 和 r_2，且传动比 $i_{12} = r_2/r_1$，在轴Ⅰ和Ⅱ上分别作用力偶 M_1 和 M_2，不计摩擦，试求轴Ⅰ转动的角加速度。

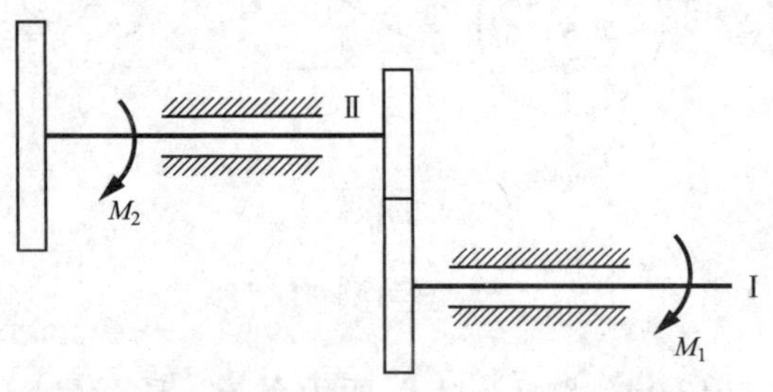

题 12-15 图

解： 取系统为研究对象

$$T_1 = 0$$

$$T_2 = \frac{1}{2}J_1\omega_1^2 + \frac{1}{2}J_2\omega_2^2$$

由运动学可知：$\frac{\omega_1}{\omega_2} = i_{12} = \frac{r_2}{r_1} = \frac{\phi_1}{\phi_2}$

$$T_2 = \frac{1}{2}\left(J_1 + \frac{J_2}{i_{12}^2}\right)\omega_1^2$$

主动力的功：$W_{12} = M_1\phi_1 - M_2\phi_2 = \left(M_1 - \frac{M_2}{i_{12}}\right)\phi_1$

由动能定理

$$\frac{1}{2}\left(J_1 + \frac{J_2}{i_{12}^2}\right)\omega_1^2 - 0 = \left(M_1 - \frac{M_2}{i_{12}}\right)\phi_1$$

上式两端对时间求导得

$$\frac{1}{2}\left(J_1 + \frac{J_2}{i_{12}^2}\right)2\omega_1\frac{\mathrm{d}\omega_1}{\mathrm{d}t} = \left(M_1 - \frac{M_2}{i_{12}}\right)\frac{\mathrm{d}\phi_1}{\mathrm{d}t}$$

解得 $\alpha_1 = \frac{M_1 - M_2/i_{12}}{J_1 + J_2/i_{12}^2}$

12-16　题 12-16 图所示系统，均质圆柱体的轮子半径为 r，质量为 m_1。连杆 AB 长为 l，质量为 m_2，可视为均质细杆。滑块 A 质量为 m_3，沿铅垂光滑导轨滑动。滑块在最高位置（$\theta = 0$）受到微小扰动后，从静止开始运动。试求当滑块到达最低位置时轮子的角速度（各处摩擦不计）。

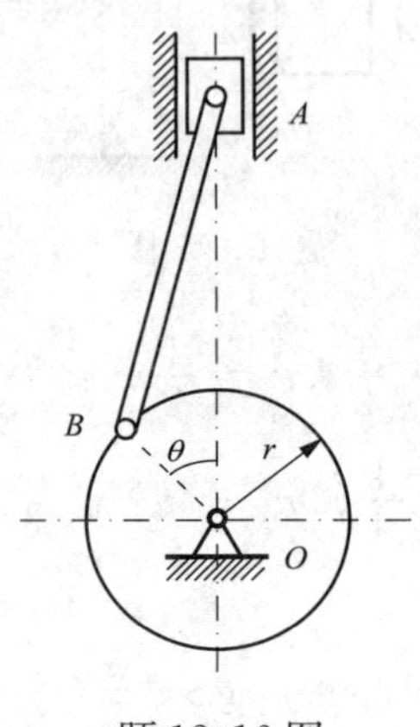

题 12-16 图

解： 设滑块到达最低位置时轮子的角速度为 ω

初动能 $T_1 = 0$

通过运动分析可知此时连杆 AB 的角速度为 $\omega_{AB} = \frac{r\omega}{l}$

滑块 A 此时处于静止状态。此时该系统的动能为

$$T_2 = \frac{1}{2} \cdot \frac{1}{2}m_1r^2 \cdot \omega^2 + \frac{1}{2} \cdot \frac{1}{3}m_2l^2 \cdot \omega_{AB}^2$$

$$= \frac{1}{4}m_1\omega^2r^2 + \frac{1}{6}m_2\omega^2r^2$$

此过程主动力做功：$\sum W_{12} = 2(m_2 + m_3)gr$

由动能定理：$T_2 - T_1 = \sum W_{12}$

$$\frac{1}{4}m_1\omega^2r^2 + \frac{1}{6}m_2\omega^2r^2 = 2(m_2 + m_3)gr$$

解得 $\omega = \sqrt{\frac{24(m_2 + m_3)g}{3m_1r + 2m_2r}}$

12-17　题 12-17 图所示系统中，均质圆盘 A、B 质量均为 m，半径均为 R，两盘中心线为水平线，盘 A 上作用一矩为 M 的恒力偶，重物 C 质量亦为 m。盘 B 作纯滚动，初始时系统静止，试求重物 C 下落距离 h 时的速度与加速度。

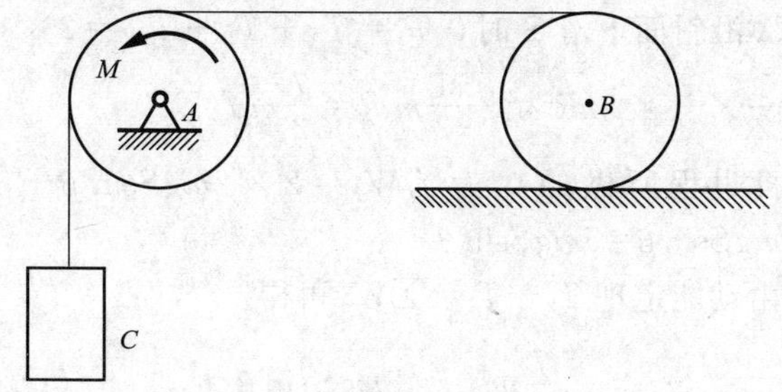

题 12-17 图

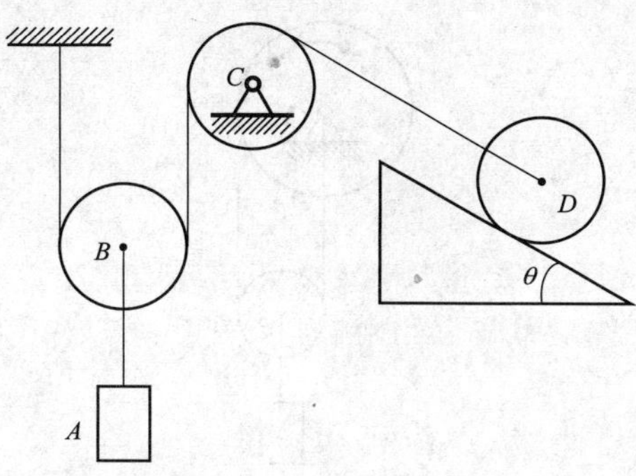

题 12-18 图

解：取系统为研究对象，设重物 C 下落 h 高度时的速度为 v，加速度为 a。
此时系统动能为

$$T_2=\frac{1}{2}J_A\omega_A^2+\frac{1}{2}mv_B^2+\frac{1}{2}J_B\omega_B^2+\frac{1}{2}mv^2$$

式中：$J_A=J_B=\frac{1}{2}mR^2$，$\omega_A=\frac{v}{R}$，$\omega_B=\frac{v}{2R}$，$v_B=\frac{1}{2}v$

则 $T_2=\frac{1}{2}\cdot\frac{1}{2}mR^2\cdot\left(\frac{v}{R}\right)^2+\frac{1}{2}m\left(\frac{v}{2}\right)^2+\frac{1}{2}\cdot\frac{1}{2}mR^2\cdot\left(\frac{v}{2R}\right)^2+\frac{1}{2}mv^2=\frac{15}{16}mv^2$

初始时静止：$T_1=0$

此过程主动力作功为 $\sum W_{12}=M\frac{h}{R}+mgh$

由动能定理 $T_2-T_1=\sum W_{12}$ 得

$$\frac{15}{16}mv^2=M\frac{h}{R}+mgh \qquad (1)$$

解得 $v=\sqrt{\frac{16}{15m}\left(M\frac{h}{R}+mgh\right)}$

（1）式两端对时间求导得

$$\frac{15}{16}m2v\frac{\mathrm{d}v}{\mathrm{d}t}=\left(\frac{M}{R}+mg\right)\frac{\mathrm{d}h}{\mathrm{d}t}$$

解得 $a=\frac{8}{15m}\left(\frac{M}{R}+mg\right)$

12-18　题 12-18 图所示，三个均质轮 B、C、D 具有相同的质量 m 和相同的半径 R，绳重不计，系统从静止释放。设轮 D 作纯滚动，绳的倾斜段与斜面平行。试求在重力作用下，质量亦为 m 的物体 A 下落 h 时的速度和加速度。

解：设物体 A 下落 h 时，物体 A 的速度为 v，加速度为 a

初始静止 $T_1=0$

下降 h 时系统动能：

$$T_2=\frac{1}{2}mv^2+\frac{1}{2}mv_B^2+\frac{1}{2}J_B\omega_B{}^2+\frac{1}{2}J_C\omega_C^2+\frac{1}{2}mv_D^2+\frac{1}{2}J_D\omega_D^2$$

其中 $\omega_B=\frac{v_B}{r}$，$v_B=v$，$\omega_C=\frac{2v}{r}$，$\omega_D=\frac{2v}{r}$，$J_B=J_C=J_D=\frac{1}{2}mr^2$，$v_D=2v$

所以 $T_2=\frac{21}{4}mv^2$

此过程主动力做功为 $\sum W_{12}=2mgh-mg2h\sin\theta$

由动能定理 $T_2-T_1=\sum W_{12}$ 得

$$\frac{21}{4}mv^2=2mgh-mg2h\sin\theta \qquad (1)$$

解得 $v=\sqrt{\frac{8}{21}gh(1-\sin\theta)}$

（1）式两端对时间求导得

$$\frac{21}{4}m2v\frac{\mathrm{d}v}{\mathrm{d}t}=2mg(1-\sin\theta)\frac{\mathrm{d}h}{\mathrm{d}t}$$

解得 $a=\frac{4}{21}g(1-\sin\theta)$

12-19　题 12-19 图所示机构中均质轮 B 的质量为 m，半径为 r，均质轮 C 的质量为 $2m$，半径为 $2r$。系统初始时静止，在力偶 M 作用下轮 C 绕轴转动。试求质量亦为 m 的物体 A 上升 h 时的速度和加速度。

解：设物体 A 上升 h 时的速度为 v，加速度为 a，则此时系统动能

$$T_2=T_A+T_B+T_C=\frac{1}{2}mv^2+\frac{1}{2}mv^2+\frac{1}{2}\cdot\frac{1}{2}mr^2\cdot\left(\frac{v}{r}\right)^2+\frac{1}{2}\cdot\frac{1}{2}2m(2r)^2\cdot\left(\frac{2v}{2r}\right)^2=\frac{13}{4}mv^2$$

初始时静止 $T_1=0$

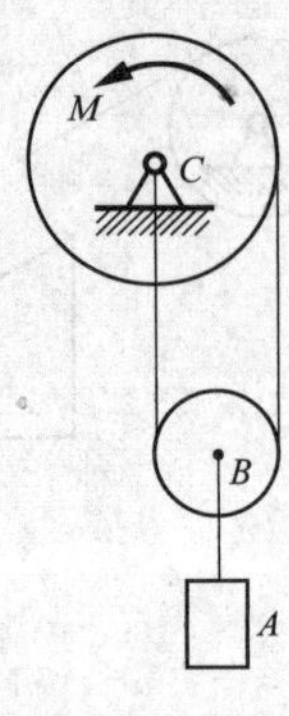

题 12-19 图

此过程所有主动力做功为$\sum W_{12}=M\dfrac{2h}{2r}-2mgh$

由动能定理 $T_2-T_1=\sum W_{12}$得

$$\frac{13}{4}mv^2=M\frac{h}{r}-2mgh \qquad (1)$$

解得 $v=\sqrt{\dfrac{4h}{13m}\left(\dfrac{M}{r}-2mg\right)}$

（1）式两端对时间求导：

$$\frac{13}{4}m2v\frac{\mathrm{d}v}{\mathrm{d}t}=\left(\frac{M}{r}-2mg\right)\frac{\mathrm{d}h}{\mathrm{d}t}$$

解得 $a=\dfrac{2}{13m}\left(\dfrac{M}{r}-2mg\right)$

12-20 题 12-20 图所示系统，两个相同的均质圆盘 A 和 B，质量为 $2m$，半径为 R，两盘的中心用质量为 m 的连杆 AB 连接。两圆盘在倾角为 β 的斜面上作纯滚动，系统初始静止，求 A 沿斜面下滑 S 时 AB 杆的速度和加速度。

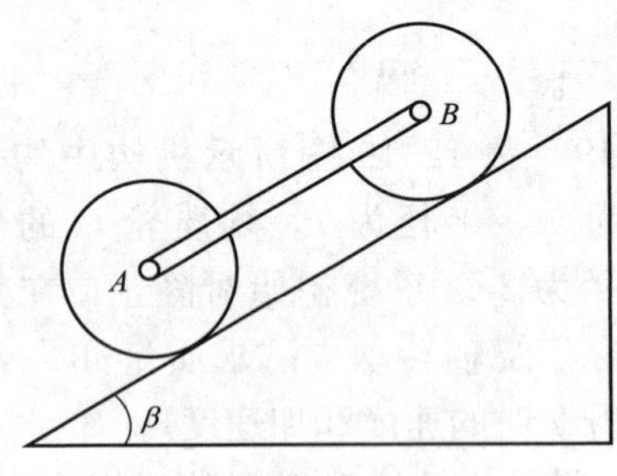

题 12-20 图

解：设 A 沿斜面下滑 S 时，轮心 A 的速度为 v，加速度为 a，因为运动时 AB 为平动，则 A 点的速度和加速度即为 AB 的速度和加速度。

初始时，系统静止，$T_1=0$

A 沿斜面下滑 S 时，$T_2=T_A+T_B+T_{AB}=2\times\dfrac{1}{2}\times\dfrac{3}{2}\times 2mR^2\omega_A^2+\dfrac{1}{2}mv_A^2=\dfrac{7}{2}mv^2$

此过程所做的功为 $\sum W_i=2\times 2mgS\sin\beta+mgS\sin\beta=5mgS\sin\beta$

由动能定理 $T_2-T_1=\sum W_i$ 可得

$$\frac{7}{2}mv^2=5mgS\sin\beta \qquad (1)$$

解得 $v=\sqrt{\dfrac{10}{7}gS\sin\beta}$

式（1）两端对时间 t 求导可得$\dfrac{7}{2}m\times 2v\dfrac{\mathrm{d}v}{\mathrm{d}t}=5mg\sin\beta\dfrac{\mathrm{d}s}{\mathrm{d}t}$

解得 $a=\dfrac{5}{7}g\sin\beta$

12-21 题 12-21 图（a）所示，物体 A、B 质量分别为 m_A、m_B，用弹簧相连，放在光滑水平面上。弹簧原长为 l_0，刚度系数为 k，弹簧质量不计。现将弹簧拉长到 l 后无初速释放，试求弹簧恢复原长时物体 A、B 的速度。

解：质点系的受力图如题 12-21 图（b）所示，质点系包含两个质点 A、B 由于质点位移在水平方向，外力不做功，但两个质点间距离是可变的，故内力 F、F'所做功不为零。设当弹簧恢复原长时物体 A、B 的速度分别为 v_A，v_B，方向如图，由动能定理：

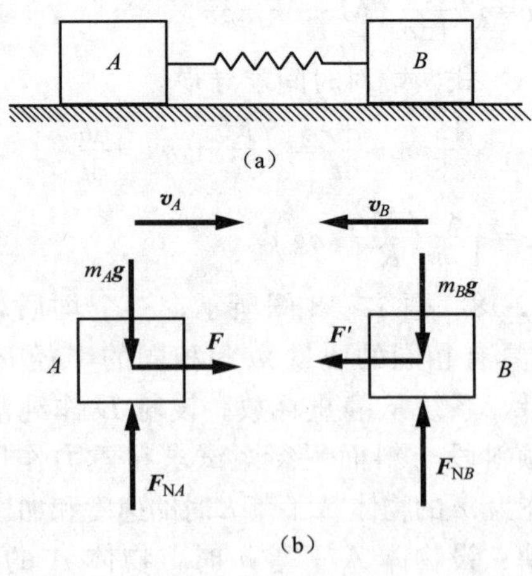

题 12-21 图

$$T_2-T_1=\sum W_{12}$$

$$\left(\frac{1}{2}m_Av_A^2+\frac{1}{2}m_Bv_B^2\right)-0=\frac{k}{2}[(l-l_0)^2-(l_0-l_0)^2]$$

即 $m_Av_A^2+m_Bv_B^2=k(l-l_0)^2$

由质点系动量守恒得 $m_Av_A-m_Bv_B=0$

联立求解：

$$v_A=\sqrt{\frac{km_B}{m_A(m_A+m_B)}}(l-l_0)$$

$$v_B=\sqrt{\frac{km_A}{m_B(m_A+m_B)}}(l-l_0)$$

12-22　两根均质杆 AC 和 BC 质量均为 m，长为 l，在 C 处光滑铰接，置于光滑水平面上，如题 12-22 图（a）所示。设两杆轴线始终在铅垂面内，初始静止，C 点高度为 h，试求铰 C 到达地面时的速度。

解：对均质杆的整体［如题 12-22 图（b）］，因 $\sum F_x=0$，杆系初始静止，可知质心在水平方向守恒，点 C 沿铅垂直线向下运动，D、E 为两杆的速度瞬心，到达地面时［如题 12-22 图（c）］，点 A、B 分别是两杆的速度瞬心，设此时系统的动能为 T_2，由动能定理

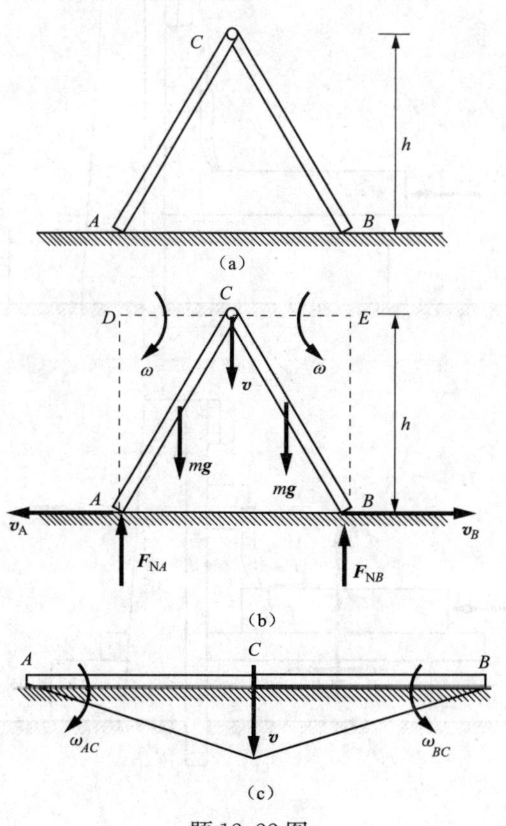

题 12-22 图

$$T_2-T_1=\sum W_1$$

得 $2\times\frac{1}{2}\times\frac{1}{3}ml^2\left(\frac{v}{l}\right)^2-0=2mg\,\frac{h}{2}$

解得 $v=\sqrt{3gh}$

12-23　已知均质杆 OA 和 AB 在 A 点用光滑铰链连接，质量分别为 m 和 $2m$，长度分别为 l 和 $2l$。OA 杆的 O 端与光滑固定铰支座相连，AB 杆的 B 端放在光滑水平面上，初瞬时，OA 杆处于水平，AB 杆处于铅垂，如题 12-23 图（a）所示，由于微小干扰，AB 杆的 B 端无初速地向右滑动，试求当 OA 杆运动到铅垂位置时 A 点的速度。

解：当 OA 杆运动到铅垂位置时，由 A、B 两处速度方向［题 12-23 图（b）］可知，AB 杆此时为瞬时平移，设此时 OA 杆角速度为 ω，故 $v_A=v_B=\omega\cdot l$

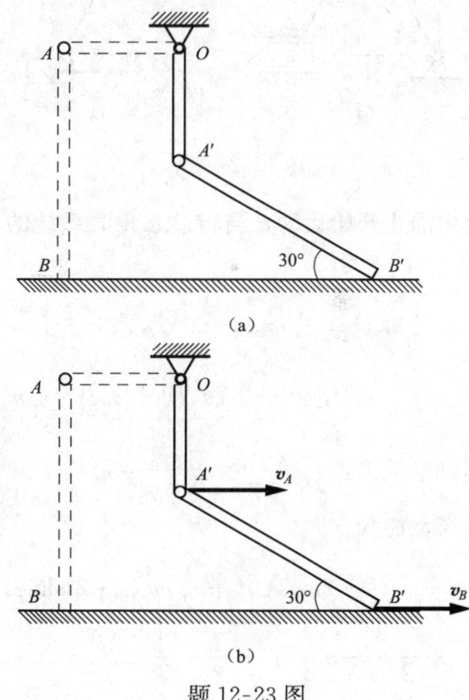

题 12-23 图

$T_1=0$

$$T_2=\frac{1}{2}\cdot\frac{1}{3}ml^2\cdot\omega^2+\frac{1}{2}\cdot 2m\cdot v_A^2=\frac{7}{6}mv_A^2$$

$$\sum W_{12}=mg\times\frac{l}{2}+2mg\times(l-l\sin 30°)=\frac{3}{2}mgl$$

由动能定理得 $T_2-T_1=\sum W_{12}$

$$\frac{7}{6}mv_A^2-0=\frac{3}{2}mgl\quad 解得\ v_A=\sqrt{\frac{9}{7}gl}$$

12-24　椭圆规位于水平面内，由曲柄带动规尺 AB 运动，如题 12-24 图（a）所示。曲柄 OC 和杆 AB 都是均质杆，质量分别为 m_1 和 $2m_1$，且 $OC=AC=BC=l$，滑块 A 和 B 质量均为 m_2，常力偶 M 作用在曲柄上。设 $\varphi=0$ 时系统静止，试求曲柄的角速度和角加速度（以转角 φ 的函数表示）。

解：由题 12-24 图（b）可知，$OC=BC$，$\varphi=\theta$，因此 $\omega_{OC}=\omega_{AB}=\omega$。

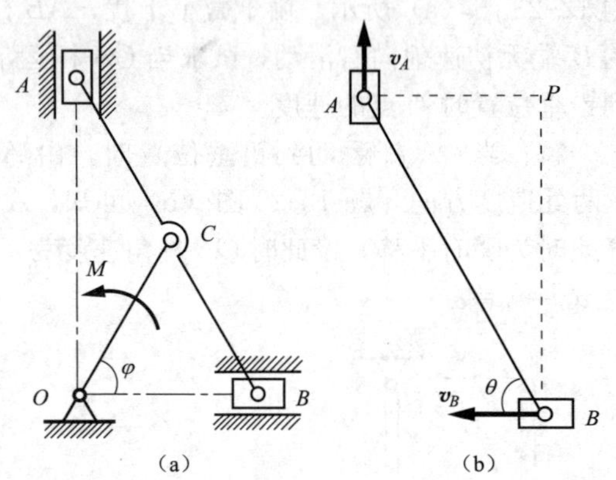

题 12-24 图

系统由静止开始运动，当转过 φ 角时系统的动能为

$$T=\frac{1}{2}m_2v_A^2+\frac{1}{2}m_2v_B^2+\frac{1}{2}J_O\omega^2+\frac{1}{2}J_P\omega^2$$

式中 $J_O=\dfrac{1}{3}m_1l^2, J_P=\dfrac{1}{12}2m_1(2l)^2+2m_1l^2=\dfrac{8}{3}m_1l^2$

由运动学关系：$\dfrac{v_A}{2l\cos\varphi}=\dfrac{v_B}{2l\sin\varphi}=\omega$

得系统动能为

$$\begin{aligned}T&=\frac{1}{2}m_2(\omega\cdot 2l\cos\varphi)^2+\frac{1}{2}m_2(\omega\cdot 2l\sin\varphi)^2\\&\quad+\frac{1}{2}\cdot\frac{1}{3}m_1l^2\omega^2+\frac{1}{2}\cdot\frac{8}{3}m_1l^2\omega\\&=\left(2m_2+\frac{3}{2}m_1\right)l^2\omega^2\end{aligned}$$

系统中主动力做的功为 $\sum W=M\varphi$

由动能定理 $T_2-T_1=\sum W$，得

$$\left(2m_2+\frac{3}{2}m_1\right)l^2\omega^2=M\varphi \qquad (1)$$

解得 $\omega=\sqrt{\dfrac{2M\varphi}{(4m_2+3m_1)l^2}}$

（1）式两端对时间求导得

$$(4m_2+3m_1)l^2\omega\frac{\mathrm{d}\omega}{\mathrm{d}t}=M\frac{\mathrm{d}\varphi}{\mathrm{d}t}$$

式中：$\dfrac{\mathrm{d}\omega}{\mathrm{d}t}=a$，$\dfrac{\mathrm{d}\varphi}{\mathrm{d}t}=\omega$

代入求得 $a=\dfrac{M}{(4m_2+3m_1)l^2}$

12-25　题 12-25 图（a）所示龙门刨床的工作台和工件总质量为 1 500 kg，切削速度 $v=30$ m/min，切削阻力为 $F_z=7\ 840$ N，$F_y=0.25F_z$。设工作台与水平导轨间的滑动摩擦因数为 $f=0.1$，试求切削阻力和摩擦力消耗的功率。如机床的机械效率为 0.75，机床主电动机在上述稳定工况下实际输出的功率是多少？

解：取工件及工作台为研究对象。作用在工件及工作台上的力有：重力 $\boldsymbol{G}$，切削力 $\boldsymbol{F}_z$，$\boldsymbol{F}_y$，导轨约束力 $\boldsymbol{F}_\mathrm{N}$，摩擦力 $\boldsymbol{F}$ 以及驱动力，如题 12-25 图（b）所示。工件及工作台水平直线平移，由平衡方程 $\sum F_y=0$ 可得

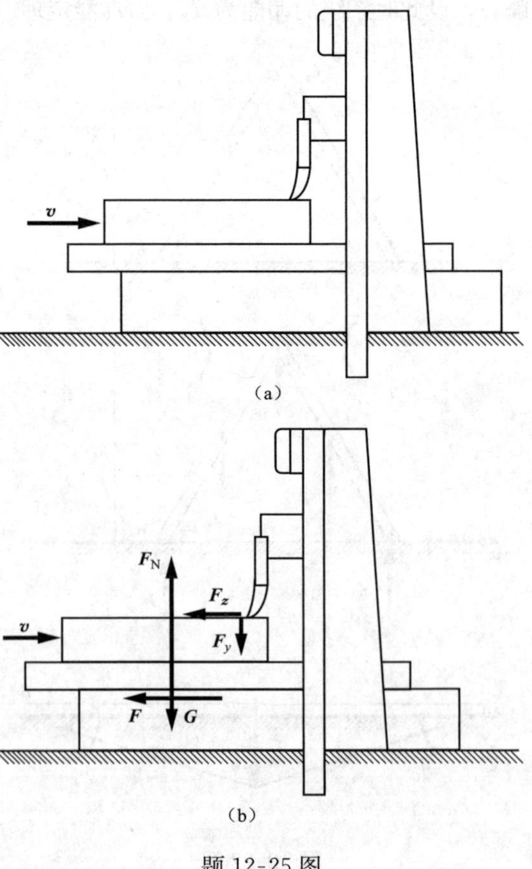

题 12-25 图

$$F_N = G + F_y = 1\,500 \times 9.8 + 7\,840 \times 0.25 = 16\,660\ (\mathrm{N})$$

故：$F = fF_N = 0.1 \times 16\,660 = 1\,666\ (\mathrm{N})$

对工件及工作台来说，消耗功率的作用力只有 $\boldsymbol{F}_Z$ 和 $\boldsymbol{F}$，它们的功率分别为

$$P_1 = F_Z v = (7\,840\ \mathrm{N}) \times \frac{30\ \mathrm{m/min}}{60\ \mathrm{s/min}} = 3\,920\ \mathrm{W}$$

$$P_2 = Fv = (1\,666\ \mathrm{N}) \times \frac{30\ \mathrm{m/min}}{60\ \mathrm{s/min}} = 833\ \mathrm{W}$$

其中 P_1 是机床的输出功率，P_2 是机床损失功率的一部分。

根据机械效率的定义，有 $\eta = \frac{P_{输出}}{P_{输入}} = \frac{P_1}{P_{输入}} = 0.75$

可得 $P_{输入} = \frac{P_1}{\eta} = \frac{3\,920}{0.75} = 5\,227\ (\mathrm{W})$

12-26　题 12-26 图所示一单级齿轮减速箱，轴Ⅰ、Ⅱ分别为输入轴和输出轴。已知电动机的功率为 $P=7.5\ \mathrm{kW}$，转速为 $n_1 = 1\,450\ \mathrm{r/min}$，齿轮的齿数为 $z_1 = 20$，$z_2 = 50$，减速箱的机械效率为 $\eta = 0.9$，求输出轴Ⅱ所传递的转矩和功率。

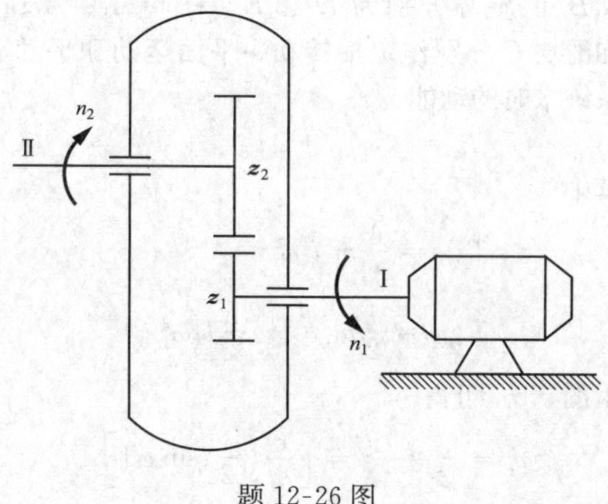

题 12-26 图

解： 减速箱稳定运行时，其机械效率 $\eta = \frac{P_{有用}}{P_{输入}}$，则轴Ⅱ的功率：

$$P_2 = P_{有用} = \eta \cdot P_{输入} = 0.9 \times 7.5 = 6.75\ (\mathrm{kW})$$

按运动学关系，输出轴转速：

$$n_2 = \frac{z_1}{z_2} n_1 = \frac{20}{50} \times 1450 = 580\ (\mathrm{n/min})$$

输出轴Ⅱ所传递的转矩：

$$M_2 = \frac{P_2}{\omega_2} = \frac{30 P_2}{n_2 \pi} = 111.13\ \mathrm{N \cdot m}$$

12-27　题 12-27 图所示某车床电动机 A 的功率 $P_{入} = 4.5\ \mathrm{kW}$，传动的机械效率 $\eta = 0.7$。如工件 B 的转速 $n = 42\ \mathrm{r/min}$，工件的直径 $d = 100\ \mathrm{mm}$。求车刀 C 作用在工件上的周向切削力 F。

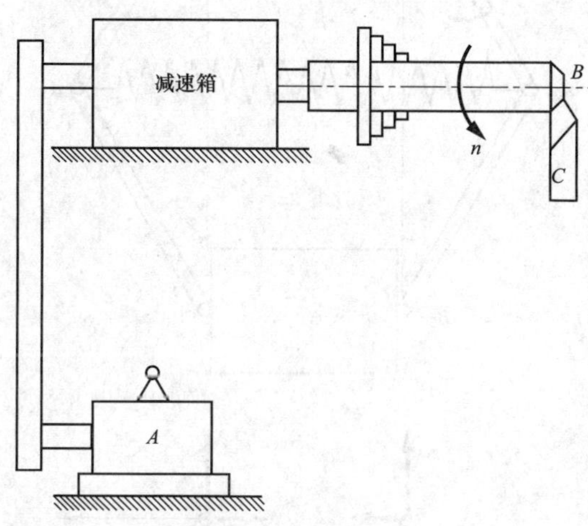

题 12-27 图

解： 车床正常工作属于稳定运转阶段，这时工件作匀速转动，$\frac{\mathrm{d}T}{\mathrm{d}t} = 0$

由功率方程有 $P_{入} = P_{出} + P_{无}$

$$P_{出} = \eta P_{入} = 0.7 \times 4.5 = 3.15\ (\mathrm{kW})$$

有用阻力就是周向切削力 $\boldsymbol{F}$，它对转轴的矩 $M = F \times \frac{d}{2}$，所以输出功率为

$$P_{出} = M\omega = F\frac{d}{2} \times \frac{n\pi}{30} = \frac{nF\pi d}{60}$$

最后求得周向切削力

$$F = \frac{60 P_{出}}{n\pi d} = \frac{60 \times 3\,150}{0.1 \times 42\pi} = 14\,324\ (\mathrm{N})$$

12-28　题 12-28 图（a）所示的平面对称机构为一测速仪装置。它由两个曲柄连杆机构 $O_1A_1B_1$ 和 $O_2A_2B_2$ 与滑块 C 铰接而成，其中 $O_1O_2 = O_1A_1 = O_2A_2 = A_1B_1 = A_2B_2 = B_1B_2 = l$。$A_1$ 与 A_2 之间连一弹簧，其刚度系数为 k。当曲柄 O_1A_1 和 O_2A_2 位于铅垂向下时，弹簧 A_1A_2 处于不伸缩的原长状态。设各均质杆的质量均为 m_1，滑块 C 的质量为 m_2，不计摩擦和弹簧质量。该装置从静止位置 $\varphi = 0$ 开始，

在曲柄 O_1A_1 和 O_2A_2 上分别作用力偶矩为 M 的力偶。试求当夹角为 φ 时，曲柄 O_1A_1 的角速度 ω。

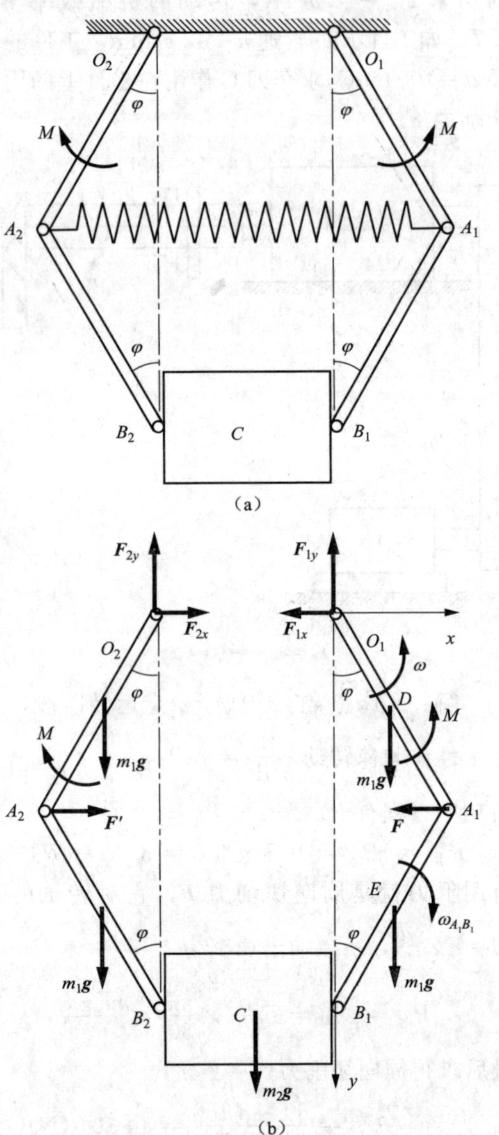

题 12-28 图

分析：本题是一道综合应用动能定理的题，它不仅包含平动、定轴转动和平面运动刚体的动能计算，还包含重力、弹性力、力偶，以及内力做功的计算。

解：取整个装置为研究对象，其受力分析和运动分析，以及坐标系 O_1xy 如题 12-28 图 (b) 所示，可应用积分形式的动能定理求解：

$$T_2 - T_1 = \sum W \tag{1}$$

由于机构和受力均对称，只需计算一个曲柄连杆的外力的功和动能，然后乘以 2 即可。整个系统从 $\varphi=0$ 到任意位置 φ 过程中，力的总功为

$$\sum W = 2W(G_1) + 2W(m_1 g) + 2W(M) + W(m_2 g) + W(F, F') \tag{2}$$

其中

$$W(G_1) = -\frac{1}{2}m_1 gl(1-\cos\varphi)$$

$$W(m_1 g) = -\frac{3}{2}m_1 gl(1-\cos\varphi)$$

$$W(M) = M\varphi$$

$$W(m_2 g) = -2m_2 gl(1-\cos\varphi)$$

一对弹性力 F 与 F' 是整个系统的内力，它们的功为

$$W(F,F') = \frac{k}{2}(\delta_1^2 - \delta_2^2) = \frac{k}{2}[0-(2l\sin\varphi)^2] = -2kl^2\sin^2\varphi$$

代入式 (2) 得

$$W = 2[M\varphi - (2m_1 + m_2)gl(1-\cos\varphi) - kl^2\sin^2\varphi] \tag{3}$$

初始瞬时系统静止，$T_1 = 0$。设杆 O_1A_1 和 A_1B_1 的质心分别为 D 和 E，杆 O_1A_1、A_1B_1 和滑块 C 分别作定轴转动、平面运动和平动，系统末时的动能：

$$T_2 = 2T_{O_1A_1} + 2T_{A_1B_1} + T_C \tag{4}$$

其中

$$T_{O_1A_1} = \frac{1}{6}m_1 l^2\omega^2$$

$$T_{A_1B_1} = \frac{1}{2}m_1 v_E^2 + \frac{1}{2}J_E\omega_{A_1B_1}^2$$

由图 (b) 可得

$$v_E^2 = \dot{x}_z^2 + \dot{y}_z^2 = \left[\frac{\mathrm{d}}{\mathrm{d}t}\left(\frac{1}{2}l\sin\varphi\right)\right]^2 + \left[\frac{\mathrm{d}}{\mathrm{d}t}\left(\frac{3}{2}l\cos\varphi\right)\right]^2 = \frac{1}{4}l^2\omega^2(1+8\sin^2\varphi)$$

又 $\omega_{A_1B_1} = \frac{\mathrm{d}\varphi}{\mathrm{d}t} = \omega$，故

$$T_{A_1B_1} = \frac{1}{2}m_1\frac{l^2\omega^2}{4}(1+8\sin^2\varphi) + \frac{1}{2}\left(\frac{1}{12}m_1 l^2\right)\omega^2 = \frac{1}{6}m_1 l^2\omega^2(1+8\sin^2\varphi)$$

又有

$$T_C=\frac{1}{2}m_2v_C^2=\frac{1}{2}m_2\left[\frac{\mathrm{d}}{\mathrm{d}t}(2l\cos\varphi)\right]^2$$
$$=2m_2l^2\omega^2\sin^2\varphi$$

将上述值代入式（4）得

$$T_2=\frac{2}{3}l^2\omega^2[m_1+3(m_1+m_2)\sin^2\varphi] \quad (5)$$

将式（3）和式（5）代入式（1）可得

$$\frac{2}{3}l^2\omega^2[m_1+3(m_1+m_2)\sin^2\varphi]-0=$$
$$2[M\varphi-(2m_1+m_2)gl(1-\cos\varphi)-kl^2\sin^2\varphi]$$

最后求得曲柄 O_1A_1 的角速度为：

$$\omega=\frac{1}{l}\sqrt{\frac{3[M\varphi-(2m_1+m_2)gl(1-\cos\varphi)-kl^2\sin^2\varphi]}{[m_1+3(m_1+m_2)\sin^2\varphi]}}$$

12-29 题 12-29 图（a）所示，均质杆 AB 质量为 m，长为 l，可绕距端点 $l/3$ 的转轴 O 转动，试求杆由水平位置静止开始转动到任一转角 φ 位置时的角速度、角加速度以及轴承 O 的约束力。

解：以杆为研究对象，由于杆水平位置静止开始运动，故开始的动能为零，即

$$T_1=0$$

杆定轴转动，转动任一转角 φ 位置时的动能为

$$T_2=\frac{1}{2}J_O\omega^2=\frac{1}{2}\left[\frac{1}{12}ml^2+m\left(\frac{l}{2}-\frac{l}{3}\right)^2\right]\omega^2$$
$$=\frac{1}{18}ml^2\omega^2$$

在此过程中所有的力所做的功为

$$\sum W_{12}=mgh=\frac{1}{6}mgl\sin\varphi$$

由动能定理 $T_2-T_1=\sum W_{12}$ 得

$$\frac{1}{18}ml^2\omega^2-0=\frac{1}{6}mgl\sin\varphi \quad (1)$$

解得 $\omega=\sqrt{\frac{3g}{l}\sin\varphi}$

将（1）式两端对时间求导得

$$\alpha=\frac{3g}{2l}\cos\varphi$$

现求约束力

质心加速度有切向和法向分量：$a_C^t=\frac{g}{4}\cos\varphi$，

$$a_C^n=\frac{g}{2}\sin\varphi$$

将其向直角坐标轴上投影得 $a_{Cx}=-\frac{3g}{4}\sin\varphi\cdot\cos\varphi$，$a_{Cy}=-\frac{g}{4}(1-3\sin^2\varphi)$

方向如题 12-29 图（b）所示。

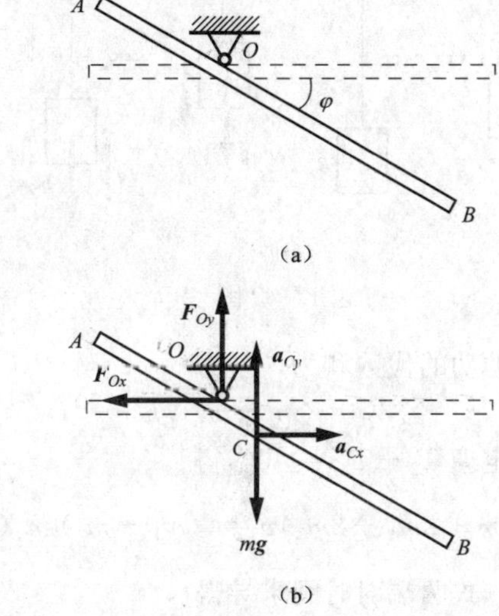

题 12-29 图

由质心运动定理可得

$$ma_{Cx}=\sum F_x,\ ma_{Cy}=\sum F_y$$

即 $-\frac{3mg}{4}\sin\varphi\cdot\cos\varphi=F_{Ox}$，$-\frac{mg}{4}(1-3\sin^2\varphi)=F_{Oy}-mg$

解得 $F_{Ox}=-\frac{3mg}{8}\sin 2\varphi$，$F_{Oy}=\frac{3mg}{4}(1+\sin^2\varphi)$

12-30 物块 A 和 B 的质量分别为 m_1、m_2，且 $m_1>m_2$，分别系在绳索的两端，绳跨过一定滑轮，如题 12-30 图（a）所示。滑轮的质量为 m，并可以看成是半径为 r 的均质圆盘。假设不计绳的质量和轴承摩擦，绳与滑轮之间无相对滑动，试求物块 A 的加速度和轴承 O 的约束力。

解：以整个系统为研究对象，受力和运动分析如题 12-30 图（b）所示。设 A 下降高度为 h 时速度为 v，系统的动能为

$$T=\frac{1}{2}m_1v^2+\frac{1}{2}m_2v^2+\frac{1}{2}\cdot\frac{1}{2}mr^2\cdot\left(\frac{v}{r}\right)^2$$

$$= \frac{1}{4}(m + 2m_1 + 2m_2)v^2$$

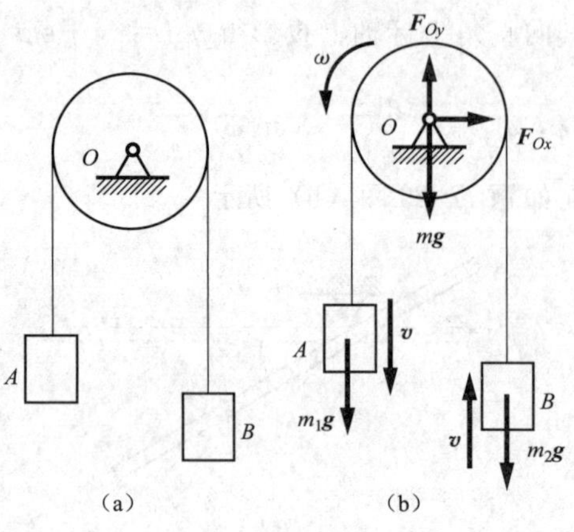

题 12-30 图

所有力的功的代数和为

$$\sum W_{12} = (m_1 - m_2)gh$$

由动能定理 $T_2 - T_1 = \sum W_{12}$ 得

$$\frac{1}{4}(m + 2m_1 + 2m_2)v^2 = (m_1 - m_2)gh \quad (1)$$

(1) 式两端对时间求导得

$$\frac{1}{4}(m + 2m_1 + 2m_2)2v\frac{\mathrm{d}v}{\mathrm{d}t} = (m_1 - m_2)g\frac{\mathrm{d}h}{\mathrm{d}t}$$

解得 $a = \dfrac{2(m_1 - m_2)}{m + 2(m_1 + m_2)}g$

由 $ma_{Cx} = \sum F_x$，$ma_{Cy} = \sum F_y$ 得

$$(m + m_1 + m_2) \cdot 0 = F_{Ox}$$

$$(m + m_1 + m_2)a_{Cy} = F_{Oy} - (m + m_1 + m_2)g$$

由质心坐标公式

$$y_C = \frac{\sum m_i y_i}{\sum m_i} = \frac{m_1 y_A + m_2 y_B + m y_O}{m + m_1 + m_2}$$

$$a_{Cy} = -\frac{m_1 - m_2}{m + m_1 + m_2}a$$

于是得 $F_{Ox} = 0$，$F_{Oy} = (m + m_1 + m_2)g - \dfrac{2(m_1 - m_2)^2}{m + 2(m_1 + m_2)}g$

12-31　题 12-31 图 (a) 所示系统，均质圆轮 A 和 B 的半径均为 r，圆轮 A 和 B 以及物块 D 的质量均为 m，圆轮 B 上作用有力偶矩为 M 的力偶，且 $\frac{3}{2}mgr > M > \frac{1}{2}mgr$。圆轮 A 在斜面上作纯滚动，不计圆轮 B 的轴承处的摩擦力。试求：

(1) 物块 D 的加速度。

(2) 两圆轮之间的绳索所受拉力。

(3) 圆轮 B 处的轴承约束力。

解：1. 如题 12-31 图 (b) 所示，确定物块的加速度。对系统整体应用动能定理：

$$T_2 - T_1 = \sum W_i$$

$$T_2 = \frac{1}{2}m_D v_D^2 + \frac{1}{2}J_B\omega_B^2 + \frac{1}{2}m_A v_A^2 + \frac{1}{2}J_A\omega_A^2$$

$$\sum W_i = W_D + W_{GA} + W_M$$

$$\frac{1}{2}mv_D^2 + \frac{1}{2}\left(\frac{1}{2}mr^2\right)\omega_B^2 + \frac{1}{2}mv_A^2 + \frac{1}{2}\left(\frac{1}{2}mr^2\right)\omega_A^2 - T_1$$

$$= -mgs_D + mgs_D\sin 30° + M\varphi_B$$

将所有运动量都表示成 s_D 的形式，即

$$v_D = v_A = \dot{s}_D, \omega_A = \omega_B = \frac{v_D}{r} = \frac{\dot{s}_D}{r}, \varphi_B = \frac{s_D}{r}$$

$$\frac{3}{2}mv_D^2 - T_1 = \left(\frac{M}{r} - \frac{mg}{2}\right)s_D$$

为求物块的加速度，将等式两边对时间求一阶导数，得

$$3mv_D a_D = \left(\frac{M}{r} - \frac{mg}{2}\right)v_D$$

$$a_D = \frac{\dfrac{M}{r} - \dfrac{mg}{2}}{3m}$$

当 $M > mgr/2$，$a_D > 0$ 时，物块向上运动。

2. 确定圆轮 A 和 B 绳索的拉力，受力分析如题 12-31 图 (c) 所示。

解除圆轮 B 轴承处的约束，将 AB 段绳索截开，对圆轮 B、绳索和物块 D 组成的局部系统应用动量矩定理：

$$\frac{1}{2}mr^2\alpha_B + ma_D r = M - (mg - F_{\mathrm{T}})r$$

根据运动学关系：$a_D = r\alpha_B$

$$\frac{3}{2}ma_D = \frac{M}{r} - mg + F_{\mathrm{T}}$$

$$F_{\mathrm{T}} = \frac{3}{2}ma_D - \frac{M}{r} + mg = \frac{1}{2}\left(\frac{3}{2}mg - \frac{M}{r}\right)$$

当 $M < 3mgr/2$ 时，$F_{\mathrm{T}} > 0$；当 $M > 3mgr/2$ 时，$F_{\mathrm{T}} < 0$，不合理。

3. 确定圆轮 B 轴承处的动约束力

对圆轮 B、绳索和物块 D 组成的局部系统应用

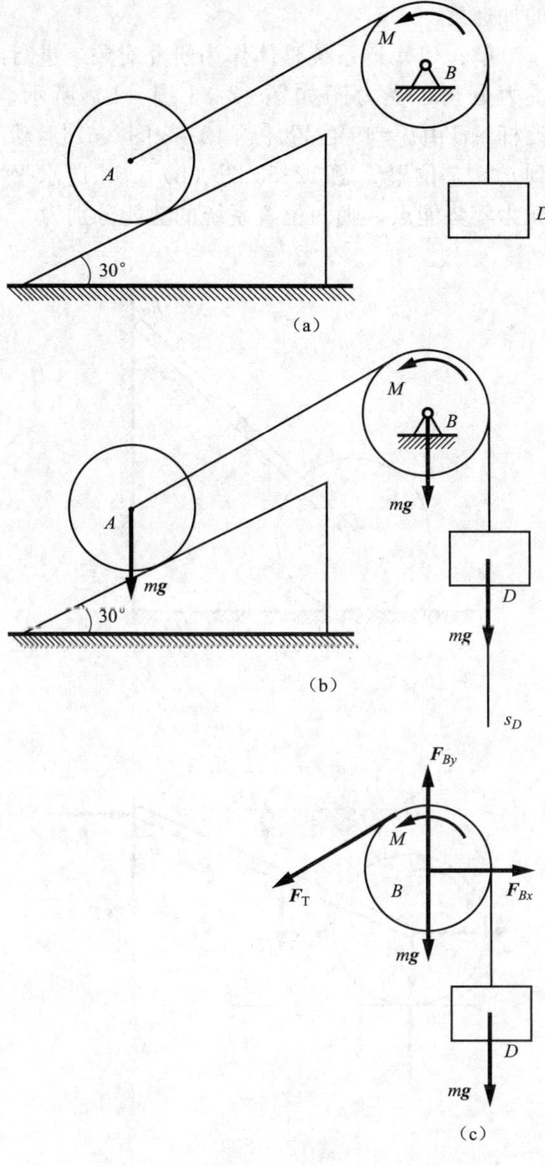

题 12-31 图

质心运动定理：

$$0 = F_{Bx} - F_T\cos 30°$$

$$ma_D = F_{By} - 2mg - F_T\sin 30°$$

即得

$$F_{Bx} = F_T\cos 30° = \frac{\sqrt{3}}{4}\left(\frac{3}{2}mg - \frac{M}{r}\right)$$

$$F_{By} = \frac{1}{12}\left(\frac{53}{2}mg + \frac{M}{r}\right)$$

12-32　均质细杆 AB 长为 l，质量为 m，静止直立于光滑水平面上，如题 12-32 图（a）所示。当杆受微小干扰而倒下时，试求杆 AB 刚刚到达地面时的角速度和地面约束力。

解：（1）取杆 AB 为研究对象进行运动及受力分析，如题 12-32 图（b）所示。杆 AB 的运动过程中所受外力只有铅垂方向的重力 mg 和地面的约束力 $\boldsymbol{F}_N$，水平方向受力为零，由于 $t=0$ 时杆 AB 静止，故在水平方向其质心 C 守恒。因为杆 AB 的质心 C 沿铅垂方向向下运动，点 A 沿水平方向向左运动，所以其速度瞬心为点 P。

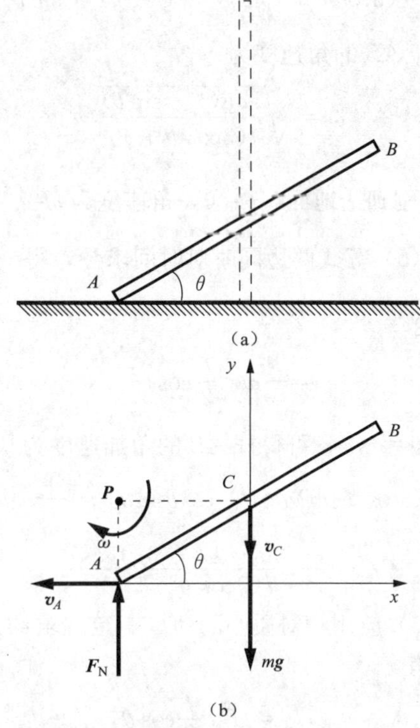

题 12-32 图

（2）杆 AB 的动能。杆 AB 作平面运动，设其质心的速度和转动的角速度分别为 v_C 和 ω，则动能表达式为

$$T_1 = 0$$

$$T_2 = \frac{1}{2}mv_C^2 + \frac{1}{2}J_C\omega^2 \tag{1}$$

根据运动分析：

$$v_C = \frac{l}{2}\cos\theta\omega \tag{2}$$

将式（2）代入式（1）有

$$T_2 = \frac{1}{2}m\left(\frac{l}{2}\cos\theta\omega\right)^2 + \frac{1}{2}\times\frac{1}{12}ml^2\omega^2$$

$$=\frac{ml^2}{24}(3\cos^2\theta+1)\omega^2 \quad (3)$$

(3) 计算外力的功。力 F_N 不做功。重力的功为

$$W_{12}=mg\ \frac{l}{2}(1-\sin\theta) \quad (4)$$

(4) 应用动能定理求杆 AB 的角速度。由动能定理，有

$$T_2-T_1=W_{12}$$

将式 (3) 和式 (4) 代入上式可得

$$\frac{ml^2}{24}(3\cos^2\theta+1)\omega^2=mg\ \frac{l}{2}(1-\sin\theta) \quad (5)$$

解得杆 AB 的角速度为

$$\omega=\sqrt{\frac{12g(1-\sin\theta)}{l(3\cos^2\theta+1)}}$$

AB 刚刚到达地面时 $\theta=0$，角速度为 $\omega=\sqrt{\frac{3g}{l}}$

将式 (5) 等式两边同时对时间求导，得

$$\frac{ml^2}{12}(-3\cos\theta\sin\theta\dot{\theta}\omega^2+(3\cos^2\theta+1)\omega\alpha)$$

$$=-mg\ \frac{l}{2}\cos\theta\dot{\theta}$$

由于 $\dot{\theta}=-\omega$，可得杆 AB 的角加速度为

$$-\frac{ml^2}{6}(3\cos^2\theta+1)\alpha-\frac{ml^2}{2}\cos\theta\sin\theta\omega^2=-mgl\cos\theta$$

$$\alpha=\frac{(-3l\sin\theta\omega^2+6g)\cos\theta}{l(3\cos^2\theta+1)}$$

(5) 应用相对质心的动量矩定理求约束力 F_N，有

$$J_C\alpha=F_N\ \frac{l}{2}\cos\theta$$

将角加速度 α 的值代入上式，可得

$$F_N=\frac{m(-3l\sin\theta\omega^2+6g)}{6(3\cos^2\theta+1)}$$

AB 刚刚到达地面时 $\theta=0$，地面约束力 $F_N=\frac{mg}{4}$

12-33 均质杆 AB 长为 l，质量为 m，上端 B 靠在光滑墙上，另一端 A 用光滑铰链与车轮轮心相连接，已知车轮质量为 M，半径为 R，在水平面上作纯滚动，滚动摩擦不计，如题 12-33 图 (a) 所示。设系统从图示位置 ($\theta=45°$) 无初速开始运动，试求该瞬时轮心 A 的加速度。

解： (1) 选系统整体作为研究对象，进行受力分析，受力图如题 12-33 图 (b) 所示。设杆 AB 由 $\theta=45°$ 位置 [题 12-33 图 (a)] 运动到 $\theta>45°$ 位置 [题 12-33 图 (b)]，并选水平面为零势能点，则两位置系统的势能分别为

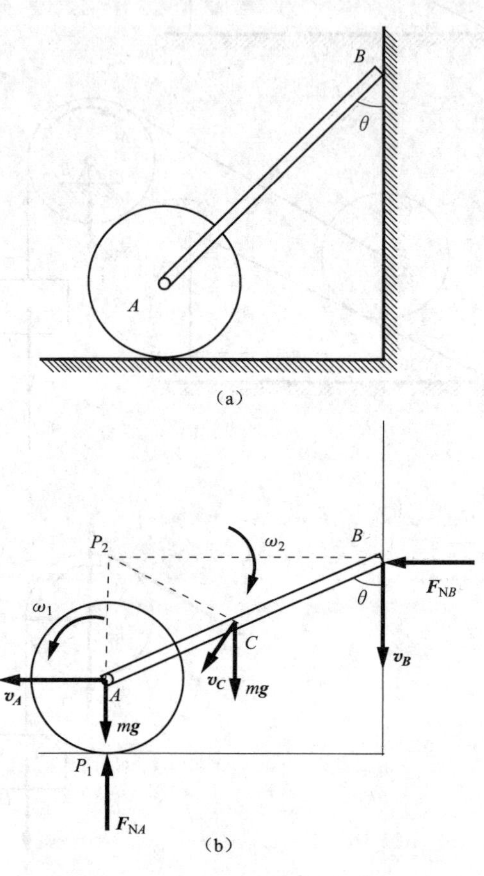

题 12-33 图

$$V_1=\text{常量}, V_2=mg\left(R+\frac{l}{2}\cos\theta\right)+MgR$$

(2) 对系统进行运动分析，设在任意位置时，轮心速度为 v_A (水平向左)，B 点速度由于墙面约束关系，铅直向下，车轮作纯滚动，其速度瞬心为 P_1，而杆 AB 作平面运动，其速度瞬心为 P_2，如题 12-33 图 (b) 所示。又 $CP_2=\frac{l}{2}$，于是可得到下列运动学关系式：

$$\omega_1=\frac{v_A}{R}, \omega_2=\frac{v_A}{l\cos\theta}, v_C=\frac{l}{2}\omega_2=\frac{v_A}{2\cos\theta}$$

于是可得两位置系统的动能分别为

$$T_1 = 0$$

$$T_2 = \frac{1}{2}Mv_A^2 + \frac{1}{2}J_A\omega_1^2 + \frac{1}{2}mv_C^2 + \frac{1}{2}J_C\omega_2^2$$

将运动学关系式代入 T_2 表达式，考虑到 $J_A = \frac{1}{2}MR^2$，$J_C = \frac{1}{12}ml^2$，则有

$$T_2 = \left(\frac{3}{4}M + \frac{1}{6\cos^2\theta}m\right)v_A^2$$

根据机械能守恒定律：$T_1 + V_1 = T_2 + V_2$，得

$$V_1 = \left(\frac{3}{4}M + \frac{1}{6\cos^2\theta}m\right)v_A^2 + mg\left(R + \frac{l}{2}\cos\theta\right) + MgR$$

将上式对时间求一次导数，有

$$\left(\frac{3}{2}M + \frac{1}{3\cos^2\theta}m\right)v_A\dot{v}_A + \left(\frac{\sin\theta\dot{\theta}}{3\cos^3\theta}m\right)v_A^2 - mg\,\frac{1}{2}\sin\theta\dot{\theta} = 0$$

注意到 $\dot{v}_A = a_A$，$\dot{\theta} = \omega_2 = \frac{v_A}{l\cos\theta}$，则

$$\left(\frac{3}{2}M + \frac{1}{3\cos^2\theta}m\right)a_A + \left(\frac{\sin\theta}{3l\cos^4\theta}m\right)v_A^2 - mg\,\frac{l}{2}\tan\theta = 0$$

上式对 $\theta \geqslant 45°$ 到 B 端离墙之前的全过程均成立，当 $\theta = 45°$时，$v_A = 0$，代入上式有

$$a_A = \frac{3mg}{9M + 4m}$$

12-34 题 12-34 图 (a) 所示，长为 l 的均质杆的 A 端用绳悬挂，B 端搁在光滑水平面上，且 $\varphi = 60°$。设绳突然剪断，试求杆 AB 在重力作用下运动到 $\varphi = 30°$时，质心 C 的加速度。

解： 以匀质杆 AB 为研究对象，设其质量为 m，因为地面光滑，杆 AB 所受摩擦力为零，作平面运动。受力、运动分析如题 12-34 图 (b) 所示。质心 C 沿 y 轴向下运动，故杆 AB 的动能为

$$T_1 = 0$$

$$T_2 = \frac{1}{2}J_C\omega^2 + \frac{1}{2}mv_C^2$$

$$= \frac{1}{2}\left(\frac{1}{12}ml^2\right)\left(\frac{v_C}{HC}\right)^2 + \frac{1}{2}mV_C^2$$

$$= \frac{1}{24}ml^2\left[\frac{v_C}{\frac{l}{2}\cos\varphi}\right]^2 + \frac{1}{2}mv_C^2$$

$$= \left(\frac{1}{6\cos^2\varphi} + \frac{1}{2}\right)mv_C^2$$

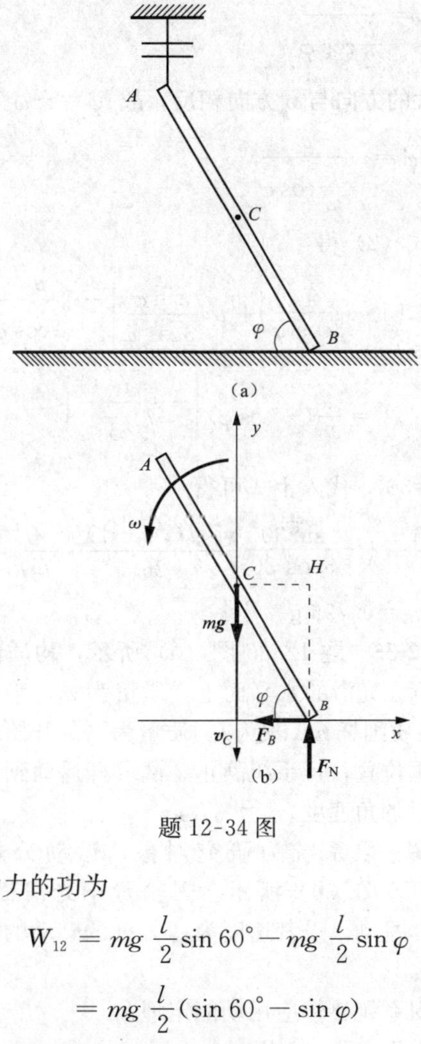

题 12-34 图

主动力的功为

$$W_{12} = mg\,\frac{l}{2}\sin 60° - mg\,\frac{l}{2}\sin\varphi$$

$$= mg\,\frac{l}{2}(\sin 60° - \sin\varphi)$$

代入动能定理表达式，则有

$$\left(\frac{1}{6\cos^2\varphi} + \frac{1}{2}\right)mv_C^2 - 0 = mg\,\frac{l}{2}(\sin 60° - \sin\varphi) \quad (1)$$

解得

$$v_C^2 = \frac{gl(\sin 60° - \sin\varphi)}{1 + \frac{1}{3\cos^2\varphi}}$$

$$\varphi = 30°\text{时，} v_C^2 = \frac{9gl(\sqrt{3}-1)}{26}$$

式 (1) 两端对时间 t 求一次导数得

$$2v_Ca_C\left(\frac{1}{2} + \frac{1}{6\cos^2\varphi}\right) + v_C^2\left(\frac{2\sin\varphi}{6\cos^3\varphi}\dot{\varphi}\right)$$

$$= \frac{gl}{2}(-\cos\varphi)\dot{\varphi} \qquad (2)$$

因为 $\omega = \dfrac{v_C}{\dfrac{l}{2}\cos\varphi}$

φ 增大的方向与 ω 方向相反，故 $\dot{\varphi} = -\omega$

所以 $\dot{\varphi} = -\dfrac{v_C}{\dfrac{l}{2}\cos\varphi}$

代入式（2）得

$$v_C a_C\left(1+\frac{1}{3\cos^2\varphi}\right)+v_C^2\frac{\sin\varphi}{3\cos^3\varphi}\left[-\frac{v_C}{\frac{l}{2}\cos\varphi}\right]$$

$$=\frac{gl}{2}(-\cos\varphi)\left[-\frac{v_C}{\frac{l}{2}\cos\varphi}\right]$$

令 $\varphi=30°$，代入上式可得

$$a_C\frac{13}{9}+\left(-\frac{\sin 30°}{3\cos^3 30°}\right)\frac{9gl(\sqrt{3}-1)}{26}\cdot\frac{4}{\sqrt{3}l}=g$$

解得 $a_C=0.796\ \mathrm{g}$

12-35　题 12-35 图（a）所示，均质圆盘 O 放置在光滑的水平面上，质量为 m，半径为 R，均质细杆 OA 长为 l，质量为 m。开始时杆在铅垂位置，且系统静止。试求杆运动到图示位置时的角速度。

解：取系统为研究对象，运动分析如题 12-35 图（b）所示。因轮置于光滑面上，故其作平动。设其速度为 v_O，杆的转动的加速度为 ω。

对系统整体应用动能定理：

$$T_2-T_1=\sum W$$

$$T_2=\frac{1}{2}mv_O^2+\frac{1}{2}J_C\omega^2+\frac{1}{2}mv_C^2$$

$$\sum W=mg\frac{l}{2}(1-\sin 30°)=\frac{1}{4}mgl$$

由刚体的平面运动分析，如题 12-35 图（c）所示，可得

$$v_C^2=v_O^2+v_{CA}^2-2v_Ov_{CA}\cos 60°$$

$$=v_O^2+\frac{1}{4}l^2\omega^2-\frac{1}{2}v_Ol\omega$$

$$T_2=mv_O^2+\frac{1}{6}ml^2\omega^2-\frac{1}{4}ml\omega v_O$$

$$T_2-T_1=mv_O^2+\frac{1}{6}ml^2\omega^2-\frac{1}{4}ml\omega v_O=\frac{1}{4}mgl$$

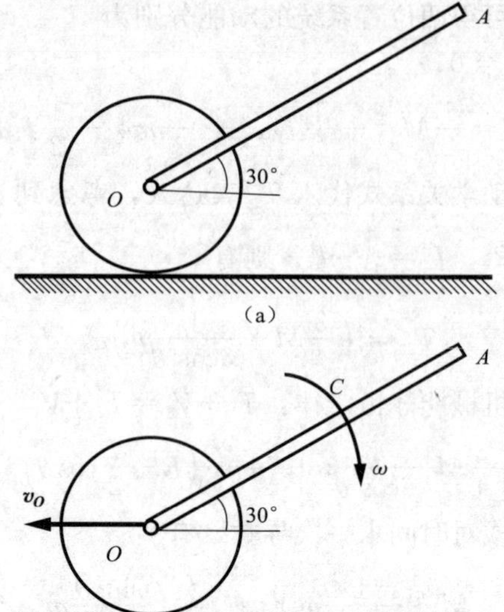

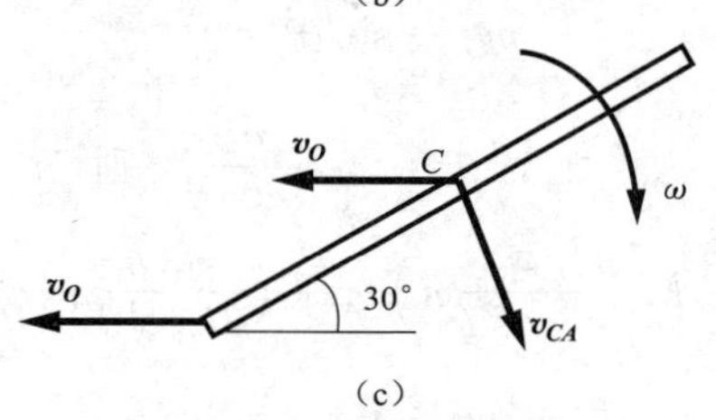

题 12-35 图

由系统在水平方向的动量守恒可得

$$mv_O+m\left(v_O-\frac{l}{2}\omega\cos 60°\right)=0$$

$$v_O=\frac{1}{8}l\omega$$

将代入动能定理方程可解得

$$\omega=4\sqrt{\frac{3g}{29l}}$$

12-36　题 12-36 图（a）所示三棱柱体 ABC 的质量为 m_1，放在光滑的水平面上，可以无摩擦地滑动。质量为 m_2 的均质圆柱体 O 由静止沿斜面 AB 向下滚动而不滑动。如斜面的倾角为 θ，试求三棱柱体的加速度以及圆柱中心 O 对三棱柱的相对加速度。

解：取三棱柱体 ABC 的整体为研究对象，受力、运动分析如题 12-36 图（b）所示。应用动量定理，因为 $\sum F_x=0$，所以

$$m_1v_1+m_2(v_1-v_r\cos\theta)=0$$

$$v_r=\frac{m_1+m_2}{m_2\cos\theta}v_1$$

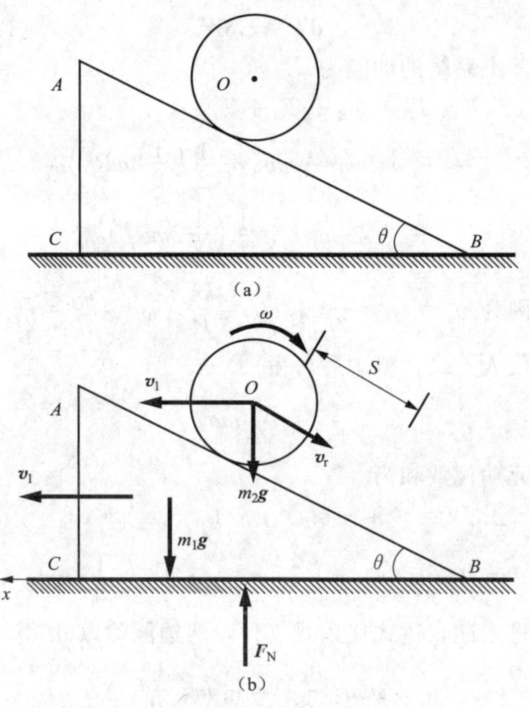

题 12-36 图

应用动能定理：

$$\frac{1}{2}m_1v_1^2+\frac{1}{2}m_2v_2^2+\frac{1}{2}\left(\frac{1}{2}m_2r^2\right)\omega^2-0$$
$$=m_2gS\sin\theta$$

其中 $v_2^2=v_1^2+v_r^2-2v_1v_r\cos\theta$，$\omega=\dfrac{v_r}{r}$

所以

$$\left[\frac{3}{4}\frac{(m_1+m_2)^2}{m_2\cos^2\theta}-\frac{1}{2}(m_1+m_2)\right]v_1^2=m_2gS\sin\theta$$

两边求导（注意：$\dfrac{dS}{dt}=v_r=\dfrac{m_1+m_2}{m_2\cos\theta}v_1$）可得

$$\left[\frac{3}{2}\frac{(m_1+m_2)^2}{m_2\cos^2\theta}-(m_1+m_2)\right]v_1a_1$$
$$=m_2g\frac{m_1+m_2}{m_2\cos\theta}v_1\sin\theta$$

所以：$a_1=\dfrac{m_2g\sin 2\theta}{3m_1+m_2+2m_2\sin^2\theta}$

因为 $v_r=\dfrac{m_1+m_2}{m_2\cos\theta}v_1$，所以有

$$a_r=\frac{m_1+m_2}{m_2\cos\theta}a_1=\frac{2(m_1+m_2)g\sin\theta}{3m_1+m_2+2m_2\sin^2\theta}$$

12-37　题 12-37 图（a）所示圆环以角速度 ω 绕铅垂轴 AC 自由转动，此圆环半径为 R，对轴的转动惯量为 J，在圆环中的点 A 放一质量为 m 的小球。设由于微小的干扰小球离开点 A，小球与圆环间的摩擦忽略不计。试求当小球到达点 B 和 C 时，圆环的角速度和小球的速度。

解： 取整个系统为研究对象，分析小球到任意位置 φ 时的情况，受力分析与运动分析如题 12-37 图（b）所示。因为该系统的所有外力对转轴 z 的矩都等于零，即 $\sum M_z(F)=0$，故系统对轴 z 的动量矩守恒，即 $L_z=$常量。因为小球的相对速度 v_r 与轴 z 相交，mv_r 对轴 z 的矩也等于零，而其牵连速度 $v_e=R\sin\varphi\cdot\omega_D$，故有：

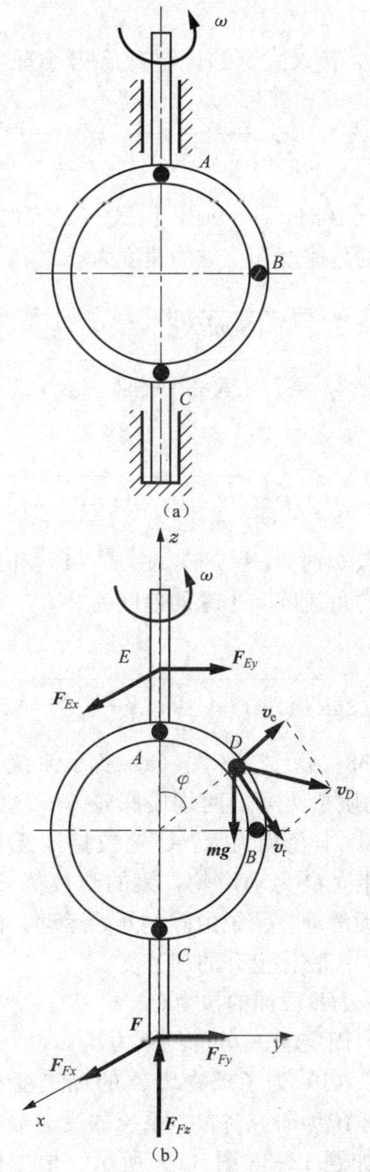

题 12-37 图

$$J\omega = J\omega_D + mv_e R\sin\varphi$$

即

$$J\omega = J\omega_D + m(R\sin\varphi)^2\omega_D$$

故小球到达点 D 时圆环的角速度为

$$\omega_D = \frac{J}{J + m(R\sin\varphi)^2}\omega \tag{1}$$

根据积分形式的动能定理，有

$$T_2 - T_1 = \sum W$$

故

$$\left(\frac{1}{2}J\omega_D^2 + \frac{1}{2}mv_D^2\right) - \frac{1}{2}J\omega^2 = mgR(1-\cos\varphi) \tag{2}$$

将式（1）代入式（2），整理后得小球在点 D 的速度

$$v_D = \sqrt{2gR(1-\cos\varphi) + \frac{J}{m}(\omega^2 - \omega_D^2)} \tag{3}$$

小球在点 B 时，$\varphi = 90°$，由式（1）和式（3）得圆环的角速度和小球的速度为

$$\omega_B = \frac{J}{J + mR^2}\omega$$

$$v_B = \sqrt{2gR + \frac{J}{m}(\omega^2 - \omega_B^2)}$$

即

$$v_B = \sqrt{2gR + \frac{J\omega^2}{m}\left[1 - \left(\frac{J}{J + mR^2}\right)^2\right]}$$

小球在点 C 时，$\varphi = 180°$，由式（1）和式（3）得圆环的角速度和小球的速度为

$$\omega_C = \omega$$

$$v_C = \sqrt{2gR(1+1) + \frac{J}{m}(\omega^2 - \omega_C^2)} = 2\sqrt{gR}$$

12-38 题 12-38 图（a）所示系统，物块 A、B 的质量为 m，两均质圆轮 C、D 的质量均为 $2m$，半径均为 R。C 轮铰接于无重悬臂梁 CK 上，D 为动滑轮，梁的长度为 $3R$，绳与轮间无滑动。系统由静止开始运动。试求：

（1）A 物体上升的加速度。

（2）HE 段绳的拉力。

（3）固定端 K 处的约束力。

解：（1）为了求物块 A 的加速度 $\boldsymbol{a}_A$，可取整个系统为研究对象，系统的受力分析和运动分析如题 12-38 图（b）所示。根据微分形式的动能定理，有

$$\mathrm{d}T = \sum \delta W \tag{1}$$

其中系统的动能为

$$\begin{aligned} T &= T_A + T_B + T_C + T_D \\ &= \frac{1}{2}mv_A^2 + \frac{1}{2}mv_B^2 + \frac{1}{2}\left(\frac{1}{2}2mR^2\right)\omega_C^2 \\ &\quad + \frac{1}{2}(2mv_D^2) + \frac{1}{2}\left(\frac{1}{2}2mR^2\right)\omega_D^2 \end{aligned}$$

因为 $v_B = v_D = \frac{1}{2}v_A$，$\omega_C = \frac{v_A}{R}$，$\omega_D = \frac{v_D}{R} = \frac{v_A}{2R}$，代入上式，整理后可得

$$T = \frac{3}{2}mv_A^2$$

元功代数和为

$$\begin{aligned} \sum\delta W &= (m_B + m_D)\ g\cdot \mathrm{d}s_B - m_A g\cdot \mathrm{d}s_A \\ &= (m+2m)\ g\cdot\frac{\mathrm{d}s_A}{2} - mg\cdot\mathrm{d}s_A = \frac{1}{2}mg\mathrm{d}s_A \end{aligned}$$

将上述表达式代入式（1），两边同除以 $\mathrm{d}t$ 得

$$3mv_A\frac{\mathrm{d}v_A}{\mathrm{d}t} = \frac{1}{2}mg\frac{\mathrm{d}s_A}{\mathrm{d}t}$$

最后得到物块 A 上升的加速度为

$$a_A = \frac{\mathrm{d}v_A}{\mathrm{d}t} = \frac{1}{6}g$$

而滑轮 C 的角加速度为

$$a_C = \frac{a_A}{R} = \frac{g}{6R}$$

（2）为了求 EH 段绳的拉力 F，可取定滑轮 C 和物块 A 为研究对象，它的受力分析和运动分析如题 12-38 图（c）所示。根据动量矩定理，有

$$\frac{\mathrm{d}L_C}{\mathrm{d}t} = \sum M_C\ (F) \tag{2}$$

其中，系统对固定轴 C 的动量矩为

$$L_C = -\left(mv_A R + \frac{1}{2}2mR^2\cdot\frac{v_A}{R}\right) = -2mv_A R$$

而 $\sum M_C(F) = -FR + mgR = -(F - mg)R$

将上述表达式代入式（2），得

$$-2mR\frac{\mathrm{d}v_A}{\mathrm{d}t} = -(F - mg)R$$

由上式可得 EH 段绳的拉力为

$$F = mg + 2ma_A = \frac{4}{3}mg$$

（3）为了求固定端 K 的约束力，可取由梁 KC、定滑轮 C 和物块 A 组成的系统为研究对象，

其受力分析和运动分析如题 12-38 图（d）所示。K 处除受约束力 $\boldsymbol{F}_{Kx}$ 和 $\boldsymbol{F}_{Ky}$ 作用以外，还受力矩为 M_K 的约束力偶作用。根据质心运动定理，有

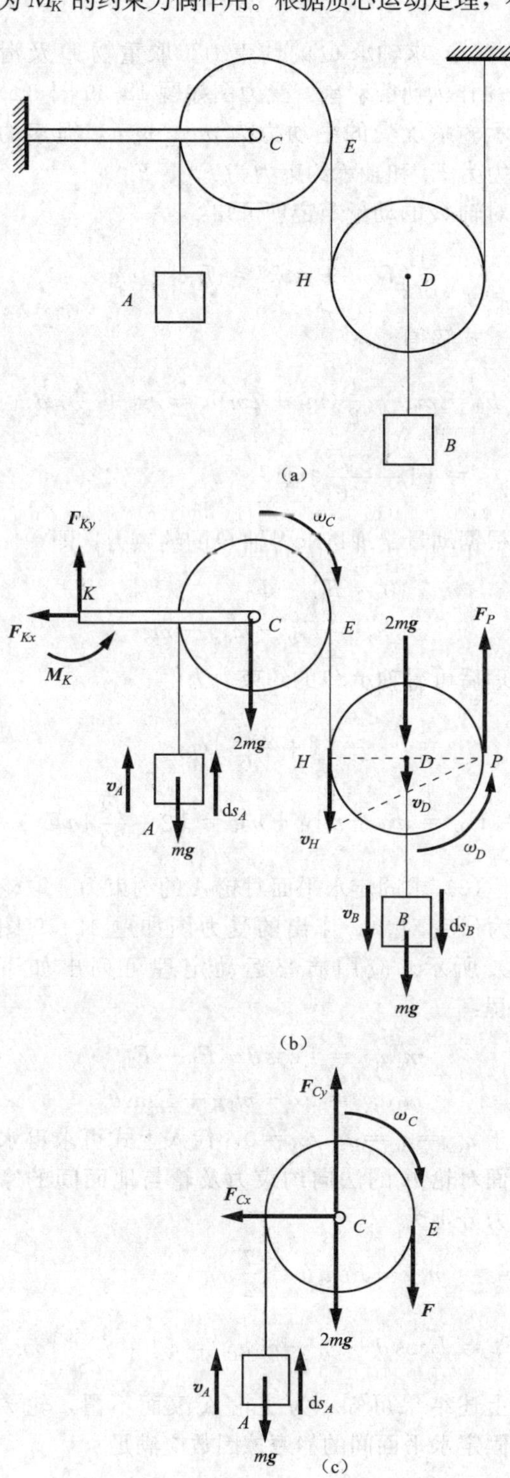

题 12-38 图

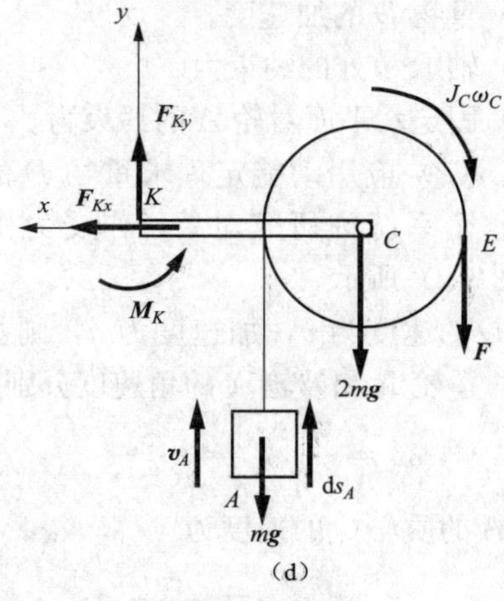

题 12-38 图

$$m_R \times 0 = F_{Kx} \tag{3}$$

$$ma_A = F_{Ky} - 2mg - mg - F \tag{4}$$

根据对固定轴 K 的动量矩定理，有

$$\frac{dL_K}{dt} = \sum M_K(F) \tag{5}$$

其中

$$L_K = 2R \cdot mv_A - \frac{1}{2}2mR^2\frac{v_A}{R} = mRv_A$$

$$\sum M_K(F) = M_K - 2Rmg - 3R \times 2mg - 4RF$$

$$= M_K - 8Rmg - \frac{16}{3}mgR$$

将上述表达式代入式（5）可得

$$mR\frac{dv_A}{dt} = M_K - 8Rmg - \frac{16}{3}mgR \tag{6}$$

由式（3）、（4）和（6）解得固定端 K 的约束力为

$$F_{Kx} = 0$$

$$F_{Ky} = 4.5mg$$

$$M_K = 13.5mgR$$

12-39　题 12-39 图（a）所示，质量为 m_1、半径为 R 的鼓轮 A，对其质心 C 水平轴的回转半径为 ρ。在鼓轮的半径为 r 的同心滚轴上绕有细绳，并受与水平面倾角 $\theta=30°$的常力 $\boldsymbol{F}$ 的牵动，且 $F=mg$。鼓轮轮缘上绕有细绳，绳水平地跨过质量为 m_2、半径为 r 的均质滑轮，绳的另一端系有质量为 m 的重物 D，设绳子质量不计，且不可伸长，绳与滑轮间无相对滑动，轴承 O 处的摩擦不计，而轮 A 在水平面上作纯滚动。若 $m_1=4m$，$m_2=m$，$R=2r$，$\rho=\sqrt{\frac{3}{2}}r$。试求：

（1）重物 D 的加速度。

（2）轴承 O 处的约束力。

（3）固定水平面对轮 A 的约束力。

解：（1）应用动能定理求重物 D 的加速度。取整个系统为研究对象，作受力图如题 12-39 图（b）所示。

设重物 D 的速度为 v，加速度为 a，则由运动学可知，滑轮 B 和鼓轮 A 的角速度分别为

$$\omega_2=\frac{v}{r},\omega_1=\frac{v}{R-r}$$

故鼓轮 A 的质心 C 的速度为

$$v_C=r\omega_1=\frac{rv}{R-r}$$

则系统的动能为

$$T=\frac{1}{2}mv^2+\frac{1}{2}J_O\omega_2^2+\frac{1}{2}m_1v_C^2+\frac{1}{2}J_C\omega_1^2$$

$$=\frac{v^2}{4}\left[2m+m_2+2m_1\frac{r^2+\rho^2}{(R-r)^2}\right]=\frac{23}{4}mv^2$$

由图（b）可知，作用于系统的主动力有 $\boldsymbol{F}$、$m\boldsymbol{g}$、$m_1\boldsymbol{g}$ 和 $m_2\boldsymbol{g}$，约束力有 $\boldsymbol{F}_N$、$\boldsymbol{F}_P$、$\boldsymbol{F}_{Ox}$ 及 $\boldsymbol{F}_{Oy}$。由于 $m_1\boldsymbol{g}$、$m_2\boldsymbol{g}$ 和约束力 $\boldsymbol{F}_N$、$\boldsymbol{F}_P$、$\boldsymbol{F}_{Ox}$、$\boldsymbol{F}_{Oy}$ 不做功，故计算做功的主动力为 $\boldsymbol{F}$ 和 $m\boldsymbol{g}$。

设重物 D 有向上的微位移 $\mathrm{d}s$，力 $\boldsymbol{F}$ 的作用点为 E，其微位移为 $\mathrm{d}s_F$，由刚体的平面运动可知：

$$\mathrm{d}s_F=\mathrm{d}s_C+\mathrm{d}s_1$$

式中：$\mathrm{d}s_C$ 为鼓轮 A 的质心 C 的微位移，$\mathrm{d}s_1$ 为力作用点 E 绕质心 C 转动的微位移。

设鼓轮绕质心转动的微角位移为 $\mathrm{d}\varphi$，则由运动学可知，$\mathrm{d}s_C=\mathrm{d}s_1=r\mathrm{d}\varphi$，而 $\mathrm{d}s_1\perp CE$，指向与 ω_1 一致。同时可知，$\mathrm{d}s=(R-r)\mathrm{d}\varphi$，因此力 F 的元功 δW_P 为

$$\delta W_P=F\cdot\mathrm{d}s_F=F\mathrm{d}s_1+F\cos\theta\mathrm{d}s_C$$

$$=\frac{Fr\mathrm{d}s}{R-r}(1+\cos\theta)$$

故系统上所有主动力的元功之和为

$$\sum\delta W=\frac{Fr\mathrm{d}s}{R-r}(1+\cos\theta)-mg\mathrm{d}s$$

$$=\left[\frac{mgr}{r}\left(1+\frac{\sqrt{3}}{2}\right)-mg\right]\mathrm{d}s=\frac{\sqrt{3}}{2}mg\mathrm{d}s$$

由动能定理的微分形式 $\mathrm{d}T=\sum\delta W_i$，可得

$$\mathrm{d}\left(\frac{23}{4}mv^2\right)=\frac{\sqrt{3}}{2}mg\frac{\mathrm{d}s}{\mathrm{d}t}$$

整理后得重物 D 的加速度：

$$a=\frac{\sqrt{3}}{23}g$$

（2）求轴承 O 的约束力。取重物 D 及滑轮 B 作为研究对象，受力图如题 12-39 图（c）所示。系统受的主动力为 mg、m_2g，绳索的拉力为 F_T 和轴承约束力为 F_{Ox}、F_{Oy}。

由对轴 O 的动量矩定理可知：

$$\frac{\mathrm{d}}{\mathrm{d}t}(J_O\omega_2+mvr)=F_Tr-mgr$$

由上式解得

$$F_T=mg+\frac{1}{2}(m_2+2m)a=mg+\frac{3}{2}ma$$

$$=\left(1+\frac{3\sqrt{3}}{46}\right)mg$$

再根据动量定理可求得轴 O 的约束力，即

$$0=F_{Ox}-F_T$$

$$ma=F_{Oy}-m_2g-mg$$

整理后可得轴承 O 的约束力为

$$F_{Ox}=F_T=\left(1+\frac{3\sqrt{3}}{46}\right)mg$$

$$F_{Oy}=ma+m_2g+mg=\left(2+\frac{\sqrt{3}}{23}\right)mg$$

（3）求固定水平面对轮 A 的约束力。取轮 A 为研究对象，作出的受力图如题 12-39 图（d）所示。应用质心运动定理可列出如下方程：

$$m_1a_{Cx}=F\cos\theta-F_P+F_T$$

$$m_1a_{Cy}=F_N-m_1g+F\sin\theta$$

由于 $a_{Cx}=a_C=a$，$a_{Cy}=0$，代入上式可求得水平面对轮 A 的法向约束力及轮与地面间的摩擦力分别为

$$F_N=m_1g-F\sin\theta=\frac{7}{2}mg$$

$$F_P=F\cos\theta+F_T-m_1a_{Cx}=\left(1+\frac{9\sqrt{3}}{23}\right)mg$$

由上述结果可知，为使轮 A 滚而不滑，轮 A 与固定水平面间的静摩擦因数应满足

$$f_s\geqslant\frac{F_P}{F_N}=0.48$$

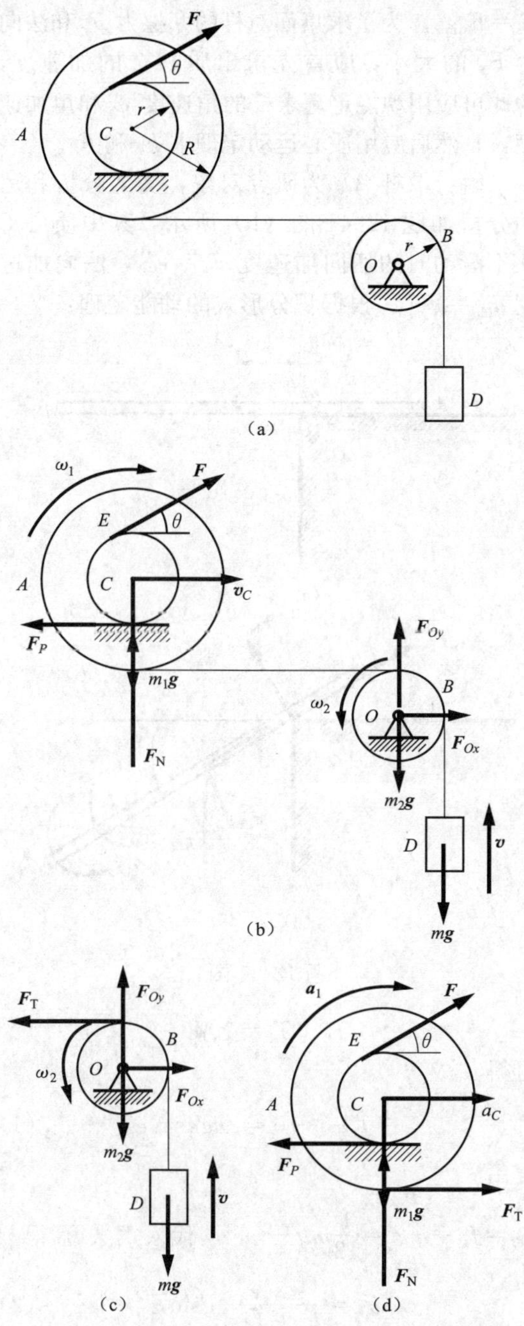

题 12-39 图

12-40　质量为 m_1，杆长 $OA=l$ 的均质杆 OA 一端铰支，另一端用铰链连接一可绕轴 A 自由旋转、质量为 m_0 的均质圆盘，如题 12-40 图 (a) 所示。初始时，杆处于铅垂位置，圆盘静止，设杆无初速释放，不计摩擦，试求当杆转至水平位置时，杆 OA 的角速度和角加速度及铰链 O 处的约束力。

解：取均质杆和均质圆盘的整体为研究对象。系统具有理想约束。

(1) 运动分析：杆 OA 作定轴转动；为分析圆盘的运动，取圆盘为研究对象，如题 12-40 图 (b) 所示，应用相对质心的动量矩定理，设圆盘的角加速度为 α，则圆盘绕质心 A 的转动微分方程为

$$J_A\alpha = 0$$

因此 $\alpha=0$，则

$$\omega = \omega_0 = 0$$

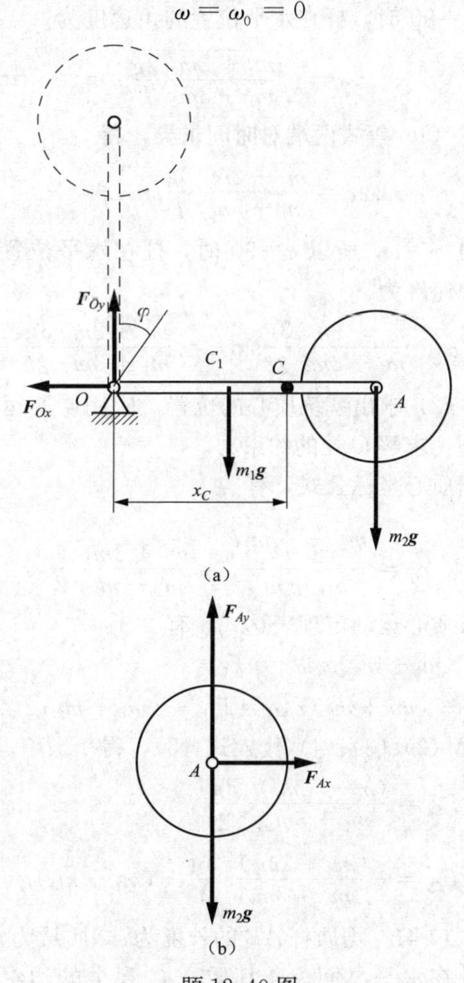

题 12-40 图

说明圆盘在杆下摆过程中角速度始终为零，圆盘作平移。应用动能定理，有

$$T_1 = 0$$

$$T_2 = \frac{1}{2}J_O\omega^2 + \frac{1}{2}m_2 v_A^2$$

$$= \frac{1}{2}\times\frac{1}{3}m_1 l^2\omega^2 + \frac{1}{2}m_2 l^2\omega^2 = \frac{m_1+3m_2}{6}l^2\omega^2$$

杆在角度 φ 位置时，重力的功为

$$W=m_1g\left(\frac{l}{2}-\frac{l}{2}\cos\varphi\right)+m_2g(l-l\cos\varphi)$$

$$=\left(\frac{m_1}{2}+m_2\right)gl(1-\cos\varphi)$$

由动能定理得

$$\frac{m_1+3m_2}{6}l^2\omega^2=\left(\frac{m_1}{2}+m_2\right)gl(1-\cos\varphi)$$

$$\omega^2=\frac{m_1+2m_2}{m_1+3m_2}\frac{3g}{l}(1-\cos\varphi) \tag{1}$$

当 $\varphi=90°$时，杆在水平位置的角速度为

$$\omega=\sqrt{\frac{m_1+2m_2}{m_1+3m_2}\frac{3g}{l}} \tag{2}$$

将式（1）等式两端对时间求导，得

$$2\omega\alpha=\frac{m_1+2m_2}{m_1+3m_2}\frac{3g}{l}\sin\varphi\dot{\varphi}$$

因为 $\dot{\varphi}=\omega$，所以 $\varphi=90°$时，杆在水平位置的角加速度为

$$\alpha=\frac{m_1+2m_2}{m_1+3m_2}\frac{3g}{2l}\sin\varphi=\frac{m_1+2m_2}{m_1+3m_2}\frac{3g}{2l} \tag{3}$$

（2）求出系统质心的位置，应用质心运动定理，求解 O 处的约束力。

根据质心坐标公式，有

$$x_C=\frac{m_1\dfrac{l}{2}+m_2l}{m_1+m_2}=\frac{m_1+2m_2}{m_1+m_2}\frac{l}{2} \tag{4}$$

代入质心运动定理表达式，有

$$\begin{aligned}(m_1+m_2)x_C\omega^2&=F_{Ox}\\-(m_1+m_2)x_C\alpha&=F_{Oy}-(m_1+m_2)g\end{aligned} \tag{5}$$

将式（2）、(3)、(4) 代入式（5)，得

$$F_{Ox}=\frac{(m_1+2m_2)^2}{m_1+3m_2}\frac{3g}{2}$$

$$F_{Oy}=-\frac{(m_1+2m_2)^2}{m_1+3m_2}\frac{3g}{4}+(m_1+m_2)g$$

12-41 均质杆 AB 的长度为 l，质量为 m，平放在水平桌面上，其质心 C 到桌的边缘 O 的距离为 $e=\dfrac{l}{6}$，如题 12-41 图（a）所示。如果杆与桌边缘之间的静摩擦因数 $f_s=0.6$，现将杆从水平位置静止释放后，最初杆将绕桌子的边缘 O 转动。试求杆刚开始滑动时杆与水平面的倾角 φ。

分析：当杆只绕 O 转动而不滑动时，摩擦力 $F_s\leqslant F_{s,\max}=fF_N$，在产生滑动的临界状态时 $F_s=F_{s,\max}$。为了求桌面对杆的摩擦力 F_s 和法向力 F_N 的大小，应首先求出质心 C 的加速度，为此可应用动能定理求杆的角速度 $\dot{\varphi}$ 和角加速度 $\ddot{\varphi}$；然后应用质心运动定理求 F_s 和 F_N。

解：取杆 AB 为研究对象，受力分析和运动分析如题 12-41 图（b）所示，其中质心 C 在不滑动时的切向加速度 $a_{C\tau}=e\ddot{\varphi}$，法向加速度 $a_{Cn}=e\dot{\varphi}^2$。根据积分形式的动能定理：

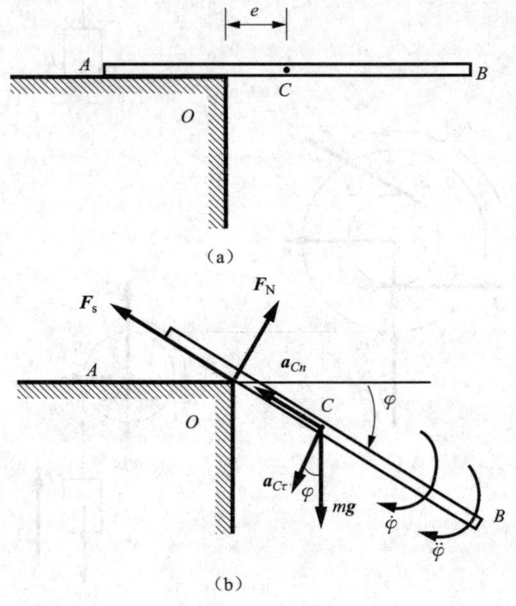

题 12-41 图

$$T_2-T_1=\sum W$$

可得

$$\frac{1}{2}J_O\dot{\varphi}^2-0=mge\sin\varphi \tag{1}$$

其中：

$J_O=J_C+me^2=\dfrac{1}{12}ml^2+me^2$，代入式（1）得

$$\dot{\varphi}^2=\frac{24e}{l^2+12e^2}g\sin\varphi \tag{2}$$

将式（2）对时间求导数，得

$$2\dot{\varphi}\ddot{\varphi}=\frac{24e}{l^2+12e^2}g\cos\varphi\dot{\varphi}$$

故杆的角加速度为

$$\ddot{\varphi}=\frac{12e}{l^2+12e^2}g\cos\varphi \tag{3}$$

质心 C 的切向加速度 $a_{C\tau}$ 和法向加速度 a_{Cn} 的大小分别为

$$a_{C\tau} = e\ddot{\varphi} = \frac{12e^2}{l^2 + 12e^2} g\cos\varphi \quad (4)$$

$$a_{Cn} = e\dot{\varphi}^2 = \frac{24e^2}{l^2 + 12e^2} g\sin\varphi \quad (5)$$

然后，可用质心运动定理求 F_s 和 F_N，可得

$$ma_{C\tau} = mg\cos\varphi - F_N \quad (6)$$

$$ma_{Cn} = -mg\sin\varphi + F_s \quad (7)$$

由式（6）和式（7）可得不滑动时，作用在杆上的法向约束力和摩擦力分别为

$$F_N = mg\cos\varphi - ma_{C\tau} = \frac{l^2}{l^2 + 12e^2} mg\cos\varphi \quad (8)$$

$$F_s = mg\sin\varphi + ma_{Cn} = \left(1 + \frac{24e^2}{l^2 + 12e^2}\right) mg\sin\varphi \quad (9)$$

当杆开始滑动时，杆与桌面之间的摩擦力为最大摩擦力，即

$$F_s = F_{s,\max} = f_s F_N \quad (10)$$

将式（8）和式（9）代入式（10），得

$$\left(1 + \frac{24e^2}{l^2 + 12e^2}\right) mg\sin\varphi = \frac{l^2}{l^2 + 12e^2} f_s mg\cos\varphi \quad (11)$$

由式（11）解得

$$\tan\varphi = \frac{f_s l^2}{l^2 + 36e^2} = \frac{0.6l^2}{l^2 + l^2} = 0.3$$

最后求得杆刚开始滑动时杆与水平面的倾角：

$$\varphi = \arctan 0.3 = 16°42'$$

12-42　均质直杆 AB 长为 $2l$，直立在粗糙的桌面上，下端 B 位于桌面的边缘，如题 12-42 图（a）所示。初始时杆静止不动，且$\varphi=0$，受到小扰动后杆 AB 在铅直平面 Bxy 内绕 B 点翻倒。试求 AB 离开桌面时的角度 φ 值和此时杆的角速度 ω。

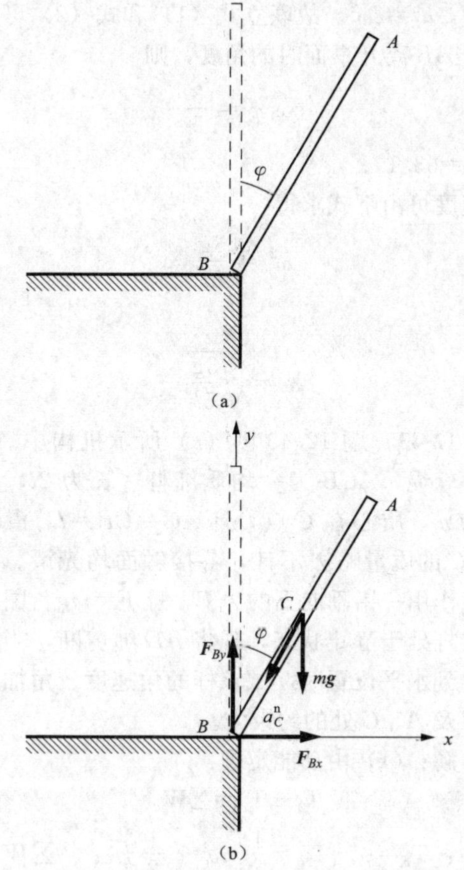

题 12-42 图

解： 杆 AB 由铅直位置翻倒而离开桌面前的运动为绕 B 轴的定轴转动。根据题意，可先应用动能定理来求解。杆 AB 受力如题 12-42 图（b）所示。设杆离开桌面的瞬时，其位置与铅垂线之间的夹角为 φ。于是，作用于杆上的力的功为

$$W = mgl(1 - \cos\varphi)$$

杆在起始位置的动能为零，即

$$T_1 = 0$$

在终了位置的角速度为 ω，于是动能为

$$T_2 = \frac{1}{2} J_B \omega^2 = \frac{1}{2}\left(\frac{1}{3}m\right)(2l)^2\omega^2 = \frac{2}{3}ml^2\omega^2$$

由动能定理

$$T_2 - T_1 = \sum W$$

得

$$\frac{2}{3}ml^2\omega^2 - 0 = mgl(1 - \cos\varphi)$$

解得

$$\omega^2 = \frac{3g}{2l}(1 - \cos\varphi) \quad (1)$$

式中包括两个要求的未知量 ω 和 φ，因此仅应用动能定理不能解决问题，还必须应用其他定理再建立一个方程。

根据题意，杆 AB 离开桌面的瞬时 $\boldsymbol{F}_{Bx}$ 和 $\boldsymbol{F}_{By}$ 都应等于零，在此位置应用质心运动定理写出法向运动微分方程，即

$$ma_C^n = mg\cos\varphi \quad (2)$$

式中，$a_C^n = l\omega^2$。故联立式（1）和式（2）可解得杆 AB 离开桌面时的角度，则

$$\cos\varphi = \frac{3}{5}$$

即 $\varphi = 53.1°$

角速度可由下式求得

$$\omega^2 = \frac{3g}{5l}$$

即

$$\omega = \sqrt{\frac{3g}{5l}}$$

12-43 题 12-43 图（a）所示机构中 AD 为一软绳，ACB 为一均质细杆，长为 $2l$，质量为 m，质心在 C 点，且 $AC = CB = l$。滑块 A、C 的质量略去不计，各接触面均光滑。在 A 点作用一铅垂向下的力 $\boldsymbol{F}$，且 $F = mg$。图示位置杆处于静止状态，现将 AD 绳剪断，当杆运动到水平位置时，试求杆的角速度、角加速度以及 A、C 处的约束力。

解：（1）由动能定理：

$$T_2 - T_1 = \sum W$$

式中：$T_1 = 0$，$T_2 = \frac{1}{2}mv_C^2 + \frac{1}{2}J_C\omega^2$，$\sum W = \frac{\sqrt{2}}{2}mgl$

由运动学分析，系统在题 12-43 图（b）所示位置时，$v_C = 0$，即 C 为 AB 杆的速度瞬心，将上述各量代入动能定理，得

$$\frac{1}{2}\left(\frac{m \times 4l^2}{12}\right)\omega^2 = \frac{\sqrt{2}}{2}lmg$$

即 $\omega^2 = \frac{3\sqrt{2}g}{l}$

（2）系统在所求位置的受力如题 12-43 图（b）所示。由相对于质心的动量矩定理：

$$J_C\alpha = \sum M_C\ (F_i^{(e)})$$

得

$$\frac{m \times 4l^2}{12}\alpha = Fl$$

所以 $\alpha = \frac{3g}{l}$

（3）由质心运动定理：

$$ma_{Cx} = F_{NA}$$

$$ma_{Cy} = -F - F_{NC} - mg$$

以 A 为基点，对 C 点进行加速度分析［如题 12-43 图（c）所示］得

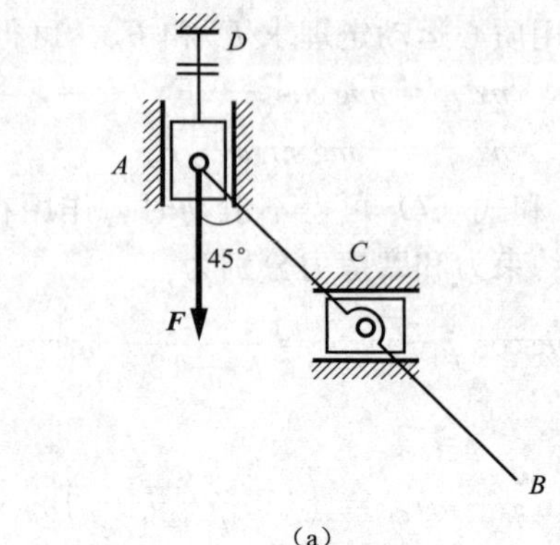

（a）

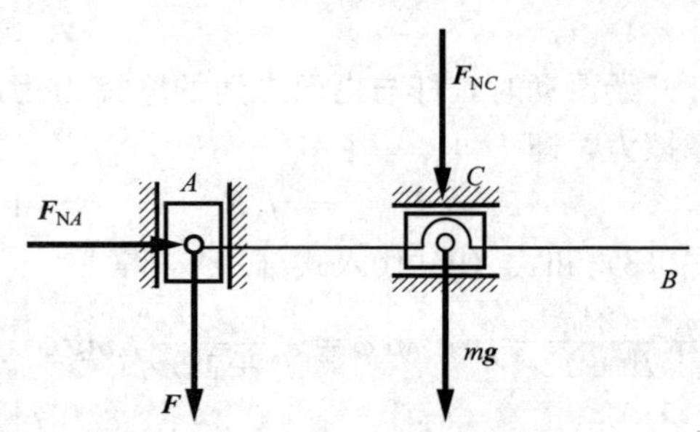

（b）

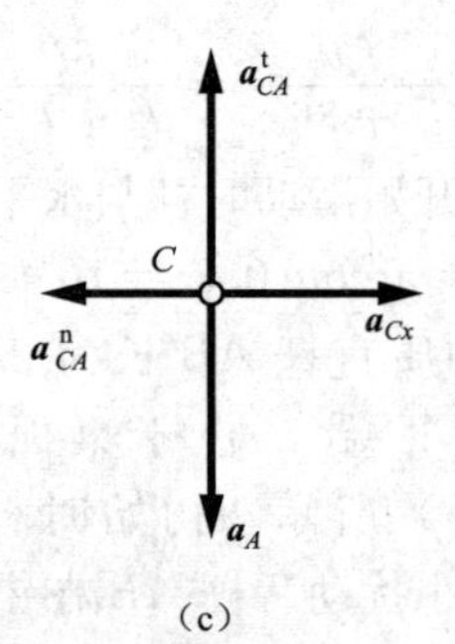

（c）

题 12-43 图

$$\boldsymbol{a}_C = \boldsymbol{a}_A + \boldsymbol{a}_{CA}^n + \boldsymbol{a}_{CA}^t$$

式中，$a_{CA}^n = l\omega^2 = 3\sqrt{2}g$。将上式向水平轴和铅垂轴投影，得

$$a_{Cx} = -a_{CA}^n = -3\sqrt{2}g, a_{Cy} = 0$$

于是

$$F_{NA} = -3\sqrt{2}mg, F_{NC} = -2mg$$

参 考 文 献

[1] 孙雅珍，侯祥林. 理论力学教程 [M]. 北京：中国电力出版社，2012.

[2] 哈尔滨工业大学理论力学教研室. 理论力学（第七版）：（Ⅰ）、（Ⅱ）[M]. 7版. 北京：高等教育出版社，2009.

[3] 李心宏. 理论力学 [M]. 5版. 大连：大连理工大学出版社，2008.

[4] 王永岩. 理论力学 [M]. 北京：科学出版社，2007.

[5] 郭应征，周志红. 理论力学 [M]. 北京：清华大学出版社，2005.

[6] 浙江大学理论力学教研室. 理论力学 [M]. 3版. 北京：高等教育出版社，2005.

[7] 西北工业大学理论力学教研室，和兴锁. 理论力学（Ⅰ）、（Ⅱ）[M]. 北京：科学出版社，2005.

[8] 范钦珊，刘燕，王琪. 理论力学 [M]. 北京：清华大学出版社，2004.

[9] 焦永树，范慕辉. 工程力学简明教程：[M]. 北京：科学出版社，2006.

[10] 王永岩. 工程力学 [M]. 北京：科学出版社，2010.

[11] 聂毓琴，李洪. 工程力学 [M]. 北京：科学出版社，2006.

[12] 蔡泰信，和兴锁. 理论力学教与学 [M]. 北京：高等教育出版社，2007.

[13] 韩淑洁. 理论力学辅导与习题解（中、少学时）[M]. 北京：机械工业出版社，2012.

[14] 蔡泰信. 理论力学解题和应试指南 [M]. 北京：机械工业出版社，2007.

[15] 贾启芬，刘习军. 理论力学辅导和习题解答 [M]. 北京：机械工业出版社，2012.

[16] 唐晓雯. 理论力学辅导与训练 [M]. 北京：机械工业出版社，2010.

[17] 陈平. 理论力学辅导及习题精解 [M]. 西安：陕西师范大学出版社，2004.

[18] 彭慧莲. 理论力学（第七版）全程导学及习题全解（Ⅰ）、（Ⅱ）[M]. 北京：中国时代经济出版社，2012.